StGB

Leipziger Kommentar
Großkommentar

11., neubearbeitete Auflage

Herausgegeben von
Burkhard Jähnke, Heinrich Wilhelm Laufhütte und
Walter Odersky

49. Lieferung:
Gesamtregister

Bearbeiter:
Schäfter, Petra

2005
Walter de Gruyter · Berlin · New York

Um in der Erscheinungsweise nicht festgelegt zu sein und auf diese Weise Bedürfnissen der Praxis besser gerecht werden zu können, wird darauf verzichtet, die Bände durchgehend zu paginieren. Durch Verwendung der Randnummern sind Seitenzahlen – vor allem für das Zitieren – entbehrlich.
Die einzelnen Lieferungen werden in der Reihenfolge des Erscheinens durchnummeriert; die Folge wird also von derjenigen des Gesamtwerks abweichen. Sobald ein Band vollständig ist, werden jeweils Einbanddecken geliefert.

Der Verlag

Erscheinungsdatum: August 2005
ISBN 978-3-89949-212-5
eISBN 978-3-11-027766-1

Printed in Germany.

Sachregister

Die fetten Zahlen verweisen auf die Paragraphen, Einl = Einleitung, Vor = Vorbemerkung, Anh = Anhang; N = Nachtrag; die mageren Zahlen auf die Randnummern.

Abartigkeit, schwere seelische
Alkoholabhängigkeit **20** 32, 42; **323a** 75
Begriff **20** 30 ff; **179** 7
Drogenabhängigkeit **20** 32; **323a** 75
Medikamentenabhängigkeit **20** 32
Spielsucht **Vor 284-287** 26
Widerstandsunfähigkeit aufgrund ~ **179** 3, 7
Abbildung
Begriff **202** 11
Gewaltdarstellung **131** 12
Gleichstellung mit Schriften **11** 130
militärischer Gegenstände **109g** 2 ff
pornographische ~ **176** 11
sicherheitsgefährdende ~ **109g** 1 ff
verfassungsfeindliche ~ **86** 4
Abbruch
der Schwangerschaft *siehe Schwangerschaftsabbruch*
Abergläubischer Versuch *siehe Versuch; siehe Wahndelikt*
Aberkennung
der Fähigkeit, öffentliche Ämter zu bekleiden *siehe Amtsfähigkeit, Verlust*
aberratio ictus
Abweichung des Kausalverlaufs **16** 9
Anstiftung und ~ **Vor 22** 134; **26** 98
error in persona bei actio libera in causa als ~ **16** 15
Mittelbare Täterschaft und ~ **25** 149
Notwehr und ~ **32** 141, 206
Totschlag **212** 25
Vorsatzausschluß **16** 9 ff
Abfall
Abfallbeseitigung, umweltgefährdende *siehe Unerlaubter Umgang mit gefährlichen Abfällen*
Abfallbesitzer **326** 27 ff, 103 f, 124, 128 f, 131
Abfallerzeuger **326** 103
Abfallstrafrecht *siehe Unerlaubter Umgang mit gefährlichen Abfällen*
Abfalltourismus **326** EntstG 7, 119 ff
Abwasser als ~ **324** 26a; **326** 3, 69
Begriff **Vor 324** 1; **N 326**; **326** 3 ff, 18, 19 ff; **330d** 8
– privatrechtsbezogener ~ **326** 24, 47
– Rechtsprechung zum ~ **326** 69
– strafrechtlicher ~ **326** 3 ff, 67 f
– subjektiver/objektiver ~ **326** 24, 47
– verwaltungsrechtsbezogener ~ **326** 24, 47, 49 f, 66
zur Beseitigung **N 326**; **326** 14 ff, 41, 43, 97
Betriebsbeauftragter für ~ **326** 132
Einfuhr, Ausfuhr, Durchfuhr **326** 123
Einziehung **330c** 2
fingierter ~ nach KrW-/AbfG **326** 30, 53, 68; **327** 17
flüssiger ~ **326** 3, 108
gasförmiger ~ **326** 19, 66, 127
gefährlicher ~ **326** 70 ff; **328** 30
gewillkürter ~ **326** 5 f, 24 f, 26 ff, 46, 127
kernbrennstoffhaltiger ~ **326** 85
radioaktiver ~ **326** EntstG 1, 4, 85, 125 ff, 140
Tiere kein ~ **326** 23
überwachungsbedürftiger ~ **326** 86
als Umweltproblem **326** EntstG 1
zur Verwertung **N 326**; **326** 13 ff, 41 f, 51; **327** 17
Wert einer Sache und Abfallbegriff **326** 64
Wirtschaftsgut und ~ **326** 6, 40, 46
Zwangsabfall **326** 5, 24 f, 47 ff, 127
Abführung des Mehrerlöses
als Maßregel der Besserung und Sicherung im Nebenstrafrecht **Vor 38** 6
Abführungspflicht
von Arbeitsentgelt **266a** 70
Abgabe
Begriff **353** 8 ff
Abgabenstrafrecht
Betrug und ~ **Vor 263** 42, 47; **263** 314, 319 ff, 331
Computerbetrug und ~ **263a** 82
Kreditbetrug und ~ **265b** 105, 115
Landesstrafrecht **Einl** 17

Abgabenstrafrecht (Forts.)
Subventionsbetrug und ~ **263** 319 ff; **264 a.F.** 5 f, 27 f, 84, 109 f, 117, 134, 161 ff, 167, 173
Untreue und ~ **266** 108, 167 f
Urkundenfälschung und ~ **267** 300, 310
Vorbereitung der Fälschung amtlicher Ausweise und ~ **275** 9
Vorenthalten/Veruntreuen von Arbeitsentgelt und ~ **266a** 43 f, 67, 71, 112
Abgabenüberhebung
Abgabe **353** 8 ff
Amtsfähigkeit, Verlust als Nebenfolge **353** 27; **358** 1 ff
Betrug und ~ **353** 23 f
DDR-Recht **353** 28
Erhebung für öffentliche Kasse **353** 16 ff
Erhebungsbefugnis **353** 5 f
fiskalischer Bereich, Abgrenzung **353** 12 f
Gebühr **353** 10
Gebührenüberhebung und ~ **353** 1 f, 8, 23
Gesetze/Verwaltungsvorschriften, einschlägige **353** 8, 15
Nichtablieferung **353** 18
Schutzgut **353** 1, 3
Steuer **353** 9
Täter **353** 4 ff
Unterschlagung und ~ **353** 25
Versuch **353** 20
Vorsatz **353** 19
Abgeben
kreditierter Waren/Wertpapiere **283** 77
Abgeordneter
kein Amtsträger **11** 29, 37; **331** 2
Ehrschutz, verstärkter **188** 3
Immunität *siehe dort*
Nötigung von Verfassungsorganen **106** 2
Privilegierung *siehe Parlamentarische Äußerungen/Berichte, Straflosigkeit*
(kein) Recht auf Kenntnis von Staatsgeheimnissen **93** 28; **94** 4
Rechtsbeugung **339** 23a ff
Ruhen der Verjährung bei Taten von Abgeordneten **78b** 2, 5
Abgeordnetenbestechung
Auslandstat **N 5**
Bestechungsdelikte, allgemeine und ~ **N 108e** 6
frühere Straffreiheit der ~ **Vor 107-108d** Vor 1; **108b** 1
Indemnität und ~ **36** 12a
konkretisiertes Abstimmungsverhalten **N 108e** 7
materielle Vergünstigung **N 108e** 5 f
Rechtsgut **N 108e** 1
Stimmenkauf/-verkauf **N 108e** 4 f
Unternehmensdelikt **N 108e** 5
Abhängigkeit
Mißbrauch der ~, Sexueller Mißbrauch unter Ausnutzung einer Amtsstellung **174b** 8 f
Prostitution **180a** 8; **181a** 4
Abhalten
von Rückkehr als Verschleppung **234a** 12 ff
Abhöranordnung, richterliche *siehe Lauschangriff*
Abhören **201** 17 ff
durch Ministerium für Staatssicherheit **206** 68
Polizei-/Taxifunk **201** 17
Abhörgerät **Vor 201** 11; **201** 2, 12, 17 f, 22, 30, 50
Abhörmaßnahmen *siehe Lauschangriff; siehe Telekommunikation – Überwachung*
Abklappen **326** 108
Abkömmling, leiblicher **173** 17
Abkommen, zwischenstaatliche
Verfolgungspflicht **6** 57 ff
Ablagern **326** 100, 107; **327** 16c
Ablassen **326** 108; **327** 16c
Ablationstheorie **242** 40, 43a
Ablichtungen
Urkundeneigenschaft **267** 111 ff, 217
Abmarkung
Grenzverrückung **274** 20 f
Abort *siehe Fehlgeburt*
Abrechnungsbetrug **263** 39, 135, 188, 267, 269, 293, 311
Abschiebungsfälle
von Verurteilten aus der DDR **Vor 38** 106
Abschiebungshaft
Freiheitsberaubung **239** 22
Gefangenenbefreiung **120** 18
Vollzug **38** 59
Abschlußbilanz **283** 131 f
Abschöpfen
illegal erlangter Gelder **261** 1
Abschreckung *siehe Generalprävention; siehe Spezialprävention*
Abschreibungsgesellschaft
Konkursstraftaten **283a** 7
Untreue **266** 120
Abschrift
Urkundeneigenschaft **267** 102, 105 ff
Absehen von der öffentlichen Klage **Vor 38** 55
Absehen von Strafe und ~ **60** 49
als Verurteilung, bedingte **Einl** 41
vorläufiges ~ **Einl** 41
Absehen von Strafe *siehe auch Tätige Reue*
Absehen von Erhebung öffentlicher Klage und ~ **60** 49
Alles-oder-Nichts-Prinzip **60** 8, 43

Absehen von Strafe (Forts.)
keine analoge Anwendung **60** 20
Anwendungsbereich **60** 9 ff
Ausnahmecharakter **60** 1
Aussagedelikte **157** 1 ff; **158** 1 ff
Begnadigungsrecht und ~ **60** 7
Bildung krimineller Vereinigungen **129** 79
Doppelselbstmord, fehlgeschlagener **60** 9
Drittschäden **60** 32
Eingriffe in den Bahn-, Schiffs- und Luftverkehr, gefährliche **315** 129
Einigungsvertrag, Anpassungsregelungen **Vor 38** 123
Einjahresgrenze **60** 11 ff
Einziehung und ~ **76a** 14
Ermittlung der verwirkten Strafe **60** 14 ff
Folgen der Tat für den Täter, schwerwiegende **60** 21 ff
Geldwäsche **261** 25
Jugendstrafrecht **60** 10
Kinderhandel **236** 121 ff
Körperschäden **60** 27
kriminalpolitische Bedeutung **60** 1 ff
neben Maßnahme **60** 45
neben Maßregel der Besserung und Sicherung **60** 45
Nichtanzeige geplanter Straftaten **139** 1 ff
obligatorisches ~ **60** 43
offensichtlich verfehlte Strafe **60** 33 ff
Revisibilität **60** 48
Schuldprinzip und ~ **60** 4
Schwangerschaftsabbruch **218a** 73
Sexueller Mißbrauch
- von Jugendlichen **182** 7
- von Schutzbefohlenen **174** 22 f
Strafzumessung und ~ **60** 44
Täter-Opfer-Beziehung, enge **60** 23
bei Tateinheit **52** 48; **60** 17
bei Tatmehrheit **60** 18 f
Teilnehmer **60** 10
Tötungsdelikte
- fahrlässige Tötung **222** 25
- Tötung auf Verlangen **60** 9; **216** 22
- vorsätzliche ~ **60** 9, 22
Unerlaubtes Entfernen vom Unfallort **142** 209
Verfahrensrecht **60** 46 f
Verfall und ~ **76a** 14
Versuch, grob unverständiger **23** 71
Vorenthalten/Veruntreuen von Arbeitsentgelt **266a** 87, 91 ff
Widerstand gegen Vollstreckungsbeamte **113** 46, 48 f
wirtschaftliche Eigenschäden **60** 28
Absehen von Strafverfolgung *siehe auch Opportunitätsprinzip*
bei Auslandstaten **Vor 93** 10
Politische Verdächtigung **241a** 26
bei Staatsschutzdelikten **Vor 93** 10
Absetzen/Absetzenhelfen
Hehlerei **259** 16, 24 ff
Absicht
aufwieglerische ~ **125** 61, 70
der Ausnutzung zu schwerer Straftat **307** 6
Auszusetzen **234** 34 ff
zur Begehung räuberischer Tat **316a** 44 f
Begünstigungsabsicht **94** 7, 11, 13
der Behinderung der Bundeswehr **109d** 12
Benachteiligungsabsicht
- Landesverrat **94** 7, 11, 13
- Urkundenunterdrückung **274** 56 ff
Bereicherungsabsicht
- Betrug **263** 185, 239, 248 ff, 288, 306, 334
- Computerbetrug **263a** 76
- Entziehung Minderjähriger **235** 85 ff, 107
- Erpressung **253** 20 ff, 31
- Falschbeurkundung, mittelbare **271** 82, 92 ff, 109
- Gewässerverunreinigung **324** 116 f, 118
- Hehlerei **259** 34
- Kinderhandel **236** 30 ff, 54, 73
- Privatgeheimnisse, Verletzung **203** 163
- Schwangerschaftsabbruch, Werbeverbot **219a** 7
Beschädigungsabsicht **316c** 43
als besonderes persönliches Merkmal **28** 38, 70
betrügerische ~ **265 a.F.** 25, 39; **265 n.F.** 9
Bundesregierung irrezuleiten **353a** 4
Einsatz gegen Bestand der Bundesrepublik oder Verfassungsgrundsätze **90** 12; **90a** 25; **90a** 6; **92** 8
Einwirkung auf die Führung eines Flugzeuges/Schiffes **316c** 36, 38
Entgelt nicht zu entrichten **265a a.F.** 50
Entgelt, Handeln gegen **236** 30 ff, 54, 73
der Ermöglichung einer Straftat
- Brandstiftung, besonders schwere **N 306b** 5
- Gefährdung des Bahn-, Schiffs- und Luftverkehrs **315b** 90
- Gefährliche Eingriffe in den Bahn-, Schiffs- und Luftverkehr **315** 116
- Mord **211** 8 ff
der Erregung öffentlichen Ärgernisses **183** 5
der Erschleichung **264 a.F.** 117 f
Förderungsabsicht **130a** 6, 24, 28, 32; **180a** 18; **311b** 13
Gebrauch zu ermöglichen **276** 16
Gebrauchsabsicht bzgl. Waffe
- Diebstahl mit Waffen **244** 10, 14
- Gefangenenmeuterei **121** 43

Absicht (Forts.)
- Landfriedensbruch, schwerer **125a** 5a
- Raub, schwerer **N 250** 7 f; **250** 22
- Widerstand gegen Vollstreckungsbeamte **113** 55

der Gefahrabwendung **Vor 32** 219; **34** 45 ff; **35** 38 ff
der Gewahrsamsbehauptung **252** 15, 17
der Gewalttätigkeit **124** 11 ff, 16
gewerbsmäßiger Begehung
- Diebstahl, besonders schwerer Fall **243** 35
- Förderung der Prostitution **180a** 18
- Zuhälterei **181a** 16

Gewinnsucht, Handeln aus **236** 73
der Gläubigerbegünstigung **283c** 31
der Gläubigerbenachteiligung **283** 26
der Herbeiführung einer schweren Folge **226** 28
der Herbeiführung einer Vermögensgefahr **263** 299
der Herbeiführung politischer Verfolgung **241a** 23
Herrschaft zu erlangen **316c** 36 f
der Herstellung von Kinderpornographie **N 176** 6
des Inverkehrbringens **146** 15, 21, 25; **148** 7 ff
sich Kenntnis zu verschaffen **107c** 3
Krieg herbeizuführen **100** 5
Mißbrauchsabsicht **145** 24 ff
der Nachteilszufügung **274** 56 ff
Nötigungsabsicht
- Aussageerpressung **343** 13
- Gefährliche Eingriffe in den Bahn-, Schiffs- und Luftverkehr **315b** 44
- Geiselnahme **239b** 3, 6

Offenbarungsabsicht **96** 4 f
pflichtgemäße Schutzbereitschaft zu untergraben **89** 6
Rettungsabsicht **16** 94
Schädigungsabsicht
- Entziehung elektrischer Energie **248c** 8
- Falschbeurkundung, mittelbare **271** 83, 101 ff, 109
- Gewässerverunreinigung **324** 118
- Mißbrauch ionisierender Strahlen **311a** 1, 9
- Privatgeheimnisse, Verletzung **203** 164

der Schuldnerbegünstigung **283d** 12
zu sexuellen Handlungen zu bringen **181** 7 ff, 13
sexueller Erregung **174** 19; **176** 16
sich oder Drittem Leistungen zu verschaffen **265 n.F.** 9
Sorge um das Wohl des Opfers auszunutzen **239a** 10 ff, 15, 18, 41
der Störung der Religionsausübung **167** 14, 17
der Störung einer Bestattungsfeier **167a** 19
strafbarer Verwendung pornographischer Schriften **184** 44 f
Strafverfolgung abzuwenden **157** 10 ff
der Täuschung einer fremden Macht **100a** 8
der Täuschung im Rechtsverkehr
- Datenverarbeitung, Beeinflussung **270** 1 ff
- Fälschung beweiserheblicher Daten **269** 25
- Fälschung technischer Aufzeichnungen **268** 53
- Mißbrauch von Ausweispapieren **281** 12
- Urkundenfälschung **267** 270 ff
- Verändern amtlicher Ausweise **273** 11

der Täuschung über Gesundheitszustand **279** 4
zur Täuschung von Behörden/Versicherungsgesellschaften **277** 21
der Überwindung von Widerstand **250** 22
Unglücksfall herbeizuführen **315** 112
der Verbreitung pornographischer Schriften **184** 44 f
der Verbringung in Sklaverei/Leibeigenschaft/Dienst in militärischer Einrichtung im Ausland **234** 34 ff
der Verbringung ins/des Vorenthaltens im Ausland **235** 107
der Verdeckung einer Straftat
- Brandstiftung, besonders schwere **N 306b** 5
- Gefährliche Eingriffe in den Bahn-, Schiffs- und Luftverkehr **315** 116
- Gefährliche Eingriffe in den Straßenverkehr **315b** 90
- Mord **211** 14 ff

Vereitelungsabsicht
- Pfandkehr **289** 24 ff
- Strafvereitelung **258** 21; **258a** 9
- Unerlaubtes Entfernen vom Unfallort **142** 164
- Zwangsvollstreckungsvereitelung **288** 1, 3, 14, 34 ff

Verfahren/Maßnahmen herbeizuführen **164** 31
Verfolgungsabsicht **344** 10
verkehrsfeindliche ~ **315b** 12, 16, 19, 32 f, 35, 41, 43 ff, 50 ff
Verletzungsabsicht **315b** 45
der Vermögensgefährdung **263** 299
Vermögensvorteil zu erlangen **181a** 16
Verratsabsicht **96** 4 f
Verteidigungsabsicht **Vor 32** 53 ff
als Vorsatzform **16** 76 ff
der Vorteilssicherung **257** 18

Absicht (Forts.)
Wettbewerbsabsicht **299** 32, 34, 45, 60
Wiederholungsabsicht **236** 73
Zerstörungsabsicht
- Angriffe auf den Luft- und Seeverkehr **316c** 43
- Völkermord **220a** 12 f
Zueignungsabsicht
- Diebstahl **242** 46, 52 ff
- Diebstahl, räuberischer **252** 17 ff
- Entziehung elektrischer Energie **248c** 7
- Gebrauch eines Fahrzeugs, unbefugter **248c** 7
- Jagdwilderei **292** 52 f, 61
- Raub **249** 14, 18
der Zweckentfremdung **264 a.F.** 93
Absichtsdelikt
agent provocateur **26** 79 f
Angestelltenbestechung **299** 11, 45, 53, 60
Beendigung **Vor 22** 25 f
mittelbare Täterschaft **25** 54, 140 ff
Räuberischer Angriff auf Kraftfahrer **316a** 4
Tateinheit **52** 20
Absichtsprovokation *siehe auch actio illicita in causa*
Notwehrlage **32** 282 ff, 285, 290, 295 ff, 306, 323
Notwehrüberschreitung **33** 71
Rechtfertigung und ~ **Vor 32** 62
Absichtsurkunde **267** 66 ff
Absolute Verjährung *siehe Verjährung*
Absorptionsprinzip **Vor 52ff** 3, 70; **52** EntstG, 43
Abspielen
Tonträger pornographischen Inhalts **176** 12
Absprachen, wettbewerbsbeschränkende
Abgabe eines Angebots **298** 28, 31
(keine) Absicht **298** 42
Absprache, Finalität **298** 38 ff
Absprache, rechtswidrige **Vor 298** 8; **298** 34 ff
Abzielen auf Angebotsannahme **298** 38 ff
Äußerungsdelikt **298** 31 f
Angebot **298** 29
Angestelltenbestechung und ~ **298** 52; **299** 52
Aufträge, öffentliche **298** 22
ausländisches Strafrecht **Vor 298** 13 ff
Auslandstat **298** 56
Ausschreibung
- Begriff **298** 21
- beschränkte ~ **298** 23
- öffentliche ~ **298** 22
- private ~ **298** 22
Ausschreibungsbetrug und ~ **Vor 298** 6; **298** 10
Außenseiter **298** 17, 33, 42
bandenmäßige Begehung **298** 51
besonders schwerer Fall **298** 51
Betrug und ~ **Vor 298** 9; **298** 5, 46, 51 f
Bietergemeinschaften **298** 36, 44
Entstehungsgeschichte **298** 1 ff
Garantenstellung **298** 48 f
Gefährdung, mangelnde **298** 14 f
Gefährdungsdelikt, abstraktes **298** 11 f, 14
Gemeinschaftsunternehmen **298** 36
Generalprävention **298** 8
Handlungsbefugnis für das Unternehmen **298** 16 f, 18, 49
Hilfspersonen **298** 18, 49
Internationales Strafrecht **298** 53 ff
Irrtum **298** 44
juristische Person **298** 17, 59
Kartellmitglied als Täter **298** 17, 47
Kausalität zwischen Absprache und Angebot **298** 33
Kollusion mit Ausschreibungsveranstalter **298** 16, 31, 39, 52
Konkurrenzen **298** 50 ff
kriminalpolitischer Hintergrund **298** 2, 4 ff
Leistungen, gewerbliche **298** 25, 27
Mehrerlösabschöpfung **298** 8
Mittäterschaft **298** 47 f
mittelbare Täterschaft **298** 18, 49
Offizialdelikt **298** 57
Ordnungswidrigkeitenrecht und ~ **298** 28, 52, 57, 59
Parallelwertung in der Laiensphäre **298** 44
Preisbildungsvorgang, Verletzung **298** 12
Rechtfertigungsgründe **298** 44
Rechtsgut **298** 9 ff, 54, 56
Ringbildung **298** 6, 40, 51
Schaden, volkswirtschaftlicher **298** 7 f
(kein) Sonderdelikt **298** 16
Strafaufhebungsgrund, persönlicher **298** 45
Strafwürdigkeit **Vor 298** 4, 6
Submissionsbetrug und ~ **Vor 298** 9; **298** 5, 46
Submissionskartell **Vor 298** 4, 8; **298** 4 ff
Subventionsbetrug und ~ **298** 52
Täterkreis **298** 16 ff, 47 ff
Tätige Reue **Vor 298** 10; **298** 32, 45 ff
Tätigkeitsdelikt **298** 13
Teilnahme **298** 43, 47 f
Unterlassen **298** 48 f
Verjährung **298** 58
Verletzungsdelikt **298** 12 f
(kein) Vermögensdelikt **298** 9, 58 f
Versuch **298** 43 ff
Vollendung **298** 28, 30, 43, 58
Vorsatz **298** 41 ff
Vorteilsgewährung und ~ **298** 52

Absprachen, wettbewerbsbeschränkende (Forts.)
Waren **298** 25 f
Wirtschaftsstrafkammer, Zuständigkeit **298** 59
Abstammung
Begriff **169** 10
Recht des Kindes auf Kenntnis seiner ~ **169** 10, 28
Abstiftung **26** 33 f
Abstimmungen
des Abgeordneten, Begriff **36** 39
Begriff **45** 20; **107** 2; **108d**
Abstimmungsfreiheit
des Abgeordneten *siehe Parlamentarische Äußerungen/Berichte, Straflosigkeit*
Abstraktes Gefährdungsdelikt *siehe Gefährdungsdelikt, abstraktes*
Abstufungstheorie, materielle **Vor 32** 21
Abtreibung *siehe Schwangerschaftsabbruch*
Abtreibungsmittel
Inverkehrbringen **219b** 1 ff
Abtretung
von Lohnansprüchen **266a** 68
als Untreue **266** 107, 118, 141
Abwägung
des Gefahrengrades beim rechtfertigenden Notstand **34** 60 f
Güterabwägung bei der Notwehr **32** 6, 224, 313 ff
Güterabwägungstheorie **34** 2
der Interessen beim rechtfertigenden Notstand **34** 21, 34, 53 ff, 76 ff
Interessenabwägungstheorie **34** 2 f
der Rechtsgüter beim rechtfertigenden Notstand **34** 34, 55 ff
bei der Strafzumessung **46** 57, 242, 265, 322 ff, 332
beim übergesetzlichen entschuldigenden Notstand **Vor 32** 217
Abwasser *siehe auch Gewässerverunreinigung*
als Abfall **324** 26a
Begriff **324** 26a
Gefährdung schutzbedürftiger Gebiete **329** 19, 28
Abwasserverordnung
Gewässerverunreinigung und ~ *siehe auch Überwachungswerte* **324** 104
Abwasserverwaltungsvorschriften
Gewässerverunreinigung und ~ *siehe auch Überwachungswerte* **324** 104
Abwickler
Parteiverrat **356** 19
Untreue **266** 49, 126
Vertreterhaftung **14** 49
Abwurfstangen **292** 58
Abzeichen, geschützte *siehe Mißbrauch von Titeln, Berufsbezeichnungen und Abzeichen*
Achtungsanspruch
Beleidigung als Angriff auf ~ **185** 1
von Rechtsgütern **Vor 13** 7
actio illicita in causa *siehe auch Absichtsprovokation*
Notstand, rechtfertigender **34** 70
Notwehr und ~ **32** 283, 291
Versuch **22** 168
actio libera in causa
Begriff **20** 77; **323a** 24
Begründung **20** 77 ff
error in persona und ~ **16** 15
fahrlässige ~ **20** 83; **323a** 38 ff, 236, 238, 336, 338
fahrlässige Herbeiführung des Defektzustandes **20** 81 f
Körperverletzung, fahrlässige und ~ **229** 11
Rechtswidrigkeit **323a** 33, 46
Schuldfähigkeit, verminderte und ~ **21** 14 ff
Schuldprinzip und ~ **20** 78
Schuldunfähigkeit aufgrund krankhaften Geschehens, Abgrenzung **20** 85
Schuldunfähigkeit, Ursachen **20** 84
Strafmilderung, Ausschluß **46** 98
Tatbestandslösung **20** 77 f
Tötungsdelikte und ~ **212** 29
Trunkenheit im Verkehr und ~ **316** 189, 230
Unerlaubtes Entfernen vom Unfallort und ~ **142** 237
Unterbringung in Entziehungsanstalt **64** 28
Verkehrsstrafrecht und ~ **315c** 65, 68
Verletzung der Unterhaltspflicht und ~ **170** 43
Versuch **22** 148, 165 ff, 177
Versuchsbeginn **22** 165 ff; **323a** 32, 36
Vollrausch und ~ **20** 76; **323a** 21, 43 f, 335 ff
vorsätzliche ~ **20** 79 f; **323a** 38 ff, 236, 238, 335, 339
Additionsklausel **302a** 36 ff
ADH-Methode **316** 19
Adoption
illegale Vermittlung von Kindern zur ~ *siehe Kinderhandel*
Schwangerschaftsabbruch und ~ **218a** 43 f
Adoptiveltern
Angehörigenverhältnis **11** 13
Entziehung Minderjähriger **235** 12
Förderung sexueller Handlungen Minderjähriger, Erzieherprivileg **180** 11
Kinderhandel **236** 7
Adoptivkind
Angehörigenverhältnis **11** 13
Aussetzung **221** 37
Beischlaf zwischen Verwandten **173** 17 f;

Adoptivkind (Forts.)
Sexueller Mißbrauch **174** 17
Unterhaltspflicht, Verletzung **170** 17;
Ämterpatronage
als Untreue **266** 144
Äquivalenztheorie **33** 71
Ärgernis, öffentliches *siehe Erregung öffentlichen Ärgernisses*
Aerosole
als Schadstoffe **325** 5
Ärztlicher Eingriff
Wehrpflichtentziehung **109** 20
Äußere Sicherheit *siehe Sicherheit, äußere*
Äußerung
Begriff **36** 40 f
parlamentarische ~ *siehe Parlamentarische Äußerungen/Berichte, Straflosigkeit*
Äußerungsdelikt
Absprachen, wettbewerbsbeschränkende **298** 31 f
Beleidigung **185** 10
Belohnung/Billigung von Straftaten **140** 16
Bildung krimineller Vereinigungen **129** 57
Öffentliche Aufforderung zu Straftaten **111** 10a
parlamentarische Äußerungen/Berichte, Straflosigkeit *siehe dort*
Störpropaganda gegen die Bundeswehr **109d** 3
Subventionsbetrug **264 a.F.** 77
Verunglimpfung des Andenkens Verstorbener **189** 3
Volksverhetzung **130** 4, 28
Vollendung **Vor 22** 18; **22** 15
Affekt
asthenischer ~ **20** 54, 56; **33** 60, 68; **315c** 146
Begriff **20** 54; **33** 59
Furcht **33** 60 ff
Geburtsaffekt und Kindestötung **213** 15
Notwehrexzeß, Mitursache **33** 69 ff
Schuldfähigkeit und ~ **20** 54 ff; **212** 24, 27 f
sthenischer ~ **20** 54, 56
verschuldeter ~ **20** 60 ff; **211** 5; **212** 27
Verwirrung als Folge eines Affektes **33** 32, 59, 66 ff
Vorsatz und ~ **16** 107
Wut **33** 55, 58, 68
Zorn **33** 56, 68, 74
Affektionsinteresse
Vermögensschaden und ~ **263** 128, 155, 177 f, 183, 200 f, 204
Affektivdelikt
Unerlaubtes Entfernen vom Unfallort **142** 12
Affekttat
Affekttotschlag **211** 35; **213** 3 ff
Opferverhalten und ~ **20** 59
Schuldfähigkeit **20** 54, 56
Unterbringung in psychiatrischem Krankenhaus nach ~ **63** 6
Agent **99** 6
Agent provocateur **94** 8; **111** 27
Anstiftung, fehlender Vorsatz **26** 67 ff; **30** 21
Beihilfe, fehlender Vorsatz **27** 48
Notstand, rechtfertigender, Anwendbarkeit **34** 17a
Straflosigkeit **Vor 26** 2; **26** 67 ff
Vorsatz, fehlender **Vor 22** 33, 38, 131; **22** 39
Agententätigkeit, geheimdienstliche
Agent **99** 6
Ausforschungaktivitäten gegen Ausländer(organisationen) **99** 9
Ausüben **99** 2 f
Befragung/Vernehmung durch fremden Geheimdienst **99** 6
Beihilfe **99** 16
besonders schwerer Fall **99** 17 ff
bürgerliche Statusrechte, Verlust als Nebenfolge **99** 27; **101** 1 ff
gegen die Bundesrepublik **99** 8 ff
kein Dauerdelikt **Vor 52ff** 35
Einwilligung, rechtfertigende **99** 15
Einziehung **97** 27; **101a** 1 ff
Erlaubnis, behördliche **99** 15
Euratom-Geheimnis **99** 11
Fluchthelfer, Bespitzelung **99** 10
Gefährdungsdelikt, abstraktes **99** 1
Gefahr schweren Nachteils **99** 19
Geheimdienst fremder Macht **99** 5
geheimdienstliche Tätigkeit **99** 4
Handlungseinheit **99** 3
klassische Spionage **99** 6
Konkurrenzen **99** 23
konspirative Methoden **99** 7
Kurier **99** 6
Lieferung **99** 12
Mittäterschaft **99** 16
Mitteilung **99** 12
NATO-Geheimnis **99** 10
NATO-Staaten und ihre Truppen **99** 11
Rechtsgut **99** 1, 15
Resident **99** 6
Sichbereiterklären **99** 14
Subsidiaritätsklausel **99** 24
Tätige Reue **99** 22
Technologie-Beschaffung **99** 6
Verbände, Ausforschung **99** 10
Verfassungsmäßigkeit **99** 1, 11
Verjährung **Vor 93** 22; **99** 3
Versuch **99** 16
als Vorbereitung, strafbare **Vor 22** 7
Vorsatz **99** 13

Agententätigkeit, landesverräterische
Ausüben **98** 2
Beihilfe **98** 9
besonders schwerer Fall **98** 10
bürgerliche Statusrechte, Verlust als Nebenfolge **101** 1 ff
Einziehung **101a** 1 ff
Euratom-Geheimnis **98** 8
Handlungseinheit **98** 6a
Konkurrenzen **98** 1, 20
Landesverrat, Abgrenzung **94** 3
NATO-Geheimnis **98** 8
Sichbereiterklären **98** 7
Subsidiaritätsklausel **98** 3, 20
Tätige Reue **98** 11 ff
Versuch **98** 9
als Vorbereitung, strafbare **Vor 22** 7
Vorsatz **98** 6
Zweckrichtung **98** 3
Agententätigkeit zu Sabotagezwecken **N 87**; **87** 1 ff
Eingriffe in den Bahn-, Schiffs- und Luftverkehr, gefährliche und ~ **315** 133
Landfriedensbruch und ~ **125** 45
NATO-Staaten und ihre Truppen **87** 19
Störung öffentlicher Betriebe und ~ **316b** 38
Aggression
völkerrechtswidrige ~ **80** 1
AIDS *siehe HIV-Infektion*
Akademische Grade *siehe Mißbrauch von Titeln, Berufsbezeichnungen und Abzeichen*
Akteneinsicht, Recht auf **203** 147 f
Aktien
Wertpapierfälschung **151** 3
Aktiengesellschaft
Bilanzierungsfristen **283** 147
Insolvenzanfälligkeit **Vor 283** 20
Täter einer Konkursstraftat **Vor 283** 64
Untreue **266** 49 f, 62 f, 107, 126, 141
Vorstand, Angestelltenbestechlichkeit/-bestechung **299** 15
Aktienstrafrecht
Betrug und ~ **Vor 263** 7, 47; **263** 323
Aktiva
Begriff **283** 130
Verminderung der ~ **Vor 283** 26
Aktualisierung
Ehrverletzung durch Reaktualisierung **192** 7
Aktunwert
Notstand, rechtfertigender **34** 71
bei Teilnahme **Vor 26** 19
Akzeptkredit **265b** 41 f, 46, 107
Akzessorietät
extreme ~ **Vor 52ff** 58
hypothetische ~ **30** 2
limitierte ~
– Beteiligung an einer Notstandstat **35** 71
– Entstehungsgeschichte **Vor 25** 1 f
– Prinzip **Vor 26** 23 ff; **29** 1
Lockerung der ~ bei Vorliegen/Fehlen besonderer persönlicher Merkmale **28** 1 ff
Teilnahme als akzessorischer Rechtsgutsangriff **Vor 26** 7 ff, 22; **28** 3
der Teilnahme
– Begriff **Vor 26** 23
– extreme Akzessorietät **Vor 26** 23; **26** 114
– Hyperakzessorietät **Vor 26** 23
– minimale Akzessorietät **Vor 26** 23
– Verursachungstheorie, akzessorietätsorientierte **Vor 26** 17 ff; **28** 2 f
Verwaltungsakzessorietät *siehe dort*
Zivilrechtsakzessorietät *siehe dort*
aliud-Theorie **292** 68 f
Alkohol
Alkoholempfindlichkeit **323a** 87, 122, 124, 140, 145, 311
Alkoholpsychose **20** 43; **323a** 76, 124 f, 132, 211; **323b** 15
als Rauschmittel **323a** 83 ff
Richtlinien zur Feststellung von Alkohol-, Medikamenten- und Drogeneinfluß **316** 255
Wechselwirkungen mit anderen Rauschmitteln **323a** 142 ff
Wirkungsweise **316** 16; **323a** 89, 114
Alkoholabhängigkeit *siehe auch Drogenabhängigkeit*
als Abartigkeit, seelische **323a** 75, 79, 311, 373
Demenz **323a** 76, 125, 132; **323b** 15
epidemiologische Studien **323a** 13 f
als geistiger Mangel **315c** 63
krankheitsbedingte ~ **323a** 79, 307, 311
Nachschulungskurse alkoholauffälliger Kraftfahrer **69** 94, 97 ff
Rausch und ~ **20** 42; **323a** 125
Schuldfähigkeit und ~ **20** 32, 42; **21** 24; **212** 26; **323a** 75 ff
Sexueller Mißbrauch unter Ausnutzung eines Beratungsverhältnisses u.a. **N 174c** 2
Ungeeignetheit zum Führen von Kraftfahrzeugen und ~ **69** 51
Unterbringung
– in einer Entziehungsanstalt **64** 8 ff; **323a** 304 ff
– in einem psychiatrischen Krankenhaus **63** 67 ff; **323a** 307, 311 ff
– in Sicherungsverwahrung **323a** 314
als Willens-/Charakterschwäche **323a** 75, 79, 307
Alkoholdelikt
Gefährdung des Bahn-, Schiffs- und Luftverkehrs **315a** 14
Unerlaubtes Entfernen vom Unfallort **142** 11

alkoholisierter Täter **142** 10 f, 237
Alkoholmißbrauch *siehe Alkoholabhängigkeit*
Alkoholrausch *siehe Rausch*
Alkoholschmuggel
Strafverfolgung, völkerrechtliche Vereinbarungen **Vor 3** 14 ff
Alkoholsucht *siehe Alkoholabhängigkeit*
Allgemeine Gesetze
Grundrechtsschranken **193** 5
Allgemeines Persönlichkeitsrecht *siehe auch Persönlichkeitsschutz, postmortaler*
bürgerlichrechtlicher Schutz **Vor 201** 5, 14; **201** 25, 35
Sphärentheorie **Vor 201** 2 ff
strafrechtlicher Schutz **113** 37a; **Vor 201** 1, 6 ff; **201** 1 f, 25; **203** 4, 15, 20
Allgemeinheit
Gefährlichkeit des Täters für die ~, Prognose im
Maßregelrecht **63** 58 ff; **66** 144 ff; **N 68c** 8; **68** 11; **69** 58 ff
Informationsinteressen, berechtigte der ~ **193** 20
Rechtsgüter der ~ **323c** 59; **339** 7; **340** 1
Schutz der ~ als Rechtsgut **132a** 2
Schutz der ~ vor ungerechtfertigter Inanspruchnahme **Vor 169** 12; **170** 7, 25
Allgemeinwohl
Gefährdung durch Unerlaubten Umgang mit gefährlichen Abfällen **326**
Alter
strafmildernde Bedeutung **46** 26a
zum Zeitpunkt der Tatbegehung, Strafmündigkeit **19** 4
Alternativer Vorsatz *siehe Vorsatz*
Alternativität
von Tatbeständen **Vor 52ff** 69
Alternativverhalten
bei Fahrlässigkeitstat **16** 185 ff
Altlasten **326** 107; **327** 34
Begriff **324a** 29
ökologische Schäden durch ~ **324** 51a; **324a** 29, 35
Altöl **326** 66
Amnestie
Beendigung und Amnestiefähigkeit einer Tat **Vor 22** 33
in der DDR **Vor 3** 396; **Vor 38** 105
für DDR-Spionage gegen die Bundesrepublik **Vor 93** 3, 18 f, 21 f
Maßregeln **Vor 61ff** 75
in Teilgebieten, Reichweite **Vor 3** 388
Unterbringung in psychiatrischem Krankenhaus **63** 36
Amokläufer
Notwehr gegen ~ **32** 63
Amphetamin
als Rauschmittel **316** 145 f; **323a** 101
Wechselwirkungen mit Alkohol **316** 133
Amt
öffentliches ~, Begriff **45** 3 ff; **132** 7 ff
inländisches öffentliches ~ **132** 10
kirchliches ~, kein öffentliches Amt **45** 5
Verlust der Fähigkeit, öffentliches ~ zu bekleiden *siehe Amtsfähigkeit, Verlust*
Amt für Sicherheit der Bundeswehr
Eingriffe in den pers. Lebens- und Geheimbereich **Vor 93** 12
Amtsanmaßung
Amt, öffentliches
– Begriff **132** 7 ff
– inländisches ~ **132** 10
amtliches Schreiben, nachgemachtes **132** 21 f, 31
Amtsträger als Täter **132** 36, 41
Anmaßung militärischer Befehlsbefugnisse und ~ **132** 11
Anschein der Amtlichkeit, äußerer **132** 19 ff
Ausübung öffentlichen Amtes **132** 12 ff
Begehungsformen, Verhältnis **132** 24
beliehene Private **132** 7, 33 f
DDR-Alttaten **Vor 125-145d** 10
(kein) eigenhändiges Delikt **132** 37
Entstehungsgeschichte **132** Vor 1
Erschleichung eines Amtes und ~ **132** 3, 27
Freiheitsberaubung und ~ **132** 41
Gefährdungsdelikt, abstraktes **132** 6
hoheitliche Handlungsqualität **132** 12, 18 ff
Inanspruchnahme einer Amtsstellung **132** 12, 14 f
Irrtum **132** 33 ff
Konkurrenzen **132** 24, 41
Kriminal-/Rechtspflegestatistik **132** 2
Lücken im Strafschutz **132** 10, 11
Mißbrauch von Titeln, Berufsbezeichnungen und Abzeichen und ~ **132** 41; **132a** 26
Mittäterschaft **132** 37 f
mittelbare Täterschaft **132** 37, 39
Nötigung und ~ **132** 41
Rechtfertigung **132** 28 f
Rechtsgut **132** 4, 10
Siegelbruch und ~ **132** 23
unbefugt **132** 3, 26 ff
Urkundenfälschung und ~ **132** 32, 41
Verstoß gegen dienstrechtliche Beschränkungen und ~ **132** 36
Vorsatz **132** 30 ff
Amtsarzt *siehe auch Arzt*
Ausstellen unrichtiger Gesundheitszeugnisse **278** 2, 14
Falschbeurkundung, mittelbare **271** 13
Offenbarungsbefugnis **203** 155

Amtsarzt (Forts.)
Schweigepflicht **203** 1, 9, 45
Strafvereitelung durch Unterlassen **258** 13
als Täter einer Verfolgung Unschuldiger **344** 2
Amtsbezeichnungen, geschützte *siehe Mißbrauch von Titeln, Berufsbezeichnungen und Abzeichen*
Amtsdelikt *siehe auch Strafantrag*
allgemeines ~ **Vor 331** 13
Amtsfähigkeit, Verlust als Nebenfolge **358** 1 ff
Amtsträgereigenschaft
– Nichtigkeit der Anstellung **Vor 331** 6
– als strafbegründendes persönliches Merkmal **Vor 331** 11, 13
– als Strafschärfungsgrund **Vor 331** 12
Angestelltenbestechlichkeit/-bestechung und ~ **299** 18, 52
Auslandstat **5** 86 ff, 89 f
Ausscheiden aus dem Amt und Strafbarkeit **Vor 331** 5
besonderes ~ **Vor 331** 13
– Aussageerpressung **343** 1
– Verfolgung Unschuldiger **344** 1
– Vorteilsannahme durch Richter/Schiedsrichter **331** 20
Bestechungsdelikte allgemein **Vor 331** 14 ff
Bundeswehrangehörige als Täter **Vor 331** 4
echtes ~
– Aussageerpressung **343** 1
– Begriff **Vor 331** 11
– Post- und Fernmeldegeheimnis, Verletzung **206** 45
– Verfolgung Unschuldiger **344** 1
– Verleitung eines Untergebenen zu einer Straftat und ~ **357** 1
– Vollstreckung gegen Unschuldige **345** 1
– Vorteilsannahme **331** 1
Entstehungsgeschichte **N 331-338** 3 ff; **Vor 331** 1 ff
Irrtum **Vor 331** 7
Pflichtenstellung als Tatbestandsmerkmal **Vor 331** 7
Rechtsbeugung, kein echtes ~ **339** 4
Rechtsgut **Vor 331** 8 f
Schiedsrichtervergütung **N 331-338** 24; **335a** 1 ff; **N 337**
als Sonderdelikt **Vor 331** 10
Spezialität **Vor 52ff** 87
Täter **Vor 331** 4
Täterschaft **25** 37
Teilnahme **Vor 331** 11 f
unechtes ~
– Begriff **Vor 331** 12
– Gefangenenbefreiung **120** 3
– Körperverletzung im Amt **340** 1, 10
– Strafvereitelung im Amt **258a** 1
– Vertraulichkeit des Wortes, Verletzung **201** 1, 48
– Verwahrungsbruch **133** 23
Unterlassen einer richterlichen bzw. Diensthandlung **N 331-338** 24; **Vor 331** 14; **335** 1 ff; **N 336**
Verfahrensrecht **Vor 77** 9 ff
Vorsatz **Vor 331** 7
Amtsdirektor
Untreue **266** 121
Amtsfähigkeit, Verlust
Ämter, öffentliche **45** 3 ff
automatischer ~ **45** 9 ff
Dauer **45** 10, 16; **45a** 3 ff
Eintritt **45a** 2
fakultativer ~ **45** 13 ff; **358** 1 ff
als Nebenfolge **Vor 38** 4; **45** 1
Rechte/Rechtsstellungen, Erlöschen **45** 17 f
Rechtsgeschichte **44** 1 f
Regelungen im Besonderen Teil **92a** 1 ff; **101** 4; **102** 6; **109i** 1; **264 a.F.** 154 ff; **358** 1 ff
Wehr-/Zivildienst, Ausschluß **45** 36
weitere Rechtsfolgen **45** 34 ff
Wiederverleihung **45b** 1 ff
Amtsführung
Schutz der Ordnungsmäßigkeit der ~ als Rechtsgut **Vor 331** 8
Amtshandlung
Angriff durch rechtswidrige ~ **32** 64 ff, 68 ff
Notwehr gegen rechtswidrige ~ **32** 68 ff
Amtshilfe **203** 53, 150, 152 f
Dienstgeheimnis, Verletzung und ~ **353b** 23
Amtspflegschaft
Untreue **266** 48
Amtsrechte
Bordgewalt **Vor 32** 159
Festnahme **Vor 32** 155 ff
Notstand, rechtfertigender und ~ **34** 87
Privatpersonen **Vor 32** 155 ff
Prüfung der Sachlage, pflichtgemäße **Vor 32** 146 ff
als Rechtfertigungsgründe **Vor 32** 142 ff
Schußwaffengebrauch **Vor 32** 150 ff; **212** 11 ff
Selbsthilfe **Vor 32** 158
Zuständigkeit des Beamten **Vor 32** 143
Amtsträger *siehe auch Beamter; siehe auch Richter*
Abgabenüberhebung **353** 4 ff
Abgeordneter kein ~ **11** 29, 37; **331** 2
Amtsanmaßung **132** 36, 41
Amtsträgereigenschaft
– als besonders persönliches Merkmal **28** 60
– als strafbegründendes persönliches Merkmal **Vor 331** 11, 13

Amtsträger (Forts.)
- als Strafschärfungsgrund **Vor 331** 12
- Vorsatz bezüglich ~ **11** 66
„Anfüttern" von Amtsträgern **N 331-338** 8, 12, 21
Angestelltenbestechlichkeit/-bestechung **299** 17 f
Ausländer als ~ **11** 20; **Vor 331** 4
ausländischer ~, Auslandstat **5** 89 f
ausländischer Beamter kein ~ **11** 20
Auslandstaten **5** 86 ff, 89 f
Auslandstaten gegen ~ **5** 91 ff
Aussageerpressung **343** 3
Beamter **11** 23 ff
Begriff **11** 18 ff; **N 331-338** 6
Bestellte für Aufgaben der öffentlichen Verwaltung **11** 30 ff
Betrug, besonders schwerer Fall **263** 301
Bodenverunreinigung **324a** 62
der DDR **11** 21 f
Dienstgeheimnis, Verletzung **353b** 3
Europäische Gemeinschaft, Bedienstete **11** 20; **Vor 331** 4
Fälschung technischer Aufzeichnungen, besonders schwerer Fall **268** 59
Falschbeurkundung im Amt **348** 2 ff
fehlerhafte Erteilung/Belassung von Gestattungen **324** 54
Garantenpflicht **13** 29, 41
Gebührenüberhebung **352** 2 f
Gefangenenbefreiung **120** 3, 39
Gewässerverunreinigung **324** 52 ff
Inhaber sonstigen öffentlichen Amtes **11** 28
Kirchenbeamter kein ~ **11** 29; **133** 20
Körperverletzung gegen ~, Strafantrag **230** 3
Körperverletzung im Amt **340** 4
Leistungskürzung **353** 22
Mitglieder von parlamentarischen Untersuchungsausschüssen als ~ **339** 23e
Nötigung
- durch Amtsträger **240** 123
- von Amtsträgern **240** 104 ff
Notrechtsvorbehalte **34** 18
Notwehr gegen ~ **32** 65 ff
Offenbarungspflichten/-rechte **203** 1, 128, 154
Rechtsbeugung **339** 4, 6 f, 16 ff, 23e
Richter **11** 27
Schweigepflicht **203** 1, 37, 45, 47, 50, 71, 154, 168; **353b** 31
Sexueller Mißbrauch unter Ausnutzung einer Amtsstellung **174b** 6
Soldat als ~ **11** 29, 39; **132** 11
Steuergeheimnis, Verletzung **355** 5 f
Strafantragsrecht **77a** 2, 13
strafrechtliche Haftung
- für unbefugte Haftentlassung **120** 27 f
- für Vollzugslockerung **120** 23c, 27a
Strafvereitelung im Amt **258a** 2 f
Subventionsbetrug **264 a.F.** 23 f, 87, 148 ff
Umweltstraftaten **Vor 324** 50 f
Untreue **266** 107, 121, 143
Urkundenfälschung, besonders schwerer Fall **267** 308
Verfolgung Unschuldiger **344** 2
Verleitung eines Untergebenen zu einer Straftat **357** 2
Verletzung innerbehördlicher Dienstaufsicht **324** 54
Verrat von Staatsgeheimnissen **97** 7; **97b** 7
Verstrickungsbruch **136** 15
Verwahrungsbruch **133** 17, 20 ff
Vollstreckung gegen Unschuldige **345** 2
Vortäuschen der Amtsträgereigenschaft **132** 14 f
Widerstand gegen Vollstreckungsbeamte **113** 1, 4 ff
Amtsuntreue **266** 121, 143 f
Amtsverschwiegenheit *siehe auch Amtsträger - Schweigepflicht* **203** 11, 15
Amtsvormundschaft
Untreue **266** 48
Analgetika *siehe Schmerzmittel*
Analogieverbot **1** 72 ff; **2** 1
Amtsanmaßung **132** 10
Analogie zugunsten des Täters **1** 77 ff; **49** 11, 20
Angriffe auf den Luft- und Seeverkehr **316c** 11, 15
Aufhebung durch NS-Gesetzgeber **1** EntstG, 75 f
Auslegung und ~ **1** 84, 87
außerstrafrechtliche Analogie **1** 82
Beitragsbetrug **1** 82
Belohnung/Billigung von Straftaten **140** 3
Diebstahl, Qualifikationstatbestände **244** 1
Einziehung und ~ **1** 73
Entziehung elektrischer Energie **1** 74
Falsche Verdächtigung **164** 10
Freiheitsberaubung **239** 8 f
Gefährdung des Straßenverkehrs **315c** 71
Gefährliche Eingriffe in den Bahn-, Schiffs- und Luftverkehr und ~ **315** 41
Gewaltdarstellung **131** 15
Herleitung **1** 72
Internationales Strafrecht und ~ **Vor 3** 126, 133
Körperverletzung mit Todesfolge **227** 4
Körperverletzung, gefährliche, Werkzeugbegriff **1** 87; **224** 27

Analogieverbot (Forts.)
Landfriedensbruch, besonders schwerer Fall **125a** 14
Maßregeln und ~ **1** 68, 73; **Vor 61ff** 38
Menschenraub **234** 25, 30
Privatgeheimnisse, Verletzung **203** 168
Räuberischer Angriff auf Kraftfahrer **316a** 50
Rechtfertigungsgründe und ~ **Vor 32** 36 ff
Regelbeispieltechnik und ~ **1** 83
Reichweite **1** 72 f, 77
Störung des öffentlichen Friedens durch Androhung von Straftaten **126** 4
Straffreiheit/-milderung und ~ **2** 1
Umweltgefährdende Abfallbeseitigung **326** 81
Unerlaubtes Entfernen vom Unfallort **142** 81, 84, 89, 90, 125, 135 f, 181, 203
Unterschlagung (Auslegung, große berichtigende) **1** 74; **246** 10
Verfahrensrecht und ~ **1** 66
Wehrpflichtentziehung **109** 2
Widerstand gegen die Staatsgewalt **Vor 110** 7
Widerstand gegen Vollstreckungsbeamte **113** 7
Zweck **1** 73
Anarchie **81** 10
Anbahnungsgespräch **356** 53
Anbieten
pornographischer Schriften **184** 20, 29, 34
Schwangerschaftsabbruch, Werbeverbot **219a** 4
Anbordbringen/Anbordnehmen
von Bannware **297** 4
Andenken Verstorbener
Verunglimpfung **189** 1 ff
Anderer
iSd Notwehrrechts **32** 147 ff, 152 ff, 170
Andeutungstheorie **292** 96; **297** 1
Aneignungsdelikte **242ff**
Fischwilderei **293** 1
Jagdwilderei **292** 1 f
Urkundenunterdrückung und ~ **274** 68 ff
Aneignungsrecht
Fischwilderei **293** 1
Jagdwilderei **292** 6
Anencephalus
Schwangerschaftsabbruch **218** 4
Tötung **Vor 211** 6
Anerbieten
angemessener Leistungen bei Bewährungsauflagen **56b** 22
angemessener Leistungen bei Verwarnung mit Strafvorbehalt **59a** 4
Anerkennungsverhältnis **Vor 22** 88 f; **22** 75
Angabe
falsche ~, Personenstandsfälschung **169** 18 ff
fehlende ~, Kapitalanlagebetrug **264a** 40
schriftliche ~, Kreditbetrug **265b** 63 ff
unrichtige ~
– Kapitalanlagebetrug **264a** 40, 53 ff
– Kreditbetrug **265b** 68 ff
– Subventionsbetrug **264 a.F.** 76 ff, 100, 116
unvollständige ~
– Kapitalanlagebetrug **264a** 56, 62, 81
– Kreditbetrug **265b** 69 ff
vorteilhafte ~, Kapitalanlagebetrug **264a** 59
Angebot
Abgabe eines Angebots **298** 28, 31
Angehöriger
Angehörigenbegünstigung, Mord zur Verdeckung einer Straftat und ~ **211** 12
(keine) Anzeigepflicht von Straftaten **Vor 32** 210; **139** 14 ff
Begriff **11** 2 ff
Fischwilderei, Antragserfordernis **294** 2
Gefahr für Angehörige, Notstand **35** 31 f
gewalttätiger, eine Dauergefahr darstellender ~ **35** 37
Haus- und Familiendiebstahl **247** 4
Jagdwilderei, Antragserfordernis **294** 2
Strafvereitelung, Straflosigkeit **Vor 32** 210; **258** 37 ff
Totschlag nach Angehörigenmißhandlung/-beleidigung **213** 3 ff
Angehörigenprivileg
als Entschuldigungsgrund, spezieller **Vor 32** 210
kein Strafausschließungsgrund **Vor 32** 227
Angelegenheit
anvertraute ~ **356** 80
Erlöschen **356** 86
Mandant **356** 80
Umfang **356** 82
Angelschein **293** 2
Angemessenheit
der Interessenwahrnehmung **193** 25
Angemessenheitsklausel
Notstand, rechtfertigender **34** 78 ff
Angestelltenbestechlichkeit/-bestechung
Absicht **299** 32, 34, 45, 60
Absichtsdelikt **299** 11, 45, 53, 60
Absprachen, wettbewerbsbeschränkende und ~ **298** 52; **299** 52
Alttaten, Rückwirkung **301** 12; **302** 5
Amtsdelikte und ~ **299** 18, 52
Amtsträger **299** 17 f
Angestellter **299** 14 ff

Angestelltenbestechlichkeit/-bestechung (Forts.)
Annehmen **299** 40, 42, 46
Antragsdelikt, relatives **299** 57; **301** 1
Architekt **299** 17
Aufsichtsratsmitglieder **299** 17
ausländisches Strafrecht **Vor 298** 21 ff
Auslandstat **299** 56
bandenmäßige Begehung **300** 6; **302** 2 ff
Beamter **299** 15
Beauftragter **299** 17
Beendigung **299** 60
Behörde, öffentliche **299** 15, 18
besonders schwerer Fall **300** 1 ff; **301** 8
Betrieb, geschäftlicher **299** 18
Betriebsinhaber als Täter **299** 13
Betrug und ~ **299** 51
Bevorzugung **299** 31
Drittvorteil **299** 25
Entstehungsgeschichte **299** 1 f
Erpressung und ~ **299** 51
Fordern **299** 40 f, 46
freie Berufe **299** 18
Gefährdungsdelikt, abstraktes **299** 9 f, 12, 47
Generalprävention **299** 2
Geschäftsführer **299** 15, 17
Geschäftsherr als Verletzter **301** 3
Geschäftsherr, Schutz als Rechtsgut **299** 6
gewerbsmäßige Begehung **300** 5; **302** 2 ff
Handeln im Geschäftsverkehr **299** 20 ff
Handelsvertreter **299** 17
Industrieverkäufer **299** 14
Innentendenz, Delikt mit überschießender **299** 11
Internationales Strafrecht **299** 54
Irrtum **299** 44
Kammern, Antragsberechtigung **301** 4
Konkurrenzen **299** 50 ff
Kreditvergabe **299** 35
kriminalpolitischer Hintergrund **299** 1 f
Kundenschutz als Rechtsgut **299** 7
Leistungen, gewerbliche **299** 29 f
Mitbewerber
- Schutz der ~ als Rechtsgut **299** 5
- als Täter **299** 19
- als Verletzter **301** 2
Mitteilungspflicht der Finanzbehörden **299** 58
öffentliches Interesse an Strafverfolgung, besonderes **301** 6 ff
Parallelwertung in der Laiensphäre **299** 44
Privatklagedelikt **301** 11
Rechtfertigungsgründe **299** 47 ff
Rechtsgut **299** 5
Rechtswidrigkeit **Vor 298** 7
Reformdiskussion **299** 3 f
Sichversprechenlassen **299** 40, 42, 46
Sittenwidrigkeit **299** 38
(kein) Sonderdelikt **299** 13, 19
Sozialadäquanz **299** 27, 49, 54 f
Strafantrag **77** 37; **299** 57; **301** 1
Submissionsabsprachen und ~ **298** 52; **299** 52
Täterkreis **299** 6, 13 ff
Tätigkeitsdelikt **299** 43
Teilnahme **299** 13, 40
Unlauterkeitserfordernis **Vor 298** 7; **299** 36 ff
Unrechtsvereinbarung **299** 28
Unternehmensberater **299** 17
Untreue und ~ **299** 51
Verbände, Antragsberechtigung **301** 4
Verfall, erweiterter **302** 2 ff
Verjährung **299** 60; **301** 12
Verletzter **299** 6, 56; **301** 2
Verletzungsdelikt **299** 10
Vermittlungsunternehmen **299** 14
Vermögen als Rechtsgut **299** 5, 55
Vermögensstrafe **302** 3 ff
Vollendung **299** 43
Vorsatz **299** 44
Vorstandsmitglieder einer AG **299** 15
Vorteil **299** 24 ff
Vorteil großen Ausmaßes **300** 3 f
Waren **299** 29 f
Wettbewerb
- Bevorzugung im ~ **299** 32 ff
- fairer ~ als Rechtsgut **298** 5
Wettbewerbsabsicht **299** 32, 34, 45, 60
Wirtschaftsstrafkammer, Zuständigkeit **299** 61
zu Zwecken des Wettbewerbs **299** 32 ff, 45 f

Angestellter
Bestechlichkeit/Bestechung **299** 14 ff

Angriff
durch Amtshandlung, rechtswidrige **32** 64 ff, 68 ff
gegen Auslandsorgane/Auslandsvertreter **102** 1 ff
Begriff **32** 23; **316a** 9
Gegenwärtigkeit des Angriffs und Beendigung der Tat **Vor 22** 33, 38
auf die Entschlußfreiheit **316c** 26 ff
auf Kraftfahrer *siehe Angriff auf Kraftfahrer, räuberischer*
auf Leib oder Leben **102** 4
auf die Menschenwürde **130** 4, 7, 11 ff
auf den Luft- und Seeverkehr *siehe Angriffe auf den Luft- und Seeverkehr*
nicht rechtswidriger ~ und rechtfertigender Notstand **34** 73
tätlicher ~
- Gefangenenmeuterei **121** 21, 30
- Widerstand gegen Vollstreckungsbeamte **113** 17

Angriff auf Kraftfahrer, räuberischer
Absicht räuberischer Tat **316a** 44 f
Absichts- und Tätigkeitsdelikt **316a** 4
Angriff **316a** 9 ff, 31
Anzeigepflicht **138**
besondere Verhältnisse des Straßenverkehrs **316a** 20 ff
– Ausnutzung **316a** 20
– fließender Verkehr **316a** 21 ff, 33 ff
– ruhender Verkehr **316a** 22, 33 ff
Einziehung **316a** 56
(kein) Erfolgsdelikt **316a** 4, 15
Fahrzeugführer **316a** 17
Freiheitsstrafe als absolute Strafe ohne Milderungsmöglichkeit **38** 5
Friedensstörung durch Androhung von Straftaten und ~ **N 126** 3
Konkurrenzen **316a** 57 f
Kraftfahrzeug **316a** 17
minder schwerer Fall **316a** 50, 52
Mitfahrer **316a** 18
Mittäterschaft **316a** 51
räumlicher Zusammenhang mit dem Fahrzeug **316a** 19, 26 ff
Raub mit Todesfolge und ~ **316a** 53 f, 57
Rechtsgut **316a** 7, 30
Rücktritt vom Versuch **316a** 6, 48
Täterkreis **316a** 16
Tätige Reue **316a** 48 ff
Täuschung **316a** 32, 39 f
Teilnahme **316a** 51
Todesfolge **316a** 53 ff
– Leichtfertigkeit **316a** 55
– Unmittelbarkeitszusammenhang **316a** 54
– Versuch **316a** 55
(kein) Unternehmensdelikt, unechtes **316a** 2 f
Versuch **Vor 22** 129; **316a** 5, 12 ff, 47, 55
Verüben **316a** 12
Vorsatz **316a** 43
zeitlicher Zusammenhang mit der Fahrt **316a** 26 ff
Angriffe auf den Luft- und Seeverkehr
Abkommen gegen Luftpiraterie, internationale **Vor 3** 51 ff; **316c** EntstG
Absichtserfordernis **316c** 36 ff, 43
Agententätigkeit zu Sabotagezwecken und ~ **87** 4; **316c** 54
Angriff auf die Entschlußfreiheit **316c** 26 ff
Anwendung von Gewalt **316c** 20 ff
Anzeigepflicht **N 138**; **138**; **N 139**; **316c** 54
Auslandstat **6** 37 ff
Beladung **316c** 13
Belohnung/Billigung von Straftaten und ~ **316c** 54
Betreten **316c** 13
Bildung terroristischer Vereinigungen und ~ **N 129a** 1 f; **316c** 54
Entladen, planmäßiges **316c** 15
Führungsaufsicht **N 321**; **321**
Gefährdungsdelikt, abstraktes **316c** 2
Gleichstellungsklausel **316c** 12 ff
als Katalogtat für die Überwachung der Telekommunikation **316c** 54
Konkurrenzen **316c** 53
Luftfahrzeug **316c** 9 ff
Luftfahrzeugs- und Schiffssabotage **316c** 40 ff
Luftverkehrs- und Schiffspiraterie **316c** 19 ff
minder schwerer Fall **316c** 46
Qualifikationstatbestand **316c** 47
Rechtsgut **316c** 2, 40
Rechtswidrigkeit **316c** 45
Schiff **316c** 16 f
Schußwaffengebrauch **316c** 41
Störung des öffentlichen Friedens durch Androhung von Straftaten und ~ **316c** 54
Störung öffentlicher Betriebe und ~ **316b** 38
Strafverfolgungsstatistik/-praxis **316c** 1
Tätige Reue **316c** 49 ff
Tätigkeitsdelikt mit überschießender Innentendenz **316c** 2, 50
Unternehmen der Herbeiführung einer Explosion/eines Brandes **316c** 42
Unternehmensdelikt, echtes **316c** 2
Verlassen, planmäßiges **316c** 15
Versuch **316c** 44
Vorbereitungshandlung, strafbare **Vor 22** 7; **316c** 48, 51, 53
Vornahme sonstiger Machenschaften **316c** 31
Vorsatz **316c** 33 ff
Vortäuschen einer Straftat und ~ **316c** 54
Weltrechtsprinzip **316c** 54
ziviler Einsatz **316c** 5 ff, 18
Angriffskrieg
Aufstacheln zum ~ *siehe dort*
Begriff **80** 2
Vorbereitung eines Angriffskrieges *siehe dort*
Angriffsnotstand
Notwehr und ~ **32** 9, 27, 47, 55, 211, 215
Angriffstheorie **22** 69
Angst
Notwehrüberschreitung **33** 40, 60
strafmildernde Bedeutung **46** 76
Anhalten
zur Prostitution **180a** 16
Anhörung
bei Aussetzung des Strafrestes **57** 75 ff; **57a** 54
bei Widerruf der Aussetzung **56f** 59 f

Ankaufen
Hehlerei **259** 16, 23
Anklageerhebung
Verjährungsunterbrechung **78c** 30
Anklagegrundsatz
Strafzumessung und ~ **46** 313
Ankündigen
pornographischer Schriften **184** 34
Schwangerschaftsabbruch, Werbeverbot **219a** 4
Anlage
Abfallbeseitigungsanlage **326** 97, 112 ff; **327** 11
Abfallentsorgungsanlage **327** 11 f, 18
Altanlage **327** 22
anzeigepflichtige ~ **325** 31; **327** EntstG 2
Arbeitsmittel zur Errichtung einer ~, Zerstörung **305a** 8 ff
atomare ~ **311d** 13b; **326** 85
des Bahn-, Schiffs- und Luftverkehrs **315** 28
Begriff
– Gefährliche Eingriffe in den Bahn-, Schiffs- und Luftverkehr **325** 17 ff
– Luftverunreinigung **315** 28
– Störung öffentlicher Betriebe **316b** 7 ff
– im Umweltstrafrecht **330d** 9
– Verursachen von Lärm, Erschütterungen und nichtionisierenden Strahlen **325a** 11 ff
Beschädigung wichtiger ~ **N 318; 318** 1
Betrieb einer ~
– Fehlerhafte Herstellung einer kerntechnischen Anlage **311c** 3 f
– Lärmverursachung **325a** 10 ff
– Luftverunreinigung **325** 25
betriebliche ~ **329** 24 f
elektrische ~ **248c** 2
ernährungswirtschaftliche ~ **N 306** 9
Errichtung **311c** 3; **325** 25
feuergefährdete ~ **310a** 3
forstwirtschaftliche ~ **N 306** 9; **310a** 4
Gegenstände zur Verschönerung öffentlicher ~ **304** 14
genehmigungsbedürftige ~ **325** 19, 30a, 35; **325a** EntstG 10; **327** EntstG 2, 12, 17
kerntechnische ~ **311c** 2; **311d** 13b; **327** 2 ff; **330d**
zur Kernvereinigung **327** 2
der Landesverteidigung dienend **109e** 3
landwirtschaftliche ~ **N 306** 9; **310a** 4
nicht genehmigungsbedürftige ~ **325a** EntstG 6; **327** EntstG 2, 11, 15a
der öffentlichen Sicherheit und Ordnung dienend **N 88; 88; 316b** 23 ff
dem öffentlichen Verkehr dienend **N 88; 88** 2
der öffentlichen Versorgung dienend **N 88; 88; 316b** 15 ff
Postdienstleistungsanlage **N 88; 88** 2
Rohrleitungsanlage **327** 11, 15b, 21; **329** 26 ff
Telekommunikationsanlage **N 88; 88** 2, 8
Tierkörperbeseitigungsanlage **327** 18
umweltgefährdende ~ **327** 14
Unerlaubtes Betreiben von Anlagen *siehe dort*
wassergefährdende ~ **324** 46, 51, 105, 123, 137
des Zivilschutzes **109e** 4
Anlageberater
Kapitalanlagebetrug **264a** 62, 67, 75, 77, 79 f
Untreue **266** 86, 122
Anlaßtat
bei Maßregeln **Vor 61ff** 38, 52, 83
symptomatische ~ im Maßregelrecht **64** 38; **66** 162 ff; **68** 7
Anleitung zu Straftaten
Absichts-/Tendenzdelikt **130a** 7
Anleitung **130a** 9 f
– mündliche ~ **130a** 6, 26 ff, 33
– schriftliche ~ **130a** 6
Anstiftung und ~ **130a** 10, 12
Aufforderung zu Straftaten und ~ **111** 34; **130a** 10, 12, 34
Befürworten, bloßes **130a** Vor 1
Bestimmtheitsgebot **130a** 2 f
Bestimmungsklausel **130a** 14 ff
Eignung als Verbrechensanleitung **130a** 6, 9, 13, 19 ff
Einziehung **130a** 35
Entstehungsgeschichte **130a** Vor 1
Förderungsabsicht **130a** 6, 24, 28, 32
Forschungsfreiheit und ~ **130a** 33
Gefährdungsdelikt, potentielles **130a** 5
Gesinnungsstrafrecht **130a** 2, 24
Katalogtaten **130a** 11
Konkretisierung der Tat **130a** 12 f
Konkurrenzen **130a** 34
Kriminal-/Rechtspflegestatistik **130a** 4
kriminalpolitische Bedeutung **Vor 125-145d** 4; **130a** 4
Kriminalromane/-filme **130a** 22
Kunstfreiheit und ~ **130a** 33
Meinungs- und Informationsfreiheit und ~ **130a** 2 f, 33
Rechtsgut **130a** 5
Schilderung, bloße **130a** 9, 22
Schriften **130a** 7
Sozialadäquanz **130a** 2, 23, 33
Streik **130a** 11
Tatbestandsausschluß **130a** 33
Tendenzdelikt **130a** 7

Anleitung zu Straftaten (Forts.)
Verbreitungsdelikt **130a** 7, 35
Verbreitungsverbot **130a** 25
Verfassungsmäßigkeit **130a** 2 f
Vorbereitungshandlungen **130a** 25, 35
Vorsatz **130a** 30 ff
Wissenschaftsfreiheit und ~ **130a** 33
Zugänglichmachen, öffentliches **130a** 25
Anleitungen, technische *siehe Technische Anleitung Lärm; siehe Technische Anleitung Luft*
Annehmen
eines Vorteils, Angestelltenbestechlichkeit/-bestechung **299** 40, 42, 46
Anonymität
Urkunden **267** 56 ff, 163
Anordnung
einer Maßregel **Vor 61ff** 48 ff, 78, 82; **62** 6
Anordnung, dienstliche
als Rechtfertigungsgrund **Vor 32** 173 ff
Anpreisen
pornographischer Schriften **184** 34
Schwangerschaftsabbruch, Werbeverbot **219a** 4
Anrechnung
Anrechnungsmaßstab **51** 52 ff
ausländische Strafe, vollstreckte **51** 21 ff, 54 ff
Auslieferungshaft **51** 4
Ausschluß der ~ **51** 42 ff
Aussetzung des Strafrestes und ~ **57** 10 f, 26; **57a** 9
automatische ~ **51** 39 ff
Disziplinarrest **51** 6
Entziehung der Fahrerlaubnis, vorläufige **51** 29
bei Fahrverbot **51** 36
Freiheitsentziehung, andere im Ausland **51** 27
bei Freiheitsstrafe, zeitiger **51** 30, 33 f, 52
bei Geldstrafe **51** 30, 35, 53
Haft
– polizeiliche ~ **51** 3
– im Rahmen der Verfahrenseinheit **51** 8 ff
– vollzogene ~ **51** 7
des Maßregelvollzugs auf die Strafe **67** 18 ff
bei Nebenstrafen/-folgen **51** 30, 36 f
rechtskräftiger inländischer Strafen **51** 19 f
Strafaussetzung zur Bewährung und ~ **56** 6 f
Unterbringung, einstweilige **51** 5
der Untersuchungshaft **51** 2, 11 ff
Verfahrensrecht **51** 59 f
Wirkung **51** 58
Anrechnungsprinzip **Vor 3** 159; **51** 21 ff, 54 ff
Anreißer
Glücksspiel, unerlaubtes **284** 25; **285** 4a
Anschlußdelikt
Bankrott **283** 230
Begünstigung **257** 3
Anschlußkonkurs **Vor 283** 163
Anspielung
Beleidigung durch ~ **185** 16
Anspruch
auf Schadensersatz *siehe Schadensersatzanspruch*
auf Unterlassen *siehe Unterlassungsanspruch*
Anstalt
Entziehungsanstalt *siehe auch Unterbringung in Entziehungsanstalt* **64** 132; **323b** 15
Sexueller Mißbrauch von Gefangenen u.a. **N 174a; 174a** 6
sozialtherapeutische ~ *siehe Unterbringung in sozialtherapeutischer Anstalt*
Trinkerheilanstalt **323b** 15
Anstalt des öffentlichen Rechts
Gewässerverunreinigung durch ~ **324** 54 f
Anstaltsarzt *siehe auch Arzt*
Gefährdung einer Entziehungskur **323b** 25
Gefangenenbefreiung **120** 41
Offenbarungsbefugnis **203** 157
Schweigepflicht **203** 45
Unterlassene Hilfeleistung **323c** 56
Anstaltsaufenthalt
als Bewährungsweisung **56c** 11, 14
Anstaltsbeamter
Gefangenenmeuterei **121** 22
Anstaltsleiter
als Täter einer Gefährdung einer Entziehungskur **323b** 8
Anstellungsbetrug **263** 63, 223 ff, 242, 274 f, 291, 327
Anstifter *siehe Anstiftung*
Anstiftung *siehe auch Teilnahme*
aberratio ictus **Vor 22** 134; **26** 98
Abstiftung **26** 33 f
agent provocateur **26** 62, 67 ff
Anleitung zu Straftaten und ~ **130a** 10, 12
Annahme einer ~ **30** 86 f
Aufforderungscharakter der Einwirkung **26** 6, 59, 61
Bandenchef **26** 11
Begriff **26** 1 ff
Beihilfe und ~, Abgrenzung **26** 25 ff
Beihilfe zur Anstiftung **26** 110
zur Beihilfe **26** 110; **27** 61
Bestimmtheit der Tat **26** 46 ff
DDR-Recht **26** 114
Doppelvorsatz **26** 64 ff
Einwirkungshandlungen
– Kausalität **26** 17
– mehrere ~ **26** 103

Anstiftung (Forts.)
erfolglose ~ **30** 12
erfolgsqualifizierte Delikte **26** 99 f
error in persona **Vor 22** 134
error in persona/objecto des Täters **26** 90 ff
Exzeß des Angestifteten **26** 89, 98; **30** 12
Fortsetzungszusammenhang **26** 24
Haupttat
– Bestimmtheit der ~ **26** 46 ff
– subjektive Tatbestandselemente, weitere **26** 44
– versuchte ~ **26** 45, 113
Hervorrufung des Tätervorsatzes **26** 17 ff
Hintermann **26** 11
durch Irrtumserregung **26** 58
Kausalität der Einwirkung **26** 17
Kettenanstiftung **26** 17; **111** 21
Kettenanstiftung, versuchte **30** 46
kollusives Zusammenwirken mit dem Täter **26** 3 ff, 58, 61
Konkretisierung der Tat **26** 46 ff
Konkurrenzen **26** 113
Leichtfertigkeit **26** 65
zu mehreren Taten **Vor 52ff** 58
mißlungene ~ **30** 12
Mitanstiftung **26** 104 f
in Mittäterschaft **25** 172; **26** 104 f
Mittel der ~ **26** 58 ff
mittelbare Täterschaft und ~ **25** 62; **26** 58, 107
in mittelbarer Täterschaft **26** 107
Nebentäterschaft **26** 106
Öffentliche Aufforderung zu Straftaten und ~ **111** 4, 7 ff, 23
omnimodo facturus **26** 17; **30** 12, 30
Pflichtdelikt **26** 101 f
Planherrschaft **26** 7 f
qualifiziertes Delikt **26** 33 f
Rücktritt vom Versuch **24** 48
Sonderdelikt **26** 101 f
Strafe, tätergleiche **26** 15, 113
Strafgrund **26** 1 ff
Tätervorsatz und Anstiftervorsatz **26** 85 ff
Tatentschlossenheit **26** 18 ff
Tatentschluß
– Hervorrufung **26** 15 ff
– Modifizierung, identitätsverändernde **26** 15, 26
des Tatgeneigten **22** 42 f; **26** 17 f
Tatort **26** 111
Tatortbestimmung **9** 26
Tatzeit **26** 112
teilweise vollendete ~ **30** 12
Trennungsprinzip, analytisches **26** 37, 43
Übersteigerung **26** 36 ff
Umstiftung **26** 26 ff
Unrechtspakt **26** 9, 23
untaugliche ~ **30** 12, 30 f
durch Unterlassen **13** 56; **26** 61 ff
zum Unterlassungsdelikt **13** 52; **26** 102
unvollkommene ~ **30** 12
unwirksame ~ **30** 12
zur Verabredung eines Verbrechens **30** 76
Verjährung **26** 112
Verleitung eines Untergebenen zu einer Straftat und ~ **357** 9
versuchte ~ *siehe auch Versuch der Beteiligung* **Vor 22** 132 ff; **30** 12 ff; **89** 2
– Annahme eines Erbietens als Spezialfall **30** 93
– Anstiftung **30** 47
– Beihilfe **30** 48 ff
– Bestimmen **30** 13
– DDR-Recht **30** 99
– Ernstlichkeit **30** 19 ff
– Erscheinungsformen **30** 12
– Exzeß des Angestifteten **30** 27 ff
– zur Falschaussage
– in dubio pro reo **30** 26
– Irrtum **30** 32
– Kettenanstiftung **30** 46
– Konkretisierung des Tatplans **30** 23 ff
– Konkurrenzen **Vor 22** 10; **30** 12, 52 ff
– mittelbare Täterschaft, versuchte und ~ **30** 22
– Rücktritt **31** 3 ff
– Strafbarkeit **Vor 22** 136 ff
– Teilnahme **30** 46 ff
– Versuchsbeginn **Vor 22** 137; **30** 14 ff
– Vorsatz **30** 18 ff
zum Versuch **Vor 22** 131; **26** 45
Vorsatz **26** 64 ff
– Doppelvorsatz **26** 64 ff
– erfolgsqualifiziertes Delikt **26** 99 f
– Tätervorsatz, Abweichungen **26** 85 ff
Anstößig
grob anstößige Werbung für Schwangerschaftsabbruch **219a** 7
Anteile
an Treuhandvermögen **264a** 30 f
an Unternehmen **264a** 28 f
Anteilscheine
Wertpapierfälschung **151** 3
Antidepressiva
als Rauschmittel **316** 171
Anti-Diskriminierungstatbestand
Volksverhetzung als ~ **Vor 125-145d** 6; **130** 1
Antiepileptika
Rauschmitteleigenschaft **316** 172
Antifolterkonvention
Geltung für Vollzug der Freiheitsstrafe **38** 65

Antisemitismus
Volksverhetzung **130** Vor 1, 9a, 12, 18
Antrag *siehe Antragsdelikt; siehe Konkursantrag; siehe Strafantrag*
Antragsdelikt *siehe auch Strafantrag*
relatives ~ **77** 3 f
Systematik **Vor 77** 4 ff
Antragsrecht *siehe auch Strafantrag*
des Verletzten auf Bekanntgabe der Verurteilung wegen falscher Verdächtigung **165** 4 f, 7
Anvertrautsein
einer Angelegenheit, Parteiverrat **356** 80 ff
Dienstgeheimnis **353b** 13
Postsendung **206** 23 f, 29
Privatgeheimnis **203** 34
Sexueller Mißbrauch unter Ausnutzung eines Beratungsverhältnisses u.a. **N 174c** 7, 9
Sexueller Mißbrauch von Gefangenen u.a. **174a** 13, 15
Sexueller Mißbrauch von Schutzbefohlenen **174** 12
Vermögenswerte **283a** 6 ff
Veruntreuung **28** 60; **246** 25 f
Verwahrungsbruch **133** 21
Anwalt *siehe auch Rechtsanwalt*
ausländischer ~ **356** 16
Gebührenüberhebung **352** 2, 4
gerichtlich bestellter ~ **356** 81
als Täter eines Parteiverrats **356** 11 ff
Vertreter **356** 17, 19
Anwaltnotar **356** 17
Anwartschaft
Konkursstraftaten **283** 21, 39
Untreue **266** 98, 132, 134 f, 145
als Vermögensbestandteil **263** 6, 117, 134 ff, 188, 263; **283** 21, 39
Zwangsvollstreckungsvereitelung **288** 10
Anweisung
amtliche ~, Zuwiderhandlung **353a** 3
Anwendungsbereich deutschen Strafrechts
bei ausländischen Rechtsgütern **Vor 3** 161, 164 ff
bei inländischen Rechtsgütern **Vor 3** 160 ff, 176 ff
bei Straftaten mit Auslandsbezug *siehe Auslandstaten; siehe Internationales Strafrecht*
Anwerben
für fremden Wehrdienst **109h** 1 ff
für Nachrichtendienst **109f** 6
zur Prostitution, Menschenhandel, schwerer **181** 5, 8, 10 ff
Anwerben für fremden Wehrdienst
Menschenraub und ~ **234** 2, 63, 65, 72
Anwerbung
von Agenten **87** 14
Anzeige *siehe Strafanzeige; siehe Nichtanzeige geplanter Straftaten*
Anzeigebefugnis
im Umweltstrafrecht **324** 132
Anzeigeerstatter **356** 43
Anzeigepflicht *siehe auch Nichtanzeige geplanter Straftaten*
eines Arbeitsplatz-/Wohnungswechsels als Weisung bei der Führungsaufsicht **68b** 34
Geld-/Wertzeichenfälschung **Vor 146** 9
Subventionsbetrug **264 a.F.** 168 ff
Anzeigeverbrechen **212** 7
Apotheker
Berufsbezeichnung, geschützte **132a** 12a
fahrlässige Tötung durch ~ **222** 10
Schweigepflicht **203** 61
Strafzumessung, Berücksichtigung beruflicher Folgen **46** 24
Arbeit, gemeinnützige
Ersatzfreiheitsstrafe, Ersatz durch ~ **Einl** 135, 138; **43** 13 ff
Geldstrafe, uneinbringliche und ~ **43** 13 ff
als Sanktion **Vor 38** 64
keine Zwangsarbeit **43** 13
Arbeitgeber
Untreue **266** 75, 88, 93, 108
Vorenthalten/Veruntreuen von Arbeitsentgelt **266a** 14 ff
Arbeitnehmer
als Gläubiger **Vor 283** 49 ff
Konkursvorrecht **Vor 283** 51
Not, wirtschaftliche **283a** 11
Sozialplanansprüche **Vor 283** 154
Untreue **266** 21, 75, 89, 103, 108
Vorenthalten/Veruntreuen von Arbeitsentgelt **266a** 74
Arbeitnehmerüberlassung, illegale
Beitragsbetrug, außerstrafrechtliche Analogie **1** 82
Bildung krimineller Vereinigungen **129** 6, 20
Vorenthalten/Veruntreuen von Arbeitsentgelt **266a** 16 ff, 115 f
Arbeitsbetrug **263** 128, 138 f, 189
Arbeitsentgelt
Vorenthalten/Veruntreuen **266a** 36
Arbeitsgerichtsbarkeit
Rechtsbeugung **339** 28
Arbeitskampf *siehe auch Betriebsbesetzung; siehe auch Streik*
Öffentliche Aufforderung zu Straftaten und ~ **111** 8a
Arbeitskampfrecht
Nötigung und ~ **240** 59, 107 f

Arbeitskraft
als Vermögensbestandteil **263** 128, 138 f; **283** 24
Arbeitslosenversicherungsbeiträge
Vorenthalten/Veruntreuen **266a** 28, 75
Arbeitsmittel
fremdes technisches ~ **305a** 8 ff
Zerstörung wichtiger ~ **305a** 1 ff
Arbeitsplatzwechsel
Anzeigepflicht als Weisung bei der Führungsaufsicht **68b** 34
Arbeitsscheu
strafschärfende Bedeutung **46** 76
Arbeitsschutzrechtliche Normen
Luftverunreinigung und ~ **325** 15; **325** 15, 59
Veursachen von Lärm, Erschütterungen und nichtionisierenden Strahlen **325a** EntstG 3, EntstG 14, 5a, 20, 27, 29, 38
Architekt
Angestelltenbestechlichkeit/-bestechung **299** 17
Baugefährdung **323** 7
fahrlässige Tötung durch ~ **222** 10
Untreue **266** 77, 109
Argentinien
Versicherungsbetrug **265 a.F.** 5
Arglist
Wehrpflichtentziehung **109a** 6
Arglosigkeit
Mord, heimtückischer **211** 42 f
Arrest *siehe auch Strafarrest*
Zwangsvollstreckungsvereitelung **288** 9, 16
Artenschutz **329** 44 f
Arzneimittel *siehe Medikamente*
Arzneimittelprüfung, klinische
Totschlag und ~ **212** 5a
Arzt *siehe auch Amtsarzt; siehe auch Anstaltsarzt*
Anzeigepflicht **139** 24, 28
Aufklärungspflicht vor Heileingriff **228** 19 ff, 44
Ausstellen unrichtiger Gesundheitszeugnisse **278** 2
Behandlungsabbruch/-verzicht und Tötungsdelikte **Vor 211** 11 f, 16 ff
Berufsbezeichnung, geschützte **132a** 12a
Fälschung von Gesundheitszeugnissen **277** 2
fahrlässige Tötung durch ~ **222** 10, 21
Körperverletzung, fahrlässige durch ~ **229** 12
Kunstfehler, ärztlicher und abweichender Kausalverlauf **222** 9
Notstand, entschuldigender, Zumutbarkeit aufgrund besonderen Rechtsverhältnisses **35** 54
Offenbarungspflicht **203** 120
Regeln der ärztlichen Kunst **218a** 19 f
als Sachverständiger bei freiheitsentziehenden Maßregeln **Vor 61ff** 85
Schwangerschaftsabbruch *siehe dort*
Schweigepflicht **139** 30 f; **203** 36, 40, 45, 61, 110, 112 f, 125, 139 f, 142, 155 ff
Schweigepflicht, Verletzung und rechtfertigender Notstand **34** 68a
strafschärfende Bedeutung der beruflich-sozialen Stellung **46** 103, 105
Unterlassene Hilfeleistung **323c** 52 f, 56, 84, 90, 104 f, 106, 108 ff, 132, 141, 144, 147
Arztvorbehalt
Schwangerschaftsabbruch **218a** 13 ff
Asperationsprinzip **Vor 52ff** 3; **53** 1; **54** 1; **55** 1
Assessor
keine geschützte Amts- oder Dienstbezeichnung **132a** 4
Asyldebatte
Demonstrationsstrafrecht und ~ **Vor 125** 2
Asylverfahrensgesetz
Verstoß gegen ~ als Vortat der Geldwäsche **N 261**
Atommüll **316b** 1; **327** 10a
Audiatur et altera pars
Rechtsbeugung und ~ **339** 49
Aufbewahrungspflicht
für Handelsbücher **283** 121 ff; **283b** 7
Aufenthaltsgenehmigung **276a** 3
Aufenthaltsverbot
als Bewährungsweisung **56c** 6
als Weisung bei der Führungsaufsicht **68b** 20 f
Aufenthaltswechsel
nicht ohne Erlaubnis der Aufsichtsstelle, Weisung bei der Führungsaufsicht **68b** 19
Auffanggesellschaft **283** 30, 157, 164; **283c** 23, 31
Auffangtatbestand
Bankrott, fahrlässiger **283** 204
Erschleichen von Leistungen **265a a.F.** 13, 21, 30, 34 ff
Gefährdung des Bahn-, Schiffs- und Luftverkehrs **315** 22
Mißbrauch von Scheck- und Kreditkarten **266b** 30
Öffentliche Aufforderung zu Straftaten **111** 4
Unterlassene Hilfeleistung **323c** 217
Vollrausch **323a** 108, 154
Aufforderung
zu Bannkreisverletzung **106a** 9
Begriff **111** 8
zu Gewalt- oder Willkürmaßnahmen **130** 19
öffentliche ~ zu Straftaten *siehe Öffentliche Aufforderung zu Straftaten*

Aufforderungsdelikt
Öffentliche Aufforderung zu Straftaten **111** 4a, 10b
Aufgreiftatbestand
Kreditbetrug **265b** 21
Aufklärung, staatsbürgerliche
Anleitung zu Straftaten und ~ **130a** 33
Verbreiten von Propagandamitteln und ~ **86** 19 f
Verwenden von Kennzeichen verfassungswidriger Organisationen und ~ **86a** 14
Aufklärungspflicht
ärztliche ~ vor Heileingriff **228** 19 ff, 44
des Arztes bei Schwangerschaftsabbruch **218c** 8
Betrug **263** 8, 23, 29 f, 51 ff
Kapitalanlagebetrug **264a** 61
Subventionsbetrug **264 a.F.** 92 f; **264 n.F.** 8
Auflagen
bei Aussetzung des Strafrestes **57** 61; **57a** 36
Bestimmtheitsgebot und ~ **1** 19
zur Strafaussetzung zur Bewährung *siehe Bewährungsauflagen*
als strafverdrängende Rechtsfolgen **Vor 38** 51 ff
bei Verwarnung mit Strafvorbehalt **N 59a**; **59a** 3, 5; **59b** 9
Aufnehmen
eines Kindes, Kinderhandel **236** 26 ff
der Prostitution **180b** 6; **181** 4
Vertraulichkeit des Wortes, Verletzung **201** 11 f
Aufopferungspflicht
des Gläubigers **Vor 283** 52, 118
Aufputschmittel
als Rauschmittel **323a** 101 f
Aufrechnung
Beleidigung, wechselseitig begangene **199** 1 ff
Aufruhr *siehe Landfriedensbruch*
Aufruhrdelikt
Gefangenenbefreiung **121** 2
Aufseher
Untreue **266** 103
Aufsichtspflichtverletzung
(kein) Straftatbestand **324** 53
Aufsichtsrat
Angestelltenbestechlichkeit/-bestechung **299** 17
Untreue **266** 60, 62 f, 107, 126
Aufsichtsstelle **68a** 6 ff
Aufstacheln zum Angriffskrieg
Begriff **80a** 3
durch Verbreiten von Schriften **80a** 3
in einer Versammlung **80a** 3
Nötigung von Verfassungsorganen und ~ **105** 23
öffentliches ~ **80a** 3
Rechtsgut **80a** 1
Zuständigkeit für Strafverfolgung **80a** 6
Aufstachelung
zum Haß **130** 17 f
Aufstellung
öffentliche ~ kultureller Gegenstände **304** 9
Aufsuchen
von Wild **292** 42
Auftrag
öffentlicher ~ **298** 22
zu Sabotagehandlungen **87** 2 f
Auftraggeber
Vorenthalten/Veruntreuen von Arbeitsentgelt **266a** 19
Aufzeichnungen, technische *siehe auch Fälschung technischer Aufzeichnungen*
Begriff **268** 5 ff
keine Urkunden **267** 14 f, 90
Urkundenunterdrückung **274** 4
Augenblicksdelikte **Vor 166** 16
Augenblickstäter
Hangtäter, Abgrenzung **66** 72 f
Augenscheinsobjekte
Grenz-/Wasserstandszeichen **274** 17, 19
keine Urkunden **267** 13, 81, 90, 100 f
Ausbeuten
Förderung der Prostitution **180a** 17
der Schwächesituation des Opfers, Wucher **302a** 23, 55
Zuhälterei **181a** 3
„Auschwitzlüge“ **193** 4; **194** 1
Ausdrucksdelikt
Gewaltdarstellung **131** 26
Ausfertigungen
Urkundeneigenschaft **267** 110
Ausführen
von Propagandamitteln verfassungswidriger Organisationen **N 86** 1
Ausfuhr
von Abfall **326** 123
Begriff nach dem Außenwirtschaftsgesetz **326** 123
falscher amtlicher Ausweise **276** 7 f, 25
pornographischer Schriften **184** 1, 45
von Propagandamitteln **N 86** 1
radioaktiver und anderer gefährlicher Stoffe **328** 12
von Vorrichtungen zur Fälschung amtlicher Ausweise **275** 8 f
Ausgabe
amtliche ~ **353** 22
unwirtschaftliche ~ **283** 52, 64 ff

Auskundschaften
von Sabotageobjekten **87** 9 f
Auskundschaften von Staatsgeheimnissen
Anzeigepflicht **96** 9; **138**
Euratom-Geheimnis **96** 2
Irrtum **96** 6
Konkurrenzen **96** 8
NATO-Geheimnis **96** 2
Nebenfolgen **96** 9
Offenbaren von Staatsgeheimnissen und ~ **96** 1
Offenbarungsabsicht **96** 4 f
Vergehen **96** 1
Versuch **96** 7
Vorsatz **96** 6
Auskunftspflicht
Betrug **263** 34, 59
des Schuldners im Konkursverfahren **Vor 283** 25; **283** 38 f
Ausländer
Begriff **Vor 3** 335
als Täter eines Amtsdelikts **Vor 331** 4
als Täter eines Tötungsdelikts **211** 37, 71; **212** 32; **213** 6, 8, 13
als Täter, Strafzumessung **46** 26a, 178 ff
Ausländerfeindlichkeit
Mord aus niedrigen Beweggründen **211** 27
Strafrecht und ~ **111** 3; **113** 1b; **Vor 125** 4; **129** 7, 40; **130** 12, 13a, 18
Ausländergesetz
Verstoß gegen ~ als Vortat der Geldwäsche **N 261**
Ausländische kriminelle Vereinigung *siehe Kriminelle Vereinigung*
Ausländische öffentliche Rechtsgüter
strafrechtlicher Schutz **Vor 110** 6 ff; **113** 7; **324** 8, 20, 22; **324a** 6
Ausländische Regierung *siehe Regierung, ausländische*
Ausländische Regierungsmitglieder
strafrechtlicher Schutz **102** 1; **103** 1
Ausländische Staaten
Straftaten gegen ~ **Vor 102** 1 f
Ausländische Staatspersonen
strafrechtlicher Schutz **102** 1 f; **103** 1
Ausländische terroristische Vereinigung *siehe Terroristische Vereinigung*
Ausländischer Verein
verbotener ~ **85** 5
Ausländisches Staatsoberhaupt
strafrechtlicher Schutz **102** 1; **103** 1
Ausland
Begriff **Vor 3** 293 ff
Auslandstaten **Vor 109** 5; **126** 1, 4, 7a; **129** 38
Absprachen, wettbewerbsbeschränkende **298** 56
Angestelltenbestechlichkeit/-bestechung **299** 56
von Ausländern *siehe auch Weltrechtsprinzip* **7** 68 ff
– Auslieferung, nicht erfolgende **7** 74
– Auslieferung, zulässige **7** 71 ff
– Auslieferungsentscheidung als Prozeßvoraussetzung **7** 78
– Opportunitätsprinzip **7** 79
– Täter im Inland betroffen **7** 70
gegen ausländische Rechtsgüter **Vor 3** 165, 168 ff
Belohnung/Billigung von Straftaten **140** 10
Betrug **263** 335
Computerbetrug **263a** 88
DDR-Recht **5** 100 f
gegen Deutsche **7** 46 ff
– juristische Person **7** 48 f
– Tat am Tatort mit Strafe bedroht **7** 16 ff
– Tatort im Niemandsland **7** 40 ff
Deutscher **Vor 109** 5; **330d** 2
– DDR-Bürger **7** 60
– Doppelehe **7** 11 f; **172** 8
– Neubürger **7** 63 ff
Falschbeurkundung, mittelbare **271** 7
Fremdrechtsanwendung **7** 8 ff
gegen inländische Rechtsgüter **N 5**; **5** 1 ff
– Abgeordnetenbestechung **N 5**
– Agententätigkeit, geheimdienstliche **99** 1
– Angriffskrieg, Vorbereiten und Führen und ~ **5** 3 ff
– Aussagedelikte **5** 55 f; **Vor 153** 3; **153** 7
– Betriebs-/Geschäftsgeheimnisse, Verletzung **5** 34 ff
– Entziehung Minderjähriger **N 5**; **Vor 234-236** 5; **235** 9, 39, 151 ff
– Fälschung von Zahlungskarten/Vordrucken für Euroschecks **N 6**; **Vor 146** 8; **152a** 2
– Friedensstörung durch Androhnung von Straftaten und ~ **126** 7a
– Gefährdung des demokratischen Rechtsstaats **5** 8 ff
– Hochverrat **5** 7; **81** 17
– Landesverrat **5** 13 ff; **94** 1, 10
– Organhandel **N 5**; **168** 19
– Politische Verdächtigung **5** 28 ff; **241a** 4
– Privatgeheimnisse, Verletzung **203** 167
– Schwangerschaftsabbruch **5** 51 ff; **218** 68
– Sexueller Mißbrauch von Jugendlichen **N 5**
– Sexueller Mißbrauch von Kindern **N 5**; **5** 40 ff; **N 176a** 5; **176** 1
– Sexueller Mißbrauch von Schutzbefohlenen **5** 40 ff
– Staatsschutzdelikte **Vor 80** 34; **Vor 93** 6

Auslandstaten (Forts.)
- Straftaten gegen die Landesverteidigung **5** 24 ff
- Täterschaft und Teilnahme **5** 98
- Taten ausländischer Amtsträger oder für den öffentlichen Dienst besonders Verpflichteter **5** 89 f
- Taten deutscher Amtsträger oder für den öffentlichen Dienst besonders Verpflichteter **5** 86 ff
- Taten gegen Amtsträger, besonders Verpflichtete oder Bundeswehrsoldaten **5** 91 ff
- Umweltdelikte **N 5; 5** 57 ff; **324** EntstG 5, 2a, 7 f, 20 ff; **324a** 6; **330d** 2
- Verschleppung **5** 28 ff; **234a** 3, 69
- Vorbereitung hochverräterischen Unternehmens **83** 12

Inlandstaten, Abgrenzung **9** 36
gegen international geschützte Rechtsgüter **N 6; 6** 1 ff
- Betäubungsmittel, unbefugter Vertrieb **6** 42 ff
- Geld-/Wertzeichenfälschung **6** 50 f; **Vor 146** 8
- Kernenergie-, Sprengstoff- und Strahlungsverbrechen **N 6; 6** 30 ff
- Menschenhandel **6** 41; **180b** 1; **181** 1
- (Kinder-)Pornographie im Internet **N 130, 131** 19
- Subventionsbetrug **6** 52 ff; **264 a.F.** 166
- Verbreitung pornographischer Schriften **6** 48 f; **Vor 174** 12; **184** 45
- Verfahrensrecht **6** 81 ff
- Verfolgungspflicht aufgrund zwischenstaatlicher Abkommen **6** 57 ff
- Völkermord **6** 26 ff

Internetdelikte, inhaltsbezogene **N 130, 131** 15 ff
Kapitalanlagebetrug **264a** 91
Kinderhandel **236** 129 f
Konkurrenz von strafbegründenden Anknüpfungspunkten **Vor 3** 153 ff
Kreditbetrug **265b** 122
Menschenraub, erpresserischer **239a** 42; **239b** 17
Opportunitätsprinzip, Geltung **5** 99; **6** 83 f
Staatenloser **7** 69
Störung einer Bestattungsfeier **167a** 14
Strafantragserfordernis und ~ **Vor 77** 14
Teilnahme an ~ **9** 29 ff
Urkundenfälschung **267** 1
Verfolgung nach dem Weltrechtsprinzip **Vor 3** 8, 135; **6** 2 f
Verfolgungspflicht **6** 2 ff
Verjährung **Vor 78** 10
Verletzung der Unterhaltspflicht **170** 11 f
Versicherungsmißbrauch/-betrug **265 a.F.** 49

Auslegung
Analogieverbot und ~ **1** 84, 87
Auslegungsänderung und Milderungsgebot **2** 38
berichtigende ~ bei Unterschlagung **N 246** 2; **246** 10
Bestimmtheitsgebot und ~ **1** 49
Gewohnheitsrecht und ~ **1** 71
Methoden **1** 84
Rechtsgut, geschütztes als Hilfsmittel **Vor 13** 8
verfassungskonforme ~ **Einl** 9
Wortlautgrenze **1** 84
Zulässigkeit **1** 84 ff

Auslieferung
Ruhen der Verjährung **78b** 4
terroristische Auslandsaktivitäten/-taten **Vor 129a** 6 f
Verjährung und ~ **Vor 78** 3
Völkermord **220a** 16 f

Auslieferungshaft 120 14a
Anrechnung **51** 4, 7 ff
keine Geltung des Strafvollzugsgesetzes **38** 61
Strafvereitelung **258** 1
Vollstreckung gegen Unschuldige **345** 5

Auslieferungsverbot
bei politischen Delikten **Vor 129a** 6
Völkermord durch Deutsche **220a** 17

Ausnahmezustand, psychischer
Notwehrüberschreitung **33** 58
Strafzumessung, Bedeutung **46** 82, 95

Ausnutzen
einer Amtsstellung, Sexueller Mißbrauch **174b** 1 ff
der Arg- und Wehrlosigkeit des Opfers, Mord **211** 45
Ausbeuten und ~ **302a** 23
einer Bemächtigungs-/Entführungslage,
- Geiselnahme **239b** 8 f, 11
- Menschenraub, erpresserischer **239a** 16 ff

eines Beratungs-, Behandlungs- oder Betreuungsverhältnisses, Sexueller Mißbrauch **N 174c** 1 ff
einer Gemeingefahr, besonders schwerer Fall des Diebstahls **243** 31, 34
hilfloser Lage, Sexuelle Nötigung **N 177** 2
von Hilflosigkeit, besonders schwerer Fall des Diebstahls **243** 31 f
eines Irrtums, Betrug **263** 39, 95
der Mithilfe eines Amtsträgers, Subventionsbetrug **264 a.F.** 152 f
eines Unglücksfalls, besonders schwerer Fall des Diebstahls **243** 31, 33

Ausnutzen (Forts.)
der Widerstandsunfähigkeit, Sexueller Mißbrauch **179** 10 ff
einer Zwangslage, Sexueller Mißbrauch von Jugendlichen **182** 3 f
Aussagedelikte
zur Abnahme von Eiden zuständige Stelle **154** 9
zur Abnahme von Versicherungen an Eides Statt zuständige Behörde **156** 5 ff
Absehen von Strafe **157** 1 ff; **158** 1 ff
Angaben zur Person **Vor 153** 19; **153** 3; **154** 11; **156** 20
Anstiftung **154** 12 f, 15 f, 17a; **160** 5
– erfolglose ~ **159** 1 f
– Versuch **159** 1 ff
Auslandstat **5** 55 f; **Vor 153** 3; **153** 7
Aussage, Begriff **Vor 153** 15
Aussage, falsche **Vor 153** 8 ff
– Berichtigung **158** 3 f; **163** 20
– objektive Theorie **Vor 153** 8 f, 13 f; **160** 4
– Pflichttheorie **Vor 153** 11, 13
– subjektive Theorie **Vor 153** 8, 10, 13 f; **160** 4
– vermischte Theorien **Vor 153** 12
Aussage, Inhalt **Vor 153** 16 ff
Aussage, mündliche **Vor 153** 15; **153** 4
Aussage, nicht verwertbare **Vor 153** 29 ff
Aussage, schriftliche **Vor 153** 15; **153** 4
Aussage, spontane **Vor 153** 28
Aussagenotstand
– Absicht, Strafverfolgung abzuwenden **157** 10 ff
– Angehöriger **157** 14
– Berichtigung einer falschen Aussage und ~ **157** 16
– Bestrafung **157** 13
– Beteiligte **157** 3
– Entstehungsgeschichte **157** EntstG
– Fahrlässigkeitstaten **157** 3
– Partei im Zivilprozeß **157** 2
– Sachverständiger **157** 1
– selbstverschuldete Notlage **157** 6, 16
– teilweise falsche Angaben **157** 8 f
– Zeugen **157** 1
Beamter **155** 4
Behörde, zuständige **156** 5 ff
Beihilfe **154** 14 ff, 18 f
Bekräftigung, eidesgleiche **155** 1
Bekräftigung, frühere **155** 2
Berichtigung einer falschen Aussage **158** 3 ff; **163** 20
– Anwendungsbereich der Vorschrift **158** 2
– Aussagenotstand und ~ **157** 16
– Berichtigungsadressaten **158** 8
– Entstehungsgeschichte **158** EntstG
– Form **158** 7
– in dubio pro reo **158** 6
– keine Anzeige/Untersuchung **158** 10
– Konkurrenzen **158** 15
– Nachteil für einen anderen **158** 11 ff
– Rücktritt und ~ **158** 2, 9
– Selbstanzeige **158** 10
– Sperrfunktion **158** 15
– Teilnahme **158** 2
– Verwertbarkeit **158** 14
– Wirksamkeit **158** 9 ff
Berufung
– auf frühere Versicherung an Eides Statt **156** 16
– auf früheren Eid **155** 4
Beschuldigter **153** 10
Betrug und ~ **Vor 263** 12, 14; **263** 58, 312
DDR-Alttaten **Vor 153** 32
Diensteid **155** 4
Dolmetscher **153** 9; **154** 5; **155** 4
Eid, früherer **155** 2
Eid, religiöse Form **155** 1
Eid, weltliche Form **155** 1
Eidesgleiche Bekräftigungen **155** 1 ff
Eidesmündigkeit **154** 10; **157** 17
Eidesnorm **154** 2 ff, 6
Eidesstattliche Versicherung **153** 6; **154** 6, 8
zur eidlichen Vernehmung zuständige Stelle **153** 6
eigenhändige Delikte **Vor 153** 7; **160** 1
Entstehungsgeschichte **Vor 153** EntstG, 4
Erheblichkeit der Aussage **Vor 153** 23 f
Fahrlässigkeit **163** 1 ff
Falschaussage, uneidliche
– Entstehungsgeschichte **153** EntstG
– Falsche Verdächtigung und ~ **164** 34
– Meineid und ~ **Vor 153** 1; **153** 1, 12 ff; **154** 1, 12, 22
– Versuch der Teilnahme **30** 2; **159** 1
– Vollendung **153** 11 ff
– Vorsatz **153** 15
– Wahlfeststellung **1** 115, 118; **153** 14
Falsche Versicherung an Eides Statt
– Bankrott und ~ **283** 240
– DDR-Alttaten **156** 29
– Entstehungsgeschichte **156** EntstG
– Fahrlässigkeit **163** 1 ff
– als Insolvenzstraftat **Vor 283** 2, 27
– Irrtum **156** 26
– Konkurrenzen **156** 28
– Meineid und ~ **156** 1
– Mittäterschaft **156** 27
– Teilnahme **156** 27
– Urkundenfälschung und ~ **156** 28
– Versuch der Teilnahme **30** 2; **159** 1
– Vorsatz **156** 26

Aussagedelikte (Forts.)
Falscheid, fahrlässiger **163** 1
– Wahlfeststellung **1** 115, 118
Freiwillige Gerichtsbarkeit **153** 10a; **154** 7, 9; **156** 13
Garantenstellung **154** 17a
Gefährdungsdelikte, abstrakte **Vor 153** 6
Gericht
– Aussage vor ~ **153** 5
– Eid vor ~ **154** 8
Hörensagen **153** 3; **163** 18
vor inter-/supranationalen Gerichtshöfen **Vor 3** 183ff
Inventureid **154** 6
Irrtum **Vor 153** 24, 30; **153** 18; **154** 20; **156** 26; **160** 8
Jugendlicher **154** 10
Konkurrenzen **153** 13, 18; **157** 16; **158** 15; **163** 20
Mängel der Vernehmung **Vor 153** 29 ff; **154** 22; **163** 1
Meineid
– Entschuldigender Notstand **154** 21
– Entstehungsgeschichte **154** EntstG
– Fahrlässigkeit **163** 1 ff
– Falschaussage, uneidliche und ~ **Vor 153** 1; **153** 1, 12 ff; **154** 1, 12, 22
– Falsche Verdächtigung und ~ **154** 22
– Falsche Versicherung an Eides Statt und ~ **156** 1
– minder schwerer Fall **154** 22
– Offenbarungseid **154** 1, 8, 20
– Parteieid **154** 1, 6 f
– Teilnahme **154** 12 ff
– durch Unterlassen **154** 17 ff
– Versuch **154** 21
– Vorsatz **154** 20
– Wahlfeststellung **1** 115, 118; **154** 22
mittelbare Täterschaft **Vor 153** 7; **160** 1
Nacheid **154** 3 f, 21
im Nötigungsnotstand begangene ~ **35** 29
Notar **156** 9
Offenbarung des Vermögens **156** 19 ff; **163** 17
Offenbarungseid **154** 1, 8, 20; **156** 1
Partei im Zivilprozeß **157** 2; **163** 5, 8 f
Parteieid **154** 1, 6 f
(keine) Pflichtdelikte **Vor 153** 7
Rechtsanwalt **154** 19
Rechtsgut **Vor 153** 2 ff, 29; **153** 7
Rechtspflege, staatliche als Rechtsgut **Vor 3** 181; **Vor 153** 2 f
Rechtspfleger, Aussage vor **153** 5
(keine) Religionsdelikte **Vor 153** 4; **154** 10; **Vor 166** 8
Sachverständiger **Vor 153** 18; **153** 3, 9 ff; **154** 1, 4 f; **155** 4; **157** 1; **163** 16
Schiedsgericht, Aussage vor **153** 5
Schweigen, bloßes **Vor 153** 15
Schwören, falsches **154** 2 ff
(keine) Sonderdelikte **Vor 153** 7
Spezialität **Vor 52ff** 85
Spontanäußerung **Vor 153** 28; **153** 9a; **156** 8, 17
Sprachbehinderte **Vor 153** 15; **153** 4
Strafklageverbrauch **153** 13
Strafmilderung **157** 1 ff; **158** 1 ff
Strafprozeß **Vor 153** 20a; **154** 16; **155** 3 f; **156** 11
Strafzumessung **Vor 153** 31; **153** 17; **154** 22
Täter **Vor 153** 7; **154** 10 f
Tatsachenbekundung **Vor 153** 16 ff; **154** 4
Teilnahme **153** 16; **154** 12 ff, 17, 19; **156** 27; **157** 3; **158** 2; **159** 4
Umfang der Aussagepflicht **Vor 153** 19 ff; **153** 3
Unterlassen **154** 2, 17 ff
Untersuchungsausschuß, parlamentarischer **Vor 153** 2, 22, 27; **153** 6, 8, 10a f
Vereidigungsverbot **153** 16
Verfahrensfehler **Vor 153** 29 ff; **154** 9, 22; **163** 1
Verleitung zur Falschaussage
– Entstehungsgeschichte **160** EntstG
– Gutgläubigkeit des Verleiteten **160** 2 f, 5
– Irrtum **160** 8
– Verleiten **160** 5 f
– Versuch **160** 2, 4, 7
– Vorsatz **160** 8
Verschweigen **Vor 153** 24; **153** 2; **156** 17
Versicherung an Eides Statt **153** 6; **154** 6, 8; **156** 1
– zu Beweiszwecken **156** 1, 11 f
– falsche ~ **156** 17
– unter falschem Namen **156** 18
– Form **156** 2 ff
– frühere ~ **156** 16
– zur Glaubhaftmachung **156** 1, 7a, 11, 13, 14
– Offenbarung des Vermögens **156** 19 ff; **163** 17
– Statthaftigkeit **156** 10 ff
– vermögensrechtliche Auskünfte anderer Art **156** 24 f; **163** 17
– Wahlfeststellung **1** 115
Versuch **22** 12 ff; **155** 3; **159** 1
Vorbereitungspflicht **163** 7 f, 16 ff
Voreid **154** 4 f, 21
Vorsatz **153** 15
Wahlfeststellung **1** 115, 118; **153** 14; **154** 22
Wahndelikt **154** 20 f; **157** 10

Aussagedelikte (Forts.)
Wahrheitspflicht **154** 16 f, 17a; **156** 17; **163** 3
– als besonderes persönliches Merkmal **28** 62
Werturteil **Vor 153** 16 ff
Wortprotokoll **Vor 153** 26
Zeugen **Vor 153** 16 ff; **153** 3, 9 ff; **154** 1, 3; **155** 4; **156** 11; **157** 1; **163** 5 ff
Zeugnisverweigerungsrecht **153** 2, 10; **154** 18; **157** 5 f; **158** 3
Zivilprozeß **Vor 153** 20, 21; **154** 6, 16 f; **155** 3 f; **156** 12; **157** 2
Aussageerpressung
Amtsdelikt
– besonderes ~ **343** 1
– echtes ~ **343** 1
Amtsträger **343** 3
Androhung von Gewalt **343** 10
Beamter **343** 3
Berufsgerichtsbarkeit **343** 3, 6
Bundeswehrangehörige als Täter **343** 3
Bußgeldverfahren **343** 5
Disziplinargerichtsbarkeit **343** 3, 6
Ehrengerichtsbarkeit **343** 3, 6
Einwilligung **343** 1, 9
Entstehungsgeschichte **343** EntstG
Folter **343** 1, 8
Gewaltanwendung **343** 9
Irrtum **343** 14
Konkurrenzen **343** 16
minder schwerer Fall **343** 17
Mißhandlung, körperliche **343** 8
Narkoanalyse **343** 9
Nebenfolge **343** 17
Nötigungsabsicht **343** 13
Polizeibeamter **343** 3
Quälen, seelisches **343** 11
Rechtsbeugung und ~ **339** 122
Rechtsgut **343** 1
Richter **343** 3
Staatsanwalt **343** 3
Strafverfahren **343** 4
Täuschung **343** 7
Teilnahme externer Personen **343** 1
Verfahrensarten, geschützte **343** 4
Vernehmungsmethoden, ungesetzliche **343** 1, 7 ff
Versprechung, rechtswidrige **343** 7
Versuch **343** 15
Versuch der Beteiligung **30** 34 ff
Verwahrung, behördliche **343** 4
Vorsatz **343** 12
Aussagegenehmigung
Geheimnisschutz und ~ **203** 128
Aussageverweigerungsrecht *siehe Zeugnisverweigerungsrecht*
Ausschreibung *siehe auch Absprachen, wettbewerbsbeschränkende*
Begriff **298** 21
beschränkte ~ **298** 23
öffentliche ~ **298** 22
private ~ **298** 22
Ausschreibungsbetrug *siehe Submissionsbetrug*
Ausschuß
parlamentarische Äußerungen/Berichte, Straflosigkeit **36** 32 f
Außenwirtschaftsgesetz
Ausfuhr, Begriff **326** 123
Außerkrafttreten
eines Gesetzes **2** 10
Aussetzen
Menschenraub **234** 37 ff
Mißbrauch ionisierender Strahlen **311a** 6
Aussetzung
Allgemeindelikt **221** 4
Aussetzen **221** 1, 12 ff
Beendigung **221** 19, 34
DDR-Recht **221** Vor 1
Entstehungsgeschichte **221** EntstG
Erfolgsdelikt **221** 4, 22
Fahrlässigkeit der Todesverursachung **221** 39
Garantenstellung **221** 32 f
Gefährdungsdelikt, konkretes **221** 4
Gefahr **221** 6 ff
– Gesundheitsschädigung, schwerer **221** 5, 10
– Todesgefahr **221** 5
Gesundheitsschädigung, schwere
– als Folge **221** 38
– Gefahr **221** 5, 10
Hilflosigkeit **221** 7, 18
Im-Stich-Lassen **221** 22 ff
Kausalverlauf, abweichender **221** 8
Kindesaussetzung **221** 37
Konkurrenzen **221** 41 f
Lage, hilflose **221** 7, 18
einer Maßregel zur Bewährung **Einl** 37; **Vor 61ff** 51 f, 79; **62** 6
Menschenraub und ~ **221** 1, 7, 41
minder schwerer Fall **221** 43
mittelbare Täterschaft **221** 31, 34
Personenstandsfälschung und ~ **169** 2, 27, 36
Qualifikationen **221** 37 ff
Rechtswidrigkeit **221** 35
Rücktritt **221** 40, 42
Selbstgefährdung, eigenverantwortliche **221** 16, 27
Sonderdelikt, echtes **221** 4, 32

Aussetzung (Forts.)
Täter **221** 31 f, 37
Teilnahme **221** 31, 34, 43
Todesfolge **221** 39
Untätigkeit, bloße **221** 29
Unterlassen **221** 4, 21, 28 ff
Unterlassene Hilfeleistung und ~ **221** 1; **323c** 93, 207
(kein) Unterlassungsdelikt **221** 22
Verlassen **221** 23
Versetzen in eine hilflose Lage **221** 12 ff
Versuch **221** 4, 37, 40
Vollendung **221** 19 f, 26
Vorsatz **221** 36
Aussetzung des Strafrestes
Auflagen und Weisungen **57a** 36; **61** 2
Bestimmtheitsgebot und ~ **1** 67
DDR
– Alttaten **Anh 56-58** 4 f
– Recht **Anh 56-58** 1 ff
Ersatzfreiheitsstrafe und ~ **43** 4; **57** 5
bei Freiheitsstrafe, lebenslanger **38** 18 ff; **57a** 1 ff; **57b** 1 ff
– Ablehnung der Aussetzung **57a** 38 ff
– Absehen von der Aussetzung **57a** 37
– Anordnungen **57a** 35 f
– Anrechnung **57a** 9
– Anwendungsbereich **57a** 5 ff
– Auflagen und Weisungen **57a** 36
– Bewährungshelfer **57a** 36
– Bewährungszeit **57a** 35
– Einwilligung des Verurteilten **57a** 27
– Entscheidungen, nachfolgende **57a** 44
– als Gesamtstrafe **57b** 1 ff
– mehrere selbständige Freiheitsstrafen **57a** 10
– obligatorische Aussetzung **57a** 34
– Prognose, günstige **57a** 24 ff
– Rechtsanspruch **38** 28; **57a** 1, 34
– Sachverständigengutachten **38** 19
– Schuldschwereklausel **38** 24, 57 ff; **57a** 11 ff
– Schwurgerichtslösung des BVerfG **38** 21 ff; **57b** 12
– Sperrfrist **57a** 42 f
– Verbüßungszeit **57a** 8 ff
– Verfahrensrecht **57a** 45 ff
– Zeitpunkt der Entscheidung **57a** 28 ff
bei Freiheitsstrafe, zeitiger **N 57**
– Ablehnung der Aussetzung **57** 67
– Absehen von der Aussetzung **57** 63 ff
– Abwägung zwischen Resozialisierungsinteresse und Sicherheitsinteresse der Allgemeinheit **N 57**
– Anhörung des Verurteilten **57** 75 ff
– Anordnungen **57** 55 ff
– Anrechnung **57** 10, 26
– Anwendungsbereich **57** 3 ff
– Auflagen und Weisungen **57** 61
– Beschlußform **57** 80
– Bewährungshelfer **57** 62
– Bewährungszeit **57** 55 ff
– Entscheidungen, nachfolgende **57** 69
– Erstverbüßung **57** 28 ff
– Mehrheit selbständiger Freiheitsstrafen **57** 12 ff, 27
– obligatorische und fakultative Aussetzung **57** 51 ff, 66
– Prognose, günstige **57** 15 ff, 22
– Sperrfrist **57** 68
– Strafvollstreckungsakt **57** 1
– Umständeklausel **57** 42 ff
– Verbüßungszeit **57** 7 ff, 25 ff
– Verfahrensrecht **57** 70 ff
– Zeitpunkt der Entscheidung **56** 47 ff
Führungsaufsicht und ~ **68g** 1 ff
bei Geldstrafe **57** 5
Gesamtstrafe **57b** 1 ff; **58** 1 ff
Ausspähen von Daten
Begehung
– eigenhändige ~ **202a** 7
– eigennützige ~ **202a** 5
– fremdnützige ~ **202a** 5 f
Berechtigter **202a** 9 ff
Betriebsangehörige **202a** 10
closed-shop **202a** 15 f
Computerbetrug und ~ **263a** 85
Computerprogramme **202a** 3, 15
Daten
– Begriff **202a** 3 f
– codierte ~ **202a** 3
– nicht unmittelbar wahrnehmbare ~ **202a** 4
– offenkundige ~ **202a** 3
– verschlüsselte ~ **202a** 6
– wertlose ~ **202a** 3
Datendiebstahl **202a** 1 f
Datenhehlerei **202a** 19
Datenspionage **202a** 1
Einverständnis **202a** 9, 11, 13
Einwilligung, mutmaßliche **202a** 18
Empfangsberechtigung, fehlende **202a** 9 ff
Geheimhaltungsinteresse **202a** 14
Gewahrsamsbruch-Analogie **202a** 2, 9
Hacking **202a** 1, 6
Inhalt der Information **202a** 2
Irrtum **202a** 17
Kenntnisnahme **202a** 6
Mikrofilme **202a** 4
Nutzen, bloßes **202a** 9
Offizialdelikt, relatives **202a** 1
Paßwort **202a** 16
Raubkopie **202a** 10

Ausspähen von Daten (Forts.)
Rechtfertigungsgründe **202a** 18
Rechtsgut **202a** 2, 10
Rechtswidrigkeit **202a** 18
Selbstschutz, zumutbarer **202a** 14
Skripturakt **202a** 12
Softwarepiraterie **202a** 15
Staatsgeheimnisse und ~ **Vor 93** 4
Strafantrag **202a** 20; **205** 5, 7
Teilnahme **202a** 19
Untreue und ~ **202a** 19
Verschaffen **202a** 5 ff
Verschlüsselung **202a** 16
Vertragsrecht und Strafrecht **202a** 9, 13
Viktimodogmatik **202a** 14 ff
Vorbereitungshandlung, straflose **202a** 1
Vorsatz **202a** 17
Zugangssicherung **202a** 14 ff
– Typen **202a** 16
– Überwindung einer ~ **202a** 7, 14
Ausspähung, landesverräterische
Anzeigepflicht **96** 9; **138**
bürgerliche Statusrechte, Verlust als Nebenfolge **96** 9; **101** 1 ff
Einziehung **96** 9; **101a** 1 ff
Euratom-Geheimnis **96** 2
Irrtum **96** 6
Konkurrenzen **96** 8
Landesverrat und ~ **96** 1
NATO-Geheimnis **96** 2
Sichverschaffen **96** 3
Verratsabsicht **96** 4 f
Versuch **96** 7
als Vorbereitung, strafbare **Vor 22** 8
Vorsatz **96** 6
Ausspielung
unerlaubte Veranstaltung einer ~ **Vor 287** 6; **287** 1 ff, 14
Ausstellen
unechter Gesundheitszeugnisse **Vor 277** 2; **277** 9 ff
unrichtiger Gesundheitszeugnisse **278** 10
Aussteller
öffentlicher Urkunden **271** 10 ff
einer Urkunde **267** 28 ff, 203 ff
Ausübung
Prostitution **180a** 4, 10, 14; **181a** 5, 12
Auswärtiger Dienst
Vertrauensbruch **353a** 1 ff
Auswanderungsbetrug
Nichtanwendbarkeit in den neuen Ländern **Einl** 96
Ausweise
Urkundeneigenschaft **267** 142
Urkundenunterdrückung **274** 10 ff
Ausweise, amtliche
ausländische ~ **273** 4; **275** 3, 7; **276** 3, 6
Begriff **273** 4, 9; **275** 3
Beurkundung, falsche **276** 5 f
Fahrzeugpapiere **276a** 5
Papiere, aufenthaltsrechtliche **276a** 3 f
unechte ~ **276** 4
Verändern
– Beweisadressat **273** 8 f
– Datenverarbeitung, Beeinflussung **270** 1 ff
– Deliktskomplex, einheitlicher **273** 13
– Einziehung **273** 15; **282** 7 f
– Entfernen **273** 6
– Gebrauchen **273** 8
– Konkurrenzen **273** 13 f
– Rechtfertigungsgründe **273** 10
– Rechtsgut **273** 1
– Rechtsverkehr, Sicherheit/Zuverlässigkeit als Schutzgut **273** 1
– Täuschung im Rechtsverkehr **273** 11
– Überdecken **273** 6 f
– Unkenntlichmachen **273** 6
– Unterdrücken **273** 6
– Urkundenfälschung und ~ **267** 293; **273** 1 f, 14
– Urkundenunterdrückung und ~ **273** 1 f, 14; **274** 12, 65
– Verändern **273** 6 f
– Verfolgung, politische **273** 10
– Versuch **273** 12
– Vollendung **273** 12
– Vorsatz **273** 11
verfälschte ~ **276** 4
Verschaffen von falschen ~
– Absicht, Gebrauch zu ermöglichen **276** 16
– Ausfuhr, Unternehmen **276** 7 f, 25
– bandenmäßige Begehung **276** 13 ff, 17; **282** 2
– Datenverarbeitung, Beeinflussung **270** 1 ff
– Deliktskomplex, einheitlicher **276** 19, 25
– Einfuhr, Unternehmen **276** 7 f, 25
– Einziehung **282** 7 ff
– gewerbsmäßige Begehung **276** 13, 17; **282** 6
– Konkurrenzen **276** 19 ff
– Organisierte Kriminalität **276** 2, 8
– Überlassen **276** 9, 12, 27
– Unternehmen der Ein- und Ausfuhr **276** 7 f, 25
– Urkundenfälschung und ~ **276** 22
– Verfall, erweiterter **282** 5 f
– Vermögensstrafe **282** 2 ff
– Verschaffen **276** 2 f, 27
– Versuch **276** 18
– Verwahren **276** 9, 11
– Vorsatz **276** 16 f

Ausweise, amtliche (Forts.)
Vorbereitung der Fälschung
– Abgabenstrafrecht und ~ **275** 9
– Ausfuhr, Unternehmen **275** 8 f
– bandenmäßige Begehung **282** 2
– Bannbruch **275** 9
– Drucksätze/-stöcke **275** 5
– Einfuhr, Unternehmen **275** 8 f
– Einziehung **282** 7
– Feilhalten **275** 8
– Formen **275** 5
– gewerbsmäßige Begehung **282** 6
– Herstellen **275** 8
– Matrizen **275** 5
– Negative **275** 5
– Papier **275** 6
– Platten **275** 5
– Rechtsgut **275** 1
– Rechtsverkehr, Sicherheit/Zuverlässigkeit als Schutzgut **275** 1
– Sichverschaffen **275** 8
– Strafbarkeit, vorverlagerte **Vor 22** 8
– Überlassen **275**
– Unternehmen der Ein- und Ausfuhr **275** 8 f
– Unternehmensdelikt **275** 2
– Urkundenfälschung und ~ **Vor 275-276a** 1 f
– Verfall, erweiterter **282** 5 f
– Vermögensstrafe **282** 2 ff
– Verwahren **275** 8
– Vorbereitung **275** 4
– Vordrucke **275** 7
– Vorrichtungen **275** 5
Ausweispapiere *siehe auch Mißbrauch von Ausweispapieren*
Begriff **281** 1, 8
Auszubildende
Privatgeheimnisse, Verletzung **203** 83
Auto *siehe Kraftfahrzeug*
Automaten
Leistungsautomaten **265a a.F.** 20 ff, 39
Warenautomaten **265a a.F.** 16, 20 ff, 36, 38 f, 57
Automatenbetrug *siehe Erschleichen von Leistungen*
Autonomieprinzip
Notstand, rechtfertigender und ~ **34** 68, 73 f, 80
Autorität des Staates und seiner Organe
als Rechtsgut **132** 4
Autowrack **326** 69, 101, 113; **327** 16b ff, 20 f
Avalkredit **265b** 52

Babyklappe
Personenstandsunterdrückung **169** 10, 27, 31
Verletzung der Fürsorge- oder Erziehungspflicht **171** 10
Verletzung der Unterhaltspflicht **170** 45
Bagatellbetrug **263** 295, 305 f, 336
Bagatelldelikt
erhebliche Straftat im Maßregelrecht und ~ **66** 113
Hausfriedensbruch als ~ **123** 85
Reformdiskussion **Vor 38** 66
Bagatellfälle/-klausel
bei Verletzung der Vertraulichkeit des Wortes **201** 21, 25
Bahnpolizei
Vollstreckungsbeamte **113** 9, 29
Bahnverkehr *siehe Eingriffe in den Bahn-, Schiffs- und Luftverkehr, gefährliche; siehe Gefährdung des Bahn-, Schiffs- und Luftverkehrs*
BAK *siehe Blutalkoholkonzentration*
Bande
bandenmäßige Begehung
– Absprachen, wettbewerbsbeschränkende **298** 51
– Angestelltenbestechlichkeit/-bestechung **300** 6; **302** 2 ff
– Bandenbetrug (gewerbsmäßiger) **263** 297, 307, 330; **267** 232, 234 ff
– Bandenhehlerei (gewerbsmäßige) **260** 3 f; **260a** 2
– Bandenraub **N 250** 10; **250** 31 f
– als besonderes persönliches Merkmal **28** 73
– Bestechungsdelikte **N 331-338** 24 f; **N 335**; **N 338**
– Computerbetrug **263** 307, 330; **263a** 92; **267** 232, 234 ff
– Diebstahl **N 244** 2 ff; **N 244a**; **244** 11 ff
– Einziehung **282** 7 ff
– Erpressung, besonders schwerer Fall **N 253**; **N 256**
– Fälschung beweiserheblicher Daten **267** 232, 234 ff; **269** 22
– Fälschung technischer Aufzeichnungen **267** 232, 234 ff; **268** 50, 59
– Geld-/Wertzeichenfälschung **146** 33; **150** 1 f
– Glücksspiel, unterlaubtes **Vor 284-287** 2; **284** 24; **286** 2
– Kinderhandel **236** 66, 69 f
– Menschenhandel (schwerer) **181c** 3
– Subventionsbetrug **267** 232, 234 ff
– Urkundenfälschung **267** 232, 234 ff, 240 f, 292, 305, 309; **282** 2 f
– Verfall, erweiterter **282** 5 f
– Vermögensstrafe **282** 2 ff
– Verschaffen von falschen amtlichen Ausweisen **276** 13 ff, 17; **282** 2

Bande (Forts.)
– Zuhälterei **181c** 3
bandenmäßige Verbreitung von Kinderpornographie **184** 52
kriminelle Vereinigung und ~ **129** 25 ff
Bandenbetrug Vor 263 4; **263** 297, 307, 330; **267** 232, 236
gewerbsmäßiger ~ **263** 307
Bandendiebstahl N 244 2 ff
Bande **N 244** 3 ff; **244** 11 ff
Konkurrenzen **244** 18
Mehrheit selbständiger Taten **244** 12 f
minder schwerer Fall schweren ~ **N 244a**; **244a** 4
Mitwirkung eines anderen Bandenmitglieds **N 244** 3, 6 ff; **244** 13
schwerer ~ **Vor 242** 1; **N 244a**; **244a** 1 ff
Teilnahme **244** 16
Verfall, erweiterter **Vor 242** 1; **N 244** 12; **N 244a**; **244** 17; **244a** 4
Vermögensstrafe **Vor 242** 1; **N 244** 12; **N 244a**; **244** 17; **244a** 4
Versuch **244** 15
Vorsatz **244** 14
Wahlfeststellung **1** 129; **244** 18
Bandenfälschung
Geldfälschung **146** 33
Bandenraub N 250 10; **250** 31 f, 33
mit Waffen **N 250** 14
Bankgeheimnis 203 71
Offenbarungspflicht **203** 120
Bankkunde
Untreue **266** 9, 78 f, 103, 111, 128
Bankomat *siehe Geldautomatenmißbrauch*
Bankrott *siehe Konkursstraftaten*
Bankuntreue 266 141
Bankverkehr
Urkunden im ~ **267** 144
Bannbruch 275 9
Bannkreisverletzung
abstrakte Gefährdung **106a** 1
Aufforderung **106a** 9
Bannkreis, Begriff **106a** 2
Konkurrenzen **106a** 12
Rechtsgut **106a** 1
Bannware 297 1, 9 f
Barbiturate
als Rauschmittel **316** 142, 170; **323a** 97
Wechselwirkungen mit Alkohol **316** 134
Wechselwirkungen mit Opiaten **316** 147
Bauarbeiter
fahrlässige Tötung durch ~ **222** 11
Baubehörde
fahrlässige Tötung durch Beamten der ~ **222** 11
Baugefährdung N 319
Abbruch eines Bauwerks **323** 4
Architekt **323** 7
an der Ausführung Beteiligte **323** 9
Bauarbeit/-tätigkeit **323** 3
Bauleiter **323** 6 ff
(kein) Blankettatbestand **323** 11
(kein) Dauerdelikt **323** 20
Fahrlässigkeit **323** 17
Gefährdungsdelikt, konkretes **323** 1
Gefahr für Leib/Leben eines Menschen **N 319**; **323** 14 f
Konkurrenzen **323** 19
Planung eines Bauwerks **323** 5
Regeln der Technik **323** 11 f
Sonderdelikt **323** 1
Täterkreis **323** 10
Tätige Reue **N 319**; **N 320**; **323** 18
Unterlassen **323** 13
Verjährung **323** 20
Vorsatz **323** 16
Bauherr
fahrlässige Tötung durch ~ **222** 11
Bauleiter
Baugefährdung **323** 6 f
fahrlässige Tötung durch ~ **222** 11
Baumaterialien
Brandstiftung **308** 10
Bauträger
Untreue **266** 122
Bauunternehmer
fahrlässige Tötung durch ~ **222** 11
Bauwerk
Begriff **305** 3
Zerstören **305** 1 ff
Beamter *siehe auch Amtsträger; siehe auch Richter*
Amtsrechte **Vor 32** 142 f
Amtsverlust als Folge strafgerichtlicher Verurteilung **45** 35
Angestelltenbestechlichkeit/-bestechung **299** 15
ausländischer ~ kein Amtsträger **11** 20
Aussageerpressung **343** 3
Beamteneigenschaft als besonderes persönliches Merkmal **28** 60
Begriff **11** 23 ff; **Vor 331** 4
Dienstgeheimnis, Verletzung **353b** 4
Notstand, entschuldigender, Zumutbarkeit aufgrund besonderen Rechtsverhältnisses **35** 54
Rechtsbeugung **339** 16
Strafantragsrecht **77a** 2 ff
Strafzumessung, Berücksichtigung beruflicher Folgen **46** 24
Untreue **266** 89, 103

Beamter (Forts.)
Vertraulichkeit des Wortes, Verletzung **201** 1
Beauftragter
Angestelltenbestechlichkeit/-bestechung **299** 17
Betriebsbeauftragter für Abfall **326** 132
Betriebsbeauftragter für Gewässerschutz **324** 49
Betriebsbeauftragter für Immissionsschutz **325** 69
Gefahrgutbeauftragter **328** 64
Immissionsschutzbeauftragter **325** 69
Vertreterhaftung **14** 53 ff
Wehrbeauftragter und Staatsgeheimnisse **93** 28
Bedeutung
von Kundgabezeichen **185** 18
Bedingungstheorie
Notwehrüberschreitung **33** 71
Bedrohung
Adressaten der Drohung **241** 4
Bedrohung **241** 6 ff
Begehung eines Verbrechens **241** 11 ff
DDR-Recht **241** 29
Entstehungsgeschichte **241** EntstG
Ernstlichkeit **241** 6, 10, 23
Friedensstörung durch Androhnung von Straftaten und ~ **126** 2, 8, 9, 12, 17; **241** 2, 4, 19, 27
Gefährdungsdelikt, abstraktes **241** 1
Kenntnis des Bedrohten **241** 15
Konkurrenzen **241** 27 f
mittelbare Drohung **241** 21
Nötigung und ~ **240** 58, 77, 124; **241** 9, 19, 27
Person, nahestehende **241** 5
Privatklagedelikt **241** 25
Rechtfertigungsgründe **241** 16
Rechtsfriede des Einzelnen als Rechtsgut **241** 1
Rechtsgut **241** 1
Verjährung **241** 3
Vollendung **241** 20
Vorsatz **241** 17 ff, 24
Vortäuschen eines bevorstehenden Verbrechens **241** 22 ff
Wehrstrafrecht **241** 28
wider besseres Wissen **241** 24
Beeinträchtigung
der Brauchbarkeit, Mißbrauch ionisierender Strahlen **311a** 8
Beendeter Versuch *siehe Versuch*
Beendigung
des Angriffs **32** 122 ff
Tateinheit, Begründung vor ~ **52** 20
Beendigung der Straftat
Absichtsdelikte **Vor 22** 25
Begriff **Vor 22** 19 ff
Beihilfe, sukzessive und ~ **Vor 22** 37
Dauerdelikte **Vor 22** 27, 36
bei fortlaufender Tatbestandsverwirklichung **Vor 22** 28
Gefährdungsdelikte **Vor 22** 25 f
Gesetzlichkeitsprinzip und ~ **Vor 22** 34 f
Mittaterschaft, sukzessive und ~ **Vor 22** 37
Notrechte und ~ **Vor 22** 33, 38
Tatzeitprinzip **2** 13
Unternehmensdelikte **Vor 22** 25 f
Verjährung und ~ **Vor 22** 33, 37; **78a** 3 ff
Vollendung und ~ **Vor 22** 24 ff
Zustandsdelikt **Vor 22** 31
Befehl
Handeln auf ~
– Strafzumessung **46** 123
– Verbotsirrtum und ~ **17** 52 ff
militärischer ~ als Rechtfertigungsgrund **Vor 32** 173 ff
Notwehr gegen ~
– ordnungsrechtswidriger Befehl **32** 90 ff, 201
– rechtswidriger Befehl **32** 74 ff, 91 ff, 97 ff
– strafrechtswidriger Befehl **32** 88, 93, 202 f
– verfassungswidriger Befehl **32** 95
– verwaltungsrechtswidriger Befehl **32** 96 f
– völkerrechtswidriger Befehl **32** 94
– wehrrechtswidriger Befehl **32** 85, 88, 96, 98
– zivilrechtswidriger Befehl **32** 102
rechtswidriger ~ **25** 70 f, 129; **Vor 32** 177
– Angriff durch ~ **32** 74 ff
Schießbefehl und Notwehr **32** 93
Beförderungserschleichung **265a a.F.** 1, 5, 7, 30 f, 45 ff, 50 ff, 60 f
Beförderungsmittel **315** 29
Beförderungswesen
Urkunden im ~ **267** 143
Befriedetes Besitztum
Begriff **123** 16 ff
Befugnis
zur Aufnahme öffentlicher Urkunden **348** 4 ff
Begebung
einer Urkunde **267** 19 ff, 277
Begegnungsdelikt
Teilnahme, notwendige **Vor 26** 33
Begehung der Tat
Tatzeitprinzip **2** 11
Begehungsdelikt
als Deliktstyp **Vor 13** 50
Tatort **9** 7 ff
Tatzeit **8** 5 ff

Begehungsort
Beendigung und ~ **Vor 22** 33
Beginn des Versuchs *siehe Versuch – unmittelbares Ansetzen*
Beglaubigung
Falschbeurkundung, mittelbare **271** 18, 21, 43
Urkundenfälschung **267** 102, 107, 126, 198, 216
Begleittat, mitbestrafte Vor 52ff 117 ff
Begnadigungsrecht
Absehen von Strafe und ~ **60** 7
bei Maßregeln **Vor 61ff** 74
Strafaussetzung zur Bewährung und ~ **Vor 56** 2; **56** 1
Begründungspflicht
bei Entziehung der Fahrerlaubnis **69** 111 f
Begründungszwang
bei der Gesamtstrafenbildung **54** 10, 13
des Strafausspruchs **46** 315
Begünstigung *siehe auch Konkursstraftaten – Gläubigerbegünstigung; siehe auch Konkursstraftaten – Schuldnerbegünstigung*
Absicht der Vorteilssicherung **257** 18
Angehörigenbegünstigung **145d** 19, 23
– Mord zur Verdeckung einer Straftat und ~ **211** 12
Anschlußdelikt **257** 3
Anstiftung **257** 22 ff
Bankrott und ~ **283** 230
Beihilfe **257** 23 f
– zur Vortat und ~ **257** 5 f
Besserstellung des Vortäters **257** 13
Dauerdelikt als Vortat **257** 6
DDR-Recht **27** 70; **257** 30
Einwilligung, rechtfertigende **Vor 32** 115
Entstehungsgeschichte **Vor 257ff** 1; **257** EntstG, 1
fortgesetzte Handlung **257** 28
Geringfügigkeit **257** 27
Hilfeleisten **257** 12 ff
Irrtum **257** 7, 13, 17, 25 f
Jagdwilderei und ~ **292** 82
Konkurrenzen **257** 28 f
Kreditbetrug und ~ **265b** 114
persönliche ~ *siehe auch Strafvereitelung* **Vor 257ff** 1
Rechtsgut **Vor 257ff** 3; **257** 2
Rechtspflege, staatliche als Rechtsgut **257** 2
sachliche ~ **Vor 257ff** 1
Schuldnerbegünstigung und ~ **283d** 28
Selbstbegünstigung
– Mord zur Verdeckung einer Straftat und ~ **211** 12
– Tatbestandslosigkeit **257** 20
– Unterstützung der Selbstbegünstigung **257** 23a
Strafantrag **257** 26 f
Strafausschließungsgrund für Vortatbeteiligten **257** 21 f
Strafbarkeit der Vortat **257** 8 f
Strafe **257** 25
Strafvereitelung und ~ **Vor 257ff** 1; **257** 28
Subventionsbetrug und ~ **264 a.F.** 169
Surrogate **257** 11
Tatortbestimmung **9** 28
Teilnahme, notwendige **Vor 26** 35
Unterlassen **257** 15
Urkundenfälschung und ~ **267** 286
Verfahrensvoraussetzungen **257** 26 f
Vermögen als Rechtsgut **257** 2
Versuch
– strafloser ~ **257** 19
– untauglicher ~ **Vor 22** 128
Versuchstat, verselbständigte **257** 13 f
Vorbereitungshandlung, straflose **257** 14, 19
Vorsatz **257** 17
Vortat **257** 3 ff
Vortat, verjährte **Vor 78** 17
Vorteile, zu sichernde **257** 10 f, 27
Wahlfeststellung **1** 116; **257** 29
Behältnis
eines Schriftstücks **202** 16, 20
Behandlungsverhältnis
Sexueller Mißbrauch unter Ausnutzung eines Behandlungsverhältnisses **N 174c** 6
Beharrlichkeit
der Zuwiderhandlung, Ausübung der verbotenen Prostitution **184a** 4, 6
Behauptung einer Tatsache 186 6 f
Behinderung
geistige ~ **N 174c** 2; **N 179** 1; **226** 25
seelische ~ **N 174c** 2; **N 179** 1
Behörde
zur Abnahme von Versicherungen an Eides Statt zuständige ~ **156** 5 ff
Begriff **11** 98 ff
Beleidigung einer ~ **194** 12
Computersabotage **303b** 9 f
Fälschung von Gesundheitszeugnissen zum Gebrauch vor Behörden **277** 6
zur Führung von Pesonenstandsbüchern oder zur Feststellung des Personenstandes **169** 21
Kritik, sachliche an ~ **193** 14
öffentliche ~
– Angestelltenbestechlichkeit/-bestechung **299** 15, 18
– als Aussteller öffentlicher Urkunden **271** 10 f, 61 ff
Strafantragsrecht **Vor 77** 8; **77** 40
Vortäuschen einer Straftat gegenüber ~ **145d** 4 ff

Beibringen
von Betäubungsmitteln
– Menschenraub **234** 13 ff
– Nötigung **240** 11 f, 35, 45, 47 f, 66 f
von Gift/anderen gesundheitsschädlichen Stoffen **224** 12 ff
Beichtgeheimnis
Nichtanzeige geplanter Straftaten und ~ **139** 5 ff, 9
Beihilfe *siehe auch Teilnahme*
als akzessorischer Rechtsgutsangriff **27** 5, 51, 54
Anstiftung und ~, Abgrenzung **26** 25 ff
Anstiftung zur Beihilfe **26** 110; **27** 61
zur Anstiftung, versuchten **30** 48 ff
zur Anstiftung **26** 110
Anwesenheit am Tatort **27** 42
Beendigung der Straftat und ~ **Vor 22** 33, 37; **27** 32 ff
Begünstigung, Abgrenzung **27** 32 ff
zur Beihilfe **27** 61, 66
Dauerdelikt **27** 39
DDR-Recht **27** 70
zum erfolgsqualifizierten Delikt **27** 51
Exzeß des Täters **27** 51
fahrlässige Hilfeleistung **27** 46
Förderung der Tat **27** 23 ff
fortgesetzte ~ **27** 54, 56 f
Fortsetzungszusammenhang
– fortgesetzte Beihilfe **27** 54, 56 f
– Haupttat im ~ **27** 39, 57
als Gefährdungsdelikt **27** 27 f
Gesinnungsstrafrecht **27** 9
Haupttat
– Auslandstat als ~ **27** 62
– Beendigung der ~ **27** 32 ff
– im Fortsetzungszusammenhang **27** 39
– versuchte ~ **Vor 22** 131; **27** 7, 25, 66
– vorsätzliche rechtswidrige ~ **Vor 26** 23 ff; **26** 30
– wesentliche Merkmale **27** 47
Hilfeleistung **27** 30 ff
– deliktischer Sinnbezug **27** 17 ff
– fahrlässige ~ **27** 46
– Förderungsformel der Rechtsprechung **27** 23 ff
– Kausalität **27** 1 ff
– Kenntnis des Täters **27** 9
– Mittel **27** 40 ff
– überflüssige ~ **27** 8
– Unterlassen **27** 15, 43 ff
– Wirksamkeit **27** 7
– Zeitpunkt **27** 31 ff
in dubio pro reo **27** 68
Intensivierungsprinzip **27** 29
Irrtum **27** 50
Kausalität der Hilfeleistung **27** 1 ff
– Förderungsformel und ~ **27** 24
– hypothetischer Kausalverlauf **27** 2
Kettenbeihilfe **120** 31
Konkurrenzen **27** 57, 67
zu mehreren Taten **Vor 52ff** 58
Mehrheit der ~ **27** 55
in Mittäterschaft **25** 172; **27** 58
mittelbare Täterschaft, Abgrenzung **25** 65, 71
in mittelbarer Täterschaft **27** 60
als Nachtat, mitbestrafte **27** 39
Nebentäterschaft **27** 59
nullum crimen sine lege **27** 35
zum Pflichtdelikt **27** 52, 66; **28** 88 f
psychische ~ **27** 10 ff, 26, 40 ff
Quasi-Beihilfehandlungen **27** 69
Risiko, erlaubtes **27** 22
Risikosteigerung, rechtlich mißbilligte **27** 16 ff
Rücktritt vom Versuch **24** 48
zum Sonderdelikt **27** 52
Strafe **27** 65 ff
Strafmilderung **27** 65 f
Strafvereitelung
– Abgrenzung **27** 32 ff
– vorgeleistete **27** 12, 41
sukzessive ~ **Vor 22** 37
Täterschaft, Abgrenzung **25** 14 ff, 30 ff
als Täterschaft **27** 69
täterschaftlich verselbständigte Beihilfehandlungen **27** 69
Tatentschluß, Bestärkung **27** 13 f, 41
Tatort **27** 62
Tatortbestimmung **9** 26
Tatzeit **27** 63
technische Rathilfe **27** 11, 41
Theorienstreit **27** 23 ff
Übernahmeprinzip **27** 29
durch Unterlassen **13** 57, 64; **27** 15, 43 ff, 66
zum Unterlassungsdelikt **13** 52; **27** 53
zur Verabredung eines Verbrechens **30** 76
Verjährung **27** 64
Verleitung eines Untergebenen zu einer Straftat und ~ **357** 9
versuchte ~ **Vor 22** 132 ff; **27** 25, 27
– Straflosigkeit **Vor 22** 135
– Teilnahme **30** 51
zum Versuch **Vor 22** 131; **27** 7, 25, 66
Vollendung **27** 7, 25
Vorsatz **27** 45 ff
– dolus eventualis **27** 21 f, 46
– Doppelvorsatz **27** 45
Wahlfeststellung, unzulässige **27** 68
Zurechenbarkeit, objektive **27** 22

Beischlaf
außerehelicher ~, Vergewaltigung **N 177** EntstG, 1; **177** EntstG
beischlafähnliche Handlungen, Sexueller Mißbrauch von Kindern (schwerer) **N 176a** 2; **176** 24
Sexueller Mißbrauch widerstandsunfähiger Personen **N 179** 2; **179** 15
Beischlaf zwischen Verwandten
Abkömmling, leiblicher **173** 17
Adoptivkinder **173** 17 f
Beischlaf
- Begriff **173** 21
- ehelicher ~ **173** 19
eigenhändiges Delikt **173** 30
Entstehungsgeschichte **173** EntstG, 1 f
Exogamiegebot **173** 6 f
Gefahr einer Empfängnis **173** 25
Geschwister, leibliche **173** 18
Inzesttabu **173** 4 ff
Irrtum **173** 28 f
Konkurrenzen **173** 35
kriminalpolitische Bedeutung **Vor 169** 20
kriminologische Erkenntnisse **173** 3
Personen gleichen Geschlechts **173** 21
Rechtsgut **Vor 169** 15; **173** 4 ff, 8 ff, 14 f
Rechtswidrigkeit **173** 26
sexuelle Handlungen, andere **173** 30
Sonderdelikt **173** 30
Sozialschädlichkeit inzestuöser Verbindungen, vermeintliche **173** 8 ff
Strafausschließungsgrund, persönlicher **173** 33 f
Straftaten gegen die sexuelle Selbstbestimmung und ~ **173** 23, 35
Strafzumessung **173** 34
Teilnahme **173** 31 f
Verfassungsmäßigkeit **173** 16
Versuch, untauglicher **Vor 22** 98
Verwandte, leibliche **173** 17
Vollziehen **173** 22
Vorsatz **173** 27
Beiseiteschaffen
von Handelsbüchern **283** 125
von Vermögensbestandteilen **283** 14, 25 ff, 125; **288** 30 f
Versicherungsmißbrauch **265 n.F.** 7
Beisichführen einer Waffe
Diebstahl mit Waffen **244** 5 ff
bei Gefangenenmeuterei **121** 42 f
bei Landfriedensbruch **125a** 2 ff, 5a
Raub, schwerer **N 250**; **250** 6 ff, 21
bei Sexueller Nötigung/Vergewaltigung **N 177** 8
bei Widerstandshandlung **113** 54
Beisitzer
Rechtsbeugung **339** 14, 33, 92, 109 f, 115 f, 127
Beistand
Parteiverrat **356** 24
Untreue **266** 49, 122
Beistandleisten
Parteiverrat **356** 29, 51
Beitragsbetrug
Analogieverbot und ~ **1** 82
Beitragsverkürzung **266a** 63
Bekanntgabe
Schwangerschaftsabbruch, Werbeverbot **219a** 5
Rechtsnatur **Vor 38** 4, 49; **165** 1
der Verurteilung wegen Beleidigung **200** 1 ff
der Verurteilung wegen falscher Verdächtigung **165** 1 ff
Bekanntmachung *siehe auch Bekanntgabe*
amtliche ~, Verletzung *siehe Verletzung amtlicher Bekanntmachungen*
eines Gesetzes als deklaratorischer Akt **1** 28
Bekenntnis *siehe Beschimpfung von Bekenntnissen, Religionsgesellschaften und Weltanschauungsvereinigungen*
Bekenntnisfreiheit *siehe Religionsfreiheit*
Bekräftigung, eidesgleiche **155** 1 ff
Belästigung
Exhibitionistische Handlungen **183** 4
Schutz vor erheblichen Belästigungenen als Rechtsgut **Vor 174** 11; **183** 1; **183a** 1; **184** 1; **184a** 1; **184c** 12
Belege
nachgemachte/verfälschte ~, Subventionsbetrug **264 a.F.** 142, 145 f
Belehrungspflicht
über Bewährungsauflagen **56b** 27
über Fahrverbot **44** 98
über Weisungen bei der Führungsaufsicht **68b** 41
Beleidigung
Absicht der ~ **186** 11; **192** 5 f
Achtungsanspruch **185** 1
Achtungswürdigkeit **Vor 185** 3
Äußerungen, privilegierte **185** 13
Äußerungsdelikt **185** 10
Äußerungswille und Äußerungshandlung **185** 17
von Amts wegen, Strafverfolgung **194** 4 ff, 9
eines Amtsträgers **194** 11
keine analoge Anwendung des § 232 Abs. 1 S. 1; **1** 72
animus iniuriandi (Kränkungsabsicht) **185** 36
Anspielung **185** 16

Beleidigung (Forts.)
Anwendbarkeit deutschen Strafrechts **Vor 185** 39 f
Auffangtatbestand **Vor 185** 2, 43
Aufrechnung **199** 1
außerdienstliches Verhalten **194** 11
von Auslandsorganen/Auslandsvertretern **103** 1 ff
- Beleidigungsdelikte, allgemeine, Verhältnis **102** 6
- parlamentarische Äußerungen/Berichte, Straflosigkeit und ~ **36** 42, 44
Begehungsdelikt **185** 25
Begriff **Vor 185** 1
einer Behörde **194** 12
Bekanntgabe der Verurteilung **200** 1 ff
Beleidigungsfähigkeit, passive **Vor 185** 24 ff
Beleidigungstatbestände, Verhältnis **Vor 185** 42
Bericht **185** 16
Berichterstattung, wahrheitsgetreue **185** 42
Beschimpfung von Bekenntnissen, Religionsgesellschaften und Weltanschauungsvereinigungen und ~ **166** 13, 92
Bevölkerung, Verletzter als Teil der ~ **194** 6
Beweislastumkehr **185** 35
Cyberstalking **185** 31
Darbietungen **194** 4
Dienstausübung und ~ **194** 11
Dienstvorgesetzter, Strafantrag **194** 10
dualistisch konzipierter Ehrbegriff **Vor 185** 8
Durchschnittsurteil **Vor 185** 30
Ehebruch als Ehrkränkung **Vor 185** 35 f; **185** 32
Ehrauffassung, normativ-faktische **Vor 185** 7
Ehrbegriff
- dualistisch konzipierter **Vor 185** 8
- normativer und faktischer **Vor 185** 4 ff
- personaler **Vor 185** 13
Ehre
- als Anerkennungsverhältnis **Vor 185** 10, 12
- Ehre haben **Vor 185** 3
- und Gleichheitssatz **Vor 185** 3
- innere ~ **Vor 185** 5, 7
- Kernbereich **Vor 185** 21
- des Kollektivs **Vor 185** 25
- und Kommunikationsfähigkeit **Vor 185** 19
- und Kunstfreiheit **193** 9
- und Meinungsfreiheit, Kollision **193** 5 ff
- und Menschenwürde **Vor 185** 4
- und Persönlichkeitsrecht **185** 32
- und Personwürde **Vor 185** 2
- als Rechtsgut **Vor 185** 1 ff, 42
- und Umgangssprache **Vor 185** 3
- Verfassungsrang **193** 5, 9
Ehrenmord **Vor 185** 38
Ehrennotwehr **185** 42
ehrenrührige Äußerung im engsten Kreis **185** 11 ff
ehrenrührige Kundgaben, Beispiele **185** 33 f
Ehrgefühl **Vor 185** 6
Ehrmängel **Vor 185** 5, 9
Ehrträger **Vor 185** 24 ff
ehrverletzende Reaktualisierung **192** 7 ff
Ehrverletzung und ~ **Vor 185** 1 ff
Ehrvorstellungen, neue Heterogenität der ~ **Vor 185** 38
einfache ~ und üble Nachrede **186** 1
Einkleidung, satirische **185** 24
Einverständnis **185** 38
Einwilligung **Vor 32** 115; **185** 38
elterliche Personensorgeberechtigte **Vor 185** 37
Empfängerhorizont **185** 19, 22
Erklärung **185** 17
Erklärungsempfänger **185** 19
Ermächtigung zur Strafverfolgung **194** 13 f
error in persona **185** 37
Erweislichkeit der Wahrheit
- als Strafausschließungsgrund **Vor 32** 226
Erwiderung einer ~ **199** 5
Erziehungsrecht, missbräuchliche Ausübung **185** 42
Erziehungsrecht, Verletzung **Vor 185** 37; **185** 32
Ethik **Vor 185** 15
Exhibitionistische Handlungen und ~ **183** 12, 14
Exzeß **192** 3
faktischer Ehrbegriff **Vor 185** 4 ff
Familienehre **Vor 185** 33
Familienkreis **185** 11; **186** 9; **187** 2
Formalbeleidigung **192** 1 ff; **193** 1, 11, 14, 33
Gattungsbegriff **Vor 185** 1
Gegenbeleidigung **199** 1 ff
Geisteskrankheit **Vor 185** 24
Geltungswert, personaler **Vor 185** 9
Geltungswert, sozialer **Vor 185** 9, 11
Gesamtschau eines Werkes **185** 22
Geschlechtsehre **185** 28 ff, 38
Gleichheitssatz und Ehrbegriff **Vor 185** 3
Gleichstellung von Individuum und Personengemeinschaft **Vor 185** 25 ff
als Gruppenangehöriger Verfolgter **194** 5
Handlungseinheit, natürliche **185** 43
Heterogenität der Ehrvorstellungen, neue **Vor 185** 38

Beleidigung (Forts.)
Idealkonkurrenz **185** 44
in dubio pro reo **185** 35
inhaltlicher Zusammenhang **185** 43
Integrität, sittliche **Vor 185** 13; **185** 34
im Internet **Vor 185** 39 ff
Irrtum **185** 26
Irrtum des Täters **185** 37 f
Karikatur **185** 23 f; **193** 10
Kernbereich der Ehre **Vor 185** 21
Kinder als Ehrträger **Vor 185** 24
Kollektivbeleidigung **Vor 185** 25 ff
Kollektivbezeichnung und Strafantrag **194** 2
unter Kollektivbezeichnung **Vor 185** 28 ff
Kollektivehre **Vor 185** 25
Kollektivgebilde **Vor 185** 29
Kollektivurteile **Vor 185** 30
Kommunikationsfähigkeit und Ehre **Vor 185** 19
Kompensation **199** 1
Konkurrenzen **Vor 185** 44; **185** 43
Kränkungsabsicht (animus iniuriandi) **185** 36
Kundgabe **185** 10
Kundgabe, Erscheinungsformen **185** 15 ff
Kundgabe, objektiver Sinn **185** 17 ff
Kundgabe durch Unterlassen **185** 25
Kundgabe, Vollendung **185** 25
Kunstwerke (Sinnermittlung) **185** 22 ff
Leugnen nationalsozialistischer Verbrechen **Vor 185** 40
lex generalis **Vor 185** 43
Lückenbüßerfunktion **Vor 185** 2; **185** 31
Manipulation von Tatsachen **185** 16
mehrdeutige Äußerung **185** 36
Meinungsäußerung **185** 2 ff
Meinungsfreiheit und Recht der Ehre **Vor 185** 12
Menschenwürde und Ehre **Vor 185** 4
menschliche Unzulänglichkeiten, elementare **Vor 185** 17
Mißachtung der Person **185** 32
Mittäter **185** 40
mittelbare ~ **Vor 185** 34
nationalsozialistische Verbrechen, Leugnen **Vor 185** 40
Nazi-Opfer **194** 5
normativ verstandener Empfängerhorizont **185** 19
normativer Ehrbegriff **Vor 185** 4 ff
normativ-faktische Ehrauffassung **Vor 185** 7
Notwehr gegen ~ **32** 177
öffentliche ~ **200** 2
Paradigma **185** 34
Pauschalurteil **Vor 185** 30, 32
Persönlichkeitsmißachtung **Vor 185** 11
personaler Ehrbegriff **Vor 185** 14
personaler Geltungswert **Vor 185** 9
personaler Geltungswert, Minderung **Vor 185** 17
Personengemeinschaft, Gleichstellung mit Individuum **Vor 185** 25 ff
Personengemeinschaften **Vor 185** 25
Personensorgeberechtigte, elterliche **Vor 185** 37
Personwürde und Ehrbegriff **Vor 185** 2
Pflichterfüllung **Vor 185** 13
einer politischen Körperschaft **194** 13 f
Polizei als Ehrträger **Vor 185** 25
Polizeibeamter als „Bulle“ **185** 35
Privatklagedelikt **194** 4
privilegierte Äußerungen **185** 13
Publikationsexzeß **192** 7 ff
Realitätsbezug, fehlender **185** 22
rechtfertigender Notstand **185** 42
Rechtfertigung bei verleumderischen Verlautbarungen **185** 14
Rechtfertigungsgründe **185** 42
Retorsion **199** 1
Ruf **Vor 185** 6
Satire **185** 23 f; **193** 10
Schimpfwörter **Vor 185** 17; **185** 34
Schriften **194** 4
Schriftenverbreitung **186** 13 f; **187** 6
schriftliche ~ **186** 14
Selbstgespräch **185** 12
Sexualbeleidigung **185** 15
Sexualstraftat und ~ **185** 28 ff
sexuelle Handlungen und ~ **185** 28 ff
Sexueller Mißbrauch von Schutzbefohlenen und ~ **174** 23
Sinnverständnis **185** 26
sittliche Integrität **Vor 185** 13; **185** 34
Soldaten als „Mörder“ **185** 34; **193** 25; **Vor 125-145d** 6
soziale Rolle **185** 34
sozialer Geltungswert **Vor 185** 9, 11
Standardbedeutung **185** 18
Stilmittel **185** 23
Strafantrag **77** 25; **194** 1 ff
Strafausschließungsgrund **185** 41
straffreies Refugium **185** 14
substantielle Gleichheit tatbestandsmäßigen Verhaltens **Vor 185** 42
Symbolisches Handeln **185** 15
Täter **185** 40
Tätlichkeit als ~ **185** 15
Tatbestand, subjektiver **Vor 185** 31
Tatbestandsbestimmtheit **Vor 185** 2
Tatrichterfunktion **185** 9
Tatsache, Wahrnehmbarkeit, Beweisbarkeit und geschichtliche Existenz **185** 4

Beleidigung (Forts.)
Tatsachen, innere ~ **185** 4
Tatsachenbasis von Werturteilen **185** 6
Tatsachenbehauptung **185** 2 ff
Tatsachenmanipulation **185** 16
Teil der Bevölkerung, Verletzter als ~ **194** 6
teleologische Reduktion **185** 12
territoriale Spezifizierung **Vor 185** 39
Totschlag nach schwerer ~ **213** 4 ff
Üble Nachrede
– Äußerungsdelikt mit Drittbezug **186** 9
– in Beziehung auf einen anderen **186** 5
– Dritter als Kundgabeempfänger **186** 5
– einfache Beleidigung und ~ **186** 1
– ernsthaftes Entgegentreten **186** 8
– Gerücht **186** 8
– Herabwürdigen **186** 10
– kompromittierende Sachlage, Schaffen einer **186** 7
– öffentliche ~ **186** 13
– gegen Personen des politischen Lebens **188** 1 ff
– prozessuale Nichterweislichkeit als Tatbestandsmerkmal **186** 3
– Qualifikation **186** 13
– Rechtswidrigkeit **186** 12
– restriktive Auslegung **186** 4
– Schuldprinzip **186** 2, 4
– Sorgfalt, gebotene **186** 4
– Subsumtionsirrtum **186** 11
– Tatsachenbehauptung **186** 6 f
– Tatsachenbehauptung, nichterweislich wahre, ehrenrührige **186** 2, 12
– Verächtlichmachen **186** 10
– Verbotsmaterie, tragfähige **186** 3
– durch Verbreiten von Schriften **186** 13 f
– Verbreiten von Tatsachen **186** 8
– Verbreitung von Tatsachen **186** 6, 8
– Vorsatz **186** 11
– Wahrheitsbeweis als Strafausschließungsgrund **186** 12; **190** 1
– Wahrnehmung berechtigter Interessen **186** 12; **193** 2
– Werturteil und deskriptives Urteil **186** 1
Unterlassen, Kundgabe durch **185** 25
Unzulänglichkeiten, elementare menschliche **Vor 185** 17
Verbreiten von Schriften **200** 2
Verdienste absprechen **Vor 185** 16
Verfolgte **194** 5
Verfremdung **185** 22; **193** 10
Vergewaltigung und ~ **177** 16
Verhalten, vorwerfbares **Vor 185** 14
Verleumdung
– der Bundeswehr **109d** 1
– in dubio pro reo **187** 2
– Kreditgefährdung, Eignung zur **187** 3
– öffentliche ~ **187** 6
– parlamentarische Äußerungen/Berichte, Straflosigkeit **36** 42 f; **37** 24
– gegen Personen des politischen Lebens **188** 1 ff
– Qualifikation **187** 6
– Rechtfertigung **187** 5
– Sachverhaltskern **187** 2
– Unwahrheit **187** 2
– durch Verbreiten von Schriften **187** 6
– in einer Versammlung **187** 6
– Vorsatz **187** 4
– Wahrnehmung berechtigter Interessen **187** 4; **193** 3, 11
– wider besseres Wissen **187** 4
Versammlung **194** 4
Verschwiegenheitspflicht und ~ **185** 14
Versuch, Kenntnisnahme durch Dritten **22** 15
Verunglimpfung des Andenkens Verstorbener **189** 1 ff
Verunglimpfung und Zweitbeleidigung **199** 7
Verurteilungsbekanntgabe **200** 1 ff
Vollendung **185** 26
Vorsatz **185** 36
vorwerfbares Verhalten **Vor 185** 14
Wahrheitsbeweis **185** 41; **190** 1 ff
Wahrheitsbeweis und einfache ~ **190** 1
Wahrheitsbeweis, ~ trotz **192** 1 ff
Wahrheitsfrage **185** 35; **186** 4
Wahrnehmung berechtigter Interessen **Vor 32** 179; **193** 1 ff
– Äußerungen zur ~ **193** 17
– Anwendungsbereich **193** 11 f
– Anzeigen **193** 22
– Berechtigung des Täters **193** 19
– Berechtigung des wahrgenommenen Interesses **193** 18
– Beteiligung mehrerer **193** 34
– dienstliche Anzeigen von Vorgesetzten **193** 32
– Dienststrafsachen **193** 11
– Diffamierung **193** 25
– Ehre und Kunstfreiheit **193** 8 ff
– ehrenrührige Meinungsäußerung und ~ **193** 4
– einzelfallbezogene Gesamtabwägung **193** 6
– Enthüllungen **193** 23
– Erlaubnistatbestandsirrtum **193** 31
– erlaubtes Risiko, rechtfertigendes **193** 3
– Fernsehen **193** 20
– Film **193** 20
– Flucht in die Öffentlichkeit **193** 28

Beleidigung (Forts.)
- Formalbeleidigung **193** 1, 11, 14, 33
- geistiger Meinungskampf **193** 20
- gewerbliche Leistungen **193** 13 ff
- Grundrecht der freien Meinungsäußerung und ~ **193** 4 ff
- Güter- und Interessenabwägung **193** 2
- Informationsinteresse **193** 18, 20, 30
- Informationspflicht **193** 21
- Interessenkollision, Interessenvergleich **193** 17
- Interessenkonflikt, echter oder präsumtiver **193** 2
- Interessenwahrnehmung, angemessene **193** 25
- Irrtum des Täters **193** 31
- Karikatur **193** 10
- Konkordanz, Prinzip praktischer **193** 6
- Konsumtion **193** 8
- Kränkungen **193** 25
- Kritik, sachliche **193** 13
- künstlerische Leistungen **193** 13 ff
- Kunstwerke **193** 8
- Leichtfertigkeit **193** 24
- Massenmedien **193** 20
- Meinungsäußerung, ehrenrührige **193** 4
- Meinungsäußerung, freie und unangemessene **193** 25
- Meinungsfreiheit und persönliche Ehre **193** 5
- Motivation des Täters, Motivbündelung **193** 30
- Namensnennung **193** 29
- Nichterweislichkeit behaupteter Tatsachen **193** 24
- objektive Wertordnung **193** 4
- öffentliche Behörden, Beamte usw. **193** 14
- Petitionen **193** 22
- politischer Meinungskampf **193** 27
- Presse **193** 20
- Presse und Individualisierung **193** 29
- pressemäßige Sorgfalt **193** 23
- Pressestraftaten **193** 11
- reaktive Verknüpfung von Äußerungen **193** 7, 25
- Rechtsausführung **193** 15 f
- Rechtsnatur **Vor 32** 179;**193** 1
- Rechtsverteidigung **193** 15 f
- Rede, Zulässigkeit freier **193** 7
- Rügen von Vorgesetzten **193** 32
- Rundfunk **193** 20
- Sachkritik **193** 13
- Satire **193** 10
- Schmähung, Schmähkritik **193** 25
- Schuldausschließungsgrund **193** 1
- situationsabhängiges Risiko **193** 21
- Sorgfalt, situations- und konfliktsadäquate **193** 21 f
- Subsumtionsirrtum **193** 31
- tadelnde Urteile **193** 13
- Tatsachenbehauptung, ehrenrührige **193** 11
- Übermaßverbot **193** 27
- üble Nachrede und ~ **193** 2
- Unschuldsvermutung **193** 26
- Verdachtsfrage, Wahrheitsfrage **193** 21
- Verfassungsrang der Ehre **193** 5
- Verfremdung **193** 10
- Verleumdung und ~ **193** 3
- Vorzugstendenzen **193** 6, 17, 21
- Wahrheit einer Behauptung **193** 24
- Wahrheitsinteresse **193** 23
- Wertungsexzess **193** 26, 31, 33
- Wertungsspielraum **193** 27
- Werturteil, ehrenrühriges **193** 4
- Werturteil, tatsachenadäquates **193** 13
- wissenschaftliche Leistungen **193** 13 ff
- Zitieren, sinnentstellendes **193** 27
- Zweckverfolgung **193** 30

wechselseitig begangene ~ **199** 1 ff
Weitergabe eines Schriftstücks **185** 16
Wertungsadäquanz **185** 6
Wertungsexzeß **185** 7; **193** 26, 31, 33
Werturteil **185** 2 ff, 41
Werturteil und Tatsachenbasis **185** 6
Werturteil, substantiiertes **185** 7
Werturteil, tatsachenadäquates **185** 41; **193** 13
Widerspruch als Prozesshindernis **194** 8
Zeitablauf **185** 41
Zusammenhang, inhaltlicher **185** 43

Beleidigungsdelikte
Körperverletzungsdelikte und ~ **223** 4, 6, 8, 27
Spezialität **Vor 52ff** 79

Belgien
Strafrechtsreform **Einl** 116, 135
Subventionsbetrug **264 a.F.** 10

Beliehene Private
Amtsanmaßung **132** 7, 33 f
Verwahrungsbruch **133** 6a

Belohnung und Billigung von Straftaten
Äußerungsdelikt **140** 16
Auslandstaten **140** 10
Belohnen der Tat **140** 11 ff
Bildung krimineller Vereinigungen und ~ **129** 7, 89
Billigen der Tat **140** 14 ff
- öffentliches ~ **140** 27
- durch Tatbeteiligte **140** 26
- durch Verbreiten von Schriften **140** 28

Belohnung und Billigung von Straftaten (Forts.)
- in Versammlung **140** 28
Eignung, friedensstörende **140** 21, 23, 29 ff
Entstehungsgeschichte **Vor 125-145d** 4; **140** Vor 1
Friedensstörung durch Androhnung von Straftaten und ~ **140** 3
Gewaltdarstellung und ~ **131** 40
Irrtum **140** 34
Katalogtaten **140** 3
Klimaschutzdelikt **140** 2
Konkurrenzen **140** 40
Meinungsfreiheit und ~ **140** 21 ff, 26, 38
mittelbare Täterschaft **140** 35
Nichtanzeige geplanter Straftaten und ~ **140** 1
Öffentliche Aufforderung zu Straftaten und ~ **140** 7, 13
parlamentarische Außerungen/Berichte, Straflosigkeit und ~ **36** 44
Pressefreiheit und ~ **140** 21 ff, 36 f, 38
Presseinhaltsdelikt **140** 22 ff, 35 f
Prozeßverhalten und ~ **140** 39
Rechtsgut **140** 1 f
rechtswidrige Tat **140** 5 f
- begangene oder versuchte ~ **140** 7
- weit zurückliegende ~ **140** 32 f
Sozialadäquanzklausel **140** 38
Täterschaft/Teilnahme an der Bezugstat und ~ **140** 41 f
Teilnahme **140** 35 ff
durch Verbreiten von Schriften **140** 28
Verbreiten, bloßes **140** 22
Verfassungsmäßigkeit **140** 3, 19, 21 ff, 26
in Versammlung **140** 28
Vorsatz **140** 34
Benachteiligungsabsicht
Landesverrat **94** 7, 11, 13
Urkundenunterdrückung **274** 56 ff
Benzodiazepine
als Rauschmittel **316** 142, 170, 174
Wechselwirkungen mit Alkohol **316** 133
Wechselwirkungen mit Opiaten **316** 147
Berater
Kreditbetrug **265b** 24
Schwangerschaftsabbruch, Identität von beratendem und abbrechendem Arzt **218c** 13; **219** 9
Untreue **266** 122
Beratungsgeheimnis
als Dienstgeheimnis **353b** 11
Rechtsbeugung und ~ **339** 111
Beratungspflicht
des Arztes bei Schwangerschaftsabbruch **218c** 8
Beratungsstelle, öffentlich anerkannte
Schweigepflicht **203** 67 f
Beratungsverhältnis
Sexueller Mißbrauch unter Ausnutzung eines Beratungsverhältnisses **N 174c** 6
Berechtigung
des wahrgenommenen Interesses **193** 18
Bereicherungsabsicht
Betrug **263** 185, 239, 248 ff, 288, 306, 334
Computerbetrug **263a** 76
Entziehung Minderjähriger **235** 85 ff, 107
Erpressung **253** 20 ff, 31
Falschbeurkundung, mittelbare **271** 82, 92 ff, 109
Gewässerverunreinigung **324** 116 f, 118
Hehlerei **259** 34
Kinderhandel **236** 30 ff, 54, 73
Privatgeheimnisse, Verletzung **203** 163
Schwangerschaftsabbruch, Werbeverbot **219a** 7
Bereicherungsdelikte
Betrug **263** 248, 253
Diebstahl und ~ **242** 47, 49
Erschleichen von Leistungen und ~ **265a a.F.** 16
Bereithalten
zu Sabotagehandlungen **87** 8
Bereitstellen
von Glücksspieleinrichtungen **284** 20
von Sabotagemitteln **87** 11
Bergwerk
Brandstiftung **308** 6
Bergwerksbetrieb **318** 3
Bericht
Falschbericht, diplomatischer **353a** 3
wahrheitsgetreuer ~ über öffentliche parlamentarische Sitzung *siehe Parlamentarische Äußerungen/Berichte, Straflosigkeit*
Berichterstatterprivileg
Gewaltdarstellung **131** 35
Berichterstattung, wahrheitsgemäße
Presse, Rundfunk, Fernsehen **193** 23
Berichtspflicht
des Bewährungshelfers **56d** 8
Berliner Tabelle
Verletzung der Unterhaltspflicht **170** 36
Berufsbezeichnungen, geschützte *siehe Mißbrauch von Titeln, Berufsbezeichnungen und Abzeichen*
Berufsdelikt *siehe Pflichtdelikt*
Berufsgerichtsbarkeit
Aussageerpressung **343** 3, 6
Verfolgung Unschuldiger **344** 4
Vollstreckung gegen Unschuldige **345** 6
Berufspflicht
Notwehrüberschreitung und ~ **33** 62

Berufsverbot *siehe auch Tätigkeitsverbot*
Anlaßtat **70** 7 ff
- Beziehung zu Beruf/Gewerbe **70** 11 ff
Anordnung
- fakultative ~ **70** 75 ff
- selbständige ~ **71** 1 ff
Anwendungshäufigkeit **70** 4
Aussetzung zur Bewährung **56** 2; **70a** 1 ff
- Bewährungshilfe **70a** 18
- Bewährungszeit **70a** 15
- Prüfungspflicht **70a** 19
- Weisungen **70a** 18
- Widerruf **70b** 1 ff
gegen Beamte **70** 32 f
Beruf, Begriff **70** 12 f, 14 f
Bestimmtheit **70** 53 ff
Dauer **Vor 61ff** 80; **70** 59 ff, 81 f
ehrengerichtliche Maßnahmen **70** 48, 85 ff
Erheblichkeit weiterer Taten **70** 38
Erledigung **70b** 16 ff
Folgen **70** 83
Fortführung einer für verfassungswidrig erklärten Partei **84** 19
Führungsaufsicht bei Aussetzung **68g** 1 ff
Gefahr weiterer Taten **70** 35 ff
- für die Allgemeinheit **70** 39
- Beziehung zu Beruf/Gewerbe **70** 37
Gesamtwürdigung von Täter und Tat **70** 40 ff
Gewerbe, Begriff **70** 11, 14 ff
für GmbH-Geschäftsführer **Vor 283** 80; **283** 106
Grundrechtsverwirkung **Vor 61ff** 35
in dubio pro reo **70** 50; **70b** 13
gegen Jugendliche und Heranwachsende **70** 5
gegen juristische Person **70** 6
lebenslanges ~ **70** 63 f, 95
als Maßregel der Besserung und Sicherung **Vor 38** 6; **70** 2
Maßregelkonkurrenz **70** 84; **72** 1 ff
Meinungsfreiheit und ~ **70** 64
Mißbrauch **70** 17 ff
Nichtabführung von Arbeitnehmerbeiträgen/Steuern **70** 28 ff
gegen Notare **70** 32 f
Parteienprivileg und ~ **Vor 61ff** 35
Pflichtverletzung, grobe **70** 17 ff, 23 ff
gegen Presseangehörige **70** 64 ff
Pressefreiheit und ~ **Vor 61ff** 35
Subsidiarität **70** 47 f
Umfang **70** 51 ff
Unerlaubter Umgang mit gefährlichen Abfällen **326** 154
Verfahrensrecht **70** 93 ff
verfassungsrechtliche Bedenken **Vor 61ff** 35; **70** 3
Verhältnismäßigkeitsgrundsatz **70** 3, 49, 51, 74
Verstoß gegen ~
- Konkurrenzen **145c** 27 ff
- Kriminal-/Rechtspflegestatistik **145c** 3
- Rechtsfolgen **145c** 29 f
- Straf-/Bußgeldvorschriften des Nebenrechts und ~ **145c** 2
- subjektiver Tatbestand **145d** 22
- Täter **145c** 12, 17 ff, 23
- Teilnahme **145c** 24 ff
- Untersagung, strafgerichtliche **145c** 1
- Verfahrensrecht **145c** 31 f
- Verfassungsmäßigkeit **145c** 4
- vorläufiges Berufsverbot **145c** 9
verwaltungsrechtliche Maßnahmen **70** 48, 85 ff
Vollrausch **323a** 318
Vollstreckung gegen Unschuldige **345** 6
Vorenthalten/Veruntreuen von Arbeitsentgelt **266a** 86
vorläufiges ~ **70** 61, 82, 94; **145c** 9
Widerruf der Aussetzung **70b** 1 ff
- Ermessen des Gerichts **70b** 9
- Folgen **70b** 14 f
- in dubio pro reo **70b** 13
- Voraussetzungen **70b** 1 ff
Wirksamkeit **70** 8ß
Zweck **Einl** 39; **70** 1
Berufsverbrecher
als Hangtäter **66** 67
Berufsvergehen
Parteiverrat **356** 1, 3 ff
Beruhigungsmittel
als Rauschmittel **316** 134, 170; **323a** 98
Besatzungsgerichtsbarkeit
Einschränkungen deutscher Gerichtsbarkeit **Vor 3** 367 ff
Beschädigen
von Aufzeichnungen, technischen **274** 34 ff
einer Datenverarbeitungsanlage/eines Datenträgers **303b** 25
dem Fischereirecht unterliegender Sache **293** 11
von Flaggen, Hoheitszeichen **90a** 18
von Handelsbüchern **283** 125
dem Jagdrecht unterliegender Sache **292** 61
Sachbeschädigung, gemeinschädliche **304** 3
einer Sache *siehe auch Sachbeschädigung* **265 n.F.** 5; **289** 17; **303** 5 ff; **315** 27 ff
von Urkunden **274** 34 ff
von Vermögensbestandteilen **283** 14, 44 ff; **288** 31
Beschädigung wichtiger Anlagen
Agententätigkeit zu Sabotagezwecken und ~ **87** 4

Beschädigung wichtiger Anlagen (Forts.)
Beschädigen **318** 5
Eingriffe in den Straßenverkehr, gefährliche und ~ **318** 5
Fahrlässigkeit **N 318; 320** 2
Friedensstörung durch Androhung von Straftaten und ~ **N 126** 3
Gefährdungsdelikt, konkretes **318** 6
Gesundheitsschädigung als Folge **N 318**
Körperverletzung als Folge **318** 9
minder schwerer Fall **N 318**
Qualifikationstatbestand **N 318; 318** 9
Rechtsgut **318** 1
Tätige Reue **N 320**
Todesfolge **N 318; 318** 9; **320** 6
Versuch **N 318; 318** 8
Vorsatz **318** 7
Wasserbauten **318** 2
Zerstören **318** 5
Beschädigungsabsicht 316c 43
Beschaffen
von kreditierten Waren/Wertpapieren **283** 75
Beschaffungskriminalität *siehe auch Betäubungsmittelkriminalität*
Spielleidenschaft **Vor 284-287** 6, 26
Bescheinigungen
Subventionsbetrug **264 a.F.** 97, 99
Beschimpfen
eines Bekenntnisses **166** 24 ff, 36
des Staates und seiner Symbole **90a** 8 f, 11
durch Tatsachenbehauptung **90a** 9
Beschimpfender Unfug
an einer Aufbahrungs-/Beisetzungs-/Totengedenkstätte **168** 47 f, 64 f
an Flaggen und Hoheitszeichen **90a** 23; **104** 5
an Gottesdienst gewidmetem Ort **166** EntstG, 1; **167** 3, 22 f
Beschimpfung von Bekenntnissen, Religionsgesellschaften und Weltanschauungsvereinigungen
Antragsbefugnis im Klageerzwingungsverfahren **166** 7
Aussagegehalt, objektiver **166** 28 ff
Bekenntnis
– Begriff **166** 14, 85
– Inhalt des Bekenntnisses **166** 15 ff
– religiöses ~ **166** 19, 21
– weltanschauliches ~ **166** 20 f
Beleidigung und ~ **166** 13, 92
Beschimpfen **166** 24 ff, 36
– mittelbares ~ **166** 84 ff
Datenspeicher **166** 50
Doppelmitgliedschaften **166** 66
Eignungsdelikt **166** 1
Einrichtungen **166** 75 ff
Entstehungsgeschichte **166** EntstG, 6 f
Freikirchen **166** 70
Frieden, öffentlicher **166** 6 ff, 51
Garantenstellung **166** 50
Gebräuche **166** 75, 79 f
Gefährdung des öffentlichen Friedens, konkrete **166** 52 ff
Gefährdungsdelikt, potentielles **166** 4
Glaube **166** 85
individuelle Überzeugungen **166** 15, 17, 22, 55
im Inland bestehend **166** 81 ff
im Internet **166** 40, 50
Karikatur **166** 37
Kenntnisnahme durch Dritte **166** 40, 56 f
Kirche **166** 59 f
Konkurrenzen **166** 92
Kritik, bloße **166** 25, 27
Kunstfreiheit und ~ **166** 27, 31 ff, 89
Meinungsfreiheit und ~ **166** 27, 29
Menschenwürde und ~ **166** 12, 35, 37, 92
öffentlich **166** 38 ff
Presseinhaltsdelikt **166** 91
Rechtsgut **166** 6 ff, 51
Rechtswidrigkeit **166** 89
Religionsfreiheit **166** 35
Religionsgesellschaften **166** 59 ff
– ausländische ~ **166** 82
– Begriff **166** 61
– formelle Voraussetzungen **166** 63
– Körperschaftsstatus **166** 63, 67 f
– öffentlichrechtliche ~ **166** 63, 67
– politische/gesellschaftliche Betätigung **166** 65
– privatrechtliche ~ **166** 63, 68
– Systematik **166** 70
– universeller Anspruch **166** 62
– wirtschaftliche Betätigung **166** 64
Sachverständiger **166** 17, 36
Satire **166** 37
Schädigungseignung **166** 5, 22, 29, 52 ff
Sekten **166** 70
Unterlassen **166** 50
Verächtlichmachen **166** 26
durch Verbreiten von Schriften **166** 48 ff
Verjährung **166** 91
Verletzte der Tathandlung **166** 7
Volksverhetzung und ~ **Vor 166** 23; **166** 12, 92
Vorsatz **166** 90
Wahrnehmung berechtigter Interessen und ~ **166** 89
Weltanschauung, Begriff **166** 18
Weltanschauungsvereinigungen **166** 72 ff
– ausländische ~ **166** 82
Wiedergabe fremder Äußerungen **166** 25, 38
Wissenschaftsfreiheit und ~ **166** 27

Beschlagnahme
dienstliche ~ **136** 5 ff
des Führerscheins **44** 55, 61, 72; **69** 158 ff
Gefahr der ~ **297** 11
Rechtmäßigkeit **136** 23
Verjährungsunterbrechung **78c** 28
von Vermögensbestandteilen und Zwangsvollstreckung **288** 12
vorgetäuschte ~
- Betrug **263** 102, 120
- Diebstahl **242** 39
Wirksamkeit **136** 7a ff
Zulässigkeit **136** 4
Beschlagnahmeverbot
bei Berufsgeheimnisträger **203** 9
Beschleunigungsgebot
Rechsfolgen eines Verstoßes gegen ~ **46** 240; **Vor 78** 18
Beschuldigter
als Partei, Parteiverrat **356** 42, 75
Beseiteschaffen
von Vermögensbestandteilen **288** 30 f
Beseitigen **315** 34
einer Datenverarbeitungsanlage/eines Datenträgers **303b** 25
Besinnungsstrafe
Fahrverbot **44** 2, 24, 27
Besitz
von Kinderpornographie **184** 2, 48
Konkursstraftaten **283** 21
Untreue **266** 103, 109, 141
als Vermögensbestandteil **263** 140 f; **283** 21; **288** 21
Zwangsvollstreckungsvereitelung **288** 21
Besitzbetrug **263** 108, 140 f, 151 f, 190 ff, 255, 306, 328
Besitzentziehung *siehe Pfandkehr*
Besitzverbote
als Bewährungsweisung **56c** 9
als Weisung bei der Führungsaufsicht **68b** 28
Besitzwehr **Vor 32** 68
Besondere Folge der Tat **18** 7 ff
Besondere persönliche Eigenschaften *siehe Besondere persönliche Merkmale*
Besondere persönliche Merkmale
Abgrenzung von § 29 **28** 10 ff
Absicht **28** 38, 70
Akzessorietät
- Lockerung des Akzessorietätsprinzips **28** 1
- Prinzip der limitierten ~ **28** 5 ff
Amtsdelikt **28** 39, 60
Anstiftung, versuchte **28** 84
bandenmäßige Begehung **28** 73
Begriff **28** 20 ff
Beschützergarant **28** 65
DDR-Recht **28** 91
Eigenschaften, persönliche **28** 59
Einheitslösung **28** 33 ff
erfolgsqualifizierte Delikte, Teilnahme **28** 85
Garantenpflichten **28** 64 ff
Gemeingefährlichkeit **28** 76, 79
Grausamkeit **28** 76, 78
Handeln für einen anderen und ~ **14** 9, 31 ff
Heimtücke **28** 76 f
Mordmerkmale **28** 26, 71, 74
nichteheliche Mutterschaft **28** 81
Pflichtdelikt **28** 1, 9, 51
rechtsgutsbezogene Merkmale **28** 29 ff
Rücktritt vom Versuch **28** 83
schuldausschließende Merkmale, spezielle **28** 83
Schuldausschließungsgrund, allgemeiner **28** 10 ff
Schuldmerkmale, spezielle **28** 10 ff, 51 f, 72, 80
Schwangereneigenschaft **28** 81
Soldatendelikt **28** 60
Strafaufhebungsgründe, persönliche **28** 51, 83
Strafausschließungsgründe, persönliche **28** 51, 83, 86
strafbegründende persönliche Merkmale **28** 12 ff, 19, 60 ff, 86
strafmildernde besondere Merkmale **28** 80 ff, 86
Strafmilderung **28** 86
strafmodifizierende Merkmale **28** 12 ff, 17 ff, 34
strafschärfende Merkmale **28** 72 ff, 86
Strafzumessung **28** 87
täterbezogene Merkmale **28** 27 f, 34
täterschaftsbegründende Pflichtenstellung **28** 53 ff, 60 ff
tatbezogene Merkmale **28** 27 ff
Überwachungsgarant **28** 65
Umstände, persönliche **28** 59
Unrechtsmerkmale **28** 1, 10 ff, 35 ff, 60, 80
Unterlassungsdelikt
- echtes ~ **28** 67
- unechtes ~ **28** 64 ff
Verbrechensqualität, Versuch der Beteiligung **30** 34 ff
Verhältnisse, persönliche **28** 59
Vorsatz **28** 70
wertbezogene Merkmale **28** 44 ff
wertneutrale Merkmale **28** 44 ff
Besondere persönliche Umstände *siehe Besondere persönliche Merkmale*
Besondere persönliche Verhältnisse *siehe Besondere persönliche Merkmale*

Besonders schwerer Fall *siehe auch Regelbeispiel*
Absprachen, wettbewerbsbeschränkende **298** 51
Agententätigkeit, geheimdienstliche **99** 17 ff
Agententätigkeit, landesverräterische **98** 10
Angestelltenbestechlichkeit/-bestechung **300** 1 ff; **301** 8
Bankrott **283a** 1 ff
Beispiele, gesetzliche **Vor 46ff** 22, 25
Bestechlichkeit **N 331-338** 19 ff; **N 335**
Bestechung **N 331-338** 19 ff; **N 335**
Betrug **263** 294 ff
Bodenverunreinigung **324a** 69; **N 330; 330** 10 f
Computerbetrug **263a** 92
Deliktsartbestimmung, Bedeutung für die **12** 17 ff
Erpressung **N 253; 253** 38
Fälschung beweiserheblicher Daten **269** 33
Fälschung technischer Aufzeichnungen **268** 59
Fehlerhafte Herstellung einer kerntechnischen Anlage **311c** 18; **N 312**
Friedensgefährdende Beziehungen **100** 10
Gefährdung schutzbedürftiger Gebiete **329** 57; **N 330; 330**
Gefangenenmeuterei **121** 1, 41 ff
Geldwäsche **261** 20
Gewässerverunreinigung **N 330; 330** 8 ff
Herbeiführen einer Explosion durch Kernenergie **310b** 7
Herbeiführen einer Sprengstoffexplosion **311** 6, 11
Jagdwilderei **292** 85 ff; **294** 1
landesverräterische Fälschung **100a** 9
Landesverrat **94** 15 ff
Landfriedensbruch **125** 66; **125a** 1 ff
Luftverunreinigung **325** 77; **N 330; 330**
Mißbrauch ionisierender Strahlen **311a** 10, 12
Nötigung **240** 120 ff
Offenbaren von Staatsgeheimnissen **95** 9
Politische Verdächtigung **241a** 23
Regelbeispiele, gesetzliche **Vor 46ff** 23
Schuldnerbegünstigung **283d** 25
Schwangerschaftsabbruch **218** 61 ff
Sexuelle Nötigung **N 177** 4
Sexueller Mißbrauch von Kindern **N 176** EntstG; **N 176a** 1 ff; **176** 24 ff
sonstige Fälle **Vor 46ff** 25
Strafänderungsgrund, unbenannter **Vor 46ff** 17 f
Strafaussetzung zur Bewährung und ~ **56** 38
Strafmilderungsgrund, Zusammentreffen **49** 15
Strafzumessung, Bedeutung **Vor 46ff** 17 ff; **46** 247 ff, 320
Strafzumessungsregel eigener Art **Vor 46ff** 18 ff
als Strafzumessungsregel **Vor 13** 51
Subventionsbetrug **264 a.F.** 129, 140 ff, 161 f
kein Tatbestandsmerkmal **Vor 13** 51
Tateinheit **52** 40
Totschlag **212** 45
einer Umweltstraftat **N 330; 330** 1 ff
– Entstehungsgeschichte **N 330; 330** EntstG 1 ff
– Gewinnsucht **N 330; 330** 19
– Konkurrenzen **330** 20
– Versuch **330** 19
Unerlaubter Umgang mit gefährlichen Abfällen **326** 150; **N 330; 330**
Unerlaubter Umgang mit radioaktiven Stoffen etc. **329** 70; **N 330; 330**
Unerlaubtes Betreiben von Anlagen **327** 29; **N 330; 330**
Untreue **266** 174 ff, 182
Urkundenfälschung **267** 292, 303 ff
Verrat illegaler Geheimnisse **97a** 5
Vertraulichkeit des Wortes, Verletzung **201** 1
Verursachen von Lärm, Erschütterungen und nichtionisierenden Strahlen **325a** 36; **N 330; 330**
Widerstand gegen Vollstreckungsbeamte **113** 52 ff
Wucher **302a** 64 ff
Bestand der Bundesrepublik Deutschland
Beeinträchtigung **81** 2 ff; **92** 2
als Schutzgut **Vor 80** 20; **87** 1, 16; **88** 1; **89** 1; **90a** 1; **92** 2
Bestandsschutz
von technischen Aufzeichnungen **274** 1, 3
von Urkunden **Vor 267** 8 f, 203; **274** 1, 3
Bestattung *siehe Störung einer Bestattungsfeier*
Bestechlichkeit *siehe auch Angestelltenbestechlichkeit* **N 332**
Amtsfähigkeit, Verlust als Nebenfolge **332** 19; **358** 1 ff
bandenmäßige Begehung **N 331-338** 24 f; **N 335; N 338**
besonders schwerer Fall **N 331-338** 19 ff; **N 335**
Bundeswehrangehörige **332** 3
Diensthandlung, pflichtwidrige **332** 1, 3 ff
– bei Ermessensentscheidungen **332** 7
– bei gebundener Verwaltung **332** 6
– vorgetäuschte ~ **332** 8
– zukünftige ~ **332** 1, 4, 8

Bestechlichkeit (Forts.)
Drittbegünstigung **N 331-338** 15 f; **N 332**
keine Einwilligung, rechtfertigende **Vor 32** 115
fortgesetze Annahme von Vorteilen **N 331-338** 22; **N 335**
Genehmigung, behördliche **332** 1
gewerbsmäßige Begehung **N 331-338** 23, 25; **N 335**; **N 338**
Irrtum **332** 6, 11 ff
Konkurrenzen **332** 18
Mittäterschaft **332** 15
Rechtsbeugung und ~ **339** 126
Rechtsbeugung und pflichtwidrige richterliche Handlung **332** 5
richterliche Handlung, pflichtwidrige **332** 1, 4 ff
– zukünftige ~ **332** 1, 4, 8
Sozialadäquanz **332** 1
Strafzumessung **352** 19
Teilnahme **332** 16 f
Unrechtsvereinbarung **N 331-338** 7 ff; **332** 11
Unterlassen einer richterlichen bzw. Diensthandlung **N 331-338** 24; **335** 1 ff; **N 336**
Verfall **N 331-338** 25; **332** 19; **N 338**
Versuch **332** 6, 12, 14
Vollendung **332** 14
Vorsatz **332** 10 ff
Vorteil **332** 9
– Drittvorteil **N 331-338** 15 f; **N 332**
– Geringfügigkeit **332** 4
– großen Ausmaßes **N 331-338** 21; **N 335**
Vorteilsannahme und ~ **331** 11; **332** 1, 4, 6
Wahlfeststellung **1** 116
Bestechung *siehe auch Angestelltenbestechung* **N 334**
Abgeordnetenbestechung und ~ **N 108e** 6
von Abgeordneten *siehe Abgeordnetenbestechung*
aktive ~ **Vor 331** 14
bandenmäßige Begehung **N 331-338** 24 f; **N 335**; **N 338**
begünstigte Personen **334** 3
besonders schwerer Fall **N 331-338** 19 ff; **N 335**
Diensthandlung
– bereits vorgenommene ~ **334** 5
– Ermessensentscheidungen **334** 6
– zukünftige ~ **334** 6
Drittbegünstigung **N 331-338** 15 f; **N 334**
Drittvorteil **N 331-338** 15 f; **N 334**
gewerbsmäßige Begehung **N 331-338** 23, 25; **N 335**; **N 338**
Irrtum **334** 5, 7
Konkurrenzen **334** 9
mittelbare ~ **331** 6 f
passive ~ *siehe auch Bestechlichkeit* **Vor 331** 14
Pflichtwidrigkeit **334** 5, 7
Täter **334** 3
Teilnahme **334** 8
Unterlassen einer richterlichen bzw. Diensthandlung **N 331-338** 24; **335** 1 ff; **N 336**
Verfall **N 331-338** 25; **N 338**
Vermögensstrafe **N 331-338** 25; **N 338**
Versuch **334** 5, 7
Vorsatz **334** 7
Vorteil **334** 4
Vorteilsgewährung und ~ **333** 7, 9 f, 13; **334** 1, 4, 6
von Wählern *siehe Wählerbestechung*
Bestechungsdelikte *siehe auch Abgeordnetenbestechung; siehe auch Wählerbestechung* **N 331-338** 1 ff; **Vor 331** 14 ff
Betrug und ~ **263** 318
Drittzuwendungen **N 331-338** 15 f
Rechtsgut **Vor 331** 17
Strafverfolgungsstatistik/-praxis **Vor 331** 18
Subventionsbetrug und ~ **264 a.F.** 151 ff
Unrechtsvereinbarung **N 331-338** 7 ff; **Vor 331** 17
Untreue und ~ **266** 98, 167
Verjährung **78a** 4 ff
Bestellter
für Aufgaben der öffentlichen Verwaltung **N 11**; **11** 30 ff
Anwalt, gerichtlich bestellter **356** 81
zur Jagdausübung bestellte Personen **292** 31
Sachverständiger, öffentlich bestellter **132a** 15; **203** 75
Bestimmen
zur Prostitution **180b** 6; **181** 4, 11
zu rechtswidriger Tat *siehe Anstiftung*
zu sexuellen Handlungen
– Förderung sexueller Handlungen Minderjähriger **180** 15
– Sexueller Mißbrauch von Jugendlichen **182** 3
– Sexueller Mißbrauch von Kindern **N 176** 1; **176** 4 ff, 9
– Sexueller Mißbrauch von Schutzbefohlenen **174** 5, 21
– Sexueller Mißbrauch widerstandsunfähiger Personen **N 179** 1
Bestimmtheit
der Vorbereitung hochverräterischen Unternehmens **83** 2 ff
Bestimmtheitsgebot
Anleitung zu Straftaten und ~ **130a** 2 f
Ausübung verbotener Prostitution und ~ **184a** 3

Bestimmtheitsgebot (Forts.)
Belohnung/Billigung von Straftaten und ~ **140** 19
Bodenverunreinigung und ~ **324a** 1, 6, 52, 55, 57, 59 f
Computerbetrug und ~ **263a** 4
Datenveränderung **303a** 7 f, 11
DDR-Recht **1** 143 ff
Diebstahl, räuberischer und ~ **252** 10
Eingriffe, ebenso gefährliche ähnliche **315** 40 ff
Eingriffe in den Bahn-, Schiffs- und Luftverkehr, gefährliche und ~ **315** 41
Fortgeltung früheren Reichsrechts und ~ **1** 65
Freisetzen ionisierender Strahlen und ~ **311d** 8
Gefährdung des Bahn-, Schiffs- und Luftverkehrs und ~ **315a** 24
Gefährdung schutzbedürftiger Gebiete und ~ **329** 44a, 48
Geldwäsche und ~ **261** 9
Gesetzlichkeitsprinzip und ~ **1** 1
Gewaltdarstellung und ~ **131** 11, 14
Hehlerei, Absetzen/Absetzenhelfen und ~ **259** 26
Internationales Strafrecht und ~ **Vor 3** 148 ff
Kapitalanlagebetrug und ~ **264a** 4, 7
Klimaschutztatbestände und ~ **130** 2
Körperverletzung, Einwilligung und ~ **228** 2
Konkursstraftaten und ~ **Vor 283** 135, 158 f; **283** 11 f, 52, 56, 65, 111, 138, 147; **283c** 11; **283d** 8
Kreditbetrug und ~ **265b** 35, 42, 68, 74
Luftverunreinigung und ~ **325** 30a
Milderungsgebot und ~ **2** 39
Nötigung, Verwerflichkeit und ~ **240** 71 ff, 81, 87
Privatgeheimnisse, Verletzung und ~ **203** 1, 48
Raub, schwerer und ~ **250** 11
Rechtfertigungsgründe und ~ **Vor 32** 40, 42
Rechtsfolgen und ~ **1** 60 ff
Rechtsfolgen, außerstrafrechtliche und ~ **1** 20
Regelbeispiele und ~ **1** 63
Religionsdelikte und ~ **Vor 166** 22
Schuldformen **1** 57
Staatsschutzstrafrecht und ~ **80** 2; **90a** 6; **93** 9; **94** 1, 15; **99** 1; **109a** 1, 4 ff
Strafausschließungsgründe **1** 58 f
Strafbarkeit der Tat, Begriff **1** 21 ff
Straftatbestand, Begriff **1** 45 ff
Strafzumessung und ~ **1** 61 ff
Tatzeitbestimmung und ~ **8** 2
Tatzeitpunkt und ~ **1** 92 f
Trunkenheit im Verkehr und ~ **316** 15
Umweltstrafrecht und ~ **Vor 324** 1, 4, 7c, 7f, 8b, 24 ff; **324** 25, 54
Unerlaubter Umgang mit gefährlichen Abfällen und ~ **326** 83
Unerlaubtes Entfernen vom Unfallort und ~ **142** 62
Unterschlagung, einschränkende Auslegung und ~ **N 246** 4
Untreue und ~ **266** 29 ff
Vermögensstrafe, Verfassungswidrigkeit **43a** 8
Verstoß gegen das Berufsverbot und ~ **145c** 4
Verstoß gegen Weisungen während der Führungsaufsicht und ~ **145a** 5, 7 ff
Versuchsstrafbarkeit **22** 4 f, 28, 82, 86
Vertraulichkeit des Wortes, Verletzung und ~ **201** 25
Vorenthalten/Veruntreuen von Arbeitsentgelt **266a** 25
Vortäuschen einer Straftat und ~ **145d** 12
Werbung für kriminelle Vereinigung und ~ **129** 54, 63
Wesentlichkeitslehre **1** 27
Wettbewerbsstrafrecht und ~ **Vor 298** 7; **298** 8

Bestimmungsnorm
Strafrechtsnorm als ~ **Vor 13** 43

Bestrafung *siehe Strafe*

Bestrebungen
Begriff **92** 5
gegen den Bestand der Bundesrepublik Deutschland **81** 2 ff; **92** 6

Betätigungsfreiheit, wirtschaftliche
als Rechtsgut **234a** 1

Betäubungsmittel
Beibringen von Betäubungsmitteln
– Menschenraub **234** 13 ff
– Nötigung **240** 11 f, 35, 45, 47 f, 66 f
fahrlässige Tötung durch Abgabe von Betäubungsmitteln **222** 11
als Rauschmittel *siehe auch dort* **316** 142, 144

Betäubungsmittelgesetz
Gefährdung einer Entziehungskur und ~ **323b** 38
Rauschmittelbegriff **316** 142, 144; **323a** 91
Verurteiltenstatistik **323a** 17

Betäubungsmittelkriminalität
Auslandstat **6** 42 ff
Bekämpfung **323b** 1
Bildung krimineller Vereinigungen **Vor 110** 7; **Vor 129** 7, 9; **129** 18, 78, 96
Führungsaufsicht **68** 3
als Hangtaten, typische **64** 37
Strafverfolgung, völkerrechtliche Vereinbarungen **Vor 3** 44 ff

Betäubungsmittelkriminalität (Forts.)
Strafverfolgungsstatistik/-praxis **323a** 17
Verfall, erweiterter und ~ **73d** 9, 48
Vermögensstrafe **43** EntstG, 4
Betäubungsmittelstrafrecht
Handlungseinheit, tatbestandliche im ~ **Vor 52ff** 28 ff
Beteiligung *siehe auch Teilnahme*
an einer Schlägerei *siehe Körperverletzungsdelikte*
am unerlaubten Glücksspiel *siehe Glücksspiel, unerlaubtes*
Betreiben
Unerlaubtes ~ von Anlagen *siehe dort*
Betreuer **323b** 11 f
Einwilligung in Sterilisation einwilligungsunfähiger Volljähriger **228** 41
Einwilligung, rechtfertigende in ärztlichen Heileingriff **228** 17
Haus- und Familiendiebstahl **247** 5
Mißhandlung von Schutzbefohlenen **225** 6
Untreue **266** 49, 122
Verletzung der Fürsorge- oder Erziehungspflicht **171** 5
Betreute
Freiheitsberaubung **239** 24 f
Betreuungspflicht
als besonderes persönliches Merkmal **28** 61, 63
Untreue **266** 12 f, 31, 58, 66, 68 ff, 72, 74, 88 f, 94
Betreuungsverhältnis
Sexueller Mißbrauch unter Ausnutzung eines Betreuungsverhältnisses **N 174c** 6
Betrieb
einer Anlage *siehe Anlage*
Begriff **14** 54; **316b** 5
Bergwerksbetrieb **318** 4
Betriebssabotage **283** 45
Computersabotage **303b** 9 f
feuergefährdeter ~ **310a** 3
zur Förderung der Prostitution **180a** 6 f
forstwirtschaftlicher ~ **310a** 4
geschäftlicher ~ **299** 18
kommunaler Einrichtungen und Umweltstrafrecht **Vor 324** 50; **324** 55
Kreditbetrug **265b** 31
landwirtschaftlicher ~ **310a** 4
öffentlicher ~
- Begriff **316b** 4, 5
- Sicherheit öffentlicher Betriebe als Rechtsgut **316b** 3
- Subventionsbetrug und ~ **264 a.F.** 40
Betriebs- und Geschäftsgeheimnis
Begriff **355** 16
Staatsgeheimnisse und ~ **Vor 93** 4
strafrechtlicher Schutz **5** 34 ff; **Vor 201** 9; **203** 5, 11, 20 ff, 29, 31, 42, 95, 120, 146, 166, 167; **204** 3; **355** 16
als Vermögen **263** 128, 142 ff, 188
Betriebsarzt *siehe auch Arzt*
Offenbarungsbefugnis **203** 156
Schweigepflicht **203** 38
Betriebsbeauftragter
für Abfall **326** 132
für Gewässerschutz **324** 49
für Immissionsschutz **325** 69
Betriebsbesetzung
Aufruf zu ~ **111** 8a, 13b, 21, 22a
Betriebsgeheimnis *siehe Betriebs- und Geschäftsgeheimnis*
Betriebsinhaber
Geschäftsherrenhaftung *siehe dort*
Strafbarkeit bei Umweltdelikten **Vor 324** 8c
Betriebskredit
Kreditbetrug **265b** 22 ff
Betriebsleiter
Vertreterhaftung **14** 56 f
Betriebsratsmitglied
Wählbarkeit, Verlust **45** 37
Betriebsspionage **202a** 1; **316b** EntstG
Betriebsstätte
Brandstiftung **N 306** 7
Verwendung von Kernbrennstoffen in ~ **327** 10a
Betrug
Aberglaube **263** 12
Abgabenstrafrecht **Vor 263** 42, 47; **263** 314, 319 ff, 331
Abgabenüberhebung und ~ **353** 23 f
Abrechnungsbetrug (des Kassenarztes) **263** 39, 135, 188, 267, 269, 293, 311
Absicht
- der Herbeiführen einer Vermögensgefahr **263** 299
- als innere Tatsache **263** 12, 20, 39, 50, 244
- rechtswidriger Bereicherung **263** 185, 239, 248 ff, 288, 306, 334
Absprachen, wettbewerbsbeschränkende und ~ **Vor 298** 9; **298** 5, 46, 51 f
Abzahlungsbetrug **Vor 263** 4; **263** 65, 108, 190, 340
Affektionsinteresse **263** 128, 155, 177 f, 183, 200 f, 204
agent provocateur **26** 83
Aktienstrafrecht **Vor 263** 7, 47; **263** 323
Amtsträger, Mißbrauch der Stellung **263** 301
Angehörigenbetrug *siehe Haus- und Familienbetrug*
Angestelltenbestechlichkeit/-bestechung und ~ **299** 51
Anlagebetrug *siehe Kapitalanlagebetrug*

Betrug (Forts.)
Anmeldepflicht des Arbeitgebers **263** 57, 69
Anstellungsbetrug **263** 63, 223 ff, 242, 274 f, 291, 327
Anstiftung **263** 284, 288
Antragsdelikt **263** 6, 303 ff, 336
Anwartschaften **263** 6, 117, 134 ff, 188, 263
Arbeitsbetrug **263** 128, 138 f, 189
Arbeitskraft als Vermögen **263** 128, 138 f
Aufklärungspflicht **263** 8, 23, 29 f, 51 ff
Auskunftspflicht **263** 34, 59
ausländisches Strafrecht **Vor 263** 12, 51 ff
Auslandstat **263** 335
Aussagedelikte und ~ **Vor 263** 12, 14; **263** 58, 312
Ausschreibungsbetrug *siehe Submissionsbetrug*
Automatenbetrug und ~ **Vor 263** 43; **265a a.F.** 2 f, 16 f, 57
Bagatellbetrug **263** 295, 305 f, 336
Bandenbetrug **Vor 263** 4; **263** 297, 307, 330; **267** 232, 236
– gewerbsmäßiger ~ **263** 307
Bankrott, betrügerischer **Vor 283** 26, 36, 38
Beendigung **263** 273 ff, 286, 337
Beförderungsbetrug *siehe Leistungserschleichung*
Beihilfe **263** 271, 283, 286 ff, 301
Beitragsbetrug, außerstrafrechtliche Analogie **1** 82
Bereicherungsabsicht **263** 185, 239, 248 ff, 288, 306, 334
Bereicherungsdelikt **263** 248, 253
Berufs-/Betriebs-/Geschäftsgeheimnis **263** 128, 142 ff, 188
Beschlagnahme, vorgetäuschte **263** 102, 120
Besitz als Vermögen **263** 140 f
Besitzbetrug **263** 108, 140 f, 151 f, 190 ff, 255, 306, 328
besonders schwerer Fall
– Amtsträger, Mißbrauch der Stellung **263** 301
– Bandenbetrug **263** 297, 330
– Entstehungsgeschichte **Vor 263** 17
– geringwertige Sache **263** 295
– gewerbsmäßige Begehung **263** 296
– Vermögensgefährdung großer Anzahl von Menschen **263** 299
– Vermögensschaden, großer **263** 298
– Versicherungsbetrug **263** 302
– Verursachung wirtschaftlicher Not **263** 300
Bestechungsdelikte und ~ **263** 318
Betrügerei, gemeinschaftsrechtlicher Begriff **Vor 263** 2
Bettelbetrug **Vor 263** 4; **263** 11, 50, 85, 122 f, 181 ff, 188
Beweismittelbetrug **263** 99 f, 109, 230 f, 255, 265
Beziehungsdelikt **Vor 263** 10
Bonität *siehe Eingehungsbetrug – Schaden*
Computerbetrug und ~ *siehe auch dort* **Vor 263** 42; **263** 92, 328; **263a** 2 ff, 12, 16 f, 38 f, 50, 73 f, 81
crimen falsi **Vor 263** 13
Diebstahl und ~ **242** 37 ff, 43a, 60, 81 f; **263** 5, 98, 102, 105 f, 112, 115 f, 118, 120, 310, 313
Dispositionsfreiheit **Vor 263** 19 ff, 24, 28 ff, 32; **263** 150, 157, 179 f
Dreiecksbetrug **263** 2, 82, 112 ff, 209, 242, 261, 313, 326
– Forderungsbetrug **263** 117
– Lagertheorie **263** 116
– Näheverhältnis **263** 115 f
Ehebetrug *siehe Heiratsschwindel; siehe Scheinehe*
Eigentum als Vermögen **263** 140 f
Eingehungsbetrug *siehe auch Anstellungsbetrug*
– Erfüllungsbetrug und ~ **263** 202, 274 f, 286
– Schaden **263** 160 f, 165 f, 173 ff, 194, 209, 223
– Täuschung **263** 38, 202
– Vermögensverfügung **263** 99
– Vermögensvorteil **263** 264
Entstehungsgeschichte **Vor 263** 12 ff
Erfolgsdelikt, kupiertes **263** 3, 248
Erfüllungsbetrug **Vor 263** 39; **263** 37, 139, 165 f, 201 f, 264, 274 f
Erpressung und ~ **253** 1, 5 ff, 35; **Vor 263** 23 f; **263** 5, 98, 313, 328
EU-Recht **Vor 263** 2, 40, 96 ff, 107; **263** 50
Exspektanzen **263** 135 ff, 175, 188, 263
Fälschungsdelikte und ~ **Vor 263** 12 ff, 41; **263** 4, 242; **267** 42, 80
Familienbetrug *siehe Haus- und Familienbetrug*
Fangprämie **263** 12, 264, 269
Fehlbuchung **263** 41, 69, 93 f, 171, 232, 281
Fehlüberweisung **263** 41, 64, 281
Forderungsbetrug **263** 96, 103, 105, 109 f, 117 ff, 157
Fortsetzungszusammenhang **263** 311, 330
(kein) Freiheitsdelikt **Vor 263** 23 f, 28 f
Freiheitsentziehung, behördliche **263** 100, 104, 146, 255, 258
fremdnütziger ~ **263** 271, 283
Führungsaufsicht **68** 3; **263** 329

Betrug (Forts.)
Garantenstellung **263** 21, 29 f, 51, 53 ff, 152, 242
– aus Gefahrbeherrschung **263** 71
– aus Gesetz **263** 54 ff, 152
– aus Ingerenz **263** 23, 68 ff
– aus Treu und Glauben **263** 66 ff
– aus Übernahme **263** 61 ff
Garantieerklärung **263** 261
Gebrauchtwagen **263** 64, 67, 163, 201, 206, 242
Gebührenüberhebung und ~ **352** 1, 24
Gefährdungsabsicht **263** 299
Geldwert(lehre) **Vor 263** 20, 32; **263** 132 f, 155, 158 f
Gerichtszuständigkeit **263** 339
geringwertige Sache *siehe Bagatellbetrug*
gestreckter ~ **263** 75, 165, 201 f
gewerbsmäßige Begehung **263** 296, 307
GmbH-Strafrecht **Vor 263** 7, 47, 55; **263** 323
Haus- und Familienbetrug **263** 303 f, 336
Hehlerei und ~ **263** 309, 313
Heiratsschwindel **Vor 263** 1; **263** 147 f, 206, 254, 304, 323
homo oeconomicus als Leitbild **Vor 263** 32; **263** 8, 159, 183 f
Identitätstheorie **263** 256, 262
ignorantia facti **263** 23, 78
immatrielle Güter/Rechte **263** 142 f, 154, 156
Innentendenz, Delikt mit überschießender **263** 3
Intelligenzdelikt **Vor 263** 10
internationale Abkommen **Vor 263** 95, 102 f
Internationales Strafrecht **263** 332 ff
im Internet **Vor 263** 3; **263** 334
Irrtum
– Ausnutzen **263** 39, 95
– Begriff **263** 77 ff
– Computermanipulation und menschlicher ~ **Vor 263** 43; **263** 92
– Erregen **263** 76, 94
– Fehlvorstellung, positive **263** 79 ff
– Feststellung, praktische **263** 87 ff
– Für-Wahr-Halten **263** 77, 83, 124
– Kausalität der Täuschung **263** 93 ff
– Mitbewußtsein **263** 83
– Person des Irrenden **263** 2, 82
– Prüfungspflicht **263** 87 ff
– psychologischer Sachverhalt **263** 80, 84
– Sonderwissen des Opfers **263** 81
– Tatbestandsirrtum **263** 242, 268 ff
– Unkenntnis, bloße **263** 23, 78
– Unterhalten **263** 39, 51 f, 76, 78, 95
– Verbotsirrtum **263** 242, 270
– Viktimodogmatik **Vor 263** 35; **263** 84, 86
– Zweifel des Verfügenden **263** 84 ff
Kapitalanlagebetrug und ~ **263** 27, 297, 307, 314; **264a** 2, 20, 49, 71, 82, 93
Kausalität **263** 8, 27, 80
– zwischen Irrtum und Vermögensverfügung **263** 121 ff
– zwischen Täuschung und Irrtum **263** 93 ff
– zwischen Vermögensverfügung und Schaden **263** 2, 97
Kommunikationsdelikt **Vor 263** 3, 45; **263** 4, 22, 28, 51
Konkurrenzen **Vor 22** 10; **263** 311 ff
Konkursbetrug **283d** 2
Konkursstraftaten und ~ **Vor 263** 7; **263** 317; **Vor 283** 27, 30 f, 99; **283** 240; **283d** 28
Kreditbetrug und ~ **263** 212, 243 f, 314; **265b** 14 f, 21, 55, 90, 94, 105, 115, 125
Kreditkartenbetrug *siehe Mißbrauch von Scheck- und Kreditkarten*
kriminologische Erkenntnisse **Vor 263** 1 ff
Kündigungsbetrug **263** 188
Kumulationsdelikt **Vor 263** 47
Kundenkarte **263** 43, 110, 315
Lagertheorie **263** 116
Leistungserschleichung und ~ **263** 23, 189, 250, 314, 336
Leistungskürzung und ~ **353** 26
im Mahnverfahren **263** 19, 90, 235 f, 272, 279
Makeltheorie **263** 209
Maklerbetrug **263** 134, 277, 340
minder schwerer Fall **263** 307
Mißbrauch von Scheck- und Kreditkarten und ~ **263** 43, 89, 110, 117, 219, 261, 297, 315; **266b** 3, 6, 9b, 13, 19 ff, 40 ff, 48, 51 ff
Mittäterschaft **263** 283, 286
mittelbare Täterschaft **263** 5, 82, 111, 277, 279, 284
Mitverschulden des Opfers **Vor 263** 16, 34 ff, 64, 94; **263** 8, 82, 84, 86, 93, 171 f, 294
Modalitätenäquivalenz **263** 51, 73 f
Nachtat, mitbestrafte **263** 325 ff
Nebenstrafrecht und ~ **263** 319 ff
Nebentäterschaft **263** 285
Nebentätigkeitsbetrug **263** 152
Organisierte Kriminalität **Vor 263** 4, 17, 104; **263** 1, 48, 141, 222, 297, 307, 331
Personenstandsfälschung und ~ **169** 12
Postpendenzfälle **263** 308
Preis, Täuschung über den ~ **263** 11, 35 ff, 64
Prognose **263** 8 f, 12, 14, 16
Prostituiertenlohn **263** 130, 138, 151, 158, 254, 269
Provisionsvertreterbetrug **263** 50, 109, 119, 161, 170, 183, 206, 232, 250, 259, 271, 310

Betrug (Forts.)
Prozeßbetrug **263** 113, 117, 304, 311 f, 336 f
- Beendigung **263** 275
- Irrtum **263** 85 f, 90
- Schaden **263** 234 ff
- Täuschung **263** 19, 27, 58, 234 ff
- Verfügung **263** 99 f, 104, 113, 117, 235 f
- Versuch **263** 235, 279, 284
- Vollendung **263** 255, 272
- Vorsatz **263** 240, 290
Prüfungspflicht und Irrtum **263** 87 ff, 125
Rechtfertigung **263** 289 ff
Rechtsbehauptungen **263** 12, 18 ff
Rechtsgut **Vor 263** 18 ff
Rechtsscheinfälle **263** 117, 119, 171, 209, 261, 326
Rechtsvergleichung **Vor 263** 51 ff
Rechtswidrigkeit
- Rechtfertigungsgründe **263** 289 ff
- des Vermögensvorteils **263** 3, 194, 231, 238, 264 ff, 275
Rentenbetrug **263** 275
Sachbetrug **263** 105, 109 f, 118 ff
Saldierung **263** 126, 159 ff, 166 f, 173 ff, 179, 197 ff
Schaden *siehe Vermögensschaden*
Scheckbetrug **263** 11, 42 ff, 89, 216 ff, 325, 327
Scheckkartenbetrug *siehe Mißbrauch von Scheck- und Kreditkarten*
Scheckreiterei **263** 45, 48, 218, 222, 278, 298
Scheinehe **263** 39, 148, 323
Schuldnerbegünstigung und ~ **283d** 28
Schwarzfahren *siehe Leistungserschleichung*
Schweigen, bloßes **263** 26
Selbstbedienungsgeschäft **263** 50, 68, 120, 325
Selbsthilfebetrug **263** 194, 231, 265 f
Selbstschädigungsdelikt **263** 5, 98, 113 f, 118, 120
Sicherungsbetrug **263** 75, 325 ff
sittenwidrige Vermögenspositionen **263** 130, 133, 138, 151, 158
Sozialadäquanz **Vor 263** 35; **263** 8, 27, 290
Sozialleistungsbetrug **263** 11, 39, 54 ff, 72, 75, 79, 91, 99 f, 111, 188
Sozialversicherungsbetrug **263** 11, 29, 57, 69, 78, 272
Sparbuch **263** 44, 88, 125, 278, 325 f
Spendenbetrug *siehe Bettelbetrug*
Steuerstrafrecht *siehe Abgabenstrafrecht*
Stoffgleichheit **263** 3, 162, 175, 185 f, 213, 248, 256 ff, 300, 306
Stoßbetrug **Vor 263** 4; **263** 340
Strafantrag **77** 25; **263** 6, 303 ff, 336
Strafzumessung **Vor 263** 39; **263** 292 ff
Stundungsbetrug **263** 211, 220, 229, 255; **Vor 283** 31
Submissionsbetrug **Vor 263** 2, 104; **263** 11, 39, 69, 113, 117, 135, 137, 164 f, 242, 317
- Absprachen, wettbewerbsbeschränkende und ~ **Vor 298** 9; **298** 5, 46
Subventionsbetrug und ~ *siehe auch dort* **263** 27, 56, 183, 185, 267, 314; **264 a.F.** 5, 12 f, 16, 40, 120, 134, 161 f
Systematik **Vor 263** 41 ff
Tätertypen **Vor 263** 4
Täuschung
- ausdrückliche ~ **Vor 263** 35, 39; **263** 21 f, 24 ff, 41
- Erklärungswert **263** 22 f
- Kausalität für Irrtum **263** 77
- konkludente ~ **Vor 263** 35, 39; **263** 8, 19, 21 f, 26, 28 ff, 60, 62 ff, 67, 69, 87, 318
- durch Unterlassen **Vor 263** 39; **263** 21 f, 29 f, 51 ff, 78, 87, 247, 280
- Vermögensrelevanz **263** 27
Tankstellenfälle **Vor 263** 4; **263** 12, 38, 276
Tatbestandsirrtum **263** 242, 268 ff
Tatsache **Vor 263** 16; **263** 5, 8 ff
- äußere ~ **263** 11
- Begriff **263** 10
- innere ~ **263** 8, 12, 20
- Meinungsäußerung, persönliche **263** 8, 13 ff
- naturwissenschaftliche Erkenntnisse/ Erfahrungssätze **263** 17
- Wahrnehmbarkeit, sinnliche **263** 10
- Werturteil **263** 8 f, 12 ff
Unterlassen
- Modalitätenäquivalenz **263** 51, 73 f
- Täuschung durch ~ **Vor 263** 39; **263** 21 f, 29 f, 51 ff, 78, 87, 247, 280
- Zumutbarkeit des Handelns **263** 75
Unterschlagung und ~ **263** 65, 108, 190, 309, 313, 325 f, 328
Unterschriftserschleichung **263** 11, 178, 207, 230
Untreue und ~ **263** 309, 315, 318; **266** 2, 17 f, 28, 132, 150, 167
unwahre Aussage **263** 25
Urkundendelikte und ~ **263** 23, 109, 310, 316, 327 f, 335
Veranstaltung einer Lotterie/Ausspielung, unerlaubte und ~ **287** 28
verbotene Vermögenspositionen **263** 130, 133, 138, 140 ff, 151, 155, 158
Verbotsirrtum **263** 242, 270
Verfall, erweiterter **263** 331
Verjährung **263** 273, 337 f
Verkehrsanschauung, objektive **263** 29 f

Betrug (Forts.)
Vermögen
- Anwartschaften **263** 6, 117, 134 ff, 188, 263
- Arbeitskraft **263** 128, 138 f
- Begriff **Vor 263** 26 ff; **263** 127 ff, 132
- Berufs-/Betriebs-/Geschäftsgeheimnis **263** 128, 142 ff, 188
- Besitz **263** 140 f
- Bußgeld-/Strafansprüche **263** 145, 158, 254
- dingliche/obligatorische Rechte **263** 154
- Dispositionsfreiheit **Vor 263** 28 f; **263** 157
- Eigentum **263** 140 f
- Exspektanz **263** 135 f, 175, 188
- Forderungen, nichtige **263** 151
- immatrielle Werte **263** 155
- juristische Vermögenslehre **Vor 263** 20, 25 f; **263** 128 f, 140, 165, 168, 173
- juristisch-ökonomische Vermittlungslehre **Vor 263** 26, 31 f; **263** 132, 145, 151, 158, 168, 173, 186, 231, 254, 332
- Nutzungsmöglichkeiten fremder Einrichtungen **263** 152 f
- öffentliches ~ **Vor 263** 32
- Persönlichkeitsrecht, wirtschaftliches **263** 156
- personale Vermögenslehre **Vor 263** 28, 30 f; **263** 126, 135, 158 f, 165, 185
- Prostituiertenlohn **263** 138
- als Rechtsgut **Vor 263** 12, 18 ff, 26 ff; **263** 256, 261
- Sicherheitsleistung **263** 146
- sittenwidrige Inhalte/Zwecke **263** 138, 140 f
- Verbindlichkeiten, unvollkommene **263** 149 f, 196
- wertlose Gegenstände **263** 155
- wirtschaftliche Vermögenslehre **Vor 263** 20, 26, 30 ff, 42, 94; **263** 126 f, 130 f, 145, 149, 151, 158, 163, 168, 172 f, 231, 254, 256, 264

Vermögensdelikt **Vor 263** 12, 18 ff, 26 ff; **263** 256, 261
Vermögensgefährdung, schadensgleiche **Vor 263** 35; **263** 161, 168 ff, 180, 194, 212 ff, 221, 223, 228 ff, 263, 272, 293, 298 f
Vermögensminderung **263** 97
Vermögensschaden
- Begriff **263** 158
- Ersatzansprüche, gesetzliche **263** 166
- Erschleichen von Leistungen **263** 189
- Fehlbuchung **263** 232 f
- Gegenleistung, Bewertung **263** 197 ff
- Geldwertlehre **263** 158
- Geringfügigkeit **263** 295, 305
- Gesamtwürdigung für Strafzumessung **263** 293
- großer ~ **263** 298
- Kausalität der Vermögensverfügung **263** 2, 97
- Marktwert eines Gegenstandes **263** 163 ff, 188
- Nichtgeltendmachung eines Anspruchs **263** 229, 272
- normative Korrekturen **263** 185 f
- Nutzungsmöglichkeiten, entgangene **263** 211
- Rechtsmangel der Gegenleistung **263** 208 f
- Rechtswidrigkeit **263** 185
- Saldierung **263** 126, 159 ff, 166 f, 173 ff, 179, 197 ff
- Schadensbeseitigung, nachträgliche **263** 162, 262
- Schadenseinschlag, subjektiver **263** 177 ff, 188, 203 ff
- schadensgleiche Vermögensgefährdung **Vor 263** 35; **263** 161, 168 ff, 180, 194, 212 ff, 221, 223, 228 ff, 263, 272, 293, 298 f
- Sicherungsrechte, sonstige **263** 167
- Verbindlichkeiten, Eingehen von **263** 160, 173 ff, 194 ff
- Vermögenszuwachs, Vereitelung **263** 201
- Zweckerreichung/Zweckverfehlungslehre **263** 159, 182 ff, 262

Vermögensstrafe **263** 330
Vermögensverfügung
- Begriff **263** 97 ff
- Diebstahl, Abgrenzungskriterium **263** 105 f
- Dulden **263** 97, 102, 120
- Gebeakt **263** 98
- Kausalität des Irrtums **263** 121 ff
- öffentlich-rechtliche Akte **263** 104
- Person des Verfügenden **263** 2, 5, 97, 112
- Tatbestandsmerkmal, ungeschriebenes **263** 2, 96
- Tun **263** 97
- Unmittelbarkeitserfordernis **263** 98, 105 ff, 161 f, 171, 180, 227, 258
- Unterlassen **263** 97, 102 f, 217, 229, 235, 272
- Verfügung, mehraktige **263** 111
- Verfügungsbegriff, wirtschaftlich-tatsächlicher **263** 99 ff
- Verfügungsbewußtsein **263** 118 f
- vermögensminderndes Verhalten **263** 97 ff

Vermögensverschiebung, rechtswidrige **263** 3
Vermögensvorteil **263** 254 ff, 273, 306

Betrug (Forts.)
- Drittvorteil **263** 271
- Rechtswidrigkeit **263** 3, 194, 231, 238, 264 ff, 275
- Stoffgleichheit **263** 3, 248, 256 ff

Verschweigen
- einer MfS-Mitarbeit **263** 63, 223 f
- von Vorstrafen **263** 63

Versicherungsmißbrauch/-betrug und ~ **263** 302, 314; **265 a.F.** 6, 35, 41, 47; **265 n.F.** 9, 11, 14
Versuch **22** 97; **263** 247, 276 ff, 338
Vertragsfreiheit **263** 34 f
Viktimodogmatik **Vor 263** 35; **263** 8, 84, 86, 171 f
Vollendung **263** 175 f, 272
Vollstreckungsbetrug **263** 113, 117, 135, 211, 229, 255, 325
Vorenthalten/Veruntreuen von Arbeitsentgelt und ~ **266a** 11, 110, 115 f
Vorsatz **263** 239 ff
- Parallelwertung in der Laiensphäre **263** 241

Vorspiegeln **263** 7, 24
Wahlfeststellung **1** 110, 116; **263** 308 ff
Wahrheit, Recht auf ~ als Rechtsgut **Vor 263** 21 ff; **263** 116
Warentermingeschäft **263** 49, 60, 293, 311
Warenterminoption **263** 11 f, 15, 33, 49, 66, 162 f, 173, 206, 286, 332
Wechselbetrug **263** 46 ff, 220 ff, 255
Wechselgeldbetrug **263** 39, 107
Wechselreiterei **263** 48, 222
Werbung, irreführende **Vor 263** 3, 28, 35, 40; **263** 14, 136, 201, 323
Wertpapiergeschäfte **263** 11, 49, 60, 62, 66, 278, 323
Wirtschaftsbetrug **Vor 263** 5 ff
Wirtschaftsdelikt **Vor 263** 5
Wissen, überlegenes **263** 35
Wissenschaftsbetrug **263** 36, 224, 253
Zechprellerei **263** 33, 38 f, 83, 213 ff
Zeitdiebstahl **263** 153
Zweckverfehlungslehre **Vor 263** 95; **263** 165, 182 ff, 262

Betrunkene
Notwehr gegen ~ **32** 63, 235 f, 309

Bettelbetrug **Vor 263** 4; **263** 11, 50, 85, 122 f, 181 ff, 188

Beugehaft *siehe Erzwingungshaft*

Beurkundung *siehe auch Falschbeurkundung, mittelbare; siehe auch Urkundenfälschung*
falsche ~ in amtlichem Ausweis **276** 5 f

Beute
Einziehung/Verfall **295** 16

Bevölkerungsteil
Klasse als Bevölkerungsteil **130** 9 ff
Volksverhetzung **130** 9 ff

Bevollmächtigtenuntreue **266** 14, 18, 23 f, 33, 40, 45

Bevorzugung
Angestelltenbestechlichkeit/-bestechung **299** 31
von Gläubigern *siehe auch Konkursstraftaten – Gläubigerbegünstigung* **Vor 283** 4, 6, 51

Bewährungsauflagen **N 56b**
Absehen von ~ **56b** 22 ff
Anerbieten angemessener Leistungen durch Verurteilten **56b** 22
Anfechtungsmöglichkeit **56b** 28
Anhörung des Angeklagten **56b** 25
Arten, abschließende Aufzählung **56b**; **56b** 4
Belehrung des Angeklagten **56b** 27
Beschlußform **56b** 26
Bestimmtheitsgebot und ~ **56b** 18 ff
Denkzettelfunktion **56** 2
Entscheidungen, nachträgliche **56e** 1 ff
Erbringen sonst gemeinnütziger Leistungen **56b** 17 ff
Geldzahlung **N 56b**; **56b** 11 ff
Genugtuungsfunktion **56b** 1 f
Hinweispflicht des Gerichts **56b** 25
Persönlichkeit des Täters **N 56b**
Überwachung **56b** 30
Unzumutbarkeitsklausel **56b** 3, 9, 21
Verfahrensrecht **56b** 24 ff
Verschlechterungsverbot **56b** 28 f
Verstoß gegen ~ als Widerrufsgrund **56f** 23 ff
Vorrang der Wiedergutmachung **N 56b**
Wiedergutmachung des Schadens **N 56b**; **56b** 5 ff
Zahlungsempfänger **56b** 12 ff

Bewährungshelfer
Anhörung **145a** 30
Aufgaben **56d** 6 f
Berichtspflicht **56d** 8
Bestellung **56d** 4
Führungsaufsicht **Einl** 84; **68a** 10 ff, 16 ff
haupt- oder ehrenamtlicher ~ **56d** 5
Mitteilungspflicht **56d** 9
Schweigepflicht **203** 37
Sexueller Mißbrauch unter Ausnutzung einer Amtsstellung **174b** 6
Stellung **56d** 5

Bewährungshilfe
Angezeigtsein **56d** 1
Anordnung **56d** 2
Aufgaben des Bewährungshelfers **56d** 6 ff
bei Aussetzung des Strafrestes **57** 62; **57a** 36
Berichtspflicht **56d** 8
Bestellung des Bewährungshelfers **56d** 1

Bewährungshilfe (Forts.)
Bewährungshelfer *siehe dort*
Mitteilungspflicht **56d** 9
probation officer als Vorbild **56d** 1
Stellung des Bewährungshelfers **56d** 5
Verfahrensrecht **56d** 1ß
Bewährungsweisungen N 56c
Absehen von ~ **56c** 15
Anstaltsaufenthalt **56c** 11, 14
Arten, kein abschließender Katalog **56c** 3 f
Aufenthaltsverbote **56c** 6
Berufsverbot und ~ **56c** 24
Besitzverbote **56c** 9
Bewährungsauflagen, Verhältnis **56b** 1; **56c** 1
Bewährungshilfe *siehe dort*
Einwilligung des Verurteilten **N 56c**; **56c** 5, 11 f, 22
Entscheidungen, nachträgliche **56e** 1 ff
Entziehung der Fahrerlaubnis und ~ **56c** 25
Entziehungskur **56c** 13
Erfüllung von Unterhaltspflichten **56c** 19
Führungsaufsicht und ~ **56c** 23
Grundrechte, Beschränkungen durch **56c** 17 ff
Heilbehandlung **N 56c**; **56c** 11, 13
Heimaufenthalt **56c** 11, 14
Maßregel der Besserung und Sicherung und ~ **56c** 11, 23 ff; **61** 2
Meldepflicht **56c** 7
Spezialprävention **56b** 1
Unzumutbarkeitsklausel **56c** 2, 5, 13
Verfahrensrecht **56c** 11, 27
Verkehrsbeschränkungen **56c** 8
Verstoß gegen ~ als Widerrufsgrund **56f** 15 ff
Zweck **56c** 1
Bewährungszeit *siehe auch Strafaussetzung zur Bewährung*
Änderungen, nachträgliche **56a** 4
bei Aussetzung des Strafrestes **57** 55 ff; **57a** 35
Beginn **56a** 3
Beschlußform **56a** 6, 8
Beschränkungen persönlicher Lebensführung **56a** 1
Dauer **56a** 2
Entscheidungen, nachträgliche **56a** 7 f
Gerichtszuständigkeit **56a** 5, 7
Straferlaß nach Ablauf **56g** 1 ff
Verlängerung der ~ **56f** 28 ff
bei Verwarnung mit Strafvorbehalt **59a** 2; **59b** 11
Bewaffnung *siehe auch Waffe*
passive ~ **125** 7, 21 ff
Beweggrund
niedriger ~, Mordmerkmal **211** 2, 10, 17 f, 23 ff
des Täters und Strafzumessung **46** 75 ff
Bewegungsfreiheit, persönliche
als Rechtsgut der Freiheitsberaubung **239** 1
Beweisadressat
einer Urkunde **267** 220, 227, 257 ff
Beweisbarkeit
einer Tatsache **185** 4
Beweisbestimmung
einer technischen Aufzeichnung **268** 23 f
einer Urkunde **267** 63 ff, 92
Beweiseignung
einer Urkunde **267** 63, 77 ff, 92
Beweiserheblichkeit
von Daten **269** 9; **274** 14
von Grenz-/Wasserstandszeichen **274** 18
Beweismittelbetrug 263 99 f, 109, 230 f, 255, 265
Beweismittelschutz
als Rechtsgut der Urkundenunterdrückung **274** 18
Beweisregel
bei Wahrheitsbeweis durch Strafurteil **190** 6 ff
Beweissicherungsrecht, privates
als Rechtsgut **142** 1
Beweisverwertungsverbot Vor 93 12
Beweiszeichen
Mißbrauch von Ausweispapieren **281** 7
Urkundenfälschung **267** 4, 16, 85 ff, 94, 198, 202
Bewertungsnorm
Strafrechtsnorm als ~ **Vor 13** 43
Bewilligung
Subventionsbetrug **264 a.F.** 65, 99, 132
Bewirken
einer Falschbeurkundung **271** 74 ff
Bewußtlosigkeit
Freiheitsberaubung **239** 7 ff
Körperbewegungen bei ~ als Nichthandlung **Vor 13** 37; **20** 1
Menschenraub, erpresserischer **239a** 2
Bewußtseinsstörung
Begriff der tiefgreifenden ~ **20** 25 ff; **179** 5
Vollrausch als ~ **323** 10, 114, 124, 131, 140
Widerstandsunfähigkeit aufgrund einer ~ **179** 5
Beziehen
von Kinderpornographie **184** 43
Beziehungsdelikt
Betrug **Vor 263** 10
Beziehungsgegenstand
Einziehung *siehe auch dort* **74** 19, 61 ff; **74a** 9

Bezugsrechte
Begriff **264a** 3, 22, 27, 32
Bietergemeinschaft
Absprachen, wettbewerbsbeschränkende **298** 36, 44
Bigamie *siehe Doppelehe*
Bilanz
Aufstellung **283** 150
Begriff **283** 130
Bilanzdelikte, Täter **283** 129
Bilanzierungsfristen **Vor 283** 121; **283** 104, 147 ff
Bilanzierungspflicht **283** 129
Eröffnungsbilanz **283** 93, 131 f, 148
Formerfordernisse **283** 136
Grundsätze ordnungsmäßiger Bilanzierung **283** 183 ff
Kreditbetrug **265b** 68, 70 ff, 84
Liquidationsbilanz **283** 132
mangelhafte ~ **283** 135 ff
Scheinbilanz **283** 152
als Teil der Buchführung **283** 93
Unterbilanz **Vor 283** 150, 171
unterlassene ~ **283** 136, 146, 152 f
Zwischenbilanz **283** 132
Bilanzstrafrecht
Kreditbetrug und ~ **265b** 70, 75 ff, 116
Bild
Recht am eigenen ~ *siehe dort*
Bildschirmanzeige
keine Urkunde **267** 138
Bildschirmtext
Öffentliche Aufforderung zu Straftaten **111** 13c
Bildträger
Gleichstellung mit Schriften **11** 126 ff
Bildung bewaffneter Gruppen
Befehligen **N 127** 13
Bilden **N 127** 12
Bildung krimineller/terroristischer Vereinigungen und ~ **N 127** 3, 20
Gefährdungsdelikt, abstraktes **N 127** 3
andere gefährliche Werkzeuge **N 127** 9
Gruppe
– Begriff **N 127** 4 ff
– bewaffnete ~ **N 127** 7
Kriegswaffenkontrollgesetz und ~ **N 127** 3, 20
Kriminal-/Rechtspflegestatistik **127** 1
Landfriedensbruch und ~ **N 127** 3, 20
personengefährdende Zielrichtung **N 127** 11
Rechtfertigung **N 127** 18
Rechtsgut **Vor 3** 176 f; **N 127** 1
Sichanschließen **N 127** 14
Teilnahme **N 127** 15, 16
unbefugt **N 127** 18
Unterstützen **N 127** 15
Verfügen **N 127** 10
Versorgung mit Waffen/Geld **N 127** 16
Vorsatz **N 127** 17
Waffe **N 127** 8
Waffengesetz und ~ **N 127** 3, 20, 89
Wehrsportgruppen **N 127** 3, 4
Widerstand und ~ **N 127** 3
Bildung bewaffneter Haufen *siehe Bildung bewaffneter Gruppen*
Bildung krimineller Vereinigungen
Absehen von Strafe **129** 79
Äußerungsdelikt **129** 57
ausländische kriminelle Vereinigung **Vor 129** 6 f, 9 f
Auslandstaten **129** 38
Beleidigungsdelikte **129** 37
Belohnung/Billigung von Straftaten und ~ **129** 7, 89
besonders schwerer Fall **129** 75 ff
Beteiligung, mitgliedschaftliche **129** 44 ff
Bildung bewaffneter Gruppen und ~ **N 127** 3, 20
Bildung terroristischer Vereinigungen und ~ **129** 5, 78, 89; **129a** 6
Dauerdelikt **129** 91
DDR-Alttaten **Vor 125-145d** 12
DDR-Regierungskriminalität **Vor 125-145d** 12
Entstehungsgeschichte **Vor 129** 1
Europäisches Recht, Harmonisierung **N 129b**
Fortführung verfassungswidrig erklärter Partei **129** 37, 89
Friedensstörung durch Androhung von Straftaten und ~ **129** 37, 89
Gefährdungsdelikt, abstraktes **129** 2, 65
Gefährlichkeit, besondere **129** 2
Geldwäsche durch Mitglied krimineller Vereinigung **N 261; 261** 6
Gründen **129** 43
Hintermann **129** 75, 77
inhaftierte Mitglieder **129** 34, 43, 44, 67, 72
Inlandbezug, organisatorischer **129** 28 ff
Irrtum **129** 71
Konkurrenzen **129** 87
Kronzeugenregelung **Vor 125-145d** 7; **129** 83, 95
Lücken im Strafschutz **Vor 129** 3, 7; **129** 31
Mitgliedschaft **129** 44 f
Mitläuferklausel **129** 79
Öffentliche Aufforderung zu Straftaten und ~ **129** 7
Organisationsdelikt **129** 1, 37, 65
Parteienprivileg **129** 23, 39
praktische Bedeutung/Statistik **Vor 129** 2

Bildung krimineller Vereinigungen (Forts.)
Prozeßverhalten und ~ **129** 47
Rädelsführer **129** 43, 69, 75 f, 90
Rechtsgut **Vor 3** 176 f; **129** 1 ff, 29
Rücktritt **129** 80, 84
Staatsschutzdelikte und ~ **129** 37
Strafklageverbrauch **129** 91 ff
Straftaten, geplante/begangene **129** 36 ff, 40
Tätige Reue **129** 80 ff
Tatbestandsausschluß **129** 37, 39 ff
Teilnahme **129** 45, 57, 73 f
Teilnahmeformen, verselbständigte **129** 46, 63, 65, 73
Unternehmensdelikt, unechtes **129** 63, 72
Unterstützen **129** 65 ff
Vereinigung, Begriff **129** 8 ff
Vereinsgesetz und ~ **129** 1, 8, 23, 37, 89
Verstoß gegen Vereinigungsverbot und ~ **120** 37, 89
Versuch **129** 72
Verunglimpfung von Verfassungsorganen, verfassungsfeindliche und ~ **129** 37
Verwenden von Kennzeichen verfassungswidriger Organisationen **129** 89
Volksverhetzung und ~ **129** 7, 37, 89
Vorsatz **129** 69 ff
Vorverlagerungstheorie **129** 3
Werben **129** 46, 48 ff
Zuständigkeit für Strafverfolgung **129** 96
Zweck der Begehung von Straftaten **129** 32 ff
Bildung terroristischer Vereinigungen
Abgrenzung zur normalen Kriminalität **129a** 5, 10
Absehen von Strafe **129a** 55a
Angriffe auf den Luftverkehr **N 129a** 1 f
Anzeigepflicht **129a** 4; **138** 50 ff
Auslieferung und Strafverfolgung im Inland **Vor 129a** 6
Beteiligung, mitgliedschaftliche **129a** 17, 21, 24
Bildung bewaffneter Gruppen und ~ **N 127** 3, 20
Bildung krimineller Vereinigungen und ~ **129** 5, 78, 89; **129a** 6
DDR-Alttaten **Vor 125-145d** 12
Entstehungsgeschichte **Vor 125-145d** 7; **Vor 129a** 8 ff
Europäisches Recht, Harmonisierung **N 129b**
Finanzierungsdelikte **129a** 12
Führungsaufsicht **68** 3; **129a** 44
Hintermann **129a** 36
Hungerstreik als Förderungshandlung **129a** 24 ff
Inlandbezug, organisatorischer **Vor 129a** 4
Katalogtaten **N 129a** 1 f; **129** 9 ff, 12
– Qualifikationstatbestände **N 129a** 2
– Vergehen **Vor 129a** 3; **129a** 2, 9 f
Konkurrenzen **129a** 46
Kronzeugenregelung **Vor 129a** 13 f; **129a** 55 ff
Lücken im Strafschutz **Vor 129a** 4
Nebenfolgen **129a** 43
Nötigung von Verfassungsorganen und ~ **Vor 129a** 3
Organisationsdelikt **129a** 6
Parteienprivileg **129a** 14
Prozeßverhalten und ~ **129a** 21 ff
Qualifikation **129a** 36
Qualifikationstatbestand **129a** 6
Rädelsführer **129a** 36
Rechtsgut **Vor 3** 176 f; **129a** 4
Statistik **Vor 129a** 16
Strafklageverbrauch **129a** 47
Tätige Reue **129a** 41
Teilnahmeformen, verselbständigte **129a** 38
Unternehmensdelikt, unechtes **129a** 37
Unterstützung **129a** 12, 17, 24
als verfahrensrechtliche Bezugsnorm **Vor 129a** 15; **129a** 4 f, 49 ff
Verjährung **129a** 48
Versuch **129a** 37, 39
Verteidigerhandeln als Unterstützen **129a** 27 ff
Vorbereitungshandlungen **129a** 11, 38
Vorsatz **129a** 19
Werben **129a** 17 ff, 24
Zuständigkeit für Strafverfolgung **129a** 54
Bindungswirkung von Gerichtsentscheidungen
Rechtsbeugung **339** 49
Binnengewässer *siehe auch Gewässer*
Inlandsbegriff und ~ **Vor 3** 240 ff
Biosphärenreservat **329** 36
Blankettatbestand
Änderung blankettausfüllender Normen und Milderungsgebot **2** 34 ff
Bannkreisverletzung **106a** 2, 10
Einziehung, erweiterte **74a** 2
Fahrlässigkeit und ~ **16** 39; **16** 39
Gefährdung des Bahn-, Schiffs- und Luftverkehrs **315a** 3, 24, 34, 36
Jagdwilderei **292** 33, 64
Parteiverrat **356** 57
Störung der Tätigkeit eines Gesetzgebungsorgans **106b** 3
Umweltstrafrecht und ~ **Vor 324** 26, 28
Unerlaubter Umgang mit gefährlichen Abfällen **326** 12, 17
Verfall, erweiterter **73d** 5, 8, 21
Verletzung des Wahlgeheimnisses **107c** 1
Vorsatz und ~ **16** 39

Blankettfälschung 267 EntstG, 139, 185 ff
Blankettstrafgesetz
Bestimmtheitsgebot und ~ **1** 34 ff
Blankettvorschrift
Verstoß gegen Weisungen während der Führungsaufsicht **145a** 5, 7
Blasphemie *siehe Gotteslästerung*
Blindwirtschaft Vor 283 122; **283** 181
Blutalkoholkonzentration
Bestimmungsmethoden
– ADH-Methode **316** 19
– Blutprobenanalyse **316** 18 ff
– gaschromatographisches Verfahren **316** 19, 22
– Trinkmengenberechnung **20** 47; **316** 37 ff
– Widmark-Methode **316** 19, 38
Grenzwert absoluter Fahrunsicherheit **316** 60 ff
– im Bahn- und Schiffsverkehr **315** 15 ff; **316** 73 ff
– beim Kraftfahrzeugführen **315c** 15 ff; **316** 63, 67 ff
– bei Krafträdern **315c** 30 ff; **316** 67, 70
– im Luftverkehr **315a** 19; **316** 75
– bei Radfahrern **315c** 15; **316** 71
– im Straßenverkehr **315** 14 ff; **316** 59 ff
Indizwirkung für Beeinträchtigung der Schuldfähigkeit **20** 44 ff
Rückrechnung **20** 47 ff; **316** 28 ff
Schuldfähigkeit und ~ **20** 44 ff
Schwellenwert **20** 44 ff; **316** 93
Vollrausch **323a** 117 ff, 127 ff, 130
Blutentnahme
Widerstand gegen Vollstreckungsbeamte und ~ **113** 36
Blutrache
Mord aus niedrigen Beweggründen **211** 27, 37
Blutschande *siehe auch Beischlaf zwischen Verwandten* **Vor 169** EntstG, 6, 9, 20; **173** EntstG, 1
kleine ~ **Vor 174** 5
Bluttransfusion
Ablehnung aus religiösen Gründen **212** 31
Boden
Beeinträchtigung des Bodens, schwere **N 330**; **330** 10 f
Begriff **324a** 7 ff
Bodenerosion **324a** EntstG 6
Bodenfunktionen **324a** 5, 7, 9, 17 ff, 37
– Klimafunktion **324a** 22
– Kulturfunktion **324a** 24
– Lagerstätte für Abfälle **324a** 25
– Lebensraumfunktion **324a** 18
– Produktionsfunktion **324a** 21
– Regelungsfunktion **324a** 19 f
Bodenlösung **324a** 7, 10, 12
Bodenluft **324a** 7, 10 f
Bodenwasser **324a** 12
strafrechtlicher Schutz *siehe Bodenverunreinigung; siehe auch Gefährdung schutzbedürftiger Gebiete; siehe auch Umweltgefährdende Abfallbeseitigung*
verwaltungsrechtlicher Schutz **324a** 15
Bodenschätze 329 38
Bodenverunreinigung
Abfallbeseitigung und ~ **324** 25
Altlasten **324a** 29
Amtsträgerstrafbarkeit **324a** 62
Auslandstat **N 5**; **5** 57 ff; **324a** 6
Bagatellfälle **324a** 46, 55, 56
besonders schwerer Fall **324a** 69; **N 330**; **330** 10 f
Boden
– Begriff **324a** 7 ff
– Bodenerosion **324a** EntstG 6, 26
– Funktionen **324a** 5, 7, 9, 17 ff, 37, 41
Chemikalien **324a** 28
Duldung, behördliche **324a** 63, 65
Eignung zur Schädigung **324a** 1, 42 ff
– der Gesundheit **324a** 46
– eines Gewässers **324a** 54 f
– von Pflanzen **324a** 47 ff
– von Sachen von bedeutendem Wert **324a** 50 ff
– von Tieren **324a** 48
Einbringen **324a** 32
Eindringenlassen **324a** 33 ff
Entstehungsgeschichte **Vor 324** 7d, 8b; **324a** EntstG 1 ff, 16
Erfolgsdelikt **324a** 1
Fahrlässigkeit **324a** 67 ff, 73; **N 330**
Feststellungsprobleme **324a** 36, 37
Freisetzen **324a** 36
Garantenstellung **324a** 35
Gefährdungsdelikt, potentielles **324a** 1
Gefahr
– einer Gesundheitsschädigung **N 330**
– Todesgefahr **N 330**; **330** 5
Geltungsbereich, räumlicher **324a** 6
Gesundheitsschädigung, schwere **N 330**; **330** 3
Gewässerverunreinigung und ~ **Vor 324** 7d, 8b; **324a** 3, 12, 14 ff, 54, 72
Gewinnabschöpfung **324a** 69
Gifte **324a** 27
Handlungsstörer **324a** 35
Irrtum **324a** 64 ff
landwirtschaftliche Bodenbehandlung **324a** 27
Luftverunreinigung und ~ **Vor 324** 7d, 8b; **324a** 3, 11, 72

Bodenverunreinigung (Forts.)
Mehrheit von Verursachern **324a** 37, 68
Mittäterschaft **324a** 62
mittelbare Täterschaft **324a** 62
Nebentäterschaft **324a** 37
Ordnungswidrigkeiten und ~ **324a** 74
Rechtsgut **324a** 4 ff
Rechtswidrigkeit **324a** 63
Sachverständiger **324a** 39, 43 ff
Schadstoffeintrag, mittelbarer **324a** 30, 36, 42
Stoffe, Begriff **324a** 26 ff
Täter **324a** 61
technische Anleitungen **324a** 45
Teilnahme **324a** 61
Todesfolge **N 330; 330** 3 f
Todesgefahr **N 330; 330** 5
Überdüngung **324a** 27
ultima-ratio-Prinzip **324a** EntstG 5, EntstG 8, 6, 16
Unerlaubter Umgang mit gefährlichen Abfällen und ~ **326** 92
Unterlassungsdelikt, echtes **324a** 33 ff
Veränderung, nachteilige **324a** 1, 37, 40 f
– in bedeutendem Umfang **324a** 56 f
Verfassungsmäßigkeit **324a** 1, 6, 52, 55, 56, 59 f
Verjährung **324a** 70 f
Verletzung verwaltungsrechtlicher Pflichten **324a** 58 ff
Verletzungsdelikt **324a** 1
Versuch **324a** 66
Verunreinigung **324a** 37 ff
Verwaltungsakzessorietät **324a** EntstG 2, EntstG 8, 1, 6, 60
Vorsatz **324a** 64
Zustandsstörer **324a** 35
Börsen(straf)recht
Kapitalanlagebetrug und ~ **264a** 1 f, 6, 13, 32, 36, 83, 88, 99
Börsentermingeschäft
Bankrotthandlung **283** 59 f
Böswilligkeit
als strafbegründendes persönliches Merkmal **28** 12
Verächtlichmachen des Staates und seiner Symbole **90a** 10 f
Vernachlässigung der Sorgepflicht, Mißhandlung von Schutzbefohlenen **225** 18
Bolzenschußapparat
als (Schuß-)Waffe **244** 3; **250** 4
Bordgewalt Vor 32 159
Bote
Untreue **266** 23, 44 f, 82, 103
Boykotthetze (DDR-StGB) **339** 50, 64
Brandlegung N 306 4
Brandstiftung *siehe auch Brandstiftungsdelikte* **N 306a-f**
Absicht
– der Ausnutzung zu schwerer Straftat **307** 6
– der Ermöglichung/Verdeckung einer Straftat **N 306b** 5
agent provocateur **26** 84
Agententätigkeit zu Sabotagezwecken und ~ **N 87; 87** 4
Anlage
– feuergefährdete ~ **310a** 3
– land-/ernährungs-/forstwirtschaftliche ~ **N 306** 9; **310a** 4
Anzeigepflicht **N 138; 138** 8
Baumaterialien **308** 10
Beendigung **Vor 22** 36; **306** 16
Beihilfe **306** 16
Bergwerk **308** 6
Beschaffenheit der Gegenstände **308** 19
besonders schwere ~
– Absicht der Ausnutzung **307** 6
– Absicht der Ermöglichung/Verdeckung einer Straftat **N 306b** 5
– Entfernen/Unbrauchbarmachen von Löschgerätschaften **N 306b** 6; **307** 7 f
– erfolgsqualifiziertes Delikt **N 306b** 2; **307** 2
– Erschweren/Verhindern der Brandlöschung **N 306b** 6
– Führungsaufsicht **N 321; 321**
– Gesundheitsschädigung einer großen Zahl von Menschen **N 306b** 2
– qualifizierte schwere Brandstiftung **N 306b** 1 f; **307** 1
– schwere Gesundheitsschädigung als Folge **N 306b** 1
– Tod eines Menschen, durch Brand verursacht **N 306c** 1 ff; **307** 2 ff
– Todesgefahr **N 306b** 4
– Tötungsdelikte und ~ **307** 5 f
– Versuch **Vor 22** 113 ff; **307** 8
– Versuch des Grunddelikts **Vor 22** 113 ff; **307** 4
– Vorsatz **N 306b** 4 ff
Betrieb
– feuergefährdeter ~ **310a** 3
– land-/forstwirtschaftlicher ~ **310a** 4
Betriebsstätte **N 306** 7
Bildung terroristischer Vereinigungen und ~ **N 129a** 1 f
Brand, entdeckter **310** 3
Brand, gelöschter **N 306e** 2, 7; **310** 5
Brandverursachung **309** 2 f
Brennmaterialien **308** 11
DDR-Recht **306** 20

Brandstiftung (Forts.)
Eignung, Feuer mitzuteilen **308** 19
einfache ~ **N 306**
– Brandlegung **N 306** 4
– Eigentümer als Täter **308** 17 f, 20
– Eigentumsdelikt **308** 1
– fremde Sachen **N 306** 2
– Führungsaufsicht **321**
– Gefährdungsdelikt, abstraktes **308** 1
– Grundtatbestand **N 306** 1
– Irrtum **308** 23
– Konkurrenzen **308** 25 ff
– minder schwerer Fall **N 306** 10; **308** 24
– Sachbeschädigung und ~ **N 306** 2, 4 f, 10
– Vorsatz **308** 21 ff
Einrichtung, technische **N 306** 7
keine Einwilligung, rechtfertigende **Vor 32** 115
Entstehungsgeschichte **N Vor 306** 1 ff
Erzeugnis, land-/ernährungs-/forstwirtschaftliches **N 306** 9; **308** 9
fahrlässige ~ **N 306d** 1 ff
– Brandverursachung **309** 2 f
– Fahrlässigkeit **309** 4
– Garantenpflicht **309** 3
– Konkurrenzen **309** 6
– Todesfolge **N 306c** 1 ff; **309** 5
– durch Unterlassen **309** 3
– vorsätzliche und ~ **309** 6
Friedensstörung durch Androhung von Straftaten und ~ **N 126** 3
Früchte auf dem Felde **308** 13
Gebäude
– Begriff **N 306** 6; **306** 6 f; **308** 4
– zu gottesdientlichen Versammlungen bestimmt **N 306** 1; **306** 2
– der Religionsausübung dienend **N 306a** 1
– wesentlicher Teil **306** 2
– zur Wohnung von Menschen dienend **N 306a** 1; **306** 9
Glimmbrand **306** 2
Heide **N 306** 6
Herbeiführen einer Brandgefahr **N 306f** 1 ff
– Anlagen/Betriebe, feuergefährdete **310a** 3
– Anlagen/Betriebe, land- und forstwirtschaftliche **310a** 4
– Eigentümer als Täter **310a** 5
– fremde Sachen **N 306f**
– Gefährdungsdelikt, konkretes **310a** 1
– Gefahr für fremde Sache von bedeutendem Wert **N 306f**
– Gefahr für Leib/Leben **N 306f**
– Konkurrenzen
– Rechtsgut **310a** 1
– Vorsatz oder Fahrlässigkeit **310a** 6
Herbeiführen einer Sprengstoffexplosion und ~ **311** 13
Hütte
– Begriff **N 306** 6; **306** 7; **308** 4
– zur Wohnung von Menschen dienend **N 306a** 1; **306** 9
Inbrandsetzen
– Begriff **N 306** 3; **306** 2
– eigener Räumlichkeiten, Gegenstände etc. **308** 1, 20
– fremder Sachen **308** 1, 17
– durch Unterlassen **306** 2; **308** 2
Kirche **Vor 166** 12; **N 306a**
Konkurrenzen **306** 17
Kraftfahrzeug **N 306** 8
Lage der Gegenstände **308** 19
Lagerplatz **N 306** 6; **308** 8
Löschmittelschäden **N 306** 4; **N 306e** 3
Luftfahrzeug **N 306** 8
Magazin **N 306** 6; **308** 7
Maschine **N 306** 7
mehrfache ~ **306** 2
Mittäterschaft **306** 16
mittelbare ~ **N 306a** 3; **308** 1, 18 ff, 26 f
Moor **N 306** 6
Räumlichkeit
– zur Wohnung von Menschen dienend **N 306a** 1; **306** 9
– zeitweise zum Aufenthalt von Menschen dienend **N 306a** 1; **306** 11 f
Sachbeschädigung und ~ **N 306** 2, 4 f, 10; **306** 17; **308** 1, 25
Schaden, weiterer **310** 4
Scheune **306** 11
Schienenfahrzeug **N 306** 8
Schiff
– Begriff **N 306** 8; **306** 8, 11; **308** 5
– zur Wohnung von Menschen dienend **N 306a** 1; **306** 9
Schutzzweck der Norm **306** 3, 9
Schwelbrand **306** 2
schwere ~ **N 306a**
– Eigentümer als Täter **N 306a** 1 f; **306** 3
– fremde Sachen **N 306a** 2 f
– Garantenpflicht **306** 2
– Gefährdungsdelikt, abstraktes **N 306a** 1; **306** 3
– Gefahr einer Gesundheitsschädigung **N 306a** 4
– Konkurrenzen **N 306a** 3
– Tötungsdelikte und ~ **212** 44; **306** 17
– Vorsatz **N 306a** 4; **306** 13
Stall **306** 11
Tätige Reue **N 306e** 1 ff; **310** 1 ff
– Entdeckung des Brandes **N 306e** 2; **310** 3
– Löschen des Brandes **310** 5
– Schaden, weiterer/erheblicher **N 306e** 3; **310** 4

Brandstiftung (Forts.)
- Strafaufhebungsgrund, persönlicher **N 306e** 1
- Strafmilderungsgrund **N 306e** 1
- Vollendetes Delikt **N 306e** 1; **310** 1

Tod des Retters als fahrlässige Tötung **222** 21, 24
mit Todesfolge **N 306c** 1 ff
- Leichtfertigkeit **N 306c** 3
- Versuch **Vor 22** 117

Tötungsdelikte und ~ **212** 44; **306** 17; **307** 5 f
Torfmoor **N 306** 6; **308** 15
unmittelbare ~ **308** 1, 17, 25, 27
Versicherungsbetrug und ~ **308** 25 f
Versuch **306** 14
Vollendung **22** 16
Vorrat **308** 9
Wahlfeststellung zwischen Tatgegenständen **308** 16
Wald(ung) **N 306** 6; **308** 14
Warenlager **N 306** 6
Warenvorrat **N 306** 6; **308** 8
Wasserfahrzeug **N 306** 8
zur Wohnung von Menschen dienende Räumlichkeit **N 306a** 1; **306** 9
Zerstören durch Brandlegung **N 306** 3 ff; **N 306a** 1

Brandstiftungsdelikte
Führungsaufsicht **68** 3; **N 321**; **321**
Verjährung **78a** 5
Versicherungsmißbrauch/-betrug und ~ **265 a.F.** 11, 14, 22, 46; **308** 25 f

Brandverursachung
Brandstiftung, fahrlässige **309** 2 f

Branntweinhandel
Strafverfolgung, völkerrechtliche Vereinbarungen **Vor 3** 10 f

Brasilien
Betrugsstrafrecht **Vor 263** 77 ff
Versicherungsbetrug **265 a.F.** 5

Brauchbarkeit
Beeinträchtigung der ~, Mißbrauch ionisierender Strahlen **311a** 8

Brennmaterialien
Brandstiftung **308** 11

Brennstoffkreislauf **327** 4

Brief **202** 2, 6, 39

Briefgeheimnis, Verletzung
Abbildung **202** 11, 17
Ausspähen von Daten und ~ **202** 1, 4, 45
Behältnis **202** 16, 20
Brief **202** 2, 6, 39
Buch **202** 8, 10
Ehepartner **202** 35, 40
(teilweise) eigenhändiges Delikt **202** 42 f
Einverständnis **202** 38 f
Einwilligung **202** 38
- mutmaßliche ~ **202** 40

Eltern **202** 35
Empfänger **202** 25, 28, 39 f
Fotografie **202** 11
Geheimhaltungsinteresse **202** 10, 12 f, 21
Geheimhaltungspflicht **202** 26
Inhalt der Äußerung
- dienstlich/geschäftlich ~ **202** 2, 8
- strafbarer ~ **202** 8

Insolvenzverwalter **202** 37
Irrtum **202** 25, 32, 35
Kenntnisnahme **202** 18 ff
- Bedingung/Einschränkungen **202** 27
- Bestimmung zur ~ **202** 23 ff, 38
- Schutz vor ~ **202** 14 ff

mehraktiges Delikt **202** 3, 21, 31, 42
mittelbare Täterschaft **202** 42
Öffnen
- von Behältnissen **202** 20
- von Schriftstücken **202** 17 f

Planungszusammenhang **202** 31
Postbeschlagnahme **202** 37
Rechtfertigungsgründe
- Amtsrechte **Vor 32** 148
- bei Untersuchungshäftlingen, Strafgefangenen und Untergebrachten **202** 36
- Einwilligung **202** 38
- Familienrecht **202** 35
- sonst. gesetzl. Bestimmungen zur Postkontrolle **202** 37
- Strafvollzug/Unterbringung **202** 26

Rechtsgut **202** 2, 27, 39
Rechtswidrigkeit **202** 33 ff
Sachbeschädigung und ~ **202** 18, 30, 45
Schrift **202** 4
Schriftstück **202** 4 ff
Schutzzweck der Norm **202** 10, 14, 21
Sozialadäquanz **202** 40
Strafantrag **77** 28; **202** 27, 44; **205** 4
Strafgefangene **202** 26
Symbole **202** 7, 11
technische Mittel **202** 19, 31
Teilnahme **202** 41 ff
Unbefugtheit **202** 33
Unterbringung **202** 36
Untersuchungsgefangener **202** 36
verfassungsrechtlicher Schutz **202** 2
Verschluß **202** 13 ff, 24
Versuch **202** 30, 39
Viktimodogmatik **202** 2, 13
Vormund/Betreuer **202** 35
Vorsatz **202** 30 ff
Zeitung/Zeitschrift **202** 8 ff
Zerstörung **202** 18, 30
Zoll **202** 37

Brücke
Beschädigen **318** 3
Zerstören **305** 6
Brunnen
Bodenvergiftung **N 314; 319** 2
Buchdelikte *siehe Konkursstraftaten*
Buchführung
kein Anspruch Dritter auf Einsicht **283** 90
Belegprinzip **283** 112
Buchführungspflicht **283** 92, 96 ff
– Adressaten **283** 92, 96 ff
– Beginn und Ende **283** 99 f, 103
– handelsrechtliche ~ **Vor 283** 23, 59, 112, 120 f; **283** 43, 90, 121; **283b** 7 f
– Hilfspersonen **283** 101
– Übertragung **Vor 283** 66; **283** 101, 119; **283b** 9
Dokumentationsfunktion **283** 90 f, 118; **283b** 1, 8, 12
doppelte ~ **283** 112
EDV-gestützte ~ **283** 95
freiwillige ~ **283** 91, 121
geordnete ~ **283** 112
Grundsätze ordnungsmäßiger ~
Klarheit, mangelhafte **283** 106
Richtigkeit/Wahrheit
Unmöglichkeit **283** 119 f, 154; **283b** 8
unterlassene ~ **283** 102
Untreue **266** 92, 146
Unübersichtlichkeit **283** 108 ff, 118 ff
Urkundenfälschung **267** 153, 206, 230
Verändern **283** 107
Vollständigkeit **283** 110, 112
zeitgerechte ~ **283** 103 f, 112, 116
Zweck **Vor 283** 18, 120 f; **283** 90, 104, 111, 118; **283b** 1, 8, 12
Buchhalter
Untreue **266** 109
Buchprüfer
Parteiverrat **356** 23
Bücher
öffentliche ~, mittelbare Falschbeurkundung **271** 8
Bürge
Parteiverrat **356** 40, 92
Bürgerkrieg
Kriegsvölkerrecht und ~ **212** 20
Bürgermeister
Falschbeurkundung, mittelbare **271** 12 f
Untreue **266** 49, 69, 121
Bürgerwehr **N 127** 6, 11, 18
Bürgschaft
Bürge als Gläubiger **283c** 7
Kreditbetrag **265b** 50, 52, 85, 107, 111
Bulle
als Polizistenbezeichnung, Beleidigung **185** 34
Bundesamt für Verfassungsschutz *siehe Verfassungsschutzbehörden*
Bundesnachrichtendienst *siehe Nachrichtendienst*
Bundespräsident
keine Indemnität **36** 30
Verunglimpfung des Bundespräsidenten **N 90; 90** 1 ff
Bundesrat
keine Indemnität der Mitglieder **36** 30
Nötigung **105** 2
Bundesregierung
(keine) Indemnität der Mitglieder **36** 30, 36
Nötigung **105** 2
Bundesstrafrecht
kodifiziertes/nicht-kodifiziertes ~ **Einl** 13
Landesstrafrecht und ~ **Einl** 9, 14 ff
Bundestag
Bannkreisverletzung **106a** 1 ff
Indemnität der Abgeordneten **36** 25
Mitglied des Bundestages als Täter, Ruhen der Verjährung **78b** 2 f
Nötigung **105** 2
Bundestagsabgeordneter *siehe Abgeordneter*
Bundesverfassungsgericht
Bannkreisverletzung **106a** 1 ff
Kompetenzgrenzen **Vor 93** 18
Parteiverbot **81** 8; **84** 2, 11
Schutz als Verfassungsorgan **90a** 2 f
Bundesversammlung
Indemnität der Mitglieder **36** 25
Nötigung **105** 2
Bundeswehr
Kraftfahrzeug der ~, Zerstörung **305a** 11 ff
Schußwaffengebrauch, zulässiger **212** 14 ff
Uniform **132a** 16
verfassungsfeindliche Einwirkung auf die ~ **89** 2 ff
Bundeswehrangehörige
Amtsdelikt **Vor 331** 4
Auslandstaten gegen ~ **5** 91 ff
Dienstgeheimnis, Verletzung **353b** 3
Aussageerpressung **343** 3
Falschbeurkundung im Amt **348** 4
Körperverletzung im Amt **340** 4
Verfolgung Unschuldiger **344** 2
Vollstreckung gegen Unschuldige **345** 2
Verleitung eines Untergebenen zu einer Straftat **357** 3
Bundeszentralregistereintrag
bei Entziehung der Fahrerlaubnis **69** 260; **69b** 17
bei Verwarnung mit Strafvorbehalt **59** 23
Bundeszwang
Nötigung von Verfassungsorganen und ~ **105** 19

Buße zugunsten des Verletzten Vor 38 50
Bußgeldverfahren
Aussageerpressung **343** 5
Sexueller Mißbrauch unter Ausnutzung einer Amtsstellung **174b** 2
wegen Steuerordnungswidrigkeit, Steuergeheimnisverletzung **355** 14
verbotene Mitteilungen über ~ **353d** 40 f
Verfolgung Unschuldiger **344** 4

Cannabis
als Rauschmittel **316** 133, 145 f, 157; **323a** 96
Trunkenheit im Verkehr **316** 145 f
Wechselwirkungen mit Alkohol **316** 131, 133
Cartoon 185 23
cession bonorum Vor 283 33 f
Charakterschuld Vor 13 74 f; **20** 9; **46** 7, 78, 156; **Vor 52ff** 57
Chemikalien
unsachgemäßer Umgang mit ~ **324a** 28
civiliter uti 193 6
Code *siehe Ausspähen von Daten*
Codein
als Rauschmittel **316** 142, 146; **323a** 94
Wechselwirkungen mit Alkohol **316** 133
Codekarte 242 36, 60; **266b** 10 f, 21, 60
Computerausdrucke
Urkundeneigenschaft **267** 134 ff
Computerbetrug
Abgabenstrafrecht und ~ **263a** 82
Absicht rechtswidriger Bereicherung **263a** 76
Alternativen, Verhältnis zueinander **263a** 3, 16, 24, 80
Antragsdelikt **263** 89
Auffangtatbestand **263a** 17, 73, 81
ausländisches Strafrecht **263a** 8 ff
Auslandstat **263a** 88
Auslegung
- betrugsspezifische ~ **263a** 44, 49 ff, 56 f, 61
- computerspezifische ~ **263a** 45, 48 f, 51, 56 f, 61
- subjektivierende ~ **263a** 42 f, 49 ff, 56 f, 61
Ausspähen von Daten und ~ **263a** 85
Automatenbetrug und ~ **263a** 1, 7, 16, 22, 59 f; **265a a.F.** 6, 22, 39 f, 49, 57
bandenmäßige Begehung **263** 307, 330; **263a** 92; **267** 232, 234 ff
Beeinflussung **263a** 26, 65 ff
Beendigung **263a** 78
besonders schwerer Fall **263a** 92
Betrug und ~ **Vor 263** 42; **263** 92, 328; **263a** 2 ff, 12, 16 f, 38 f, 50, 73 f, 81
Computersabotage und ~ **263a** 13, 22
Daten
- Begriff **263a** 1, 19 ff
- kodierte/kodierbare ~ **263a** 21
- unrichtige ~ **263a** 33, 35
- unvollständige ~ **263a** 34 f
Datenveränderung und ~ **263a** 13; **303a** 39
Datenverarbeitung
- Begriff **263a** 22
Diebstahl und ~ **242** 36, 60; **263a** 10, 22, 65, 71, 84
Dreiecksbetrug, sinngemäße Anwendung **263a** 71
als Eigentumsdelikt **263a** 14, 16
Eigentumsdelikte und ~ **263a** 2, 17, 65, 84
Eingabe-Manipulation **263a** 1, 23, 32
Einwirkung **263a** 62 f
- unbefugte ~ **263a** 63
electronic cash **263** 52, 94
Entstehungsgeschichte **263a** 1 ff
Erfolgsdelikt **263a** 15
Fälschung beweiserheblicher Daten und ~ **269** 32
Fälschungsdelikte und ~ **263a** 12 f, 23, 85
Führungsaufsicht **68** 3; **263a** 93
Geldautomatenmißbrauch **263a** 3, 7, 21, 47 ff
Geldkarte **263a** 7, 54 f, 84
Geldspielautomatenmißbrauch **263a** 7, 21, 61, 85
Gerichtszuständigkeit **263a** 91
Gestaltung **263a** 28
gewerbsmäßige Begehung **263a** 92
Hacking **263a** 12
Haus- und Familienbetrug **263a** 89
Homebanking **263a** 2, 56 ff
Input-Manipulation **263a** 1, 3, 23, 32
Internationales Strafrecht **263a** 87 f
Internet **263a** 2, 58, 87
Irrtum **263a** 73, 75
Konkurrenzen **263a** 80 ff
Kreditbetrug und ~ **263a** 83
kriminalpolitischer Hintergrund **263a** 1 ff
kriminologische Erkenntnisse **263a** 7
Mahnverfahren, automatisiertes **263a** 39, 68, 77
Mißbrauch von Scheck- und Kreditkarten und ~ **263a** 7, 51; **266b** 3, 10, 21, 38, 51, 60
mittelbare Täterschaft **263a** 36, 38
Parallelwertung, laienhafte **263a** 72
Phreaking **263a** 7, 59
Point-of-sale-(POS/POZ)-System **263a** 52, 73, 76 f, 84, 94
Programm
- Begriff **263a** 20, 27
- Manipulationen **263a** 3
- unrichtiges ~ **263a** 29 ff

Computerbetrug (Forts.)
Rechtsgut **Vor 263** 23; **263a** 1, 13 ff
Sachbeschädigung und ~ **263a** 12 f
Stoffgleichheit **263a** 15, 70, 76
Strafzumessung **263a** 92
Subventionsbetrug und ~ **263a** 83; **263a** 83
Täterkreis **263a** 18, 36
Teilnahme **263a** 36, 73
Telekommunikationsnetze **263a** 1, 59
Teleshopping **263a** 2, 58
unbefugt **263a** 21, 40 ff, 61, 63
Unmittelbarkeitserfordernis **263a** 17, 22, 65 ff
Unterlassen **263a** 64
Untreue und ~ **263a** 2, 6 f, 16, 23, 86; **266** 110, 167
Urkundenfälschung und ~ **263a** 12; **267** 232
Verfassungsmäßigkeit **263a** 4
Vermögen als Rechtsgut **263a** 1, 6, 13 ff
Vermögensdelikt **263** 1 f, 6, 13 ff, 16
Vermögensschaden **Vor 263** 46; **263a** 15, 70 f
– geringer ~ **263a** 89
Vermögensstrafe **263** 330
Vermögensverfügung **Vor 263** 43; **263a** 3, 6, 26, 60, 65
Vermögensverschiebungsdelikt **263a** 15
Versuch **263a** 68, 73, 79, 81
Vertragsverstöße, bloße zivilrechtliche **263a** 5, 42 f
Verwenden **263a** 32, 36 ff
– unbefugtes ~ **263a** 40 ff
Viktimodogmatik **263a** 5, 45, 51
Vollendung **263a** 77
Vorsatz **263a** 72 ff
Wahlfeststellung **263a** 67, 74
Wertkarte **263a** 7, 55
Zeitdiebstahl **263a** 60, 66
Computerkriminalität *siehe auch Ausspähen von Daten; siehe auch Computerbetrug; siehe auch Computersabotage; siehe auch Datenveränderung; siehe auch Fälschung beweiserheblicher Daten; siehe auch Täuschung im Rechtsverkehr bei Datenverarbeitung*
internationale Reformbemühungen **263a** 8 ff
kriminologische Erkenntnisse **263a** 7
Strafantrag **77** 25; **303b** 31; **303c** 1 ff
Untreue und ~ **266** 74, 105, 110
Urkundendelikte **Vor 269, 270**
Computernetz, internationales *siehe Internet*
Computersabotage
Antragsdelikt **303b** 31; **303c** 1 ff
Behörde, fremde **303b** 9 f
Beschädigen **303b** 25
Beseitigen **303b** 25
Betrieb, fremder **303b** 9 f
Computerbetrug und ~ **263a** 13, 22
Computerviren **303b** 26
Datenträger **303b** 24
Datenveränderung und ~ **303a** 39; **303b** 21, 30
Datenverarbeitung
– Begriff **303b** 3 ff
– von wesentlicher Bedeutung **303b** 6 ff
Datenverarbeitungsanlage **303b** 22 f
– tätereigene ~ **303b** 27 f
Datenverarbeitungsvorgang, einzelner **303b** 15
DDR-Recht **303b** 32 f
Konkurrenzen **303b** 30
kriminalpolitischer Hintergrund **303b** 1
Programme **303b** 17, 21, 26
Rechtsgut **303b** 2
Störung
– Betriebsstörung **303b** 19
– der Datenverarbeitung **303b** 11 ff
– Erheblichkeit **303b** 11 ff
Störung öffentlicher Betriebe und ~ **316b** 3
Strafverfolgung, besonderes öffentliches Interesse **303c** 9, 12
Täter **303b** 10, 27 f
Unbrauchbarmachen **303b** 25
Unternehmen, fremdes **303b** 9
Verändern
– von Datenverarbeitungsanlage/Datenträger **303b** 25
– von Daten **303b** 18, 21
Verletzter **303b** 31; **303c** 8
Vollendung **303b** 20
Vorsatz **303b** 29
Zerstören **303b** 25
Computer-Serviceunternehmen
Geheimnisschutz und ~ **203** 41, 78, 80, 118, 142
Computerviren
Computersabotage **303b** 26
Datenveränderung **303a** 32 ff
Urkundenunterdrückung **274** 42
Contergan-Verfahren Vor 211 4; **222** 19
Crack
als Rauschmittel **323a** 94
crimen falsi Vor 263 13; **Vor 283** 33
crimen vis 240 EntstG, 2, 35

Dämpfe
als Schadstoffe **325** 8, 55
Dänemark
Betrugsstrafrecht **Vor 263** 82
Erschleichen von Leistungen **265a a.F.** 9
Kreditbetrug **265b** 8
Damm
Zerstören **305** 7

Darbietung
Beleidigung durch ~ im Rundfunk **194** 4
Darlehen
Untreue **266** 75 f, 88, 111
Darstellung
von Daten/Meß-/Rechenwerten **268** 6
Gleichstellung mit Schriften **N 11; 11** 131 f
pornographische ~ **176** 11
Dateien
öffentliche ~ **271** 65 ff
Daten *siehe auch Ausspähen von Daten*
Begriff **263a** 1, 19 ff
beweiserhebliche ~ **269** 5 ff; **274** 14
Darstellung von ~ **268** 7 f
Datenspeicherung, falsche **271** 77 f
elektronisch gespeicherte ~ **267** 10, 15
fremde ~ **303a** 5 f
kodierte/unkodierte ~ **263a** 21
Kopieren **303a** 18, 31
Löschen **283** 125; **303a** 19, 22 ff
Unbrauchbarmachen **303a** 19, 28
unrichtige ~ **263a** 33, 35
Unterdrücken **303a** 19, 26 f
unvollständige ~ **263a** 34 f
Verändern **303a** 19, 22, 29 ff; **303b** 18, 21
Verwendbarkeit gespeicherter ~ als Rechtsgut **303a** 2
Datendiebstahl 202a 1 f
Datenhehlerei 202a 19
Datenschutzrecht Vor 201 8
Konkursstraftaten und ~ **Vor 283** 25
Datenspeicher N 86 1; **N 130, 131** 6; **202a** 4
Beschimpfung von Bekenntnissen, Religionsgesellschaften und Weltanschauungsvereinigungen **166** 50
Gleichstellung mit Schriften **N 11** 1 f
Datenspionage *siehe Ausspähen von Daten*
Datenträger 303b 24
Datenveränderung
Antragsdelikt **303a** 40; **303c** 1 ff
Bestimmtheitsgebot und ~ **303a** 7 f, 11
Computerbetrug und ~ **263a** 13; **303a** 39
Computersabotage und ~ **303a** 39; **303b** 21, 30
Computerviren **303a** 32 ff
Daten **303a** 3 f
– fremde ~ **303a** 5 ff
– in fremdem Auftrag erstellte ~ **303a** 17
– unerlaubt auf fremdem Datenträger gespeicherte ~ **303a** 15 f
– unerlaubt kopierte ~ **303a** 18
Erheblichkeit der Veränderung **303a** 20
Fälschung beweiserheblicher Daten und ~ **269** 32; **303** 39
gegen den Willen des Berechtigten **303a** 21, 30
Konkurrenzen **303a** 39
Kopieren von Daten **303a** 18, 31
Löschen **303a** 19, 22 ff
Programm(teile) **303a** 3
Rechtsgut **303a** 2
Rechtswidrigkeit **303a** 37
Sachbeschädigung und ~ **303a** 39
Strafverfolgung, besonderes öffentliches Interesse **303c** 9, 12
Unbrauchbarmachen **303a** 19, 28
Unterdrücken **303a** 19, 26 f
Urheberrecht an Daten **303a** 9
Urkundenunterdrückung und ~ **274** 43, 65; **303a** 39
Verändern **303a** 19, 22, 29 ff
Verfügungsbefugnis über Daten **303a** 6 ff
Verletzter **303c** 7
Versuch **303a** 38
Vorsatz **303a** 36
Zivilrechtsakzessorietät **303a** 6
Datenverarbeitung
Beeinflussung, fälschliche **270** 3 ff
Begriff **263a** 22; **303b** 3 ff
Täuschung im Rechtsverkehr bei ~ **270** 1 ff
Datenverarbeitung, elektronische
Urkundenunterdrückung und ~ **274** 4
Datenverarbeitungsanlage 303b 22 f
tätereigene ~ **303b** 27 f
Dauerdelikt
Bankrott **283** 234
Beendigung **Vor 22** 27, 36; **Vor 52ff** 38
Beihilfe zu ~ **27** 39
Bereithalten zu Sabotagehandlungen **87** 8
Bildung krimineller Vereinigungen **129** 91
als Deliktstyp **Vor 13** 50
Durchfuhr von Abfällen **326** 124
Entziehung Minderjähriger **235** 126
Erschleichen von Leistungen **265a a.F.** 51
fahrlässige Begehung **Vor 52ff** 37
Förderung der Prostitution **Vor 174** 20 ff; **180a** 3, 7, 15, 20
Fortführung einer für verfassungswidrig erklärten Partei **84** 20
Freiheitsberaubung **239** 18, 42
friedensgefährdende Beziehungen **100** 4
Gebrauch eines Fahrzeugs, unbefugter **248b** 4
Gefährdung schutzbedürftiger Gebiete **329** 57
Gewässerverunreinigung **324** 116, 128
Handlungseinheit bei ~ **Vor 52ff** 22, 35 ff
Hausfriedensbruch **123** 58, 75, 77
mehrfache Begehung **Vor 52ff** 38
Menschenraub **234** 70
Notwehr gegen ~ **32** 115
Strafmündigkeit und ~ **19** 4
Strafzumessung **46** 112

Dauerdelikt (Forts.)
Straßenverkehrsgefährdungsdelikte **Vor 52ff** 36
Tateinheit **52** 13, 22 ff, 27
Tötungsdelikte und ~ **212** 44
Trunkenheit im Verkehr **Vor 52ff** 38 f; **316** 228
Unerlaubter Umgang mit radioaktiven Stoffen etc. **328** 70, 72
Unerlaubtes Betreiben von Anlagen **327** 29
Verjährung **78a** 5
Verletzung der Unterhaltspflicht **170** 74
Vollendung **Vor 52ff** 38
Zuhälterei **Vor 174** 20; **181a** 17
DDR
Abschiebungsfälle **Vor 38** 106
Alttaten
– Agententätigkeit, geheimdienstliche **2** 60a
– Amtsträger **11** 21 f
– Anwendbarkeit von § 2 StGB **Vor 38** 120
– Anwendung interlokalen Strafrechts **Vor 3** 390 f, 395 f
– Aussetzung des Strafrestes zur Bewährung **Anh 56-58** 4 f
– Ausübung verbotener Prostitution **184a** 8
– Beurteilung, strafrechtliche **Vor 38** 119 ff
– DDR-Amnestien und ~ **Vor 3** 396
– Eidesdelikte **Vor 153** 32; **156** 29
– Entziehung der Fahrerlaubnis und ~ **69** 263
– Falsche Verdächtigung **164** 37
– Förderung sexueller Handlungen Minderjähriger **180** 23
– fortgesetzte Handlung **2** 60b
– Freiheitsberaubung **239** 15, 17, 30, 32
– Führungsaufsicht, keine Anwendung **Vor 61ff** 101; **Vor 68** 33
– Gefährdung der äußeren Sicherheit **2** 70
– Geheimnisverrat **353b** 60
– Geldfälschung **146** 36
– Gemeingefährliche Straftaten **317** 13; **318** 13; **319** 17 f; **323** 21 f
– Heranwachsende **2** 65
– Herbeiführung einer Überschwemmung **312** 10 f
– Immunität und Indemnität **36** 51
– Körperverletzungsdelikte **Vor 223** 24
– Landesverrat **2** 60a, 70
– Nötigung von Verfassungsorganen **105** 28
– Nötigung des Bundespräsidenten und von Verfassungsorganmitgliedern **106** 9
– Maßregeln **Vor 61ff** 100 ff
– Menschenraub, erpresserischer **239a** 43
– mildestes Gesetz **Vor 38** 121
– Nötigung **240** 64, 128
– Parlamentarische Äußerungen/Berichte, Straflosigkeit **36** 51
– Politische Verdächtigung **5** 30; **241a** EntstG, 3, 5, 13, 15 f
– Recht des Einigungsvertrags **Vor 38** 95, 122 ff
– Rechtsbeugung **339** Vor 1
– Rechtslage nach Einigungsvertrag **Einl** 96
– Sanktionen, Anpassungsrelegungen des Einigungsvertrags **Vor 38** 122 ff
– Sexualstrafrecht **Vor 174** 24
– Sexueller Mißbrauch **5** 49 f; **Vor 174** 24; **182** 9
– Strafanwendungsrecht **Vor 3** 219 ff
– Straftaten gegen ausländische Staaten **Vor 102** 2
– Straftaten gegen die Landesverteidigung **Vor 109** 5
– Straftaten gegen die öffentliche Ordnung **Vor 125-145d** 10 ff
– Strafzumessung **46** 109a
– Täterschaft **Vor 25** 15
– Tatzeitprinzip **2** 60 ff
– teilweise in der DDR begangene Taten **Vor 38** 127 ff
– Umweltdelikte **325** 81; **325a** 40; **327** 34
– Unterbringung in Sicherungsverwahrung, keine Anwendung **Vor 61ff** 101
– Unterschlagung **N 246** 5
– Untreue **266** 196
– Verjährung **Vor 3** 413 f; **78c** 39, 42 ff; **Vor 125-145d** 12
– Verletzung der Unterhaltspflicht **170** 14
– Verschleppung **234a** 70
– Versuchsstrafbarkeit **Vor 22** 147
– Verwarnung mit Strafvorbehalt **Anh 59-59c** 4
– Vortäuschen einer Straftat **145d** 24
– Wahlstrafrecht **Vor 107-108d** 1
– Widerstand gegen die Staatsgewalt **Vor 110** 9 ff
Amnestien **Vor 38** 105, 396
(kein) Ausland **1** 85; **Vor 80** 35
Aussagedelikte **Vor 153** 32; **156** 29
Aussetzungstatbestand **221** Vor 1
Berichte über inoffizielle „Stasimitarbeiter" **193** 21
Bürger als Deutsche **Vor 3** 334
DDR-Strafen/Freiheitsentzug, Bedeutung für heutige Sanktionsentscheidungen **Vor 38** 114 ff
Entführung von Kindern oder Jugendlichen **235** 154 f
Fahrerlaubnisse **69** 120, 169, 262; **69b** 9
Gerichtsurteile
– Überprüfung **Vor 38** 100 ff

DDR (Forts.)
- Vollstreckbarkeit **Vor 38** 108 ff
- Vollstreckungsverjährung **Vor 38** 107
- Vollzug **38** 66
- Wahrheitsbeweis bei Urteil durch DDR-gericht **190** 7
- Wirksamkeit **Vor 38** 98 ff

Inlandsbegriff des StGB und ~ **Vor 3** 205 ff
Justizunrecht **212** 8a; **339** Vor 1, 3, 12c, 15, 44, 53b, 54b ff, 57 f, 60, 64 f, 86, 100, 118
Mauerschützen-Fälle **212** 8a
Menschenhandel (staatsfeindlicher) **234** 74
Recht **Einl** 52
- Abgabenstrafrecht **266a** 120 ff
- Anstiftung **26** 114
- Anstiftung, versuchte **30** 99
- Antragserfordernis **Vor 77** 17
- Anwerbung für imperialistische Kriegsdienste **234** 74
- Auslandstaten, Verfolgung **5** 100 f
- Aussetzung des Strafrestes zur Bewährung **Anh 56-58** 1 ff
- Bedrohung **241** 29
- Begünstigung **27** 70; **257** 30
- Beihilfe **27** 70
- Brandstiftungsdelikte **306** 20
- Computersabotage **303b** 32 f
- Diebstahlstatbestände **242** 87; **247** 9; **248a** 12; **248c** 11
- Einspurigkeit des Sanktionensystems **Vor 38** 92
- Explosionsdelikte **311** 15
- Fälschung beweiserheblicher Daten **269** 34 f
- Fälschung technischer Aufzeichnungen **268** 60
- Falschbeurkundung **271** 118; **348** 38
- Fortgeltung nach Einigungsvertrag **Einl** 95 ff
- Freiheitsberaubung **239** 43
- Freiheitsstrafe, kurze **Vor 46ff** 34
- Freiheitsstrafe, lebenslange **Vor 38** 89
- Gebrauch eines Fahrzeugs, unbefugter **248b** 14
- Geheimnisverrat **353b** 60
- Geiselnahme **239b** 18
- Grundsatz stellvertretender Strafrechtspflege **7** 82
- Hehlerei **259** 50
- Immunität und Indemnität **36** 49 ff
- Internationales Strafrecht **Vor 3** 419 ff
- Jugendstrafrecht **Vor 38** 90
- Körperverletzungsdelikte **Vor 223** 24
- Kriegsverbrechen **1** 143 ff
- Maßregeln **Vor 61ff** 102
- Maßregeln der Besserung und Sicherung **Vor 38** 92
- Militärstrafrecht **Vor 38** 91
- Nötigung **240** 70, 128
- Notwehr **32** Vor 1, 21
- öffentlicher Tadel **Vor 38** 64
- Parlamentarische Äußerungen/Berichte, Straflosigkeit **36** 49 ff; **37** 35
- Personalitätsprinzip **7** 80 f
- Rechtsfertigungsgründe **Vor 32** 231
- Republikflucht **239** 32
- Sachbeschädigung **303** 24
- Sanktionensystem **Vor 38** 89 ff, 96 ff
- Scheckbetrug/Scheck-/Kreditkartenmißbrauch **266b** 62 f
- Schuldfähigkeit **20** 96 f
- Schwangerschaftsabbruch, gerechtfertigter **Vor 32** 231
- Staatsschutzstrafrecht **Vor 80** 19; **Vor 93** 1b; **93** Vor 1
- Steuergeheimnis, Verletzung **355** 80
- Strafrechtsreform 1990; **Vor 38** 104
- Strafschärfung bei Rückfall **Vor 46ff** 35
- Strafvereitelung **258** 44
- Strafzumessung **Vor 46ff** 30 ff; **Vor 46ff** 30 ff; **46** 340
- Strafzumessungspraxis **Vor 38** 94
- Strafzumessungsregeln **Vor 38** 93
- subjektive Grundvoraussetzungen der Strafbarkeit **Vor 15** 9
- Täterschaft **Vor 25** 15; **25** 224
- Tatzeitprinzip **2** 59
- Umwelt(straf)recht der ~ **324** 139 f; **324a** EntstG 3; **325** 81; **325a** 40; **326** 159; **327** 34
- Unabhängigkeit, richterliche **353d** 68
- Unterschlagung **242** 87; **246** 30
- Untreue **266** 196
- Urkundenfälschung **Vor 267** 11; **267** 312
- Urkundenunterdrückung **274** 76
- Verbrechen gegen den Frieden, die Menschlichkeit und die Menschenrechte **1** 143 ff
- Vereitelung von Erziehungsmaßnahmen **258** 44
- Verfolgungsverjährung **78c** 38
- Versuch der Beteiligung **30** 99
- Versuchsstrafbarkeit **Vor 22** 145 f
- Verurteilung zur Bewährung **Vor 38** 64
- Verwarnung mit Strafvorbehalt **Anh 59-59c** 1 ff
- Vollstreckungsverjährung **79** 7
- Wahlen und Wahlrecht in der DDR **Vor 107-108d** 1
- Weltrechtsprinzip **6** 85
- Wucher **302a** 74

DDR (Forts.)
Rechtfertigungsgründe, ungültige **Vor 32** 42
Rechtspflegedelikte **Vor 153** 32
Regierungskriminalität und kriminelle Vereinigung **Vor 125-145d** 12
Schußwaffeneinsatz an der Grenze *siehe Mauerschützen-Fälle*
Schwangerschaftsabbruch **Vor 218ff** 13
Sexualstrafrecht **Vor 174** EntstG; **174** 24; **174a** 21; **177** 23; **178** 10; **180a** 23; **181** 18; **182** 9; **183** 15; **184** 57; **184a** 8
Staatsschutzdelikte gegen die Bundesrepublik, Strafbarkeit **Vor 80** 39 ff; **Vor 93** 3, 15 ff
Stasi-Überprüfungen von Abgeordneten und Indemnität **36** 6
Tötungsdelikte **Vor 211** 52; **212** 8a
Verletzungen des pers. Lebens- u. Geheimbereichs, Strafbarkeit **Vor 201** 15; **203** 168
Debilität *siehe Schwachsinn*
Decknamen
Urkundenfälschung unter Verwendung von ~ **267** 57 ff, 172
défense sociale **Vor 38** 12; **Vor 46ff** 28; **Vor 61ff** 3
Delikt, zweiaktiges *siehe auch Mehraktiges Delikt*
Geiselnahme **239b** 1
Menschenraub, erpresserischer **239a** 1
Veruntreuen von Arbeitsentgelt **266a** 72
Delikt mit überschießender Innentendenz,
Angestelltenbestechlichkeit/-bestechung **299** 11
Angriffe auf den Luft- und Seeverkehr **316c** 2
Beendigung **Vor 22** 26
Betrug **263** 3
Handlungseinheit **Vor 52ff** 21
Raub **250** 8, 12
Urkundenfälschung **267** 270
Zwangsvollstreckungsvereitelung **288** 6
Deliktskomplex, einheitlicher
Urkundenfälschung **267** 287 f
Verändern amtlicher Ausweise **273** 13
Verschaffen von falschen amtlichen Ausweisen **276** 19, 25
Deliktstatbestand **Vor 13** 45
Deliktsurkunde **267** 69, 263
Demokratische Willensbildung/-äußerung
als Rechtsgut **Vor 105** 1; **105** 1; **106** 1; **106a** 1
Demonstration
als Angriff **32** 175
deliktisches Randgeschehen **125** 8
Demonstrationsfreiheit
Freiheitsberaubung und ~ **239** 15, 22, 26
Landfriedensbruch und ~ **Vor 125** 20 ff
Störung der Religionsausübung und ~ **167** 16
Demonstrationsrecht
Eingriff durch polizeiliche Observation **113** 37a
Hausfriedensbruch, schwerer **124** 3, 6
Nötigung von Verfassungsorganen und ~ **105** 21; **106** 6
Öffentliche Aufforderung zu Straftaten und ~ **111** 23, 30a
Demonstrationsstrafrecht *siehe auch Landfriedensbruch* **Vor 125** 1 ff; **Vor 125-145d** 3; **125** 2
Reform **Einl** 87; **Vor 110** 3; **Vor 125** 1, 5 ff; **Vor 125-145d** 3
Denkmal
Sachbeschädigung, gemeinschädliche **304** 7
Denkzettel
Fahrverbot als ~ **44** 2, 24, 27
Denunziation *siehe auch Falsche Verdächtigung*
Freiheitsberaubung **239** 15, 17, 32
NS-Tötungsverbrechen und ~ **212** 7 f
Deponie
Abfalldeponie **324a** 25; **327** 12a, 16c
Deportation **220a** 13
Depotunterschlagung
Untreue und ~ **266** 179
Deutscher
Begriff **Vor 3** 331 ff
DDR-Bürger als ~ **Vor 3** 334; **100** 2
deutsche Staatsangehörige **Vor 3** 332
deutsche Volkszugehörige **Vor 3** 333
juristische Person als ~ **7** 48 f
Leibesfrucht als ~ **7** 48, 50
Devisengeschäft
Bankrotthandlung **283** 60
Diebstahl *siehe auch Diebstahl, räuberischer*
Ablationstheorie **242** 40, 43a
Absicht rechtswidriger Zueignung **242** 46, 52 ff
agent provocateur **26** 81 f
Alleineigentum des Täters **242** 14
Aneignung **242** 50
Aneignungsrecht **242** 71
Anmaßung von Eigentümerbefugnissen **242** 50
Anspruch auf Übereignung **242** 69, 74
Anstiftung **242** 84, 86
Antragsdelikt
– Diebstahl geringwertiger Sachen **248a** 10 ff
– Haus- und Familiendiebstahl **247** 4 ff
Apprehensionstheorie **242** 32, 40, 43a
Ausstellung, öffentliche **243** 28 f

Diebstahl (Forts.)
Bagatellfälle **248a** 1
Bandendiebstahl **N 244** 2 ff
– Bande **N 244** 3 ff; **244** 11 ff
– Konkurrenzen **244** 18
– Mehrheit selbständiger Taten **244** 12 f
– minder schwerer Fall schweren ~ **N 244a**; **244a** 4
– Mitwirkung eines anderen Bandenmitglieds **N 244** 3, 6 ff; **244** 13
– schwerer ~ **Vor 242** 1; **N 244a**; **244a** 1 ff
– Teilnahme **244** 16
– Verfall, erweiterter **Vor 242** 1; **N 244** 12; **N 244a**; **244** 17; **244a** 4
– Vermögensstrafe **Vor 242** 1; **N 244** 12; **N 244a**; **244** 17; **244a** 4
– Versuch **244** 15
– Vorsatz **244** 14
– Wahlfeststellung **1** 129; **244** 18
Bargeschäft des täglichen Lebens **242** 6
Bedeutung, Gegenstände kultureller **243** 26 ff
Beendigung **242** 76
Begründung neuen Gewahrsams **242** 33, 40 ff
Begünstigung und ~ **242** 79, 86
Behältnis
– Schutzvorrichtung und ~ **243** 18 f
– verschlossenes ~ **243** 19 f
– Wegnahme **242** 59, 75
Beihilfe **242** 40, 66, 76, 79
Bereicherungsdelikte und ~ **242** 47, 49 f
Beschlagnahme, vorgetäuschte **242** 39
besonders schwerer Fall
– Ausnutzung von Hilflosigkeit/Unglücksfall/gemeiner Gefahr **243** 31 ff
– Bandendiebstahl, schwerer **N 244a**; **244a** 2
– Bruch einer besonderen Sicherung **243** 18 ff
– Einbruch **N 243**; **243** 5 ff
– Führungsaufsicht **245**
– Gegenstände von kultureller Bedeutung **243** 26 ff
– Geringwertigkeitsklausel **243** 3, 34a, 40 ff
– gewerbsmäßige Begehung **243** 21
– Irrtum **243** 41
– Kirchendiebstahl **243** 22 ff
– Konkurrenzen **243** 43
– Nachschlüsseldiebstahl **N 243**; **243** 5, 13 ff
– Schußwaffendiebstahl **243** 34a
– Sprengstoffdiebstahl **243** 34a
– Strafzumessungsregel **243** 2, 36
– Teilnahme **243** 39
– unbenannter ~ **243** 3
– Urteilsformel **N 243**; **243** 44
– Vergehen **243** 42
– Versuch **Vor 22** 144; **243** 36 ff, 42
– Vorsatz **243** 30, 35, 41
Betrug und ~ **242** 37 ff, 43a, 60, 81 f; **263** 5, 98, 105 f, 112, 115 f, 118, 120, 310, 313
Bildung krimineller Vereinigung und organisierter ~ **129** 6, 22
kein Blankettatbestand **1** 38
Bruch fremden Gewahrsams **242** 33
Codekarte **242** 36, 60
Computerbetrug und ~ **242** 36, 60; **263a** 10, 22, 65, 71, 84
Computerkriminalität und ~ **242** 1
Datendiebstahl *siehe auch Ausspähen von Daten* **202a** 1 f
DDR-Alttaten **242** 65
DDR-Recht **242** 87; **244** 19; **247** 9; **248a** 12
Diebesfalle **22** 26; **242** 35, 44, 70
Dienst-/Geschäftsräume **243** 9
Drittzueignung **N 242**; **242** 64 ff, 79
Druckmittel als Zweck **242** 62
Eigentum
– Alleineigentum des Täters **242** 14
– Gesamthandseigentum **242** 16
– Miteigentum **242** 16
– stellvertretender Erwerb **242** 15
– Verfügungsbeschränkungen **242** 15
Eigentum als Rechtsgut **Vor 242** 3
Eigentumsverzicht **242** 13
Eigentumsvorbehalt **242** 14
Einbrechen **243** 11
Eindringen **243** 15
Einsteigen **243** 12
Einverständnis
– bedingtes ~ **242** 36 ff
– erschlichenes ~ **242** 37 ff
– tatbestandsausschließendes ~ **242** 35
– mit Zueignung **242** 70
Einwilligung
– bedingte ~ **242** 70
– in Zueignung als Rechtfertigungsgrund **Vor 32** 115; **242** 70
Enteignung **242** 51
Entstehungsgeschichte **Vor 242** 1; **242** EntstG, 64
Erschleichen von Leistungen und ~ **242** 36; **265a a.F.** 6, 21 f, 38 f, 57
Fahrraddiebstahl **Vor 242** 2; **242** 51
Familiendiebstahl *siehe Haus- und Familiendiebstahl*
Fangbrief **242** 44
Fischwilderei und ~ **242** 12; **293** 7
Fortsetzungszusammenhang **242** 75, 85
Führungsaufsicht **68** 3; **242** 80; **245** 1
Gattungsschuld **242** 69, 74
Gebäude **243** 9
– der Religionsausübung dienend **243** 23

Diebstahl (Forts.)
Gebrauchsabsicht, Diebstahl mit Waffen **244** 10, 14
Gebrauchsanmaßung und ~ **242** 51, 53, 57, 86; **248b** 9
Gegenstand, religiöser Verehrung dienend **243** 25
Geld **242** 69 f, 74
Gemeingefahr, Ausnutzung **243** 34
geringwertiger Sachen
– Antragsberechtigte **248a** 10
– Antragsdelikt **248a** 1
– (kein) besonders schwerer Fall **243** 40 f; **248a** 2
– DDR-Recht **248a** 12
– Geringwertigkeit **248a** 3 ff
– Interesse an der Strafverfolgung, besonderes öffentliches **248a** 11
– Irrtum **248a** 8
– privilegierender Charakter **Vor 242** 4
– Versuch **248a** 9
Geringwertigkeitsklausel bei schwerem Bandendiebstahl **N 244a; 244a** 5
Gewahrsam
– Alleingewahrsam **242** 27 ff
– Begriff **242** 17
– Begründung neuen Gewahrsams **242** 33, 40 ff
– Behältnis, geschlossenes **242** 31
– Besitz und ~ **242** 17
– Bruch fremden Gewahrsams **242** 33 f
– Dienstverhältnis **242** 29
– Eisenbahn- und Postbeförderung **242** 3
– Gewahrsamsgehilfe **242** 25
– Gewahrsamslockerung **242** 34
– Grundstück, umzäuntes **242** 20
– Herrschaftsverhältnis, tatsächliches **242** 18 ff
– Herrschaftswille **242** 21 ff
– Hilfsgewahrsam **242** 20
– juristischer Person **242** 17
– Mitgewahrsam **242** 25 ff
– als Rechtsgut **Vor 242** 3; **242** 67
– Sache, verlorene **242** 20
– Sache, versteckte **242** 20, 24, 34, 37, 40 f, 43a, 56
– unrechtmäßiger ~ **242** 18
– Verfügung durch Dritten **242** 38
– Verwahrungsvertrag **242** 31
– Wohnrecht **242** 20, 28, 41
gewerbsmäßige Begehung, Absicht **243** 35
gewerbsmäßiger ~ **243** 21
dem Gottesdienst gewidmeter Gegenstand **243** 25
Haus- und Familiendiebstahl
– Angehöriger **247** 1
– Antragsberechtigte **247** 3
– Antragsdelikt **247** 1
– Betreuer **247** 5
– DDR-Recht **247** 9
– Familiendelikte und ~ **Vor 169** 10
– Gemeinschaft, häusliche **247** 6 f
– Irrtum **247** 8
– privilegierender Charakter **Vor 242** 4
– Versuch **247** 2
– Vormund **247** 5
Hausfriedensbruch und ~ **123** 80
Hehlerei und ~ **242** 76, 79, 81, 86
Herrschaftsverhältnis, tatsächliches **242** 18 ff
Herrschaftswille **242** 21 ff
Hilflosigkeit, Ausnutzung **243** 31 f
Illationstheorie **242** 40
Irrtum **242** 45, 69, 72 ff
– Diebstahl geringwertiger Sachen **248a** 8
Jagdwilderei und ~ **242** 12
Kirchendiebstahl **Vor 166** 12; **243** 22 ff
Körper(teile) **242** 4, 9
Konkurrenzen **242** 81 ff
– Bandendiebstahl **244** 18
– Bandendiebstahl, schwerer **N 244a; 244a** 6
– besonders schwerer Fall **243** 43
– Diebstahl mit Waffen **244** 18
– Wohnungseinbruchsdiebstahl **N 244** 13
Kontrektationstheorie **242** 40
Kraftfahrzeugdiebstahl **242** 42a, 51, 53 f, 57 ff, 75, 81
Kriminal-/Rechtspflegestatistik **Vor 242** 2; **243** 1
Ladendiebstahl **Vor 242** 2
Legitimationspapiere **N 242; 242** 47 f, 60, 81
Leiche(nteile), menschliche **242** 5, 10
List **243** 5
lucrum ex negotio cum re **242** 49
lucrum ex re **242** 49
Mensch, lebender **242** 4
minder schwerer Fall eines schweren Bandendiebstahls **N 244a; 244a** 4
Mißbrauch von Scheck- und Kreditkarten und ~ **242** 36
Mittäterschaft **242** 52, 66 f, 79
– besonders schwerer Fall **243** 39 f
– Diebstahl geringwertiger Sachen **248a** 5
mittelbare Täterschaft **25** 140 f; **242** 33 f, 77
Notwehr gegen ~ **32** 116, 122, 246, 261, 266, 279
Pfandkehr und ~ **289** 1
Preisgabe der Sache **242** 50, 55 ff
räuberischer ~ *siehe Diebstahl, räuberischer*
Raub und ~ **Vor 242** 1; **249** 1 f
Raum, umschlossener **N 243; 243** 7 ff
Rechtsgut **Vor 242** 3
Rechtswidrigkeit **242** 68 ff

Diebstahl (Forts.)
Rückgabe, unveränderte **242** 53 f
Sachbeschädigung und ~ **N 242; 242** 50, 56, 59; **243** 40a; **303** 22
Sache
– von Bedeutung, kultureller **243** 26 ff
– Begriff **242** 1
– bewegliche ~ **242** 3
– fremde ~ **242** 6
– geringwertige ~ **243** 40 a **248a** 3 ff
– herrenlose ~ **242** 9 ff, 12 f
– Körperteile **242** 4
– Leiche **242** 5
– Liebhaberwert **242** 2, 47
– liegengelassene ~ **242** 13
– Mensch keine ~ **242** 4
– verkehrsfähige ~ **242** 8 ff
– verlorene ~ **242** 13, 20
– versteckte ~ **242** 20, 23, 37, 40 f, 43a, 56
– wertlose ~ **242** 2, 7, 47, 50, 70
Sachwerttheorie **242** 47 ff, 60
Sammlung, allgemein zugängliche **243** 28
Schlüssel
– falscher ~ **243** 13
– gestohlener ~ **243** 13
Schußwaffe, Begriff **N 244; 244** 3
Schutzvorrichtung **243** 19
se ut dominum gerere **242** 50
Selbstbedienungstankstelle **242** 6, 36a
Selbsthilferecht **242** 69
Sicherungsübereignung **242** 14, 68
Sichzueignen **242** 64 ff
stellvertretender Eigentumserwerb **242** 15
Störung der Totenruhe und ~ **168** 4, 23; **242** 10 f
Strafantrag **77** 26
Strom, fehlende Sacheigenschaft **Vor 242** 4; **242** 1; **248c** 1
Substanztheorie **242** 47 ff, 60
Tausch **242** 2
Teilnahme **242** 40, 66, 76, 79, 84, 86
– besonders schwerer Fall **243** 39
Tiere, wilde **242** 12
Treuhänder **242** 14
Unglücksfall, Ausnutzung **243** 33
Unterschlagung und ~ **Vor 242** 1; **242** 22, 25 ff, 36a, 58, 85 f; **246** 10
Untreue und ~ **266** 17, 45, 108, 167
Verborgenhalten **243** 16 f
Vereinigungstheorie **242** 48 f, 60
Verfall, erweiterter bei (schwerem) Bandendiebstahl **Vor 242** 1; **N 244** 12; **N 244a**; **244** 17; **244a** 4
Vermögensstrafe bei (schwerem) Bandendiebstahl **Vor 242** 1; **N 244** 12; **N 244a**; **244** 17; **244a** 4
Vernichtung der Sache **242** 50, 55 f
Verschenken der Sache **242** 56, 65
Versuch **22** 48; **242** 40, 70, 75, 77 f
– Bandendiebstahl **244** 15
– besonders schwerer Fall **243** 36 ff, 42
– Diebstahl geringwertiger Sachen **248a** 9
– Diebstahl mit Waffen **244** 15
– Haus- und Familiendiebstahl **247** 2
Verwendung im Eigentümerinteresse **242** 63
Verwertungshandlungen **242** 81
Vollendung **22** 16; **242** 40, 42, 75
Vorsatz **242** 45, 51, 57a
– Bandendiebstahl **244** 14
– besonders schwerer Fall **243** 30, 35, 41
– Diebstahl mit Waffen **244** 14
mit Waffen
– Attrappen **244** 9
– Beisichführen **244** 5 ff
– Gebrauchsabsicht **244** 10, 14
– Konkurrenzen **244** 18
– Mittel **244** 8 f
– Schußwaffe, Begriff **N 244; 244** 3
– Teilnahme **244** 16
– Versuch **244** 15
– Verwendungsfähigkeit **244** 4
– Vorsatz **244** 7, 14
– Waffen (andere) **N 244; 244** 8 ff
– Wahlfeststellung **244** 18
– Werkzeug, sonstiges/anderes **N 244**; **244** 8 f
Wahlfeststellung **1** 111, 115 f; **242** 86
– besonders schwerer Fall **243** 43
Wegnahme
– Begriff **242** 17, 33
– beobachtete ~ **242** 43 f
– um zu täuschen **242** 62
– Zueignung und ~ **242** 32, 46
Werkzeug
– nicht zur ordnungsgemäßigen Öffnung bestimmtes ~ **243** 14
Wilderei und ~ **242** 12
Wohnungseinbruchsdiebstahl **243** 9; **N 244** 11
– Bandendiebstahl, schwerer **N 244a**
– Konkurrenzen **N 244** 13
Zeitdiebstahl *siehe dort*
Zueignung
– Einwilligung **242** 70
– mehrfache ~ **242** 67
– rechtswidrige ~ **242** 68
– Wegnahme und ~ **242** 32, 46
Zueignungsabsicht **242** 46, 52 ff
– Drittzueignung **N 242; 242** 64 ff, 79
Zustimmung, nachträgliche **242** 70

Diebstahl, räuberischer
Absicht
– der Gewahrsamsbehauptung **252** 15, 17
– Zueignungsabsicht, modifizierte **252** 17 ff
Beendigung **Vor 22** 37
– Vortat **242** 76; **252** 6, 8, 14
Betroffenwerden auf frischer Tat **252** 1, 6, 11 ff
delictum sui generis **252** 2
Diebstahl und ~ **252** 1, 4, 21
Drohung mit gegenwärtiger Gefahr für Leib/Leben **252** 15
Erfolgsdelikt, kupiertes **252** 17
Erpressung, räuberische und ~ **252** 23
frische Tat **252** 14
Führungsaufsicht **252** 25; **256**
Gewalt **252** 15
Gewalt gegen eine Person **240** 43
Irrtum **252** 13
Konkurrenzen **252** 21 ff
Nötigung und ~ **252** 1, 22 f
Raub und ~ **252** 2 f, 22
Rechtsgut **252** 3
Täter **252** 18 f
Teilnahme **252** 18 f, 23
Versuch **252** 20
Vollendung **252** 15, 20
Vollendung der Vortat **252** 7 ff
Vorsatz **252** 16
Vortat **252** 4 f
Zueignungsabsicht, modifizierte **252** 17 ff
Dienen
Parteiverrat **356** 30 ff
Dienstaufsicht
Mängel der ~ als Strafmilderungsgrund **46** 136
Dienstausweis
Ausweis, amtlicher **275** 3
Dienstbezeichnungen, geschützte *siehe Mißbrauch von Titeln, Berufsbezeichnungen und Abzeichen*
Dienstgeheimnis
Begriff **353b** 6 ff
illegales ~ **353b** 35 f
Staatsgeheimnis und ~ **Vor 93** 4; **353b** 2
Dienstgeheimnis, Verletzung
Amtsfähigkeit, Verlust als Nebenfolge **353b** 59; **358** 1 ff
Amtshilfe **353b** 23
Amtskausalität **353b** 15
Anvertrautsein **353b** 13
Ausscheiden aus der Dienststellung und Strafbarkeit **353b** 5
Beendigung **353b** 40
Bekanntmachung, öffentliche **353b** 20
Bekanntwerden, sonstiges **353b** 14
Beratungsgeheimnis **353b** 11, 33
Bezug zum dienstlichen Bereich **353b** 15
DDR-Alttaten **353b** 60
DDR-Recht **353b** 60
Dienstgeheimnis, Begriff **353b** 6 ff
Einwilligung des Betroffenen **353b** 34
Entstehungsgeschichte **353b** EntstG
Ermächtigung zur Strafverfolgung **353b** 41
Gefährdung wichtiger öffentlicher Interessen **353b** 2, 24 ff
Geheimhaltungsbedürftigkeit **353b** 8 ff
Geheimhaltungspflichtverletzung und ~ **353b** 42, 58
Geheimnis, illegales **353b** 35
Gelangenlassen **353b** 19
Genehmigung durch Dienstvorgesetzten **353b** 30 ff
Informationsinteresse der Öffentlichkeit, Spannungsverhältnis **353b** 1
Irrtum **353b** 38
Konkurrenzen **353b** 58
Mitteilung **353b** 18
Mitteilungen im dienstlichen Verkehr **353b** 22
Offenbaren **353b** 6, 17 ff
Parlamentarische Äußerungen/Berichte, Straflosigkeit und ~ **36** 44
Presseveröffentlichung **353b** 40
Privatgeheimnis als Teil des Dienstgeheimnisses **353b** 34
Rechtfertigung **353b** 30 ff, 36
Schutzgut **353b** 2
Täter **353b** 3 ff
Teilnahme **353b** 39 ff
unbefugt **353b** 29 ff
Versuch **353b** 38
Vorsatz **353b** 37
Diensthandlung
Begriff **113** 4; **331** 11
bereits vorgenommene ~ **N 331-338** 12; **334** 5
bei Ermessensentscheidungen **332** 7; **334** 6
bei gebundener Verwaltung **332** 6
pflichtwidrige ~ **331** 11, 13, 30; **332** 1, 3 ff
Rechtmäßigkeit der ~ **113** 18 ff; **136** 12, 23 ff
– Beurteilungs-/Ermessenspielraum des Amtsträgers **113** 32
– dogmatische Einordnung **Vor 32** 24; **113** 20 f
– und Notwehr **32** 64 ff
– strafrechtlicher Begriff **113** 25 ff
– wesentliche Formerfordernisse **113** 30 ff
Unterlassen einer ~ **N 331-338** 24; **Vor 331** 14; **335** 1 ff; **N 336**
Vollzug für andere Organe **113** 31
vorgetäuschte ~ **331** 14; **332** 8

Diensthandlung (Forts.)
wirksame ~ **136** 7a ff
zukünftige ~ **N 331-338** 17; **331** 11, 13; **332** 1, 4, 8; **333** 7; **334** 6
zulässige ~ **136** 4
Dienststellen
der öffentlichen Sicherheit und Ordnung dienend **N 88; 88**
Dienststrafverfahren
Rechtsbeugung **339** 28, 62a
Dienstvorgesetzter
Begriff **77a** 4 ff
Strafantragsrecht **77a** 2 ff
Verleitung eines Untergebenen zu einer Straftat **357** 3 f
Differenzgeschäft
Bankrotthandlung **283** 58 ff
Differenzierungslösung
Einwilligung **Vor 32** 98
Differenzierungstheorie
Notstand **35** 1
Diplomat
Exterritorialität **Vor 3** 350 f
Immunität, Notwehr trotz **32** 62
Diplomatische Vertretungen
Exterritorialität **Vor 3** 350 f
strafrechtlicher Schutz **102** 2; **103** 1
Diplomatischer Schutz *siehe Immunität*
Diplomatisches Geheimnis *siehe Geheimnis, diplomatisches*
Diskontierung
von Wechseln/Schecks **265b** 47 f, 107
Diskriminierung von Ausländern
als Angriff auf die Menschenwürde **130** 25
Dispositionsfreiheit **Vor 263** 19 ff, 24, 28 ff, 32; **263** 150, 157, 179 f
als Rechtsgut beim Subventionsbetrug **264 a.F.** 11
Dispositivurkunde **267** 68
Distanzdelikt
Tatort **9** 2
Verbreiten von Propagandamitteln **86** 25
Verfassungsfeindliche Sabotage **88** 8
Disziplinararrest
Anrechnung **51** 6
Disziplinarmaßnahmen
als nichtkriminelle Tatsanktion **Vor 38** 77
Rechtsgrundlagen **Vor 38** 78 f
Disziplinarstrafen
Gesetzlichkeitsprinzip und ~ **1** 3
Disziplinarstrafgewalt
Rechtsbeugung **339** 14, 21, 62a
Disziplinarverfahren
Aussageerpressung **343** 3, 6
Sexueller Mißbrauch unter Ausnutzung einer Amtsstellung **174b** 2
verbotene Mitteilungen über ~ **353d** 40, 42
Verfolgung Unschuldiger **344** 4
Vollstreckung gegen Unschuldige **345** 6
Vortäuschen einer Straftat und ~ **145d** 3, 8
Diversion *siehe auch Täter-Opfer-Ausgleich* **Vor 38** 65
Dolmetscher
Aussagedelikte **153** 9; **154** 5; **155** 4
Falschbeurkundung, mittelbare **271** 13
Dolus alternativus *siehe auch Vorsatz* **22** 37, 39
Dolus cumulativus *siehe auch Vorsatz* **22** 37
Dolustheorie
Täterschaft-Teilnahme-Abgrenzung **25** 3
Doping
als Körperverletzung **223** 13; **228** 49
Doppelehe
Anwendbarkeit des § 28 **28** 61
Auslandstat **172** 8
Beendigung **172** 4, 11
(kein) Dauerdelikt **172** 4
Ehe, formgültige **172** 5
Eheschließung im Ausland **172** 5 f, 8
Eidesstattliche Versicherung **172** 15
eigenhändiges Delikt **172** 12
keine Einwilligung, rechtfertigende **Vor 32** 115
Entstehungsgeschichte **172** EntstG, 1 f
Irrtum **172** 10
Konkurrenzen **172** 15
kriminalpolitische Bedeutung **Vor 169** 19
Lebenspartnerschaft, eingetragene **172** 6
Mehrehe nach ausländischem Recht **172** 8
Nichtehe **172** 6
Rechtsgut **Vor 169** 14; **172** 3
Scheinehe **172** 8
Sonderdelikt **172** 12
Standesbeamter **172** 5 f, 12
Teilnahme **172** 12
Todeserklärung, Eheschließung nach **172** 8
verheiratete Beteiligte **172** 5 f
Verjährung **172** 2, 14
Verletzung der Unterhaltspflicht und ~ **170** 76; **172** 20
Vollendung **172** 4, 11, 14
Vorsatz **172** 10
Wiederholung der Eheschließung **172** 7
Zustandsdelikt **172** 11
Doppelmilderung
Unzulässigkeit der ~ **213** 14
Doppelparteistellung **356** 50
Doppelselbstmord **25** 112 ff; **60** 9; **216** 12 ff, 20, 22
Doppelverwertungsverbot
Gesetzeseinheit **Vor 52ff** 66, 70
Milderungsgründe, Zusammentreffen **21** 26; **50** 1 ff

Doppelverwertungsverbot (Forts.)
bei Strafaussetzung zur Bewährung **56** 38, 55 f
von Tatbestandsmerkmalen **46** 72 f, 281 ff
Versuch, strafmildernde Umstände **23** 42 ff
Dreiecksbetrug *siehe Betrug* **263** 2, 82, 112 ff, 209, 242, 261, 313, 326
Anwendung, sinngemäße auf Computerbetrug **263a** 71
Forderungsbetrug **263** 117
Lagertheorie **263** 116
Näheverhältnis **263** 115 f
Drei-Partner-System
Mißbrauch von Scheck- und Kreditkarten **266b** 14, 21, 27
Drittbegünstigung
Bestechlichkeit **N 331-338** 15 f; **N 331-338** 15 f; **N 332**; **N 332**
Vorteilsannahme **N 331-338** 15 f
Vorteilsgewährung **N 331-338** 15 f; **N 333**
Dritte Spur
im Sanktionensystem, keine Einführung **Vor 38** 16, 24
Drittgeheimnis **203** 33, 39, 99; **205** 6
Drittvorteil
Angestelltenbestechlichkeit/-bestechung **299** 25
Betrug **263** 271
Bestechlichkeit **N 331-338** 15 f; **N 332**
Bestechlichung **N 331-338** 15 f; **N 334**
Vorteilsannahme **N 331-338** 15 f
Drittzueignung
Diebstahl **N 242**; **242** 64 ff, 79
Entziehung elektrischer Energie **N 248c**
Fischwilderei **293** 12
Jagdwilderei **292** 52, 61
Raub **N 249**
Unterschlagung **N 246** 5, 7; **246** 20
Drogen *siehe Rauschmittel*
Drogenabhängigkeit *siehe auch Alkoholabhängigkeit; siehe auch Medikamentenabhängigkeit*
als Abartigkeit, seelische **20** 32; **323a** 75
epidemiologische Studien **323a** 15
Fahrunsicherheit **316** 165
Gefährdung einer Entziehungskur **323b** 1
als geistiger Mangel **315c** 63
krankheitsbedingte ~ **323a** 76, 307
Rausch und ~ **323a** 125
Schuldfähigkeit und ~ **20** 51 f; **21** 24; **212** 26; **323a** 74 ff
Sexueller Mißbrauch unter Ausnutzung eines Beratungsverhältnisses u.a. **N 174c** 2
Ungeeignetheit zum Führen von Kraftfahrzeugen und ~ **69** 51
Unterbringung
– in einer Entziehungsanstalt **64** 8 ff; **323a** 304 ff
– in einem psychiatrischen Krankenhaus **63** 67 ff; **323a** 307, 311 ff
– in Sicherungsverwahrung **323a** 314
als Willens-/Charakterschwäche **323a** 75, 79, 307
Drogenhändler
fahrlässige Tötung durch ~ **222** 11
Drogensucht *siehe Drogenabhängigkeit*
Drohung
mit Arbeitskampfmitteln **240** 59, 107
bedingte ~ **240** 56, 61
Begriff **240** 56
gegen Dritten, Nötigung **240** 60
mit empfindlichem Übel
– Erpressung **253** 2, 4, 18
– Menschenhandel, schwerer **181** 2; **181** 2, 6
– Menschenraub **234** 19 ff
– Nötigung **240** 55 ff
– Wählernötigung **108** 2, 3
– Widerstand gegen Vollstreckungsbeamte **113** 65 f; **114** 11
mit erlaubtem Übel **240** 59, 90 ff
Ernstlichkeit **240** 61
Freiheitsberaubung durch ~ **239** 14
mit Freiheitsberaubung, langandauernder **239b** 3 f
mit Gefahr für Leib/Leben
– Diebstahl, räuberischer **252** 15
– Raub **249** 9 ff
– Vergewaltigung **177** 9 ff
mit Gewalt
– Aussageerpressung **343** 10
– Hochverrat **81** 13
– Nötigung von Verfassungsorganen **105** 9 f
– Vorbereitung eines hochverräterischen Unternehmens **83** 6
– Wahlbehinderung **107** 3
– Widerstand gegen Vollstreckungsbeamte **113** 16
Gewalt und ~ **240** 7 f, 40, 46, 51, 54 ff
mit Hungerstreik **240** 95
mit Körperverletzung, schwerer **239b** 3, 5
Menschenraub, erpresserischer **239a** 8
mit öffentlicher Mitteilung **240** 59, 92 f, 106
Rechtswidrigkeit **240** 77
mit Selbsttötung **240** 95, 126
mit Strafanzeige **240** 90 f, 106
mit Tod **239b** 3, 5
durch Unterlassen **240** 61
mit Unterlassen **239b** 5; **240** 62 ff
Drucksätze/-stöcke
zur Fälschung amtlicher Ausweise geeignet **275** 5

Dualistische Theorie
Untreue **266** 7 f, 10, 17
Dualstisches System *siehe Zweispurigkeit*
Düsseldorfer Tabelle
zur Berechnung angemessenen Unterhalts **170** 36
Duldung
behördliche ~ **324** 62, 88 f
– aktive ~ **324** 89
– Ausschluß der Strafbarkeit durch ~ **Vor 32** 170 ff
– passive ~ **324** 62, 88
Erpressung **253** 11 f
Glücksspiel, unerlaubtes **284** 20; **285** 7
Nötigung **240** 1, 39
Duldungspflicht
des Angegriffenen, Notwehr **32** 56 ff, 215
des Betroffenen gegenüber gerechtfertigten Handlungen **Vor 32** 65
eines Dritten, Notwehr **32** 211 f
Notstand, rechtfertigender und ~ **34** 39, 67, 80, 82
des Vermieters, Notwehr **32** 48 ff
Dunkelfeld
Gefährdung des Straßenverkehrs **315c** 1
Trunkenheit im Verkehr **316** 1, 131, 146
Unerlaubtes Entfernen vom Unfallort **142** 5, 11
Dunkelziffer *siehe Dunkelfeld*
Durchfuhr
von Abfall **326** 123; **326** 123
Durchgangsdelikte
Körperverletzung als ~ der Tötung **Vor 52ff** 106 ff
Subsidiarität **Vor 52ff** 103, 106
Tatortbestimmung **9** 12, 22, 42
Vortat, mitbestrafte *siehe auch dort* **Vor 52ff** 122
Durchlieferungshaft
keine Geltung des Strafvollzugsgesetzes **38** 61
Durchschrift
Urkundeneigenschaft **267** 109
Durchsuchung
bei Verdacht auf terroristische Vereinigung **129a** 50
Verjährungsunterbrechung **78c** 28

Echorausch
Gefährdung des Straßenverkehrs **315c** 63
Sexueller Mißbrauch widerstandsunfähiger Personen **179** 5
Trunkenheit im Verkehr **316** 146, 159
Echtheit
einer technischen Aufzeichnung **268** 26 f
einer Urkunde **267** 160 ff; **274** 3
Echtheitsprinzip, strenges
Urkundenfälschung **267** 170 f
Echtheitsschutz
von Daten **269** 1
von Gesundheitszeugnissen **Vor 277** 1; **277** 1
von technischen Aufzeichnungen **268** 2 f, 27
von Urkunden **Vor 267** 8 f; **267** 196
Ecstasy
als Rauschmittel **316** 146; **323a** 101
Wechselwirkungen mit Alkohol **316** 133, 137
EDV-Kriminalität *siehe Computerkriminalität*
Egoismus
strafschärfende Bedeutung **46** 76
Ehe
Eheaufhebung, Parteiverrat **356** 61
Hemmung der Strafantragsfrist wegen bestehender ~ **77b** 16
als notwehrfähiges Gut **32** 183
Scheinehe **263** 39, 148, 323
Schutz der Einehe als Rechtsgut **172** 3
strafrechtlicher Schutz *siehe Doppelehe; siehe Familiendelikte*
Untreue **266** 49 f, 66, 123
Ehebruch
und Ehrkränkung **Vor 185** 35; **185** 32
Ehegatten
Angehörigenverhältnis **N 11**; **11** 10
Ehegattenkuppelei **180** EntstG
Ehegattenvergewaltigung **N 177** EntstG, 1; **177** EntstG
Ehegattenzuhälterei **181a** 15
Garantenpflicht **13** 22 f, 43
Notwehr gegen ~ **32** 126, 310
Ehescheidungsverfahren
Parteiverrat im ~ **356** 61, 63, 74
Eheschließung
Verfahrenshindernis, auflösend bedingtes **Vor 32** 229
Ehewohnung
Gespräche in der ~ **Vor 201** 3
Hausrecht **123** 33
Ehre
als Aspekt der Personwürde **Vor 185** 2, 4; **Vor 185** 2, 4
Ehrbegriff und Deliktsstruktur der Beleidigung **185** 27
Ehrgefühl und ~ **Vor 185** 6
faktischer Begriff **Vor 185** 5
Familienehre **Vor 185** 33
fortbestehende ~ **189** 2
fortbestehende ~ als Rechtsgut **189** 2
Geltungswert, personaler und sozialer **Vor 185** 9, 11
Gleichheitssatz **Vor 185** 3
Kollektivehre **Vor 185** 25

Ehre (Forts.)
Kundgabeproblematik bei Angriffen auf ~ **185** 10 ff
Kunstbegriff und ~ **193** 8
Meinungsfreiheit und ~, Kollision **193** 5 ff
Meinungsfreiheit und Recht persönlicher ~ **Vor 185** 12; **193** 5
normativer Begriff **Vor 185** 4 ff
Persönlichkeit und ~ **Vor 185** 12
personaler Geltungswert **Vor 185** 9, 17
Personwürde und ~ **Vor 185** 2
Rechtsgut **Vor 185** 1 ff, 42; **189** 2
Ruf **Vor 185** 6
Träger **Vor 185** 24 ff
Unangemessenheit des Angriffs auf die ~ **193** 25
Verfassungsrang **193** 5, 9
verstärkter Schutz **188** 1 ff
Verzicht auf Anspruch **185** 38
Ehrengerichtsbarkeit
Aussageerpressung **343** 3, 6
Falsche Verdächtigung **164** 22
nichtkriminelle Tatsanktion, ehrengerichtliche Maßnahmen **Vor 38** 80
Rechtsbeugung **339** 14
Verfolgung Unschuldiger **344** 4
Vollstreckung gegen Unschuldige **345** 6
Ehrenmord **Vor 185** 38
Ehrennotwehr **185** 42
Ehrverletzende Reaktualisierung **192** 7 ff
Ehrenrechte, bürgerliche
Verlust **Vor 45** 1 f
Ehrenschutz
des Bundespräsidenten **90** 1
der Mitglieder von Verfassungsorganen **90a** 1 f
als Rechtsgut **164** 3
des Staates **90a** 1
Eichbücher **271** 8, 25
Eidesdelikte *siehe auch Aussagedelikte*
keine Einwilligung, rechtfertigende **Vor 32** 115
vor inter-/supranationalen Gerichtshöfen **Vor 3** 183 ff
Eifersucht
strafmildernde Bedeutung **46** 76
Eigenhändiges Delikt
Ausspähung von Daten **202a** 7
Briefgeheimnis, Verletzung des **202** 42 f
als Deliktstyp **Vor 13** 50
Gefährdung des Bahn-, Schiffs- und Luftverkehrs **315a** 2, 38
Gefährung des Straßenverkehrs **315c** 2, 10, 23, 42, 201 ff
Landfriedensbruch, schwerer **125a** 11
Unerlaubtes Entfernen vom Unfallort **142** 182, 189
Vertreterhaftung, strafrechtliche und ~ **14** 36 f
Eigenhändigkeit *siehe auch Eigenhändiges Delikt*
Aussagedelikte **Vor 153** 7
Ausübung der verbotenen Prostitution **184a** 6
Beischlaf zwischen Verwandten **173** 30
Doppelehe **172** 12
Exhibitionistische Handlungen **183** 6
Körperbewegungstheorie **25** 43
Mittäterschaft **25** 167
Sexueller Mißbrauch widerstandsunfähiger Personen **179** 17
Täterschaft **25** 24, 40 ff
Trunkenheit im Verkehr **316** 231
der Unterschrift **267** 40 ff
Wortlauttheorie **25** 41 f
Eigenkapitalausstattung
mangelnde ~ als Konkursursache **Vor 283** 14 f, 19, 124; **283** 163, 186, 213
Eigennutz
Konkursstraftaten **Vor 283** 77, 79
grober ~ bei Subventionsbetrug **264 a.F.** 143 f
strafbarer ~ **Vor 284ff** 1
Eigenschaften
persönliche ~ *siehe auch Besondere persönliche Merkmale*
– Begriff **28** 59
Eigentum
Eingriff, durch Amtsrechte gerechtfertigter **Vor 32** 148
als Rechtsgut, geschütztes
– Diebstahl **Vor 242** 3
– Politische Verdächtigung **241a** 1
– Raub **249** 1
– Unterschlagung **Vor 242** 3
als Vermögen **263** 140 f
Eigentumsdelikt *siehe auch Diebstahl; siehe auch Raub; siehe auch Unterschlagung*
Brandstiftung, einfache **308** 1
Computerbetrug als ~ **263a** 14, 16
Computerbetrug und ~ **263a** 2, 17, 65, 84
Erschleichen von Leistungen und ~ **265a a.F.** 3
Fischwilderei und ~ **293** 7, 21
Gefährdung von Schiffen etc. durch Bannware **297** 1
Jagdwilderei und ~ **292** 3, 68 f
Konkursstraftaten und ~ **Vor 283** 6, 79
Opferverhalten, Bedeutung für Strafzumessung **46** 128
Raub **249** 1

Eigentumsdelikt (Forts.)
Sachbeschädigung **303** 1
Untreue und ~ **266** 17 f, 21, 81
wirtschaftliche Verhältnisse des Täters, Bedeutung für Strafzumessung **46** 182 ff
Zerstören von Bauwerken **305** 1
Eigentumsvorbehalt
Konkursstraftaten und ~ **Vor 283** 4; **283** 21, 75, 240; **283a** 7; **283c** 6; **283d** 28
Pfändung eigener Sache **288** 21
Untreue **266** 52 f, 75, 88, 111
Eignung
Feuer mitzuteilen **308** 19
zur Gesundheitsschädigung **311a** 4
Eignungsdelikt *siehe auch Gefährdungsdelikt, abstrakt-konkretes*
Beschimpfung von Bekenntnissen, Religionsgesellschaften und Weltanschauungsvereinigungen **166** 1
Gefährdung von Schiffen etc. durch Bannware **297** 2, 13
Gefährdungsdelikt und ~ **166** 3 f
Jagdwilderei **292** 48
Kapitalanlagebetrug **264a** 16, 49
Volksverhetzung **130** 5
Einbruch *siehe Diebstahl*
Eindringen
Diebstahl, besonders schwerer Fall **243** 15
in den Körper
- Sexueller Mißbrauch von Kindern, schwerer **N 176a** 2
- Sexueller Mißbrauch widerstandsunfähiger Personen **179** 2
unbefugtes ~ in den persönlichen Lebens- und Geheimbereich **Vor 201** 6
Eindruckstheorie **Vor 22** 6, 56, 77 ff; **22** 9, 50, 64, 69
Einführen
von Propagandamitteln verfassungswidriger Organisationen **86** 18
Einfuhr
von Abfall **326** 123
falscher amtlicher Ausweise **276** 7 f, 25
pornographischer Schriften **184** 33, 43
von Vorrichtungen zur Fälschung amtlicher Ausweise **275** 8 f
Eingehen
von Risikogeschäften **283** 61 f
Eingehungsbetrug
Erfüllungsbetrug und ~ **263** 202, 274 f, 286
Schaden **263** 160 f, 165 f, 173 ff, 194, 209, 223
Täuschung **263** 38, 202
Vermögensverfügung **263** 99
Vermögensvorteil **263** 264
Eingriffe in den Bahn-, Schiffs- und Luftverkehr, gefährliche
Absehen von Strafe **315** 129
Agententätigkeit zu Sabotagezwecken und ~ **87** 4; **315** 133
Anlage, Begriff **315** 28
Anzeigepflicht **138**; **315** 134
Auskünfte, falsche **315** 38
Bedienungspersonal **315** 49
Beendigung **315** 108
Beförderungsmittel **315** 29
Beinahe-Unfall **315** 53, 55, 61, 66, 101
Belohnung/Billigung von Straftaten und ~ **315** 134
Beschädigen **315** 30 ff
Beseitigen **315** 34
Bildung terroristischer Vereinigungen und ~ **N 129a** 1 f
(kein) Dauerdelikt **315** 108
Eingriff, Begriff **315** 25
Einwilligung, rechtfertigende **315** 69
Entstehungsgeschichte **315** Vor 1 ff
Erfolgsdelikt **315** 2, 50
erfolgsqualifiziertes Delikt **315** 119
Ermöglichung/Verdeckung einer Straftat **315** 115 ff
Fahrgäste **315** 49, 67
Fahrlässigkeit **315** 98, 106 f
Fahrzeug, vom Täter selbst geführtes fremdes ~ **315** 77 ff
Friedensstörung durch Androhung von Straftaten und ~ **N 126** 3; **315** 134
Geben falscher Zeichen/Signale **315** 36 ff
Gefährdung des Bahn-, Schiffs- und Luftverkehrs und ~ **315** 19 ff, 133; **315a** 22, 39
Gefährdungsdelikt **315** 2
Gefahr
- abstrakte ~ **315** 47, 60
- Begriff **315** 51
- Betriebsgefahr **315** 47
- für fremde Sachen **315** 72 ff
- Gefahrenzone **315** 59
- Gemeingefahr **315** 3 f, 67, 72 f, 82
- Kausalität **315** 97
- für körperliche Unversehrtheit **315** 50, 70 f
- konkrete ~ **315** 48, 52 ff
- latente ~ **315** 60
- Verletzungserfolg und ~ **315** 51, 57 ff, 88
Gesundheitsschädigung, Verursachung **315** 119 ff
Hindernisbereiten **315** 35
Irrtum **315** 117
Kausalität **315** 97
Konkurrenzen **315** 19 ff, 131, 133
Kriminal-/Rechtspflegestatistik **315** 1
Luftfahrt **315** 16 f

Eingriffe in den Bahn-, Schiffs- und Luftverkehr, gefährliche (Forts.)
Maßnahmen
– des Bedrohten **315** 61
– des Täters **315** 63
menschliches Versagen **315** 24
minder schwerer Fall **315** 123
Notbremse **315** 35
Person, gefährdete **315** 67 f
Prognose, objektiv-nachträgliche **315** 56 ff
Rechtsgut **315** 3 f, 78
Reformkritik **315** 66
Sachwerte, bedeutende **315** 82 ff
Schienenbahn **315** 9 ff
Schiffahrt **315** 15
Schwebebahnen **315** 12 ff
Signale **315** 36 ff
Störung öffentlicher Betriebe und ~ **316b** 38
Strafaufhebungsgrund, persönlicher **315** 130
Straßenbahn **315** 10
Tätige Reue **315** 124 ff; **N 320**
Teilnahme **315** 132
Unglücksfall, beabsichtigter **315** 111 ff
Unterlassen **315** 45, 106
Unterlassungsdelikt, unechtes **315** 45
Vandalismus **315** 33, 49
Verfassungsmäßigkeit **315** 41
Verkehr
– Begriff **315** 8
– auch privater ~ **315** 6 f
verkehrsinternes Verhalten **315** 19 ff
Verkehrssicherheit, Beeinträchtigung der ~ **315** 33, 47 ff
Versicherungsbetrugsfälle **315** 73, 114; **315b** 71 ff
Versuch **315** 59, 66, 109
Vollendung **315** 108
Vorsatz **315** 98 ff
Vorsatz-Fahrlässigkeits-Kombination **315** 103 ff
Vortäuschen einer Straftat und ~ **315** 134
Weltraumverkehr **315** 16
Zeichen **315** 36 ff
Zerstören **315** 30 ff
auf Zufall beruhendes Ausbleiben der Verletzung **315** 61

Eingriffe in den Straßenverkehr, gefährliche
Absicht, verkehrsfeindliche **315b** 12, 16, 19, 32 f, 35, 41, 43 ff, 50 ff
Agententätigkeit zu Sabotagezwecken und ~ **87** 4
Angriff auf bestimmte Personen und ~ **315b** 60
Anlagen **315b** 21
Anzeigepflicht **138**; **315c** 101
Beeinträchtigung der Verkehrssicherheit **315b** 58 ff
Beendigung **315b** 86
Beifahrer, eingreifender **315b** 18, 54
Beinahe-Unfall **315b** 1, 63, 87
Belohnung/Billigung von Straftaten **140**; **315b** 101
(kein) Dauerdelikt **Vor 52ff** 36; **315b** 86
(kein) eigenhändiges Delikt **315b** 92
Eingriffe
– ähnliche, ebenso gefährliche ~ **315b** 16, 39 ff
– Außeneingriffe **315b** 11, 19, 24, 28, 40
– Inneneingriffe, verkehrsfeindliche/-fremde **315b** 12 ff, 25, 32 ff, 41 ff, 57
– verkehrsfremde ~ **315b** 11 f
einverständliche Fremdgefährdung **315b** 73, 83
Einverständnis **315b** 76
Einwirkung, grobe **315b** 48, 53
Einziehung **315b** 101
Entstehungsgeschichte **315b** Vor 1
Ermöglichung/Verdeckung einer Straftat **315b** 90
Fahrlässigkeit **315b** 84
Fahrzeug, Begriff **315b** 22
fingierte Verkehrsunfälle **315b** 80, 100
Friedensstörung durch Androhung von Straftaten und ~ **N 126** 3
Gefährdung des Straßenverkehrs und ~ **315b** 14 f, 17, 32, 95, 211
Gefährdungsdelikt **315b** 2
Gefahr
– für fremde Sachen von bedeutendem Wert **315b** 78 ff
– konkrete ~ **315b** 64 ff
– für Leib/Leben eines anderen Menschen **315b** 70 ff
Geisterfahrer **315b** 31, 45
Handlungseinheit, natürliche **315b** 98 f
Herbeiführen eines Unglücksfalles **315b** 89
Hindernisbereiten **315b** 27 ff
Kausalität **315b** 83
Konkurrenzen **315b** 93
Kriminal-/Rechtspflegestatistik **315b** 1
minder schwerer Fall **315b** 91
Polizeifluchtfälle **315b** 16, 42 ff, 57, 98
Qualifikationstatbestand **315b** 88
Rechtsgut **315b** 3, 72, 74, 96
Schienenbahn im Straßenverkehr **315d** 4 f
Selbstgefährdung, eigenverantwortliche **315b** 73, 83
Störung öffentlicher Betriebe und ~ **316b** 10
Straßenverkehr, öffentlicher **315b** 4 ff
Tätige Reue **N 320**

Eingriffe in den Straßenverkehr, gefährliche (Forts.)
Tatbestandsausschluß für Tatbeteiligte **315b** 71 ff
Trunkenheitsfahrt und ~ **315b** 94 f
durch Unterlassen **315b** 30, 36 ff, 56
Unterlassene Hilfeleistung und ~ **323c** 68, 206
Verkehr, ruhender/fließender **315b** 11, 30
Verletzungsdelikt **315b** 2
Versuch **315b** 87
Vollendung **315b** 85
Vorsatz **315b** 84
Vorsatz-Fahrlässigkeits-Kombination **315b** 84
Vortäuschen einer Straftat und ~ **315b** 101
Einheit der Rechtsordnung
Notwehrüberschreitung und ~ **33** 82
Rechtswidrigkeit und ~ **Vor 32** 10 f
Verwaltungsakzessorietät und ~ **Vor 324** 23
Zivilrechtsakzessorietät und ~ **170** 15, 26 ff, 38
Einheitsfreiheitsstrafe **Einl** 33, 82; **Vor 38** 3, 33, 35; **38** 2
Einheitslösung
Besondere persönliche Merkmale, Begriff **28** 33 ff
Einwilligung **Vor 32** 97
Einheitsstrafe **Vor 52ff** 4
Einheitstäter
Begriff **Vor 25** 3; **340** 10
Ordnungswidrigkeitenrecht **Einl** 12, 79; **Vor 25** 4
rechtspolitische Erörterung **Vor 25** 5 ff
Einheitstheorie
Notstand **35** 1
Rücktritt vom Versuch **24** 27 f
Verletzung mehrerer Strafgesetze **Vor 52ff** 6; **52** 2
Einigungsvertrag
DDR-Strafrecht und ~ **Einl** 95 ff
Staatsschutzstrafrecht und ~ **Vor 80** 36; **Vor 93** 15 ff
Vorschriften zum Sanktionenrecht **Vor 38** 97
Einlage
Kreditbetrug **265b** 40
Einrichtung
Begriff **86** 9; **316b** 6
elektrische ~ **248c** 2
Erschleichen von Leistungen **265a a.F.** 33
Glücksspieleinrichtung **284** 20
für Kranke und Hilfsbedürftige **N 174a**
militärische/militärähnliche ~ **234** 57 ff
der öffentlichen Sicherheit und Ordnung dienend **316b** 23 ff
einer Religions-/Weltanschauungsgemeinschaft **166** 75 ff
zum Schwangerschaftsabbruch geeignet **218a** 74
technische ~ **N 306** 7; **311d** 13e
Einsatz
Glücksspiel, unerlaubtes **284** 11 f; **286** 8
Veranstaltung einer Lotterie/Ausspielung, unerlaubte **Vor 287** 6 f; **287** 5 ff
Einsatzstrafe *siehe auch Gesamtstrafenbildung* **54** 3, 12
Einschleusung von Ausländern *siehe auch Menschenhandel* **Vor 129** 7
Einschließung **Vor 38** 3, 30
Einsperren **239** 12 ff
Einspurigkeit des Sanktionensystems
Vor 38 11 f; **Vor 61ff** 1 ff
ausländische Rechtsordnungen **Vor 61ff** 4
in der DDR **Vor 38** 92
Zweispurigkeit, Unterschied **Vor 38** 11 f
Einverständnis
bei Begehung der Tat **Vor 32** 103
Briefgeheimnis, Verletzung **202** 38 f
Einwilligung und ~ **Vor 32** 96 ff
Kenntnis des Täters **Vor 32** 103
Parteiverrat **356** 66, 93
tatbestandsausschließendes ~ **Vor 32** 96
Einwilligung
in Bewährungsweisungen **N 56c**; **56c** 11 ff
Differenzierungslösung **Vor 32** 98
durch Drohung bewirkte ~ **Vor 32** 119 ff
Ehrpreisgabe **185** 38
Einheitslösung **Vor 32** 97
Ernstlichkeit **Vor 32** 122
erschlichene ~ **Vor 32** 62, 119
bei Fahrlässigkeitstat **16** 179 f; **Vor 32** 94, 99
durch Irrtum bewirkte ~ **Vor 32** 119, 122
mutmaßliche ~
- Anwendungsbereich **Vor 32** 133
- Briefgeheimnis, Verletzung **202** 40
- Einwilligung, Unmöglichkeit **Vor 32** 136
- Einwilligungsbefugnis, höchstpersönliche **Vor 32** 138
- Entscheidungszwang **Vor 32** 136
- Geschäftsführung ohne Auftrag und ~ **Vor 32** 130
- Handeln im Sinne des Einwilligungsberechtigten **Vor 32** 137 ff
- in dubio pro reo **Vor 32** 141
- Körperverletzungsdelikte **228** 35 f
- Notstand, rechtfertigender und ~ **Vor 32** 129; **34** 93
- rechtfertigende Wirkung **Vor 32** 131 f
- Rechtfertigungsgrund, gewohnheitsrechtlicher **Vor 32** 129
- Sterbehilfe **Vor 211** 20b
- subjektives Rechtfertigungselement **Vor 32** 140

Einwilligung (Forts.)
- Untreue **Vor 32** 139
- Wille, hypothetischer **Vor 32** 129, 132
- Zustimmung konkludente und ~ **Vor 32** 134

Nothilfe und ~ **32** 145 f, 165
Notwehr und ~ **32** 55, 173
Parteiverrat **356** 93
Putativeinwilligung **Vor 32** 128
rechtfertigende ~
- Agententätigkeit, geheimdienstliche **99** 15
- Dispositionsbefugnis bezüglich der Schutznorm **Vor 32** 114 ff
- Einsichtsfähigkeit **Vor 32** 117 f
- Einverständnis, Abgrenzung **Vor 32** 96 ff
- Einwilligungsbefugnis Dritter **Vor 32** 117
- Einwilligungserklärung **Vor 32** 109 ff
- Fahrlässigkeitsdelikt **Vor 32** , 94, 99, 107
- Freiheitsdelikte **Vor 234-236** 9
- Gegenstand der Einwilligungserklärung **Vor 32** 106
- Gewohnheitsrecht **Vor 32** 92
- Körperverletzungsdelikte **228** 1 ff
- mehrere Rechtsgutsträger **Vor 32** 116
- Notstand, rechtfertigender und ~ **34** 93
- Rechtsschutzverzicht **Vor 32** 104 f
- Selbstgefährdung des Opfers und ~ **Vor 32** 94
- Sittenwidrigkeit der Tat, Ausschluß **Vor 32** 124 f
- subjektive Rechtfertigungselemente **Vor 32** 126; **32** 57
- Teilnahme, notwendige und ~ **Vor 32** 127
- Unerlaubtes Entfernen vom Unfallort **142** 126
- Vertraulichkeit des Wortes, Verletzung **201** 32 ff
- kein Widerruf **Vor 32** 113
- Zeitpunkt **Vor 32** 112

Schein-/Scherzerklärung **Vor 32** 122
durch Täuschung bewirkte ~ **Vor 32** 119,
tatbestandsausschließende ~ **Vor 32** 96 ff; **Vor 234-236** 9
Versuch **22** 26
bei Verurteilten bei Aussetzung des Strafrestes **57a** 27
des Verurteilten in Bewährungsweisungen **N 56c; 56c** 11 ff

Einwilligungstheorie 16 92

Einwirken
auf Ablauf eines Datenverarbeitungsprogramms beim Computerbetrug **263a** 62 f
störendes ~ auf technische Aufzeichnung **268** 30 ff
verfassungsfeindliches ~ auf die Bundeswehr und öffentliche Sicherheitsorgane *siehe dort*

Einzelaktdelikt
Pfandsachen, unbefuger Gebrauch **290** 4

Einzelakttheorie 24 67 ff, 102 f

Einzellösungstheorie
bei Mittäterschaft **25** 198 f

Einzelstrafe *siehe auch Gesamtstrafenbildung* **54** 3, 5

Einziehung
Absehen von Strafe und ~ **76a** 14
Analogieverbot und ~ **1** 73
Anleitung zu Straftaten **130a** 35
Anordnung, selbständige **76a** 1 ff; **76a** 1 ff
Anwendungshäufigkeit **Vor 38** 42, 62
Begehung vorsätzlicher Straftat **74** 9 ff
Beziehungsgegenstände **74** 19, 61 ff
Drittrechte **74e** 7 ff; **74f** 1 ff
Eigentum des Täters/Teilnehmers **74** 23, 25 ff
Eigentumsübergang auf den Justizfiskus **74e** 2 ff
Eingriffe in den Straßenverkehr, gefährliche **315b** 101
Einigungsvertrag, Anpassungsregelungen **Vor 38** 126
Einstellung des Verfahrens und ~ **76a** 14 ff
Entschädigungspflicht **74f** 1 ff
Entstehungsgeschichte **Vor 73** 2 ff
Ermessen des Gerichts **74** 64
erweiterte ~
- Beziehungsgegenstände **74a** 9
- Blankettatbestand **74a** 2
- Entstehungsgeschichte **74a** 5 ff
- Ermessen des Gerichts **74a** 23
- Erwerb nach der Tat **74a** 13 f
- Schuldprinzip und ~ **74a** 4
- subjektive Einziehungsvoraussetzungen **74a** 10 ff, 15 ff
- Tatmittel **74a** 8

Falschbeurkundung, mittelbare **271** 117
falscher amtlicher Ausweise **282** 7 ff
Fischwilderei **295** 1 ff
Freisetzen ionisierender Strahlen **311d** 21; **N 322; 322**
Gefährdung des Bahn-, Schiffs- und Luftverkehrs **315a** 40
Gefährdung des Straßenverkehrs **315c** 217
Gefährdung schutzbedürftiger Gebiete **329** 57
Gefahr der ~ **297** 11
Gegenstand
- abstrakte Gefährlichkeit **74** 52 ff
- zur Begehung der Tat gebrauchter oder bestimmter ~ **74** 16 ff
- im Eigentum des Täters/Teilnehmers **74** 23, 25 ff
- individuelle Gefährlichkeit **74** 55 ff
- durch Tat hervorgebrachter ~ **74** 14 f

Einziehung (Forts.)
Geld-/Wertzeichenfälschung und ihre Vorbereitung **150** 3 ff
Geldwäsche **261** 22
gemeingefährliche Straftaten **N 322**; **322**
Gesetzlichkeitsprinzip und ~ **2** 1
Gesundheitszeugnisse
- falsche ~ **277** 24
- unrichtige ~ **279** 9; **282**
Gewässerverunreinigung **324** 127
Glücksspiel, unerlaubtes **286** 3 ff
von Hunden **295** 13
Identität des Einziehungsgegenstandes **74** 20 f
instrumenta sceleris **74** 16 ff
Inverkehrbringen von Abtreibungsmitteln **219b** 9
Inverkehrbringen von Falschgeld **150** 3 ff
Jagdwilderei **292** 98; **295** 1 ff
gegen juristische Person **75** 1 ff
mildere Maßnahmen **74b** 10 ff
Mißbrauch ionisierender Strahlen **322**
Mißbrauch von Titeln, Berufsbezeichnungen und ~ **132a** 27
Objekte **74** 13 ff
obligatorische ~ **282** 9
im Ordnungswidrigkeitenrecht **Vor 38** 75; **Vor 73** 15; **74a** 3; **74c** 3; **75** 3
producta sceleris **74** 14 f
von Rechten **74** 44 ff
Rechtsfolgen **74e** 2 ff
Rechtsnatur **Vor 38** 60; **74** 1 ff
Reformdiskussion **Vor 73** 17 ff; **74** 3
scelere quaesita **74** 15
von Schriften
- Anordnung, obligatorische **74d** 27
- Bestimmung zur Verbreitung **74d** 10, 20
- Erforderlichkeit der Maßnahmen **74d** 22 f
- Erstreckung **74d** 11 ff
- Kunstfreiheit und ~ **74d** 28
- Landesverrat **101a** 1
- Meinungs-/Informationsfreiheit und ~ **74d** 26 ff
- im Ordnungswidrigkeitenrecht **74d** 1a
- Personenkreis, betroffener **74d** 21
- pornographische Schriften **184** 52
- Rechtsnatur **74d** 2
- Schriften, Begriff **74d** 4
- Schriften, Inhalt **74d** 5 ff, 19
- Verbreiten **74d** 8, 20
- Verbreitung durch rechtswidrige Tat **74d** 10
- der Verbreitung gleichstehende Handlungen **74d** 24
- Verfahrensrecht **74d** 29
- Verhältnismäßigkeitsgrundsatz **74d** 25
Schwangerschaftsabbruch, Werbeverbot **219** 11
nach Sondervorschriften **74** 61 ff
Spionagedelikte **109k** 2 f
Staatsgeheimnisse **101a** 4, 6
Staatsschutzdelikte **92a** 1 f; **92b** 2; **94** 23; **95** 12; **96** 9; **101a** 1 ff
bei Straftaten nach dem 5. Abschnitt **109k** 1 ff
Subventionsbetrug **264 a.F.** 154, 158 ff
Täter **74** 23
Tatmittel **74** 16
Tatunbeteiligter **74a** 1
Tatzeitprinzip und ~ **2** 54
Teileinziehung **74** 22; **74b** 15 ff
Teilnehmer **74** 23
Tiere **295** 13
Übergangsrecht **Vor 73** 13
Umweltstraftaten **330b** 9; **330c**
- Beziehungsgegenstände **330c** 2
- Fahrlässigkeitstaten **330c** 3
- täterfremde Gegenstände **330c** 4
- Vorsatztaten **330c** 3
Unerlaubter Umgang mit gefährlichen Abfällen **326** 153
Unerlaubter Umgang mit gefährlichen Hunden **143** 13
Unerlaubter Umgang mit radioaktiven Stoffen etc. und ~ **328** 70
Unerlaubtes Betreiben von Anlagen **327** 29
Unerlaubtes Entfernen vom Unfallort **142** 241
Urkundendelikte **267** 311; **282** 7 ff
veränderten amtlichen Ausweises **273** 15
Veräußerungsverbot **74b** 14; **74e** 12 ff
Veranstaltung einer Lotterie/Ausspielung, unerlaubte **287** 29
Verfahrensrecht **Vor 73** 12; **74** 65
Verhältnismäßigkeitsgrundsatz **74b** 1 ff
Verjährung und ~ **76a** 10; **78** 2; **78a** 17
von Vermögensbestandteilen und Zwangsvollstreckung **288** 12
Vertraulichkeit des Wortes, Verletzung **201** 49
Vollrausch **323a** 319 ff
Vollstreckung gegen Unschuldige **345** 6
Voraussetzungen **74** 9 ff
Vorbehalt der ~ **74b** 8 ff
des Wertersatzes
- Anordnung, nachträgliche **76** 1 ff
- Anordnung, selbständige **76a** 1 ff; **76a** 1 ff
- dingliche Belastung **74c** 19 f
- Höhe, Bemessung **74c** 14 ff
- Rechtsnatur **74c** 10
- Vereiteln **74c** 7 ff, 11

Einziehung (Forts.)
- Verwerten **74c** 7, 12 f
- Vollstreckung **74c** 22
- Zahlungserleichterungen **74c** 21
- Zweck **74c** 1

Eisenbahn *siehe auch Eingriffe in den Bahn-, Schiffs- und Luftverkehr, gefährliche*
Zerstören **305** 9
Elektrizität *siehe Entziehung elektrischer Energie*
Elektrosmog Vor 324 9c
Elterliches Personenrecht
Beleidigung **Vor 185** 37; **185** 32
Eltern *siehe Sorge, elterliche*
Email
Urkundeneigenschaft **267** 130 ff
Embryo *siehe Leibesfrucht*
Embryonenschutzgesetz
Körperverletzungsdelikte und ~ **Vor 223** 7
Personenstandsfälschung **169** 20
Schwangerschaftsabbruch und ~ **Vor 218ff** 32
Störung der Totenruhe und ~ **168** 20, 27
Tötungsdelikte und ~ **Vor 211** 2
Emmissionen *siehe Luftverunreinigung*
Empfängerhorizont 185 19, 22
Endlagerung 326 100, 107
radioaktiver Abfälle **326** 85
Energieversorgung, öffentliche 316b 18
England *siehe auch Großbritannien*
Betrugsstrafrecht **Vor 263** 87 ff
Erschleichen von Leistungen **265a a.F.** 11
Konkursstraftaten **Vor 283** 213 ff
Kreditbetrug **265b** 8
Strafrechtsreform **Einl** 120, 131, 137
Versicherungsbetrug **265 a.F.** 5
Entfernen
einer Eintragung in amtlichem Ausweis **273** 6
von Flaggen, Hoheitszeichen **90a** 21
von Löschgerätschaften **307** 7 f
unerlaubtes ~ vom Unfallort *siehe dort*
Entführen
Geiselnahme **239b** 2
Menschenraub, erpresserischer **239a** 5 f, 9
Entführung *siehe auch Menschenraub, erpresserischer*
Menschenhandel, schwerer und ~ **181** 6, 9, 17
Vergewaltigung und ~ **177** 6, 20 ff
mit Willen der Entführten **Vor 234-236** 2 f
Entgelt
Begriff **11** 106 ff
Entgeltlichkeit
Falschbeurkundung, mittelbare **271** 81, 91
der Leistung **265a a.F.** 17 ff, 28, 33
Enthüllungsjournalismus *siehe auch Presseinhaltsdelikt* **193** 23; **Vor 201** 13
Entklammerung 52 29 ff
Entkriminalisierung
als Ziel der Strafrechtsreform **Einl** 131; **Vor 38** 66
Entlassung, bedingte *siehe Aussetzung des Strafrestes*
Entschädigungspflicht
bei Einziehung **74f** 1 ff
bei Entziehung der Fahrerlaubnis, vorläufiger **69** 182, 186 ff
Entschädigungsrecht
als Strafverfahrensrecht **Einl** 7
Entscheidung
Änderung der Strafdrohung zwischen Tatbeendigung und ~ **2** 15 ff
Entscheidungsfreiheit *siehe Willensfreiheit*
Entscheidungstheorie
rationale ~, Untreuetatbestand **266** 96, 148
beim Vorsatz **16** 74, 91
Entschuldigungsgrund *siehe auch Schuldausschließungsgrund*
allgemeiner ~ **Vor 32** 198
Angehörigenprivileg **Vor 32** 210
bei Auslandstat **7** 26 ff
besonderer ~ **Vor 32** 198
Handeln auf nicht offensichtlich rechtswidrigen Befehl **Vor 13** 84
nicht positivierter/übergesetzlicher ~ **Vor 32** 4, 196, 214
Notstand, entschuldigender *siehe dort*
Notwehrexzeß als ~ **33** 35 ff, 37 ff, 41, 73 ff
Rücktritt vom Versuch als ~ **24** 41 f
Schuldausschließungsgrund und ~ **Vor 32** 194
Unzumutbarkeit kein allgemeiner übergesetzlicher ~ **Vor 32** 196
Entstellung
dauerhafte erhebliche ~ **226** 18 ff
Entwicklungshilfe
Subventionsbetrug **264 a.F.** 40, 43
Entwurf
Urkundeneigenschaft **267** 19, 21, 71, 137, 140
Entziehen
Verletzung der Unterhaltspflicht **170** 43 ff
der Verstrickung **136** 13 ff
Entziehung
des Jagdscheins **113** 51
Entziehung der Fahrerlaubnis N 69
Anlaßtat **69** 16 ff, 32, 35 ff
Anordnung, selbständige **71** 1 ff
Anrechnung vorläufiger ~ **51** 29; **69** 144 f, 157, 176 ff
Anwendungsbereich **69** 4 f

Entziehung der Fahrerlaubnis (Forts.)
Anwendungshäufigkeit **Vor 38** 42, 62; **69** 10
Auseinandersetzungen, verbale/tätliche im Straßenverkehr **69** 39, 43
Bagatelltaten **69** 89
Begründungspflicht des Gerichts **69** 111 f
Bundeszentralregistereintrag **69** 260; **69b** 17
DDR-Alttaten **69** 263
DDR-Fahrerlaubnisse **69** 120, 169, 262; **69b** 9
Durchsetzung **69** 122 f, 135; **69b** 14 ff
Entschädigungspflicht bei vorläufiger ~ **69** 182, 186 ff
Entzug ohne Einschränkung **69** 113 f
Europäisches Recht, Harmonisierung **N 69b**; **69b** 18 ff
Fahrerlaubnis
- ausländische ~ **N 69b**; **69** 115, 120, 127, 169 ff, 187; **69b** 1 ff
- der DDR **69** 120, 169, 262; **69b** 9
- Erlöschen **69** 115
- Vorhandensein **69** 108; **69a** 2 ff

fahrlässige Anlaßtat **69** 90
Fahrverbot
- Abgrenzung **Vor 38** 4, 45; **44** 1 f, 13, 16 ff; **69** 6
- Austauschbarkeit im Rechtsmittelverfahren **44** 19

neben Fahrverbot **44** 17 f, 64
Führen eines Kraftfahrzeugs **69** 24 ff
Führerschein
- Anordnung der Einziehung **N 69**; **69** 120 f
- Beschlagnahme/Sicherstellung **69** 158 ff
- Herausgabe, freiwillige **69** 123, 162
- Verwendung gefälschten Führerscheins **69** 41
- Wegnahme, Vollstreckung durch **69** 123

Gefährdung der Allgemeinheit, künftige **69** 58 ff
Gefährdung des Bahn-, Schiffs- und Luftverkehrs **315a** 40
Gefährdung des Straßenverkehrs **69** 80; **315c** 216
Gesamtwürdigung von Täter und Tat **69** 68 ff, 105
in dubio pro reo **69** 66
Jugendverfahren **69** 5, 93
Körperverletzungs-/Tötungsdelikte im Straßenverkehr **69** 35 ff; **229** 47
Kraftfahrzeug
- Ausnutzung des Besitzes **69** 40
- Begriff **69** 22 f
- Erlangung des Besitzes **69** 40
- als Fluchtmittel nach Tatbegehung **69** 38
- als Transportmittel für Beute/Schmuggelware **69** 36
- als Transportmittel zum Tatort **69** 38 f
- vorläufige Einziehung für bestimmte KfZ-Arten **69** 131 ff

als Maßregel der Besserung und Sicherung **Vor 38** 4, 6; **69** 1
Mitteilungspflicht **69** 261; **69b** 17
Nachschulungskurse alkoholauffälliger Kraftfahrer **69** 94, 97 ff
Nichtbeachtung, strafrechtliche Folgen **69** 257 ff
Radfahrer **69** 81
Rechtsnatur **1** 17; **69** 1
Reformdiskussion **69** 11 ff
Registrierungspflicht **69** 181 f, 260; **69b** 17
Schmuggelfahrten **69** 36
Sonderfahrerlaubnisse **69** 116
Sperre, Pflicht zur Festsetzung *siehe auch Sperre für die Erteilung einer Fahrerlaubnis* **69a** 1
Spezialprävention **69** 2 f
Strafaussetzung zur Bewährung und ~ **69** 18, 60, 240
Tat, rechtswidrige **69** 16 ff
Trunkenheit im Verkehr **69** 81
Unerlaubtes Entfernen vom Unfallort **69** 82 ff; **142** 209, 211, 239
Unfall, manipulierter **69** 36, 42
Ungeeignetheit zum Führen von Kraftfahrzeugen **69** 48 ff
- Anlaßtat, Zusammenhang **69** 56 f
- außerhalb des Regelkatalogs **69** 104 ff
- Charaktermängel **69** 54 f
- Eignungsmängel, geistige **69** 51 f
- Eignungsmängel, körperliche **69** 51 f, 57
- Fertigkeiten/Kenntnisse, fehlende **69** 53
- Gesamtwürdigung **69** 68 ff, 105
- gesetzliche Vermutung **69** 78 ff
- Kasuistik **69** 70 ff, 106
- Zeitpunkt der Beurteilung **69** 58

Verfahrensrecht **69** 4, 228 ff
verfassungsrechtliche Bedenken **Vor 61ff** 35
Vergewaltigungsfälle **69** 37, 43
Verhältnismäßigkeitsgrundsatz und ~ **62** 7; **69** 67, 146
Verkehrsstraftaten **69** 35, 106
Verkehrszentralregistereintrag **69** 182, 260; **69b** 17
Verletzung der Pflichten eines Kraftfahrzeugführers **69** 46 f
Verschlechterungsverbot **69** 243 ff
verwaltungsrechtliche ~ **69** 8 f
Vollrausch **69** 86; **323a** 302 f, 358
Vollstreckung gegen Unschuldige **345** 6
vorläufige ~
- Anfechtungsmöglichkeit **69** 173 ff
- Anhörung **69** 136 f

Entziehung der Fahrerlaubnis (Forts.)
– Anordnung **69** 134
– Anrechnung **51** 29; **69** 144 f, 157, 176 ff
– Aufhebung **69** 140 ff, 172
– Beschlagnahme/Sicherstellung des Führerscheins **69** 158 ff
– Durchsetzung
– Entschädigungspflicht **69** 181, 186 ff
– Fahrerlaubnisse, ausländische **N 69b**; **69** 169 ff, 187
– Nichtbefolgung, strafbewehrte **69** 184 ff
– Rechtsnatur und Zweck **69** 124
– Registrierungspflicht **69** 182 f
– Voraussetzungen **69** 126 ff
– Wirkung **69** 138
– Zuständigkeit **69** 147 ff
Wiedererteilungsverfahren, Bindung der Verwaltung **69** 118 f
Wirkung **N 69b** 1 ff; **69** 113 ff; **69b** 11 ff
Zusammenhang mit Führen eines Fahrzeugs **69** 21, 32 ff
Zweck **Einl** 39; **69** 2
zwingende ~ **69** 48, 107

Entziehung elektrischer Energie N 248c
Anlage/Einrichtung, elektrische **248c** 2
Antragsdelikt **248c** 9
DDR-Recht **248c** 11
diebstahlsähnlicher Fall **Vor 242** 4; **242** 1
Drittzueignung **N 248c**
Entstehungsgeschichte **Vor 242** 1; **248c** EntstG, 1
Entziehen **248c** 3
fremde Energie **248c** 3
Geringwertigkeit **N 248c**; **248a**
Haus- und Familiendiebstahl, entsprechende Anwendung **247**; **N 248c**
Konkurrenzen **248c** 10
Leiter, nicht zur ordnungsgemäßen Entnahme bestimmt **248c** 4 f
Schädigungsabsicht **248c** 8
Strom, fehlende Sacheigenschaft **Vor 242** 4; **242** 1; **248c** 1
Versuch **248c** 9
Vorsatz **248c** 7
Zueignungsabsicht **248c** 7

Entziehung Minderjähriger
Absicht
– Bereicherungsabsicht **235** 85 ff, 107
– Verbringung ins/Vorenthalten im Ausland **235** 107
Adoptiveltern **235** 12
Altfälle **235** 147 ff
Angehörige als Täter **235** 111
Antragsberechtigte **235** 139 ff
Auslandstat **N 5**; **Vor 234-236** 5; **235** 9, 39, 151 ff
Bereicherungsabsicht **235** 85 ff, 107
Dauer/Intensität des Eingriffs **235** 51 ff
Dauerdelikt **235** 126
DDR-Recht **235** 154 f
Einwilligung
– Dritter **235** 104 f
– Minderjähriger **235** 102 f
– Sorgeberechtigter **235** 91 ff
Eltern, leibliche **235** 10 f
Elternteil **235** 14 ff
Entstehungsgeschichte **Vor 234-236** 4; **235** EntstG
Entwicklung, ungestörte körperliche/seelische **235** 32 ff
Entziehen **235** 39, 41 ff
Erfolgsdelikt **235** 74
als Familiendelikt **Vor 169** 10
Findelkind **235** 77
Freiheitsberaubung und ~ **235** 135, 144 f; **239** 40
Garantenpflicht **235** 74
Gefährdungsdelikt, konkretes **235** 81
Gefahr
– Schädigung körperlich/seelischer Entwicklung, erhebliche **235** 84
– schwerer Gesundheitsschädigung **235** 83
– Todesgefahr **235** 81
Handeln gegen Entgelt **235** 85 ff
Heimunterbringung **235** 27 ff
Inhaber des Sorgerechts **235** 10 ff
Irrtum **235** 108 ff
Kind, Begriff **235** 38
Konkurrenzen **235** 132 ff
List **235** 72 f, 76
Menschenraub, erpresserischer und ~ **239a** 41
minder schwerer Fall **235** 88 f, 122, 124
Minderjähriger, Begriff **235** 38
Offizialdelikt **235** 138
Pflegeeltern **235** 13
Pfleger **235** 25 f
Rechtfertigungsgründe **235** 91 ff
Rechtsgut **Vor 234-236** 7; **235** 1, 32 ff
Selbstentziehung, Beteiligung an **235** 114 ff
Sorgerecht **235** 2 ff
Strafantrag **235** 137 ff
Täter **235** 111 ff
Tatmittel **235** 68
Todesfolge **235** 89 f, 125
– Fahrlässigkeit **235** 89
Umgangsrecht **235** 17 ff, 31
Unterlassen **235** 40, 42, 74 f, 77
Ursachenzusammenhang **235** 78 f
Verjährung **235** 126 ff
Versuch **235** 118 f
Vorenthalten **235** 39, 64 ff
Vormund **235** 21 ff

Entziehung Minderjähriger (Forts.)
Vorsatz **235** 107
Wegnahme, bloße **235** 72 f
Entziehungsanstalt *siehe Unterbringung in Entziehungsanstalt*
Entziehungskur
Aussichtslosigkeit einer ~ **323a** 306, 309
Erbe
Konkursstraftaten **283** 123, 131
Untreue **266** 62
Erbengemeinschaft
Untreue **266** 123
Erfolgsdelikt
als Deliktstyp **Vor 13** 50
Kausalität als Bedingung der Zurechnung **Vor 13** 53
kupiertes ~
– Betrug **263** 3, 248
– Diebstahl, räuberischer **252** 17
– Menschenraub **234** 68
– Pfandkehr **289** 2, 24
– Zwangsvollstreckungsvereitelung **288** 6
Störung öffentlicher Betriebe **316b** 2
Straßenverkehrsgefährdungsdelikte **Vor 52ff** 36
Verjährung **78a** 4 ff
Versuch **22** 15 ff
Vollendung **Vor 22** 18; **22** 15 ff
Erfolgsqualifiziertes Delikt
Anstiftung **26** 99 f
Beendigung **Vor 22** 33, 37
Beihilfe **27** 51
als Deliktstyp **Vor 13** 50
echtes ~
– Körperverletzung mit Todesfolge **227** 1
– Körperverletzung, schwere **226** 1
Eingriffe in den Bahn-, Schiffs- und Luftverkehr, gefährliche **315** 119
Eintritt der besonderen Folge
– sofortiger ~ **18** 16
– späterer ~ **18** 15
– durch Teil des Grundtatbestands **18** 20 ff
– durch Versuchs-/Begleithandlungen **18** 24
– über Zwischenursachen **18** 17 ff
durch Erfolgsintensivierung qualifizierte Delikte und ~ **18** 9
Erfolgsqualifikation, Rechtsgüter **18** 13
fahrlässige Grundhandlung **18** 11
Fahrlässigkeit hinsichtlich der Folge **18** 30
Kausalität **Vor 13** 69
Konkurrenzen **18** 43
Mittäterschaft **25** 176
Rücktritt vom Versuch **18** 42; **24** 313 ff
Schuldprinzip und ~ **18** 34 f
subjektive Voraussetzungen hinsichtlich der besonderen Folgen **18** 9 ff
Tat und besondere Folge, Verhältnis **18** 14 ff
Teilnahme **18** 36
– Anwendbarkeit der §§ 28, 29; **28** 85
unechtes ~, schwere Körperverletzung **226** 1
Verjährung **78a** 13
Versuch **18** 37 ff; **Vor 22** 107 ff
– erfolgsqualifizierter Versuch **18** 38 f; **Vor 22** 108 ff
– versuchte Erfolgsqualifizierung **18** 40 f; **Vor 22** 115 ff
vorsätzliche Grundhandlung **18** 11
Vorsatz hinsichtlich der Folge **18** 25 ff
Vorsatz-Fahrlässigkeits-Kombination, Abgrenzung **11** 111; **18** 5
mit Vorsatz-Fahrlässigkeits-Kombination **18** 31 ff
Erfolgsunrecht Vor 32 11
Erfolgsunwert und ~ **Vor 13** 44
Rechtswidrigkeit und ~ **Vor 13** 44
Erfolgsunwert
als konstitutiver Faktor des Unrechtsgehalts der Tat **Vor 13** 44
Rechtswidrigkeit und ~ **Vor 13** 44
Strafwürdigkeit und ~ **Einl** 4
Verbrechensbegriff und ~ **Vor 13** 11
Versuch **23** 8, 22
Erforderlichkeit
der Notstandshandlung **34** 21, 50 ff; **35** 8, 42 ff
der Verteidigung **32** 218 ff, 225 ff
Erfüllungsbetrug Vor 263 39; **263** 37, 139, 165 f, 201 f, 264, 274 f
Erfüllungsgehilfe
Untreue **266** 66
Erheblichkeit
rechtliche ~ einer Tatsache bei Beurkundung **348** 12
der Verminderung der Steuerungsfähigkeit **21** 8 ff
Erheblichkeit einer Straftat
additive ~ **66** 110 ff
Begriff im Maßregelrecht **Vor 61ff** 40 ff; **63** 45 ff; **64** 71 ff; **66** 104 ff; **68** 10
singuläre ~ **66** 110 ff
Erkennbarkeit
des Ausstellers einer Urkunde **267** 8 f, 44 ff, 91
des Erfolgs, Fahrlässigkeitsbegriff **16** 19 ff
des Gegenstands technischer Aufzeichnung **268** 19, 21 f
der Tatbestandsverwirklichung
– Fahrlässigkeitsbegriff **16** 127 ff
– Verbotsirrtum **17** 27 ff
Erklärungen
Berurkundung, unwahre **271** 69
Erlaß
der Strafe *siehe Straferlaß*

Erlaubnis, behördliche
Glücksspiel **Vor 284-287** 22 f; **284** 22; **285** 5
Lotterie/Ausspielung **Vor 284-287** 13 ff; **287** 22 f
Erlaubnissatz *siehe Rechtfertigungsgrund*
Erlaubnistatbestand Vor 13 45
Erlaubnistatbestandsirrtum *siehe auch Irrtum* **22** 33, 177
Erlaubtes Risiko *siehe Risiko, erlaubtes*
Erledigungsprinzip Vor 3 159
Erlegen
von Tieren **292** 49, 51
Ermächtigung zur Strafverfolgung
Begünstigung **257** 26
durch Bundespräsident **90** 14
durch Bundesregierung **97** 14; **104a** 4; **353a** 5
Form- und Fristerfordernisse **77e** 3, 5
durch oberste Bundes-/Landesbehörde **353b** 41, 57
Körperschaft, politische **194** 13 f
durch Parlamentspräsident **353b** 41, 57
Rücknahme **77e** 5
als Verfahrensvoraussetzung **Vor 32** 229; **Vor 77** 15; **77e** 1
durch Verfassungsorgan **90b** 9 f
Vollrausch **323a** 349
Ermittler, verdeckter
Geldfälschung **146** 27
Urkundenfälschung **267** 248
Vollendung der Tat **22** 19
Ermittlungsverfahren, staatsanwaltliches
Erschwerung/Verhinderung **145d** 18
Rechtsbeugung **339** 19, 30, 58 f, 118
Ermöglichung
Tötung zur ~ einer Straftat, **211** 9 ff
Ermöglichungsabsicht
Brandstiftung, besonders schwere **N 306b** 5
Gefährdung des Bahn-, Schiffs- und Luftverkehrs **315b** 90
Gefährliche Eingriffe in den Bahn-, Schiffs- und Luftverkehr **315** 116
Mord **211** 8 ff
Ernsthaftigkeit
des Bemühens
– Rücktritt vom Versuch **24** 234, 288
– Rücktritt vom Versuch der Beteiligung **31** 25 ff
Ernstlichkeit
des Anstifungsversuchs **30** 19 ff
der Drohung **241** 6, 10, 23
der Einwilligungserklärung **Vor 32** 122
Eröffnung des Hauptverfahrens
Verjährungsunterbrechung **78c** 31
Erpresserischer Menschenraub *siehe Menschenraub, erpresserischer*
Erpressung N 253
Angestelltenbestechlichkeit/-bestechung und ~ **299** 51
Aussageerpressung *siehe dort*
bandenmäßige Begehung **N 253; N 256**
Beendigung **253** 29, 31
Bereicherungsabsicht **253** 20 ff, 31
besonders schwerer Fall **N 253; N 253; 253** 38
Betrug und ~ **253** 1, 5 ff, 35; **Vor 263** 23 f; **263** 5, 98, 313, 328
Drohung
– mit empfindlichem Übel **253** 2, 4, 18
– mit einem Unterlassen **253** 4
Duldung **253** 11 f
Entstehungsgeschichte **253** EntstG
Erpresseranruf, Tonaufzeichnung **201** 40
Finalzusammenhang von Nötigung und Vermögensnachteil **253** 17
Fortsetzungszusammenhang **253** 32
Freiheitsdelikte und ~ **Vor 234-236** 8
Friedensstörung durch Androhnung von Straftaten und ~ **126** 17
Führungsaufsicht **N 256; N 256; 256**
Geschädigter **253** 16
Gewalt **253** 3
– vis absoluta **253** 3, 9
– vis compulsiva **253** 3, 18
gewerbsmäßige Begehung **N 253; N 256**
Handlung **253** 11
Irrtum **N 253; 253** 23, 27, 30
Konkurrenzen **N 253; 253** 32 ff
Menschenraub, erpresserischer und ~ **239a** 4. 14, 16, 40; **253** 34
Mittäterschaft **253** 31
Nötigung und ~ **N 253; 253** 1 f, 34, 36
Notwehr und ~ **32** 133 f
Organisierte Kriminalität **N 253; N 253**
räuberische ~
– Anzeigepflicht **138**
– Diebstahl, räuberischer und ~ **252** 23
– Erpressung und ~ **253** 35; **255** 1
– Führungsaufsicht **N 256; N 256; 256**
– Gewalt gegen eine Person **240** 43, 46; **255** 2
– Menschenraub, erpresserischer und ~ **239a** 15 f, 41
– Raub und ~ **249** 2, 18, 20, 21 ff
– Tötungsdelikte und ~ **212** 44
– Verfall, erweiterter **N 256; N 256**
– Vermögensstrafe **N 256; N 256**
– Wahlfeststellung **1** 115
Raub und ~ **249** 2, 18, 20, 21 ff, 25; **253** 1, 10
Rechtsgut **253** 1
Rechtwidrigkeit **253** 23 ff
Schutzgelderpressung **N 253; N 256**

Erpressung (Forts.)
Schweigegeld **253** 4
Teilnahme **253** 31
Unrechtmäßigkeit der Bereicherung **253** 23 f
Unterlassung **253** 11, 13
Untreue und ~ **266** 2, 17 f, 150, 168
Ursachenzusammenhang **253** 15 ff
Verfall, erweiterter **N 256; N 256**
Verfügender **253** 16
Vermögen als Rechtsgut **253** 1, 5
Vermögensnachteil **N 253; 253** 14
Vermögensstrafe **N 256; N 256**
Vermögensverfügung **253** 5
Versuch **N 253; 253** 30
Verwerflichkeitsklausel **253** 24 ff
Vollendung **22** 16; **253** 28
Vorsatz **253** 17 ff
Wahlfeststellung **1** 116; **253** 37
Willensbildung/-betätigung als Rechtsgut **253** 1
Erregung
eines Irrtums beim Betrug **263** 94
Erregung öffentlichen Ärgernisses
Absicht **183** 5
Ärgerniserregen **183a** 5 f
DDR-Recht **183** 15
Entstehungsgeschichte **183** EntstG
Exhibitionistische Handlungen und ~ **183** 14; **183a** 9 f
Handlungen, sexuelle **183a** 2; **184c** 5 ff
öffentlich **183a** 3 f
Rechtsgut **183a** 1
Strafwürdigkeit **Vor 174** 11; **183** 1
Versuch, Kenntnisnahme durch Dritten **22** 15
Vorsatz **183** 7
Wissentlichkeit **183** 6
error in objecto
Körperverletzungsdelikte **229** 11
Mittäterschaft **16** 14; **25** 178
des Täters, Auswirkungen auf Anstiftung **26** 90 ff
Teilnahme **16** 14
error in persona
actio libera in causa und ~ **16** 15
Körperverletzungsdelikte **229** 11
manipulierter ~ **25** 104 f
bei Mittäterschaft **16** 14; **25** 178
des Täters, Auswirkungen auf Anstiftung **26** 90 ff
Teilnahme **16** 14; **Vor 22** 134
Versuch und ~ **Vor 22** 134; **22** 33 f
Ersatzdienstverweigerer
als Gewissenstäter **46** 92
Ersatzfreiheitsstrafe
keine Aussetzung des Strafrestes zur Bewährung **43** 4; **57** 5
Bemessung **39** 11
DDR-Recht **43** 24
als echte Strafe **43** 3, 23
Geldstrafe
– Umrechnungsschlüssel **43** 1, 5 ff
– uneinbringliche ~ **43** 1
gemeinnützige Arbeit **Einl** 135, 138; **43** 13 ff
Gnadenrecht **43** 22
kriminalpolitische Notwendigkeit **43** 1
Mindestmaß **43** 8
Statistische Daten **43** 2
keine Strafaussetzung zur Bewährung **56** 4
Vollstreckung, unbillige Härte **43** 17 ff
Vollstreckungsrecht **43** 9 ff
Ersatzführerschein
bei Fahrverbot **44** 54
Ersatzkasse
Vorenthalten/Veruntreuen von Arbeitsentgelt **266a** 74
Ersatzorganisation
verfassungswidrig erklärter Partei **84** 3 ff, 12
Erschleichen von Leistungen 265a n.F.
Absicht, Entgelt nicht zu entrichten **265a a.F.** 50
Anschein der Ordnungsmäßigkeit **265a a.F.** 35 f, 45, 47
Antragsdelikt **265a a.F.** 60
Auffangtatbestand **265a a.F.** 13, 21, 30, 34 ff
ausländisches Strafrecht **265a a.F.** 8 ff
Automaten
– Leistungsautomaten **265a a.F.** 20 ff, 39
– Warenautomaten **265a a.F.** 16, 20 ff, 36, 38 f, 57
Automatenmißbrauch **265a a.F.** 1, 5 f, 37 ff, 56
Bagatellfälle **265a a.F.** 7
Beendigung **265a a.F.** 52
Beförderungserschleichung **265a a.F.** 1, 5, 7, 30 f, 45 ff, 50 ff, 60 f
Bereicherungsdelikt **265a a.F.** 16
Betreuer **265a a.F.** 60
Betrug und ~ **Vor 263** 43; **265a a.F.** 2 f, 16 f, 57
Computerbetrug und ~ **263a** 1, 7, 16, 22, 59 f; **265a a.F.** 6, 22, 39 f, 49, 57
Dauerdelikt **265a a.F.** 51
Diebstahl und ~ **242** 36; **265a a.F.** 6, 21 f, 38 f, 57
Eigentumsdelikte und ~ **265a a.F.** 3
Einrichtungen **265a a.F.** 33
Entgeltlichkeit der Leistung **265a a.F.** 17 ff, 28, 33
Entstehungsgeschichte **265a a.F.** 1 ff
Erfolgsdelikt **265a a.F.** 14
Erschleichen **265a a.F.** 16, 19, 34 ff
Fälschungsdelikte und ~ **265a a.F.** 56

Erschleichen von Leistungen (Forts.)
Fernmeldenetz **265a a.F.** 24 ff; **265a n.F.**
Fernsehen **265a a.F.** 26 ff, 44; **265a n.F.**
Geldautomatenmißbrauch **265a a.F.** 18, 40
Geldspielautomatenmißbrauch **265a a.F.** 39, 50
Geringwertigkeit der Leistung **265a a.F.** 60
Hausgenossen **265a a.F.** 60
(keine) Heimlichkeit **265a a.F.** 35, 38
Internationales Strafrecht **265a a.F.** 59
Internet **265a a.F.** 59
Irrtum **265a a.F.** 49, 54
Konkurrenzen **265a a.F.** 55 ff
kriminalpolitischer Hintergrund **265a a.F.** 2 ff
Leistung
– eines Automaten **265a a.F.** 20 ff
– eines öffentlichen Zwecken dienenden Fernmeldenetzes **265a a.F.** 24 ff
Leistungsautomaten **265a a.F.** 20 ff, 39
Leistungsentziehungsdelikt **265a a.F.** 36
Massenverkehrsmittel, öffentliche **265a a.F.** 30
Mißbrauch öffentlicher Fernmeldenetze/Telekommunikationsnetze **265a a.F.** 1, 4 f, 41 ff, 51, 60; **265a n.F.**
Ordnungswidrigkeitenrecht und ~ **265a a.F.** 17, 39, 44, 58
Parkuhren **265a a.F.** 21, 23, 33
Rechtsgut **265a a.F.** 12 ff
Rundfunk **265a a.F.** 17, 26 ff, 33, 44; **265a n.F.**
Schwarz(fern)sehen **265a a.F.** 44, 58
Schwarzfahren *siehe Beförderungserschleichung*
Schwarzhören **265a a.F.** 44, 55, 58
Sicherungsvorkehrungen, Umgehen **265a a.F.** 36 f, 44, 46 f
Störanrufe **265a a.F.** 18, 42
Subsidiaritätsklausel **265a a.F.** 22, 49, 56 f
Telekommunikationsnetze **265a n.F.**
Telekommunikationsrecht und ~ **265a a.F.** 62
Unterschlagung und ~ **265a a.F.** 38
Veranstaltung **265a a.F.** 33
Vermögen als Rechtsgut **265a a.F.** 13, 17, 59
Vermögens(verschiebungs)delikt **265a a.F.** 13, 16 f, 56
Vermögensdelikte und ~ **265a a.F.** 3, 56 f
Vermögensschaden **265a a.F.** 14 ff
Versuch **265a a.F.** 51, 53 f
Vollendung **265a a.F.** 51
Vormund **265a a.F.** 60
Vorsatz **265a a.F.** 48
Warenautomaten **265a a.F.** 16, 20 ff, 36, 38 f, 57
Zutritt zu einer Veranstaltung/Einrichtung **265a a.F.** 1, 5, 32 ff, 45 ff
Zwecke, öffentliche **265a a.F.** 27

Erschleichung
Subventionsbetrug **264 a.F.** 111 ff

Erschütterungen, Verursachen von *siehe Verursachen von Lärm, Erschütterungen und nichtionisierenden Strahlen*

Erschweren
der Brandlöschung **N 306b** 6

Erwartung *siehe Prognose*

Erwerbslosigkeit
Meldepflicht bei ~ als Weisung bei der Führungsaufsicht **68b** 35

Erzeugnis
ernährungswirtschaftliches ~ **N 306** 9
forstwirtschaftliches ~ **N 306** 9
landwirtschaftliches ~ **N 306** 9; **308** 9

Erzieherprivileg
Förderung sexueller Handlungen Minderjähriger **180** 10 ff
Gewaltdarstellung **131** 36
Verbreitung pornographischer Schriften **184** 22, 25

Erziehungsmaßnahmen, entwürdigende
Körperverletzung **223** 10

Erziehungsmaßregeln
im Jugendstrafrecht **Vor 38** 69

Erziehungspflicht *siehe auch Verletzung der Fürsorge- und Erziehungspflicht* **171** 5, 7
als besonderes persönliches Merkmal **28** 60
grobe Vernachlässigung der ~, Kinderhandel **236** 38 ff
gröbliche Verletzung der ~, Förderung sexueller Handlungen Minderjähriger **180** 12

Erzwingungshaft
Vollzug **38** 58

Euratom-Geheimnis **93** 18, 24; **94** 3, 20; **96** 2; **97** 13; **97a** 2; **98** 8; **99** 11
Dienstgeheimnis, Verletzung **353b** 4
als Staatsgeheimnis **93** 18, 24
strafrechtlicher Schutz **Vor 93** 9

Euratom-Subventionen **264 a.F.** 8

Euratomvertrag **328** 5

Europäische Gemeinschaften
Rechtsetzung im strafrechtlichen Bereich **Einl** 102 ff; **Vor 3** 118 f

Europäische Kommission
Indemnität von an Verfahren teilnehmende Personen **36** 45 ff

Europäische Union
Hoheitsgewalt **Vor 110** 6
öffentliches Amt **132** 10

Europäische Union (Forts.)
Pflicht zur Strafschutzerweiterung **Vor 110** 8
strafrechtlicher Schutz **Vor 110** 6 ff
Europäischer Gerichtshof
Indemnität von an Verfahren teilnehmende Personen **36** 45 ff
Europäisches Parlament
Abgeordnetenbestechung **N 108e** 3
Indemnität der Abgeordneten **36** 27
parlamentarische Äußerungen/Berichte, Straflosigkeit **36** 27
Europarat
Bedeutung für das Strafrecht **Einl** 98 ff
Computerbetrug, Empfehlungen **263a** 9
Euroscheckkarte *siehe Mißbrauch von Scheck- und Kreditkarten*
Euthanasie *siehe Sterbehilfe*
Evokationsrecht
Exemtion *siehe Exterritorialität*
Exhibitionismus
als seelische Störung **20** 65
Exhibitionistische Handlungen N **183**
Belästigung **183** 4
Beleidigung und ~ **183** 12, 14
besonderes öffentliches Interesse an der Strafverfolgung **183** 7
DDR-Recht **183** 15
eigenhändiges Delikt **183** 6
Entstehungsgeschichte **183** EntstG
Erregung öffentlichen Ärgernisses und ~ **183** 14; **183a** 9 f
Handlung, exhibitionistische **183** 2 f
vor Kindern **176** 8; **183** 4
Konkurrenzen **183** 14
Rechtsgut **183** 1
Sexueller Mißbrauch und ~ **183** 13 f
Strafantrag **77** 27; **183** 7
Strafaussetzung zur Bewährung, erweiterte Möglichkeiten der **56** 10, 51; **183** 9 ff
Strafwürdigkeit **Vor 174** 11; **183** 1
Täter **Vor 174** 17
Vorsatz **183** 5
Exklusivität
von Tatbeständen **Vor 52ff** 69
Explosionsherbeiführung
Friedensstörung durch Androhung von Straftaten und ~ **N 126** 3
durch Kernenergie **310b** 2
Sprengstoffexplosion **311** 3
Exspektanzen
Untreue **266** 134 f, 148
als Vermögensbestandteil **263** 135 ff, 175, 188, 263
Exterritorialität *siehe auch Immunität*
ausländische Truppen **Vor 3** 354 ff
Begriff **Vor 3** 336
Dienst-/Wohngebäude, Erstreckung auf **Vor 3** 292, 342 ff
diplomatische Missionen **Vor 3** 350 f
konsularische Vertretungen **Vor 3** 350 f
Personenkreis, geschützter **Vor 3** 345 ff
Rechtliche Wirkungen **Vor 3** 337 ff
Ruhen der Verjährung bei ~ **78b** 4
als Verfahrenshindernis **Vor 3** 338; **Vor 32** 230
Vertreter inter-/supranationaler Organisationen **Vor 3** 353
Extraneus **25** 134; **28** 1
Exzeß
des Angestifteten **26** 89, 98; **30** 12, 27 ff
eines Mittäters **25** 175
Notstandsexzeß **34** 92; **35** 80
Notwehrexzeß *siehe Notwehrüberschreitung*
Publikationsexzeß, Formalbeleidigung durch ~ **192** 7
des Täters, Beihilfe **27** 51
des Tatmittlers **25** 148
des Untergebenen, Geschäftsherrenhaftung **14** 66
Wertungsexzeß **185** 7

Fachanwalt
keine geschützte Berufsbezeichnung **N 132a** 4; **132a** 12b
Factoring
Kreditbetrug **265b** 43 f
Untreue **266** 112
Fähre
Beschädigen **318** 3
Fälschung
amtlicher Ausweise *siehe Ausweise, amtliche – Vorbereitung der Fälschung*
beweiserheblicher Daten *siehe Fälschung beweiserheblicher Daten*
landesverräterische ~ *siehe dort*
technischer Aufzeichnungen *siehe Fälschung technischer Aufzeichnungen*
einer Urkunde *siehe Urkundenfälschung*
einer Wahl *siehe Wahlfälschung*
von Wahlunterlagen
– Rechtsgut **107b** 1
– Subsidiaritätsklausel **107b** 7
von Zahlungskarten und Vordrucken für Euroschecks *siehe Fälschung von Zahlungskarten und Vordrucken für Euroschecks*
Fälschung beweiserheblicher Daten
Anwender **269** 16
Aussteller, hypothetischer **269** 16
bandenmäßige Begehung **267** 232, 234 ff; **269** 22; **282** 2
besonders schwerer Fall **269** 33

Fälschung beweiserheblicher Daten (Forts.)
Beweiserheblichkeit **269** 9
Computerbetrug und ~ **269** 32
Daten **269** 6 ff
Datenveränderung und ~ **269** 32; **303** 39
Datenverarbeitung, Beeinflussung **270** 1 ff
DDR-Recht **269** 34 f
Echtheitsschutz **269** 1
Einziehung **282** 7 ff
Entstehungsgeschichte **269** EntstG
Erfolgsdelikt **269** 13
Fälschung technischer Aufzeichnungen und ~ **269** 29, 31
Gebrauchen **269** 21
gewerbsmäßige Begehung **269** 22; **282** 6
Irrtum **269** 24
Konkurrenzen **269** 28 ff
kriminalpolitischer Hintergrund **269** 1 ff
Lüge, schriftliche **269** 1, 13
minder schwerer Fall **269** 33
Parallelwertung, laienhafte **269** 24
POS-/POZ-System **269** 18
Rechtfertigungsgründe **269** 23
Rechtsgut **269** 1
Rechtsverkehr, Sicherheit/Zuverlässigkeit als Schutzgut **269** 1
Scheck- und Kreditkarten **269** 18 ff
Speichern **269** 11
Täuschung im Rechtsverkehr **269** 25; **270** 1 ff
Urkunde, hypothetische **269** 13 ff
Urkundenfälschung und ~ **267** 139; **269** 29 f
Verändern **269** 11 f
Verfall, erweiterter **282** 5 f
Vermögensstrafe **282** 2 ff
Versuch **269** 26 f
Vollendung **269** 26
Vorsatz **269** 24
Fälschung technischer Aufzeichnungen
Amtsträger **268** 59
Aufzeichnungen, technische
– Begriff **268** 5 ff
– erläuterte ~ **268** 22
– große Zahl von ~ **268** 59
– kombinierte ~ **268** 22
– unechte ~ **268** 2, 26 f, 30
– verbundene ~ **268** 22
Austauschen von Aufzeichnungen **268** 31
bandenmäßige Begehung **267** 232, 234 ff; **268** 50, 59; **282** 2
besonders schwerer Fall **268** 59
Beweisbestimmung **268** 23 f
Darstellung **268** 6
Daten **268** 7 f
Datenverarbeitung, elektronische **268** 16, 38; **270** 1 ff
DDR-Recht **268** 60
Echtheit einer Aufzeichnung **268** 26 f
Echtheitsschutz **268** 2 f, 27
Einwirken, störendes **268** 30 ff
Einziehung **282** 7 ff
Entstehungsgeschichte **268** EntstG
Erkennbarkeit des Aufzeichnungsgegenstands **268** 19, 21 f
Fälschung beweiserheblicher Daten und ~ **269** 29, 31
Fahrtenschreiber **268** 4, 9, 12, 14, 34, 36 f, 39
Fotokopie **268** 4, 17
Gebrauchen **268** 48
– Vortat **268** 43 ff
Gegenstand der Aufzeichnung **268** 20 f
Gerät, technisches **268** 13 f
Geschehensabläufe **268** 7, 12
gewerbsmäßige Begehung **268** 50 f, 59; **282** 6
Herstellen **268** 28 ff
Herstellungsvorgang der Aufzeichnung **268** 2, 15, 27
Input-Manipulation **268** 38
Konkurrenzen **268** 57 f
Konsolmanipulationen **268** 38
Meßwerte **268** 7, 9
minder schwerer Fall **268** 59
Mißbrauch der Amtsträgerbefugnis/-stellung **268** 59
Programm-Manipulation **268** 38
Rechenwerte **268** 7, 10
Rechtfertigungsgründe **268** 52
Rechtsgut **268** 1 ff
Rechtsverkehr, erhebliche Gefährdung **268** 59
Richtigkeitsschutz **268** 3, 27
Rücktritt **268** 56
Selbsttätigkeit der Bewirkung **268** 15 ff
Sicherheit der Informationsgewinnung als Rechtsgut **268** 3, 17
Täterkreis **268** 42, 49
Täuschung im Rechtsverkehr **268** 53; **270** 1 ff
Unterlassen **268** 29, 34
Urkundenfälschung und ~ **268** 2, 6, 17, 28, 41, 58
Verfälschen einer technischen Aufzeichnung **268** 40 ff
Verfall, erweiterter **282** 5 f
Verkörperung **268** 6
Vermögensstrafe **282** 2 ff
Vermögensverlust großen Ausmaßes **268** 59
Versuch **268** 39, 54
Vollendung **268** 55
Vorsatz **268** 53
Wahrheitsschutz **268** 2, 27
Zustände **268** 7, 11 f

Fälschung von Zahlungskarten und Vordrucken für Euroschecks
Anzeigepflicht **N 138** 1; **Vor 146** 9
Auslandstat **N 6; Vor 146** 8; **152a** 2
bandenmäßige Begehung **150** 1 f; **152a** 9
Datenverarbeitung, fälschliche Beeinflussung **152a** 6; **270** 1 ff
Einziehung **150** 3 ff; **152a** 7
Feilhalten **152a** 5
Gebrauchen **152a** 5
gewerbsmäßige Begehung **150** 1 f; **152a** 9
Konkurrenzen **149** 7; **152a** 10
Mißbrauch von Scheck- und Kreditkarten und ~ **266b** 6
Nachmachen **152a** 4
Rechtsgut **Vor 146** 6
Rücktritt **149** 8 ff; **152a** 7
Sichverschaffen **152a** 5
zur Täuschung im Rechtsverkehr **152a** 6; **170** 1 ff
Überlassen **152a** 5
Verfälschen **152a** 4
Verfall, erweiterter **150** 1 f
Vermögensstrafe **150** 1 f; **150** 1 f; **152a** 9
Versuch **152a** 8
Vorbereitungshandlung **149** 1 ff; **152a** 7
Vorrichtungen, zur ~ geeignete **149** 3 f
Vorsatz **152a** 5
Weltrechtsprinzip **Vor 146** 8; **152a** 2
Zahlungskarten **152a** 3
Fälschungsdelikte
Betrug und ~ **Vor 263** 12 ff, 41; **263** 4, 242
Computerbetrug und ~ **263a** 12 f, 23, 85
Kreditbetrug (Fälschungsdelikt i.w.S.) **265b** 100
Personenstandsfälschung und ~ **Vor 169** 8
Fahnenflucht **111** 3, 22a
Soldateneigenschaft als besonderes persönliches Merkmal **28** 60
Fahrausweis
ausländischer ~ und Fahrverbot **N 44; 44** 83 ff, 114
Fahrerflucht *siehe Unerlaubtes Entfernen vom Unfallort*
Fahrerlaubnis *siehe auch Entziehung der Fahrerlaubnis*
ausländische ~ **N 69b; 69b** 1 ff
Beschlagnahme/Sicherstellung **69** 158 ff
Sperre für die Erteilung einer ~ *siehe dort*
Fahrlässige Körperverletzung *siehe Körperverletzungsdelikte*
Fahrlässigkeit *siehe auch Fahrlässigkeitstaten; siehe auch Vorsatz-Fahrlässigkeits-Kombination*
im Bauwesen **16** 201
besondere Folge der Tat und ~ **18** 1 ff
bewußte ~ **16** 75, 117 ff
Blankettatbestände und ~ **16** 39
Doppelstellung im Verbrechensaufbau **Vor 13** 82
doppelter Maßstab **Vor 13** 82; **16** 144 ff
Eigenverantwortlichkeit **16** 183
Einwilligung, rechtfertigende **16** 179 f; **Vor 32** 94, 99
Erfolgseintritt auch bei nichtfahrlässigem Alternativverhalten **Vor 13** 68; **16** 185 ff
erfolgsqualifizierte Delikte **16** 208; **18** 28 ff
Erkennbarkeit der Tatbestandsverwirklichung **16** 127 f; **16** 127 ff
– Beweisanzeichen **16** 163, 166 f
– bei Handlungen anderer **16** 184
– Nachweis **16** 156
– bei verkehrsgemäßer Sorgfalt **16** 150 ff
– Zeitpunkt der Erkennbarkeit **16** 139 ff
Erkennbarkeit des Erfolgs **16** 19 ff
Formen **16** 117
Gefährdungsverbote, abstrakte **16** 163 ff, 171
Gefährdungsvorsatz und bewußte Fahrlässigkeit **16** 120
Gesinnungsunwert der Tat und ~ **Einl** 4
im Gesundheitswesen **16** 197 ff
grobe ~ **16** 209
Handeln auf fremdes Risiko **16** 177
Handlungen Dritter, Ermöglichung/Hervorrufung/Förderung **16** 184
Handlungslehre, finale **16** 126
Kausalverlauf und ~ **Vor 13** 61; **16** 19 ff
Kausalverlauf, hypothetischer **16** 191
Kausalzusammenhang **16** 188, 192 ff
Kenntnis der Tatbestandsverwirklichung **16** 127 f
Konkretisierung der Tat **16** 4
Kriminalstatistik **15** 7
im Lebensmittel-/Bedarfsgegenständerecht **16** 200
leichte ~, Straflosigkeit **16** 215
Leichtfertigkeit **15** 2; **16** 208 ff
luxuria **16** 117
im Militärwesen **16** 202
Mittäterschaft **25** 221
mittelbare Täterschaft **25** 77, 220
Mitverschulden des Verletzten **16** 22
Möglichkeit der Tatbestandsverwirklichung **16** 129 ff
negligentia **16** 117
Notwehrüberschreitung **33** 19, 52
Rechtfertigung **Vor 32** 49, 58, 94, 99
– Einwilligung **16** 179 f; **Vor 32** 94, 99
– Risiko, erlaubtes **Vor 32** 94
– Selbstgefährdung, eigenverantwortliche **Vor 32** 94

Fahrlässigkeit (Forts.)
Rechtswidrigkeit und ~ **17** 3
Risiko, erlaubtes **16** 159 ff, 184; **Vor 32** 32, 94
Risikoerhöhungsprinzip **16** 189 f
als Schuldform **Vor 13** 82
Selbstgefährdung/-verletzung **16** 181 ff; **Vor 32** 94
Selbsttötung, straflose Förderung **16** 183
Sonderfähigkeiten des Täters **16** 147 ff
Sorgfalt
– individuell mögliche ~ **16** 144 ff
– verkehrsgemäße ~ **16** 150 ff
Sorgfaltspflichtverletzung **16** 123 ff, 157 ff
Sozialadäquanz **16** 159 f, 179 f
im Sport **16** 203 ff
Strafbarkeitsbedingung, objektive und ~ **Vor 13** 86
im Straßenverkehr **16** 195 f
Tätigkeitsübernahme, fahrlässige **16** 140 ff, 155, 177
Tatbestandsbezogenheit **16** 3
Tatbestandsmerkmalsbezogenheit **16** 4
des Tatmittlers und mittelbare Täterschaft **25** 77
Tauglichkeit der Handlung zur Erfolgsherbeiführung **16** 29
Teilnahme **25** 217 ff
Tötung *siehe Tötungsdelikte – Tötung, fahrlässige*
Übernahmeverschulden **16** 141, 146, 155
unbewußte ~ **16** 117, 121
beim Unterlassungsdelikt **Vor 13** 97; **16** 216 ff
Versuch, strafloser **Vor 22** 14 f; **22** 29
Vertrauensgrundsatz im Straßenverkehr und ~ **16** 168 ff
Verursachung, bloße und ~ **16** 116
Vorsatz, Verhältnis **15** 8 ff; **16** 116
keine Wahlfeststellung zwischen Vorsatz und ~ **15** 9
Fahrlässigkeitstaten
als Deliktstyp **15** 12
Entschuldigungsgründe **Vor 32** 206 f
fortgesetzte Handlung **Vor 52ff** 44
Gesinnung, verwerfliche und ~ **46** 81
Handlungseinheit bei ~ **Vor 52ff** 62
Schuld **Vor 32** 192
Strafzumessung **46** 81, 87, 109, 119, 125, 130, 153
Subsidiarität gegenüber Vorsatzdelikt **Vor 52ff** 110
Übersicht über ~ **15** 5
Unzumutbarkeit als Entschuldigungsgrund **Vor 32** 206 f
Verbotsirrtum **17** 2
Verjährung **78a** 16
Fahrlehrer
Gefährdung des Straßenverkehrs **315c** 42
Fahrrad
Unbefugter Gebrauch **248b** 2
Fahrschein
Urkundenfälschung **267** 143, 194 f
Fahrtenschreiber
Fälschung technischer Aufzeichnungen **268** 4, 9, 12, 14, 34, 36 f, 39
Urkundenfälschung **267** 41, 51, 90, 100, 149
Fahrunsicherheit
absolute ~ **316** 14, 59 ff
alkoholbedingte ~ **316** 14 ff; **323a** 142
Begriff **315c** 45; **316** 11, 15
infolge geistiger/körperlicher Mängel **315c** 48 ff
Grenzwert absoluter ~
– bei Alkoholkonsum *siehe auch Blutalkoholkonzentration* **316** 60 ff
(kein) Grenzwert absoluter ~
– bei Rauschmittelkonsum **315c** 62; **316** 136, 148, 153, 175; **323a** 117
rauschmittelbedingte ~ **315a** 14; **316** 139 ff
– Fahrverbot **44** 32, 34
– durch illegale Drogen **316** 144 ff
– durch Medikamente **316** 167 ff
relative ~ **316** 14, 59, 90 ff, 154 ff, 175
Fahruntüchtigkeit *siehe Fahrunsicherheit*
Fahrverbot N 44
Anrechung vorläufiger Maßnahmen **44** 66 ff
Anwendungshäufigkeit **Vor 38** 42, 62
ausländische Fahrausweise **N 44**; **44** 83 ff, 114
– Durchsetzung, Besonderheiten **44** 90 ff
– Personenkreis, betroffener **44** 84 ff
– Voraussetzungen, eingeschränkte **44** 89
neben Aussetzung der Vollstreckung/ Verhängung der Hauptstrafe **44** 8, 12
Beginn der Verbotsfrist **44** 59 ff
Begründungserfordernisse **44** 97
Belehrungspflicht **44** 98
beschränktes ~ **44** 45 ff
Besitz einer Fahrerlaubnis **44** 13, 43, 65
Dauer **44** 50 f
DDR-Alttaten **44** 115
DDR-Fahrausweise **44** 114, 116
als Denkzettel/Besinnungsstrafe **44** 2, 24, 27
Durchsetzung **44** 53 ff, 90 ff
Einschränkungen, unzulässige **44** 49
Entstehungsgeschichte **44** EntstG, 33
Entziehung der Fahrerlaubnis
– Abgrenzung **Vor 38** 4, 45; **44** 1 f, 13, 16 ff; **69** 6
– Anrechnung vorläufiger ~ **51** 29
– Austauschbarkeit im Rechtsmittelverfahren **44** 19

– Verschlechterungsverbot **44** 103
– verwaltungsrechtliche ~ **44** 30 f
neben Entziehung der Fahrerlaubnis **44** 17 f, 64
Erforderlichkeit zusätzlichen Fahrverbots **44** 27
Ermessensausübung **44** 22 ff, 34 ff
Ersatzführerschein **44** 54
neben Erziehungsmaßregeln/Zuchtmitteln des Jugendstrafrechts **44** 12
bei Fahruntüchtigkeit, rauschbedingter **44** 32, 34
Führerschein
– Beschlagnahme **44** 55, 61, 72
– Ersatzführerschein **44** 54
– freiwillige Abgabe **44** 73
– Rückgabe **44** 58
– Sicherstellung **44** 72
– Verwahrung, amtliche **44** 54 ff, 59 ff, 74
Gefährdung des Bahn-, Schiffs- und Luftverkehrs und ~ **315a** 40
Gefährdung des Straßenverkehrs **315c** 216
Generalprävention **44** 30
Handlung, strafbare **44** 3 ff, 34
Kasuistik **44** 31, 39, 48
Körperverletzung, fahrlässige **44** 5; **229** 47
Kraftfahrzeug
– Begriff **44** 43
– bestimmter Art **44** 47
Mehrheit von Fahrverboten **44** 80 ff
als Nebenfolge im Ordnungswidrigkeitenrecht **Vor 38** 45; **44** 3, 6
als Nebenstrafe **44** 1, 8, 22
bei Nicht-Verkehrsdelikten **44** 5
ordnungsrechtliches ~ **44** 14 f
Pflichtverletzung **44** 6 f
Rechtsmittelverfahren **44** 19, 99 f
Rechtsnatur **44** 1
Regelfall **44** 34 ff
Regelfall, Abweichungen **44** 38 ff
Registrierung **44** 76
Richtlinien **44** 23 ff
Ruhen der Verbotsfrist **44** 62
Spezialprävention **44** 24 ff
Straßenverkehr, öffentlicher **44** 44
bei Tatmehrheit **44** 77 ff
Tötung, fahrlässige **44** 5
Umfang **44** 42 ff
unbeschränktes ~ **44** 42 ff
Unerlaubtes Entfernen vom Unfallort **142** 209, 211, 240
Verbotswirkung **44** 41
Verfahrensfragen **44** 93 ff
Verschlechterungsverbot **44** 101 ff
Verurteilung zu einer Hauptstrafe **44** 8
verwaltungsrechtliche Entziehung der Fahrerlaubnis und ~ **44** 20 f
neben Verwarnung mit Strafvorbehalt **44** 10 f; **44** 10 f; **59** 3
Vollrausch **323a** 301
kein Vollstreckungsaufschub **44** 57
Vorbehalt eines Fahrverbots, ausgeschlossener **44** 9
Wechselwirkung zwischen Haupt- und Nebenstrafe **44** 28 f
Wirksamkeit **44** 52
Zusammenhangstaten **44** 5
Zuwiderhandlungen gegen ~ **44** 113
Zweck **44** 2, 33

Fahrzeug *siehe auch Beförderungsmittel; siehe auch Kraftfahrzeug*
Begriff **315b** 22; **315c** 7 ff
Unbefugter Gebrauch von Fahrzeugen *siehe Gebrauch eines Fahrzeugs, unbefugter*
Verbot des Führens/Haltens als Weisung bei der Führungsaufsicht **68b** 29 f

Fahrzeugführer
Gefährdung von Schiffen etc. durch Bannware **297** 15, 18

Fahrzeughalter
Gefährdung von Schiffen etc. durch Bannware **297** 15, 17

Fahrzeugpapiere
keine Ausweise, amtliche **275** 3
falsche ~ **276a** 5
als Urkunde **271** 39, 55

Fallwild **292** 55

Falschbericht, diplomatischer **353a** 3

Falschbeurkundung
im Amt
– Amtsfähigkeit, Verlust als Nebenfolge **348** 37; **358** 1 ff
– Aufnahme einer öffentlichen Urkunde **348** 7
– Ausstellen unrichtiger Gesundheitszeugnisse und ~ **278** 14
– Befugnis zur Aufnahme öffentlicher Urkunden **348** 4 ff
– Beurkunden **348** 14 ff
– Beweiswirkung, erhöhte **348** 19 ff
– Eintragen/Eingeben **348** 25 ff
– Einveständnis der Beteiligten, unbeachtliches **348** 29
– Falschbeurkundung, mittelbare und ~ **271** 1, 74 ff, 84, 86 ff, 110, 114; **348** 1, 36
– Falschheit der Beurkundung **348** 22 ff
– Handeln im Rahmen der Zuständigkeit **348** 9
– Irrtum **348** 11
– Konkurrenzen **348** 36
– Schutzgut **348** 1

Falschbeurkundung (Forts.)
- Sonderdelikt, echtes **348** 35
- Täter **348** 1 ff, 35
- Tatsache, rechtlich erhebliche **348** 10 ff
- Urkundenfälschung und ~ **267** 107; **348** 1, 36
- Versuch **348** 33
- Vollendung **348** 34
- Vorsatz **348** 30 f
- Werturteil **348** 10

DDR-Recht **271** 118; **348** 38

mittelbare ~
- Abgabenrecht **271** 57
- Amtsarzt **271** 13
- Auffangtatbestand **271** 86
- Auslandstat **271** 7
- Aussteller **271** 10 ff
- Ausweiswesen **271** 52
- Bahn- und Postbereich **271** 60 ff
- Beendigung und Vollendung **Vor 22** 24
- Beglaubigung **271** 18, 43
- Beglaubigungsvermerk **271** 21
- Behörde, öffentliche **271** 10 f, 61 ff
- Bereicherungsabsicht **271** 82, 92 ff, 109
- Berichtsurkunden **271** 45
- Beurkunden **271** 68
- Beurkundungen, falsche **271** 77 f
- Beweiskraft, erhöhte **271** 22 ff
- Bewirken **271** 74 ff
- Bewirtschaftungswesen **271** 53
- kein Blankettatbestand **271** 37
- Bücher, öffentliche **271** 8
- Bürgermeister **271** 12 f
- Dateien, öffentliche **271** 65 ff
- Datenspeicherung **271** 77 f
- Datenverarbeitung, Beeinflussung **270** 1 ff
- Dispositivurkunden **271** 40 f
- Dolmetscher **271** 13
- Eichbücher **271** 8, 25
- Einziehung **271** 117; **282** 7 f
- Erklärungen/Verhandlungen/Tatsachen **271** 69
- Falschbeurkundung im Amt und ~ **271** 1, 74 ff, 84, 86 ff, 110, 114; **348** 1, 36
- Formerfordernisse **271** 20 f
- Gebrauchen **271** 79, 106
- Gefangenenbuch **271** 8, 54
- Gerichtsvollzieher **271** 13, 54
- Glaube, öffentlicher **271** 12, 29, 32 ff
- Handeln gegen Entgelt **271** 81, 91
- Handelsregister **271** 8, 46
- Irrtum **271** 86 ff, 100
- Justizwesen **271** 54
- Konkurrenzen **271** 110 ff
- Kraftfahrzeugwesen **271** 39, 55
- Lebensmittelwesen **271** 53
- Lüge, schriftliche **271** 72
- Meldewesen, polizeiliches **271** 8, 25, 52
- Mißbrauch von Ausweispapieren und ~ **281** 8, 16
- Notar **271** 13, 18, 43, 48, 71
- Notariatsrecht **271** 54
- Parallelwertung in der Laienspäre **271** 85
- Person, mit öffentlichem Glauben versehene **271** 12 f
- Personenstandsfälschung und ~ **169** 12, 20
- Personenstandswesen **271** 8, 50, 56, 67
- Polizeibeamter **271** 13
- Privaturkunden **271** 24
- Rechtserheblichkeit **271** 70 f
- Rechtsfertigungsgründe **271** 84
- Rechtsgut **271** 2
- Rechtsverkehr, Sicherheit/Zuverlässigkeit als Rechtsgut **271** 2
- Rechtswidrigkeit der Bereicherung **271** 96 f
- Register, öffentliche **271** 8
- Rektoren **271** 13
- Religionsgesellschaften des öff. Rechts **271** 11
- Schädigungsabsicht **271** 83, 101 ff, 109
- Sozialversicherungsrecht **271** 57
- Sparkassenbücher öff. Sparkassen **271** 8
- Speicherung **271** 68
- Standesbeamter **271** 13
- Steuerrecht **271** 57
- Strafregister **271** 8, 25
- Täterkreis **271** 107 f
- Täuschung im Rechtsverkehr **270** 1 ff; **271** 70, 79, 90
- Teilnahme **271** 74 ff, 109
- Unterlassen **271** 107
- Unwahrheit **271** 72 f
- Urkunde, ausländische **271** 4 ff
- Urkunde, öffentliche **271** 3, 8 f, 17, 21 ff
- Urkunde, schlichte amtliche **271** 24 ff
- Urkundenfälschung und ~ **267** 107, 296; **271** 107, 111
- Urkundsbeamter der Geschäftsstelle **271** 13
- Vereinsregister **271** 8, 46
- Verfassungsmäßigkeit **271** 37
- Verjährung **271** 116
- Versuch **271** 87, 105
- Veterinärwesen **271** 8, 13, 53
- Vollendung **271** 106
- Vollstreckungsbeamter **271** 13
- Vorsatz **271** 85
- Wahlausschußmitglieder **271** 13
- Wahrheitsschutz **271** 2
- Wehrwesen **271** 58
- Zeugnisurkunden **271** 40 ff
- Zuständigkeit **271** 14 ff

Falsche uneidliche Aussage *siehe Aussagedelikte*
Falsche Verdächtigung
Absicht, Verfahren/Maßnahmen herbeizuführen **164** 31
(kein) Äußerungsdelikt **164** 5
Amtsträger **164** 23, 26
Analogieverbot und ~ **164** 10
Behauptung, sonstige **164** 21
Behörde **164** 23 ff
– ausländische ~ **164** 25
– innerbehördliche Vorgänge **164** 27
Bekanntgabe der Verurteilung **165** 1 ff
– Antragsrecht des Verletzten **165** 4 f, 7
einer bestimmten Person **164** 20
Beweismittelfiktion **164** 5
DDR-Alttaten **164** 37
Dienstpflichtverletzung **164** 12, 15, 17 f
Einwilligung, rechtfertigende **Vor 32** 115; **164** 33
Entstehungsgeschichte **164** EntstG
Falschaussage und ~ **164** 34
Garantenpflicht **164** 14
Innehaltungsbeschluß **164** 35
Konkurrenzen **164** 34
Leugnen, bloßes **164** 6
Maßnahmen, andere behördliche **164** 22
Meineid und ~ **154** 22
objektiv unwahr **164** 9 ff, 22
Petitionsrecht und ~ **164** 33
Politische Verdächtigung und ~ **241a** 2, 24
Prozeßhindernis anderen Verfahrens **164** 35
Rechtfertigung **164** 33
Rechtsgut **Vor 3** 188; **164** 1 ff
rechtswidrige Tat **164** 8, 15, 19
Selbstbegünstigung und ~ **164** 6
Übertreibung, bloße **164** 11 f
Unterlassen **164** 14
durch Verbreiten von Schriften **165** 2
Verdächtigen **164** 5 ff
– öffentliches ~ **164** 23, 26; **165** 2
Verdeckter Ermittler **164** 33
Verfahren, behördliches **164** 22
Vollendung **164** 25, 32
Vorgesetzter, militärischer **164** 23 f
Vorsatz **164** 28, 31
Vortäuschen einer Straftat und ~ **145d** 1, 23; **164** 20
Wahlfeststellung **1** 115; **164** 34
Wahrnehmung berechtigter Interessen und ~ **164** 33
Weitergabe fremder Behauptungen **164** 13
wider besseres Wissen **164** 28 ff
Widerruf **164** 25, 32
Falsche Versicherung an Eides Statt *siehe Aussagedelikte*
Falschmünzerei *siehe auch Geldfälschung*
Strafverfolgung, völkerrechtliche Vereinbarungen **Vor 3** 23 f
Familie
Begriff **Vor 169** 5
ehrenrührige Äußerung im engsten Familienkreis **185** 11
Familienehre **Vor 185** 33; **189** 1
Garantenpflichten innerhalb der ~ **13** 21 ff
Familienbetrug *siehe Haus- und Familienbetrug*
Familiendelikte
Begriff **Vor 169** 1
Entwicklung **Vor 169** EntstG, 2 ff
Entziehung Minderjähriger **Vor 169** 10
grundrechtlicher Schutz **Vor 169** 3
Haus- und Familiendiebstahl und ~ **Vor 169** 10
Kinderhandel **Vor 169** 10
kriminalpolitische Bedeutung **Vor 169** 16
Rechtsgut **Vor 169** 11 ff
Strafwürdigkeit **Vor 169** 11 ff
Familienstand **169** 1, 6 f
Familienstandswesen **267** 145
als Rechtsgut der Personenstandsfälschung **Vor 169** 11
Fangbrief
Diebstahl **242** 44
Post- und Fernmeldegeheimnis, Verletzung **206** 23
Urkundenfälschung **267** 254
Fangen
von Tieren **292** 49 f
Fangprämie
Betrug **263** 12, 264, 269
Fangtiere
Einziehung **295** 13 ff
Farben
des Bundes, der Länder **90a** 5
Faxverkehr
Urkundenfälschung und ~ **267** 122 ff
FDJ-Verbot **86a** 4
Federwild **292** 59 f
Fehlerhafte Herstellung einer kerntechnischen Anlage **N 312**
Anlage, kerntechnische **311c** 2
besonders schwerer Fall **311c** 18; **N 312**
Bestimmung zur Errichtung/zum Betrieb **311c** 5
Betrieb **311c** 3 f
Errichtung **311c** 3
Fahrlässigkeit **311c** 16a, 18 f; **N 312**
Gefährdungsdelikt, konkretes **311c** 1, 12, 15
Gefahr, atomare **311c** 12
Gefahr, konkrete **311c** 12
Gesundheitsschädigung als Folge **N 312**

Fehlerhafte Herstellung einer kerntechnischen Anlage (Forts.)
Herstellen **311c** 6 f, 11
Konkurrenzen **311c** 20
Leichtfertigkeit **311c** 16a, 18 f; **N 312**
Liefern **311c** 8, 11
minder schwerer Fall **N 312**
Qualifikation **N 312**
Rechtfertigung **311c** 15
Rechtsgut **311c** 1, 15
Sabotagehandlungen an Verteidigungsmitteln und ~ **311c** 10, 20
Saboteur **311c** 10
Täterkreis **311c** 6, 10, 14
Tätige Reue **311c** 19; **311e** 1 ff; **N 314a**
Todesfolge **N 312**
Versuch **311c** 7, 17
Vollendung **311c** 12, 17
Vorsatz **311c** 16 f
Vorsatz-Fahrlässigkeits-Kombination **311c** 14
Fehlgeburt Vor 211 5; **Vor 218ff** 44
Fehlgeschlagener Versuch *siehe Versuch*
Fehlurteil
Notwehr gegen ~ **32** 33, 104 ff
Feiertagsrecht
Störung der Religionsausübung und ~ **167** 7
Feilhalten
von Vorrichtungen zur Fälschung amtlicher Ausweise **275** 8
Feldfrüchte
Brandstiftung **308** 13
Fernkopie *siehe Faxverkehr*
Fernmeldeanlagen *siehe Telekommunikationsanlagen*
Fernmeldegeheimnis *siehe Post- und Fernmeldegeheimnis, Verletzung*
Fernmeldenetz
Erschleichen von Leistungen **265a a.F.** 24 ff; **265a n.F.**
Fernsehen
Berichterstattung, wahrheitsgemäße **193** 23
Erschleichen von Leistungen **265a a.F.** 26 ff, 44; **265a n.F.**
Gerichtsverhandlungen, verbotene Mitteilungen und ~ **353d** 9, 12, 56
strafrechtlicher Schutz *siehe Störung von Telekommunikationsanlagen*
Fernsehsendung
Öffentliche Aufforderung zu Straftaten **111** 13b
Verbreiten von Propagandamitteln **86** 15, 25
Verwenden von Kennzeichen verfassungswidriger Organisationen **86a** 6
Festgenommener
vorläufig ~ **120** 14, 21
Festlandsockel, deutscher 324 21
Festnahmerecht
Notwehrrecht und ~ **32** 10, 55, 71
als Rechtfertigungsgrund **Vor 32** 155 ff
Festungshaft *siehe Einschließung*
Fetozid Vor 218ff 47; **218a** 55 ff
Feuchtgebiete
Entwässern von Feuchtgebieten **329** 42
Feuerversicherungsmißbrauch
265 a.F. 11 ff, 33, 36
Filialleiter
Untreue **266** 89, 109
Film
Öffentlichkeitsbereich, Befugnisse **193** 20
pornographischer ~, öffentlich vorgeführter **184** 38 ff
Verbreiten von Propagandamitteln **86** 15
Finanzangestellter
Untreue **266** 103
Finanzbeamter
Angestelltenbestechung, Mitteilungspflicht bei Verdacht **299** 58
Rechtsbeugung **339** 22
Sexueller Mißbrauch unter Ausnutzung einer Amtsstellung **174b** 6
Untreue **266** 107, 119, 121
Finanzbehörde
Mitteilungspflicht, Angestelltenbestechlichkeit/-bestechung **299** 58
Finanzgerichtsbarkeit
Rechtsbeugung **339** 28
Finanzplanung Vor 283 122 f, 131, 175; **283** 158, 177, 205 f
Findelkind
Aussetzung **221** 1
Entziehung Minderjähriger **235** 77
Finnland
Betrugsstrafrecht **Vor 263** 85 f
Erschleichen von Leistungen **265a a.F.** 9
Strafrechtsreform **Einl** 128, 134
Subventionsbetrug **264 a.F.** 10
Versicherungsbetrug **265 a.F.** 5
Firmenzeichen
Urkundeneigenschaft **267** 90
Fischen 293 6
Fischerei
Gewässerverunreinigung und ~ **324** 95, 99
Fischereiausübungsberechtigter
Vollstreckungsbefugnisse **114** 3
Fischereigeräte
Einziehung **295** 6, 8
Fischereischein 293 2, 5
Fischfrevel 293 4 f
Fischwilderei
Aneignungsdelikt **293** 1
Aneignungsrecht **293** 1

Fischwilderei (Forts.)
durch Angehörige **294** 2
Angelschein **293** 2
Antragsdelikt **294** 1 ff
Beschädigen **293** 11
Beute, Einziehung/Verfall **295** 16
Binnengewässer **293** 2
Diebstahl und ~ **293** 7
Drittzueignung **293** 12
Eigentumsdelikte und ~ **242** 12; **293** 7, 21
Einziehung **295** 1 ff
Entstehungsgeschichte **Vor 284ff** 7; **293** EntstG
Fischen **293** 6
Fischereiausübungsrecht **293** 2
Fischereieerlaubnis **293** 2
– Überschreitung **293** 4; **294** 3 ff
Fischereigenossenschaft **293** 2
Fischereigeräte, Einziehung **295** 6, 8
Fischereipachtvertrag **293** 2
Fischereirecht **293** 2
Fischereischein **293** 2, 5
Fischfrevel **293** 4 f
Hegerecht/-pflicht **293** 2
Hochseefischerei **293** 3
Irrtum **293** 13
Konkurrenzen **293** 21
Küstenfischerei **293** 3
Ökologisches Schutzinteresse **293** 1
Ordnungswidrigkeitenrecht und ~ **293** 5, 21
Privatgewässer **293** 7
Rechtsgut **293** 1
Sichzueignen **293** 11 f
Strafzumessung **293** 14 ff
Teiche **293** 7
Unternehmensdelikt, unechtes **293** 8
Vermögensdelikt **293** 1
Vollendung **293** 10
Vorbereitungshandlung, straflose **293** 10
Vorsatz **293** 13
Wassertiere **293** 6 f
Weidgerechtigkeit **293** 2
Zerstören **293** 11
Fiskus
als Gläubiger **283c** 29; **288** 12, 44
Flagge
ausländische ~ **104**
des Bundes, der Länder **90a** 5, 19
Flaggenprinzip
Begriff **Vor 3** 126
Geltung deutschen Strafrechts, Erstreckung **4** 1
Gewässerverunreinigung **324** 2a, 8, 22
Schutzprinzip und ~ **4** 1
Territorialitätsprinzip und ~ **4** 1
flash back *siehe Echorausch*
Flugzeug
Inlandsbegriff **Vor 3** 255, 271 ff
Flugzeugentführung *siehe Angriffe auf den Luft- und Seeverkehr*
Förderung der Prostitution *siehe Prostitution*
Förderung sexueller Handlungen Minderjähriger
Bestimmen **180** 15
DDR-Alttaten **180** 23
Entstehungsgeschichte **180** EntstG
Erzieherprivileg **180** 10 ff
Erziehungspflicht, gröbliche Verletzung **180** 12
Führungsaufsicht **N 181b**
Garantenpflicht **180** 8
Handlungen, sexuelle
– Begriff **180** 3, 14; **184c** 5 ff, 23
– gegen Entgelt **180** 14
– Konkretisierung **180** 4
– durch Täter **180** 7
Irrtum **180** 18
Kettenbestimmung **180** 15
Konkurrenzen **180** 22
Kuppelei, Begriff **180** EntstG
Pflegeeltern **180** 8
Pfleger **180** 11
Rechtsgut **180** 1
Rücktritt **180** 13
Schutzbefohlene **180** 17
Täter **180** 19
Teilnahme **180** 19 f
Teilnahme, notwendige **Vor 26** 35
Unterlassen **180** 8 f, 15
Vermieter **180** 8
Versuch **180** 21
Vormund **180** 8, 11
Vorsatz **180** 18
Vorschubleisten **180** 4
– durch Gewähren **180** 6
– durch Vermittlung **180** 5, 16
– durch Verschaffen von Gelegenheit **180** 6
Förderungsabsicht **130a** 6, 24, 28, 32; **180a** 18; **311b** 13
Fötus *siehe Leibesfrucht*
Folter
Aussageerpressung durch ~ **343** 1, 8
Begriff **Vor 3** 91
Gewaltdarstellung **131** 20, 25
Strafverfolgung, völkerrechtliche Vereinbarungen **Vor 3** 89 ff; **Vor 3** 89 ff
Fordern
eines Vorteils 40 f, 46
Forderungen
Zwangsvollstreckungsvereitelung **288** 10, 23, 25, 27 f
Forderungsbetrug **263** 96, 103, 105, 109 f, 117 ff, 157

Formalbeleidigung
Absichtsproblematik **192** 5 f
Begriff und Anwendungsbereich **192** 1 ff
Beleidigung bei Interessenwahrnehmung **193** 33
ehrverletzende Reaktualisierung **192** 7 f
Publikationsexzeß **192** 7
Wahrheitsbeweis **192** 9
Formelle Rechtswidrigkeit *siehe Rechtswidrigkeit, formelle*
Formen
zur Fälschung amtlicher Ausweise geeignet ~ **275** 5
Formerfordernisse
einer Urkunde **271** 20 f
Forschungsfreiheit
Anleitung zu Straftaten und ~ **130a** 33
Verbreiten von Propagandamitteln und ~ **86** 19
Forschungsvorhaben
Einwilligung, stillschweigende **203** 107, 113
Geheimnisschutz und ~ **203** 76, 136
Forstbeamter
Untreue **266** 121
Forstwiderstand Vor 110 1
Fortbestehende Ehre
als Rechtsgut **189** 2
Fortführung einer für verfassungswidrig erklärten Partei
keine Beihilfe **84** 15
Bildung krimineller Vereinigung und ~ **129** 37, 89
Dauerdelikt **84** 20
Geltungsbereich **84** 16
Hintermann **84** 7
Rechtsgut **84** 1 f, 8, 11
Rücktritt **84** 18
Tatbestandsirrtum **84** 14
Verbotsirrtum **84** 14
Zuständigkeit für Strafverfolgung **85** 22
Fortpflanzungsfähigkeit
Verlust als schwere Folge **226** 13
Fortpflanzungsmedizin
Personenstandsfälschung und ~ **169** 9 f, 20, 28
Fortsetzung
der Prostitution **180b** 6; **181** 4, 11
Fortsetzungszusammenhang *siehe Handlung, fortgesetzte*
Fotografieren
heimliches ~ **Vor 201** 11
unbefugtes ~ von Polizeibeamten **113** 37b f
Fotokopie
keine technische Aufzeichnung **268** 4, 17
Urkundeneigenschaft **267** 78, 111 ff, 217, 256
Frachtgeschäft
Untreue **266** 123
Fraktionen
parlamentarische Äußerungen/Berichte, Straflosigkeit **36** 34
Frankreich
Betrugsstrafrecht **Vor 263** 12, 63 ff
Erschleichen von Leistungen **265a a.F.** 10
Konkursstraftaten **Vor 283** 193 ff
Strafrechtsreform **Einl** 115, 131, 135
Subventionsbetrug **264 a.F.** 10
Versuchsstrafbarkeit **Vor 22** 148
Wettbewerbsstrafrecht **Vor 298** 16, 25
Franksche Formel 22 57, 65, 131
Frauenhandel
Strafverfolgung, völkerrechtliche Vereinbarungen **Vor 3** 12 f
Freiberufler
Angestelltenbestechlichkeit/-bestechung **299** 18
Buchdelikte **283** 122
Freibeweis
Verjährung, Prüfung **Vor 78** 14
Freihäfen
Inlandsbegriff **Vor 3** 291
Freiheit
Eingriff in die ~ als Angriffsabwehr **32** 244
Eingriff, durch Amtsrechte gerechtfertigter **Vor 32** 148
notstandsfähiges Rechtsgut **34** 22 ff, 34; **35** 9, 14 f
als notwehrfähiges Gut **32** 175
persönliche ~
– Analogieverbot und ~ **1** 73
– Begriff **Vor 234-236** 1
– Freiheitsberaubung, Rechtsgut **239** 8
– Gefährdung von Schiffen etc. durch Bannware, Rechtsgut **297** 1
– Geiselnahme, Rechtsgut **239b** 1
– Hausfriedensbruch, Rechtsgut **123** 1
– Menschenhandel, Rechtsgut **180b** 1
– Erpresserischer Menschenraubs, Rechtsgut **239a** 1
– Politische Verdächtigung, Rechtsgut **241a** 1
– Straftaten gegen die ~, Rechtsgut **Vor 234-236** 1; **234** 1; **234a** 1
– Tatprinzip und ~ **Vor 22** 3
Nötigung, ~ der Willensbildung/-betätigung als Rechtsgut **240** 1 ff, 69
Freiheitlich demokratische Grundordnung
siehe auch Verfassungsmäßige Ordnung
Begriff **86** 3; **92** 3
als Rechtsgut **Vor 80** 20 ff; **81** 10; **84** 1; **85** 1; **86** 1 ff, 6; **92** 3; **93** 20, 22
Strafrecht und ~ **Einl** 3

Freiheitsberaubung *siehe auch Freiheitsdelikte*
Abschiebung **239** 22
Amtsanmaßung und ~ **132** 41
Analogieverbot und ~ **239** 8 f
Anzeige, wahre **239** 15, 31
auf andere Weise **239** 14 ff
Bagatellfälle **239** 18
Beendigung **Vor 22** 27
Betreute **239** 24 f
Bewegungsfreiheit, persönliche potentielle **239** 1, 9
Bewußtlose **239** 7 ff
Blockadeaktionen **239** 15, 26
Dauer/Intensität des Eingriffs **239** 18, 33 f
Dauerdelikt **239** 18, 42
DDR-Alttaten **239** 15, 17, 30, 32
DDR-Recht **239** 43
Demonstrationsfreiheit und ~ **239** 15, 22, 26
Denunziation **239** 15, 17, 32
Drohung **239** 14
Einsperren **239** 12 ff
Einwilligung, rechtfertigende **239** 27
Entlassung, fristgerechte **239** 23
Entstehungsgeschichte **239** EntstG
Entziehung Minderjähriger und ~ **235** 135, 144 f; **239** 40
Fahrlässigkeit der Todesverursachung **239** 37 f
Fortbewegungswille **239** 4 ff
Freiheit, persönliche **239** 8; **239** 8
Freiheitsbeschränkung, rechtmäßige **239** 11, 19 ff
Freiheitsgrundrecht und ~ **239** 1, 9, 26
Geiselnahme und ~ **239b** 3
Gesundheitsschädigung, schwere **239** 2, 35 f
Gewaltanwendung **239** 14
Hilfsbedürftige **239** 4, 10
Irrtum **239** 29
Kausalität für schwere Folge **239** 35 f, 37
Kleinstkinder **239** 4, 6
Konkurrenzen **239** 40 ff
Kriegsgefangener **239** 11
langandauernde ~ **239** 34
List **239** 14
Menschenraub und ~ **234** 1
Menschenraub, erpresserischer und ~ **239a** 7
minder schwerer Fall **239** EntstG, 2
mittelbare Täterschaft **239** 31
Mord und ~ **211** 9
Nötigung und ~ **239** 1, 6, 13, 26, 41; **240** 124
Notstand, rechtfertigender **239** 24 f
Notwehr **239** 24
NS-Gewalttaten **239** 15, 21
Politische Verdächtigung und ~ **241a** 24
Rechtfertigungsgründe **239** 19 ff
Rechtsbeugung und ~ **239** 15, 17, 20, 22, 30, 32; **339** 120, 127 f, 130
Rechtsgut **239** 1, 8 f
schwere ~ **239** 33 ff
Schwerstbehinderte **239** 4, 6
Selbstbefreiung **239** 13, 36 f
Selbsthilfe
- familiäre ~ **239** 11, 25
- zivilrechtliche ~ **239** 24
Selbsttötung des Opfers **239** 38
Streik **239** 1
Teilnahme **239** 31 f
Todesfolge **239** 2, 37 ff
Unterbringung **239** 20, 22
Unterlassen **239** 17
Verbringungsgewahrsam **239** 22
Vergewaltigung und ~ **177** 20; **239** 40
Verjährung **239** 3
Versuch **Vor 22** 117; **239** EntstG, 2, 18a, 34, 36, 39
Vollendung **239** 18
Vollstreckung gegen Unschuldige und ~ **345** 8
Vorsatz **239** EntstG, 28 ff, 33, 37
Wahlfeststellung **239** 39

Freiheitsdelikte
DDR-Recht **Vor 234-236** 11 f
Einwilligung **Vor 234-236** 9
Körperverletzungsdelikte und ~ **Vor 223** 1, 3; **228** 14
Rechtsgut **Vor 234-236** 1, 7
Spezialität **Vor 52ff** 78
Strafantrag **Vor 234-236** 10

Freiheitsentzug
Anrechnung **51** 2 ff
aufgrund Hoheitsakts als Notstand **35** 60

Freiheitsgrundrecht
Freiheitsberaubung und ~ **239** 1

Freiheitsstrafe
als absulute Strafe ohne Milderungsmöglichkeit **38** 5
Anrechnung **51** 30, 33 f, 52
Anwendungsbereich, eingeschränkter **47** 6
Anwendungshäufigkeit **Vor 38** 62
außerhalb des StGB normierte Fälle **Vor 38** 3
Begriff **38** 2 ff
Bemessung **39** 1 ff
Einheitsfreiheitsstrafe **Einl** 33, 82; **Vor 38** 3, 33, 35; **38** 2
im engeren Sinne **38** 2 f
Ersatzfreiheitsstrafe *siehe auch dort* **43** 1 ff
Geldstrafe und ~
- aliud **Vor 40** 2
- Gesamtstrafenbildung **Vor 40** 36
- kumulative Androhung **Vor 38** 34

Freiheitsstrafe (Forts.)
- Nebeneinander **Vor 38** 34
- unerläßliche Freiheitsstrafe **Vor 40** 34
- Vergleich der Schwere **2** 25; **Vor 38** 39; **Vor 40** 1, 33 ff
- Vorrang der Geldstrafe **Vor 40** 1; **46** 265; **47** 1
- Wahlandrohung **Vor 40** 39 ff
- Wahlmöglichkeit **Vor 40** 35

neben Geldstrafe *siehe Geldstrafe – neben Freiheitsstrafe*
- Strafaussetzung zur Bewährung **56** 2, 4

und Geldstrafe
- Gesamtstrafenbildung **53** 15 ff

Gesamtstrafe(nbildung) **38** 9, 47 f; **39** 1, 7 ff
als Hauptstrafe **Vor 38** 3, 34
Höchstmaß **38** 1, 45 ff
Kronzeugenregelung **38** 7
kurze ~ **Vor 38** 36; **47** 1 ff
- Anwendungsbereich **47** 3 ff
- Einwirkung auf den Täter **47** 18 ff
- Einzelfreiheitsstrafe **47** 5
- Mehrheit von Taten **47** 19
- negative Wirkungen der Vollstreckung **46** 22
- Schuldprinzip **47** 8
- Schuldschwere **47** 30
- Strafaussetzung zur Bewährung und ~ **47** 14
- Strafzwecke **47** 15 ff, 28 ff
- Tatanlaß und Tatplanung **47** 20
- Umstände, besondere **47** 9 ff
- Unerläßlichkeit **47** 13 ff
- Verfahrensrecht **47** 37 ff
- Vermögensverhältnisse des Täters **47** 21 f
- Verteidigung der Rechtsordnung **47** 16, 28 ff
- Vorstrafen **47** 18

lebenslange ~ **38** 5 ff
- Androhung **38** 5
- Aussetzung des Strafrests zur Bewährung **38** 18 ff
- DDR-Recht **Vor 38** 89
- Führungsaufsicht und ~ **68** 5
- Generalprävention **38** 37
- Gesamtstrafenbildung **54** 4
- Gnadenverfahren **38** 27
- gegen Heranwachsende **38** 8
- kriminalpolitische Notwendigkeit **38** 35
- neben Maßregel, freiheitsentziehender **38** 10 ff
- Persönlichkeit des Gefangenen, Zerstörung **38** 41
- Praxis, forensische **38** 34
- Rechtsanspruch auf Aussetzung des Strafrests **38** 28 f
- Schuldausgleich **38** 40
- Sonderregelungen im Allgemeinen Teil **38** 6
- Spezialprävention **38** 39
- Statistische Daten **Vor 38** 62; **38** 43
- Sühnegedanke **38** 40
- Todesstrafe und ~ **38** 36
- Unterbringung in Entziehungsanstalt und ~ **64** 28, 106
- Unterbringung in psychiatrischem Krankenhaus und ~ **63** 93
- Unterbringung in Sicherungsverwahrung und ~ **N 66** 7
- Verfassungsmäßigkeit **38** 14 ff; **Vor 211** 1; **211** 68
- Vermeidung **38** 34
- Vollzug **38** 13
- Zusammentreffen mit weiteren Strafen **38** 9

mehrere verwirkte Freiheitsstrafen und obligatorische Gesamtstrafenbildung **53** 11 f
Mindestmaß **38** 1, 49
Rechtsgeschichte **Vor 38** 28 ff, 36
Strafaussetzung zur Bewährung *siehe dort*
Strafzumessung **39** 1
als ultima ratio **Einl** 133; **47** 2
Unentbehrlichkeit **Einl** 133 f
unerläßliche ~, Begriff **47** 13
Verfassungsmäßigkeit lebenslanger ~ **120** 8 f
Vollzug **38** 13, 51ff
Vollzug der ~ und Führungsaufsicht **Vor 68** 14; **68c** 13 f, 16 ff
im weiteren Sinne **38** 2, 4
zeitige ~ **38** 1, 45 ff
- Aussetzung des Strafrestes zur Bewährung **57** 1 ff

Freikirchen 166 70

Freisetzen
von Giften *siehe Schwere Gefährdung durch Freisetzen von Giften*
von Kernenergie **310b** 2

Freisetzen ionisierender Strahlen N 311
Anlage **311d** 13b
Auslandstaten **126** 1, 4
Bewirken von Kernspaltungsvorgängen **311d** 5
Einrichtung, technische **311d** 13e
Einziehung **311d** 21; **N 322**; **322**
Fahrlässigkeit **311d** 13a ff, 19a
Freisetzen **311d** 4
Friedensstörung durch Androhung von Straftaten und ~ **N 126** 4
Garantenstellung **311d** 14 f
Geeignetheit zur Schädigung **311d** 11 ff
Gefährdungsdelikt, abstrakt-konkretes **311d** EntstG, 1, 11, 13
Gefährdungsdelikt, potentielles **311d** 1, 11

Freisetzen ionisierender Strahlen (Forts.)
Gefahr, atomare **311d** 8
Irrtum **311d** 17, 19a
Konkurrenzen **311d** 22 ff
Pflicht, verwaltungsrechtliche **311d** 6 ff
Pflichtwidrigkeit, grobe **311d** 7 f, 13g
Rechtsgut **311d** 1
Rechtswidrigkeit **311d** 16
Sachverständiger **311d** 13
Schädigungseignung
- betriebsbezogene ~ **311d** 13 f
- umweltbezogene ~ **311d** 13 f
Strahlen, ionisierende **311d** 2
Strahlenschäden **311d** 3
Strahlenschutz(verordnung) **311d** 8 f, 13, 15
Täterkreis **311d** 15
Tätige Reue **N 314a**
Unterlassen **311d** 4, 14
Verfassungsmäßigkeit **311d** 8
Versuch **311d** 18
Verwaltungsakzessorietät **N 126** 4; **126** 4; **311d** EntstG, 6 ff
Vollziehbarkeit des Verwaltungsakts **311d** 10
Vorsatz **311d** 17
Freiwillige Gerichtsbarkeit
Aussagedelikte **153** 10a; **154** 7, 9; **156** 13
Rechtsbeugung **339** 29
Freiwilligkeit
des Bemühens
- Rücktritt vom Versuch **24** 235 f
- Rücktritt vom Versuch der Beteiligung **31** 25 ff
der Tataufgabe, Rücktritt vom Versuch **24** 147 ff
der Tatverhinderung, Rücktritt vom Versuch **24** 283
Fremdgefährdung, einverständliche
Eingriffe in den Straßenverkehr, gefährliche **315b** 73, 83
Fremdnützigkeit
Betrug **263** 271, 283
Hehlerei **259** 38
Konkursstraftaten **Vor 283** 77, 79
Subventionsbetrug **264 a.F.** 87
Untreue **266** 57 ff, 71, 75, 151
Fremdrechtsanwendung
im Rahmen deutschen Strafrechts **7** 8 ff
Frieden
innerer ~ als Rechtsgut *siehe auch Gemeinschaftsfrieden*
öffentlicher ~
- Begriff **125** 40 f; **126** 8
- Rechtsfriede des Einzelnen und ~ **126** 2, 8
- als Rechtsgut **Vor 125-145d** 5; **126** 2; **N 127** 2; **129** 1; **130** 4, 6; **131** 9; **140** 1a; **Vor 166** 15, 22 ff; **166** 6 ff, 51; **167** 5
- Störung durch Androhung von Straftaten und ~ **126** 1 ff
- Völkerfriede und ~ **126** 8
persönlicher ~ als Rechtsgut **241** 1
religiöser ~ als Rechtsgut **Vor 166** 1, 12 f, 21; **166** 6 f
sozialer ~ als Rechtsgut **166** 9
Friedensgefährdende Beziehungen
Absicht **100** 5
Anzeigepflicht **138**
Aufnehmen von Beziehungen **100** 4
besonders schwerer Fall **100** 10
bewaffnetes Unternehmen **100** 7
Beziehung zu Regierung/Vereinigung/Einrichtung **100** 3
bürgerliche Statusrechte, Verlust als Nebenfolge **101** 1 ff
gegen die Bundesrepublik gerichtet **100** 8
Dauerdelikt **100** 4
Einziehung **101a** 1 ff
Gefährdungsdelikt, abstraktes **100** 1
Konkurrenzen **100** 11
Krieg **100** 6
minder schwerer Fall **100** 10
NATO-Staaten und ihre Truppen **100** 8
Rechtfertigung **100** 9
Rechtsgut **100** 11
- Treubruchsgedanke **100** 1, 9
Sonderdelikt **100** 1
Täterkreis **100** 2
Unterhalten von Beziehungen **100** 4
Versuch **100** 4, 10
Vorbereitung eines Angriffskrieges und ~ **100** 11
Vorsatz **100** 5
Friedensverrat *siehe auch Vorbereitung eines Angriffskrieges*
Verfassungsauftrag zur Pönalisierung **Vor 80** 13
Friedhofswesen **167a** 9
Friedhofszwang **167a** 11
Fristenlösung
Schwangerschaftsabbruch **Vor 218ff** 5 ff, 13; **218a** 1
Früchte
auf dem Feld **308** 13
Frühkriminalität
als kriminogener Faktor **66** 98, 101
Führen eines Kraftfahrzeugs **69** 24 ff
Führerschein *siehe Fahrerlaubnis*
Führungsaufsicht **N 68**; **N 68c**; **N 68d**; **N 68e**; **N 68f**
Ablauf der Mindestfrist **68e** 10 ff
Anfechtungsmöglichkeit, selbständige **68** 29
Anlaßtat **68** 4, 7
Anwendungsbereich **Vor 68** 7 ff

Führungsaufsicht (Forts.)
Anwendungshäufigkeit **68** 2
Aufhebung **N 68e** 1 ff; **Vor 68** 13; **68e** 2 ff; **68f** 21 ff
– auf Antrag **68e** 27
– Prüfungspflicht des Gerichts **N 68e** 1 ff; **68e** 26
– richterliche ~ **68e** 2 ff, 33
– Sperrfrist **N 68e** 6; **68e** 27
Aufsichtsstelle
– Aufgaben **68a** 7
– Einrichtung **68a** 6
– Hilfe und Betreuung **68a** 13
– Überwachungsmittel **68a** 6
– Unterstellung, Eintritt **68a** 6
– Zuständigkeit, örtliche **68a** 15
Aussichtslosigkeit **68e** 3
Beendigung **N 68e** 1 ff; **Vor 68** 13; **68e** 2 ff, 34 f
– nach Bewährung **68g** 26 ff
– bei Unterbringung **68e** 29 ff, 33
Beginn **68c** 12 ff
Berufsverbot, Aussetzung und ~ **68g** 1 ff
Betäubungsmittelkriminalität **68** 3
Betrug **68** 3; **263** 329
Bewährungshelfer **Einl** 84; **68a** 10 ff, 16 ff
– Bestellung, zwingende **68a** 16; **68d** 8
– Überwachung, Unterstützung der **68a** 19 f
– Zusammenarbeit mit Aufsichtsstelle **68a** 4, 10, 22
Bewährungsweisungen und ~ **56c** 23
Bildung terroristischer Vereinigungen **68** 3; **129a** 44
Brandstiftungsdelikte **68** 3; **N 321**; **321**
Computerbetrug **68** 3; **263a** 93
Dauer **N 68c**; **Vor 68** 11; **68c** 2 f
– Höchstfrist, Abkürzung **68c** 4 ff; **68d** 11
– Nichteinrechnung bestimmter Zeiten **68c** 16 ff
– Widerruf der Abkürzung **68d** 3
DDR-Alttaten, keine Anwendbarkeit **Vor 61ff** 101; **Vor 68** 33
Diebstahl **68** 3; **242** 80; **245** 1
Diebstahl, räuberischer **68** 3; **256** 1
Doppelfunktion **Vor 68** 3
Durchführung **Vor 68** 11
Eintritt **Vor 68** 10; **68c** 15
Entfallen **68f** 21 ff
Entscheidungen, nachträgliche **N 68d**; **68d** 1 ff
Erheblichkeit weiterer Taten **68** 10
Ermessen des Gerichts
– bei Anordnung **68** 19 ff
– bei Höchstfrist, Verkürzung **68c** 5 ff
– kein ~ bei Aufhebung **68e** 8
Erpressung **N 256**; **256**
Erpressung, räuberische **N 256**; **256**
Erwartung keiner weiteren Straftaten **68e** 4 ff, 9
Fahrlässigkeitstaten, Gefahr von **68** 12
fakultative Anordnung **68** 19 ff
Folgeentscheidungen **Vor 68** 12
bei freiheitsentziehender Maßregel **63** 121 f; **64** 115; **66** 177 f; **Vor 68** 9
Freiheitsstrafe, lebenslange und ~ **68** 5
Freiheitsstrafe, Vollzug und ~ **Vor 68** 14; **68c** 13 f, 16 ff
Gefährlichkeit für die Allgemeinheit **68** 11
Gefahr weiterer Taten **68** 9
Geiselnahme **68** 3; **239c**
Geldwäsche **68** 3; **262**
gemeingefährliche Straftaten **68** 3; **N 321**; **321**
Gesamtstrafe **68** 6
Gesamtwürdigung **68** 13
kraft Gesetzes **N 68**; **Vor 68** 9; **68** 1, 31; **68f** 11 ff
– Katalogtaten **68** 3
Hehlerei (Banden-/gewerbsmäßige) **68** 3; **262**
Hilfe und Betreuung **68a** 13, 17
Hinweispflicht des Gerichts **68** 29
Höchstfrist **N 68c**; **68c** 2 ff
in dubio pro reo **68** 18
im Jugendstrafrecht **Vor 68** 28 f; **68** 5, 16
Körperverletzungsdelikte **68** 3
Konkurrenzen **Vor 68** 14; **68** 26; **68f** 9 f; **68g** 1 ff
Kriminalpolitische Entwicklung/Problematik **Vor 68** 4, 15 ff, 24 ff
als Maßregel der Besserung und Sicherung **Vor 38** 6 f
Maßregelkonkurrenz **Vor 68** 14; **68** 26; **68f** 9 f; **68g** 2; **72** 1 ff
materielle Voraussetzungen **68** 9 ff
Menschenraub, erpresserischer **68** 3; **239c**
Mindestfrist **68c** 3; **68e** 10
bei Nichtaussetzung des Strafrests **N 68f** 1 ff; **68f** 26
Prognose *siehe auch dort* **68** 13 ff
Raub **68** 3; **N 256**; **256** 1
kraft Richterspruchs **Vor 68** 8
– formelle Voraussetzungen **68** 3 ff
Ruhen **68g** 18 ff
Sachverständiger, Hinzuziehung **Vor 61ff** 86
Schwangerschaftsabbruch **68** 3
Sexualstrafrecht **68** 3; **N 181b**; **181b**
Strafaussetzung zur Bewährung und ~ **68** 23; **68g** 1 ff
Strafe, Verhältnis **68** 25
neben Strafe **68** 8
Strafrechtsreform **Einl** 84; **Vor 61ff** 24
Strafrest, Aussetzung und ~ **68g** 1 ff

Führungsaufsicht (Forts.)
Stützungs-/Betreuungsfunktion **Vor 68** 3 f
Subsidiarität **68** 16
Übergangsrecht **Vor 68** 30 ff; **68** 30
Überwachungs-/Sicherungsfunktion **Vor 68** 3 f
unbefristete ~ **N 68c** 1 ff
- Anordnung, fakultative **N 68c** 10
- Befolgung einer Weisung, nachträgliche **N 68c** 12
- Einwilligung, nachträgliche **N 68c** 11
- Gefährdung der Allgemeinheit **N 68c** 8
- Gefahr erheblicher Straftaten **N 68c** 7 f
- Heilbehandlung, verweigerte **N 68c** 4 f, 9
- Rückwirkung **N 68c** 14
- Verfahrensrecht **N 68c** 13
bei Unterbringung in psychiatrischem Krankenhaus, Aussetzung **63** 121 f
Unterbringung in Sicherungsverwahrung und ~ **66** 177 f
Verfahrensrecht **68** 27 ff
verfassungsrechtliche Bedenken **Vor 61ff** 35; **Vor 68** 6a; **68b** 13 ff; **68f** 5 ff
Verhältnismäßigkeitsgrundsatz und ~ **Vor 61ff** 35; **68** 17; **68e** 26
Verschlechterungsverbot **68** 30
Verstoß gegen Weisungen während der ~
- Bewährungshelfer, Anhörung **145a** 30
- Blankettvorschrift **145a** 5, 7
- Dauer der Führungsaufsicht **145a** 14 ff
- Entstehungsgeschichte **145a** EntstG
- fortgesetzte Handlung **145a** 45
- Gefährdung des Maßregelzwecks **145a** 18 ff, 28
- Irrtum **145a** 27
- Konkurrenzen **145a** 42 ff
- Kritik im Schrifttum **Einl** 84; **145a** 3
- Sonderdelikt, echtes **145a** 29
- Strafantrag **68a** 22; **145a** 30 ff
- Strafzumessung **145a** 37 ff
- Teilnahme **145a** 29
- Unterlassen **145a** 13
- Verfassungsmäßigkeit **145a** 4 ff, 7
- Verstoß **145a** 13
- Vorsatz **145a** 27 f
- Weisung, bestimmte **145a** 7 ff
- Weisung, unzulässige **145a** 10
- Widerruf der Straf-/Maßregelaussetzung **145a** 36, 41
- Zweck der Vorschrift **145a** 1 f
Vollrausch **323a** 317
Vollstreckung gegen Unschuldige **345** 6
bei Vollverbüßern **Vor 68** 9; **68e** 14; **68f** 1 ff
Weisungen
- Anordnung **68b** 40
- Anwendungsbereich **68b** 4
- Anwendungshäufigkeit **68b** 7a
- arbeitsbezogene ~ **68b** 38
- Arbeitsplatz-/Wohnwechsel, Anzeige von **68b** 34
- Aufenthaltsverbote **68b** 20 f
- Aufenthaltswechsel, erlaubnispflichtiger **68b** 19
- ausbildungsbezogene ~ **68b** 37
- Belehrung über ~ **68b** 41
- Besitzverbote **68b** 28
- Bestimmung des auferlegten Verhaltens, genaue **68b** 8 f
- Bewährungsweisungen und ~ **68g** 13
- Dauer **68b** 10
- Ermessen des Gerichts **68b** 12
- Erwerbslosigkeit, Meldung bei **68b** 35
- Fahrzeuge, Halten/Führen **68b** 29 ff
- freizeitbezogene ~ **68b** 37
- Meldepflichten **68b** 32 f
- nachträgliche ~ **68d** 10
- Personenkontakte, Verbote **68b** 22
- Rechtsmittel gegen ~ **68b** 42
- Tätigkeitsverbote **68b** 23 ff
- Überwachung **68b** 41
- Unzumutbarkeit **68b** 11
- Verfassungsmäßigkeit **68b** 13 ff
- Verstoß gegen ~, strafbewehrter **68b** 3, 17 f; **145a** 1 ff
- weitere ~ **68b** 39
- Wirksamwerden **68b** 42
- Zweck **68b** 1
Wiederholungsgefahr **68** 3
Zweck **Einl** 39, 84; **Vor 68** 1 f
Fürsorgepflicht *siehe Verletzung der Fürsorge- oder Erziehungspflicht* **171** 5 f
als besonderes persönliches Merkmal **28** 60
Mißhandlung von Schutzbefohlenen **225** 6
gegenüber Schwangeren **Vor 169** 12
Vernachlässigung, grobe bei Kinderhandel **236** 38 ff
Fund
Untreue **266** 112
Fundunterschlagung **N 246** EntstG
Funktionentheorie
Untreue **266** 171
Funktionstheorie **14** 49
Furcht
als asthenischer Affekt **20** 54; **33** 58, 60 ff, 70
als Ursache eines Notwehrexzesses **33** 70 ff
furtum *siehe Untreue*
furtum usus *siehe auch Gebrauchsanmaßung*
Pfandsachen, unbefuger Gebrauch **290** 1
furtum usus possesionis **289** 1
Fußfessel, elektronische
als Sanktion **Vor 38** 64

Ganovenuntreue 266 65
Ganzheitstheorie
Täterschaft-Teilnahme-Abgrenzung **25** 11
Garantenpflicht *siehe Garantenstellung*
Garantensonderdelikt
Begriff **14** 17
Pfandsachen, unbefugter Gebrauch **290** 5, 10
Privatgeheimnis, Verletzung **203** 46, 58, 158, 160
Substitutenhaftung als ~ **14** 12
Untreue **266** 55, 91, 160 f
Zwangsvollstreckungsvereitelung **288** 39
Garantenstellung
Arten **13** 19 ff
beruflich-soziale Stellung **13** 29
Beschützergarant **324** 54, 64
als besonderes persönliches Merkmal **28** 64 ff
Betriebsgemeinschaft **13** 25
Gemeinschaftsbeziehungen, enge **13** 25
Geschäftsherrenhaftung **13** 41, 45
Hausgemeinschaft **13** 23 ff
Herrschaft über Grundstücke/Gebäude **13** 36
aus Ingerenz **13** 31 ff
Obhutspflichten in bezug auf bestimmte Rechtsgüter **13** 20 ff
Pflichtenkollision mit Hilfeleistungsgebot **Vor 32** 80
als Rechtsgrund der Strafbarkeit bei unechten Unterlassungsdelikten **Vor 13** 95, 99; **13** 4, 19 ff
Strafzumessung, Bedeutung **46** 102
Übernahme, freiwillige **13** 25 ff
Verantwortlichkeit für das Handeln zu beaufsichtigender Personen **13** 30, 41 ff
Verantwortlichkeit für Gefahrenquellen **13** 30, 35 ff
Verbundenheit, enge persönliche **13** 21 ff
Vertreterhaftung, strafrechtliche als Übernahme einer ~ **14** 13
aus vorangegangenem Tun **13** 31 ff; **Vor 324** 57
Garantentheorie 14 14 f, 17, 28, 35
Garantiefunktion
von Scheck- und Kreditkarten **266b** 8 ff, 11 f, 19
des Strafrechts *siehe Bestimmtheitsgebot, verfassungsrechtliches; siehe Gesetzlichkeitsprinzip*
Gase
als Schadstoffe **325** 8, 55
Gaspistole
als (Schuß-)Waffe **244** 3; **N 250** 4; **250** 3
Gastwirt
fahrlässige Tötung durch ~ **222** 13
Gebärfähigkeit
Verlust als schwere Folge **226** 13
Gebäude
Begriff **N 306** 6; **306** 6 f; **308** 4
zu gottesdienstähnlichen Versammlungen bestimmtes ~ **306** 2
der Religionsausübung dienend **N 306a** 1
zur Wohnung von Menschen dienend **N 306a** 1; **306** 9
Zerstören **305** 4
Gebietsgrundsatz *siehe Territorialitätsprinzip*
Gebietshochverrat
gegen den Bund **81** 2 ff
Gebotsirrtum Vor 13 99 f
Gebräuche
einer Religions-/Weltanschauungsgemeinschaft **166** 75, 79 f
Gebrauch
Fahrzeug, unbefugter ~ *siehe Gebrauch eines Fahrzeugs, unbefugter*
Gesundheitszeugnisse, unrichtige *siehe Gesundheitszeugnisse – Gebrauch unrichtiger ~*
Pfandsachen, unbefuger ~ *siehe Pfandsachen, unbefugter Gebrauch*
Gebrauch eines Fahrzeugs, unbefugter
Antragsdelikt **248b** 12
Berechtigter **248b** 6
Dauerdelikt **248b** 4, 11 f
DDR-Recht **248b** 14
Diebstahl und ~ **242** 51, 53, 57, 86; **248b** 9, 13
(kein) eigenhändiges Delikt **248b** 11
Entstehungsgeschichte **Vor 242** 1; **248b** EntstG
Erlaubnis **248b** 7
Fahrräder **248b** 2
Gebrauch, vertragswidriger **248b** 3, 7
Ingebrauchnahme **248b** 3
Irrtum **248b** 8
Konkurrenzen **248b** 13
Kraftfahrzeug **248b** 2
Mitfahren, bloßes **248b** 3, 11
Schutzzweck der Norm **248b** 1
Subsidiaritätsklausel **248b** 13
Teilnahme **248b** 11
Versuch **248b** 10
Vorsatz **248b** 8
(keine) Wegnahme **248b** 5, 9
Weitergebrauch, widerrechtlicher **248b** 4
gegen den Willen des Berechtigten **248b** 6 f
Gebrauchen
falsch gespeicherter/veränderter Daten **269** 21
falscher Beurkundung **271** 79, 106
Mißbrauch von Ausweispapieren **281** 9
unechter/verfälschter technischer Aufzeichnung **268** 48
einer Urkunde **267** 215 ff, 278

Gebrauchen (Forts.)
eines veränderten amtlichen Ausweises **273** 8
Gebrauchmachen
Fälschung von Gesundheitszeugnissen **277** 14 ff
Subventionsbetrug **264 a.F.** 101
unrichtige Gesundheitszeugnisse **279** 3
Gebrauchsabsicht
Diebstahl mit Waffen **244** 10, 14
Gefangenenmeuterei **121** 43
Landfriedensbruch, schwerer **125a** 5a
Raub, schwerer **N 250** 7 f; **250** 22
Widerstand gegen Vollstreckungsbeamte **113** 55
Gebrauchsanmaßung
Gebrauch eines Fahrzeugs, unbefugter **Vor 242** 4
Gebrauchsmusteranmeldung
strafrechtlicher Schutz **Vor 93** 5
Gebrauchsrecht
Pfandkehr **289** 4, 7
Gebrechlichkeit
wegen Gebrechlichkeit wehrlose Person, Mißhandlung **225** 4
Gebühr
Begriff **352** 8; **353** 10
Gebührenüberhebung
Abgabenüberhebung und ~ **353** 1 f, 8, 23
Amtsfähigkeit, Verlust als Nebenfolge **352** 25; **358** 1 ff
Auslagenerstattung **352** 11
keine Bereicherungsabsicht **352** 22
Betrug und ~ **352** 1, 24
DDR-Recht **352** 26
Erhebung **352** 14 ff
Gebühr **352** 8
Gebührenordnung, einschlägige **352** 13, 22
Honorarvereinbarung **352** 12
Irrtum über Zahlungspflicht **352** 19
Schutzgut **352** 1
Sonderdelikt, echtes **352** 2
Täter **352** 2 ff
Untreue und ~ **352** 23
Vergütung **352** 8 ff
Verrichtung, amtliche **352** 5
Versuch **352** 22a
Vorsatz **352** 20 f
Vorschuß **352** 16
Vorteil **352** 6
Geburt
anonyme ~ und Personenstandsunterdrückung **169** 10, 27
Beginn **218** 5; **218a** 3
Fehlgeburt **Vor 211** 5; **Vor 218ff** 44
Frühgeburt **Vor 218ff** 4; **218** 16
künstliche Einleitung **218** 12
Schwangerschaftsabbruch und ~ **Vor 218ff** 31 ff
Totgeburt **167a** 10; **168** 22; **169** 8
Geburtsurkunde *siehe auch Urkunde*
Ausweis, amtlicher **275** 3
Gedankenerklärung
Urkundenbegriff **267** 12 ff, 88 ff
Gefährdung *siehe auch Gefahr*
des Ansehens des Staates **90a** 4
des Bahn-, Schiffs- und Luftverkehrs *siehe Gefährdung des Bahn-, Schiffs- und Luftverkehrs*
Baugefährdung **N 319**
des demokratischen Rechtsstaats *siehe auch Staatsgefährdung; siehe auch Streitbare/wehrhafte Demokratie* **N 86ff**; **Vor 80** 20 f
einer Entziehungskur *siehe Gefährdung einer Entziehungskur*
durch Freisetzen von Giften *siehe Schwere Gefährdung durch Freisetzen von Giften*
fremder Sachen von bedeutendem Wert **325a** EntstG 3, 24
Gemeingefährdung, fahrlässige **320**
der Gesundheit eines anderen **325a** 9, 22
konkrete ~, keine besondere Folge der Tat iSd § 18 **18** 8
des Lebensbedarfs **170** 49 ff
des Maßregelzwecks **145a** 18 ff, 28
des öffentlichen Friedens
- Beschimpfung von Bekenntnissen, Religionsgesellschaften und Weltanschauungsvereinigungen **166** 52 ff
- Störung der Religionsausübung **167** 4, 15
der öffentlichen Wasserversorgung **N 330**; **330** 16 f
von Schiffen, Kraft- und Luftfahrzeugen durch Bannware *siehe Gefährdung von Schiffen etc. durch Bannware*
schutzbedürftiger Gebiete *siehe Gefährdung schutzbedürftiger Gebiete*
sittliche ~ Jugendlicher **184b** 5 f
des staatlichen Zugriffs auf bemakelten Gegenstand **261** 12
der Staatssicherheit **353d** 3
des Straßenverkehrs *siehe Gefährdung des Straßenverkehrs*
von Tieren **325a** EntstG 3, 23, 28
des Vermögens
- Untreue **266** 134, 146
- Wucher **302a** 3
vieler Personen
- Bankrott, besonders schwerer Fall **283a** 5 ff
- Schuldnerbegünstigung, besonders schwerer Fall **283d** 25
wichtiger öffentlicher Interessen **353b** 2, 24 ff, 53

Gefährdung des Bahn-, Schiffs- und Luftverkehrs
Anzeigepflicht **138; 315a** 134
Auffangtatbestand, subsidiärer **315** 22; **315a** 22, 39
Blankettatbestand **315a** 3, 24, 34, 36
eigenhändiges Delikt **315a** 2, 38
Eingriffe in den Bahn-, Schiffs- und Luftverkehr, gefährliche und ~ **315** 19 ff, 133; **315a** 22, 39
Einziehung **315a** 40
Entstehungsgeschichte **315a** Vor 1
Entziehung der Fahrerlaubnis **315a** 40
Fahrlässigkeit **315a** 35
Fahrunsicherheit
– Grenzwert absoluter ~ nach Alkoholkonsum **315a** 14 ff
– rauschmittelbedingte ~ **315a** 14
– Zustand der ~ **315a** 13
Fahrverbot **315a** 40
Fahrzeug, vom Täter selbst geführtes fremdes **315a** 30
Fahrzeugführen **315a** 6 ff
Gefährdungsdelikt **315a** 2
Irrtum **315a** 34
Konkurrenzen **315a** 39
Ordnungswidrigkeiten und ~ **315a** 39
Pflichtwidrigkeit, grobe **315a** 27 ff
Rechtsgut **315a** 1
Rechtsvorschriften zur Verkehrssicherung **315a** 25 f
Sonderdelikt **315a** 2, 38
Sonderpflichtiger **315a** 23
Statistik **315** 1
Störung öffentlicher Betriebe und ~ **316b** 10
Tätige Reue **315a** 37
Trunkenheit im Verkehr und ~ **316** 2, 165, 167, 253
Verfassungsmäßigkeit **315a** 24
Verkehr
– Arten **315a** 4
– auch privater ~ **315a** 4
Verstoß gegen Verkehrssicherungsvorschriften **315a** 21 ff
Versuch **315a** 36
Vorsatz **315a** 32 ff
Vorsatz-Fahrlässigkeits-Kombination **315a** 35

Gefährdung einer Entziehungskur
Anordnung, behördliche **323b** 10, 13
Anstalt **323b** 15
Anstaltsarzt **323b** 25, 28 f
Anstaltsleiter als Täter **323b** 8, 28
Beauftragter **323b** 25, 28
berauschende Mittel **323b** 16
Betäubungsmittelgesetz und ~ **323b** 38
Betreuer **323b** 11 f
Einwilligung des Untergebrachten **323b** 38
Entziehungskur **323b** 1, 15, 40
ohne Erlaubnis des Anstaltsleiters/Beauftragten **323b** 25 ff
Gefährdungsdelikt **323b** 5
Irrtum **323b** 27, 31
Konkurrenzen **323b** 38 ff
Minderjährige **323b** 11 ff
Mittäterschaft **323b** 35
Ordnungswidrigkeitenrecht und ~ **323b** 43
Putativnotstand **323b** 32
Rechtfertigung **323b** 29
Rechtsgut **323b** 4, 38
Rechtswidrigkeit **323b** 29
Selbstbegünstigung **323b** 36
Strafverfolgungsstatistik/-praxis **323b** 2
Strafzumessung **323b** 22, 37
Täterkreis **323b** 7 f, 35
Teilnahme **323b** 35 f
Überlassen von Rauschmitteln **323b** 20 ff
Unterbringung
– auf Grund behördlicher Anordnung **323b** 10, 13
– ohne Einwilligung **323b** 11 ff
Unterbringungsgesetze der Länder **323b** 4, 10
Untergebrachter **323b** 9 ff
Unterlassen **323b** 21
Verleiten zum Rauschmittelgenuß **323b** 23 f
Verschaffen von Rauschmitteln **323b** 17 ff
Vollendung und Versuch **323b** 33 f
Vollstreckungsvereitelung und ~ **323b** 8, 26, 39 ff
Vormund **323b** 11 ff
Vorsatz **323b** 30 f

Gefährdung schutzbedürftiger Gebiete
Abbau **329** 29 f, 38
Abfüllen **329** 21
Abgrabungen **329** 40 f
Anlage **329** 9
– betriebliche ~ **329** 24 f
Artenschutz **329** 44 f, 45
Aufschüttungen **329** 40 f
Auslandstat **N 5; 5** 57 ff
Bagatellfälle **329** 23, 39, 42 f, 50
Beeinträchtigung **329** 48 ff
– auf längere Zeit **N 330; 330** 9
– schwere ~ **N 330; 330** 7, 12, 15
Befördern **329** 27
Behandeln **329** 22b
Beschädigen von Pflanzen **329** 45a
Beseitigen von Gewässern **329** 41
besonders schwerer Fall **329** 57; **N 330; 330**
Betreiben einer Anlage **329** 8 f, 11, 17a, 23ff
Biosphärenreservat **329** 36
Bodenbestandteile **329** 39

Gefährdung schutzbedürftiger Gebiete (Forts.)
Bodenschätze **329** 38 f
Dauerdelikt **329** 57
Eignung zu nachhaltiger Beeinträchtigung **329** 18
Einziehung **329** 57; **330c**
Entfernen von Pflanzen **329** 45b
Entstehungsgeschichte **329** EntstG
Entwässern **329** 42
Errichten von Gebäuden **329** 46
Fahrlässigkeit **329** 56; **N 330**; **330** 4
Fangen von Tieren **329** 44c
Feuchtgebiete **329** 42
Gebiet, schutzbedürftiges **329** 3 f
Gefährdungsdelikt, abstraktes **329** 1
Gefahr
– einer Gesundheitsschädigung **N 330**
– Todesgefahr **N 330**; **330** 5
Gesundheitsschädigung, schwere **N 330**; **330** 3
Gewässer **329** 41
Gewässerverunreinigung und ~ **329** 1
Gewerbebetrieb **329** 30 f
Gewinnung von Bodenbestandteilen **329** 38
Heilquellenschutzgebiet **329** 16
Herstellen **329** 22a
immissionsschutzrechtlicher Tatbestand **329** 1, 3 ff
Irrtum **329** 55
Lagern **329** 20
Landschaftsbestandteile, geschützte **329** 36
Landschaftsschutzgebiet **329** 36
Leichtfertigkeit **N 330**; **330** 4
Luftverunreinigung und ~ **329** 1
Nachstellen von Tieren **329** 44b
Nationalpark **329** 35
Naturdenkmal **329** 36
Naturpark **329** 36
Naturschutzgebiet **329** 34
naturschutzrechtlicher Tatbestand **329** 1, 33 ff
Ordnungswidrigkeitenrecht und ~ **329** 1, 9, 13, 15, 26 f, 29, 36, 44, 44e, 51
Pflanzenart, besonders geschützte **329** 45
Rechtsgut **329** 2
Rechtswidrigkeit **329** 54
Roden von Wald **329** 43
Rohrleitungsanlage **329** 26 ff
Sachverständiger **329** 45
Schaffen von Gewässern **329** 41
Smogalarm, Bekanntgabe **329** 7, 10
Stoffe
– feste ~ **329** 32
– wassergefährdende ~ **329** 17 f, 28
Täter **329** 12
Tierart, besonders geschützte **329** 44 f
Tiergelege **329** 44e
Todesfolge **N 330**; **330** 3 f
Todesgefahr **N 330**; **330** 5
Töten von Tieren **329** 44d
Umschlagen **329** 22
Unerlaubter Umgang mit radioaktiven Stoffen etc. und ~ **329** 28
(keine) Unschädlichkeitsklausel **329** 14
Untersagungsverfügung **329** 16a
Verändern von Gewässern **329** 41
Verfassungsmäßigkeit **329** 44a
Verkehrsfahrzeuge **329** 13
Verletzungsdelikt **329** 1, 33
Versuch **329** 44b, 55
Verwaltungsrechtswidrigkeit **329** 10, 16a, 52
Verwenden **329** 22c
Vorsatz **329** 55; **N 330**; **330** 3
wasserrechtlicher Tatbestand **329** 1, 15 ff
Wasserschutzgebiet **329** 15
Gefährdung von Schiffen etc. durch Bannware
Anbordbelassen **297** 5
Anbordbringen **297** 4
Anbordnehmen **297** 4
Andeutungstheorie **297** 1
Bannware **297** 1, 9 f
Beendigung **297** 14
Beschlagnahmemöglichkeit **297** 11
(kein) Dauerdelikt **297** 14
Eigentumsdelikt **297** 1
Eignungsdelikt **297** 2, 13
Einziehungsmöglichkeit **297** 1
Entstehungsgeschichte **Vor 284ff** 8; **297** EntstG
Fahrzeugführer **297** 15, 18
Fahrzeughalter **297** 15, 17
Freiheit, persönliche als Rechtsgut **297** 1
Garantenstellung **297** 5
Gefährdungsdelikt
– abstraktes ~ **297** 2
– abstrakt-konkretes ~ **297** 2
– konkretes ~ **297** 2, 14
Gefahr der Beschlagnahme/Einziehung **297** 11
instrumentum sceleris **297** 9
Irrtum **297** 21
Konkurrenzen **297** 23
Konterbande **297** 1, 9 f
Kraftfahrzeug **297** 8
Kriminalstrafe, drohende **297** 13
Luftfahrzeug **297** 7
Rechtfertigungsgründe **297** 22
Rechtsgut **297** 1
Reeder **297** 15, 17
Schiff, deutsches **297** 6
Schiffsführer **297** 15, 18

Gefährdung von Schiffen etc. durch Bannware (Forts.)
(kein) Sonderdelikt **297** 4, 16
Täterkreis **297** 16 ff
Teilnahme **297** 20
Transportwesen, Rechtsgut **297** 1
Unterlassen **297** 5
Vollendung **297** 14
Vorsatz **297** 21
Wissen des Berechtigten **297** 15
Zollstrafe **297** 12
Gefährdung des Straßenverkehrs
actio libera in causa **315c** 65, 68
Affekte, asthenische **315c** 146
Auffahren, dichtes **315c** 92, 157
Augenblicksversagen **315c** 145
Auslandstat **Vor 3** 194
Autobahn **315c** 116
Bahnübergänge **315c** 111
Beendigung **315c** 196
Beinahe-Unfall **315c** 150, 152, 157
(kein) Dauerdelikt **Vor 52ff** 36; **315c** 196, 209 f
Drängeln **315c** 92, 157
Drogenabhängigkeit **315c** 63
Echorausch **315c** 63
eigenhändiges Delikt **315c** 2, 10, 23, 42, 201 ff
Eingriffe in den Straßenverkehr, gefährliche und ~ **315b** 14 f, 17, 32, 95; **315c** 211
Einwilligung **315c** 161, 169, 199
keine Einwilligung, rechtfertigende **Vor 32** 115
Einziehung **315c** 217
Entstehungsgeschichte **315c** Vor 1
Entziehung der Fahrerlaubnis **69** 80; **315c** 216
Fahren entgegen der Fahrtrichtung **315c** 120, 135, 143
Fahren, zu schnelles **315c** 106, 112, 135
Fahrlässigkeit **315c** 195
Fahrlehrer **315c** 42, 203
Fahrunsicherheit **315c** 44 ff
– geistiger Mangel **315c** 48 ff, 55 ff, 172, 189
– Grenzwert absoluter ~ **315c** 62
– körperlicher Mangel **315c** 48 ff, 53 f, 172, 189
– rauschmittelbedingte ~ **315c** 47, 51, 58 ff, 172, 175 ff, 189
Fahrverbot **315c** 216
Fahrzeug
– abgeschlepptes ~ **315c** 20, 38
– Begriff **315c** 7 ff
– liegengebliebenes ~, Nichtkenntlichmachen **315c** 121 ff, 135 f, 168, 205
– vom Täter selbst geführtes ~ **315c** 163 ff
Fahrzeugführen **315c** 10 ff
– Krafträder **315c** 29
– Mitführen von Fahrzeugen und ~ **315c** 14, 74
Fahrzeugführer, Begriff **315c** 35 ff
Falschfahren **315c** 104, 135
Fußgängerüberweg, Falschfahren am **315** 101 ff, 135 f, 158
Gefährdungsdelikt **315c** 2
Gefahr
– für fremde Sachen von bedeutendem Wert **315c** 162 ff
– konkrete ~ **315c** 150 ff
– für Leib/Leben eines anderen Menschen **315c** 150 ff, 159 ff
– für vom Täter selbst geführtes Fahrzeug **315c** 163 ff
Geisterfahrer **315c** 119, 157
Inkaufnahme des Risikos, bewußte **315c** 186
Irrtum **315c** 130
Kausalität **315c** 171
Konkurrenzen **315c** 207 ff
Kraftfahrstraße **315c** 116
Medikamente **315c** 51, 58
Mischintoxikation **315c** 58, 60
Nichtbeachtung der Vorfahrt **315c** 70 ff, 133, 135
Nichtkenntlichmachen liegengebliebenen/haltenden Fahrzeugs **315c** 121 ff, 135 f, 168, 205
Notstand **315c** 199
Ordnungswidrigkeiten und ~ **315c** 214
Pflichtdelikt, höchstpersönliches **315c** 202
Rauschmittel **315c** 59
Rechtsfahrgebot, Verletzung **315c** 114, 135
Rechtsgut **315c** 3, 207
Rechtswidrigkeit **315c** 199
Reformkritik **315c** 139
rücksichtsloses Verhalten **Einl** 4; **315c** 69, 131 ff, 137 ff, 195, 206
Rücktritt **315c** 115
Rückwärtsfahren auf Autobahn/Kraftfahrstraße **315c** 115, 119, 135
Schienenbahn im Straßenverkehr **315d**
Schuldfähigkeit **315c** 64 ff, 200
Sozialadäquanz **315c** 52
Statistik/praktische Bedeutung der Norm **315c** 1, 48, 70, 115
Stelle, unübersichtliche **315c** 107 ff
Straßenkreuzungen/-einmündungen **315c** 110
Straßenverkehrsrecht und ~ **315c** 124, 182, 206
Tätige Reue **315c** 198
(kein) Tatbestandsausschluß für Tatbeteiligte **315c** 160
Teilnahme **315c** 39, 160, 206

Gefährdung des Straßenverkehrs (Forts.)
Trunkenheit im Verkehr und ~ **315c** 58, 211; **316** 2, 165, 167, 253
Überholen, falsches **315c** 76 ff, 135 f
Überholvorgang, Falschfahren beim ~ **315c** 76 ff, 135
Übermüdung **315c** 57, 180
Unerlaubtes Entfernen vom Unfallort und ~ **315c** 211 f
Unterlassene Hilfeleistung und ~ **323c** 206
Unterlassungsdelikt, echtes **315c** 122
Unternehmensdelikt **315c** 115
verkehrswidriges Verhalten, grob ~ **315c** 69, 131 ff
Versuch **315c** 12, 197
Vollendung **315c** 196
Vorfahrt **315c** 71 ff
Vorsatz **315c** 149; **315c** 187 ff
Vorsatz-Fahrlässigkeits-Kombination **315c** 194
Wenden auf Autobahn/Kraftfahrstraße **315c** 115, 117 f, 135 f, 143

Gefährdungsdelikt
abstraktes ~
- Abfallbeseitigung, unzulässige **326** EntstG 5
- Absprachen, wettbewerbsbeschränkende **298** 11 f, 14
- Amtsanmaßung **132** 6
- Angestelltenbestechlichkeit/-bestechung **299** 9 f, 12, 47
- Angriffe auf den Luft- und Seeverkehr **316c** 2
- Aussagedelikte **Vor 153** 6
- Ausübung verbotener Prostitution **184a** 2
- Bankrott **283** 3 ff
- Bedrohung **241** 1
- Bildung bewaffneter Gruppen **N 127** 3
- Bildung krimineller Vereinigungen **129** 2, 65
- Brandstiftung, einfache **308** 1
- Brandstiftung, schwere **N 306a** 1; **306** 3
- Buchdelikte **Vor 283** 41; **283** 7
- Eingriffe in den Bahn-, Schiffs- und Luftverkehr, gefährliche **315** 2
- Eingriffe in den Straßenverkehr, gefährliche **315b** 2
- Förderung der Prostitution **180a** 11
- Friedensgefährdende Beziehungen **100** 1
- Gefährdung des Bahn-, Schiffs- und Luftverkehrs **315a** 2
- Gefährdung einer Entziehungskur **323b** 5
- Gefährdung schutzbedürftiger Gebiete **329** 1
- Gefährdung von Schiffen etc. durch Bannware **297** 2
- Geheimdienstliche Agententätigkeit **99** 1
- Gewaltdarstellung **131** 10
- Kapitalanlagebetrug **264a** 16, 94
- Kinderhandel **236** 24, 44
- Körperverletzung, gefährliche **224** 2 ff
- Kreditbetrug **265b** 12
- Luftverunreinigung **325** EntstG 4, 53
- Mißbrauch von Notrufen **145** 1
- Mißbrauch von Titeln, Berufsbezeichnungen und Abzeichen **132a** 1
- Öffentliche Aufforderung zu Straftaten **111** 5, 6a
- Schwangerschaftsabbruch, Inverkehrbringen von Mitteln zum **219b** 1
- Schwangerschaftsabbruch, Werbung **219a** 1
- Sexueller Mißbrauch von Kindern **176** 1
- Störung der Religionsausübung **167** 4
- Störung öffentlicher Betriebe **316b** 2
- Subventionsbetrug **264 a.F.** 15 ff, 139
- Tatortbestimmung **9** 20
- Trunkenheit im Verkehr **316** 2, 181
- Üble Nachrede **186** 10
- Unerlaubter Umgang mit gefährlichen Abfällen **326** 1
- Unerlaubter Umgang mit radioaktiven Stoffen etc. **328** 2
- Unerlaubtes Betreiben von Anlagen **327** 1
- Unerlaubtes Entfernen vom Unfallort **142** 1, 70, 112, 179
- Verbreiten von Propagandamitteln verfasungswidriger Organisationen **86** 1
- Verbreitung pornographischer Schriften **184** 3, 18
- Vergiftung, gemeingefährliche **N 314**; **319** 1
- Versicherungsbetrug/-mißbrauch **265 a.F.** 9
- Versuch **Vor 22** 94, 97 f; **22** 74
- Vertrauensbruch im auswärtigen Dienst **353a** 3 a
- Verwenden von Kennzeichen verfassungswidriger Organisationen **86a** 1, 7
- Volksverhetzung **130** 5
- Vortäuschen einer Straftat **145d** 1
- Zuhälterei **181a** 12

abstrakt-konkretes ~ *siehe auch Eignungsdelikt*
- Bankrott **283** 4 f
- Freisetzen ionisierender Strahlen **311d** EntstG, 1, 11, 13
- Gefährdung von Schiffen etc. durch Bannware **297** 2

Beendigung **Vor 22** 25 f
Beihilfe als ~ **27** 27 f
als Deliktstyp **Vor 13** 50

Gefährdungsdelikt (Forts.)
dolus eventualis **16** 95
Eignungsdelikt und ~ **166** 3 f
erfolgsqualifiziertes ~
– Tötungsdelikte und ~ **212** 40; **216** 21
konkretes ~ **Vor 22** 97; **315b** 2
– Abfallbeseitigung, unzulässige **326** EntstG 4
– Aussetzung **221** 4
– Beschädigung wichtiger Anlagen **318** 6
– Eingriffe in den Bahn-, Schiffs- und Luftverkehr, gefährliche **315** 2, 51
– Entziehung Minderjähriger **235** 81
– Fehlerhafte Herstellung einer kerntechnischen Anlage **311c** 1, 12, 15
– Gefährdung einer Entziehungskur **323b** 5
– Gefährdung von Schiffen etc. durch Bannware **297** 2, 14
– Geldwäsche **261** 12
– Herbeiführen einer Brandgefahr **310a** 1
– Herbeiführen einer Explosion durch Kernenergie **310b** 1
– Herbeiführen einer Sprengstoffexplosion **311** 1
– Herbeiführen einer Überschwemmung **312** 4; **N 313**
– Kinderhandel **236** 67
– Körperverletzung, gefährliche **224** 2 ff
– Lärmverursachung **325a** EntstG 3, 1
– Politische Verdächtigung **241a** 2, 11
– Raub, gefährlicher **N 250** 9
– Störung von Telekommunikationsanlagen **317** 6
– Tatortbestimmung **9** 20
– Unerlaubter Umgang mit radioaktiven Stoffen etc. **328** EntstG
– Unterlassene Hilfeleistung **323c** 20
– Verfassungsfeindliche Verunglimpfung von Verfassungsorganen **90a** 4
– Verletzung der Fürsorge- oder Erziehungspflicht **171** 3
– Verschleppung **234a** 17
– Volksverhetzung **130** 5
– Vollendung **Vor 22** 18
– Zwangsvollstreckungsvereitelung **288** 6, 26, 42
Mißbrauch ionisierender Strahlen **311a** 1
potentielles ~
– Anleitung zu Straftaten **130a** 5
– Bankrott **283** 5
– Beschimpfung von Bekenntnissen, Religionsgesellschaften und Weltanschauungsvereinigungen **166** 4
– Freisetzen ionisierender Strahlen **311d** 1, 11
– Friedensstörung durch Androhnung von Straftaten und ~ **126** 2, 9
– Gewässerverunreinigung **324** 39
– Lärmverursachung **325a** EntstG 2, 1
– Luftverunreinigung **Vor 324** 7d; **325** 1a, 74
– Unerlaubter Umgang mit radioaktiven Stoffen etc. **328** 2
– Volksverhetzung **130** 4
– Zwangsvollstreckungsvereitelung **288** 6, 26, 42
Sabotagehandlungen an Verteidigungsmitteln **109e** 9
subjektiv-generelles ~
– Vollrausch **323a** 60 ff, 66 ff, 156
Subsidiarität gegenüber Verletzungsdelikt **Vor 52ff** 102
Verjährung **78a** 11
Versuch **Vor 22** 94, 96 ff; **22** 74
Versuch und vorsätzliches ~ **Vor 22** 15
Veruntreuen von Arbeitsentgelt **266a** 72
Gefährdungstheorie **22** 83 f
Gefährlichkeit
des Täters, Prognose im Maßregelrecht **Vor 61ff** 40 ff; **63** 41 ff; **64** 68 ff; **66** 144 ff; **N 68c** 8; **68** 11
Gefährlichkeitstheorie **Vor 22** 90 f; **23** 57
beim Versuch **Vor 22** 68, 90 f
Gefängnisstrafe **Vor 38** 3, 30
Gefahr *siehe auch Gefährdung, siehe auch Gemeingefahr*
für die äußere Sicherheit **93** 14, 17, 27
Angriff und ~ **32** 31 f, 45, 126, 129
atomare ~ **311c** 12; **311d** 8; **326** 85
Augenblicksgefahr **32** 126
Begriff **315** 51; **323c** 42, 58
– Aussetzung **221** 6 f
– Notstand, rechtfertigender **34** 26
der Beschlagnahme/Einziehung
– Gefährdung von Schiffen etc. durch Bannware **297** 11
Dauergefahr
– Notstand **34** 36 f, 73; **35** 29
– Notwehr gegen ~ **32** 126, 129, 276
für Ehre
– Notstand **34** 22; **35** 10
für Eigentum
– Notstand **34** 22; **35** 10
der Entwicklungsschädigung
– körperlich/seelisch **225** 22, 24 f ; **235** 84; **236** 67, 71
– physisch **171** 11; **N 176a** 4
– psychisch **171** 12 ff; **N 176a** 4; **184b** 6; **235** 84
Explosionsgefahr **326** 83
Feuergefahr **326** 84
für Freiheit eines Dritten und übergesetzlicher entschuldigender Notstand **Vor 32** 215

Gefahr (Forts.)
für Freiheit **34** 22; **35** 9, 14 f
für fremde Sachen von bedeutendem Wert
– Freisetzen ionisierender Strahlen **N 311**
– Herbeiführen einer Brandgefahr **N 306f**
– Herbeiführen einer Explosion durch Kernenergie **310b** 3
– Herbeiführen einer Sprengstoffexplosion **N 308; 311** 5
– Herbeiführen einer Überschwemmung **N 313**
– Verursachen von Lärm, Erschütterungen und nichtionisierenden Strahlen **325a**
gegenwärtige ~
– Notstand **34** 36 ff; **35** 17 ff, 29
– Notwehr **32** 126
– Vergewaltigung **177** 11
der Gesundheitsschädigung **N 306a** 4
durch Gewalttätigkeit hervorgerufene ~ **N 113; 113** 60; **N 121; 121** 44; **N 125a** 1 f; **125a** 7
Jedermannsgefahr und Notstandslage **34** 38 f; **35** 18
konkrete ~
– besonders schwerer Fall einer Umweltstraftat **N 330; 330** 5
– Entwicklungsschädigung **171** 10
– Fehlerhafte Herstellung einer kerntechnischen Anlage **311c** 12
– Gefährdung des Bahn-, Schiffs- und Luftverkehrs **315a** 30
– Gefährdung des Straßenverkehrs **315c** 150 ff
– Gefährliche Eingriffe in den Straßenverkehr **315b** 64 ff
– Gewässerverunreinigung **324** 119 f
– kriminellen Lebenswandels **171** 16; **184b** 6
– Lärmverursachung **325a** 21 f, 35
– Politische Verdächtigung **241a** 11
– Prostitution **171** 16; **184b** 6
– Unerlaubter Umgang mit radioaktiven Stoffen etc. **328** 47 ff
eines Krieges *siehe Kriegsgefahr*
für Leib/Leben eines Menschen
– Baugefährdung **N 319; 323** 14 f
– Freisetzen ionisierender Strahlen **N 311**
– Herbeiführen einer Brandgefahr **N 306f**
– Herbeiführen einer Explosion durch Kernenergie **N 307; 310b** 3
– Herbeiführen einer Sprengstoffexplosion **N 308; 311** 5
– Herbeiführen einer Überschwemmung **N 313**
– Notstand **Vor 32** 215; **34** 22 ff; **35** 9 ff
– Raub **249** 11
– Vergewaltigung **177** 10
politischer Verfolgung
– Politische Verdächtigung **241a** 12
– Verschleppung **234a** 21 ff
rechtsstaatswidriger Schädigung durch Gewalt- oder Willkürmaßnahmen **234a** 30 ff
der Schwängerung **177** 18
einer schweren Gesundheitsschädigung
– Aussetzung **221** 5, 10
– Entziehung Minderjähriger **235** 83
– Gefährdung durch Freisetzen von Giften, schwere **330a** 10 f
– Gefangenenmeuterei **N 121**
– Herbeiführen einer Überschwemmung **N 313**
– Landfriedensbruch, schwerer **N 125a** 1 f
– Mißhandlung von Schutzbefohlenen, schwere **225** 22, 24 f
– Raub, schwerer **N 250; N 250** 9
– Schwangerschaftsabbruch **218** 65
– Sexuelle Nötigung/Vergewaltigung **N 177** 9
– Sexueller Mißbrauch von Kindern, schwerer **N 176a** 4
– Sexueller Mißbrauch widerstandsunfähiger Personen **N 179** 2
– Umweltstraftat, schwere **N 330a; 330** 5 f
– Widerstand gegen Vollstreckungsbeamte **N 113**
einer schweren Körperverletzung
– Gefangenenmeuterei **N 121; 121** 44
– Landfriedensbruch **N 125a** 1 f; **125a** 7
– Raub, schwerer **N 250** 9; **250** 25 f
– Widerstand gegen Vollstreckungsbeamte **N 113; 113** 60
eines schweren Nachteils **93** 14, 27; **94** 8 f; **95** 5; **97** 3; **97a** 3; **99** 19; **100a** 5 f
von Straftaten, weiteren
– Maßregelanordnung **64** 68 f; **N 68c** 7 f; **68** 9; **70** 35
der Tatbestandsverwirklichung beim Versuch **Vor 22** 97 f; **22** 83 ff, 100 ff, 110 ff
Todesgefahr *siehe Todesgefahr*
Umweltgefahr, schwere **326** 86
für Vermögen und Notstand **34** 38; **35** 10
des Vermögensverlusts für eine große Anzahl von Menschen und Betrug **263** 299
Gefahrgemeinschaft
Garantenpflicht **13** 25
Gefahrgut **328** 30; **330d** 4
Gefahrgutbeauftragter **328** 64
Gefahrstoffe **328** 23 ff
Gefahrstoffverordnung **326** 80 ff
Gefangenenbefreiung
Abschiebungshaft **120** 18
im Amt **120** 3, 33, 39ff, 50

Gefangenenbefreiung (Forts.)
Amtsträger **120** 3, 36, 39 ff
in Anstalt verwahrte Person **120** 18
Anstaltsarzt **120** 41
Arrestanten **120** 14
Aufsichtspflichtige **120** 32, 38
Auslieferungshaft **120** 14a
Beendigung **120** 45
Befreien **120** 25 ff
behördliche Anordnung der Verwahrung **120** 15
Beihilfe Außenstehender **120** 30, 31
Bewachungspflichtige **120** 32, 38
durch Täuschung **120** 34
Fördern des Entweichens **120** 2 f, 25, 29 ff, 49
Freigang **120** 23
Freiheitsentziehung, sachlich-rechtliche Richtigkeit **120** 20
Garantenstellung **120** 32 f, 38, 40 f
Gefangene der NATO-Truppen **120** 11
Gefangener
– Begriff **Vor 110** 5; **120** 11 ff, 23b
– Teilnahme **120** 35
Gefangenschaft
– Beendigung **120** 22
– Beginn **120** 21
– und Vollzugsgestaltung **120** 23 ff
gemeinschaftlich fliehende Gefangene **120** 35 f
Gewahrsam, behördlicher/staatlicher **120** 11 f, 20, 23a f
grundlos/unschuldig Inhaftierter **120** 20, 43a
Haftbefehl, pflichtwidrige Aufhebung **120** 42
Internierter
z 120 13, 14; **120** 13, 14
Irrtum **120** 43
Kettenbeihilfe **120** 31
Konkurrenzen **120** 52
Kriegsgefangener **120** 12, 13, 14
mittelbare Täterschaft **120** 28, 34
Notwehr und ~ **120** 20
für den öffentlichen Dienst besonders Verpflichteter **120** 3, 36, 39 ff
offener Vollzug **120** 23, 25
praktische Bedeutung **120** 1a
Qualifikation **120** 3
Rechtfertigung **120** 43a
Rechtsgut **Vor 3** 176 f; **120** 1 f, 4, 6, 14a, 23b
Rücktritt **120** 51
Selbstbefreiung **120** 2a, 31, 34, 35 f
Sicherungsverwahrter **120** 18
Strafgefangener **120** 14
Strafvereitelung und ~ **120** 29, 42, 45
Täter **120** 34
Teilnahme **120** 30 f, 35 ff
– Außenstehender **120** 3, 30 f, 37
– von Garanten **120** 38
– des Gefangenen/Verwahrten **120** 35 f
– notwendige ~ **Vor 26** 34
– Teilnahmeformen, verselbständigte **120** 2a, 25, 28, 38
Untergebrachter **120** 17 f
– in Sicherheitsverwahrung ~ **120** 17 f
– in sozialtherapeutischer Anstalt ~ **120** 17
Unterlassen **120** 27, 29, 32 f
Untersuchungsgefangener **120** 14
Urlaub des Gefangenen **120** 23
Verleiten zum Entweichen **120** 2 f, 25, 28, 47 f
Versuch **120** 5, 28, 46 ff
Verwahrte **120** 4, 12, 16 f
Verwahrung
– Beendigung **120** 22
– Beginn **120** 21
Vollendung **120** 44
Vollstreckungshilfehaft **120** 14 f
vorläufig Festgenommener **120** 14, 21
Vorsatz **120** 43
zwangsweise Vorgeführter **120** 14
Gefangenenbuch 271 8, 54
Gefangenenmeuterei
Amtsträger als Angriffsobjekt **121** 22
Angriff, tätlicher **121** 21, 30
Anstaltsbeamter als Angriffsobjekt **121** 22
Arbeitsniederlegung/-streik **121** 26
Aufruhrdelikt **121** 2
Ausbrechen, gewaltsames **121** 31 ff
Ausbruchshilfe **121** 31, 38
Außenseiter **121** 9
– Teilnahme **121** 9, 37
Beauftragte, sonstige **121** 23
Beisichführen
– einer Schußwaffe **121** 42
– einer sonstigen Waffe in Gebrauchsabsicht **121** 43
besonders schwerer Fall **121** 1, 41 ff
Gefahr, durch Gewalttätigkeit hervorgerufene **121** 44
Gefangener, Begriff **121** 5, 6
geschlossenes Auftreten **121** 11
Gesundheitsschädigung, Gefahr schwerer ~ **N 121**
Gewalt **121** 26
Gewalttätigkeit **121** 44
Handlungseinheit, tatbestandliche **Vor 52ff** 24
Körperverletzung, Gefahr schwerer **N 121**; **121** 44
Konkurrenzen **121** 48 ff

Gefangenenmeuterei (Forts.)
Kriegsgefangener **121** 8
Mittäterschaft **121** 4, 14
Nötigen **121** 21, 25 ff
Nötigung und ~ **121** 49
Nötigungserfolg **121** 28
Rechtsgut **121** 2, 10
Rechtspflegestatistik **121** 1a
rechtswidrige Absicht **121** 13
Rechtswidrigkeit **121** 29
Selbstbefreiung **121** 2, 3
Sonderdelikt **121** 4
Täter **121** 10
Teilnahme **121** 9, 37
Todesgefahr **121** 44
Untergebrachter **121** 6 ff
Unterlassen **121** 30
vereinte Kräfte **121** 19 f
Versuch **121** 1, 40; **121** 35
Vollendung **121** 28, 35, 40
Vorsatz **121** 39, 46
(Schuß-)Waffe, Beisichführen **121** 42, 43
Widerstand gegen Vollstreckungsbeamte und ~ **121** 49
Zusammenrotten **121** 11 ff
Gefangener *siehe auch Kriegsgefangener; siehe auch Strafgefangener; siehe auch Untersuchungsgefangener*
Begriff **120** 11 ff, 23b; **121** 5
Beleidigung durch Briefe ~ **32** 178
Sexueller Mißbrauch von Gefangenen u.a. *siehe dort*
Gefangenschaft
Begriff **Vor 110** 5
Gegenbeleidigung **199** 4
Gegenstände
kultureller Bedeutung **243** 26 ff; **304** 9 ff
religiöser Verehrung **243** 25; **304** 4
Gegenwärtigkeit
des Angriffs **32** 112 ff
Geheimbündelei **Vor 80** 13
Geheimhaltungspflicht, Verletzung besonderer
Amtliche Stelle, Verpflichtung durch **353b** 46 f
Amtsfähigkeit, Verlust als Nebenfolge **353b** 59; **358** 1 ff
Bekanntmachung, öffentliche **353b** 53
DDR-Alttaten **353b** 60
DDR-Recht **353b** 60
Dienstgeheimnisverletzung und ~ **353b** 42, 58
Entstehungsgeschichte **353b** EntstG
Ermächtigung zur Strafverfolgung **353b** 57
förmliche Verpflichtung **353b** 46 ff
Gefährdung wichtiger öffentlicher Interessen **353b** 53
Gegenstände **353b** 51 f
Geheimnis, illegales **353b** 54
Gelangenlassen **353b** 53
Informationsinteresse der Öffentlichkeit, Spannungsverhältnis **353b** 1
Konkurrenzen **353b** 42, 58
Nachrichten **353b** 51 ff
Rechtfertigung **353b** 54
Schutzgut **353b** 2
Sonderdelikt, echtes **353b** 42
Täter **353b** 43 ff
Teilnahme **353b** 56
Versuch **353b** 56
Vorsatz **353b** 55
Geheimnis
amtshilfefestes ~ **203** 152
Bagatellgeheimnis **203** 27
Bankgeheimnis **203** 71, 120
Begriff **203** 19
Betriebs- und Geschäftsgeheimnis *siehe dort*
Briefgeheimnis *siehe Briefgeheimnis, Verletzung*
Dienstgeheimnis *siehe Dienstgeheimnis, Verletzung*
diplomatisches ~ **93** Vor 1, 13
Drittgeheimnis **203** 33, 39, 99; **205** 6
Euratom-Geheimnis **93** 18, 24; **94** 3, 20; **96** 2; **97** 13; **97a** 2; **98** 8; **99** 11
fremdes ~ *siehe auch Verwertung fremder Geheimnisse* **203** 30 ff, 97, 121
Geheimnispreisgabe bei Untreue **266** 146
gemeinschaftliches ~ **203** 30; **203** 30, 98
illegales ~ *siehe auch Staatsgeheimnis, illegales* **353b** 35, 54; **353d** 18
militärisches ~ **Vor 80** 3; **Vor 93** 1, 8; **93** Vor 1, 9, 18
NATO-Geheimnis **94** 10, 20; **96** 2; **97** 13; **98** 8; **99** 10
„offenes" ~ **203** 22
Privatgeheimnis *siehe auch Privatgeheimnisse, Verletzung* **203** 14 ff, 20, 32
Sozialgeheimnis **203** 124, 146, 153
Staatsgeheimnis *siehe dort*
Statistikgeheimnis **203** 50
Steuergeheimnis **203** 138, 153
vermögenswertes ~ **203** 20, 103, 105, 117
Geheimnisbruch *siehe Briefgeheimnis, Verletzung; siehe Post- und Fernmeldegeheimnis, Verletzung; siehe Privatgeheimnisse, Verletzung; siehe Vertraulichkeit des Wortes, Verletzung; siehe Verwertung fremder Geheimnisse*
Geheimnisschutz
Kapitalanlagebetrug und ~ **264a** 69
Geheimnisträger **Vor 201** 6
Gehilfe *siehe Beihilfe*

Gehör
Verlust als schwere Folge **226** 11
Gehör, rechtliches
Nichtgewährung ~ und Rechtsbeugung **339** 45
Geiselnahme
Anzeigepflicht **N 138; 239b** 17
Auslandstat **239b** 17
Ausnutzung der Bemächtigungs-/Entführungslage **239b** 8 f, 11
DDR-Recht **239b** 18
Delikt, unvollkommen zweiaktiges **239b** 1
Dreiecksverhältnis **239b** 8 f
Drohung
– mit Freiheitsberaubung, langandauernder **239b** 3 f
– mit Körperverletzung, schwerer **239b** 3, 5
– mit dem Tod **239b** 3, 5
– mit Unterlassen **239b** 5
Einverstandensein, tatbetandsausschließendes **Vor 32** 115
Entführen **239a** 5 f, 9; **239b** 2
Entstehungsgeschichte **239b** EntstG
Freiheit, persönliche **239b** 1
Freiheitsberaubung und ~ **239b** 3
Freiheitsentziehung, langandauernde **239b** 4
Führungsaufsicht **68** 3; **239c**
als Katalogtat **239b** 17
Konkurrenzen **239b** 16
Menschenraub, erpresserischer und ~ **239a** 1, 11, 15, 41; **239b** 1, 16
minder schwerer Fall **239b** 15
Nötigung und ~ **239b** 3, 16
Nötigungsabsicht **239b** 3, 6
Nötigungsadressat **239b** 7 f
Rechtsgut **239b** 1
Sichbemächtigen **239a** 7 ff; **239b** 2
Strafverfolgung, völkerrechtliche Vereinbarungen **Vor 3** 84 ff
Tätige Reue **239b** 14 f
Todesfolge **239b** 12, 15
Tötungsdelikte und ~ **212** 44
Unversehrtheit, körperliche als Rechtsgut **239b** 1
Vergewaltigung und ~ **177** 22
Vollendung **239b** 11
Zwei-Personen-Verhältnis **239b** EntstG, 8
Zwischenlage, stabile **239b** 8
Geisterfahrer **315b** 31, 45; **315c** 119, 120, 157
Geisteskranker
Einwilligung, rechtfertigende durch Dritte **Vor 32** 117
Notwehr gegen Geisteskranken **32** 26, 32, 63, 235 f, 309
Selbsttötung, Veranlassung/Unterstützung **25** 125 ff
als Tatmittler **25** 118
Geisteskrankheit
bei Ehrträgern **Vor 185** 17
Geistiger Meinungskampf **193** 20
Geistigkeitstheorie
Urkundenfälschung **267** 28 ff, 43, 132, 160
Geistliche
Beichtgeheimnis und Anzeigepflicht **139** 5 ff; **Vor 166** 13
Gelangenlassen
pornographischer Schriften an einen anderen **184** 37
Geld
Begriff **146** 4 ff
fremder Währungen **146** 4; **152** 2
Verlust der Geldeigenschaft **146** 5 f
Geldautomatenmißbrauch
Computerbetrug **263a** 3, 7, 21, 47 ff
Erschleichen von Leistungen **265a a.F.** 18, 40
Mißbrauch von Scheck- und Kreditkarten **266b** 10 ff, 34
Geldbuße
als Disziplinarmaßnahme **Vor 38** 78
Geldstrafe und ~ **Vor 38** 75 f
Gelddarlehen
Kreditbetrug **265b** 38 f, 107
Geldfälschung
Absicht des Inverkehrbringens **146** 15, 21, 25
Anschein echten Geldes **146** 6
Anzeigepflicht **138** 8; **Vor 146** 9
Auslandstat **6** 50 f; **Vor 146** 8; **149** 2
bandenmäßige Begehung **146** 33; **150** 1
Bildung krimineller Vereinigungen **129** 6
DDR-Alttaten **146** 36
Einziehung **150** 1 ff
Entstehungsgeschichte **Vor 146** 1 ff
Euroumstellung **146** 4a f, 5
Falschmünzerei **Vor 146** 7; **146** 6 ff
Geld
– Begriff **146** 4 ff
– fremder Währungen **146** 4; **152** 2
– Verlust der Geldeigenschaft **146** 5 f
gewerbsmäßige Begehung **146** 32; **150** 1
Handlungseinheit **146** 18
Inverkehrbringen
– Begriff **146** 12 ff, 23 f
– von Falschgeld und Geldfälschung **147** 1
Irrtum **146** 16; **152** 3
Karlsruher Münzskandal **146** 10
Katalogtat **Vor 129** 7; **129** 6
Konkurrenzen **146** 28, 35; **149** 7
minder schwerer Fall **146** 34
Mittäterschaft **146** 29, 33
Münzverfälschung **146** 11
Nachmachen von echtem Geld **146** 6 ff
Ordnungswidrigkeitenrecht und ~ **Vor 146** 9; **146** 9; **149** 1

Geldfälschung (Forts.)
Papier, zur ~ geeignetes **149** 4
Phantasieprodukte **146** 6, 16; **152** 2
Rechtsgut **Vor 3** 178; **Vor 146** 6
Rücktritt **146** 18 f, 30; **149** 2, 8 ff
Sammlerwert **Vor 146** 7; **146** 8
Scheinkäufer **146** 27
Sichverschaffen **146** 20
Sondermünzen **146** 4c
Systemnoten/-münzen **146** 7 f
Tätige Reue **149** 7
Täuschungseignung **146** 6, 17
Teilnahme **146** 20, 29, 32; **147** 4, 8
Urkundenfälschung und ~ **Vor 146** 7; **146** 6, 8, 35; **267** 293
Verdeckter Ermittler **146** 27
Verfälschen von echtem Geld **146** 11
Verfall, erweiterter **150** 1 ff
Vermögensstrafe **150** 1 ff
Versuch **146** 11, 13, 17, 26 f; **149** 1
Vollendung **22** 19; **146** 18, 22, 26
Volltatbestand **146** 2 f, 23 ff
Vorbereitung einer ~ **149** 1 ff
Vorrichtungen, zur ~ geeignete **149** 3
Vorsatz **146** 16, 21, 25; **149** 6
Weitergabe an Eingeweihten **146** 14, 24
Weltrechtsprinzip **Vor 146** 8
Wertzeichenfälschung und ~ **148** 1a, 17
Geldforderungen
Kreditbetrug **265b** 43 f, 47, 107
Geldkarte *siehe Fälschung von Zahlungskarten und Vordrucken für Euroschecks; siehe Mißbrauch von Scheck- und Kreditkarten*
Geldspielautomaten
Glücksspiel, unerlaubtes **284** 14; **285** 4; **286** 7 f
Geldstrafe
keine Abtretung **Vor 40** 24
als anonyme Strafe **Vor 40** 46
Anrechnung **51** 30, 35, 53
Anwendungsbereich, erweiterter **47** 7
keine Aufrechnung **Vor 40** 24
keine Aussetzung des Strafrestes **57** 5
als autonome Sanktion **Vor 40** 2
Beitreibung, kein Verzicht auf **Vor 40** 22
Bemessung der ~ *siehe auch Geldstrafe – Tagessatzsystem* **47** 32 ff
DDR-Recht **Vor 38** 89, 96; **Vor 40** 64
Drittwirkung der ~ **Vor 40** 29
Einigungsvertrag, Anpassungsregelungen **Vor 38** 123
Einkommen des Täters
– einkommensschwache Täter **Vor 40** 48; **40** 34 ff
– Nettoeinkommen an einem Tag **40** 52
– Nettoeinkommen, Abweichungen vom **40** 53 ff
– Nettoeinkommen, durchschnittliches **40** 50
– Nettoeinkommensprinzip **40** 21, 25 ff
– potentielles ~ **40** 49
– Zeitpunkt **40** 51
Ersatzfreiheitsstrafe *siehe dort*
Fälligkeit, sofortige **42** 5
Freiheitsstrafe und ~
– aliud **Vor 40** 2
– Gesamtstrafenbildung **Vor 40** 36
– hypothetische Freiheitsstrafe als Maßstab **40** 10 f
– kumulative Androhung **Vor 38** 34
– Nebeneinander **Vor 38** 34
– Unerläßlichkeit kurzer Freiheitsstrafe **Vor 40** 34; **47** 13 ff
– Vergleich der Schwere **2** 25; **Vor 38** 39; **Vor 40** 1, 33 ff
– Vorrang der Geldstrafe **Vor 40** 1; **46** 265; **47** 1
– Wahlandrohung **Vor 40** 39 ff
– Wahlmöglichkeit **Vor 40** 35
neben Freiheitsstrafe
– Alternativitätsgrundsatz, Durchbrechung **41** 3
– Ausnahmecharakter der Vorschrift **41** 5
– Bereicherung(sversuch) **41** 6 ff
– DDR-Recht **41** 29
– Doppelverwertungsverbot **41** 18
– Ermessen des Tatrichters **41** 16
– Flexibilisierung der Auswahl der Strafen **41** 21 ff
– Gewinnabschöpfung **41** 1, 20
– Konkurrenzen **41** 13 ff
– kriminalpolitische Kritik **41** 4
– kriminalpolitischer Hintergrund **41** 1
– persönliche/wirtschaftliche Verhältnisse des Täters **41** 11 f, 17
– spezialpräventive Gesichtspunkte **41** 10 ff
– Strafaussetzung zur Bewährung **56** 2, 4
– als Strafrahmenerweiterung **41** 19, 31
– Verfahrensrecht **41** 25 ff
– Vermögensstrafe **41** 1, 24
– Vorsatz **41** 9
– Wirkungen der Vorschrift **41** 17 ff
und Freiheitsstrafe, Gesamtstrafenbildung **53** 15 ff
Geldleistungsstrafe **Vor 38** 64
Geltung der Geldstrafenregelung für sonstige Strafvorschriften **Vor 40** 63
gemeinnützige Arbeit statt ~ **Vor 38** 64
Generalprävention **40** 7
Gesamtgeldstrafe **40** 3, 67
Gesamtstrafenbildung, nachträgliche **55** 35 ff

Geldstrafe (Forts.)
Gewinnabschöpfung und ~ **Vor 40** 49; **40** 66; **41** 1, 20
als Hauptstrafe am Vermögen **Vor 40** 42
als Hauptstrafe **Vor 38** 3, 34
Höchstpersönlichkeit der ~ **Vor 40** 26
Kriminal-/Rechtspflegestatistik **Einl** 82
kumulative ~ *siehe Geldstrafe neben Freiheitsstrafe*
Laufzeitgeldstrafe **40** 10, 44; **42** 5
Leistungspflicht des Verurteilten, höchstpersönliche **Vor 40** 27
mehrere verwirkte Geldstrafen, obligatorische Gesamtstrafenbildung **53** 13
als öffentliche Kriminalstrafe **Vor 40** 20
ökonomisches Strafmittel **Vor 40** 47
Opfergleichheitsgrundsatz **Vor 40** 52
persönliche/wirtschaftliche Verhältnisse des Täters **Vor 40** 41, 51 f; **40** 5, 19
Pflicht zur Vollstreckung, öffentliche **Vor 40** 21
Rechtsgeschichte **Vor 40** 3 ff
Rechtsmittelverfahren
– Anfechtbarkeit einzelner Strafzumessungsakte **40** 78 ff
– Revisionsverfahren **40** 81 ff
Reihenfolge der Anrechnung **Vor 40** 25
soziale Ausgewogenheit **Vor 40** 43, 45, 48
Spezialprävention **40** 7
zugunsten Staatskasse **Vor 40** 61
Statistische Daten zur ~ **Vor 38** 40, 62; **Vor 40** 1, 65
steuerrechtliche Behandlung **Vor 40** 62
keine Strafaussetzung zur Bewährung **56** 4
Strafbarkeit der Zahlung fremder Geldstrafe **Vor 40** 32; **47** 25
Strafempfänglichkeit des Täters **Vor 40** 51
Strafempfindlichkeit des Täters **Vor 40** 51
Strafrechtsreform **Einl** 82
Strafübel der ~ **Vor 40** 44 f
Strafzumessung *siehe auch Geldstrafe – Tagessatzsystem*
– allgemeine Grundsätze, Geltung **40** 2
– im engeren Sinne **Vor 40** 51
– Opfergleichheitsgrundsatz **Vor 40** 52
– präventive Gesichtspunkte **40** 6 f
– Regelsätze/Richtlinien **40** 12
– Zahlungserleichterungen **Vor 40** 53
– Zweiaktigkeit **Vor 40** 50 ff; **40** 1 ff
als Surrogat für kurze Freiheitsstrafen **Vor 38** 40; **43** 1 f
Tagessatz
– Anzahl, Festsetzung **Vor 40** 51; **40** 2 ff
– Anzahl, Mindest-/Höchstzahl **40** 3 f
– Bedeutung einer etwaigen Freiheitsstrafe für die Bemessung **40** 8 ff
– Ersatzfreiheitsstrafe, Umrechnungsschlüssel **43** 1, 5 ff
– Höhe, Bemessung **40** 17 ff; **46** 44
– Höhe, Bemessungsgrundlagen **40** 68 ff
– Höhe, Ermessen des Tatrichters **40** 20 ff
– Höhe, Festsetzung **Vor 40** 52; **40** 13 ff
– Höhe, Höchstmaß **Vor 40** 13; **40** 16
– Höhe, Mindestmaß **Vor 40** 12
Tagessatzsystem **Einl** 82; **Vor 40** 8, 9 ff, 45; **40** 1 ff
– Anzahl der Tagessätze, Bedeutung einer Freiheitsstrafe **40** 10 f
– Durchbrechungen **Vor 40** 16
– Einkommensgruppen, verschiedene **40** 29 ff
– Entstehungsgeschichte **40** EntstG
– hypothetische Höhe einer Freiheitsstrafe **40** 10 f
– Nachteile **Vor 40** 11, 15
– Nettoeinkommensprinzip **40** 21, 25 ff
– Rechtsprechung **Vor 40** 17
– Rechtsvergleich **Vor 40** 19
– Strafquanten **40** 9
– Vorteile **Vor 40** 10, 14
– wirtschaftliche Verhältnisse des Täters **Vor 40** 41, 51 f; **40** 5, 18 ff
– Zeitquanten **40** 9
Tatmehrheit und ~ **40** 67 ff
Überbürdung der wirtschaftlichen Einbuße **Vor 40** 28
Uneinbringlichkeit *siehe Ersatzfreiheitsstrafe*
Verfahrensrecht **40** 76 ff
kein Vergleich **Vor 40** 24
Verwarnung mit Strafvorbehalt bei ~ **59** 2
neben Verwarnung mit Strafvorbehalt **59** 3
keine Verzugszinsen **Vor 40** 25
Vollstreckung **Vor 40** 23
Vorrang gegenüber der Freiheitsstrafe **Vor 40** 1; **46** 265; **47** 1
währungsrechtliche Fragen **Vor 40** 54 ff
Wahlandrohung von Freiheitsstrafe und ~ **Vor 40** 39 ff
Wesen **Vor 40** 20 ff
Zahlung einer fremden ~, strafbare **Vor 40** 30 ff
Zahlungserleichterungen **Vor 40** 53; **42** 1 ff
– Ausschluß von ~ **42** 6
– DDR-Recht **42** 27
– Entstehungsgeschichte der Vorschrift **42** EntstG
– Gebotenheit der Prüfung **42** 2
– Geltungsbereich der Vorschrift **42** 16 f
– Opferinteressen, Berücksichtigung **42** 10
– persönliche/wirtschaftliche Verhältnisse des Täters **42** 4, 6

Geldstrafe (Forts.)
- Rechtsfolgen **42** 12 ff
- Rechtsmittelverfahren **42** 21 ff
- Tagessatzanzahl/-höhe, abgeschlossene Festsetzung **42** 3
- tatrichterliches Urteil **42** 18 ff
- Unzumutbarkeit sofortiger Zahlung **42** 4, 7 ff
- Verschlechterungsverbot **42** 23
- Vollstreckungsrecht, Verhältnis **42** 24 f
- zwingender Charakter der Vorschrift **42** 11

Zusatzgeldstrafe *siehe Geldstrafe neben Freiheitsstrafe*

Geldverkehr
Sicherheit/Funktionsfähigkeit als geschütztes Rechtsgut **Vor 146** 6

Geldwäsche N 261
Abschöpfen illegal erlangter Vermögenswerte **261** 1 f
Absehen von Strafe **261** 25
Anzeige durch Täter/Tatbeteiligten **261** 24
Anzeigepflicht **203** 120
Aufdecken der Tat **261** 25
bandenmäßige Begehung **N 261** 7; **261** 2
Begriff **N 261** 2
besonders schwerer Fall **N 261**; **261** 20
Betäubungsmittelkriminalität und ~ **N 261**; **261** 6, 10
Bildung krimineller Vereinigungen **129** 6
Einziehung **N 261** 14; **261** 22
Entstehungsgeschichte **Vor 257ff** 2; **N 261** EntstG; **261** EntstG, 1
Erfolgsdelikt **261** 12
Erlangen durch Dritten ohne Straftat **N 261** 13; **261** 15
Führungsaufsicht **68** 3; **262**
Gefährdung des staatlichen Zugriffs **N 261** 6; **261** 12
Gefährdungsdelikt, konkretes **N 261** 10; **261** 12
Gegenstand, bemakelter **N 261** 4; **261** 7
gewerbsmäßige Begehung **N 261** 7; **261** 22
durch Glücksspielveranstaltung **Vor 284-287** 6
Herrühren **N 261** 5; **261** 8 ff
internationale Abkommen **N 261** EntstG; **261** 1
Irrtum **261** 16
Katalogtaten **N 261** 7; **261** 6 f
Konkurrenzen **N 261** 17; **261** 26
Kronzeugenregelung **261** 25
leichtfertige ~ **N 261** 12; **261** 17 f, 21, 24
Mitglied krimineller Vereinigung **261** 6
Offenbarung, freiwillige **261** 25
Organisierte Kriminalität, Bekämpfung **Vor 129** 7, 10; **261** 1 ff
Rechtsgut **N 261** 1; **261** 4
Rechtspflege, staatliche als Rechtsgut **261** 4
Selbstbegünstigung, straflose **N 261** 16
Sicherheit, innere als Rechtsgut **N 261** 1
Sichverschaffen **261** 13 f
Strafaufhebungsgrund **261** 24
Strafe **261** 20 f
Strafmilderung **261** 25
Surrogate **261** 8
Täter **261** 6
Tätige Reue **261** 23
Verbergen **261** 12
Vereitelung des staatlichen Zugriffs **261** 12
Verfall, erweiterter **N 261** 14; **261** 22
Verfassungsmäßigkeit **261** 9
Vermögensstrafe **N 261** 14; **261** 22
Verschaffen, sich oder einem Dritten **261** 13 f
Verschleiern der Herkunft **261** 12
Versuch **N 261** 10; **261** 19
Verteidigerhonorar **N 261** 8
Verwahren **261** 13 f
Verwenden, für sich oder Dritten **261** 13 f
Vollendung **22** 19
Vorsatz **N 261** 9; **261** 16
Vortäter als Täter **261** 6
Vortat **N 261** 7; **261** 5 f
- Auslandstat als ~ **N 261** 15; **261** 10
- Katalogtaten **N 261** 7; **261** 6

Vortatbeteiligter als Täter **N 261** 16

Gelegenheitsbeistand/-verteidiger
Parteiverrat **356** 24

Gelegenheitstäter
Hangtäter, Abgrenzung **66** 72 f

Geltung
Begriff **3** 3

Geltungswert
personaler und sozialer ~ **Vor 185** 9, 11, 21

Gemeindekassenrendant
Untreue **266** 121

Gemeinderat
Untreue **266** 121

Gemeindesatzung
Gesetz und ~ **1** 33

Gemeingebrauch
von Gewässern **324** 96
als notwehrfähiges Gut **32** 181

Gemeingefährdung, fahrlässige 320 1 ff
Todesfolge **320** 6

Gemeingefahr
Abfallbeseitigung, umweltgefährdende **326** 2
Ausnutzen einer ~, besonders schwerer Fall des Diebstahls **243** 31, 34
Eingriffe in den Bahn-, Schiffs- und Luftverkehr, gefährliche **315** 3 f, 67, 72 f, 82
Eingriffe in den Straßenverkehr, gefährliche **315b** 70, 72, 74

Gemeingefahr (Forts.)
Herbeiführen einer Überschwemmung **312** 1, 4, 11; **N 313**; **313** 2
Hilfeleistung, unterlassene **323c** 33, 58 ff
Mißbrauch von Notrufen **145** 2
Tötung mit gemeingefährlichen Mitteln **211** 57 f, 64, 72
Versicherungsmißbrauch/-betrug **265 a.F.** 6 ff, 46
Gemeinsamer Ausschuß
parlamentarische Äußerungen/Berichte, Straflosigkeit **36** 30, 33
Gemeinschädliche Sachbeschädigung *siehe Sachbeschädigung, gemeinschädliche*
Gemeinschaft, häusliche
Garantenstellung der Mitglieder **13** 23 ff
Haus- und Familienbetrug **263** 303
Haus- und Familiendiebstahl **247** 6 f
Gemeinschaftliche Tatbegehung *siehe Mittäterschaft*
Gemeinschaftsfrieden
als Rechtsgut **111** 5; **114** 1; **130a** 5
Gemeinschuldner
Untreue **266** 47, 69 f
Gemütsbewegung *siehe Affekt*
Genehmigung
behördliche ~
– Aufhebung **Vor 32** 166
– fehlerhafte ~ **Vor 32** 162 ff
– Handeln ohne ~ **330d** 6 f
– Individualrechtsgüter, verletzte und ~ **Vor 32** 168
– mit Nebenbestimmungen **Vor 32** 167
– rechtfertigende ~ **Vor 32** 160
– rechtsmißbräuchlich erlangte ~ **Vor 32** 164
– als Straflosigkeitsbedingung **Vor 32** 161
– tatbestandausschließende ~ **Vor 32** 160
des Dienstvorgesetzten für Offenbaren von Dienstgeheimnissen **353b** 30 ff
Genehmigungsfähigkeit
Rechtswirkung bloßer ~ **Vor 32** 169
Generalbundesanwalt
Zuständigkeit für Strafverfolgung **Vor 93** 10; **102** 6; **105** 27; **129** 96; **129a** 54
Generalexekution *siehe Gesamtvollstreckungsverfahren*
Generalklauseln
Bestimmtheitsgebot und ~ **1** 45 ff
Generalprävention Einl 25, 30 ff
Fahrverbot **44** 30
Freiheitsstrafe, kurze **47** 15 f
Freiheitsstrafe, lebenslange und ~ **38** 37
Geldstrafe und ~ **40** 7
Rücktritt vom Versuch und ~ **24** 16
Schuld und ~ **Vor 32** 182a ff
Spezialprävention, Verhältnis **46** 40
Strafaussetzung zur Bewährung und ~ **Vor 38** 37; **56** 49
Strafzumessung und ~ **Vor 46ff** 29; **46** 30 ff, 244
als Strafzweck **Vor 46ff** 26, 29
Versuchsstrafbarkeit und ~ **Vor 22** 82, 95; **22** 73, 80
Verwarnung mit Strafvorbehalt **59** 15
Generalstreik *siehe Streik*
Genossenschaft
Bilanzierungsfristen **283** 147
Insolvenzanfälligkeit **Vor 283** 20
Konkursstraftaten, Täter **Vor 283** 64
Untreue **266** 49, 60, 77, 95, 123
Genozid *siehe Völkermord*
Genugtuung
Genugtuungsfunktion von Bewährungsauflagen **56b** 1 f
kein selbständiger Strafzweck **46** 51
Gerät, technisches 268 13 f
Gerücht
Verbreiten **186** 8
Gerechtigkeitsgebot, allgemeines
Strafzumessung und ~ **46** 41 f, 274
Gericht
Aussage vor ~ **153** 5
als Behörde **11** 101
Eid vor ~ **154** 8
Kollegialgericht **339** 34, 108 f, 115, 127
Partei(schieds)gericht **339** 24
als Partei, Parteiverrat **356** 43
Schiedsgericht **339** 24
Standgericht im Nationalsozialismus **339** 11 ff, 58, 97, 115, 127, 131 f
Gerichtshilfe
Parteiverrat **356** 26
Gerichtsort
Recht des Gerichtsorts **Vor 3** 378, 381
Gerichtsverhandlungen, verbotene Mitteilungen
Beendigung des Verfahrens **353d** 53
Bußgeldverfahren **353d** 40 f
DDR-Recht **353d** 68
Disziplinarverfahren **353d** 40, 42
Gefährdung der Staatssicherheit **353d** 3
Genehmigung **353d** 61
Gerichtsentscheidungen, Veröffentlichung **353d** 62
Konkurrenzen **353d** 65
Medienberichterstattung **353d** 9 f, 12, 56, 60
Mitteilungsverbote, gesetzliche **353d** 2 ff
nichtöffentliche Verhandlung **353d** 2 ff, 13 ff, 23 ff
öffentliche Mitteilung **353d** 56
Offenbaren **353d** 33

Gerichtsverhandlungen, verbotene Mitteilungen (Forts.)
Prangerwirkung von Veröffentlichungen **353d** 39
Presse- und Informationsfreiheit und ~ **353d** 1, 60
Pressefreiheit und ~ **353d** 1
Rechtfertigung **353d** 19, 36, 61
Rechtspflege, staatliche als Rechtsgut **353d** 2, 21, 38
Schriftstück, amtliches **353d** 29, 43 ff
Schutzgut **353d** 1 f, 21, 38
Schweigepflicht, gerichtlich auferlegte **353d** 21 ff
Staatsgeheimnis, illegales **353d** 18
Staatssicherheit, Begriff **353d** 4
Steckbrief **353d** 61
Strafverfahren **353d** 40 f
Täter **353d** 9, 31, 54
unbefugt **353d** 34 f
verfassungsrechtliche Bedenken **353d** 1, 60
Verjährung **353d** 67
Veröffentlichung im Wortlaut **353d** 57 f
Veröffentlichungsverbot, Dauer **353d** 8, 51
Vorsatz **353d** 20, 37, 63
Zustellung, öffentliche **353d** 61
Gerichtsvollzieher
Falschbeurkundung im Amt **348** 4
Falschbeurkundung, mittelbare **271** 13, 54
Rechtsbeugung **339** 16
Verstrickungsbruch **136** 15
Untreue **266** 49, 51, 54, 121, 141, 146
Vollstreckungsbeamter **113** 9, 12, 15, 33, 35, 38
Geringwertigkeit
Entziehung elektrischer Energie **N 248c; 248a**
des Erlangten, Verfall **73c** 14
Glücksspiel, unerlaubtes **284** 12
der Leistung **265a a.F.** 60
der Sache
– Betrug **263** 295
– Bandendiebstahl, schwerer **N 244a; 244a** 5
– Diebstahl und Unterschlagung **248a** 3 ff
– Diebstahl, besonders schwerer Fall **243** 3, 34a, 40 ff
– Hehlerei **259** 44
– Raub, schwerer **250** 1
Untreue **266** 178, 181 f
Geruchsstoffe
als Schadstoffe **325** 8, 55
Gesamtabwägung
einzelfallbezogene ~ bei Rechtsgutkollision **193** 6
Gesamtgläubiger
als Partei, Parteiverrat **356** 44
Gesamtlösungstheorie
bei Mittäterschaft **25** 198 f
Gesamtschulder
als Partei, Parteiverrat **356** 44
Gesamtsozialversicherungsbeitrag
Vorenthalten/Veruntreuen **266a** 27, 41, 71, 76, 108
Gesamtstrafenbildung *siehe auch Tatmehrheit*
Asperationsprinzip **54** 1; **55** 1
Begründungszwang, verschärfter **54** 10, 13
Einsatzstrafe **54** 3, 12
Einzelstrafe, schwerste verwirkte **54** 3, 5
Einzelstrafenbestimmung für Einzeltat **54** 2, 11
fakultative ~ **53** 15 ff
Freiheitsstrafe, lebenslange **54** 4
Höchstmaß
– abstraktes ~ **54** 7 f
– konkretes ~ **54** 6
nachträgliche ~
– Anwendungspflicht **55** 47 f
– Bildung **55** 25 ff
– Gesamtgeldstrafe **55** 35 ff
– Gesamtstrafengruppen **55** 15
– Gesamtstrafübel **55** 32
– Härteausgleich **55** 30
– Jugendstrafe **55** 44
– Maßnahmen **55** 50 ff
– Nebenstrafen/-folgen **55** 50 ff
– bei Tatmehrheit **53** 9
– Verfahrensrecht **55** 49, 61 ff
– Vermögensstrafe **55** 50 ff
– Verschlechterungsverbot **55** 45
– Verurteilung, frühere **55** 4
– Zeitpunkt der Tatbegehung **55** 5 ff
– Zweck **55** 2
obligatorische ~ **53** 10 ff
Serienstraftaten **54** 14
Strafvollstreckung **54** 18
Strafzumessungsgrundsätze **54** 9 ff
stufenweises Vorgehen **54** 2
bei Tatmehrheit **53** 3; **54** 1 ff
Verfahrensrecht **54** 2, 15 ff
Gesamtstrafübel **55** 32
Gesamturkunde **267** 96 ff, 197
Gesamtvollstreckungsverfahren
Ablehnung der Eröffnung **Vor 283** 166, 179
Beitrittsgebiet **Vor 283** 1, 9, 179; **283** 245
Eröffnung **Vor 283** 166
Gesamtwirtschaft
Störung durch Sabotagehandlungen **87** 5 ff
Geschäftsbesorgung
Untreue **266** 62, 72 ff, 123
Geschäftsbetrieb
Bestechung von Angestellten/Beauftragten **331** 2

Geschäftsbetrieb (Forts.)
Garantenpflicht des Inhabers/Leiters **13** 41, 45
Geschäftsherrenhaftung *siehe dort*
(voll)kaufmännischer ~ **265b** 32 ff; **283** 97
Geschäftsführer
Angestelltenbestechlichkeit/-bestechung **299** 15, 17
Buchführungspflicht **283** 98, 100
Gläubigerstellung **283c** 11
Konkursstraftaten, Täter **Vor 283** 62, 65, 67, 70, 85
Untreue **266** 49, 70, 77, 94, 125, 128, 142
Geschäftsführung ohne Auftrag
Untreue **266** 75, 112
Geschäftsgeheimnis *siehe Betriebs- und Geschäftsgeheimnis*
Geschäftsherrenhaftung
Exzeßtaten des Untergebenen und ~ **14** 66
Garantenstellung **13** 41, 45
Handeln für einen anderen und ~ **14** 14, 65 f
Geschäftsjahr **283** 131
Geschäftsmäßigkeit
Begriff **Vor 52ff** 57
Kollektivdelikt **Vor 52ff** 57
Geschäftsräume
Begriff **123** 14 f
Geschehensabläufe
Darstellung als technische Aufzeichnung **268** 7, 12
Geschichte
Gegenstände der ~, bedeutende **243** 26 ff
Geschlechtstrieb
abnormer ~ und freiwillige Kastration **228** 42
Tötung zur Befriedigung des Geschlechtstriebs, Mordmerkmal **211** 7, 25
Geschlechtsumwandlung
Einwilligung in ~ **228** 45
Geschlechtsverkehr, ungeschützter *siehe HIV-Infektion*
Geschwister
Angehörigenverhältnis **11** 13
Garantenpflicht **13** 22
leibliche ~, Beischlaf **173** 18
Gesellschafter
Buchführungspflicht **283** 98
Einziehung gegenüber ~ **75** 1 ff
Gesellschafterdarlehen **Vor 283** 171; **283c** 11
Gläubigerstellung **283c** 10
persönlich haftender ~ **Vor 283** 147, 171; **283** 98
Untreue **266** 47, 49, 70, 125
vertretungsberechtigter ~, Vertreterhaftung **14** 45, 47
Gesetz *siehe auch Zeitgesetz*
Außerkrafttreten, Zeitpunkt **2** 10
Begriff **1** 26 ff
Blankettgesetz **1** 34 ff
förmliches ~, Begriff **1** 26 f
Gemeindesatzung **1** 33
Inkrafttreten, Zeitpunkt **2** 9
mildestes ~ **2** 20 ff
– Recht des Einigungsvertrags **2** 66 ff
Rechtsverordnung **1** 31
Verordnung, gesetzesvertretende **1** 30
Verwaltungsverordnung **1** 32
zur Zeit der Tat geltendes ~ *siehe auch Tatzeitprinzip* **2** 4 ff
zeitliche Geltung *siehe Rückwirkungsgebot; siehe Rückwirkungsverbot; siehe Zeitgesetz*
Gesetzesänderung *siehe Tatzeitprinzip*
Gesetzesanalogie **1** 1
Gesetzesbestimmtheit *siehe Bestimmtheitsgebot*
Gesetzeseinheit
Absorptionsprinzip **Vor 52ff** 70
Alternativität **Vor 52ff** 69
Begriff **Vor 52ff** 3, 64
Doppelverwertungsverbot **Vor 52ff** 66, 70
Exklusivität **Vor 52ff** 69
bei Handlungseinheit/-mehrheit **Vor 52ff** 67
Konsumtion **Vor 52ff** 67 f
Maßnahmen **Vor 52ff** 70
Nachtat, mitbestrafte *siehe auch dort* **Vor 52ff** 67, 121, 123 ff
Nebenstrafen/-folgen **Vor 52ff** 70
Sperrwirkung des milderen Gesetzes **Vor 52ff** 70
Spezialität *siehe auch dort* **Vor 52ff** 67 f, 73 ff
Subsidiarität *siehe auch dort* **Vor 52ff** 64, 67 f
Tateinheit, Abgrenzung **Vor 52ff** 64, 70; **52** 3
Teilnahme **Vor 52ff** 71
Verjährung **Vor 78** 17
Vortat, mitbestrafte *siehe auch dort* **Vor 52ff** 121 f, 124
Wiederaufleben des verdrängten Delikts **Vor 52ff** 71
Wirkungen **Vor 52ff** 70 ff
Gesetzesgebundenheit *siehe Gesetzlichkeitsprinzip*
Gesetzeskonkurrenz *siehe Gesetzeseinheit*
Gesetzeslücke
Analogie zugunsten des Täters und ~ **1** 77
Gesetzesvorbehalt
informationelle Selbstbestimmung und ~ **Vor 201** 4
im Strafrecht **1** 1
Gesetzgebungskompetenz
für das Strafrecht **Einl** 9, 18

Gesetzgebungsorgan
Bannkreisverletzung **106a** 1 ff
Mitglied eines Gesetzgebungsorgans als Täter, Ruhen der Verjährung **78b** 2 f
Nötigung **105** 2
Störung der Tätigkeit eines Gesetzgebungsorgans **106b** 1 ff
Gesetzlichkeitsprinzip *siehe auch nullum crimen/nulla poena sine lege*
Bestrafung, Begriff **1** 12 ff
DDR-Recht **1** 143 ff
Entstehungsgeschichte **1** EntstG
Maßregelsystem und ~ **Vor 61ff** 38; **Vor 61ff** 38
nichtige Strafvorschriften **1** 6
Rechtfertigungsgründe und ~ **Vor 32** 35 ff
Rechtsfolgen, außerstrafrechtliche und ~ **1** 20
Reichweite **1** 3
Strafbarkeit der Tat, Begriff **1** 21 ff
Tat, Begriff **1** 11
Tatzeitpunkt und ~ **1** 92
Verfassungsrang **1** 1 f
Versuchsstrafbarkeit und ~ **Vor 22** 35, 42, 66
Gesetzwidrigkeit
einer Entscheidung, Rechtsbeugung (DDR-StGB) **339** 53b
Gesinnung
gefühllose ~, Mißhandlung von Schutzbefohlenen **225** 14
gefühllose/unbarmherzige ~, Mord **211** 55
des Täters und Strafzumessung **46** 78 ff
verwerfliche ~ **46** 79 ff
Gesinnungsstrafrecht
Anleitung zu Straftaten und ~ **130a** 2, 24
Beihilfe, Reichweite **27** 9
Nötigung und ~ **240** 50
Rechtsbeugungslehre, subjektive und ~ **339** 37
Unterlassene Hilfeleistung und ~ **323c** 26, 88, 97
Unzulässigkeit **Vor 22** 3 f; **46** 156
Versuchsstrafbarkeit und ~ **Vor 22** 66 f, 69
Gesinnungsunwert
Schuldvorwurf und ~ **Vor 13** 77
Strafwürdigkeit und ~ **Einl** 4
Verbrechensbegriff und ~ **Vor 13** 11
Geständnis
Strafzumessung, Bedeutung **46** 199, 201, 206 ff
Gestattung
behördliche ~, als Rechtfertigungsgrund **Vor 32** 170 ff
behördliche ~, dolos erlangte **330d** 6 f
wasserrechtliche ~ **324**
Gesundheit *siehe auch Unversehrtheit, körperliche*
als Rechtsgut **319** 13
Gesundheitsgefahr
medizinische Indikation bei ~ **218a** 37 ff
Gesundheitsschädigung
Begriff **223** 4, 12 ff
Eignung zur Herbeiführung einer ~ **328** 2, 4
Gefahr der ~ **N 306a** 4
Gefahr einer ~ einer großen Zahl von Menschen
- Gefährdung durch Freisetzen von Giften, schwere **330a** 11
- Umweltstraftat, schwere **N 330; 330** 6
Gefahr einer schweren ~
- Aussetzung **221** 5, 10
- Gefährdung durch Freisetzen von Giften, schwere **330a** 10 f
- Gefangenenmeuterei **N 121**
- Herbeiführen einer Überschwemmung **N 313**
- Landfriedensbruch, schwerer **N 125a** 1 f
- Raub, schwerer **N 250**
- Sexuelle Nötigung/Vergewaltigung **N 177** 9
- Sexueller Mißbrauch von Kindern, schwerer **N 176a** 4
- Sexueller Mißbrauch widerstandsunfähiger Personen **N 179** 2
- Umweltstraftat, schwere **N 330a; 330** 5 f
- Widerstand gegen Vollstreckungsbeamte **N 113**
durch Lärmverursachung **325a** 3, 4, 5a ff
schwere ~
- Begriff **226** 2, 42
- Beschädigung wichtiger Anlagen **N 318**
- Brandstiftung, besonders schwere **N 306b** 1
- Eingriffe in den Bahn-, Schiffs- und Luftverkehr, gefährliche **315** 119 f
- Fehlerhafte Herstellung einer kerntechnischen Anlage **N 312**
- Freiheitsberaubung **239** 2, 35 f
- Herbeiführen einer Sprengstoffexplosion **N 308**
- Mißbrauch ionisierender Strahlen **N 309**
- Umweltstraftat, schwere **N 330**
- Vergiftung, gemeingefährliche **N 314**
einer großen Zahl von Menschen
- Beschädigung wichtiger Anlagen **N 318**
- Brandstiftung, besonders schwere **N 306b** 2
- Eingriffe in den Bahn-, Schiffs- und Luftverkehr, gefährliche **315** 121
- Fehlerhafte Herstellung einer kerntechnischen Anlage **N 312**

Gesundheitsschädigung (Forts.)
- Herbeiführen einer Sprengstoffexplosion **N 308**
- Herbeiführen einer Überschwemmung **N 313**
- Mißbrauch ionisierender Strahlen **N 309**
- Vergiftung, gemeingefährliche **N 314**

Gesundheitszeugnisse
Ausstellen unrichtiger ~
- Amtsarzt **278** 2, 14
- Arzt **278** 2
- Ausstellen **278** 10
- Falschbeurkundung im Amt und ~ **278** 14
- zum Gebrauch bei Behörde bestimmt **278** 9
- Gebrauch unrichtiger Gesundheitszeugnisse und ~ **279** 8
- Irrtum **278** 12
- Medizinalperson, approbierte **28** 60; **278** 2
- Rechtsgut **278** 1
- Schwangerschaftsabbruch und ~ **218b** 15, 21, 23
- Sonderdelikt **278** 2
- Teilnahme **278** 2
- Vollendung **278** 13
- Vorsatz **278** 12

Begriff **277** 2
Echtheitsschutz **Vor 277** 1; **277** 1
Fälschung von Gesundheitszeugnissen
- Arzt **277** 3, 12
- Ausstellen **Vor 277** 2; **277** 10 ff
- Behörden **277** 6
- Beweisadressat **277** 18
- Einziehung **277** 24
- Gebrauch unrichtiger Gesundheitszeugnisse und ~ **279** 6 f
- Gebrauchmachen **277** 14 ff
- Konkurrenzen **277** 23
- Medizinalperson, approbierte **277** 4
- Rechtsgut **277** 1
- Rechtsverkehr, Sicherheit/Zuverlässigkeit als Rechtsgut **277** 1
- Täuschungsabsicht **277** 21
- Urkundenfälschung und ~ **267** 293; **277** 1, 11 ff, 18, 23
- Verfälschen **Vor 277** 2; **277** 13
- Versicherungsgesellschaften **277** 7
- Versuch **277** 22
- Vollendung **277** 22
- Vorsatz **277** 20

Gebrauch gefälschter ~ und Urkundenfälschung **267** 293
Gebrauch unrichtiger ~
- Ausstellen unrichtiger Gesundheitszeugnisse und ~ **279** 8
- Einziehung **279** 9; **282**
- Fälschung von Gesundheitszeugnissen und ~ **279** 6 f
- Gebrauchmachen **279** 3
- Konkurrenzen **279** 6 ff
- Nachtat, mitbestrafte **279** 8
- Rechtsgut **279** 1
- Rechtsverkehr, Sicherheit/Zuverlässigkeit als Rechtsgut **279** 1
- zur Täuschung über Gesundheitszustand **279** 4
- Vollendung **279** 5
- Vorsatz **279** 4

über Gesundheitszustand eines Menschen **278** 4 f
Selbstbegutachtung **278** 4 f
unrichtige ~ **278** 6 ff; **279** 2
Wahrheitsschutz **Vor 277** 1; **278** 1

Getränke
alkoholfreie ~ **323a** 87
alkoholische ~ **64** 55; **316** 167; **323a** 83 f; **323b** 16 f

Gewähren
Befriedigung/Sicherheit für Gläubiger **283c** 17
eines Kredits, Kreditwucher **302a** 9 f

Gewährleistungen
Kreditbetrug **265b** 50, 107

Gewährung
Subventionsbetrug **264 a.F.** 65, 132

Gewässer
ausländische ~ **324** 8, 20, 22
Baggersee **324** 16, 94
Beeinträchtigung eines Gewässers *siehe auch Gewässerverunreinigung* **N 330**; **330** 8
Begriff **Vor 324** 1; **324** EntstG 3, 3, 7 ff, 33, 136; **330d** 2
- Parallelwertung in der Laiensphäre **324** 110

Binnengewässer **324** 9, 22
- Fischwilderei **293** 2

Einbeziehung in das Abwassersystem **324** 14
Gefährdung schutzbedürftiger Gebiete **329** 41
Gemeingebrauch **324** 96
Gewässerausbau **324** 87; **329** 41
Gewässerbett **324** 10
Gewässerboden **324a** 7, 9, 14 ff
Gewässerteile **324** 23
Küstengewässer **324** 2a, 7 f, 18, 21, 47, 98 f; **329** 41
- Fischwilderei **293** 3

Privatgewässer **324** 11
- Fischwilderei **293** 7

Quellen **324** 7, 9, 11, 134
Selbstreinigungskraft **324** 28
stehende ~ **324** 10

Gewässer (Forts.)
strafrechtlicher Schutz *siehe Bodenverunreinigung; siehe Gewässerverunreinigung*
Teiche **324** 7
Unterhaltungspflicht **324** 105
Gewässerschutzbeauftragter 324 49
Gewässerverunreinigung
Abwassereinleitung **324** 26, 31, 38, 55, 81 f, 85, 93, 99, 101 f, 104, 107, 114 f, 134
Abwassersystem **324** 14
Abwasserverordnung **324** 104
Abwasserverwaltungsvorschriften und ~ **324** 104
alte Befugnisse/Rechte **324** 77, 79, 90
Altfälle **324** 121
Altlasten **324** 51a
Amtsträgerstrafbarkeit **324** 52 ff
– durch Unterlassen **324** 54 f, 62, 63 ff, 108
Anliegergebrauch **324** 79, 98
Anstiftung **324** 43
(keine) Anzeigepflicht **324** 53, 132
Ausbau eines Gewässers **324** 87
Auslandstat **N 5; 5** 57 ff; **324** EntstG 5, 2a, 7 f, 20 ff; **330d** 2
Bagatellfälle **324** 27, 37 f, 96, 102
Bereicherungsabsicht **324** 116 f, 118
besonders schwerer Fall **324** 34, 116, 129; **N 330; 330** 8 ff
besonders schwerer Fall, minder schwerer Fall **N 330**
Betriebsbeauftragter für Gewässerschutz **324** 49
Betriebsunfall **324** 100, 122
Bewilligung **324** 91 f, 94
Bewirtschaftung(sfähigkeit) **324** 6, 34
Bodenverunreinigung und ~ **Vor 324** 7d, 8b, 55; **324a** 3, 12, 14 ff, 54, 72
Dauerdelikt **324** 116, 128
DDR-Alttaten **324** 139 f
Duldung, behördliche **324** 62, 88 f, 113, 117, 134, 138
Eigentümergebrauch **324** 93
Einleiten, mittelbares **324** 38, 99, 137
Einwilligung des Eigentümers **324** 93
Einziehung **324** 127
Entgelt, Handeln gegen **324** 117, 118
Entstehungsgeschichte **324** EntstG 1 ff; **324a 16**
Erfolgsdelikt **324** 26a, 32, 39 f, 101
Erkundigungspflicht **324** 114, 125
Erlaubnis, behördliche **324** 91, 94
– erlaubnisfreie Benutzung **324** 94, 96
– nach Gewerberecht **324** 96
Ermittlungsschwierigkeiten, polizeiliche **324** 130
europarechtliche Regelungen **324** 1
Fahrlässigkeit **324** 45, 61, 105, 111, 115, 122 ff, 128, 136; **N 330**
Festlandsockel(gesetz/konvention) **324** 21
Fischereizwecke **324** 95, 99
Flaggenprinzip **324** 2a, 8, 22
Garantenpflicht **324** 65 ff, 112
Garantenstellung **324** 45, 49, 54, 64 ff, 112, 136
Gefährdung schutzbedürftiger Gebiete und ~ **324** 105; **329** 1 f
(kein) Gefährdungsdelikt, abstraktes **324** 40
Gefährdungsdelikt, potentielles **324** 39
Gefahr
– einer Gesundheitsschädigung **N 330**
– konkrete ~ **324** 119 f
– Todesgefahr **N 330; 330** 5
Geldbuße **324** 127
Gemeingebrauch **324** 96
Gestattung, behördliche **324** 26a, 56 ff, 75, 78 ff, 89, 91 ff, 101, 104 f, 106 ff
– dolos erlangte ~ **324** 92 a f, 106, 106b; **330d** 6 f
– fehlerhafte ~ **324** 56 f, 92
– Gestattungsfähigkeit/-pflichtigkeit **324** 75, 91
– Nachprüfung durch Strafrichter *siehe auch Verwaltungsakzessorietät* **324** 92a f, 106 ff
– Nichtigkeit **324** 57, 60, 106, 106b, 114
– Rechtfertigungswirkung **324** 107
– Verstoß gegen Auflagen **324** 80 ff
– Wirksamkeit **324** 106b
Gesundheitsschädigung, schwere ~ **N 330; 330** 3
Gewässer
– ausländische ~ **324** 8, 20, 22
– Begriff **324** EntstG 3, 3, 7 ff, 33
– Gewässerteile **324** 23
– oberirdische ~ **324** 7 ff, 96, 98
– Parallelwertung in der Laiensphäre **324** 110
Gewinnsucht, Handeln aus **N 330; 330**
Gewohnheitsrecht **324** 97, 101a
Grundwasser **324** 1, 3, 6, 7 f, 11, 17, 22, 55, 98 f
– Nutzung **324** 98
Hochwasserfolgen **324** 98, 124
höhere Gewalt **324** 98, 124
Hohe See **324** 8, 18, 22
Irrtum **324** 58, 100, 110 ff, 137
Kausalität(snachweis) **324** 29 ff, 38, 68, 84, 99, 118, 123, 136
Konkurrenzen **324** 129
Kriminal-/Rechtspflegestatistik **324** 1
landwirtschaftliche Bodenbehandlung **324** 125

Gewässerverunreinigung (Forts.)
Leichtfertigkeit **324** 122; **N 330**; **330** 4
Luftverunreinigung und ~ **Vor 324** 7d, 8b
Meer **324** EntstG 3, 7 f, 18
Meeresverschmutzung **324** 2 f
minder schwerer Fall eines besonders schweren Falles **N 330**
Mittäterschaft **324** 31, 43
mittelbare Täterschaft **324** 43, 49, 59
nachteilige Veränderung **324** 24 f, 27 ff, 33 ff
Nebenfolgen **324** 127
Nebentäterschaft **324** 31
durch öffentlich-rechtliche Körperschaft **324** 44
ökologisch orientierte Auslegung **324** 6, 36
Ölverschmutzung der Meere **324** 2, 87
Ordnungswidrigkeiten und ~ **324** 26a, 35, 83, 86, 105, 127
Personalitätsprinzip **324** 8, 22
Prinzip der stellvertretenden Strafrechtspflege **324** 8, 22
Qualifikation **324** 129; **N 330**
Rechtfertigungsgründe **324** 76
– Notstand **324** 100, 117, 137
– Pflichtenkollision **324** 100
Rechtsgut **324** 3 ff, 37, 89, 93, 123
Rechtsprechung, Zusammenstellung der **324** 133 ff
Rechtswidrigkeit **324** 72 ff
– Gründe für den Ausschluß der ~ **324** 79 ff
Regelbeispiel **N 330**
Sachverständiger **324** 131
Satzungsrecht, öffentliches **324** 101
Schädigungsabsicht **324** 118
Schiffahrtsrecht und ~ **324** 101a
Schiffsunfall **324** 122, 125 f, 138
(kein) Selbstbezichtigungszwang **324** 104
Sickerwasser **324** 94
sozialadäquates Verhalten **324** 76, 102
Stand/Regeln der Technik **324** 26
Stoffe, wassergefährdende **324** 105, 111, 119, 121, 125
Strafzumessung **324** 116 f, 126
Täter **324** 43 ff, 52 ff
Teilnahme **324** 49, 60
Todesfolge **N 330**; **330** 3 f
Todesgefahr **N 330**; **330** 5
Überwachungswerte **324** 26, 85
Übungen **324** 103
Umweltgefährdende Abfallbeseitigung und ~ **324** 26a, 119, 121
unbefugt **324** 72 ff
Unerlaubter Umgang mit gefährlichen Abfällen und ~ **324** 26a; **326** 88 f, 92, 157
Unrechtsbewußtsein **324** 113
Unterhaltungsmaßnahmen am Gewässer **324** 105
Unterlassen **324** 31 f, 45, 48 ff, 54, 63 ff, 108
Unterlassungsdelikt, unechtes **324** 48 ff, 63, 112
Unternehmenskriminalität **324** 44 ff, 125, 127
Untersagungsverfügung **324** 105
Verfall **324** 127
Verfassungsmäßigkeit **324** 25, 104
Verfügung, ordnungspolizeiliche **324** 100
Verjährung **324** 127, 128, 137
Verkehrsunfall **324** 100, 122
Verletzungsdelikt **324** 24, 26a, 34
Versuch **324** 118 ff
Verträge, zwischenstaatliche und ~ **324** 101a
Verunreinigen **324** 24, 39
Verwaltungsakt *siehe Gestattung, behördliche*
Verwaltungsakzessorietät **324** 56 ff, 65, 106, 106b
Vollendung **324** 120
Vorsatz **324** 109 ff
Zulassung, vorzeitige **324** 105
Gewahrsam
Diebstahl **242** 17 ff
behördlicher/staatlicher ~ und Gefangenenbefreiung **120** 11 f, 20, 23a f
kirchenamtlicher ~ **133** 2
an Leiche(nteilen) **168** 18, 30 ff
Pfandkehr **289** 10 ff
an pornographischen Schriften **184** 53
als Rechtsgut **Vor 242** 3; **249** 1
an Wild **292** 52 f
Gewalt
Angriffe auf den Luft- und Seeverkehr **316c** 21 ff
Aufforderung zu Gewaltmaßnahmen **N 130**; **130** 36
Aussageerpressung **343** 9
Begriff
– Bundesverfassungsgericht, Rechtsprechung **240** 27 ff
– Gefangenenmeuterei **121** 26
– Nötigung **240** 7 ff
– Raub **249** 4 f
– Sexualstrafrecht **177** 3 ff
– Vergeistigung **240** 13, 25
Diebstahl, räuberischer **252** 15
Drohung mit ~ *siehe Drohung*
Eskalationsgewalt **Vor 125** 4
expressive ~ **Vor 125** 4
Freiheitsberaubung **239** 14
Gefangenenmeuterei **121** 26
Gewalttätigkeit und ~ **124** 9; **125** 47; **240** 34 f, 44, 76
Hochverrat **81** 12; **240** 14

Gewalt (Forts.)
instrumentelle ~ **Vor 125** 4
Menschenhandel, schwerer **181** 2
Menschenraub **234** 10 ff
Menschenraub, erpresserischer **239a** 5, 8
Nötigung **240** 7 ff
– von Verfassungsorganen **105** 8, 10
gegen Person
– Raub **240** 43, 46; **249** 3 ff
vis absoluta
– Erpressung **253** 3
– Menschenraub **234** 11
– Nötigung **240** 7, 38 ff, 66
– Raub **249** 6, 22, 24
– Vergewaltigung **177** 3, 5 f
vis compulsiva
– Erpressung **253** 3
– Menschenraub **234** 11
– Nötigung **240** 7, 17, 38 ff, 66
– Raub **249** 6, 9, 22, 24
– Vergewaltigung **177** 3, 5 f
Vorbereitung eines hochverräterischen Unternehmens **83** 6
Wahlbehinderung **107** 3
Widerstand gegen Vollstreckungsbeamte **113** 14 f
Gewaltbekämpfung
Straftaten gegen die öffentliche Ordnung **Vor 125-145d** 2
Gewaltdarstellung N 131
Ankündigen **131** 30
Ausdrucksdelikt **131** 26
Belohnung/Billigung von Straftaten und ~ **131** 40
Berichterstatterprivileg **131** 35
Bestimmtheitsgebot und ~ **131** 11, 14
Distanzierung, unerhebliche **131** 26, 34
Entstehungsgeschichte **Vor 125-145d** 4; **131** Vor 1
Erklärungswert, objektiver **131** 26
Erzieherprivileg **131** 36
Gefährdungsdelikt, abstraktes **131** 10
Gewalttätigkeit gegen Menschen **131** 15
grausame Darstellung **131** 16, 20, 24
Herstellen **131** 30
Irrtum **131** 34
Jugendschutz **Vor 125-145d** 4; **131** 30, 32, 38
Klimaschutzdelikt **131** 11
Konkurrenzen **131** 40
Kunstfreiheit und ~ **131** 37 ff
Live-Darbietungen **131** 31 f
Meinungs- und Informationsfreiheit und ~ **131** 35
Menschenwürde verletzende Darstellung **131** 24 f
Presseinhaltsdelikt **131** 41
Rechtfertigung **131** 38
Rechtsgut **131** 9 ff
Risikodelikt **130** 10
Schilderung **131** 18
Schriften **131** 12
Sozialadäquanz **131** 35
Statistik **131** 1, 11
Tatbestandsausschluß **131** 35, 36
Teilnahme **131** 33, 36
unmenschliche Darstellung **131** 16, 20, 24
Unternehmensdelikt **131** 30
Verbreiten **131** 30
– pornographischer Schriften **131** 40
Verbreitung durch Rundfunk **131** 31 f
Verbreitungsdelikt **131** 26
Verfassungsmäßigkeit **131** 11, 14, 37 ff
Verharmlosung **131** 23
Verherrlichung **131** 22
Volksverhetzung und ~ **131** 40
Vorsatz **131** 34
Wiedergabe, bloße **131** 20, 28
Wirkung, unerhebliche **131** 29
Wirkungsforschung, psycholische und soziologische **131** 7 f
Zugänglichmachen, öffentliches **131** 30
Gewaltenteilungsprinzip
Umweltstrafrecht und ~ **Vor 324** 7c, 27 f, 39
Gewaltmaßnahme, rechtsstaatswidrige
Politische Verdächtigung **241a** 14 f
Volksverhetzung **130** 36
Gewaltmonopol, staatliches
als Rechtsgut **N 127** 2
– Nötigung **240** 4
Gewalttätigkeit
Bedrohen mit ~ **125** 53 f
Begriff **113** 57 ff; **125** 47; **131** 15
Gewalt und ~ **124** 9; **125** 47
Gewaltdarstellung und ~ **131** 15
durch ~ hervorgerufene Gefahr **113** 57 ff; **121** 44; **N 125a** 1 f; **125a** 7
gegen Menschen **125** 48; **131** 15
gegen Sachen **125** 49
Verbreitung pornographischer Schriften **184** 14
Gewerbe
Gegenstände des Gewerbes, bedeutende **304** 9
Gewerbliche Leistungen
tadelnde Urteile über ~ **193** 13
Gewerbsmäßigkeit
Angestelltenbestechlichkeit/-bestechung **300** 5; **302** 2 ff
Bandenbetrug, gewerbsmäßiger **263** 307
Begriff **Vor 52ff** 57
Bestechungsdelikte **N 331-338** 23, 25; **N 335**; **N 338**

Gewerbsmäßigkeit (Forts.)
Betrug, besonders schwerer Fall **263** 296
Computerbetrug **263a** 92
Diebstahl, besonders schwerer Fall **243** 21
Erpressung, besonders schwerer Fall **N 253**; **N 256**
Fälschung beweiserheblicher Daten **269** 22; **282** 6
Fälschung technischer Aufzeichnungen **268** 50 f, 59; **282** 6
Fälschung von Zahlungskarten/Vordrucken für Euroschecks und ~ **150** 1 f; **152a** 9
Förderung der Prostitution **180a** 7, 15
Geld-/Wertzeichenfälschung **146** 32; **150** 1 f
Geldwäsche **N 261** 7; **261** 22
Glücksspiel, unerlaubtes **Vor 284-287** 2; **284** 24; **286** 2
Hehlerei, gewerbsmäßige (Banden-) **260** 2; **260a** 2
Jagdwilderei **292** 87 f
Kinderhandel **236** 66, 68
Kollektivdelikt **Vor 52ff** 57
Menschenhandel, schwerer **181** 12, 14; **181c** 2, 4
Schwangerschaftsabbruch **218** 66; **218a** 64
als strafbegründendes persönliches Merkmal **26** 12
Urkundenfälschung **267** 232, 239 ff, 275, 292, 305, 309; **282** 6
Verbreitung von Kinderpornographie **184** 52
Verschaffen von falschen amtlichen Ausweisen **276** 13, 17; **282** 6
Wertpapierfälschung **150** 1
Wucher, besonders schwerer Fall **302a** 67
Zuhälterei **181a** 13; **181c** 2, 4
Gewinn
Glücksspiel, unerlaubtes **284** 11 f; **286** 8
Veranstaltung einer Lotterie/Ausspielung, unerlaubte **287** 8, 29
Gewinn- und Verlustrechnungen **283** 124, 130
Gewinnabschöpfung *siehe auch Verfall; siehe auch Vermögensstrafe*
Geldstrafe und ~ **Vor 40** 49; **40** 66
Gewässer-/Bodenverunreinigung **Vor 324** 64; **324a** 69
bei Organisierter Kriminalität **73d** 1 f
Verfall, erweiterter **73d** 2, 13
Gewinnsucht
Bankrott, besonders schwerer Fall **283a** 3 ff
besonders schwerer Fall einer Umweltstraftat **N 330**; **330** 19
Kinderhandel **236** 66, 68
Schuldnerbegünstigung, besonders schwerer Fall **283d** 25
Wucher **302a** 55
Gewinnverfall **Vor 324** 64
Gewissensfreiheit **Vor 166** 6, 14
Überzeugungstäter und ~ **Vor 32** 222; **46** 92
Gewissenstäter *siehe Überzeugungstäter*
Gewohnheitsmäßigkeit
Begriff **Vor 52ff** 57
Jagdwilderei **292** 87 f
Kollektivdelikt **Vor 52ff** 57
Gewohnheitsrecht
außerstrafrechtliche Normen **1** 71
Begriff **1** 69
Einwilligung, mutmaßliche **Vor 32** 129
Einwilligung, rechtfertigende **Vor 32** 92
Gewässerverunreinigung und ~ **324** 97, 101a
Rechtfertigungsgründe **Vor 32** 39
Rechtsbeugung **339** 49
Verbot gewohnheitsrechtlicher Strafbegründung/-schärfung **1** 1, 69 ff; **2** 1; **Vor 3** 148
Verbot von ~ und Straffreiheit/-milderung **2** 1
Vorteilsannahme **331** 15
Gewohnheitstäter
als Hangtäter **66** 67
Gift
Begriff **224** 8; **319** 6; **326** 71, 73
Beibringen von Gift **224** 7 ff
Bodenverunreinigung durch ~ **324a** 27
Freisetzen von Giften *siehe Schwere Gefährdung durch Freisetzen von Giften*
Gift enthaltender Abfall **326** 71
Gift hervorbringender Abfall **326** 72 f
Giftgas **330a** 3, 11
Giftmord **211** 42
Gläubiger
Arbeitnehmer als ~ **Vor 283** 49 ff
Aufopferungspflichten **Vor 283** 52, 118
Begriff **283c** 6, 11
Begünstigung *siehe Konkursstraftaten – Gläubigerbegünstigung*
Benachteiligung **283c** 1 f, 27 ff
Gläubigergefährdung, Verbot **Vor 283** 7
Organ/Vertreter als ~ **283c** 11
Parteiverrat **356** 46
Pfandgläubiger **289** 5
als Rechtsgut, geschütztes **288** 1 ff
Scheingläubiger **283c** 41
Schuldner als ~ **283c** 10
Schuldnerbegünstigung, Täter **283d** 5
Teilnahme, notwendige **283c** 38
Vereiteln der Befriedigung des Gläubigers *siehe Vereiteln der Zwangsvollstreckung*
Vermögensinteresse als Rechtsgut **Vor 283** 45, 114; **283** 6 f; **283c** 1; **283d** 4
Wahlrecht über Befriedigungsweg **Vor 283** 47 f, 88
Glaube, öffentlicher
Falschbeurkundung, mittelbare **271** 12, 29, 32 ff

Glaubensfreiheit *siehe Religionsfreiheit*
Gleichgültigkeit
gegenüber Tatbestandsverwirklichung und Vorsatz **16** 93
Gleichheitsgrundsatz
Ausländereigenschaft, Berücksichtigung bei der Strafzumessung und ~ **46** 179
Beteiligung an einer Schlägerei und ~ **231** 1
Landesstrafrecht und ~ **Einl** 9
parlamentarische Äußerungen/Berichte, Straflosigkeit und ~ **36** 44
Umweltstrafrecht und ~ **Vor 324** 7d, 24, 28 f, 52; **324** 54
Verletzung der Unterhaltspflicht und ~ **170** 3
Vermögensstrafe, Verfassungswidrigkeit **43a** 8
Gleichwertigkeitstheorie 292 68
Glimmbrand 306 2
Glücksspiel, unerlaubtes
Anreißer **284** 25; **285** 4a
ausländische Glücksspielbeteiligungen **284** 25
bandenmäßige Begehung **Vor 284-287** 2; **284** 24; **286** 2
Beginn des Spiels **285** 4
Bereitstellen von Einrichtungen **284** 20
Beschaffungskriminalität **Vor 284-287** 6, 26
Beteiligung am ~ **285** 1 ff
– Konkurrenzen **285** 8 f; **286** 9
– Teilnahme **285** 7, 9
– Vorsatz **285** 6
Bildung krimineller Vereinigung und ~ **129** 6, 19
Dulden **284** 20; **285** 7
Einrichtung **284** 20
Einsatz **284** 11 f; **286** 8
Einziehung **286** 3 ff
Erlaubnis, behördliche **Vor 284-287** 22 f; **284** 22; **285** 5
Ermittler, verdeckter **285** 3
Geldspielautomaten **284** 14; **285** 4; **286** 7 f
Geldwäsche **Vor 284-287** 6
Geringwertigkeit **284** 12
Geschicklichkeitsspiel **Vor 284-287** 17; **284** 9
gewerbsmäßige Begehung **Vor 284-287** 2; **284** 24; **286** 2
Gewinn **284** 11 f; **286** 8
Gewinnvereinbarungen, wirtschaftliche **284** 6
Glücksspiel
– Begriff **284** 2, 7 ff
– im engeren Sinne **284** 2
– im weiteren Sinn **284** 4
Halten eines Glücksspiels **284** 19
Hütchenspiel **Vor 284-287** 4; **284** 9 f, 14; **285** 4a
im Internet **284** 25
Irrtum **284** 23; **285** 6
Jugendschutz **Vor 284-287** 13; **284** 27
Kettenbrief **Vor 284-287** 2, 4, 7, 13 f; **284** 11, 15
Korruption **Vor 284-287** 6
Kriminal-/Rechtspflegestatistik **Vor 284-287** 5
kriminalpolitischer Hintergrund **Vor 284-287** 3, 6
Manipulation des Spielablaufs **284** 7
Öffentlichkeit **284** 15 f
Organisierte Kriminalität **Vor 284-287** 2, 3, 6; **284** 24; **286** 2
Pyramiden-Gewinnsysteme **Vor 284-287** 2; **284** 11
Rechtfertigungsgründe **285** 3
Rechtsgut **Vor 284-287** 7 ff; **285** 3
Reformdiskussion **Vor 284-287** 8, 10 f; **Vor 287** 4
Renn- und Sportwetten **Vor 284-287** 23; **284** 5; **285** 9
Spielbanken **Vor 284-287** 22; **284** 22; **286** 7
Spieler **285** 1 f
Spielgerät **Vor 284-287** 15 f
Spielhallen **Vor 284-287** 22
Spielrecht **Vor 284-287** 13 ff
Spielsucht und Schuldfähigkeit **Vor 284-287** 26 ff
Spielvertrag **Vor 284-287** 13
Unbedenklichkeitsbescheinigung **Vor 284-287** 17 ff
Unterhaltungsautomaten **284** 12
Unterhaltungsspiel, bloßes **284** 2, 12
Veranstaltung einer Lotterie/Ausspielung, unerlaubte und ~ **284** 4; **287** 28
Veranstaltung eines ~
– Betrug und ~ **284** 7, 10, 26
– Bildung krimineller Vereinigung und ~ **284** 24, 26
– Konkurrenzen **284** 26; **286** 9
– Mittäterschaft **284** 18
– Teilnahme **284** 19, 21
– Veranstalten **284** 18
– Vorsatz **284** 23
Verfall, erweiterter **286** 2
Verleiten **284** 17
Vermögensgefährdungsdelikt **Vor 284-287** 6
Vermögensstrafe **286** 2
Vermögensverlust **284** 13
Verwaltungsunrecht, bloßes **Vor 284-287** 8
Werben, unerlaubtes **284** 25
Werbung, aleatorische **Vor 284-287** 25; **Vor 287** 2
Wettbewerbsrecht und ~ **Vor 284-287** 2, 13, 25
Wette, Begriff **284** 3

GmbH
Berufsverbot für GmbH-Geschäftsführer **Vor 283** 80; **283** 106
Bilanzierungsfristen **283** 147, 149
Insolvenzanfälligkeit **Vor 283** 20
Konkursstraftaten, Täter **Vor 283** 62, 64 f, 76, 80, 85; **283c** 11
kriminologische Erkenntnisse **Vor 283** 23
Untreue **266** 49 f, 63, 70, 125, 141
GmbH-Strafrecht
Untreue und ~ **266** 125
Gnadentheorie 24 10 f
Gnadenverfahren
Freiheitsstrafe, lebenslange **38** 27
Gottesdienst
dem ~ gewidmeter Ort **167** 19 ff
dem ~ gewidmete Sache **243** 25; **304** 4
gottesdienstliche Handlung **167** 10
Störung der Religionsausübung *siehe auch dort* **167** 9
Verhinderung **167** 2
Verhinderung der Teilnahme an ~ **167** 2
Gotteslästerung Vor 166 7 ff; **166** EntstG, 21
Grabfrevel *siehe Störung der Totenruhe*
Grabmal
Sachbeschädigung, gemeinschädliche **304** 6
Grausamkeit
Begriff **131** 16
als besonderes persönliches Merkmal **28** 76, 78
einer Darstellung **131** 16, 20, 24
Mordmerkmal **211** 53 ff
Grenzverrückung *siehe Urkundenunterdrückung*
Grenzwert
absoluter Fahrunsicherheit *siehe Fahrunsicherheit*
für Abwassereinleitung *siehe auch Überwachungswerte* **324** 26, 85 ff
Grenzzeichen
keine Beweiszeichen **274** 18
Veränderung einer Grenzbezeichnung **274** 20 ff
Grob unverständiger Versuch *siehe Versuch*
Grober Unverstand 23 60 ff
Großbritannien *siehe auch England; siehe auch Schottland; siehe auch Wales*
Wettbewerbsstrafrecht **Vor 298** 19, 28
Großer Lauschangriff *siehe Lauschangriff, großer*
Großkonkurs 283a 12
Grundgesetz
Pönalisierungsgebot **Einl** 9; **Vor 80** 13
Strafrecht und ~ **Einl** 9
Grundrechte
Wechselwirkung **193** 5
Grundrechtsschranken
allgemeine Gesetze **193** 5
Grundrechtswandel
und Meinungsäußerungsfreiheit **193** 4
Grundsätze
ordnungsmäßiger Bilanzierung **283** 138 ff
ordnungsmäßiger Buchführung **283** 110 ff
Gruppe *siehe auch Bevölkerungsteil*
als Angriffsobjekt eines Völkermordes **220a** 9
Begriff, Bildung bewaffneter Gruppen **N 127** 4 ff
Beleidigter als Teil einer ~ **194** 6
Gültigkeitsirrtum 17 11; **22** 204
Güter
gefährliche ~ *siehe Gefahrgut*
Güterabwägung
bei übler Nachrede **193** 2
Güterabwägungstheorie
Notstand, rechtfertigender **34** 2
Gutachter *siehe auch Sachverständiger*
Kreditbetrug **265b** 24

Haager Landkriegsordnung 212 17
Strafbarkeit der Spionage im deutsch-deutschen Verhältnis und ~ **Vor 93** 15
Habgier
Mordmerkmal **211** 8, 25, 72
Hacking *siehe auch Ausspähen von Daten* **202a** 1, 6; **263a** 12
Härte, unbillige
Ersatzfreiheitsstrafe, Vollstreckung **43** 17 ff
Härteausgleich 46 48
Gesamtstrafenbildung, nachträgliche **55** 30
Haft
polizeiliche ~, Anrechnung **51** 3, 7 ff
Rechtsgeschichte **Vor 38** 3, 32
Haftbefehl
Rechtsbeugung durch rechtswidrigen ~ **339** 35, 108
Verjährungsunterbrechung **78c** 29
Haftgrund
Wiederholungsgefahr als ~ **125a** 16
Haftpflichtverfahren
Parteiverrat im ~ **356** 64
Hakenkreuz *siehe Verwenden von Kennzeichen verfassungswidriger Organisationen*
Halluzinogene
als Rauschmittel **323a** 95
Halten
eines Glücksspiels **284** 19
Handeln
für einen anderen *siehe dort*
auf Befehl
– Strafzumessungsgesichtspunkt **46** 123
– Verbotsirrtum und ~ **17** 52 ff

Handeln (Forts.)
gegen Entgelt **271** 81, 91
auf fremdes Risiko **16** 177
im Geschäftsverkehr **299** 20 ff
für das Unternehmen **Vor 283** 77 ff
Handeln für einen anderen
Anwendungsbereich des § 14 StGB **14** 41 ff
ausländisches Recht **14** 74 ff
Beauftragte **14** 53
Beauftragung durch Betriebsinhaber/ Beauftragten **14** 58 f
Besondere persönliche Merkmale **14** 9, 31 ff
Betrieb **14** 54
Betriebsleiter **14** 56 f
eigenhändige Delikte **14** 36 f
eigenverantwortliche Wahrnehmung betrieblicher Aufgaben **14** 59 ff
Entstehungsgeschichte **14** 2 f
faktische Betrachtungsweise **14** 3, 5, 27 ff
Funktionstheorie **14** 49
Garantensonderdelikt **14** 12, 27
Garantentheorie **14** 14 f, 17, 28, 35
Geschäftsherrenhaftung **14** 14, 65 f
Gesellschafter, vertretungsberechtigter **14** 45, 47
Gleichstellungsproblem **14** 12
Handeln
- aufgrund erteilten Auftrags **14** 64
- als Gesellschafter/Organ/Vertreter **14** 50 ff
Handlung, rechtsgeschäftliche und ~ **14** 29, 44
Herrschaftstheorie **14** 15
Interessentheorie **14** 50
Irrtum **14** 73
Juristische Person **14** 43
Nebenstrafrecht **14** 42
Organ
- Begriff **14** 44
- faktisches ~ **14** 23, 69
- vertretungsberechtigtes ~ **14** 44
Organhaftung, strafrechtliche **14** 1
Organhaftungstheorie **14** 3
Organisationsdelikt **14** 21, 27 f, 30
Personenhandelsgesellschaft **14** 45
Pflichtenteilhabe **14** 11
Pflichttheorie, formale **14** 10, 15, 17, 35
Prüfungsreihenfolge **14** 18 ff
Rechtsgrund der Haftung, unklarer **14** 8
rechtspolitische Erörterung **14** 5 ff
Reformdiskussion **14** 77 f
Sonderdelikt und ~ **14** 1, 2
Stelle zur Wahrnehmung öffentlicher Aufgaben **14** 63
Substitutenhaftung, strafrechtliche **14** 1
Täterschaft nach allgemeinen Regeln, Abgrenzung **14** 19
Unterlassungsdelikt, unechtes und ~ **14** 24 ff
Unternehmen **14** 49
Unternehmerdelikt **14** 21
Verantwortlichkeit des Betriebsinhabers/ Vertretenen/Auftraggebers **14** 65
Vertreter
- faktischer ~ **14** 67 ff
- gesetzlicher ~ **14** 49
- gewillkürter ~ **14** 5 ff, 53
Vertreterhaftung als Übernahme einer Garantenstellung **14** 13
Zuständigkeitstheorie **14** 15 f
Handelsbücher
Aufbewahrungspflicht **283** 121 ff
Konkursstraftaten, Tatobjekt **283** 91 ff, 112
Handelsgesellschaft
Einziehung bei Organhandlungen **75** 1 ff
offene ~
- Buchführungspflicht **283** 96, 98
- Insolvenzanfälligkeit **Vor 283** 20
- Konkursstraftaten, Täter **Vor 283** 62, 67
Untreue und ~ **266** 49, 124
Handelsregister **271** 8, 46
Handelsrichter
Rechtsbeugung **339** 14
Handelsvertreter
Angestelltenbestechlichkeit/-bestechung **299** 17
Untreue **266** 52, 62, 127
Handlung
automatisierte ~ **Vor 13** 41; **16** 110
Begriff
- Abgrenzungsfunktion **Vor 13** 35 ff
- Entwicklung **Vor 13** 12 ff
- finaler ~ **Vor 13** 18,28 ff
- kausaler ~ **Vor 13** 26 f
- negativer ~ **Vor 13** 31
- personaler ~ **Vor 13** 34
- sozialer ~ **Vor 13** 32 f
fortgesetzte ~ *siehe Handlung, fortgesetzte*
gottesdienstliche ~ **167** 10
natürliche ~ **Vor 52ff** 7 ff
Nichthandlung, Abgrenzung **Vor 13** 35 ff; **20** 1
Reflexbewegung **Vor 13** 37; **32** 27
Reflexhandlung und Vorsatz **16** 110
sexuelle ~ *siehe Handlung, sexuelle*
Handlung, fortgesetzte
Aufgabe des Rechtinstituts durch die Rechtsprechung **Vor 52ff** 47 ff
Beendigung der Tat und ~ **Vor 22** 29
Beihilfe zu Haupttat im ~ **27** 39
Fahrlässigkeitsdelikte **Vor 52ff** 44
Folgewirkungen abgeurteilter fortgesetzter Handlungen **Vor 52ff** 55 ff
Gewohnheitsrecht und ~ **1** 70 f

Handlung, fortgesetzte (Forts.)
Gleichartigkeit des verletzten Rechtsguts **Vor 52ff** 43
Handlungseinheit, natürliche und ~ **Vor 52ff** 17
Handlungseinheit, tatbestandliche und ~ **Vor 52ff** 42
kriminalpolitische Nachteile **Vor 52ff** 46
Serienstraftaten **Vor 52ff** 50
bei Sexualdelikten **Vor 52ff** 48 f
Strafantrag und ~ **77** 20 f
Strafmündigkeit und ~ **19** 4
Strafzumessung **46** 113, 269
Verjährung **Vor 78** 13; **78a** 10
Zusammenhang, räumlich-zeitlicher **Vor 52ff** 43

Handlung, sexuelle
Auslegung, objektive **184c** 6 ff
außereheliche ~ **N 179** 1; **179** 2, 15
Begriff **184c** 5 ff
Beleidigung durch ~ **Vor 185** 36, 37; **185** 15, 28 ff
elterliches Personenrecht **Vor 185** 37
Erheblichkeit **184c** 9 ff
Irrtum **184c** 19
mit Körperkontakt **184c** 15 ff
ohne Körperkontakt **184c** 15, 18, 24
Nötigung zu sexueller Handlung **240** 83, 89, 121, 124, 126
Reden, bloßes **184c** 5
mit Tieren **184** 16
Vorsatz **184c** 8, 13, 19
Wahrnehmung durch das Opfer **184c** 17, 20 ff
Wahrnehmung durch Dritte **184c** 18, 24

Handlungseinheit
Bewertungseinheit **Vor 52ff** 23
bei Dauerdelikten **Vor 52ff** 22, 35 ff
bei Delikten mit überschießender Innentendenz **Vor 52ff** 21
bei Fahrlässigkeitsdelikten **Vor 52ff** 62
fortgesetzte Handlung *siehe auch Handlung, fortgesetzte* **Vor 52ff** 42 ff
Gesetzeseinheit *siehe auch dort* **Vor 52ff** 67
Handlung, natürliche und ~ **Vor 52ff** 7 ff
Handlungsmehrheit, Abgrenzung **Vor 52ff** 7 ff
Kollektivdelikt **Vor 52ff** 57
Massenverbrechen **Vor 52ff** 57
bei mehraktigen Delikten **Vor 52ff** 21
natürliche ~ **Vor 52ff** 10 ff
– äußeres Tatbild **Vor 52ff** 11
– Beendigung der Tat und ~ **Vor 22** 29
– fortgesetzte Handlung und ~ **Vor 52ff** 17
– Handlungswille, einheitlicher **Vor 52ff** 12 ff, 33
– höchstpersönliche Rechtsgüter, Verletzung **Vor 52ff** 14
– Kritik **Vor 52ff** 18 f
– Polizeifluchtfälle **Vor 52ff** 16 f
– verschiedenartige Tatbestände **Vor 52ff** 15
– Zusammenhang, räumlicher und zeitlicher **Vor 52ff** 11, 33
pauschalierende Handlungsbeschreibungen **Vor 52ff** 23
Sammelstraftat **Vor 52ff** 57
Serienstraftaten **Vor 52ff** 50 ff
Tat, Abgrenzung **Vor 52ff** 7; **52** 11
tatbestandliche ~ **Vor 52ff** 20 ff
tatbestandliche ~ im engeren Sinne **Vor 52ff** 20 ff
tatbestandliche ~ im weiteren Sinne **Vor 52ff** 23 ff
– im Betäubungsmittelstrafrecht **Vor 52ff** 28 ff
– fortlaufende Tatbestandsverwirklichung **Vor 52ff** 33
– bei Gefangenenmeuterei **Vor 52ff** 24
– gleichartige Verwirklichung, iterative **Vor 52ff** 32
– Handlungskomplexe **Vor 52ff** 23
– höchstpersönliche Rechtsgüter, Verletzung **Vor 52ff** 34
– bei Mißbrauch von Titeln, Berufsbezeichnungen **Vor 52ff** 25
– bei Organisationsdelikten **Vor 52ff** 23
– bei Sexualdelikten **Vor 52ff** 27
– bei Staatsschutzdelikten **Vor 52ff** 23
– bei Umweltdelikten **Vor 52ff** 26
– bei Verletzung der Fürsorge- oder Erziehungspflicht **Vor 52ff** 24
– beim Waffenhandel **Vor 52ff** 31
Tateinheit und ~ **Vor 52ff** 63; **52** 1 f, 6 ff
Tatort und ~ **9** 41
Tatzeit **8** 11
bei Unterlassungsdelikten, echten **Vor 52ff** 59, 61
bei Unterlassungsdelikten, unechten **Vor 52ff** 59 f
Unterlassungseinheit **Vor 52ff** 59 f
Unterlassungsmehrheit **Vor 52ff** 59 f
bei zusammengesetzten Delikten **Vor 52ff** 21

Handlungsfähigkeit
Schuldfähigkeit und ~ **20** 1
Unterlassung und ~ **Vor 13** 38
Unterlassungsdelikt, Tatbestandsmerkmal **Vor 13** 93

Handlungsgehilfe
Untreue **266** 104

Handlungslehre, finale
Fahrlässigkeit **16** 126

Handlungslehre, finale (Forts.)
Rechtfertigungslage, objektive und Vorsatz **16** 47
Verbrechensbegriff **Vor 13** 18
Vorsatz und Affekt **16** 107
Vorsatz und Fahrlässigkeit, Verhältnis **15** 12
Handlungsmehrheit
Begriff **Vor 52ff**
bei Fahrlässigkeitsdelikten **Vor 52ff** 62
Gesetzeseinheit *siehe auch dort* **Vor 52ff** 67
Handlungseinheit, Abgrenzung **Vor 52ff** 7 ff
Tatmehrheit und ~ **53** 5
Handlungsunrecht Vor 32 11
Handlungsunwert und ~ **Vor 13** 44
Rechtswidrigkeit und ~ **Vor 13** 44
Strafzumessung und ~ **46** 100; **46** 99 f
Handlungsunwert
Rechtswidrigkeit und ~ **Vor 13** 44
Strafwürdigkeit und ~ **Einl** 4
Unzumutbarkeit und ~ **Vor 32** 195
Verbrechensbegriff und ~ **Vor 13** 11
beim Versuch **Vor 22** 67
Handwerkskammer
Angestelltenbestechlichkeit/-bestechung, Strafantragsberechtigung **301** 4
Hang
Begriff **64** 40 ff; **66** 84 ff
Betätigung, bisherige kriminelle des Täters **66** 94
zu erheblichen Straftaten **66** 102 ff
Faktoren, allgemeine **66** 90 ff
Frühkriminalität, Bedeutung **66** 98, 101
Herkunft des Täters **66** 91
Krankhaftigkeit **64** 47 ff
Kriminalitätstheorien **66** 95
Persönlichkeit des Täters **66** 92
Psychopathie **66** 98, 100
Schwachsinn **66** 98 f
Sozialverhalten des Täters **66** 93
Hangover-Effekt *siehe Echorausch*
Hangtäter
Berufsverbrecher **66** 67
Gelegenheits-/Augenblickstäter, Abgrenzung **66** 73
generelle Problematik **66** 65 ff
Gewohnheitstäter **66** 67
Krimineller, aktiver chronischer **66** 71, 78
politisch/ideologisch motivierte Kriminalität **66** 76
Rückfalltäter, chronischer **66** 67
Sexualtäter **66** 75, 97
Tötungskriminalität **66** 77
aus Willensschwäche **66** 70, 75, 79 ff
Zustandstäter **66** 67
Hangtat
Betäubungskriminalität als typische ~ **64** 37
politisch/ideologisch motivierte Kriminalität als ~ **66** 76
Harmonisierungslehren 22 64, 72 ff, 78 ff
Haschisch *siehe Cannabis*
Haß
Aufstachelung zum ~, Volksverhetzung **130** 17 f
Rassenhaß als Mordmerkmal **211** 27
als sthenischer Affekt **20** 54
strafmildernde Bedeutung **20** 4; **46** 76
Hate Crimes N 130, 131 4
Hate Speech N 130, 131 4
Haufen
Bildung bewaffneter ~ *siehe auch Bildung bewaffneter Gruppen* **N 127** 1 ff; **127** 1 ff
Haupttat *siehe Anstiftung*
Hauptverfahren
Anberaumung/Eröffnung und Verjährungsunterbrechung **78c** 31 f
Haus- und Familienbetrug 263 303 f, 336; **263a** 89
Haus- und Familiendiebstahl
Angehöriger **247** 1
Antragsberechtigte **247** 3
Antragsdelikt **247** 1
Betreuer **247** 5
DDR-Recht **247** 9
Familiendelikte und ~ **Vor 169** 10
Gemeinschaft, häusliche **247** 6 f
Irrtum **247** 8
privilegierender Charakter **Vor 242** 4
Versuch **247** 2
Vormund **247** 5
Haus- und Familienunterschlagung 247 1 ff
Hausangestellte
Untreue **266** 104
Hausarrest, elektronisch überwachter
als Sanktion **Vor 38** 64
Hausbesetzung Vor 125 2, 4; **125** 3; **129** 17
Hausfriedensbruch **123** 19, 32, 74, 83
(keine) Nötigung **240** 114
Hausfriedensbruch
Absicht widerrechtlicher Handlungen **123** 52
Abwesenheit des Hausrechtsinhabers **123** 38
Abwiegler **124** 21
Aufforderung zum Entfernen **123** 64
– Berechtigter **123** 61 ff
Ausländerunterkunft **123** 31
Beendigung **Vor 22** 27
Beförderungsmittel **123** 12
Beihilfe durch Unterlassen **123** 59
Beleidigung und ~ **123** 76, 78
Besitz
– Mitbesitz **123** 34
– rechtmäßig erlangter unmittelbarer ~ **123** 35
– widerrechtlicher ~ **123** 27, 35

Hausfriedensbruch (Forts.)
Besitztum, befriedetes **123** 16 ff
Besucher des Mieters **123** 28 ff
bewegliche Sache
– als abgeschlossener Raum **123** 21
– als Geschäftsraum **123** 14
– als Wohnung **123** 12
Dauerdelikt **123** 58, 75, 77
Diebstahl und ~ **123** 80
Ehewohnung **123** 33, 83
(kein) eigenhändiges Delikt **123** 76
Eindringen **123** 45 ff
– durch Unterlassen **123** 58 f
– Widerrechtlichkeit **123** 68 ff
Einfriedung **123** 17
Einkaufspassage **123** 2, 17
Eintrittsgeld **123** 46
elterliche Sorge **123** 69
Erlaubnis des Hausrechtsinhabers **123** 49 ff
– abgenötigte ~ **123** 55
– erschlichene ~ **123** 50
– generelle ~ **123** 52 f
Ermächtigung zur Ausübung des Hausrechts **123** 37
Feld und Forst, Schutz von ~ **123** 80
Garant **123** 59
Geschäftsräume **123** 2, 3, 6 f
– Begriff **123** 14 f
Hausbesetzung **123** 19, 32, 74, 83
Hausordnung **123** 46
Hausrecht
– juristischer Person **123** 37, 39 ff
– der öffentlichen Hand **123** 39 ff
– Rechtsnatur **123** 26
– Übertragung **123** 27, 37 f
Hausrechtsinhaber **123** 27 ff
– abwesender ~ **123** 38, 61
– Mehrzahl **123** 33 f, 83
Hausverbot **123** 39, 51
– anlässlich Kündigung **123** 73
– behördliches Betretungsverbot **123** 39 ff
– Rechtsnatur **123** 39 ff
– als Verwaltungsakt erlassenes ~ **123** 56 f
Hotelzimmer **123** 9, 31, 73, 83
Irrtum **123** 74
juristische Person und Hausrecht **123** 37, 39 ff
Kaufhaus **123** 2, 52 f
Konkurrenzen **123** 77 ff
Landesstrafrecht **Einl** 17
Mietwohnung **123** 28
Mitbesitz **123** 34
mittelbare Täterschaft **123** 76
Nebenräume **123** 11, 15
Nötigung und ~ **123** 78
Notwehr gegen Verweilen **123** 65
Obdachlosenunterkunft **123** 10, 31
polizeiliche Eingriffsbefugnisse **123** 68
Privatklagedelikt **123** 30, 58, 85
psychisches Hindernis **123** 17, 45, 58
Raum
– abgeschlossener **123** 20
– zum öffentlichen Dienst bestimmter ~ **123** 22 ff, 83
– zum öffentlichen Verkehr bestimmter ~ **123** 23 ff, 83
Recht zum Betreten/Verweilen **123** 68 f
Rechtfertigung **123** 68
Rechtsgut **123** 1 ff
Sachbeschädigung und ~ **123** 78; **303** 22
schwerer ~
– Absicht der Gewalttätigkeit **124** 11 ff, 16
– Eindringen **124** 7
– Gewalttätigkeit **124** 9
– Konkurrenzen **124** 23
– Landfriedensbruch und ~ **124** 18 f, 22, 45
– Massendelikt **124** 1
– Menschenmenge **124** 2
– öffentliche Zusammenrottung **124** 4
– Räume, geschützte **124** 5
– Rechtsgut **Vor 3** 176 f; **123** 1
– Tathandlung **124** 15 ff
– Teilnahme **124** 22
– unbefugtes Verweilen nicht ausreichend **124** 8
– vereinte Kräfte **124** 10
– Vorsatz **124** 15
– Zusammenrottung **124** 3
Sitzungspolizeigewalt, gerichtliche **123** 39, 71
Strafantrag **77** 29; **123** 62, 81, 82 ff
Täuschung des Berechtigten **123** 50
Unterlassungsdelikt, echtes **123** 58, 60
Vermieter und Hausrecht **123** 28 ff, 36
Versammlung, öffentliche **123** 36, 69, 83
Verweilen, unbefugtes **123** 60 ff
Vorsatz **123** 67
Warn-/Verbotsschilder **123** 17, 46, 80
Widerstand und ~ **123** 79
Wille des Berechtigten
– entgegengesetzter ~ **123** 45 ff, 50
– mutmaßlicher ~ **123** 38, 46 f, 53, 61
Wohnung **123** 1, 3, 5, 7
– Begriff **123** 8 ff
– Hausrechtsinhaber **123** 28
Zubehörsflächen **123** 25
Hausgemeinschaft
Garantenpflicht **13** 23 ff
Hausgewerbetreibende
Vorenthalten/Veruntreuen von Arbeitsentgelt **266a** 20 ff
Haushaltsuntreue **266** 121, 142 f

Hausrecht
der öffentlichen Hand **123** 39 ff
des Parlamentspräsidenten **106b** 1
Ehewohnung **123** 33
Inhaber **123** 27 ff
juristischer Person **123** 37, 39 ff
Mehrzahl von Hausrechtsinhabern **123** 33 f
als Rechtsgut **106b** 1; **123** 1 ff; **124** 1
Rechtsnatur **123** 26
Strafantragsrecht und ~ **77** 29
Übertragung **123** 27, 37 f
Haustyrann
Dauergefahr **35** 29, 37
Hausverbot **123** 51
arbeitsrechtliche Kündigung und ~ **123** 73
Betretungsverbot, behördliches **123** 39 ff
Rechtsnatur **123** 39 ff
als Verwaltungsakt erlassenes ~ **123** 56 f
Havemann-Fall **339** 54b
Hebamme
Fälschung von Gesundheitszeugnissen **277** 4
fahrlässige Tötung durch ~ **222** 14
Körperverletzung, fahrlässige durch ~ **229** 12
Unterlassene Hilfeleistung **323c** 47, 84
Hegepflicht **292** 2; **293** 2
Hegerecht **292** 2; **293** 2
Hehlerei
Absatzerfolg **259** 24 ff, 31, 40
Absetzen **259** 16, 24 ff
Absetzenhelfen **259** 16, 24 ff
Angehörigenprivileg **259** 44
Ankaufen **259** 16, 23
Antragserfordernis **259** 44
Bandenhehlerei **260** 3 f
– Bande, Begriff **260** 4
– Führungsaufsicht **68** 3; **262**
– gewerbsmäßige ~ **260a** 1 ff
– Konkurrenzen **260** 8; **260a** 4
– Qualifikationstatbestand **260** 1
– Verfall, erweiterter **260** 7
– Vermögensstrafe **260** 7
– Versuch **259** 5
– Wahlfeststellung **260** 8
Beendigung und Vollendung **Vor 22** 24
Begünstigung und ~ **259** 38, 47
Beihilfe und ~ **259** 29
Bereicherungsabsicht **259** 32, 35 ff, 43
Betrug und ~ **263** 309, 313
Bildung krimineller Vereinigungen **129** 6
DDR-Recht **259** 50
Diebstahl und ~ **259** 18, 48 f
Drittbereicherung **259** 38
einem Dritten verschaffen **259** 22
Entstehungsgeschichte **Vor 257ff** 1 f; **259** EntstG, 1, 16, 18, 25, 32
Erlangen durch Vortat **259** 9 f
Ersatzhehlerei **259** 14
Fahrlässigkeit **259** 34
Forderungen **259** 2
Fortsetzungszusammenhang **259** 46 f
fremdnützige ~ **259** 38
Führungsaufsicht **68** 3; **262**
Geld als Hehlereigegenstand **259** 14, 21 f, 28, 30, 34, 37
geringwertiger Sachen **259** 44
gewerbsmäßige ~
– fortgesetzte Handlung **260** 2
– Führungsaufsicht **68** 3; **262**
– Gewerbsmäßigkeit **260** 2
– Konkurrenzen **260** 8; **260a** 4
– Qualifikationstatbestand **260** 1
– Teilnahme **260** 2
– Verfall, erweiterter **260** 7
– Vermögensstrafe **260** 7
– Versuch **259** 5
– Wahlfeststellung **260** 8
gewohnheitsmäßige ~ **259** 45
Haus- und Familiendiebstahl, entsprechende Anwendung **259** 44
Irrtum **259** 6, 33, 40
Jagdwilderei und ~ **292** 36, 82
Konkurrenzen **259** 46 f
Landfriedensbruch, plündernder und ~ **125a** 8a
mittelbarer Besitz **259** 19
Mitverzehren, bloßes **259** 21
Nutznießungstheorie **259** 1
Parteiverrat **356** 75
Perpetuierungstheorie **259** 1
Postpendenzfälle **259** 41a f, 48
Rechte **259** 2
Rechtsgut **259** 1
Restitutionsvereitelungstheorie **259** 1
Rückerwerb der Sache **259** 41
Sache
– durch rechtswidrige Tat erlangte ~ **259** 2
– Eigentumserwerb des Vortäters **259** 7
– gehehlte ~ **259** 5
– geringwertige ~ **259** 44
– herrenlose ~ **258** 2
– makelbehaftete ~ **259** 7
Sichverschaffen **259** 16, 18 ff
Steuerhehlerei **259** 33
Strafe **259** 45
Surrogate **259** 14
Täter **259** 41
Tatortbestimmung **9** 28
Teilnahme
– an Hehlerei **259** 39, 43
– an Vortat **259** 11 f, 46
Unterlassen **259** 30

Hehlerei (Forts.)
Unterschlagung und ~ **259** 18, 47
Untreue und ~ **266** 168
Urkundenfälschung und ~ **267** 3
Vermögen als Rechtsgut **Vor 257ff** 3; **259** 1
Vermögensvorteil **259** 36 f
Vermögenszustand, rechtswidriger **259** 1, 7 f, 11, 14
Verschenken **259** 27
Versuch
– gewerbsmäßige/Bandenhehlerei **260** 5; **260a** 2
– der Hehlerei **259** 27, 30, 40
– der Vortat **259** 5
Vollendung und Versuch **22** 19
Vorsatz **259** 32 ff
Vortat **259** 4 ff
– Antragsdelikt als ~ **259** 44
– Auslandstat als ~ **259** 4
– fortgesetzte Handlung als ~ **259** 13
– gegen fremdes Vermögen gerichtete ~ **259** 5
– Konkursstraftaten **259** 5
– Ordnungswidrigkeit als ~ **259** 4
– verjährte ~ **Vor 78** 17
– versuchte ~ **259** 5, 13
– vollendete ~ **259** 11 ff
– Wahlfeststellung **1** 122 ff; **259** 6, 41a
Vortatbeteiligter als Täter **259** 41 f
Wahlfeststellung **1** 115 f; **259** 41a, 48 f
Zusammenwirken, einverständliches mit Vortäter **259** 17, 34
Zwischenhehler **259** 17, 46
Heide
Brandstiftung **N 306** 6
Heilbehandlung
als Bewährungsweisung **N 56c**; **56c** 11, 13
verweigerte ~ und Führungsaufsicht **N 68c** 4 f, 9
Heilberufe *siehe auch Arzt; siehe auch Krankenschwester; siehe auch Psychotherapeut*
Amtsfähigkeit, Verlust **45** 40
Berufsbezeichnungen, geschützte **N 132a** 1 f
Fälschung von Gesundheitszeugnissen **277** 4
Notstand, entschuldigender, Zumutbarkeit aufgrund besonderen Rechtsverhältnisses **35** 54
Schweigepflicht **203** 61
Wählbarkeit, Verlust **45** 40
Heileingriff, ärztlicher
Körperverletzungsdelikte und ~ **Vor 223** 1, 3 ff; **223** 6, 13, 18; **224** 24; **226** 37; **228** 1
– Aufklärungspflicht **228** 19 ff, 44
– Einwilligung, rechtfertigende **228** 14 ff
– mißlungener ~ **Vor 223** 5
– Notstand, rechtfertigender **228** 35, 37
Unterlassene Hilfeleistung und ~ **323c** 52 ff
Heilhilfsberufe
Berufsbezeichnungen, geschützte **132a** 13
Schweigepflicht **203** 61
Heilpraktiker **203** 61
Berufsbezeichnung, keine geschützte **132a** 12a
fahrlässige Tötung durch ~ **222** 14
keine Medizinalperson **277** 4
Heilquellen **328** 53a; **329** EntstG; **330** 16
Heilquellenschutzgebiet **329** EntstG, 16
Heimarbeiter
Vorenthalten/Veruntreuen von Arbeitsentgelt **266a** 20, 22 ff
Heimaufenthalt
als Bewährungsweisung **56** 11, 14
Heimlichkeit
der Aufnahme **201** 11, 43
eines AIDS-Tests und rechtfertigender Notstand **34** 68a
Vorenthalten/Veruntreuen von Arbeitsentgelt **266** 73
Heimtücke
als besonderes persönliches Merkmal **28** 76 f
Mordmerkmal **211** 25, 38 ff, 70 ff
Heiratsschwindel **Vor 263** 1; **263** 147 f, 206, 254, 304, 323
Heiratstourismus **180b** 8
Hemmschwelle
Schuldfähigkeit und ~ **20** 72 f
Vorsatz und ~ **16** 92, 218
Hemmungsvermögen
Begriff **20** 36
Herabwürdigen **186** 10
Heranwachsender
Anwendbarkeit des StGB **10** 4
Maßregel gegen Heranwachsenden *siehe auch dort* **Vor 61ff** 68
Unterbringung in Sicherungsverwahrung **Vor 61ff** 68; **66** 47 ff
Verlust der Statusrechte **45** 33
Herbeiführen
einer Brandgefahr *siehe Brandstiftung*
einer Explosion *siehe auch Herbeiführen einer Explosion durch Kernenergie; siehe auch Herbeiführen einer Sprengstoffexplosion*
– Bildung terroristischer Vereinigungen und ~ **N 129a** 1 f
Sinken eines Schiffes **265 a.F.** 18
Stranden eines Schiffes **265 a.F.** 19
einer Überschwemmung *siehe Herbeiführen einer Überschwemmung*
eines Unglücksfalls **315** 111 ff; **315b** 89
eines Versicherungsfalles **265 a.F.** 29 ff; **265 n.F.** 9

Herbeiführen einer Explosion durch Kernenergie N 307
Anzeigepflicht **N 138; 138**
Auslandstat **N 6; 6** 30 ff
besonders schwerer Fall **310b** 7
Einziehung **322**
Entstehungsgeschichte **310b** EntstG
Explosion **310b** 2
Fahrlässigkeit **310b** 5
Freisetzen von Kernenergie **310b** 2
Führungsaufsicht **N 321; 321**
Gefährdungsdelikt, konkretes **310b** 1
Gefahr
– für fremde Sachen von bedeutendem Wert **310b** 3
– für Leib/Leben **310b** 3
Herbeiführen einer Sprengstoffexplosion und ~ **311** 13
Konkurrenzen **310b** 9
Leichtfertigkeit **310b** 7
Rechtfertigung **310b** 6
Tätige Reue **311c a.F.** 1 ff; **311e** 1 ff; **N 314a**
Todesfolge **N 307; 310b** 7
Unerlaubtes Betreiben von Anlagen und ~ **327** 33
Unternehmensdelikt **310b** 2
Vorbereitung eines Explosions- oder Strahlungsverbrechens und ~ **N 310; 311b** 1, 18
Vorsatz **310b** 5
Herbeiführen einer Sprengstoffexplosion
Anzeigepflicht **N 138** 3; **138**
Auslandstat **N 6; 6** 30 ff
besonders schwerer Fall **311** 6, 11
Brandstiftungsdelikte und ~ **311** 13
DDR-Recht **311** 15
Einziehung **322**
Entstehungsgeschichte **311** EntstG
Explosion **311** 3
Fahrlässigkeit **311** 2, 6 ff
Führungsaufsicht **N 321; 321**
Gefährdungsdelikt, konkretes **311** 1
Gefahr, konkrete **311** 5
– für fremde Sachen von bedeutendem Wert **311** 5
– für Leib/Leben **311** 5
Genehmigung **311** 10
Herbeiführen einer Explosion durch Kernenergie und ~ **311** 13
Konkurrenzen **311** 13
Leichtfertigkeit **311** 11
minder schwerer Fall **311** 6, 11
Rechtfertigung **311** 9 f
Risiko, erlaubtes **311** 9
Schwere Gefährdung durch Freisetzen von Giften und ~ **N 308; 330a** 11
schwere Gesundheitsschädigung als Folge **N 308**
Sozialadäquanz **311** 3, 9
Sprengstoff **310** 3
Tätige Reue **311c a.F.** 1 ff; **311e** 1 ff; **N 314a**
Todesfolge **N 308; 311** 11
Tötungsdelikte und ~ **311** 13
Versuch **311** 6
Vorbereitung eines Explosions- oder Strahlungsverbrechens und ~ **N 310; 311b** 1, 18
Vorsatz **311** 2, 6 ff
Herbeiführen einer Überschwemmung
Agententätigkeit zu Sabotagezwecken und ~ **N 87; 87** 4
Anzeigepflicht **N 138** 3; **138**
Bildung terroristischer Vereinigungen und ~ **N 129a** 1 f
fahrlässiges ~ **N 313; 314** 1 ff
Fahrlässigkeit **N 313; 314** 2
Gefährdungsdelikt, konkretes **312** 4
Gefahr
– für fremde Sachen **N 313; 313** 1 f
– gemeine ~ **312** 1, 4 f; **N 313; 313** 2
– für Leib/Leben eines anderen Menschen **N 313**
Gemeingefahr **312** 1, 4; **N 313**
Gesundheitsschädigung als Folge **N 313**
Herbeiführen **312** 3
als Katalogtat **N 126** 3; **N 313**
Konkurrenzen **312** 9; **313** 4; **314** 4
minder schwerer Fall **N 313**
Rechtswidrigkeit **312** 7
Strafmilderungsgrund **313** 3
Tätige Reue **N 314a**
Todesfolge **312** 8; **N 313; 314** 3
Überschwemmung **312** 2
– lebensgefährdende ~ **312** 1; **N 313**
– sachengefährdende ~ **N 313; 313**
Versuch **312** 8
Vorsatz **312** 6, 9
Heroin
als Rauschmittel **316** 146, 158; **323a** 94
Wechselwirkungen mit Alkohol **316** 133
Herrschaftstheorie 14 15
Herstellen
von Kernbrenn-, radioaktiven und Sprengstoffen etc. **N 310; 311b** 8
von Pornographie **184** 43
von Propagandamitteln verfassungswidriger Organisationen **N 86** 1; **86** 16
unechter Urkunde **267** 163, 183 f, 188, 214, 276
unechter technischer Aufzeichnung **268** 28 ff
Vorbereitung der Fälschung amtlicher Ausweise **275** 8

Herstellerzeichen
Urkundeneigenschaft **267** 89 f
Herstellung
fehlerhafte ~ einer kerntechnischen Anlage *siehe Fehlerhafte Herstellung einer kerntechnischen Anlage*
Herstellungsvorrichtungen
Unbrauchbarmachung der ~ von Schriften **74d** 16 ff
Hetze *siehe Beleidigung; siehe Verunglimpfung; siehe Volksverhetzung*
Hilfeleistung *siehe auch Beihilfe*
Begünstigung **257** 12 ff
Hilfeleistung, unterlassene
Angriff, rechtswidriger als Notfall **323c** 20, 46, 77, 119
Anstiftung **323c** 51, 182
Auffangtatbestand **323c** 217
Aufforderung, behördliche, zur Hilfe **323c** 1, 8, 12 ff, 17, 64 f, 97
Aufgeben der Hilfeleistung **323c** 93
Aussetzung und ~ **221** 1; **323c** 93, 207
Bedrohung des Staates als Notfall **323c** 65 f, 74
Beihilfe **323c** 51, 183
Beistand, seelischer **323c** 86, 90
Dauerdelikt **323c** 25
Disziplinarstrafe **323c** 187
Eigengefährdung, erhebliche **323c** 32, 46, 117 f, 122, 127, 161 ff, 216
– als Entschuldigungsgrund **323c** 32, 118, 127 ff
– Gefahr einer Strafverfolgung **323c** 127 ff, 164 ff
– als Rechtfertigungsgrund **323c** 118
(kein) eigenhändiges Delikt **323c** 178
Einwilligung des in Not Befindlichen **323c** 52 f, 130 f
Entschädigungsanspruch des Nothelfers **323c** 188
Entschuldigungsgrund **323c** 118, 127 f, 160, 164, 171
Entstehungsgeschichte **323c** 1 ff
(keine) Erfolgsabwendungspflicht **323c** 19, 56, 81, 84, 93, 135, 141, 166, 190, 208
Erforderlichkeit **323c** 20, 22, 81 ff, 215
ex-ante/ex-post-Betrachtung **323c** 22, 35, 58, 81, 95, 100, 215
Fahrlässigkeit **323c** 1, 141, 156
Garantenpflicht **Vor 32** 80; **323c** 19, 93, 135 f
Gefährdung des Straßenverkehrs und ~ **323c** 206
Gefährdungsdelikt, konkretes **323c** 20 f
Gefährliche Eingriffe in den Straßenverkehr und ~ **323c** 68, 206
Gefahr
– Begriff **323c** 42, 58
– erhebliche ~ **323c** 10, 31, 42, 58
– Gemeingefahr **323c** 8, 32 f, 58 ff, 67, 130
gemeine Not **323c** 8, 33, 70 ff
Gemeingefahr **323c** 8, 32 f, 58 ff, 67, 130
– Krieg als ~ **323c** 65
– Terrorismus als ~ **323c** 66
– Verkehrsunfall als ~ **323c** 67
Gesinnungsstrafrecht, unzulässiges **323c** 26, 88, 97
Gleichzeitigkeit der Notfälle **323c** 33, 78 f
Güterkollision **323c** 117 f, 120, 128, 158, 160 ff
Heileingriff, ärztlicher **323c** 52 ff
Hilfe, Nichtleistung der ~ **323c** 91 ff
Hilfspflicht **323c** 1 f, 11, 19, 116, 134 ff, 169 ff
– rechtliche ~ und sittliche Pflicht **323c** 1, 172 f
Hungerstreik **323c** 56
Infektionsgefahr **323c** 123
Irrtum **323c** 81, 119, 144, 146, 150 ff, 161, 174 ff
Konkurrenzen **323c** 197 ff
Kritik an der Norm **323c** 32
mehrere Nothelfer **323c** 114
Mißbrauch von Notrufen und ~ **145** 1 f
Mittäterschaft **323c** 181
mittelbare Täterschaft **323c** 179 f
Möglichkeit zur Nothilfe **323c** 91, 104, 120 ff, 134 ff
Nichtanzeige geplanter Straftaten und ~ **138** 73; **323c** 45, 66, 197
Notwehr/Nothilfe und ~ **323c** 20 ff, 29, 31, 46, 82, 129
Pflichtenkollision **Vor 32** 80; **323c** 117 f, 134 ff, 158, 160 ff, 168 ff
Rechtfertigung **323c** 118, 130, 164
Rechtsgut **323c** 28 ff, 59, 130
Rechtzeitigkeit der Nothilfe **323c** 82, 96 ff, 102
Rücktrittsvorschriften, keine analoge Anwendung **323c** 103
Schadensersatzpflicht bei Nichthilfe **323c** 188 ff
Schaulustige **323c** 92
Schuld **323c** 156 ff
als Schutzgesetz iSd § 823 II BGB **323c** 195
Schwangerschaftsabbruch und ~ **218** 20
Selbstgefährdung, eigenverantwortliche **323c** 55 ff
Selbsttötung und ~ **323c** 48 ff, 126
Strafantrag **323c** 209
Strafgrund **323c** 26 ff
Strafverfolgungsstatistik/-praxis **323c** 14 ff

Hilfeleistung, unterlassene (Forts.)
Strafzumessung **323c** 185 f
Täterkreis **323c** 104 ff
Tötungsdelikte und ~ **Vor 211** 24, 29
Unerlaubtes Entfernen vom Unfallort und ~ **323c** 128, 138, 171, 198
Unfall **323c** 38, 67
Unglücksfall **323c** 20, 33, 36 ff, 60, 79
– drohender Schaden **323c** 39 ff
– erheblicher Schaden **323c** 42 ff
– Erkrankung als ~ **323c** 47
– plötzliches Ereignis **323c** 37, 42, 46
– Selbsttötung als ~ **323c** 48 ff, 126
Unrechtsbewußtsein **323c** 141, 150 ff
Unterlassen als rechtswidriger Angriff **323c** 119
Unterlassen der Nothilfe **323c** 91 ff
Unterlassungsdelikt, echtes **323c** 19, 117, 150, 153, 156 f
(kein) Unternehmensdelikt, unechtes **323c** 24
Unzumutbarkeit der Hilfeleistung **323c** 46, 149, 157 ff, 160 ff, 168 ff
– (kein) Tatbestandsmerkmal **323c** 149, 159
Versuch **323c** 94, 102
(kein) Versuchsdelikt **323c** 23
Vollendung **323c** 94 ff, 102
Vollrausch und ~ **323c** 91
Vorsatz **323c** 141 ff
Wahlfeststellung **323c** 217
zivilrechtliche Folgen **323c** 188 ff
Zwangsernährung **323c** 56 f
Hilflose Lage *siehe Lage, hilflose*
Hilflosigkeit
Ausnutzen der ~, besonders schwerer Fall des Diebstahls **243** 31 f
Kenntnis der ~, Menschenhandel **180b** 10
Versetzen/Verlassen in ~, Aussetzung **221** 7, 18
Hilfsbeamte der Staatsanwaltschaft 114 4; **344** 1, 6
Hilfsbedürftige
Freiheitsberaubung **239** 4, 10
Sexueller Mißbrauch von Hilfsbedürftigen *siehe Sexueller Mißbrauch von Gefangenen u.a.*
Hilfsbedürftigkeit
sexueller Mißbrauch unter Ausnutzung von ~ **174a** 16
Hindernisbereiten
Eingriffe in den Bahn-, Schiffs- und Luftverkehr, gefährliche **315** 35
Eingriffe in den Straßenverkehr, gefährliche **315b** 27 ff
Hintermann *siehe auch Mittelbare Täterschaft*
als Anstifter **26** 11
Konkursstraftaten **Vor 283** 71 ff; **283** 223
krimineller Vereinigung **129** 75, 77
Landfriedensbruch **125** 6, 10, 14 f
Rücktritt vom Versuch **24** 307 ff
terroristischer Vereinigung **129a** 36
verfassungsfeindlicher Sabotage **88** 5
verfassungswidrig verbotener Partei **84** 7
Hinweispflicht
bei Bewährungsauflagen **56b** 25
bei Maßregeln **Vor 61ff** 87; **68** 29
Hirntod 168 11 f, 15, 19; **Vor 211** 7 ff
HIV-Infektion
Ausschluß der Eigenverantwortung durch überlegenes Sachwissen eines anderen **16** 183
Geheimnisschutz und ~ **203** 16, 139, 157
heimlicher AIDS-Test und rechtfertigender Notstand **34** 68a
Hilfspflicht und ~ **323c** 123
Körperverletzungsdelikte und ~ **Vor 223** 10 ff; **224** 9, 13, 37, 39; **228** 50
Schwere Gefährdung durch Freisetzen von Giften **Vor 223** 11
strafmildernde Bedeutung **46** 26a
Tötungsdelikte und ~ **212** 3; **222** 21; **Vor 223** 11, 14
durch Vergewaltigung **177** 18
Verletzung der ärztlichen Schweigepflicht und rechtfertigender Notstand **34** 68a
Vorsatz und bewußte Fahrlässigkeit, Abgrenzung **Vor 223** 14
Hochschullehrer *siehe auch Professor*
Parteiverrat **356** 25
Hochverrat *siehe auch Vorbereitung eines hochverräterischen Unternehmens*
Abtrennung eines zur Bundesrepublik gehörenden Gebietes **81** 5
Angriffsgegenstand/-ziel **81** 9
Anstiftung **81** 18
Anzeigepflicht **138**
Ausländer als Täter **81** 18
Auslandstat **81** 17
Beihilfe **81** 18
Beseitigung der staatlichen Einheit **81** 4 f
Bildung eines Einheitsstaates **82** 3
Gebietshochverrat
– gegen den Bund **81** 2 ff, 9; **82** 3
– gegen ein Land **82** 2 f
Konkurrenzen **81** 20; **82** 6
KPD-Urteil **81** 8
im Krieg **81** 17
Parteienprivileg **Vor 80** 29 f; **81** 19
Rechtsgut **81** 1; **83** 1
Rücktritt vom Versuch **81** 11; **83a** 5
Streik **81** 15; **240** 14
Tätige Reue **83a** 2 f

Hochverrat (Forts.)
Tatmittel
– Drohung mit Gewalt **81** 13 ff
– Gewalt **81** 12 ff
territoriale Integrität (Legaldefinition) **81** 1
Unternehmen **81** 11
verfassungsfeindliche Tendenz **Vor 80** 28 ff; **81** 8
Verfassungshochverrat
– gegen den Bund **81** 6 ff
– gegen ein Land **82** 4
verfassungsmäßige Ordnung **81** 6 ff
Versuch **81** 11; **83a** 2 f
Vorbereitung hochverräterischen Unternehmens *siehe dort*
Vorsatz **81** 16
Zuständigkeit für Strafverfolgung **81** 21; **82** 7
Hörfalle 201 18, 22, 30
Hörigkeit, sexuelle
keine schwere seelische Abartigkeit **20** 66
Hohe See
als Ausland **Vor 3** 300 ff
Fischwilderei **293** 3
strafrechtlicher Schutz *siehe Gewässerverunreinigung; siehe Unerlaubter Umgang mit gefährlichen Abfällen*
Hoheitliches Handeln
Notstand, rechtfertigender, Anwendbarkeit **34** 6 ff
Notwehr und ~ **32** 268
als Rechtfertigungsgrund **Vor 32** 142
Hoheitszeichen
Begriff **104** 3
des Bundes, der Länder **90a** 20
Verletzung ausländischer ~ **104** 1 ff
Homebanking
Computerbetrug **263a** 2, 56 ff
homo oeconomicus
als Leitbild der Wirtschaftsverfassung **Vor 263** 32; **263** 8, 159, 183 f
Homosexualität
keine schwere seelische Abartigkeit **20** 66
Hooligans 113 1b; **123** 51; **Vor 125** 2, 4; **125** 61; **222** 12
Hütchenspiel Vor 284-287 4; **284** 9 f, 14; **285** 4a
Hütte
Begriff **N 306** 6; **306** 7; **308** 4
zur Wohnung von Menschen dienend **N 306a** 1; **306** 9
Humanitätsverbrechen
Politische Verdächtigung **241a** 14
Hunde
Einziehung **295** 13 ff
gefährliche ~ *siehe Unerlaubter Umgang mit gefährlichen Hunden*
Hundehalter
fahrlässige Tötung durch ~ **222** 14
Hungerstreik
als Beteiligung an krimineller/terroristischer Vereinigung **129** 47; **129a** 24 f
Nötigung, Verwerflichkeit **240** 95
Unterlassene Hilfeleistung und ~ **323c** 56
Zwangsernährung, Zulässigkeit **32** 165; **Vor 211** 34; **240** 96
Hymne
des Bundes, der Länder **90a** 5 f
Hypnotika *siehe Schlafmittel*

Idealkonkurrenz *siehe Tateinheit*
Identitätsleugnung
Urkundenfälschung **267** 163 f
Identitätstäuschung
Urkundenfälschung **267** 163 ff
Idiotie *siehe Schwachsinn*
Imbezilität *siehe Schwachsinn*
Immission
Begriff **325a** EntstG 8
Immissionsschutz *siehe Luftverunreinigung; siehe Strahlen; siehe Verursachen von Lärm, Erschütterungen und nichtionisierenden Strahlen*
Immissionsschutzbeauftragter **325** 69
umweltgefährdende ~ **325a** 1
Immobilienfonds
Untreue **266** 120
Immunität 80 9; **Vor 93** 6; **93** 28; **344** 9
Begriff **36** 47; **37** 1
Dauer **Vor 3** 340; **36** 47
DDR-Alttaten **36** 51
DDR-Recht **36** 51
Exterritorialität und ~ **Vor 3** 337
Funktionsfähigkeit des Parlaments und ~ **36** 46
gesetzliche Regelungen **36** 48
Indemnität und ~ **36** 12, 46 ff
Notwehr trotz ~ **32** 62
Rechtsnatur **36** 47
Ruhen der Verjährung **78b** 2, 5
als Verfahrenshindernis **36** 47
Wirkung **36** 47
in dubio pro reo
Anstiftung, versuchte **30** 26
Beleidigung **185** 35; **199** 4
Einwilligung, mutmaßliche **Vor 32** 141
auf Gesetzesauslegung nicht anwendbar **1** 84
im Maßregelrecht **Vor 61ff** 38, 48; **63** 81; **64** 8, 101; **66** 167; **68** 18; **69** 66
Notstand, rechtfertigender **34** 94
Notwehrüberschreitung **33** 72, 83 f
Prognose über Gefährlichkeit des Täters **56** 16; **57** 23

in dubio pro reo (Forts.)
Rechtsbeugung und ~ **339** 49, 90, 96
Schuldfähigkeitsprüfung **20** 94
Strafausschließungsgründe **Vor 13** 89
Strafzumessung und ~ **46** 56, 314
Täterschaft und Teilnahme **27** 68
bei Tateinheit **52** 5, 16
Tötungsdelikte und ~ **213** 2
Verfall, erweiterter und ~ **73d** 49, 55
Verjährung und ~ **Vor 78** 15
Verletzung der Unterhaltspflicht und ~ **170** 26
Verleumdung und ~ **187** 2
Vollendung und Versuch **22** 10; **23** 31, 36
Vollrausch und ~ **323a** 149, 155
Wahlfeststellung und ~ **1** 95
Wahrheitsbeweis durch Strafurteil **190** 4
In vitro-Fertilisation **Vor 218ff** 32; **218** 3
Inbrandsetzen
Begriff **N 306** 3; **306** 2
Versicherungsmißbrauch/-betrug **265 a.F.** 14 f
Indemnität
Abgeordnetenbestechung und ~ **36** 12a
Anwendungsbereich **36** 14 ff
auflösend bedingte ~ **36** 45
Beendigung des Mandats **36** 11, 29
Begriff **36** 1 f; **37** 1
Dauer **36** 11
DDR-Alttaten **36** 51
DDR-Recht **36** 49 f
Europäische Kommission, an Verfahren teilnehmende Personen **36** 45 ff
Europäischer Gerichtshof, an Verfahren teilnehmende Personen **36** 45 ff
fortdauernde Wirkung **36** 29
Immunität und ~ **36** 12, 46 ff
Kommunalrecht **36** 30
Legitimierung **36** 3 ff
Notwehr trotz ~ **32** 62
parlamentarische Äußerungen/Berichte, Straflosigkeit *siehe dort*
Rechtsnatur **36** 9 f
als Strafausschließungsgrund **Vor 32** 225; **36** 9 f
Unaufhebbarkeit **36** 11
Unverzichtbarkeit **36** 11
Verfassungsrecht **36** 13 ff
verfassungsrechtliche Qualität **36** 7
verfassungsrechtliche Regelung und strafrechtliche Wirkung **36** 8 ff
Wirkung im Privatrecht **36** 20 ff
Wirkung im Staats- und Verwaltungsrecht **36** 24
Wirkung, strafrechtliche *siehe auch Parlamentarische Äußerungen/Berichte, Straflosigkeit* **36** 8 ff
Zweck **36** 3 ff, 44
Indikation
embryopathische ~ bei Schwangerschaftsabbruch **Vor 218ff** 20, 40; **218a** 1, 32, 48 ff; **219** 5
eugenische ~ bei Sterilisation **228** 39 ff
kriminologische ~
– bei Kastration **228** 42
– bei Schwangerschaftsabbruch **Vor 218ff** 2; **218a** 58 ff
medizinische ~
– bei Kastration **228** 42
– bei Schwangerschaftsabbruch **Vor 218ff** 20, 40; **218** 4; **218a** 31 ff; **219** 5
– bei Sterilisation **228** 39 ff
Notlagenindikation, Schwangerschaftsabbruch **218a** 1, 32, 41
als Rechtfertigungsgrund beim Schwangerschaftsabbruch **Vor 218ff** 38, 42; **218a** 1
Rechtsnatur **Vor 218ff** 12, 38, 42; **218a** 1
soziale ~ bei Sterilisation **228** 40 f
Indiskretionsdelikt **Vor 201** 13; **201** 2, 23 f; **203** 6, 39
Individualprävention *siehe Spezialprävention*
Individualrechtsgut
Begriff **Vor 13** 6
als Rechtsgut, geschütztes **125** 1; **164** 1 f; **315** 4 f; **316** 2; **323c** 28 f; **Vor 324** 12, 14, 21
Individualschutzprinzip *siehe Personalitätsprinzip, passives*
Individualwucher **302a** 1
Individuell-formelle Versuchstheorie **22** 65 ff, 77
Individuell-materielle Versuchstheorie **22** 68 f, 82 ff
Individuell-objektive Versuchstheorie **22** 61 ff
Indiztheorie **24** 13
Industrie- und Handelskammer
Angestelltenbestechlichkeit/-bestechung, Strafantragsberechtigung **301** 4
Industrieverkäufer
Angestelltenbestechlichkeit/-bestechung **299** 14
Informationelle Selbstbestimmung *siehe Selbstbestimmung, informationelle*
Informations- und Kommunikationskriminalität *siehe Computerkriminalität*
Informationsfreiheit
Anleitung zu Straftaten und ~ **130a** 2 f
Einziehung von Schriften und ~ **92a** 6
Geheimnisschutz und ~, Spannungsverhältnis **93** 5; **353b** 1; **353d** 1, 60
Gewaltdarstellung und ~ **131** 35
Öffentliche Aufforderung zu Straftaten und ~ **111** 10c

Informationsfreiheit (Forts.)
Schutz des allgemeinen Persönlichkeitsrechts und ~ **Vor 201** 14
unbefugtes Fotografieren von Polizeibeamten und ~ **113** 37b f
Informationsinteresse
berechtigtes ~ der Allgemeinheit **193** 20
der Öffentlichkeit und Dienstgeheimnisverletzung **353b** 1
der Öffentlichkeit und Verletzung der Vertraulichkeit des Wortes **201** 25
Informationspflicht
bei Ehrverletzung **193** 21
Ingebrauchnahme
von Fahrzeugen, unbefugte **248b** 3
Pfandsachen, unbefugter Gebrauch **290** 7
Ingerenz 13 31 ff; **Vor 324** 57
Inhaberpapiere 264a 23 f
Inhaberschuldverschreibung
Wertpapierfälschung **151** 2
Inhaftierter *siehe Gefangener; siehe Haft*
Inkasso
Untreue **266** 45, 52, 54, 79, 82, 86, 127
Inkassozession 288 23
Inkrafttreten
eines Gesetzes **2** 9
Inland
ausländischer Täter im ~ betroffen **7** 70
Begriff
– Entwicklung **Vor 3** 205 ff
– funktioneller ~ **Vor 3** 210, 214 ff
– geltender ~ **Vor 3** 228 ff
– staats- und völkerrechtlicher ~ **Vor 3** 211
Binnengewässer **Vor 3** 240 ff
Dienst-/Wohngebäude von Exterritorialen **Vor 3** 292
Freihäfen **Vor 3** 291
Küstenmeer **Vor 3** 232 ff
Luftraum **Vor 3** 251
Schiffe **Vor 3** 255
Staatsgebiet **Vor 3** 229 f
Zollgebiet **Vor 3** 279 ff
Inlandstaten
Auslandstaten, Abgrenzung **9** 36 ff
Geltung deutschen Strafrechts für ~ *siehe auch Territorialitätsprinzip* **3** 1 ff
Inlandstheorie, modifizierte Vor 110 10
Inline-Skates
als Fahrzeug **315b** 22; **315c** 8; **316** 72
Innentendenz *siehe Delikt mit überschießender Innentendenz*
Innere Sicherheit
öffentliche Sicherheit und ~ **125** 39
Insasse
Sexueller Mißbrauch von Insassen **N 174**; **174** 7
Insiderinformation
Mißbrauch **204** 7
Insolvenz *siehe Konkursstraftaten*
Insolvenzbeteiligte
als Partei, Parteiverrat **356** 41
Insolvenzstrafrecht
Betrug und ~ **Vor 263** 7, 12; **263** 317
Insolvenzverfahren
Geheimnisschutz **203** 101 f
Insolvenzverwalter
Offenbarungs-/Schweigepflicht **203** 101
Parteiverrat **356** 27, 37 77, 89
Pfandkehr, Antragsberechtigung **289** 32
Überprüfung von Postsendungen **202** 37
Untreue **266** 49, 60, 127
Zwangsvollstreckungsvereitelung, Antragsberechtigung **288** 44
Instrumenta sceleris *siehe auch Einziehung*
74 16; **92a** 2; **109k** 2; **131** 42
Integrationsprävention Einl 31
Integrität
körperliche ~ *siehe Unversehrtheit, körperliche*
staatliche ~ *siehe Bestand der Bundesrepublik Deutschland*
territoriale und verfassungsmäßige ~ der Bundesländer **82** 1
Intelligenzdelikt
Betrug **Vor 263** 10
Interesse
berechtigtes ~, Äußerungen zur Wahrnehmung **193** 17 ff
besonderes öffentliches ~ an Strafverfolgung
– Exhibitionistische Handlungen **183** 7
– Körperverletzungsdelikte **230** 6 ff
eigene ~ **356** 38
gesetzwidrige ~ **356** 56
gleichlaufende ~ **356** 66
objektive/subjektive ~ **356** 59
rechtlicher Schutz **356** 56
tatsächliche Wahrnehmung **356** 72
zwingendes öffentliches ~ an Offenbarung des Steuergeheimnisses **355b** 50 ff
Interessenabwägung
bei übler Nachrede **193** 2
Interessenabwägungstheorie
Notstand, rechtfertigender **34** 2 f
Interessenausgleich
Parteiverrat **356** 62
Interessengegensatz
Parteiverrat **356** 55, 57
Interessenkollision
bei Wahrnehmung berechtigter Interessen **193** 17
Interessentheorie
Täterschaft-Teilnahme-Abgrenzung **25** 4

Interessentheorie (Forts.)
Untreue **266** 171
Vertreterhaftung, strafrechtliche **14** 50
Interessenwahrnehmung
Angemessenheit der ~ **193** 25
Interlokales Strafrecht Einl 96
Amnestien, Reichweite **Vor 3** 388
(keine) Anwendung auf DDR-Alttaten
– nach der Wiedervereinigung **Vor 3** 395 f
– vor der Wiedervereinigung **Vor 3** 390
Gerichtsort, Recht des **Vor 3** 378, 381
als Gewohnheitsrecht **Vor 3** 377, 400 f
Kollisionsrecht, innerstaatliches strafrechtliches **Vor 3** 376 ff
Tatortbestimmung, Bedeutung **9** 2, 7
Tatortrecht **Vor 3** 378
Teilnahme **Vor 3** 384 ff
im wiedervereinigten Deutschland **Vor 3** 393 ff
Wohnsitzprinzip **Vor 3** 378, 381
Internationale Delikte Vor 3 6 ff; **6** 1 ff
Internationaler Strafgerichtshof
Versuchsstrafbarkeit **Vor 22** 152
Völkermord, Strafverfolgung **220a** 2, 6, 17
Internationales Strafrecht *siehe auch Interlokales Strafrecht*
allgemeine Prinzipien **Vor 3** 125 ff, 139 ff
Analogieverbot und ~ **Vor 3** 126, 133
Anrechnungsprinzip **Vor 3** 159; **51** 21 ff, 54 ff
Anwendung des strengsten Gesetzes **Vor 3** 354
Anwendungsbereich deutschen Strafrechts, tatbestandsmäßige Beschränkungen **Vor 3** 160 ff
Ausländer, Begriff **Vor 3** 335
Auslandsbegriff **Vor 3** 293 ff
Auslandstaten Deutscher *siehe dort*
Auslandstaten gegen Deutsche *siehe dort*
Auslandstaten gegen inländische Rechtsgüter *siehe dort*
Auslandstaten gegen internationale Rechtsgüter *siehe dort*
Auslandstaten von Ausländern *siehe dort*
außerhalb des StGB **Vor 3** 428 ff
Begriff **Vor 3** 1 f
Bestimmtheitsgebot und ~ **Vor 3** 148 ff
der DDR **Vor 3** 419 ff
Deutscher, Begriff *siehe auch dort* **Vor 3** 331
Einigungsvertrag und ~ **Vor 3** 422 ff
Erledigungsprinzip **Vor 3** 159
Exterritorialität **Vor 3** 336 ff
Flaggenprinzip **Vor 3** 127
Gewohnheitsrecht, Verbot von strafbegründendem/strafverschärfendem **Vor 3** 148
Grundsatz stellvertretender Strafrechtspflege **Vor 3** 136, 152; **7** 2, 4 f
Individualrechtsgüterschutz **Vor 3** 162 f
Inland *siehe auch dort*
– Begriff **Vor 3** 228
innere Tatseite **Vor 3** 415
Internationale Delikte **Vor 3** 6 ff; **6** 1 ff
Irrtum **Vor 3** 415
Kompetenz-Kompetenz der Nationalstaaten **Vor 3** 145 ff
Kompetenzverteilungsprinzip **Vor 3** 138 f
Konkurrenz verschiedener Rechtsordnungen **Vor 3** 156 ff
Konkurrenz von strafbegründenden Anknüpfungspunkten **Vor 3** 153 ff
Landesrecht und ~ **Vor 3** 4, 418
Opportunitätsprinzip und völkerrechtlicher Verfolgungszwang **4** 49 ff
Partikularrecht und ~ **Vor 3** 418
Personalitätsprinzip
– aktives ~ **Vor 3** 131 ff, 152; **7** 2
– passives ~ **Vor 3** 130, 152, 417; **7** 2
Rechtsgüter, inländische/ausländische **Vor 3** 160 ff
Rückwirkungsverbot und ~ **Vor 3** 148
Schutzprinzip **Vor 3** 128 ff, 152, 129
staatliche Interessen, Schutz **Vor 3** 162, 164 f
Staatsschutzprinzip **Vor 3** 129, 152
Staatsschutzstrafrecht **Vor 3** 162, 164 ff
Strafanwendungsrecht und ~ **Vor 3** 3
Strafrechtspflege, Grundsatz stellvertretender **Vor 3** 136, 152; **7** 2, 4 f
Strafrechtsreform und ~ **Einl** 75
Straßenverkehrsdelikte **Vor 3** 194 ff
Tatbegriff **Vor 3** 196 ff
Tatbestandsirrtum **Vor 3** 415
Tatortbestimmung, Bedeutung **9** 2
Territorialitätsprinzip **Vor 3** 126, 133, 149, 151 f, 416; **3** 1
Verbotsirrtum **Vor 3** 415
Vereinbarungen, völkerrechtliche **Vor 3** 9 ff
Völkerstrafrecht und ~ **Vor 3** 1, 6, 117
Weltrechtsprinzip **Vor 3** 8, 135, 144, 152
Internet
Betrug im ~ **Vor 263** 3; **263** 334
Computerbetrug **263a** 2, 58, 87
Erschleichen von Leistungen **265a a.F.** 59
Glücksspiel, unerlaubtes **284** 25
Publikation im ~ und Ehrverletzung **192** 7 ff
Veranstaltung einer Lotterie/Ausspielung, unerlaubte **287** 19, 26
Verbreitung pornographischer Schriften über ~ **N 184** 1
Internetdelikt
Auslandstat **N 130, 131** 16

Internetdelikt (Forts.)
Beschimpfung von Bekenntnissen, Religionsgesellschaften und Weltanschauungsvereinigungen **166** 40, 50
Haftung des Providers für inhaltsbezogene Delikte
– Beschimpfung von Bekenntnissen, Religionsgesellschaften und Weltanschauungsvereinigungen **166** 50
– kommerzielle Anbieter **N 130, 131** 6 ff
– private Anbieter **N 130, 131** 14
inhaltsbezogenes ~ **N 130, 131** 1 ff
– Bekämpfung **N 130, 131** 4, 23
Live-Angebote **N 11** 2; **N 130, 131** 7
Meinungs- und Pressefreiheit und ~ **N 130, 131** 2, 20
(Kinder-)Pornographie im Internet **N 130, 131** 19; **N 184** 1
Zugänglichmachen, öffentliches **N 130, 131** 6
Internet-Diensteanbieter *siehe Provider*
Internierter **120** 13, 14
Interzonales Strafrecht **Vor 3** 389 ff
Intimsphäre *siehe Sphärentheorien*
Intoxikation
Mischintoxikation bei Straßenverkehrsgefährdungsdelikten **315c** 58, 60; **316** 131, 167
Vollrausch als ~ **323a** 89, 114, 131
Intraneus **25** 134; **28** 1
Inventar
Begriff **283** 133
Inventarpfandrecht **289** 16
Inventarpflicht **283** 129
Inventur **283** 133 f
Tatobjekt **283** 124
als Teil der Buchführung **283** 93
Inverkehrbringen
von Abtreibungsmitteln **219b** 1 ff
– Vorbereitung, strafbare **Vor 22** 8
von falschen Wertzeichen **148** 11
von Falschgeld **146** 12 ff, 23 f; **147** 1 ff
– Geldfälschung und ~ **147** 1
– Teilnahme **147** 4, 8
– Weitergabe an Eingeweihten **147** 2 ff
vergifteter Gegenstände **N 314**; **319** 9 ff
Inzest *siehe Beischlaf zwischen Verwandten*
Irrealer Versuch *siehe Versuch, abergläubischer*
Irrtum *siehe auch Verbotsirrtum; siehe auch Wahndelikt*
Anstiftung **Vor 22** 134
Anstiftung durch Irrtumserregung **26** 58
Bestandsirrtum **22** 204
des Einwilligenden **Vor 32** 122
Erlaubnistatbestandsirrtum *siehe auch Irrtum über Rechtfertigungsgründe, tatsächliche Voraussetzungen* **22** 33, 177
Erregung/Unterhaltung eines ~ beim Betrug **263** 77 ff
error in objecto
– Körperverletzungsdelikte **229** 11
– Mittäterschaft **16** 14; **25** 178
– des Täters, Auswirkungen auf Anstiftung **26** 90 ff
– Teilnahme **16** 14
error in persona
– actio libera in causa und ~ **16** 15
– Körperverletzungsdelikte **229** 11
– manipulierter ~ **25** 104 f
– bei Mittäterschaft **16** 14; **25** 178
– des Täters, Auswirkungen auf Anstiftung **26** 90 ff
– Teilnahme **16** 14; **Vor 22** 134
– Versuch und ~ **Vor 22** 134; **22** 33 f
Gebotsirrtum **Vor 13** 99 f
Gültigkeitsirrtum **17** 11; **22** 204
über Kausalverlauf **16** 17 ff; **22** 21
Merkmale mit spezieller Irrtumsregelung **16** 56
über Notwehrvoraussetzungen **32** 64 ff, 68, 335 ff
über Prozeßvoraussetzung **16** 62
über Rechtfertigungsgründe *siehe auch Verbotsirrtum*
– Annahme *nichtexistenter* ~ **16** 53; **17** 10 f
– Irrtum über Grenzen anerkannten Rechtfertigungsgrundes **17** 10
– tatsächliche Voraussetzungen *siehe auch Erlaubnistatbestandsirrtum* **16** 47 ff; **34** 91
Rücktritt vom Versuch und ~ **24** 51 ff
über Schuldausschließungsgründe **16** 58 ff; **22** 207
– Annahme der Voraussetzungen, irrtümliche **16** 59 ff
– Annahme nichtanerkannter ~ **16** 58
über Schuldfähigkeit **16** 57; **21** 2
über Strafaufhebungsgründe **16** 60
über Strafausschließungsgründe **16** 60; **22** 107
über Strafbarkeitsbedingung, objektive **16** 61
über strafbarkeitsbegründende Merkmale im Ordnungswidrigkeitenrecht **16** 63
über Strafmilderungsgründe **16** 68 ff
– Annahme, irrtümliche **16** 68
– Verkennung, irrtümliche **16** 69 f
über Strafschärfungsgründe **16** 64 ff
Subsumtionsirrtum **16** 41 ff
– umgekehrter ~ **22** 205
über Tätervoraussetzungen und mittelbare Täterschaft **25** 142 ff
Tatbestandsirrtum **16** 113 ff

Irrtum (Forts.)
Tatbestandsirrtum und Verbotsirrtum **16** 46
Teilnahme, ~ des Haupttäters **Vor 26** 26 ff
über Verbrechensqualität **22** 208
im Versuchsstadium **22** 33 f
Vorfeldirrtum **22** 210 ff
über Zahlungspflicht bei Gebührenüberhebung **352** 19
Irrtumsherrschaft **25** 72 ff
Island
Strafrechtsreform **Einl** 129
Italien
Betrugsstrafrecht **Vor 263** 69 ff
Erschleichen von Leistungen **265a a.F.** 10
Konkursstraftaten **Vor 283** 199 ff
Kreditbetrug **265b** 8
Strafrechtsreform **Einl** 103, 117, 131, 135
Subventionsbetrug **264 a.F.** 10
Versicherungsbetrug **265 a.F.** 5
Wettbewerbsstrafrecht **Vor 298** 17, 26

Jäger
fahrlässige Tötung durch ~ **222** 15
Jagdaufseher **114** 3; **292** 22
Jagdausübung
Verbot der ~ als Nebenstrafe **Vor 38** 4
Jagdausübungsberechtigter *siehe auch Jagdwilderei*
Vollstreckungsbefugnisse **114** 3
Jagdbarkeit
Irrtum über ~ **292** 70 ff
Tiere **292** 33
Jagdbeute
keine Einziehung, kein Verfall **295** 16
Jagderlaubnis **292** 21 ff
beschränkte ~ **292** 13 ff, 25
entgeltliche ~ **292** 26
Formerfordernisse **292** 23
Überschreitung **292** 13 ff; **294** 3 ff
Jagdfrevel **292** 101
Jagdgast **292** 21 f
Jagdgerät
Einziehung **295** 6 ff
Jagdrecht **292** 6, 54
fremdes ~ als Rechtsgut **292** 2
als notwehrfähiges Gut **32** 103, 180
Jagdschein **292** 18
Ausweis, amtlicher **275** 3
Entziehung **Vor 38** 6; **61** 11; **113** 51
Jagdtiere
Einziehung **295** 13
Jagdwilderei
Absicht der Zueignung **292** 52 f, 61
Abwurfstangen **292** 58
aliud-Theorie **292** 68 f
Andeutungstheorie **292** 96
Aneignungsdelikt **292** 1 f
Aneignungsrecht **292** 6
durch Angehörige **294** 2
Antragsdelikt **294** 1 ff
Aufsuchen **292** 42
Beendigung **292** 81
befriedete Bezirke **292** 9 ff
Begehungsweise, andere nicht weidmännische **292** 93 ff
Begünstigung und ~ **292** 82
Beschädigen **292** 61
besonders schwerer Fall **292** 85 ff; **294** 1
Beute, Einziehung/Verfall **295** 16
Blankettatbestand **292** 33, 64
Bundesjagdgesetz **292** EntstG, 6, 9
Deliktsstruktur **292** 4
Diebstahl und ~ **242** 12
Drittzueignung **292** 52, 61
Eier **292** 59 f
Eigenjadgbezirk **292** 7
Eigentumsdelikte und ~ **292** 3, 68 f
Eignungsdelikt **292** 48
Einziehung **292** 98; **295** 1, 16
Entstehungsgeschichte **Vor 284ff** 7; **292** EntstG
Erfolgsdelikt **292** 54
Erlegen **292** 49, 51
Fallwild **292** 55
Fangen **292** 49 f
Fangtiere, Einziehung **295** 13 ff
Federwild **292** 59 f
gemeinschaftliche Begehung **292** 96
gemeinschaftliche Jagdbezirke **292** 8
Gewahrsam **292** 52 f
gewerbsmäßige ~ **292** 87 f
gewohnheitsmäßige ~ **292** 87 f
Gleichwertigkeitstheorie **292** 68
Hegerecht/-pflicht **292** 2
Hehlerei und ~ **292** 36, 82
Hirschsprengen **292** 45
Irrtum **292** 33, 48, 63 ff
– Doppelirrtum **292** 66, 73
– Rechtsirrtum **292** 65, 69
– Tatbestandsirrtum **292** 63 ff, 74
– Verbotsirrtum **292** 63 ff, 70, 74
Jagdaufseher **292** 22
zur Jagdausübung berufene/bestellte Personen **292** 31
Jagdausübungsrecht **292** 6, 8
– Jagdschein und ~ **292** 19
Jagdbarkeit
– Irrtum über ~ **292** 70 ff
– Tiere **292** 33
Jagdbezirk **292** 6 ff
Jagderlaubnis **292** 21 ff
– beschränkte ~ **292** 13 ff, 25

Jagdwilderei (Forts.)
– entgeltliche ~ **292** 26
– Formerfordernisse **292** 23
– Überschreitung **292** 13 ff; **294** 3 ff
Jagdfrevel **292** 101
Jagdgast **292** 21 f
Jagdgenossenschaft **292** 8
Jagdpachtvertrag **292** 17, 19
Jagdrecht **292** 6, 54
– fremdes ~ als Rechtsgut **292** 2
Jagdschein **292** 18
Konkurrenzen **292** 99 ff
kriminologische Erkenntnisse **292** 5
Kumulationsdelikt **292** 3
Landesjagdgesetze **292** EntstG, 9
Mitpacht **292** 24, 27; **294** 6
Mittäterschaft **292** 84, 96
Nachstellen **292** 41 ff
Nachtzeit **292** 90
Natur-/Tierschutzvorschriften **292** 33
Ökologisches Schutzinteresse **292** 1 ff
Ordnungswidrigkeitenrecht und ~ **292** 13 f, 17 ff, 22, 30, 42, 45, 47, 53, 61, 101
Pächter **292** 7 f, 15
Parallelwertung, laienhafte **292** 64, 95
Plus-Minus-Theorie **292** 68
Rechtfertigungsgründe **292** 20, 25, 51, 75 ff
Rechtsgut **292** 1 ff
Reformdiskussion **292** 102; **294** 8
Schadwild **292** 78
Schlingen, unter Anwendung von **292** 92
Schonzeit **292** 91
mit Schußwaffen **292** 96
Sichzueignen **292** 49, 52 f, 61
Teilnahme **292** 82, 84
Teilpacht **292** 28
Tiere
– in Fallen **292** 39
– gefangene ~ **292** 37
– gezähmte ~ **292** 38
– herrenlose ~ **292** 35
– jagdbare ~ **292** 33
– kranke ~ **292** 54
– lebende ~ **292** 34
– Tatobjekt **292** 32 ff
– in Tiergärten **292** 40
– todgeweihte ~ **292** 51
– wildlebende ~ **292** 32, 35
Treibjagd **292** 47, 84
Unternehmensdelikt, unechtes **292** 41
unweidmännische Begehung **292** 89 ff
(kein) Verfall **295** 16
Vermögensdelikt **292** 3
Versuch **Vor 22** 129; **292** 41, 48
– untauglicher ~ **Vor 22** 128
– Versuchstheorie **292** 48
Vollendung **292** 41, 43, 54, 80
Vollendungstheorie **292** 48
Vorbereitungshandlung, straflose **292** 44, 48
Vorsatz **292** 62 f, 71, 85
Vorverlagerung der Strafbarkeit **292** 48
Wahndelikt **292** 69, 72 f
Weidgerechtigkeit **292** 89, 93
Wild
– Tatobjekt **292** 32 ff
– verendetes ~ **292** 12, 14, 55, 57
Wildfolge **292** 11, 15, 51
Wildgehege/-park **292** 40
Wildschäden, Verhütung **292** 76 ff
Zerstören **292** 61
Zueignungsabsicht **292** 52 f, 61
Zuwiderhandlung gegen Jagdbeschränkungen **292** 30
Jahresabschluß 283 124, 130
Japan
Computerbetrug **263a** 8
Journalist
Gerichtsverhandlungen, verbotene Mitteilungen und ~ **353d** 9, 56
Verletzung eines Dienstgeheimnisses, Teilnahme **353b** 40
Jugendarrest
keine Geltung des Strafvollzugsgesetzes **38** 60
Vollstreckung gegen Unschuldige **345** 6
Jugendgefährdende Prostitution *siehe Prostitution*
Jugendhilferecht Vor 110 5
Jugendlicher
Anwendbarkeit des StGB **10** 2 f
in Einrichtung der Erziehungshilfe untergebrachter ~ **120** 18
Führungsaufsicht **Vor 68** 28 f; **68** 5, 16
Maßregeln gegen Jugendliche **Vor 61ff** 68
Mißhandlung von Schutzbefohlenen *siehe Körperverletzungsdelikte*
Prostitution *siehe Prostitution, jugendgefährdende*
Schuldfähigkeit **20** 87 f
Schutzalter **Vor 174** 9
Selbsttötung, Veranlassung/Unterstützung **25** 125 ff
Sexueller Mißbrauch von Jugendlichen *siehe dort*
Strafmündigkeit **19** 5
als Tatmittler **25** 118
Unterbringung in Entziehungsanstalt **64** 20 f
Unterbringung in psychiatrischem Krankenhaus **63** 15 ff, 85
Unterbringung in Sicherungsverwahrung **Vor 61ff** 68; **66** 47 ff; **N 66** 8
Verlust der Statusrechte **45** 32

Jugendreligionen 166 70
Jugendschutz Vor 125-145d 4
Gewaltdarstellung und ~ **131** 30, 32, 38; **184** 1 f
Glücksspiel, unerlaubtes und ~ **Vor 284-287** 13; **284** 27
als Rechtsgut **131** 9; **Vor 174** 5, 7 ff; **N 176** 1; **176** 1; **180** 1; **180a** 1, 13; **180b** 1, 11; **182** 1; **184** 1; **184b** 1; **184c** 12, 21, 23
Jugendstrafe Vor 38 71 f
Freiheitsstrafe außerhalb des StGB **Vor 38** 3
keine Geltung des Strafvollzugsgesetzes **38** 60
Gesamtstrafenbildung, nachträgliche **55** 44
Strafaussetzung **56** 2
Unterbringung in Sicherungsverwahrung **N 66** 8
Vollstreckung gegen Unschuldige **345** 5
Jugendstrafrecht
Absehen von Strafe im ~ **60** 10
DDR **Vor 38** 90
Entstehungsgeschichte **Einl** 49, 51, 57
Führungsaufsicht **Vor 68** 28 f; **68** 5, 16
Maßregeln der Besserung und Sicherung im ~ **Vor 38** 72
Rechtsfolgensystem des Jugendstrafrechts **Vor 38** 68 ff
Tatmehrheit **53** 1, 12
Vorrang des Erziehungsgedankens **46** 32
Juristische Person
Absprachen, wettbewerbsbeschränkende **298** 17, 59
kein Angriff durch ~ **32** 33 ff, 37
kein Berufsverbot gegen ~ **70** 6
Einziehung bei Organhandlungen **75** 1 ff
Gewahrsam **242** 17
Hausrecht **123** 37, 39 ff
Konkursstraftaten, Täter **Vor 283** 61, 63
Strafantragsrecht **77** 39
Vermögen, Untreuetatbestand **266** 70
als zu Verteidigender, Notwehr **32** 153 ff
kein Verteidiger, Notwehr **32** 149 ff
Vertreterhaftung, strafrechtliche **14** 43 ff
Justitiar
Parteiverrat **356** 15
Justizirrtum 339 46, 90
Notwehr gegen ~ **32** 108 ff, 110
Justizmord 212 7
durch Rechtsbeugung **339** 12c, 51, 55, 93, 127, 131
Justizunrecht
in der DDR **339** Vor 1, 3, 12c, 15, 44, 53b, 54b ff, 57 f, 60, 64 f, 86, 100, 118
im Nationalsozialismus **339** Vor 1, 3, 11 ff, 15, 37, 44, 51 ff, 54c f, 57 f, 60, 63 ff, 74, 82, 92 f, 97 ff, 115, 131 f

Kampfmittelbeseitigung 326 66, 112
Kampfsport
Sozialadäquanz **Vor 32** 93
Kanzelparagraph Einl 48
Kanzerogene Stoffe *siehe Stoffe, krebserzeugende*
Kapitalanlagebetrug
Adressatenkreis **264a** 44
Aktualisierungspflicht **264a** 58
Angaben
- fehlende ~ **264a** 40
- unrichtige ~ **264a** 40, 53 ff
- unvollständige ~ **264a** 56, 62, 81
- vorteilhafte ~ **264a** 59
Angebot der Einlageerhöhung **264a** 42
Anlageberater/-vermittler **264a** 62, 67, 75, 77, 79 f
Anlageberatung, mündliche **264a** 6, 12
Anlegerschutz **264a** 2, 5, 32, 47
Anteile
- an Treuhandvermögen **264a** 30 f
- an Unternehmen **264a** 28 f
Aufklärungspflicht **264a** 61
ausländisches Recht **264a** 9 ff
Auslandstaten **264a** 91
Bagatellfälle **264a** 48 f
Beendigung **264a** 78, 97
Begriff **264a** 15
berufsadäquates Verhalten **264a** 78 ff
Betrug und ~ **263** 27, 297, 307, 314; **264a** 2, 20, 49, 71, 82, 93
Bezugsrechte, Begriff **264a** 3, 22, 27, 32
Börsen(straf)recht und ~ **264a** 1 f, 6, 13, 32, 36, 83, 88, 99
Boykottaufrufe **264a** 59
Darstellungen **264a** 37 f, 79
Direktwerbung **264a** 44 f
Eignungsdelikt **264a** 16, 49
Entbriefung, Tendenz zur **264a** 19, 22
Entstehungsgeschichte **Einl** 90; **264a** 1, 4, 62
EU-Recht **264a** 4, 88
Fortsetzungszusammenhang **264a** 81
Garantenpflicht **264a** 57 f
Gefährdungsdelikt, abstraktes **264a** 16, 94
Geheimnisschutz **264a** 69
Gerichtszuständigkeit **Vor 263** 6, 96
Gesellschaftsrecht und ~ **264a** 27, 69
Immobilienmodelle **264a** 6, 29
Inhaberpapiere **264a** 23 f
Inlandstaten **264a** 90
Internationales Strafrecht **263** 334; **264a** 86 ff
Irrtum **264a** 66, 68
Kapital(anlage)marktschutz als Rechtsgut **264a** 13 f, 59, 88
Kapitalanlageformen **264a** 18 ff

Kapitalanlagebetrug (Forts.)
Kapitalmarktpapier **264a** 20
Klageerzwingungsbefugnis **264a** 94
Konkurrenzen **264a** 81 ff
Kreditbetrug und ~ **264a** 3, 20, 53, 75; **265b** 7
kriminalpolitischer Hintergrund **264a** 2
Kriminologie **Vor 263** 4; **264a** 5, 8, 92 f
Kursbetrug **264a** 2
Mittäterschaft **264a** 73, 78
Orderpapier **264a** 19 f, 25
physische Vermögensanlagen **264a** 33
Presseinhaltsdelikt **264a** 97
Prospektbetrug **264a** 1, 4, 15
Prospekte
– Begriff **264a** 35 f
– Mindestangaben **264a** 4, 47, 61, 99
Prospekthaftung, zivilrechtliche **264a** 2, 4, 48, 55 f, 62, 75
Prospektprüfer **264a** 52, 67, 77
Rechtfertigungsgründe **264a** 69
Rechtsgut **264a** 13 ff, 82
Rektapapiere **264a** 19, 26
Schutzgesetz iSd § 823 II BGB **264a** 14
(kein) Sonderdelikt **264a** 17, 76
Strafaufhebungsgrund, persönlicher **264a** 70
Strafverfolgung **264a** 8, 92
Täterkreis **264a** 17, 74 ff
Tätige Reue **264a** 70 ff
Tatsache **264a** 63
Teilnahme **264a** 73 ff
Telefonhandel **264a** 37
Treuhänder **264a** 30 f, 71, 77, 85
Übersicht über den Vermögensstand **264a** 39, 79
Umstände, anlageerhebliche **264a** 47 ff, 61
– Kriterienkatalog **264a** 52
Unterlassungsdelikt, echtes **264a** 61, 80
Unternehmensanteil **264a** 18, 28 f
Untreue und ~ **264a** 85
unverbriefte Rechte **264a** 27
Verfassungsmäßigkeit **264a** 4, 7, 22, 28 f
Verjährung **264a** 97 f
Vermögen als Rechtsgut **264a** 13 f, 87
Verschweigen nachteiliger Tatsachen **264 a.F.** 40, 56, 61 ff, 80, 98
Vertrieb **264a** 41
Vollendung **264a** 60, 64, 70 f
Vorsatz **264a** 65 ff, 76
Warentermingeschäft **264a** 6, 32, 52, 83
Wertpapier, Begriff **264a** 3, 19 ff, 32
Wertpapierfälschung und ~ **264a** 21 f
Wettbewerbsrecht und ~ **264a** 2, 35, 44, 71, 84
Wirtschaftsdelikt **Vor 263** 5

Kapitalgesellschaft
Untreue **266** 60
Kapitalmarkt
als Rechtsgut, geschütztes **264a** 13 f, 59, 88
Kapitalmarktpapier **264a** 20
Karikatur
Beleidigung **185** 23 f; **193** 10
Beschimpfung von Bekenntnissen, Religionsgesellschaften und Weltanschauungsvereinigungen **166** 37
Kartellbehörden **Vor 298** 6; **298** 57, 59
Kartellrechtsakzessorietät **Vor 298** 8
Kassationsverfahren
Überprüfung von DDR-Gerichtsentscheidungen **Vor 38** 101
Kasse, schwarze
Untreue **266** 143, 148
Kassenarzt *siehe auch Arzt*
Abrechnungsbetrug **263** 39, 135, 188, 267, 269, 293, 311
Offenbarungspflicht **203** 124
Kassenverwalter
Untreue **266** 121
Kassierer
Untreue **266** 51, 82 f, 85, 90, 104
Kastration, freiwillige **61** 5; **63** 89; **66** 152; **228** 42
Kaufleute
Bilanzierungs-/Inventarpflicht **283** 129
Buchführungspflicht **283** 96 ff
irrige Annahme der Kaufleuteeigenschaft **283** 199
kaufmännische Verkehrssitte/Übung **Vor 283** 115 f
Konkursstraftaten, Täter **Vor 283** 59, 67; **283** 96, 121, 129
Minderkaufleute **283** 96, 121 f, 127, 129, 131, 172
ordentliche ~ **Vor 283** 111, 115 f, 124, 160
Sollkaufleute **283** 96
Vollkaufleute **Vor 283** 121; **283** 97, 99, 121, 127, 129, 131, 172; **283b** 4
Wegfall der Eigenschaft **283** 123
Kausalität
aberratio ictus und ~ **16** 9
abgebrochene ~ **Vor 13** 59
Adäquanztheorie **Vor 13** 60, 62; **16** 25
Äquivalenztheorie **Vor 13** 54, 57
alternative ~ **Vor 13** 55
atypische Kausalverläufe **Vor 13** 60
als Bedingung der Zurechnung bei Erfolgsdelikten **Vor 13** 53
Bedingungstheorie **Vor 13** 54 ff
Eliminationsverfahren, hypothetisches **Vor 13** 54 ff

Kausalität (Forts.)
Erfolg außerhalb des Schutzbereichs der Norm **Vor 13** 67
erfolgsqualifiziertes Delikt **Vor 13** 69
Fahrlässigkeitstaten **Vor 13** 61, 68; **16** 188, 192 ff
Fehlen der rechtlichen Relevanz der Handlung **Vor 13** 66
fehlende ~ und Versuch **22** 20 ff
Gleichwertigkeit der Erfolgsbedingungen **Vor 13** 57
Handlung als conditio sine qua non des Erfolges **Vor 13** 54 f
Handlungen von Dritten und ~ **Vor 13** 58; **16** 21
der Hilfeleistung, Beihilfe **27** 1 ff
hypothetische ~ **Vor 13** 53, 55; **13** 17
Irrtum über Kausalverlauf **16** 17 ff; **22** 21
Kausalitätsverlauf, abweichender **16** 17 ff; **22** 21
Kausalverlauf, hypothetischer **Vor 13** 70; **16** 191
Korrektive, haftungsbeschränkende **Vor 13** 60 ff
Mitverschulden des Verletzten **16** 22
Prognose, objektiv-nachträgliche **Vor 13** 62
Relevanztheorie **Vor 13** 63
zwischen Rettungsbemühungen und Nichtvollendung beim Rücktritt vom Versuch **24** 192 ff
Risikoverringerung **Vor 13** 65
überholende ~ **Vor 13** 59
Unterbrechung des Kausalzusammenhangs **Vor 13** 58
beim Unterlassungsdelikt, unechten **Vor 13** 53; **13** 17
Zurechnung, objektive **Vor 13** 58, 64 ff
Zurechnungszusammenhang **16** 25
Kaution
Untreue **266** 109, 113
Keine Strafe ohne Gesetz *siehe Gesetzlichkeitsprinzip*
Kennzeichen
Begriff **86a** 3 ff
Urkundeneigenschaft **267** 16, 93
verfassungswidriger Organisationen **N 86a**
Kernbrennstoffe
Einziehung **330c** 2
Freisetzen ionisierender Strahlen **311d** 5
Umweltgefährdende Abfallbeseitigung **326** 129
Unerlaubter Umgang mit gefährlichen Abfällen **328** 1 f
Vorbereitung eines Explosions- oder Strahlungsverbrechens **N 310**; **311b** 3
Kernenergie
Freisetzen **310b** 2
Kernspaltungsvorgänge
Bewirken von Kernspaltungsvorgängen **311d** 5
Kernstrafrecht **Vor 324** 3, 7c, 7f f, 25, 28
Kettenanstiftung **111** 21
Kettenbeihilfe **120** 31
Kettenbestimmung
Förderung sexueller Handlungen Minderjähriger **180** 15
Sexueller Mißbrauch von Kindern **176** 6, 9
Sexueller Mißbrauch von Schutzbefohlenen **174** 20
Kettenbrief **Vor 284-287** 2, 4, 7, 13 f; **284** 11, 15; **Vor 287** 2, 4, 7; **287** 16
Kick back
Untreue **266** 3, 125, 135, 145, 163
Kidnapping *siehe Entführung*
Kiesabbau **329** 30, 39, 41
Kind
Ablehnung lebensrettender Maßnahmen für ein ~ durch Eltern **212** 31
Adoptivkind **170** 17; **173** 17 f; **174** 17
– Angehörigenverhältnis **11** 13
– Aussetzung **221** 37
Aussetzung durch Eltern **221** 37 f
Begriff **169** 16; **176** 2
als Ehrträger **Vor 185** 24
Einwilligung, rechtfertigende durch Dritte **Vor 32** 117
Entwicklung, gesunde körperlich-psychische als Rechtsgut **171** 3
Entziehung *siehe Entziehung Minderjähriger*
Exhibitionistische Handlungen vor einem ~ **176** 8; **183** 4
Findelkind **221** 1
Kindesraub *siehe Menschenraub, erpresserischer*
Kindestötung *siehe Tötungsdelikte*
Kindesverwechslung *siehe Personenstandsfälschung*
leibliches ~, Sexueller Mißbrauch **174** 17
keine Maßregeln der Besserung und Sicherung gegen ~ **19** 3
Mißhandlung von Schutzbefohlenen *siehe Körperverletzungsdelikte*
nichteheliches ~ **170** 17
– Angehörigenverhältnis **11** 5
Notwehr gegen ~ **19** 2; **32** 26, 32, 235 f, 309
Pflegekind *siehe auch Schutzbefohlener*
– Angehörigenverhältnis **11** 14
Recht des Kindes auf Kenntnis seiner Abstammung **169** 10, 28
Schuldunfähigkeit **19** 1 ff
Schutzalter **Vor 174** 8 f; **176** 14

Kind (Forts.)
Selbsttötung, Veranlassung/Unterstützung **25** 125 ff
Sexueller Mißbrauch von Kindern *siehe Sexueller Mißbrauch*
Sicherungseinziehung gegen ~ **19** 3
Stiefkind *siehe Schutzbefohlener*
als Tatmittler **25** 118
Tötung eines Kindes *siehe Tötungsdelikte*
totgeborenes ~ **167a** 10; **168** 22; **169** 8
Überführung von Kindern einer Gruppe in eine andere, gewaltsame
– Völkermord **220a** 11
Unterschieben eines Kindes **169** 2, 13 ff
als Vortäter einer Hehlerei **19** 2
Kinderhandel *siehe auch Mädchenhandel*
Absehen von Strafe **236** 121 ff
Absicht
– Bereicherungsabsicht **236** 30 ff, 54, 73
– Entgeltlichkeit **236** 73
– Gewinnsucht **236** 73
– Wiederholungsabsicht **236** 73
Adoptionsvermittlung **236** 46 ff
Adoptiveltern **236** 7
Altfälle **236** 127 f
Aufnahmevermittlung **236** 49 ff
Aufnehmen **236** 23, 26 ff
Auslandstat **236** 129 f
bandenmäßiger ~ **236** 66, 69 f
Bekämpfung **236** 2
Eltern **236** 6 ff, 11
Entgelt, Handeln gegen **236** 30 ff, 54
Entstehungsgeschichte **236** EntstG
Entwicklung, ungestörte körperlich/seelische **236** 4
Erfolgsdelikt **236** 24, 60
Ersatzmuttervermittlung **236** 48
als Familiendelikt **Vor 169** 10
Fürsorge- und Erziehungspflicht, grobe Vernachlässigung **236** 38 ff
Gefährdungsdelikt, abstraktes **236** 24, 44
Gefährdungsdelikt, konkretes **236** 67
Gefahr erheblicher Schädigung körperlich/seelischer Entwicklung **236** 67, 71
gewerbsmäßiger ~ **236** 66, 68
gewinnsüchtiger ~ **236** 66, 68
Irrtum **236** 74 f
Kind unter vierzehn Jahren **236** 20
Konkurrenzen **236** 106 ff
Nachweisvermittlung **236** 15, 46
Person unter achtzehn Jahren **236** 21
Pflegeeltern **236** 7
Pfleger **236** 8
Rechtsgut **236** 4
Sonderdelikt, echtes **236** 6
Täterkreis **236** 5 ff
Tätigkeitsdelikt **236** 45, 51
Teilnahme **236** 90 ff, 120
Überlassen **236** 23, 25
unbefugt **236** 55 ff
Verjährung **236** 100 ff
Vermittlung **236** 45 ff
– grenzüberschreitende ~ **236** 60 ff
Vermittlungsverbote **236** 4
Versuch **236** 78 ff, 113
Verwandte/Verschwägerte **236** 12 ff
Verwandtenadoption **236** 14
Vormund **236** 8
Vorsatz **236** 61, 72
Zwischenhändler **236** 27 f, 37
Kinderpornographie
Absicht der Herstellung **N 176** 6
Besitz **184** 2, 48
Beziehen **184** 43
Sexueller Mißbrauch von Kindern, schwerer **N 176** 6
Verbreitung **184** 2, 48 ff
– bandenmäßige ~ **184** 52
– gewerbsmäßige ~ **184** 52
Kindesentziehung *siehe Entziehung Minderjähriger*
Kindeswohl
als Rechtsgut **236** 4
Kirchen **166** 59 f
Brandstiftung, schwere **Vor 166** 12; **N 306a**
kirchenamtlicher Gewahrsam als Rechtsgut **133** 2
Körperschaftsstatus **Vor 166** 5; **166** 67 ff
Privilegierung **Vor 166** 3
Schutz von Bezeichnungen, Titeln etc. **132a** 18
Verhältnis von Staat und ~ **Vor 166** 2 ff
Kirchenamtsträger
kein Amtsträger **133** 20
Steuergeheimnis, Verletzung **355** 5a, 21 ff
Kirchenbrandstiftung **Vor 166** 12
Kirchendiebstahl **Vor 166** 12
Kirchenstrafen **Vor 38** 88
Klageerzwingungsverfahren
Antragsbefugnis **166** 7; **264a** 94
Urkundenfälschung **267** 3
Klammerwirkung **52** 21, 27 ff
Klarstellungsfunktion
des Urteilstenors bei Tateinheit **52** 3, 48
Klasse
als Bevölkerungsteil **130** 9 ff
Klassenkampf, Anreizung zum **130** Vor 1
Kleiner Lauschangriff *siehe Lauschangriff, kleiner*
Kleptomanie *siehe Stehlsucht*
Klima
Klimafunktion des Bodens **324a** 22

Klimaschutzdelikt 130 2; **131** 11; **140** 2; **324a** 22
Kodein *siehe Codein*
Körperbewegungstheorie
eigenhändige Delikte **25** 43
Körperglied, wichtiges 226 14 f
Körperliche Unversehrtheit *siehe Unversehrtheit, körperliche*
Körperlichkeitstheorie
Urkundenfälschung **267** 31 ff
Körperschaft
öffentlich-rechtliche ~
– Gewässerverunreinigung durch ~ **Vor 324** 50; **324** 44, 54 f
– Loyalitätspflicht **166** 68
– Paritätsgebot **166** 69
– Religionsgesellschaft als ~ **166** 67 ff
politische ~
– Beleidigung **194** 13
– parlamentarische Äußerungen/Berichte, Straflosigkeit **36** 31
Körperverletzungsdelikte
aberratio ictus **229** 11
actio libera in causa **229** 11
Antragsdelikte **223** 29; **229** 48; **230** 1
Aufklärungspflicht, ärztliche **228** 19 ff, 44
Bagatellfälle **223** 9 f, 16, 30
Beeinträchtigungen, psychische **Vor 223** 2, 8; **223** 8, 15; **225** 1, 12 f; **227** 2
Beleidigungsdelikte und ~ **223** 4, 6, 8, 27
Beteiligung an einer Schlägerei
– Angriff, von mehreren verübter **231** 5
– Beteiligung **231** 6 ff
– Beteiligung, nachträgliche **231** 8
– Einwilligung **228** 50; **231** 18
– Fahrlässigkeit der Folgenverursachung **231** 1, 15,
– (kein) Gefährdungsdelikt, abstraktes **231** 1, 22
– Irrtum **231** 14
– Kausalität **231** 10 ff
– Körperverletzung, schwere als Folge **231** 10
– Konkurrenzen **231** 21 f
– Mitwirkung, psychische **231** 7, 20
– Notwehr **32** 143, 173; **231** 4, 10, 17
– Rechtfertigung **231** 4 f, 9 f, 16 f
– Rechtsgut **231** 1
– Schlägerei **231** 4
– Schuldprinzip, Verstoß gegen **231** 1
– Strafbarkeit des beteiligten Verletzten **231** 10, 23
– Teilnahme **231** 20
– Todesfolge **231** 10
– Unterlassen **231** 7
– Verfassungsmäßigkeit **231** 1
– Vorsatz **231** 14
– Vorsatz-Fahrlässigkeits-Kombination **231** 1, 15
– Vorwerfbarkeit **231** 16 f
– Willensrichtung, feindselige **231** 5 f
– Zeitpunkt der Beteiligung **231** 8
(keine) Dauerdelikte **223** 25
DDR-Alttaten **Vor 223** 24
DDR-Recht **Vor 223** 24
Doping **223** 13; **228** 49
Einwilligung, rechtfertigende **Vor 32** 93, 115
– Aufklärungspflicht, ärztliche **228** 19 ff, 44
– Aufklärungsverzicht **228** 20
– Beteiligung an einer Schlägerei **228** 50; **231** 18
– Eingriffe, experimentelle **228** 47
– Einsichtsfähigkeit **228** 3, 15 ff
– Einwilligungserklärung **228** 3, 15
– fahrlässige Körperverletzung **228** 1, 3; **229** 8
– Heileingriff, ärztlicher **228** 14 ff
– HIV-Infektion **228** 50
– Irrtum **228** 51; **229** 11
– Körperverletzung im Amt **340** 15
– kosmetische Eingriffe **228** 44
– Mitfahrerfälle **228** 13
– mutmaßliche ~ **228** 35 f
– Organentnahme **228** 1, 46
– Sittenwidrigkeit der Tat **228** 6 ff
– Sportverletzungen **228** 12
– Verfassungsmäßigkeit **228** 2
– Vertreter, gesetzlicher **228** 3, 17
– verweigerte ~ **228** 37
– Widerruf **228** 33
– Willensmängel **228** 18
Einwirkung, mittelbare **223** 11
Embryonenschutzgesetz und ~ **Vor 223** 7
Empfindlichkeit, übermäßige **223** 7
Erziehungsmaßnahmen, entwürdigende **223** 10
Festnahmerecht **223** 21; **229** 45
Freiheitsdelikte und ~ **Vor 223** 1, 3; **228** 14
Führungsaufsicht **68** 3
Garantenstellung **223** 17
Gefahr
– schwerer Gesundheitsschädigung *siehe Gefahr*
– schwerer Körperverletzung *siehe Gefahr*
Geschlechtsumwandlungen **228** 45
Gesundheit als Rechtsgut **Vor 223** 1
Gesundheitsschädigung
– Begriff **223** 4, 12 ff
– als Erfolgsqualifizierung *siehe Gesundheitsschädigung*
– schwere ~ **226** 2, 42

Körperverletzungsdelikte (Forts.)
Heileingriff, ärztlicher **Vor 223** 1, 3 ff; **223** 6, 13, 18; **224** 24; **226** 37; **228** 1
– Aufklärungspflicht **228** 19 ff, 44
– Einwilligung, rechtfertigende **228** 14 ff
– mißlungener ~ **Vor 223** 5
– Notstand, rechtfertigender **228** 35, 37
HIV-Infektion **Vor 223** 10 ff; **224** 9, 13, 37, 39; **228** 50
Humanexperimente **228** 44, 47, 52
Irrtum **223** 22
Kastration, freiwillige **228** 42
Körperglied, wichtiges **226** 14 f
Körperverletzung
– Begriff **223** 4
– als Durchgangsdelikt der Tötung **Vor 52ff** 106 ff
Körperverletzung im Amt
– Amtsdelikt, unechtes **340** 1, 10
– Amtsträger **340** 4
– Begehen **340** 8
– Begehenlassen **340** 9 f, 19
– Bundeswehrangehörige als Täter **340** 4
– Dienstausübung, Zusammenhang mit der **340** 5 f
– Eingriffsbefugnisse, staatliche **340** 14
– Einheitstäterbegriff **340** 10
– keine Einwilligung, rechtfertigende **Vor 32** 115; **340** 15
– Entstehungsgeschichte **340** EntstG
– fahrlässige ~ **229** 2; **340** 2, 13, 21
– Garantenpflicht **340** 12
– gefährliche ~ **340** 2, 19
– Irrtum **340** 16, 18
– Konkurrenzen **340** 22
– minder schwerer Fall **340** 25 f
– Mittäterschaft **340** 8, 10
– mittelbare Täterschaft **340** 9 f
– Nebenfolgen **340** 27
– Rechtfertigungsgründe **340** 14 f
– Rechtsgut **340** 1
– schwere ~ **226** 1; **340** 7, 19, 23
– (kein) Strafantrag **340** 21, 28
– Strafzumessungslösung **340** 17, 28
– Tatbestandslösung **340** 17, 28
– Teilnahme des Amtsträgers **340** 10
– Teilnahme externer Personen **340** 17, 20, 28
– Todesfolge **227** 2; **340** 19
– Unterlassen **340** 11 f
– Verleitung eines Untergebenen zu einer Straftat und ~ **340** 22
– Vernehmungsmethoden, verbotene **340** 15
– Versuch **340** 10, 18, 20
– Vorsatz **340** 13
Körperverletzung mit Todesfolge
– im Amt **227** 2; **340** 19
– Beeinträchtigungen, psychische **227** 2
– Beteiligung **227** 10
– erfolgsqualifiziertes Delikt, echtes **227** 1
– Fahrlässigkeit der Verursachung **227** 8
– Grunddelikt vorsätzliche Körperverletzung **227** 2
– Kausalität **227** 4 ff
– Kausalverlauf, abweichender **227** 4
– Konkurrenzen **227** 11
– minder schwerer Fall **213** 2; **227** 13; **228** 52
– Tötungsdelikte und ~ **227** 1, 11
– Unterlassungsdelikt, unechtes **227** 3
– Versuch **Vor 22** 112; **227** 9
– Vorsatz-Fahrlässigkeits-Kombination **227** 1
Körperverletzung, besonders schwere
– Kausalverlauf, abweichender **226** 5, 29, 32 f
– Vorsatz **226** 27 ff
Körperverletzung, einfache
– Antragsdelikt **223** 29; **230** 1
– Beeinträchtigungen, psychische **223** 8, 15
– Kausalverlauf, abweichender **223** 19
– Privatklagedelikt **223** 29
– Strafantrag **230** 1 ff
– Vorsatz **223** 19
Körperverletzung, fahrlässige
– im Amt **229** 2; **340** 2, 13, 21
– Antragsdelikt **229** 48; **230** 1
– durch Arzt **229** 12
– (kein) Auffangtatbestand **223** 20
– durch Bauarbeiten **229** 13
– Beteiligung **229** 10
– durch Betrieb/Unternehmen **229** 14 f
– Einwilligung, rechtfertigende **228** 1, 3; **229** 8
– Fahrverbot als Nebenstrafe **44** 5; **229** 47
– durch Hebamme **229** 12
– HIV-Infektion **Vor 223** 11, 13 f
– Kausalität **229** 3
– Konkurrenzen **229** 46
– Nebenstrafen **229** 47
– Ordnungswidrigkeitenrecht und ~ **229** 48
– Pflichtwidrigkeitszusammenhang **229** 7
– Privatklagedelikt **229** 48
– Produkthaftung, strafrechtliche **229** 14, 16
– Rechtfertigungsgründe **229** 8
– durch Soldaten **229** 17
– Sorgfaltswidrigkeit **229** 5 f
– Sportverletzungen **229** 8
– Strafantrag **230** 1 ff
– im Straßenverkehr **229** 18 ff
– durch Tierhalter **229** 44

Körperverletzungsdelikte (Forts.)
- Tötung, fahrlässige und ~ **Vor 223** 19; **229** 46
- Unterlassen **229** 4
- Voraussehbarkeit, objektive **229** 6
- Vorwerfbarkeit **229** 9

Körperverletzung, gefährliche
- im Amt **340** 2, 19
- Beibringung von Gift **224** 12 ff
- Eignung, Verletzungen hervorzurufen **224** 11, 22, 30, 32
- Gefährdungsdelikt, abstraktes/konkretes **224** 2
- Gegenstand, unbeweglicher als Werkzeug **224** 27
- gemeinschaftliche Begehung **224** 33 ff, 39
- Gift **224** 8
- Haftgrund **224** 43
- HIV-Infektion **Vor 223** 11; **224** 9, 13, 37, 39
- Körperteile als Werkzeuge **224** 25
- Konkurrenzen **224** 40 f
- Krankheitserreger **224** 8 f
- lebensgefährdende Behandlung **224** 36
- minder schwerer Fall **224** 42; **228** 52
- Mittäterschaft **224** 34
- mittelbare Täterschaft **224** 1, 17
- Stoffe, andere gesundheitsschädliche **224** 9 ff
- Substanzen als Werkzeuge **224** 28
- Teilnahme **224** 34
- Tier, Angriff durch **224** 26, 37
- Überfall, hinterlistiger **224** 31
- Unterlassen **224** 17, 29, 37
- Versuch **224** 39
- Vorsatz **224** 38
- Waffe **224** 19, 30
- Werkzeug, gefährliches **224** 19 ff

Körperverletzung, schwere
- Absicht **226** 28
- im Amt **226** 1; **340** 7, 19, 23
- Behinderung, geistige **226** 25
- Entstellung, dauerhafte erhebliche **226** 18 ff
- als Erfolgsqualifikation **226** 2; **231** 10
- Erfolgsqualifiziertes Delikt **226** 1
- Fahrlässige Verursachung **226** 26
- Fortpflanzungsfähigkeit **226** 13
- Gebärfähigkeit **226** 13
- Gehör **226** 11
- Haftgrund **226** 41
- Heileingriff, ärztlicher **226** 37
- HIV-Infektion **Vor 223** 11
- als Katalogtat **N 126** 2; **226** 41
- Kausalität **226** 6 f
- Körperglied, wichtiges **226** 14 f
- Konkurrenzen **226** 39
- kosmetische Eingriffe **226** 20
- Krankheit, geistige **226** 25
- Lähmung **226** 24
- minder schwerer Fall **226** 36 ff; **228** 52
- von Mitgliedern einer bestimmten Gruppe *siehe Völkermord*
- Mittäterschaft **226** 34 f
- Rechtfertigung **226** 36 f
- Sehvermögen **226** 10
- Siechtum **226** 23
- Sprechvermögen **226** 12
- Surrogate, künstliche **226** 21
- als Tatfolge **N 318**; **318** 9
- Teilnahme **226** 34 f
- Tötungsdelikte und ~ **226** 39 f
- Unbrauchbarkeit, dauerhafte **226** 17
- Unmittelbarkeitszusammenhang **226** 8
- Verfallen **226** 22
- Verlust **226** 8 f, 17
- Versuch **Vor 22** 112, 117; **226** 30 ff
- Vorsatz **226** 1, 26, 30 ff
- Wahlfeststellung **226** 40
- Wissentlichkeit **226** 28
- Zeugungsfähigkeit **226** 13

Konkurrenzen **223** 24 ff; **228** 46

kosmetische Eingriffe **226** 20; **228** 44

Krankheit, somatologischer Begriff **223** 15

kriminologische Erkenntnisse **Vor 223** 20 ff

Landfriedensbruch und ~ **N 125a** 1 f; **125** 8

minder schwerer Fall **213** 2; **224** 42; **225** 32; **226** 36 ff; **227** 13; **228** 52; **340** 25 f

Mißhandlung von Schutzbefohlenen
- Angehöriger des Hausstands des Täters **225** 8
- Beeinträchtigungen, psychische **225** 1, 12 f, 16, 28
- Betreuer **225** 6
- Böswilligkeit **225** 18 f
- Eltern **225** 6
- Fürsorgepflicht **225** 6
- Gebrechlichkeit **225** 4
- Gesinnung, gefühllose **225** 14, 19
- Gesundheitsschädigung **225** 16
- Haftgrund **225** 33
- Irrtum **225** 20 f
- Konkurrenzen **225** 29 ff
- Krankheit **225** 4
- minder schwerer Fall **225** 32
- Mißhandlung, rohe **225** 13 f
- Mittäterschaft **225** 28
- Obhutspflicht **225** 7
- Person unter 18 Jahren **225** 2
- Person, wehrlose **225** 4
- Pfleger **225** 6
- Quälen **225** 12
- Rechtfertigung **225** 27

Körperverletzungsdelikte (Forts.)
- schwere ~ **225** 22 ff
- Sicherungsverwahrung **225** 32
- Sonderdelikt, echtes/unechtes **Vor 223** 8; **225** 1
- Sorgepflicht, Vernachlässigung **225** 16
- Teilnahme **225** 1
- Tötungsdelikte und ~ **Vor 223** 17
- Überlassen, der Gewalt des Täters **225** 9
- Unterlassen **225** 12, 15
- Unterlassungsdelikt, echtes/unechtes **225** 12, 15, 17
- Unterordnung im Dienst-/Arbeitsverhältnis **225** 10
- Verletzung der Fürsorge- oder Erziehungspflicht und ~ **225** 31
- Versuch **225** 21, 23
- Vormund **225** 6
- Vorsatz **225** 19

Mißhandlung von Schutzbefohlenen, schwere
- Gefahr erheblicher Entwicklungsschädigung **225** 22, 24 f
- Gefahr schwerer Gesundheitsschädigung **225** 22, 24 f
- Todesgefahr **225** 22, 24
- Versuch **225** 26

Mißhandlung, körperliche **223** 4, 6 ff
mittelbare Täterschaft **223** 3
Nötigung und ~ **240** 125
Notstand, rechtfertigender **228** 35, 37
Notwehr **223** 21; **231** 4, 10, 17
Organentnahme und ~ **168** 19; **223** 18; **226** 37; **228** 1, 46
Patientenverfügung **223** 13
Polizeibeamter, Pflicht zum Einschreiten **223** 17
pränatale Einwirkungen **Vor 223** 7
Rauschzustände, Verursachung **223** 14
Rechtfertigungsgründe **228** 1
- Amtsrechte **Vor 32** 148
- Einwilligung, rechtfertigende **223** 21; **228** 1 ff
- Festnahmerecht **223** 21; **229** 45
- Notstand, rechtfertigender **228** 35, 37
- Notwehr **223** 21; **231** 4, 10, 17
- Züchtigungsrecht **223** 10, 17
- Zwangsbehandlung **223** 21

Rechtsgut **Vor 223** 1
Risiko, erlaubtes **Vor 223** 12
Schmerzzufügung **223** 12
Schwangerschaft, Verursachung einer **223** 13
Schwangerschaftsabbruch und ~ **Vor 218ff** 27, 31; **218** 57 ff; **218a** 3; **223** 26
Selbstbestimmungsrecht als Rechtsgut **Vor 223** 1, 3 f; **228** 37
Selbstgefährdung, eigenverantwortliche **Vor 223** 13; **223** 3; **229** 10; **231** 10
Selbstverletzung, Strafbarkeit **109** 1; **223** 3
Sport, vorsätzliche Verletzungshandlungen und Sozialadäquanz **Vor 32** 93
Sportverletzungen **228** 12; **229** 8
Sterilisation, freiwillige **228** 38 ff
Störung der Totenruhe und ~ **168** 4
Strafantrag
- Antragsberechtigte **77** 30; **230** 2 f
- Antragsfrist **230** 4
- öffentliches Interesse an Strafverfolgung, besonderes **230** 6 ff
- Rücknahme **230** 5

Streikrecht **223** 21
Substitutionsbehandlung Drogenabhängiger **223** 13
symbolisches Strafrecht **Vor 223** 8
Systematik **Vor 223** 8 f
Tier, Angriff durch **224** 26, 37; **229** 44
Tötungsdelikte und ~ **212** 43; **216** 20 f; **Vor 223** 15 ff; **226** 39 f; **227** 1, 11
Transplantationsgesetz und ~ **228** 46
Unterlassen **223** 17
Unversehrtheit, körperliche als Rechtsgut **Vor 223** 1
Vergewaltigung und ~ **177** 22; **223** 6
Vergiftung **N 126** 2; **223** 7
Verjährung **Vor 223** 24
Versuchsstrafbarkeit **Vor 223** 8; **223** 23
Züchtigungsrecht **223** 10, 17
Zwangsbehandlung **223** 21

Koinzidenzprinzip **20** 76 ff
Kokain
als Rauschmittel **316** 133, 145 f, 158; **323a** 94
Kollektivbeleidigung
und Beleidigung unter Kollektivbezeichnung **Vor 185** 25 ff, 28 ff
Strafantrag **194** 2
Kollektivdelikt
Begriff **Vor 52ff** 57
Handlungseinheit bei ~ **Vor 52ff** 57
keine Handlungseinheit, rechtliche **Vor 52ff** 57
Tatortbestimmung **9** 43
Verbreiten von Propagandamitteln verfassungswidriger Organisationen **86** 28
Kollektivehre **Vor 185** 25
Kollektivurteil **Vor 185** 30
Kollision
von Rechtsgütern und Prinzip praktischer Konkordanz **193** 6
von Teilrechtsgebieten *siehe Interlokales Strafrecht*

Kollusion 330d 7; **Vor 331** 18
Ausschreibungsveranstalter und -teilnehmer **298** 16, 31, 39, 52
Kombinationsprinzip Vor 52ff 3, 5; **52** EntstG, 41
Kombinationsstrafdrohung
bei Tateinheit **52** 47 f
Kombinationstheorie, normative
Täterschaft-Teilnahme-Abgrenzung **25** 20, 26
Kommanditgesellschaft
Buchführungspflicht **283** 98
Einziehung bei Organhandlungen **75** 1 ff
Insolvenzanfälligkeit **Vor 283** 20
Konkursstraftaten, Täter **Vor 283** 60, 62, 65; **283c** 11
Untreue **266** 47, 124, 126
Kommanditgesellschaft auf Aktien
Bilanzierungsfristen **283** 147
Kommissionär
Untreue **266** 46, 50
Kommunikationsdelikt
Betrug **Vor 263** 3, 45; **263** 4, 22, 28, 51
Kompensation 199 1
Kompensationslehre 24 25 f
Kompetenzverteilungsprinzip Vor 3 137 f
Komplexbegriff 16 44
Komplott *siehe Versuch der Beteiligung*
Konfliktstäter
Hangtäter, Abgrenzung **66** 72 f
Konkordanz, praktische Einl 9; **193** 6
Konkretes Gefährdungsdelikt *siehe Gefährdungsdelikt, konkretes*
Konkurrentenschutz Vor 298 5
Konkurrenz
von Anknüpfungspunkten für deutsche Strafgewalt *siehe Internationales Strafrecht*
von Maßregeln **72** 1 ff
von Teilrechtsgebieten *siehe Interlokales Strafrecht*
Konkurrenzlehre
Absorptionsprinzip **Vor 52ff** 3, 70
Anstiftung/Beihilfe zu mehreren Taten **Vor 52ff** 58
Asperationsprinzip **Vor 52ff** 3
Bewertungseinheit **Vor 52ff** 23
Bewertungsmehrheit **Vor 52ff** 6
Einheitsstrafe, Prinzip **Vor 52ff** 4
Einheitstheorie **Vor 52ff** 6
fortgesetzte Handlung *siehe auch Handlung, fortgesetzte* **Vor 52ff** 4
Gesetzeseinheit *siehe auch dort* **Vor 52ff** 3, 64
Handlung, natürliche **Vor 52ff** 7 ff
Handlungseinheit *siehe auch dort* **Vor 52ff** 7 ff
Kombinationsprinzip **Vor 52ff** 3, 5
Kumulationsprinzip **Vor 52ff** 3
Massenverbrechen **Vor 52ff** 57
Mehrheitstheorie **Vor 52ff** 6
Nachtat, mitbestrafte *siehe auch dort* **Vor 52ff** 121, 123 ff
praktische Bedeutung **Vor 52ff** 5
Realkonkurrenz, unechte **Vor 52ff** 121
Serienstraftaten *siehe auch dort* **Vor 52ff** 50 ff
Sperrwirkung des milderen Gesetzes **Vor 52ff** 5, 70
Subsidiarität **Vor 52ff** 2, 100
Tateinheit *siehe auch dort* **Vor 52ff** 2, 6
Tatmehrheit *siehe auch dort* **Vor 52ff** 2
Teilnahme **Vor 52ff** 58
Vortat, mitbestrafte *siehe auch dort* **Vor 52ff** 121 f
Konkursantrag
Antragsberechtigte **Vor 283** 28, 163
Antragspflicht **Vor 283** 2, 7, 29, 153, 163, 174; **283** 170, 208, 238
unterlassener ~ **283c** 19
Konkurseröffnung
Beschlagnahmewirkung **136** 10
Konkursstraftaten
Abgeben kreditierter Waren/Wertpapiere **283** 77
Abschreibungsgesellschaft **283a** 7
Absicht
- Gläubigerbegünstigung **283c** 31
- Gläubigerbenachteiligung **283** 26
- Schuldnerbegünstigung **283d** 12
Aktiengesellschaft
- Bilanzierungsfristen **283** 147
- Insolvenzanfälligkeit **Vor 283** 20
- Täterkreis **Vor 283** 64
Aktiva
- Begriff **283** 130
- Verminderung der ~ **Vor 283** 26
Anschlußkonkurs **Vor 283** 163
Arbeitnehmer
- als Gläubiger **Vor 283** 49 ff
- Konkursvorrecht **Vor 283** 51
- Not, wirtschaftliche **283a** 11
- Sozialplanansprüche **Vor 283** 154
Arbeitsplatzerhalt **Vor 283** 3 f, 51 f, 118; **283** 62
Aufbewahrungspflicht für Handelsbücher **283** 121 ff; **283b** 7
Auffanggesellschaft **283** 30, 157, 164; **283c** 23, 31
Ausgabe, unwirtschaftliche **283** 52, 64 ff
Auskunftspflicht des Schuldners **Vor 283** 25; **283** 38 f
ausländisches Strafrecht **Vor 283** 181 ff; **283** 11

Konkursstraftaten (Forts.)
Auslandshandlung **283** 242
Außenstehende als Täter **283d** 1
Aussonderungsberechtigter **283** 6
Austauschgeschäfte **283** 26 ff, 183
Bankrott
– Anschlußstraftaten und ~ **283** 230
– Anwendbarkeit des § 28 **28** 68
– Bagatellfälle **283** 12, 17, 109, 177
– Begünstigung und ~ **283** 230
– besonders schwerer Fall **283a** 1 ff
– betrügerischer ~ **Vor 283** 26, 36, 38
– Betrug und ~ **283** 240
– Dauerstraftat **283** 234
– einfacher ~ **Vor 283** 26, 36, 38; **283** 55
– Erfolgsdelikt **283** 2, 5 f
– fahrlässiger ~ als Auffangtatbestand **283** 204
– Fahrlässigkeit **Vor 283** 42, 84, 89, 103; **283** 1, 70, 151, 204 ff, 214 ff
– Falsche Versicherung an Eides Statt und ~ **283** 240
– Fortsetzungszusammenhang **283** 234, 236
– Gefährdungsdelikte, abstrakte **Vor 283** 94; **283** 3 ff
– Generalklausel des § 283 Abs. 1 Nr. 8 **Vor 283** 42; **283** 9 ff, 155 ff
– Gläubigerbegünstigung und ~ **283** 29, 34, 37, 157, 237; **283c** 1, 39 ff
– Grund- und Auffangtatbestände **283** 1, 8 ff, 54, 93, 106, 128, 204, 233
– Internationales Strafrecht **283** 242 ff
– Konkurrenzen **283** 231 ff
– Kreditbetrug und ~ **283** 145, 240
– leichtsinniger ~ **Vor 283** 36
– Nebenstrafrecht und ~ **283** 241
– Rechtsgut **283** 6 f, 243
– Schuldnerbegünstigung und ~ **283** 37, 227, 237; **283d** 2 ff, 24, 26
– Sonderpflichtdelikt **283** 7, 37
– Sperrwirkung des Abs. 1 Nr. 1-7 **283** 10, 12
– Steuerhinterziehung und ~ **283** 241
– Strafvereitelung und ~ **283** 230
– Täterkreis **283** 121, 225
– Tätigkeitsdelikt **283** 7
– Unterschlagung und ~ **283** 240
– Untreue und ~ **266** 167, 171; **Vor 283** 2, 10, 30 f, 79 f, 100; **283** 159, 239
– Versuch **Vor 22** 104; **283** 1
– Zwangsvollstreckungsvereitelung und ~ **283** 41, 240; **288** 2, 7, 45
Bankrotthandlung **Vor 283** 32, 86 ff
– vor Eintritt der Strafbarkeitsbedingung **283**
– fahrlässige ~ **283** 215 f
– Kausalzusammenhang mit Taterfolg **Vor 283** 89; **283** 180
– Strafbarkeitsbedingung, objektive und ~ **Vor 283** 89 ff; **283** 224
– Zeitpunkt **Vor 283** 96, 100
Beauftragte als Täter **283b** 5; **283c** 4; **283d** 6
Beendigung **283** 221
Befriedigung des Gläubigers **283c** 16
Begriff **Vor 283** 2
Begünstigung eines Gläubigers **283c** 26
Beiseiteschaffen
– von Handelsbüchern **283** 125
– durch Unterlassen **283** 37
– von Vermögensbestandteilen **283** 14, 25 ff, 125
Beitrittsgebiet **Vor 283** 1, 9, 179; **283** 245
Belegprinzip **283** 112
Berufsverbot für GmbH-Geschäftsführer **Vor 283** 80; **283** 106
Beschädigen
– von Handelsbüchern **283** 125
– von Vermögensbestandteilen **283** 14, 44 ff
Beschaffen von Waren/Wertpapieren **283** 75
Bestimmtheitsgebot und ~ **Vor 283** 135, 158 f; **283** 11 f, 52, 56, 65, 111, 138, 147; **283c** 11; **283d** 8
Betriebsaufspaltung **283** 30, 157, 164, 181
Betriebssabotage **283** 45
Betrug und ~ **Vor 263** 7; **263** 317; **Vor 283** 27, 30 f, 99; **283** 240; **283d** 28
Bevorzugung von Gläubigern **Vor 283** 4, 6, 51
Bilanz
– Abschlußbilanz **283** 131 f
– Anlaß/Zeitpunkt der Erstellung **283** 131
– Aufbewahrungspflicht **283** 124
– Aufstellung **283** 150
– Begriff **283** 130
– Bewertung **283** 138
– Entwurf **283** 150
– Eröffnungsbilanz **283** 93, 131 f, 148
– Formerfordernisse **283** 136
– Grundsätze ordnungsmäßiger Bilanzierung **283** 138 ff
– Klarheit **283** 141 ff
– Liquidationsbilanz **283** 132
– mangelhafte ~ **283** 135 ff
– Nachholung **283** 104, 152 f
– Privatvermögen **283** 137
– Richtigkeit/Wahrheit **283** 137 ff
– Scheinbilanz **283** 152
– Unmöglichkeit der Aufstellung **283** 154
– Unterbilanz **Vor 283** 150, 171
– unterlassene ~ **283** 136, 146, 152 f
– Unterschrift **283** 136, 150
– Vollständigkeit **283** 137, 152
– Zwischenbilanz **283** 132
Bilanzdelikte, Täter **283** 129

Konkursstraftaten (Forts.)
Bilanzierungsfristen **Vor 283** 121; **283** 104, 147 ff
Bilanzierungspflicht **283** 129
Blindwirtschaft **Vor 283** 122; **283** 181
Börsentermingeschäfte **283** 59 f
Branchen, insolvenzanfällige **Vor 283** 19
Buchdelikte
- fahrlässige ~ **283** 217 f; **283b** 9
- Fortsetzungszusammenhang **283b** 18
- Gefährdungsdelikte, abstrakte **Vor 283** 41; **283** 7; **283b** 1
- Gläubigerbegünstigung und ~ **283c** 39; **283c** 43
- Konkurrenzen **283** 234, 237; **283b** 18 f
- Ordnungswidrigkeitenrecht und ~ **283** 91; **283b** 9
- Rechtsgut **Vor 283** 47 f; **283b** 1
- Reformdiskussion **Vor 283** 229
- Sonderdelikt **283b** 4 ff
- Sperrwirkung des Abs. 1 Nr. 7 **283** 128
- Strafbarkeitsbedingung, objektive und Tathandlung **283b** 14
- Täter **Vor 283** 59; **283** 90 ff, 121 ff; **283b** 4, 16
- Teilnahme **283b** 5, 17
- Verjährung **283b** 13
- Versuch **283** 118
- Vollendung **283** 118
- Vorsatz **283b** 9
Buchführung
- kein Anspruch Dritter auf Einsicht **283** 90
- Belegprinzip **283** 112
- Dokumentationsfunktion **283** 90 f, 118; **283b** 1, 8, 12
- doppelte ~ **283** 112
- EDV-gestützte ~ **283** 95
- freiwillige ~ **283** 91, 121
- geordnete ~ **283** 112
- Grundsätze ordnungsmäßiger ~ **283** 110 ff
- Klarheit **283** 110, 112
- mangelhafte ~ **283** 106
- Richtigkeit/Wahrheit **283** 110, 112
- Unmöglichkeit **283** 119 f, 154; **283b** 8
- unterlassene ~ **283** 102
- Unübersichtlichkeit **283** 108 ff, 118 ff
- Verändern **283** 107
- Vollständigkeit **283** 110, 112
- zeitgerechte ~ **283** 103 f, 112, 116
- Zweck **Vor 283** 18, 120 f; **283** 90, 104, 111, 118; **283b** 1, 8, 12
Buchführungspflicht
- Adressaten **283** 92, 96 ff
- Beginn und Ende **283** 99 f, 103
- handelsrechtliche ~ **Vor 283** 23, 59, 112, 120 f; **283** 43, 90, 121; **283b** 7 f
- Hilfspersonen **283** 101
- Übertragung **Vor 283** 66; **283** 101, 119; **283b** 9
- Verletzung *siehe Konkursstraftaten – Buchdelikte*
Buchprüfung, wirtschaftskriminalistische **283** 117
Buchungsbelege **283** 94
Bürge als Gläubiger **283c** 7
cessio bonorum **Vor 283** 33 f
crimen falsi **Vor 283** 33
Datenschutzrecht und ~ **Vor 283** 25
Deckung, inkongruente **283c** 12 ff
Devisengeschäfte **283** 60
Differenzgeschäfte **283** 58 ff
Dokumentationsfunktion der Buchführung **283** 90 f, 118; **283b** 1, 8, 12
Eigenkapitalausstattung **Vor 283** 14 f, 19, 124; **283** 163, 186, 213
Eigennützigkeit **Vor 283** 77, 79
Eigentumsdelikte und ~ **Vor 283** 6, 79
Eigentumsvorbehalt **Vor 283** 4; **283** 21, 75, 240; **283a** 7; **283c** 6; **283d** 28
Eingehen von Risikogeschäften **283** 61 f
Entstehungsgeschichte **Vor 283** 32 ff, 102; **283** 11
Erbe **283** 123, 131
Erbringen fälliger Leistung **283** 29
Erfolgsdelikt **283** 2, 179
erheblich unter Wert **283** 78 ff
Fahrlässigkeit **Vor 283** 1, 42, 84, 89, 103; **283** 70, 151, 204 ff, 214 ff; **283b** 9
Falschbewertung **283** 115, 138 f
Falschbuchung **283** 114
Fiktion fremder Rechte **283** 81 ff
Finanzplanung **Vor 283** 122 f, 131, 175; **283** 158, 177, 205 f
Fiskus als Gläubiger **283c** 29
Forderungsverzicht **Vor 283** 177
Fortführungswert **Vor 283** 157, 159, 174
Fortsetzungszusammenhang **283** 234, 236; **283b** 18; **283d** 27
Freiberufler **283** 122
Fremdnützigkeit **Vor 283** 77, 79
Fremdrechtsanwendung **283** 244
Gefährdung vieler Personen **283a** 5 ff; **283d** 25
Gefährdungsdelikte, abstrakte **Vor 283** 41, 94; **283** 3 ff; **283b** 1; **283d** 4
Geldschulden **Vor 283** 127 ff, 145
Generalprävention **Vor 283** 43
Genossenschaft
- Bilanzierungsfristen **283** 147
- Insolvenzanfälligkeit **Vor 283** 20
- Täterkreis **Vor 283** 64

Konkursstraftaten (Forts.)
Gesamtvollstreckungsverfahren
– Ablehnung der Eröffnung **Vor 283** 166, 179
– Beitrittsgebiet **Vor 283** 1, 9, 179; **283** 245
– Eröffnung **Vor 283** 166
Geschäftsbetrieb, (voll)kaufmännischer **283** 97
Geschäftsführer
– Buchführungspflicht **283** 98, 100
– Gläubigerstellung **283c** 11
– als Täter **Vor 283** 62, 65, 67, 70, 85
Geschäftsjahr **283** 131
Gesellschafter
– Buchführungspflicht **283** 98
– persönlich haftender ~ **Vor 283** 147, 171; **283** 98
– als Täter **Vor 283** 65, 76
Gesellschafterdarlehen **Vor 283** 171; **283c** 11
Gewähren von Befriedigung/Sicherheiten **283c** 17
– durch Unterlassen **283c** 18 f
Gewinn- und Verlustrechnungen **283** 124, 130
– Unterlassen **283** 130
Gewinnsucht **283a** 3 ff; **283d** 25
Gläubiger
– Arbeitnehmer als ~ **Vor 283** 49 ff
– Aufopferungspflichten **Vor 283** 52, 118
– Begriff **283c** 6, 11
– begünstigter ~ **283c** 6 ff
– Begünstigungserfolg **283c** 25 ff
– Benachteiligung **283c** 1 f, 27 ff
– Gesamtheit **Vor 283** 45
– Organ/Vertreter als ~ **283c** 11
– Scheingläubiger **283c** 41
– Schuldner als ~ **283c** 10
– Schuldnerbegünstigung, Täter **283d** 5
– Teilnahme, notwendige **283c** 38
– Vermögensinteresse als Rechtsgut **Vor 283** 45, 114; **283** 6 f; **283c** 1; **283d** 4
– Wahlrecht über Befriedigungsweg **Vor 283** 47 f, 88
Gläubigerbegünstigung
– Absicht **283c** 31
– Bankrott und ~ **283** 29, 34, 37, 157, 237; **283c** 1, 39 ff
– Buchdelikte und ~ **283c** 43
– Erfolgsdelikt **283c** 1, 2
– Gewähren von Befriedigung/Sicherheit **283c** 17
– Inkongruenz von Leistung und Verpflichtung **283c** 20 ff
– Irrtum **283c** 1, 23, 30, 35
– Konkurrenzen **283c** 39 ff
– Realakte **283c** 14, 17
– Rechtsgut **283c** 1
– Rücktritt **283c** 33
– Schuldnerbegünstigung und ~ **283c** 36; **283d** 26
– Sonderdelikt **283c** 3, 36
– Sperrwirkung **283** 237; **283c** 5, 31, 39 f; **283d** 26
– Täterkreis **283c** 3 ff
– Teilnahme **283c** 36 ff
– Verjährung **283c** 32
– Versuch **283c** 25, 33 ff
– Vollendung **283c** 32
– Vorsatz **283c** 30
– (keine) Wahlfeststellung **283c** 40
– Wissentlichkeit **283c** 31
– Zuvielleistung **283c** 40
– Zwangsvollstreckungsvereitelung und ~ **283** 240; **283c** 43; **288** 7, 45
Gläubigergefährdung, Verbot **Vor 283** 7
Globalzession **Vor 283** 4
GmbH
– Bilanzierungsfristen **283** 147, 149
– Insolvenzanfälligkeit **Vor 283** 20
– kriminologische Erkenntnisse **Vor 283** 23
– Täterkreis **Vor 283** 62, 64 f, 76, 80, 85; **283c** 11
Großkonkurs **283a** 12
Grundsätze
– ordnungsmäßiger Bilanzierung **283** 138 ff
– ordnungsmäßiger Buchführung **283** 110 ff
Handeln für das Unternehmen **Vor 283** 77 ff
Handelsbücher
– Aufbewahrungspflicht **283** 121 ff
– Tatobjekt **283** 91 ff, 112
Handelsgesellschaft, offene
– Buchführungspflicht **283** 96, 98
– Insolvenzanfälligkeit **Vor 283** 20
– Täterkreis **Vor 283** 62, 67
Handelsrechtsakzessorietät **283** 130, 147
Handlungsunrecht **Vor 283** 94; **283** 7, 197
Hintermann, Strafbarkeit **Vor 283** 71 ff; **283** 223
Illiquidität **Vor 283** 125, 129, 134
Inhaberwechsel **283** 131
Inkongruenz von Leistung und Verpflichtung **283c** 20 ff
Insolvenz *siehe auch Konkursstraftaten – Konkurs*
– Begriff **Vor 283** 1
– Häufigkeit **Vor 283** 11 f
– Ursachen **Vor 283** 13 ff
Insolvenzgericht **Vor 283** 167
Insolvenzkarteien **Vor 283** 25
Insolvenzrecht, neues **Vor 283** 2, 10, 48, 88 f, 125, 139, 155, 167, 176, 180; **283** 15

Konkursstraftaten (Forts.)
Insolvenzstrafrecht und ~ **Vor 283** 2
Interessenformel **Vor 283** 79 ff
Inventar
- Anlaß/Zeitpunkt der Erstellung **283** 133, 148
- Begriff **283** 133
- Tatobjekt **283** 124
- als Teil der Buchführung **283** 93
Inventarpflicht **283** 129
Inventur **283** 133 f
Irrtum **Vor 283** 144; **283** 188 ff, 198, 215 ff
Jahresabschlüsse **283** 124, 130
Juristische Person als Täter **Vor 283** 61, 63
Kaufleute
- Bilanzierungs-/Inventarpflicht **283** 129
- Buchführungspflicht **283** 96 ff
- irrige Annahme der Kaufleuteeigenschaft **283** 199
- Minderkaufleute **283** 96, 121 f, 127, 129, 131, 172
- ordentliche ~ **Vor 283** 111, 115 f, 124, 160
- Sollkaufleute **283** 96
- als Täter **Vor 283** 59, 67; **283** 96, 121, 129
- Vollkaufleute **Vor 283** 121; **283** 97, 99, 121, 127, 129, 131, 172; **283b** 4
- Wegfall der Eigenschaft **283** 123
kaufmännische Verkehrssitte/Übung **Vor 283** 115 f
Kausalität **Vor 283** 91 f
Kommanditgesellschaft
- Buchführungspflicht **283** 98
- Insolvenzanfälligkeit **Vor 283** 20
- Täterkreis **Vor 283** 60, 62, 65; **283c** 11
Kommanditgesellschaft auf Aktien
- Bilanzierungsfristen **283** 147
Konkurs
- Auslese- und Reinigungsfunktion **Vor 283** 5
- Begriff **Vor 283** 1
Konkursanfechtung **283c** 21, 26 f
Konkursantrag
- Antragsberechtigte **Vor 283** 28, 163
- Antragspflicht **Vor 283** 2, 7, 29, 153, 163, 174; **283** 170, 208, 238
- unterlassener ~ **283c** 19
Konkursausfallgeld, Vorgriff **283** 12, 24, 85, 156, 165, 170; **283c** 15, 22, 26, 29
Konkursbetrug **283d** 2
Konkursgericht **Vor 283** 163
Konkursgrund **Vor 283** 163
Konkursmasse
- Begriff **283** 14 ff
- Schutz der potentiellen ~ als Rechtsgut **Vor 283** 46
Konkursverfahren
- Ablehnung der Eröffnung **Vor 283** 25, 71, 100, 162 ff; **283** 118, 223
- Antragserfordernis **Vor 283** 163
- Aufhebung **Vor 283** 100
- Auskunftspflicht des Schuldners **Vor 283** 25; **283** 38 f
- Eröffnung **Vor 283** 162 ff; **283** 118
- Mitteilungspflicht **Vor 283** 25
- als Rechtsgut **Vor 283** 46
- Strafbarkeitsbedingung, objektive **Vor 283** 89; **283d** 7
Konkursverschleppung **Vor 283** 2, 7, 23, 29; **283** 168, 170
Konkursverwalter **Vor 283** 25, 66; **283** 38 f, 84, 90, 123; **283d** 5, 9, 18, 28
Konkursvorrecht der Arbeitnehmer **Vor 283** 51; **283** 156
Konsolidierung, echte **Vor 283** 173, 176
Konzern, faktischer **Vor 283** 76
Kreditwirtschaft, Schutz der ~ als Rechtsgut **Vor 283** 53 ff, 114; **283** 7; **283c** 1; **283d** 4
kriminologische Erkenntnisse **Vor 283** 18, 23 ff
Krise, wirtschaftliche
- Bilanzierungsfristen **283** 147
- Handeln/Unterlassen außerhalb der Krise **283** 179 ff
- Handeln/Unterlassen während der Krise **283** 14 ff
- Herbeiführung, leichtfertige **283** 211 ff
- Merkmale **Vor 283** 125 ff, 147, 174
- Tatbestandserfordernis **Vor 283** 40 f, 86, 90; **283d** 7
- Überwindung **Vor 283** 90, 168 ff
- Unkenntnis, fahrlässige **283** 204 ff
Leichtfertigkeit **283** 207, 211 ff
Liquidation **Vor 283** 3 f, 153 f; **283** 99, 123, 132
Liquidationsbilanz **283** 132
Liquidationswert **Vor 283** 154, 156, 158 ff, 174
Liquidität, Wiederherstellung **Vor 283** 175
Liquiditätsstatus **Vor 283** 131
Lockvogel-Angebote **Vor 283** 119; **283** 79
Löschen von Daten **283** 125
Marktpreis, Verkauf unter ~ **283** 78 ff
Minderjährige als Täter **Vor 283** 60
Mischkalkulation **Vor 283** 102, 119; **283** 79
Mittäterschaft **283** 226
mittelbare Täterschaft **Vor 283** 72
multinationale Unternehmen **283** 243
Nachlaßkonkurs **Vor 283** 164; **283c** 10
Nebentäterschaft **283** 226
Nichtkaufleute **283** 171 f, 174
Nichtverbuchung **283** 114

Konkursstraftaten (Forts.)
Not, wirtschaftliche **283a** 10 f; **283d** 25
Notstand **Vor 283** 118; **283** 62
Organ
– Gläubigerstellung **283c** 11
– Schuldnerbegünstigung, Täter **283d** 6
Organstellung
– Ausscheiden **Vor 283** 164
– und Täterschaft **Vor 283** 61 ff, 68 ff, 78 ff; **283** 98, 225; **283b** 5; **283c** 4
par conditio creditorum **Vor 283** 2, 4; **283c** 1; **283d** 4
Passiva
– Begriff **283** 130
– Erhöhung der ~ **Vor 283** 26; **283** 81
Plausibilitätskontrolle **Vor 283** 117
Preiskalkulation **Vor 283** 119
Prinzip, exekutorisches **Vor 283** 3
Privatentnahmen aus Geschäftsvermögen **Vor 283** 7, 18, 81; **283** 12, 27, 31, 68 f, 181, 183, 207; **283a** 4
Privatkonkurs **Vor 283** 11, 54 f
Privatleute, Täterschaft **283** 121, 171
Prognose **Vor 283** 106 f, 131, 134 ff, 159; **283** 205, 207
Rechnungswesen, kaufmännisches **283** 90
Rechte anderer, fingierte **283** 82 f
Rechtsgut **Vor 283** 2, 45 ff, 94, 114
Rechtsvergleichung **Vor 283** 222 ff
Reduktion, teleologische **283** 30, 67, 87
Reformdiskussion **Vor 283** 3, 229
Rektapapiere **283** 74
Risikogeschäfte **283** 52 ff
Rücktritt **283** 104, 118, 202 f
Sachentziehung, bloße **283** 50
Saldierung von Vermögensbestandteilen **283** 30
Sanierer **Vor 283** 30, 78
Sanierung **Vor 283** 3, 30 f, 117, 153, 168 ff; **283** 157 f, 164 f; **283c** 38
Sanierungskredit **283c** 8
Sanierungsmaßnahmen **Vor 283** 169 ff
Scheingeschäft/-handlung **Vor 283** 73 ff; **283** 98, 156, 165; **283c** 21
Scheingläubiger **283** 89
Schleuderverkauf **Vor 283** 7, 18, 41, 119; **283** 12, 54, 72 ff, 166, 181, 186, 240
Schmiergeldzahlungen **Vor 283** 119; **283** 36, 57
Schuldenerlaß **Vor 283** 170
Schuldner
– Auskunftspflicht **Vor 283** 25; **283** 38 f
– Begriff **Vor 283** 60, 73, 164 f; **283b** 6
– Begünstigung **283d** 1 ff
– Garantenstellung **283** 37 ff, 70, 88, 159
– Gesamtschuldner **283** 226
– irrige Annahme der Schuldnereigenschaft **283** 199
– Schuldnerbegünstigung, Teilnahme **283d** 24
– Selbstbegünstigung **283c** 10; **283d** 5
– Sonderpflicht **283** 7, 37, 159; **283c** 10 f
– als Täter **Vor 283** 59 f; **283** 225; **283b** 6; **283c** 3
Schuldnerbegünstigung
– Absicht **283c** 12
– Bankrott und ~ **283** 37, 227, 237; **283d** 2 ff, 24, 26
– Begünstigung und ~ **283d** 28
– besonders schwerer Fall **283d** 25
– Betrug und ~ **283d** 28
– Einwilligung des Schuldners **283d** 4, 13 ff
– Entstehungsgeschichte **283d** 4, 13 f
– Fortsetzungszusammenhang **283d** 27
– Gefährdungsdelikt, abstraktes **283d** 4
– Gläubigerbegünstigung und ~ **283c** 36; **283d** 26
– Irrtum **283d** 16 f, 21
– Konkurrenzen **283d** 26
– Mittäterschaft **283d** 24
– mittelbare Täterschaft **283d** 23
– Rechtsgut **283d** 4
– Rechtswidrigkeit **283d** 18
– Strafbedürfnis, entfallendes **283d** 19
– Täterkreis **283d** 1 f, 5 f
– Teilnahme **283d** 5, 23 f
– Unterlassen **283d** 10
– Untreue und ~ **283d** 28
– Versuch **283d** 17, 20 ff
– Vorsatz **283d** 12, 16 f
– zugunsten des Schuldners **Vor 283** 77; **283d** 11 f
– Zwangsvollstreckungsvereitelung und ~ **283d** 28; **288** 7
Selbstinformationserfordernis **Vor 283** 120 f; **283** 90, 104, 111, 118; **283b** 1, 8, 12
Sicherheit, inkongruente **283c** 13 ff
Sicherungspool **283c** 6, 14
Sicherungsübereignung **Vor 283** 4; **283** 21; **283c** 13, 23; **283d** 28
Sonderdelikte **Vor 283** 59 ff; **283** 188, 225 f; **283b** 4 ff; **283c** 3, 36
Sonderpflichtdelikte **283** 7, 37; **283b** 1
Sozialplan **Vor 283** 152, 154
Spekulationsgeschäfte **Vor 283** 118, 123; **283** 55 ff, 59, 163, 181, 184
Spiel **283** 63, 69
Statistik **Vor 283** 11 ff
Steuerberater **Vor 283** 66; **283** 129; **283b** 5
Stiftung, rechtsfähige, Täterkreis **Vor 283** 64

Konkursstraftaten (Forts.)
Strafbarkeitsbedingung, objektive **Vor 283** 10, 39, 67, 88 ff, 179; **283** 223 f; **283a** 2; **283c** 32
- Tathandlung und ~ **Vor 283** 91 ff; **283b** 14; **283d** 19
- Vollendung und ~ **283** 118, 126, 144, 219 ff
Strafbedürfnis, entfallendes **Vor 283** 90 ff, 168, 177, 180; **283** 197; **283d** 19
Strafwürdigkeit **Vor 283** 6 ff
Strohmann **Vor 283** 73 f
Stundung **Vor 283** 170
Täterkreis **Vor 283** 59 ff; **283**; **283b** 6
Teilnahme **283** 89, 227 f
- Bankrott, besonders schwerer Fall **283a** 16
- notwendige ~ **283** 71, 80, 89, 229
Testamentsvollstrecker **283** 123
Tochtergesellschaften **283** 35
Typologie **Vor 283** 26 f
Übernahmeverschulden **283** 210
Überschuldung **Vor 283** 1, 130, 147 ff
- Anwendungsbereich **Vor 283** 147 ff
- Begriff **Vor 283** 150
- Wegfall **Vor 283** 100, 169, 172 ff
Überschuldungsstatus **Vor 283** 151 ff
Übersicht über den Vermögensstand, erschwerte **283** 108, 126, 135
Umgehungsgeschäft/-handlung **283** 155, 165
Unbrauchbarmachen von Vermögensbestandteilen **283** 14, 44 ff
Unterbilanz **Vor 283** 150, 171
Unterdeckung **Vor 283** 129, 132
Unterkapitalisierung **Vor 283** 15, 21, 124, 150, 173; **283** 163, 186, 213
Unterlassen **Vor 283** 84; **283** 37, 43, 51, 70, 83, 88, 102, 114 f, 119, 127, 130, 152, 155, 159, 171; **283c** 18 f; **283d** 10
- Versuchsbeginn **283** 201
Unterlassungsdelikt, echtes **283** 103, 119, 220
Unternehmensbeteiligung **Vor 283** 159 f, 170
Unternehmenserhalt **Vor 283** 3
Unternehmensfortführung **Vor 283** 153 ff, 180; **283** 132
- durch Dritte **Vor 283** 160
Unternehmensführung, ordnungsgemäße **Vor 283** 111 ff
Unternehmenskonkurs **Vor 283** 11, 54 f
Unternehmenskrise *siehe Konkursstraftaten – Krise, wirtschaftliche*
Unterschlagung und ~ **Vor 283** 79
Unwirtschaftlichkeit einer Ausgabe **283** 65 ff
Urkundenfälschung und ~ **283** 107
Urkundenunterdrückung und ~ **283** 123
Veräußern kreditierter Waren/Wertpapiere **283** 77, 185
Verbrauchen übermäßiger Beträge **283** 69 f
- Fahrlässigkeit **283** 70
- durch Unterlassen **283** 70
Verbuchungen, unrichtige **283** 117
Verein, rechtsfähiger, Täterkreis **Vor 283** 64
Verfügungsbefugnis, Verlust **283** 32
Vergleichsverfahren **Vor 283** 10, 166; **283d** 7
Vergleichsverwalter **Vor 283** 66; **283d** 18
Verhältnisse, geschäftliche **283** 172 ff
Verheimlichen
- Ableugnen des Besitzes **283** 42
- außerhalb der Krise **283** 183
- Begriff **283** 38, 174
- der Geschäftsverhältnisse **283** 155 ff, 171
- von Handelsbüchern **283** 125
- durch Unterlassen **283** 43, 171
- von Vermögensbestandteilen **283** 14, 38 ff
Verjährung **Vor 283** 91; **283** 221 f
Verlagerung der Geschäftstätigkeit **283** 155, 161, 168
Verlustgeschäfte **283** 54
Vermögen
- Anwartschaften **283** 21, 39
- Arbeitskraft **283** 24
- Besitz **283** 21
- Forderungen **283** 22
- konkursfreie Gegenstände **283** 23
- Neuvermögen **283** 23
- Sicherungsrechte **283** 21
- unrechtmäßig erworbenes ~ **283** 20
- wirtschaftlicher Begriff **283** 16 ff, 161; **283d** 9
Vermögensdelikte und ~ **Vor 283** 6, 79
Vermögensinteresse der Gläubiger als Rechtsgut **Vor 283** 45, 114; **283** 6 f; **283c** 1; **283d** 4
Vermögenswerte, anvertraute **283a** 6 ff
Verringern des Vermögensstandes
- Anwendungsbereich **283** 155 ff, 162
- Begriff **283** 160
- Gesamtbewertung **283** 162, 164
- durch Unterlassen **283** 159
- Wirtschaften, grob wirtschaftswidriges **283** 162
Verschleiern
- Begriff **283** 175 f
- der Geschäftsverhältnisse **283** 155 ff
- durch Unterlassen **283** 171
Verschleudern *siehe Schleuderverkauf*
Versuch
- Bankrott, besonders schwerer Fall **283a** 14 f

Konkursstraftaten (Forts.)
- Begründung der Versuchsstrafbarkeit **283** 197
- Bilanzdelikte **283** 141
- Buchdelikte **283** 118
- unmittelbares Ansetzen **283** 200 f
- Unterlassen **283** 201

Vertreter
- Gläubigerstellung **283c** 11
- Schuldnerbegünstigung, Täter **283d** 6

Vertreterstellung und Täterschaft **Vor 283** 61, 66, 68, 78 f; **283** 225; **283b** 5; **283c** 4
Volkswirtschaft, Schutz der ~ als Rechtsgut **Vor 283** 53 ff
Vollendung **Vor 283** 67; **283** 87, 118, 201, 219 ff; **283b** 12
Vorprüfungsverfahren, staatsanwaltschaftliches **Vor 283** 25
Vorsatz **Vor 283** 89, 117; **283** 13, 162 f, 187 ff
Vorstand **Vor 283** 64
Vortäuschen von Rechten anderer **283** 83 ff
Wahndelikt **283** 199
Waren, kreditierte **283** 73, 76
Wert, Verkauf unter ~ **283** 78 ff
Wertpapiere, kreditierte **283** 73 f, 76
Wettbewerbsrechtliche Verstöße **Vor 283** 119
Wette **283** 63, 69
Wirtschaften, ordnungsgemäßes **Vor 283** 53, 56, 101 ff; **283** 9, 12, 155, 167 ff
- Tatbestandskorrektiv **283** 27 ff, 49, 62, 79, 167 ff, 177

Wirtschaftsprüfer **283** 5
Wirtschaftsstrafrecht und ~ **Vor 283** 3, 54
Wissentlichkeit
- Bankrott, besonders schwerer Fall **283a** 2, 5
- Gläubigerbegünstigung **283c** 31

Zahlungseinstellung
- Bankrotthandlung, Zeitpunkt **283** 100
- Begriff **Vor 283** 143 ff
- Hintermann, Strafbarkeit **Vor 283** 71 ff
- quantitative Abgrenzung **Vor 283** 145
- Strafbarkeitsbedingung, objektive **Vor 283** 10, 89 f; **283** 118; **283c** 32; **283d** 7
- Zahlungsunfähigkeit und ~ **283** 125, 143 ff

Zahlungsstockung, bloße **Vor 283** 135, 145
Zahlungsunfähigkeit
- Begriff **Vor 283** 1, 126
- betriebswirtschaftliche Betrachtungsweise **Vor 283** 133, 142
- drohende ~ **Vor 283** 125, 135 ff, 167; **283d** 7
- Irrtum über ~ **Vor 283** 144
- quantitative Abgrenzung **Vor 283** 129
- Strafbarkeitsbedingung, objektive **Vor 283** 10; **283d** 7
- Wegfall **Vor 283** 100, 169 f, 172, 175
- wirtschaftskriminalistische Betrachtungsweise **Vor 283** 133, 142
- Zahlungseinstellung und ~ **283** 125, 143 ff
- Zeitraum **Vor 283** 134

Zahlungsunwilligkeit **Vor 283** 125, 143 f
Zerstören **283** 14, 44 ff, 125
Zuvielleistung **283c** 40

Konkursverwalter
als Abfallbesitzer **326** 128
kein Amtsträger **11** 29
Untreue **266** 46 f, 49, 69 f, 93, 128, 140, 154
Vertreterhaftung **14** 49

Konsul
Exterritorialität **Vor 3** 350 f

Konsularische Vertretung
Exterritorialität **Vor 3** 350 f

Konsumentenkredit
Kreditbetrug **265b** 6

Konsumtion *siehe auch Gesetzeseinheit*
Begleittat, mitbestrafte **Vor 52ff** 117 ff
Begriff **Vor 52ff** 116
Bewertungseinheit **Vor 52ff** 121
lex consumens derogat legi consumptae **Vor 52ff** 116
Nachtat, mitbestrafte *siehe auch dort* **Vor 52ff** 121, 123 ff
Strafzumessung **Vor 52ff** 120
Vortat, mitbestrafte *siehe auch dort* **Vor 52ff** 121

Kontaktsperre Vor 129a 11; **129a** 4, 52
Konterbande 297 1, 9 f
Kontrektationstheorie 242 40
Kontobevollmächtigter
Mißbrauch von Scheck- und Kreditkarten **266b** 4

Kontrolle, soziale *siehe Sozialkontrolle*
Kontrollklausel
Notstand, rechtfertigender **34** 79

Kontrollstellen
bei Verdacht auf terroristische Vereinigung **129a** 50

Konvergenzdelikt
Teilnahme, notwendige **Vor 26** 33

Konzentrationslager
Völkermord **220a** 11

Konzern
faktischer ~ **Vor 283** 76
Untreue **266** 128

Konzession, staatliche
Glücksspiel, unerlaubtes **Vor 284-287** 22 f

Kopieren
von Daten **303a** 18, 31
Korruption *siehe auch Bestechungsdelikte*
Glücksspiel, unerlaubtes und ~ **Vor 284-287** 6
Untreue **266** 1, 3, 98, 125
Korruptionsbekämpfung
internationale Abkommen **Vor 298** 1 f
Kronzeugenregelung und ~ **N 331-338** 5
Wettbewerbsrecht und ~ **Vor 298** 1 ff; **299** 1
Kosmetische Eingriffe
Körperverletzungsdelikte und ~ **226** 20; **228** 44
Kostenfestsetzungsverfahren
Rechtsbeugung **339** 18, 31
Untreue **266** 104, 121
Kraftfahrzeug *siehe auch Fahrzeug*
Begriff **69** 22 f; **248b** 2
Brandstiftung **N 306** 8
der Bundeswehr, Zerstörung **305a** 11 ff
Einziehung **295** 7, 11
Gefährdung durch Bannware **297** 8
Luftverunreinigung und ~ **325** 1, 21
der Polizei, Zerstörung **305a** 11 ff
als Tatwerkzeug und Unfallbegriff **142** 26
als Waffe **113** 53, 55, 68; **315b** 45
als Wohnung **123** 12
Kraftfahrzeugführer
Pflichtverletzung **69** 46 f
Kraftfahrzeugverkehr
Urkundenfälschung im ~ **267** 100, 148, 199, 201, 263
Kranke
Sexueller Mißbrauch von Kranken *siehe Sexueller Mißbrauch von Gefangenen u.a.*
Krankenakten
Urkundenfälschung **267** 209
Krankenhaus, psychiatrisches *siehe Unterbringung in psychiatrischem Krankenhaus*
Krankenschwester
Fälschung von Gesundheitszeugnissen **277** 4
Unterlassene Hilfeleistung **323c** 84
Krankenversicherungsbeiträge
Vorenthalten/Veruntreuen **266a** 28, 75
Krankheit
Begriff, somatologischer **223** 15
geistige ~ **N 174c** 2; **N 179** 1; **226** 25
interkurrente ~, Nichtbehandlung und Sterbehilfe **Vor 211** 19, 20a
wegen Krankheit wehrlose Person, Mißhandlung **225** 4; **225** 4
Schuldfähigkeit und ~ *siehe auch Störung, krankhafte seelische* **21** 2
seelische ~ **N 174c** 2; **N 179** 1
sexueller Mißbrauch unter Ausnutzung einer ~ **174a** 16
strafmildernde Bedeutung **46** 26a
Willensschwäche, erhebliche krankheitsbedingte **302a** 21
Krankheitserreger
Abfall, ~ enthaltender **326** 74 ff
Abfall, ~ hervorbringender **326** 78
Beibringen von Krankheitserregern **224** 8 f
Kreditbetrug
Abgabenstrafrecht und ~ **265b** 105, 115
Akzeptkredit **265b** 41 f, 46, 107
Angaben, schriftliche **265b** 63 ff
Aufgreiftatbestand **265b** 21
ausländisches Strafrecht **265b** 8
Auslandstat **265b** 122
Avalkredit **265b** 52
Bagatellfälle **265b** 32, 46, 85
Bankrott und ~ **283** 231 ff
Begriff **265b** 12
Begünstigung und ~ **265b** 114
Behörde **265b** 31
Berater **265b** 24
Betrieb, Begriff **265b** 31
Betriebskredit **265b** 22 ff
Betrug und ~ **263** 212, 243 f, 314; **265b** 14 f, 21, 55, 90, 94, 105, 115, 125
Bilanzen **265b** 68, 70 ff, 84
Bilanzstrafrecht und ~ **265b** 70, 75 ff, 116
Bürgschaft **265b** 50, 52, 85, 107, 111
Computerbetrug und ~ **263a** 83
Diskontierung von Wechseln/Schecks **265b** 47 f, 107
durchlaufende Kredite **265b** 29 f
Eingehungsbetrug **263** 38
Einlage **265b** 40
Entstehungsgeschichte **Einl** 90; **265b** 1 ff
Erheblichkeit **265b** 82, 84, 114, 125
Factoring **265b** 43 f
Fälschungsdelikt i.w.S. **265b** 100
Garantie **265b** 50 f, 107
Gefährdungsdelikt, abstraktes **265b** 12
Gelddarlehen **265b** 38 f, 107
Geldforderungen
- entgeltlicher Erwerb von ~ **265b** 43 f, 47, 107
- Stundung von ~ **265b** 45 f, 107
Gerichtszuständigkeit **Vor 263** 6; **265b** 127
Geschäftsbetrieb, (voll)kaufmännischer **265b** 32 ff
Gesetz über das Kreditwesen und ~ **265b** 1 f, 13, 16, 19 f, 29, 36 ff, 43, 50, 114, 118 f, 128
Gewährleistungen, sonstige **265b** 50, 107
Gewinn- und Verlustrechnungen **265b** 70
Gutachten **265b** 67 f, 79, 99
Gutachter **265b** 24
Hilfspersonen **265b** 91
Inlandstaten **265b** 121

Kreditbetrug (Forts.)
als Insolvenzstraftat **Vor 283** 2, 27
Internationales Strafrecht **265b** 117 ff
Irrtum **265b** 100, 103, 108
Kapitalanlagebetrug und ~ **264a** 3, 20, 53, 75; **265b** 7
Kenntnis des Kreditgebers **265b** 114
Konkurrenzen **265b** 115 f
Konsumentenkredit **265b** 6
Kredit, Begriff **265b** 37 ff
Kreditantrag **265b** 54 ff
Kreditnehmer **265b** 24, 43, 111
Kreditsubvention **265b** 31, 116
Kreditvermittler **265b** 30
Kreditwirtschaft, Funktionieren als Rechtsgut **265b** 9 ff, 23, 114, 118 f
Kreditwürdigkeit **265b** 80
kriminalpolitischer Hintergrund **265b** 3 ff, 18 f, 46, 67, 85
Kriminologie **Vor 263** 4; **265b** 21
Kundenkredit **265b** 6
Lieferantenkredit **265b** 4, 32, 36 f, 46, 62, 125
mittelbare Täterschaft **265b** 30, 62, 112 f
Nostroverpflichtungen der Banken **265b** 6, 40, 125
Ordnungswidrigkeitenrecht und ~ **265b** 19
Parallelwertung, laienhafte **265b** 98
Prognose **265b** 67, 81, 99
Rechtsgut **Vor 3** 191; **265b** 9 ff, 114
Rücktritt **265b** 104 f
Scheck, Einzug **265b** 49, 57
Scheckbetrug als Unterfall **263** 42
Scheckkarten **265b** 50
Scheinfirmen **265b** 22
Scheingeschäft/-handlung **265b** 78
(kein) Sonderdelikt **265b** 24, 96
Steuerberater **265b** 111
Strafaufhebungsgrund, persönlicher **265b** 104, 109
Strafverfolgung **265b** 124 ff
Subventionsbetrug und ~ **264 a.F.** 163; **265b** 29, 31, 116
Täterkreis **265b** 24 f, 59, 62, 96, 101, 110 ff
Tätige Reue **265b** 104 ff
Täuschung **265b** 53, 59 f
– Adressat der ~ **265b** 61 f
– Gegenstand **265b** 79 ff
– konkludente ~ **265b** 57, 94, 96
– nach Kreditentscheidung **265b** 85
– Mittel **265b** 63 ff
– durch Unterlassen **265b** 92 ff
– über Verwendungszweck **265b** 81
– Zusammenhang mit Kreditantrag **265b** 59 f, 90
Teilnahme **265b** 109 ff
Teilzahlungskredit **265b** 6, 42 f
Umgehungsgeschäft/-handlung **265b** 78
Unrichtigkeit **265b** 68, 70, 73
Unterlagen **265b** 63 ff, 93
Unterlassen **265b** 92 ff, 113
Unterlassungsdelikt, echtes **265b** 53, 92 ff
Unternehmen, Begriff **265b** 31
Untreue und ~ **265b** 114 f, 125 f
Unvollständigkeit **265b** 69 ff
Verfassungsmäßigkeit **265b** 17, 19 ff, 35
Verhältnisse, wirtschaftliche **265b** 79 ff
Vermögen als Rechtsgut **265b** 9 ff
Vermögenslehre, juristische **263** 128
Viktimodogmatik **265b** 18, 114
Vollendung **265b** 86 ff, 104
Vorlegen **265b** 86 ff, 92
Vorsatz **265b** 66, 97 ff
Vorteilhaftigkeit **265b** 82 f
Warenkredit **265b** 4, 37, 46, 62, 125
Wechselbetrug als Unterfall **263** 220
Weiterleitungskredite **265b** 29 f
Wirtschaftsprüfer **265b** 111
Wirtschaftsstraftat **Vor 263** 5; **265b** 23
Zugang **265b** 87 ff
Kreditgefährdung **187** 2, 3
Kreditgeschäft
Untreue **266** 95 f, 141
Kreditinstitute *siehe Bankgeheimnis*
Kreditkarte *siehe auch Mißbrauch von Scheck- und Kreditkarten*
als Ausweispapier **281** 5 f
Begriff **266b** 14 f
Fälschung beweiserheblicher Daten **269** 18 ff
Untreue **266** 128
Kreditkartenmißbrauch *siehe Mißbrauch von Scheck- und Kreditkarten*
Kreditvermittler
Vermittlungswucher **302** 12, 35
Kreditwirtschaft
Schutz der ~ als Rechtsgut **Vor 283** 53 ff, 114; **283** 7; **283c** 1; **283d** 4
Kreditwucher **302a** 8 ff, 17 f, 32 f
Krieg
aktiver ~ **80** 3
Angriffskrieg **80** 2
passiver ~ **80** 3
Präventivkrieg **80** 2
Tötung im ~ **212** 16 ff
Verteidigungskrieg **80** 2
völkerrechtlicher Begriff **100** 6; **212** 18, 20
Kriegsgefahr
als Erfolg der Vorbereitung eines Angriffskrieges **80** 6 f
als Erfolg von Agententätigkeit zu Sabotagezwecken **87** 5

Kriegsgefangener 120 12, 13, 14; **121** 8; **212** 19; **239** 11
Kriegshetze 80 10; **80a** 1
Kriegskonterbande 297 10
Kriegsrepressalie 212 17
Kriegsverbrechen
Besatzungsgerichtsbarkeit und deutsche Gerichtsbarkeit **Vor 3** 367 ff
Strafverfolgung, völkerrechtliche Vereinbarungen **Vor 3** 29 ff
Kriegsvölkerrecht
Tötung im Krieg und ~ **212** 16 ff
Kriminalitätstheorien
Rückfallgefahr, Faktoren und ~ **66** 95 ff
Kriminalpolitische Theorie 24 7 ff
Kriminalstrafe *siehe Strafe*
Kriminelle Vereinigung
ausländische ~ **Vor 110** 7; **Vor 129** 6 f, 9 f; **129** 28 ff
Bande und ~ **129** 25 ff
Begriff **Vor 129** 3; **129** 8 ff
Bildung *siehe Bildung krimineller Vereinigungen*
Inlandbezug, organisatorischer **Vor 129** 6; **129** 28 ff
Organisierte Kriminalität und ~ **Vor 129** 3
politisch-ideologische Vereinigung und ~ **129** 5, 14
terroristische Vereinigung und ~ **129a** 13
Wirtschaftsunternehmen als ~ **129** 14
Krimineller, chronischer
als Hangtäter **66** 67
Kriminologie
Strafrechtsreform und ~ **Einl** 59
Verhältnis von Kriminalität und Religion **Vor 166** 17 f
Krise, wirtschaftliche
Konkursstraftaten **Vor 283** 40 f, 86, 90; **283** 14 ff, 179 ff
Krisentheorie 22 67
Kritikalitätsrisiko 327 2, 7
Kritikfreiheit 193 14
Kronzeugen(regelung) Vor 129a 13 f; **129** 95; **129a** 55 ff; **211** 73; **Vor 324** 60
Freiheitsstrafe **38** 7
große ~ **129a** 42
kleine ~ **129** 83; **129a** 42; **261** 25
Korruptionsbekämpfung und ~ **N 331-338** 5
Strafzumessung **46** 224
Zweck **129a** 55a
Kündigungsbetrug 263 188
Künstlerische Aussage
Interpretation durch Gesamtschau **185** 22
Künstlerische Leistungen
tadelnde Urteile über ~ **193** 13
Kürettage
Schwangerschaftsabbruch **Vor 218ff** 47
Küstengewässer *siehe auch Gewässer*
Inlandsbegriff und ~ **Vor 3** 232 ff
Kultursubvention 264 a.F. 13
Kultusfreiheit *siehe Religionsausübung, ungestörte*
Kumulationsdelikt
Betrug **Vor 263** 47
Jagdwilderei **292** 3
Kumulationsprinzip Vor 52ff 3; **Vor 61ff** 65
Kundenkarte 266b 16 ff
Kundenkredit
Kreditbetrug **265b** 6
im Kundenkartensystem **266b** 16 f
Kundgabe
einer Beleidigung **185** 10
Kunst
Ehrverletzung und Kunstbegriff **193** 9
Gegenstände der ~, bedeutende **243** 26 ff; **304** 9
Kunstwerk, Sinnermittlung **185** 22
Kunstfehler, ärztlicher
Tötung, fahrlässige und ~ **222** 9
Kunstfreiheit
Anleitung zu Straftaten und ~ **130a** 33
Beschimpfung von Bekenntnissen, Religionsgesellschaften und Weltanschauungsvereinigungen und ~ **166** 27, 31 ff, 89
Einziehung und ~ **74d** 28
Gewaltdarstellung und ~ **131** 37 ff
Mißbrauch von Notrufen und ~ **145** 15
Sachbeschädigung und ~ **303** 2, 7, 12
Schranken der ~ **131** 38; **193** 9
Störpropaganda gegen die Bundeswehr und ~ **109d** 3
Verbreiten von Propagandamitteln und ~ **86** 19
Verbreitung pornographischer Schriften und ~ **184** 9
Verunglimpfung des Staates und seiner Symbole und ~ **90a** 16; **90a** 7
Verwenden von Kennzeichen verfassungswidriger Organisationen und ~ **86a** 12 f
Kuppelei *siehe Förderung sexueller Handlungen Minderjähriger; siehe Prostitution*
Kursbetrug 264a 2
Kurze Freiheitsstrafe *siehe Freiheitsstrafe – kurze*
Kurzschlußtat *siehe auch Affekt* **20** 54

Lähmung
Körperverletzung, schwere **226** 24
Lärmverursachung *siehe Verursachen von Lärm, Erschütterungen und nichtionisierenden Strahlen*

Lage
ausweglose ~, strafmildernde Bedeutung **46** 76
hilflose ~
– Aussetzung **221** 7, 18
– Menschenhandel, schwerer **181** 8, 10
– Menschenraub **234** 40 ff
– Sexuelle Nötigung **N 177** 2
Zwangslage
– Menschenhandel **180b** 7
– Sexueller Mißbrauch von Jugendlichen **182** 3
Lagertheorie **263** 116
Laienrichter
Amtsfähigkeit, Verlust **45** 3
Rechtsbeugung **339** 14; **339** 14, 25, 34, 44
Laizismus **Vor 166** 5
Landesregierung
(keine) Indemnität der Mitglieder **36** 30, 36
Nötigung **105** 2
Landesstrafrecht
Bundesstrafrecht und ~ **Einl** 9, 14 ff
Gesetzgebungskompetenz **Einl** 18
Sanktionsbefugnis, eingeschränkte **Einl** 16
Landesverräterische Agententätigkeit *siehe Agententätigkeit, landesverräterische*
Landesverräterische Ausspähung *siehe Ausspähung, landesverräterische*
Landesverräterische Fälschung
Absicht **100a** 8
besonders schwerer Fall **100a** 9
bürgerliche Statusrechte, Verlust als Nebenfolge **100a** 11; **101** 1 ff
Einziehung **100a** 11; **101a** 1 ff
Falschmeldungen, gezielte **100a** 1
gefälschter/verfälschter Gegenstand **100a** 2
Gefahr schweren Nachteils, konkrete **100a** 5 f
Gelangenlassen an einen anderen **100a** 1
Herstellen **100a** 8
Konkurrenzen **100a** 10
NATO-Staaten und ihre Truppen **100a** 1
öffentliches Bekanntmachen **100a** 4
Rechtsgut **100a** 1
Rücktritt **100a** 10
Sichverschaffen **100a** 8
Staatsverleumdung **100a** 1
Versuch **100a** 7, 9
Vorsatz **100a** 7
Wahlfeststellung **100a** 10
Landesverrat
Absicht **94** 7, 11, 13
agent provocateur **94** 8
Agententätigkeit, landesverräterische, Abgrenzung **94** 3
Anzeigepflicht **94** 23; **138**
Ausspähung, landesverräterische und ~ **94** 19
Begünstigungsabsicht **94** 7, 11, 13
Benachteiligungsabsicht **94** 7, 11, 13
besonders schwerer Fall **94** 15 ff
– Verfassungsmäßigkeit **1** 64
besonders schwerer Nachteil **94** 17
bürgerliche Statusrechte, Verlust als Nebenfolge **94** 23; **101** 1 ff
kein Dauerdelikt **Vor 52ff** 35; **94** 18
Einziehung **94** 23; **101a** 1 ff
Euratom-Geheimnis **94** 3, 20
fremde Macht **94** 2
Gefahr schweren Nachteils, konkrete **94** 8 f
Gelangenlassen **94** 5
Handlungseinheit, natürliche **94** 18
Irrtum **94** 11
Konkurrenzen **94** 18 ff
Mißbrauch verantwortlicher Stellung **94** 16
Mittäterschaft **94** 2, 13
Mitteilung an fremde Macht **94** 3
Mitteilung an unbefugte Dritte **94** 3, 4
Mittelsmänner **94** 2, 14
NATO-Geheimnis **94** 10, 20
Nebenfolgen **94** 23
Notwehr gegen ~ **32** 156, 266
öffentliches Bekanntmachen **94** 6
parlamentarische Äußerungen/Berichte, Straflosigkeit und ~ **36** 44
Rechtfertigung **94** 11
Rechtsgut **93** 1, 20; **94** 7
Repräsentanten (einer fremden Macht) **94** 2
Rücktritt **94** 19
Saldierung von Vor- und Nachteilen **94** 9
Subsidiaritätsklauseln **94** 19
Teilnahme **94** 2, 14, 17
Verfassungsmäßigkeit **94** 1, 15
Verjährung nach Presserecht **94** 22
Versuch **94** 8, 11, 12
Vollendung **94** 3, 12
Vorfeldtatbestand/Vorbereitungshandlungen **96** 1
Vorsatz **94** 11, 14, 17
Wahlfeststellung **94** 21
Landesverteidigung
Angelegenheiten der ~ **109f** 2
Anlagen/Einrichtungen der ~ **109e** 3
als Rechtsgut **93** 13; **Vor 109** 1
Straftaten gegen die ~ **Vor 109** 1 ff
Landfriedensbruch
Abschirmung von Gewalttätern **125** 12
Abwiegler **Vor 125** 8, 14; **125** 18
Agententätigkeit zu Sabotagezwecken und ~ **125** 45
Anheizer **125** 7, 55, 58

Landfriedensbruch (Forts.)
Anwesenheit, bloße passive **Vor 125** 23; **125** 17 ff
Aufforderung zu Straftaten und ~ **111** 34; **125** 55, 61, 75
Aufwiegler **Vor 125** 5; **125** 55, 61; **125a** 2a
aufwieglerischer ~ **125** 5, 7, 9, 30, 55 ff, 67, 70 f, 73; **125a** 9, 10
– Absicht **125** 61, 70
– Auffangtatbestand **125** 55
– Täter **125** 59
Bedrohen mit Gewalttätigkeit **125** 53 f
bedrohender ~ **125** 5 f, 30 ff, 53 ff, 73; **125a** 9
begangene Ausschreitungen **125** 46
Beihilfe, psychische **125** 12, 13, 17 f, 23, 69
Beisichführen einer (Schuß-)Waffe **125a** 2 ff, 5a
besonders schwerer Fall **N 125a**; **125** 66; **125a** 1 ff
– Alternativität von Regelbeispielen **125a** 9a
– Beisichführen einer (Schuß-)Waffe **125a** 2 ff, 5a
– Eigenhändigkeit **125a** 11
– Gebrauchsabsicht bzgl. Waffe **125a** 5a
– Gewalttätigkeit und daraus folgende Gefahr **N 125a**; **125a** 7
– Konkurrenzen **125a** 15
– Plündern **125a** 8 f
– keine Qualifikation **125a** 1, 7, 13
– Sachschaden, bedeutender **125a** 9
– Schußwaffe **125a** 2 f
– sonstiger ~ **125a** 10, 12, 14
– Störung des öffentlichen Friedens durch Androhung von Straftaten und ~ **126** 4
– Teilnahme und ~ **125a** 11
– Verfahrensrecht **125a** 16
– Versuch und ~ **125a** 14
– Vorsatz **125a** 13
– Waffe **125a** 4 f
Beteiligung als Täter oder Teilnehmer **125** 9 ff
Bewaffnung **125** 21 ff
– passive **125** 13, 21 ff
Bildung bewaffneter Gruppen und ~ **N 127** 3, 20
DDR-Alttaten **Vor 125-145d** 12
Demonstrationsrecht und ~ **Vor 125** 20 ff; **125** 2
eigennütziger ~ **125** 8
Eigentumsdelikte und ~ **125** 45, 76; **125a** 8 ff
Einwirken auf eine Menschenmenge **125** 56 ff, 60 ff
(keine) Entfernungspflicht **Vor 125** 23 ff; **125** 17
Entstehungsgeschichte **Vor 125** 1, 5 ff; **125** 54
Erscheinungsformen **Vor 125** 2
Gebrauchsabsicht bzgl. Waffe **125a** 5a
Gefahr
– einer schweren Gesundheitsschädigung **N 125a** 1 f
– einer schweren Körperverletzung **N 125a** 1 f; **125a** 7
– des Todes **125a** 7
Gesundheitsschädigung, Gefahr schwerer ~ **N 125a** 1 f
gewalttätiger ~ **125** 5 f, 30 ff, 47 ff, 73; **125a** 7
Gewalttätigkeit **125a** 7
– Bedrohen mit ~ **125** 53 f
– Begriff **125** 47
– gegen Menschen **125** 48
– gegen Sachen **125** 49
Hintermann **125** 6, 10, 14 f
Irrtum **125** 71; **125a** 14
Körperverletzung, Gefahr schwerer **N 125a** 1 f; **125a** 7
Körperverletzungsdelikte und ~ **N 125a** 1 f; **125** 8
Konkurrenzen **125** 73 ff
Kriminalstatistik **Vor 125** 26
Massendelikt **Vor 125** 5, 9; **125** 1, 9, 11, 37
Massenpsychologie **Vor 125** 3 f; **125** 24, 32
Meinungsfreiheit und ~ **Vor 125** 20 ff; **125** 63 f
Menschenmenge **125** 31 ff
– Einwirken auf ~ **125** 56 ff, 60 ff
– unfriedliche ~ **125** 36
Mitläuferschaft
– billigende ~ **125** 19
– bloße ~ **Vor 125** 23; **125** 17, 64
Mittäterschaft **125** 10, 14
mittelbare Täterschaft **125** 10, 59
Nebentäterschaft **125** 10
Nötigung und ~ **125** 76
Notwehr gegen ~ **125** 68
öffentliche Sicherheit
– Begriff **125** 39 f, 43
– Gefährdung **125** 44 f
Plündern **125a** 8 f
Rechtsgut **Vor 3** 176 f; **125** 1, 73
Rechtswidrigkeit **125** 63 ff
Rücktritt **125** 60
Sachbeschädigung und ~ **125** 8, 76; **303** 22
Schußwaffe, Begriff **125a** 3
Schutzwaffen **125** 25 f
schwerer Hausfriedensbruch und ~ **124** 19, 22, 45
Solidarisierungsverhalten **125** 13, 18 ff, 22 f
kein Sonderdelikt **125** 15

Landfriedensbruch (Forts.)
Streikrecht **125** 65
Täterschaft **125** 9 ff, 59
Tathandlungen Außenstehender **125** 14 ff
Teilnahme
- nach allgemeinen Vorschriften **125** 9 ff, 16
- besonders schwerer Fall und ~ **125a** 11
- Teilnahmeformen, verselbständigte **125** 6, 9
Todesgefahr **125a** 7
Unterlassen **125** 20
Unternehmensdelikt, unechtes **125** 47, 60
mit vereinten Kräften **125** 37
Verfassungsmäßigkeit **Vor 125** 22; **125** 2
Vermummung **125** 13, 21 ff
Versammlungsfreiheit und ~ **Vor 125** 20 ff; **125** 63 f
Versammlungsgesetz und ~ **Vor 125** 16, 24; **125** 20, 22, 23 ff, 77; **125a** 6, 15
Versuch **125a** 14
Vorbereitungshandlungen **125** 14, 56
Vorsatz **125** 69; **125a** 13
Waffe, Begriff **125a** 4 f
Widerstand und ~ **125** 8, 10, 45, 66 f, 71
Zusammenrottung **125** 27, 36
Landrat
Untreue **266** 121
Landschaftsbestandteile, geschützte **329** 36
Landschaftsschutzgebiet **329** 36
Landtag
Bannkreisverletzung **106a** 1 ff
Nötigung **105** 2
Landwirtschaft
ökologische Schäden durch ~ **324** 125; **324a** 27; **325** 22
Lastschriftverfahren
Untreue **266** 78 f, 129 f
Lateinamerika
Betrugsstrafrecht **Vor 263** 72 ff
Lauschangriff
großer ~ **113** 37a; **Vor 201** 3; **201** 29; **203** 4
kleiner ~ **201** 29
Leasing
Untreue **266** 112 f, 127
Leben
Beginn **Vor 211** 3
Ende **Vor 211** 7 ff
notstandsfähiges Rechtsgut **34** 22 ff, 34; **35** 9, 12
als notwehrfähiges Gut **32** 164 ff
als Rechtsgut **Vor 211** 2; **212** 1
ungeborenes ~, Schutz **Vor 218ff** 1, 16, 26, 30 f, 35
Lebensführungsschuld *siehe auch Charakterschuld* **46** 7
Lebensgemeinschaft, nichteheliche
kein Angehörigenverhältnis **11** 15 ff
Personenstandsfälschung **169** 11
Lebensmittelrecht
Urkundenfälschung und ~ **267** 147
Lebenspartnerschaft, eingetragene
Doppelehe **172** 6
Personenstandsfälschung **169** 11
Unterhaltsansprüche **170** 19
Lebenswandel, krimineller
Gefahr **171** 16
Lehrer
fahrlässige Tötung durch ~ **222** 21
Schweigepflicht **203** 38
Lehrstuhlinhaber
Untreue **266** 121
Leibesfrucht
kommerzielle Verwertung und Störung der Totenruhe **168** 1
pränatale Einwirkungen **Vor 211** 4
Schutz der ~ als Rechtsgut **Vor 218ff** 1, 11, 26
tote ~ und Störung der Totenruhe **168** 18, 20, 22, 27, 37
Leiche
(kein) Abfall **326** 22
Sachbeschädigung **303** 4
Störung der Totenruhe **168** EntstG, 3
Leichenfrevel *siehe Störung der Totenruhe*
Leichenschau
Störung der Totenruhe und ~ **168** 3 ff
Leichtfertigkeit
Begriff **16** 211
als Form der Fahrlässigkeit **15** 2; **16** 208 ff
Preisgabe von Staatsgeheimnissen **97** 1, 7 ff, 11
Subventionsbetrug **264 a.F.** 6, 18, 82, 120, 122 ff, 128, 136; **264 n.F.** 4, 6 f
der Todesverursachung
- Brandstiftung mit Todesfolge **N 306c** 3
- Herbeiführen einer Explosion durch Kernenergie **N 307; 310b** 7
- Herbeiführen einer Sprengstoffexplosion **N 308; 311** 11
- Menschenraub, erpresserischer **239a** 26 f, 32
- Räuberischer Angriff auf Kraftfahrer **316a** 55
- Schwangerschaftsabbruch **218** 65
- Sexuelle Nötigung/Vergewaltigung **N 178** 1
- Sexueller Mißbrauch von Kindern (schwerer) **N 176b; 176** 29
- Sexueller Mißbrauch widerstandsunfähiger Personen **N 179** 2
- Tötungsdelikte und ~ **212** 41

Leichtfertigkeit (Forts.)
Verursachen von Überschuldung/Zahlungsunfähigkeit **283** 207, 211 ff
der Verursachung der Gefahr des Todes/Gesundheitsschädigung **218** 65
Wahrheit einer Behauptung **193** 24
Leihe
Untreue **266** 112
Leistung
eines Automaten **265a a.F.** 20 ff
gewerbliche ~
– Absprachen, wettbewerbsbeschränkende **298** 25, 27
– Angestelltenbestechlichkeit/-bestechung **299** 29 f
eines öffentlichen Zwecken dienenden Fernmeldenetzes **265a a.F.** 24 ff
sonstige ~, Wucher **302a** 11
tadelnde Urteil über ~ **193** 13
Leistungen, vermögenswirksame
Vorenthalten/Veruntreuen **266a** 68
Leistungskürzung
Amtsfähigkeit, Verlust als Nebenfolge **353** 27; **358** 1 ff
Ausgaben, amtliche **353** 22
Betrug und ~ **353** 26
DDR-Recht **353** 28
Konkurrenzen **353** 26
Schutzgut **353** 3
Täter **353** 33
Tathandlung **353** 22
Unterschlagung und ~ **353** 26
Vorsatz **353** 22
Leistungsverzug
Untreue **266** 147
Leistungswucher **302a** 11, 34
Leiten
eines Prostitutionsbetriebes **180a** 7
Leitung einer Behörde
Strafantragsbefugnis **194** 12
Leserbrief
ehrenrühriger ~ **188** 5; **193** 20
volksverhetzender ~ **130** 14
Leugnung
nationalsozialistischer Gewalttaten **N 130, 131** 4; **130** 18, 41, 50; **Vor 125-145d** 6; **Vor 185** 40; **193** 4; **194** 1
lex domicilii *siehe Wohnsitzprinzip*
lex fori *siehe Gerichtsort*
lex loci *siehe Tatortrecht*
Lichtversorgung, öffentliche **N 88; 88**
Liechtenstein
Strafrechtsreform **Einl** 113
Lieferantenkredit
Kreditbetrug **265b** 4, 32, 36 f, 46, 62, 125
Liefern
von Pornographie **184** 43
Linksextremismus
Bekämpfung, strafrechtliche **129** 16, 32
Liquidation **Vor 283** 3 f, 153 f; **283** 99, 123, 132
Liquidationsbilanz **283** 132
Liquidationswert **Vor 283** 154, 156, 158 ff, 174
Liquidator
Untreue **266** 49, 130
Liquidität
Illiquidität **Vor 283** 125, 129, 134
Liquiditätsstatus **Vor 283** 131
Wiederherstellung **Vor 283** 175
List
Entziehung Minderjähriger **235** 72 f, 76
Freiheitsberaubung **239** 14
Menschenhandel, schwerer **181** 3
Menschenraub **234** 27 ff
Menschenraub, erpresserischer **239a** 6, 8 f
Überfall, hinterlistiger **224** 31
Verschleppung **234a** 16
Locher
Untreue **266** 105, 110
Lockspitzel *siehe agent provocateur*
Lockvogel-Angebote
Konkursstraftaten **Vor 283** 119; **283** 79
Löschen
von Daten **274** 39 ff; **303a** 19, 22 ff
Löschgerätschaften
Entfernen/Unbrauchbarmachen **307** 7 f
Lohnabzugsrecht des Arbeitgebers **266a** 7, 32, 35
Lohnsteuerhinterziehung
Vorenthalten/Veruntreuen von Arbeitsentgelt und ~ **266a** 42 ff, 71, 112
Lohnwucher **302a** 11
Lotterie *siehe auch Veranstaltung einer Lotterie/Ausspielung, unerlaubte*
Teilnahme an einer ~ als Bankrotthandlung **283** 63
LSD
als Rauschmittel **316** 146, 157; **323a** 95
Lückenbüßerfunktion
Beleidigung **Vor 185** 2; **185** 31
Lüge, schriftliche
Fälschung beweiserheblicher Daten und ~ **269** 1, 13
Falschbeurkundung, mittelbare und ~ **271** 72
Urkundenfälschung und ~ **267** 161, 211
Urkundenunterdrückung **274** 46
Lügendetektor **Vor 201** 3
Luft
strafrechtlicher Schutz *siehe Luftverunreinigung*

Luftaufnahmen
sicherheitsgefährdende Abbildung **109g** 8
Luftfahrzeug
ausländisches ~ als Tatort **4** 47
Begriff **4** 27; **297** 7; **316c** 10
Brandstiftung **N 306** 8
deutsches ~ als Tatort **4** 26 ff
Gefährdung durch Bannware **297** 7
Luftgewehr
als (Schuß-)Waffe **244** 3; **250** 4
Luftpiraterie *siehe auch Angriffe auf den Luft- und Seeverkehr*
Strafverfolgung, völkerrechtliche Vereinbarungen **Vor 3** 51 ff; **316c** EntstG
Luftraum
Inlandsbegriff und ~ **Vor 3** 251
Luftsabotage *siehe Angriffe auf den Luft- und Seeverkehr*
Luftverkehr *siehe Angriffe auf den Luftverkehr; siehe Eingriffe in den Bahn-, Schiffs- und Luftverkehr, gefährliche; siehe Gefährdung des Bahn-, Schiffs- und Luftverkehrs*
Luftverunreinigung
Amtsträgerstrafbarkeit **325** 68
Anlage **325** 17 ff
– genehmigungsbedürftige ~ **325** 19, 30a, 35
– nicht genehmigungsbedürftige ~ **325** 35, 49
Anordnung, nachträgliche **325** 41
Arbeitsschutznormen und ~ **325** 15, 59
Auflagen **325** 50 ff
Auslandstat **N 5**; **5** 57 ff
außerhalb des Betriebsgeländes **325** 57, 59
außerhalb des zur Anlage gehörenden Bereichs **325** 15 ff
Bagatellfälle **325** EntstG 4, 10, 26
Begriff **325** EntstG 1
Belästigung, bloße **325** 6, 10
besonders schwerer Fall **325** 77; **N 330**; **330**
Betrieb einer Anlage **325** 25, 60, 75
Bodenverunreinigung und ~ **Vor 324** 7d, 8b; **324a** 3, 11, 72
Bundes-Immissionsschutzgesetz **325** 17
DDR-Alttaten **325** 81
Eignung zur Schädigung **325** 4 ff, 55
– der Gesundheit eines anderen **325** 9
– von Pflanzen **325** 13
– von Sachen von bedeutendem Wert **325** 14
– von Tieren **325** 11 f
Eignungsdelikt **325** 1a
Emissionen, kumulative **325** 6
Emissionstatbestand **325** EntstG 4, 53 ff
Entstehungsgeschichte **Vor 324** 7d, 8b; **325** EntstG 1 ff
europarechtliche Regelungen **325** EntstG 4, 1
Fahrlässigkeit **325** 62, 64 f, 76 f, 79
Freisetzen **325** 56
Garantenstellung **325** 69
Gefährdung schutzbedürftiger Gebiete und ~ **329** 1
Gefährdungsdelikt, abstraktes **325** EntstG 4, 53, 61
Gefährdungsdelikt, potentielles **Vor 324** 7d, 74; **325** 1a
Gefahr
– einer Gesundheitsschädigung **N 330**
– Todesgefahr **N 330**; **330** 5
Genehmigung
– fehlende ~ **325** 34, 47, 64
– nicht bestandskräftige ~ **325** 46, 64
– nichtige ~ **325** 33
– später erteilte ~ **325** 34
Gesundheitsschädigung, Gefahr schwerer ~ **N 330**; **330** 3
Gewässerverunreinigung und ~ **Vor 324** 7d, 8b
Grundstücke als Anlage **325** 21 f
Immissionsschutzbeauftragter **325** 69
Irrtum **325** 72, 73aff
Landes-Immissionsschutzgesetze **325** 20
durch menschliches Verhalten **325** 23 f
Ordnungswidrigkeitenrecht und ~ **325** 1, 21, 25, 79
Rechtsgut **325** 2
Rechtwidrigkeit **325** 71
Sachverständiger **325** 4
Satzung, gemeindliche **325** 30
Schadstoff, Begriff **325** 55 f
Schadstoffe in bedeutendem Umfang **325** 57 f
Schadstoffeintrag, mittelbarer **325** 4
Sonderdelikt **325** 1a, 67, 70
Strafaufhebungsgrund, objektiver **325** 46
Strafausschließungsgrund **325** 46
Strafmilderungsgrund **325** 46
Täter **325** 67
Teilnahme **325** 68
Todesfolge **N 330**; **330** 3 f
Todesgefahr **N 330**; **330** 5
Übergangsrecht **325** 80
Unerlaubter Umgang mit gefährlichen Abfällen und ~ **326** 89
Unterlassen **325** 25
Untersagungsverfügung **325** 47 ff
Verjährung **325** 78
Verkehrsfahrzeuge **325** 1, 21
Verletzung verwaltungsrechtlicher Pflichten **325** 26 ff
Versuch **325** 73a, 74
Verunreinigung **325** 3
Verwaltungsakt, spätere Aufhebung/Unwirksamkeit **325** 46, 47
Verwaltungsakzessorietät **325** 29, 44 f

Luftverunreinigung (Forts.)
verwaltungsrechtliche Pflicht
– aus gerichtlicher Entscheidung **325** 38
– grobe Verletzung **325** 61 ff, 76
– aus öffentlich-rechtlichem Vertrag **325** 52
– aus Rechtsvorschriften **325** 30 ff
– aus vollziehbarem Verwaltungsakt **325** 39 ff
Verwaltungsungehorsam, bloßer **325** 51
Vorsatz **325** 62, 72 f
Lustmord 211 7
Luxemburg
Kreditbetrug **265b** 8
Subventionsbetrug **264 a.F.** 10
luxuria *siehe Fahrlässigkeit*

Machenschaften
Angriffe auf den Luft- und Seeverkehr **316c** 31
Wehrpflichtentziehung **109a** 5
Mädchenhandel *siehe auch Kinderhandel*
Strafverfolgung, völkerrechtliche Vereinbarungen **Vor 3** 12 f
Mafia *siehe Organisierte Kriminalität*
Magazin
Brandstiftung **N 306** 6; **308** 7
Mahnverfahren
Betrug im ~ **263** 19, 90, 235 f, 272, 279
Computerbetrug im ~ **263a** 39, 68, 77
Makeltheorie 263 209
Makler
Untreue **266** 49, 76, 95, 113
Vermittlungswucher **302a** 35
Maklerbetrug 263 134, 277, 340
Malerzeichen
Urkundenfälschung **267** 89, 100, 172
Mandat
Parteiverrat **356** 52, 91
politisches ~ *siehe Abgeordneter; siehe Parlament*
Marihuana *siehe Cannabis*
Marktpreis
Wucher **302a** 34
Maschine
Brandstiftung **N 306** 7
Massendelikt 124 1; **Vor 125** 5, 9; **125** 1, 9, 11, 37
Massenstreik *siehe Streik*
Massenverbrechen Vor 52ff 57
Maßnahme
neben Absehen von Strafe **60** 45
Anwendungshäufigkeit **Vor 38** 42, 62
Begriff **11** 103 ff; **Vor 38** 6
Einziehung als ~ *siehe auch dort* **Vor 38** 6, 60; **Vor 73** 1
Gesamtstrafenbildung, nachträgliche **55** 50 ff
Gesetzeseinheit, Wirkungen **Vor 52ff** 70
Maßregel der Besserung und Sicherung *siehe auch dort* **61** 2
Tatmehrheit **53** 20 ff
Tatzeitprinzip **2** 54 f
Unzulässigkeit bei verjährter Tat **78** 2
Verfall als ~ *siehe dort* **Vor 38** 6, 59; **Vor 73** 1
Verwarnung mit Strafvorbehalt, maßnahmeähnliche Sanktion **Vor 38** 41
neben Verwarnung mit Strafvorbehalt **59** 4
Maßnahmen
antinatalistische ~ und Völkermord **220a** 11
Maßregel
Amnestie **Vor 61ff** 75
Analogieverbot und ~ **1** 73; **Vor 61ff** 38
Anfechtungsmöglichkeit **Vor 61ff** 89 f
angeschlossenes Verfahren **Vor 61ff** 82
Anlaßtat **Vor 61ff** 38, 52, 83
Anordnung **Vor 61ff** 48 ff, 78, 82; **62** 6
Anordnung, vorläufige **Vor 61ff** 99
Arten **Vor 38** 6 f
Aufgabe **Einl** 35
Auslieferungsrecht/Rechtshilfe **Vor 61ff** 70
außerstrafrechtliche Sanktionen maßregelähnlicher Art **61** 12
Aussetzung zur Bewährung **Einl** 37; **Vor 61ff** 51 f, 79; **62** 6
Beendigung **Vor 61ff** 51 f
Begnadigung **Vor 61ff** 74
Bestimmtheitsgebot und ~ **1** 68
DDR-Alttaten **Vor 61ff** 100 ff
DDR-Recht **Vor 61ff** 102
Erheblichkeit zu erwartender Straftaten **Vor 61ff** 40 ff
freiheitsentziehende ~ *siehe auch Unterbringung*
– Freiheitsstrafe und ~ **Einl** 38; **Vor 61ff** 17
– neben Freiheitsstrafe, lebenslänglicher **38** 10 ff
– Führungsaufsicht **63** 121 f; **64** 115; **66** 177 f; **Vor 68** 9
– Gefährlichkeit des Täters, künftige **Vor 61ff** 40 ff
– Sachverständiger, Hinzuziehung **Vor 61ff** 85
– Strafaussetzung zur Bewährung und ~ **56** 2
– Subsidiaritätsprinzip **Vor 61ff** 60 ff
– bei Vollrauschdelikten **323a** 304 ff
– Vollzug **38** 56
– Zusammentreffen mehrerer Maßregeln **72** 1 ff, 29 ff

Maßregel (Forts.)
ohne Freiheitsentzug
– Gefährlichkeit des Täters, künftige **Vor 61ff** 43
– Sachverständiger, Hinzuziehung **Vor 61ff** 86
– Subsidiaritätsprinzip **Vor 61ff** 59
– Zusammentreffen mehrerer Maßregeln **72** 1 ff, 28, 35
Gefährlichkeit des Täters, künftige **Vor 61ff** 39 ff
Gefahrbegriff
– nach materiellem Recht **Vor 61ff** 44 ff
– in prozessualer Sicht **Vor 61ff** 48 ff
Gefahrenabwehr als Zweck **Vor 61ff** 20
Gesetz, maßgebendes **Vor 61ff** 71 f
Hinweispflicht des Gerichts **Vor 61ff** 87
in dubio pro reo **Vor 61ff** 38, 48
gegen Jugendliche und Heranwachsende **Vor 61ff** 68
Maßregelaustausch **72** 38
Maßregelkonkurrenz **Vor 61ff** 67; **62** 7; **72** 1 ff
Maßregelsystem **Vor 38** 6 f
Maßregelzweck, Gefährdung **145a** 18 ff, 28
Nebenklage, Zulässigkeit der **Vor 61ff** 98
im Nebenstrafrecht **61** 1, 11
als Notwehrmaßnahme der Gemeinschaft **Vor 61ff** 29; **62** 2
präventive ~ und Vollrausch **323a** 302 ff
als präventivpolizeiliche Maßnahme **Vor 61ff** 37
Prognose *siehe auch dort* **Vor 61ff** 18, 52, 86, 107 ff
– Zeitpunkt **Vor 61ff** 53 ff
Prozeßhindernisse **Vor 61ff** 83 ff
Rechtfertigung **Einl** 39; **Vor 61ff** 28 ff
Rechtsmittel **Vor 61ff** 88
Rückwirkungsverbot und ~ **1** 16; **Vor 61ff** 27, 71 f, 102
Sachverständiger, Hinzuziehung **Vor 61ff** 85 f, 109
Schuldprinzip und ~ **Vor 61ff** 22, 27 f; **62** 2
Sicherungsverfahren **Vor 61ff** 82, 84, 98
Spezialprävention **Einl** 32, 35, 39; **Vor 61ff** 20
Strafantrag, fehlender **Vor 61ff** 84
Strafe und ~
– Verhältnis **Einl** 35 f; **Vor 61ff** 10, 27
– Vermischung und Nebeneinander **Vor 61ff** 15; **61** 2
– vikariiendes System **67** 1 ff
strafrechtliche Sanktionen maßregelähnlicher Art **61** 2
strafrechtlicher Schutz der ~ **Vor 61ff** 76
Strafrechtsreform **Einl** 36, 84
Strafverteidigung, notwendige **Vor 61ff** 84a ff
Subsidiarität **Vor 61ff** 58 ff
Täterpersönlichkeit, Erforschung **Vor 61ff** 18 f
Unterbringung *siehe dort*
unverhältnismäßige ~ **62** 21 f
Verfahrensrecht **Vor 61ff** 38, 77 ff, 88 ff
Verhältnismäßigkeitsgrundsatz **Einl** 35 f, 38; **Vor 38** 14; **Vor 61ff** 58, 64; **62** 1 ff
Verhältnismäßigkeitsprüfung, Kriterien **62** 9 ff
Verjährung **Vor 61ff** 73; **63** 36
Verschlechterungsverbot **Vor 61ff** 91 ff; **72** 37
vikariierendes Prinzip **Einl** 37; **Vor 61ff** 16 f, 66; **67** 1 ff
Vollzugsreihenfolge **67** 1 ff
Vorbeugung, zukunftsgerichtete **Vor 61ff** 26
Zweck und Ziel **Vor 61ff** 20 ff
Maßregel der Besserung und Sicherung
neben Absehen von Strafe **60** 45
Anwendungshäufigkeit **Vor 38** 42, 62
Arten, abschließende Aufzählung **61** 1
Bewährungsauflagen und ~ **56c** 11, 23 ff
Einigungsvertrag, Anpassungsregelungen **Vor 38** 125
Entstehungsgeschichte **Vor 61ff** EntstG, 5 ff; **61** EntstG, 4 ff
im Jugendstrafrecht **Vor 38** 72
gegen Kinder **19** 3
Mord **211** 68
Nebenfolgen von Maßregelverurteilungen **61** 13 f
im Nebenstrafrecht **Vor 38** 6; **61** 1, 11
Schuld und ~ **Vor 32** 182
Sicherungsgedanke **Vor 61ff** 22 f
Strafaussetzung zur Bewährung und ~ **56** 3
System **61** 3
Tatzeitprinzip **2** 56 f
Unzulässigkeit bei verjährter Tat **78** 2
Versuch, fakultative Strafmilderung **23** 15
Vollstreckung gegen Unschuldige **345** 5
Vorrang des Besserungsgedankens **Vor 61ff** 22 f
Maßregelkonkurrenz **Vor 61ff** 67; **62** 7; **72** 1 ff
Maßregelsystem
défense sociale **Vor 61ff** 3
dualistisches System **Vor 61ff** 1 ff
Einführung im Nationalsozialismus **Einl** 33, 36
freiheitsentziehende Maßregeln *siehe auch Maßregel, freiheitsentziehende* **61** 3
Gesetzlichkeitsprinzip und ~ **1** 15 ff; **Vor 61ff** 38

Maßregelsystem (Forts.)
Kritik am ~ **Vor 38** 13 f
Kumulationsprinzip **Vor 61ff** 65
Maßregelkonkurrenz **Vor 61ff** 67; **62** 7; **72** 1 ff
Maßregeln der Besserung und Sicherung **61** 3
Maßregeln ohne Freiheitsentzug *siehe auch Maßregel, ohne Freiheitsentzug* **61** 3
monistisches System **Vor 61ff** 1 ff
Prinzipien **Vor 61ff** 37 ff
Rechtsgeschichte **Vor 61ff** EntstG, 5 ff
Rechtsstaatlichkeit **Vor 61ff** 37 f
sozialethische Begründung **Vor 61ff** 30 f
Strafsystem und ~ **Vor 61ff** 1
Subsidiaritätsprinzip **Vor 61ff** 27, 58 ff
verfassungsrechtliche Probleme **Vor 61ff** 32 ff
Verhältnismäßigkeitsgrundsatz und ~ **Vor 61ff** 64; **62** 1 ff
vikariierendes Prinzip **67** 1 ff
Vollstreckungsreihenfolge **67** 1 ff
Vorwegvollzug der Maßregel **67** 15 ff
Vorwegvollzug einer Freiheitsstrafe, ausnahmsweiser **67** 39 ff
Maßregelvollzug
Landesrechtliche Regelungen **63** 129
als Rechtsgut, geschütztes **323b** 4, 41
Unterbringung **63** 124 ff
Materielle Rechtswidrigkeit *siehe Rechtswidrigkeit, materielle*
Materiell-objektive Versuchstheorie **22** 57 f
Matrizen
zur Fälschung amtlicher Ausweise geeignet **275** 5
Mauerschützen-Fälle **Vor 32** 42; **46** 123; **212** 8a; **339** 52
Maulkorbparagraph **109d** 1
Mediation **123** 85
Mediator
Parteiverrat **356** 30, 62 ff
Medien *siehe auch Informationsfreiheit; siehe auch Pressefreiheit*
Gewaltdarstellungen in den ~ **131** 6 ff
Medienberichterstattung
über Gerichtsverhandlungen **353d** 9, 12, 56, 60
wahrheitsgemäße ~ **193** 23
Mediendienste
strafrechtliche Verantwortlichkeit der Anbieter **166** 50
Verbreitung pornographischer Schriften **N 184**
Medikamente
Fahrunsicherheit durch ~ *siehe auch Fahrunsicherheit, rauschmittelbedingte* **316** 175 f
Mischintoxikation bei Trunkenheit im Verkehr **316** 131, 167
als Rauschmittel **316** 141, 167 ff; **323a** 85, 97 ff
Schwangerschaftsabbruch durch ~ **Vor 218ff** 47; **218** 2, 7, 51; **218a** 16 f
Wechselwirkungen mit Alkohol **316** 134
Wechselwirkungen mit anderen Drogen **316** 147
Wechselwirkungen mit anderen Medikamenten **316** 173
Medikamentenabhängkeit *siehe auch Drogenabhängigkeit*
epidemiologische Studien **316** 174
als geistiger Mangel **315c** 63
Rausch und ~ **323a** 125
Schuldfähigkeit und ~ **20** 53; **21** 24; **323a** 77
Sexueller Mißbrauch unter Ausnutzung eines Beratungsverhältnisses u.a. **N 174c** 2
Ungeeignetheit zum Führen von Kraftfahrzeugen und ~ **69** 51
Medizinalperson
Ausstellen unrichtiger Gesundheitszeugnisse **278** 2
Fälschung von Gesundheitszeugnissen **277** 4
Meer
strafrechtlicher Schutz *siehe auch Gewässerverunreinigung* **Vor 3** 94 ff
Meeresverschmutzung *siehe auch Gewässerverunreinigung* **Vor 324** 1
Mehraktiges Delikt
Briefgeheimnis, Verletzung **202** 3, 21, 31, 42
Handlungseinheit **Vor 52ff** 21
Tatort **9** 2
Versicherungsbetrug/-mißbrauch **265 a.F.** 10, 47
Versuch, unmittelbares Ansetzen **22** 126
Vorsatz **16** 16, 112
Mehrehe *siehe Doppelehe*
Mehrerlösabschöpfung **298** 8
Mehrheitstheorie **Vor 52ff** 6; **52** 2
Meineid *siehe Aussagedelikte*
Meinungsäußerung
Schmähung, Diffamierung usw. **193** 25
Meinungsfreiheit
Anleitung zu Straftaten und ~ **130a** 2 f
Belohnung/Billigung von Straftaten und ~ **140** 21 ff, 26, 38
Beschimpfung von Bekenntnissen, Grundrechtswandel **193** 4
Einziehung von Schriften und ~ **74d** 26 ff; **92a** 6
Gewaltdarstellung und ~ **131** 35
Internetdelikte und ~ **N 130, 131** 2, 20

Meinungsfreiheit (Forts.)
Landfriedensbruch und ~ **Vor 125** 20 ff; **125** 63 f
Nötigung und ~ **240** 78, 82, 110 ff
Recht persönlicher Ehre und ~ **Vor 185** 12; **193** 5
Religionsgesellschaften und Weltanschauungsvereinigungen und ~ **166** 27, 29
Staatsschutzstrafrecht und ~ **93** 20, 33
Störpropaganda gegen die Bundeswehr und ~ **109d** 3, 5
Störung der Religionsausübung und ~ **167** 16 f
verfassungsfeindliche Einwirkung auf die Bundeswehr und ~ **89** 8
Verunglimpfung des Staates und seiner Symbole und ~ **90a** 13 ff
Verunglimpfung von Verfassungsorganen, verfassungsfeindliche und ~ **90a** 2
Volksverhetzung und ~ **130** 4
Wahrnehmung berechtigter Interessen **193** 4
Wechselwirkungstheorie **Einl** 9
Werbung für kriminelle Vereinigung und ~ **129** 54

Meldepflicht
als Bewährungsweisung **56c** 7
bei Erwerbslosigkeit als Weisung bei der Führungsaufsicht **68b** 35
als Weisung bei der Führungsaufsicht **68b** 32 f

Meldewesen, polizeiliches
Falschbeurkundung, mittelbare **271** 8, 25, 52
Urkundenfälschung **267** 142

Menschenhandel *siehe auch Prostitution*
Aufnahme der Prostitution **180b** 6
Auslandstat **6** 41; **180b** 1
Beendigung **180b** 17
Bestimmen **180b** 6
Bildung krimineller Vereinigungen und ~ **129** 6, 78
Einwirken **180b** 3
Entstehungsgeschichte **180b** EntstG
Fortsetzung der Prostitution **180b** 6
Führungsaufsicht **N 181b**; **181b**
Handlungen, sexuelle **180b** 9; **184c** 5 ff
Heiratstourismus **180b** 8
Hilflosigkeit **180b** 10
Konkurrenzen **180b** 20
Rechtsgut **180b** 1, 11
schwerer ~
– Absicht **181** 7 ff, 13
– Anwerben **181** 5, 8, 10 ff
– Anzeigepflicht **138**
– Aufnehmen der Prostitution **181** 4
– Auslandstat **6** 41; **181** 1
– bandenmäßige Begehung **181c** 3
– Bestimmen zur Prostitution **181** 4, 11
– DDR-Recht **181** 18
– Drohung **181** 2, 6
– Entführung **181** 6, 9, 17
– Entstehungsgeschichte **181** EntstG
– Fortsetzen der Prostitution **181** 4, 11
– Führungsaufsicht **N 181b**; **181b**
– Gewalt **181** 2
– Gewerbsmäßigkeit **181** 12, 14; **181c** 2, 4
– Konkurrenzen **181** 17
– Lage, hilflose **181** 8, 10
– List **181** 3
– minder schwerer Fall **181** 16
– Rechtsgut **181** 1
– Verfall, erweiterter **181c** 2 ff
– Vermögensstrafe **181c** 2 ff
– Versuch **181** 15
– Vollendung **181** 4, 15
– Vorsatz **181** 13
– Weltrechtsprinzip **181** 1
Vermögensvorteil **180b** 4
Versuch **180b** 18
Vollendung **180b** 17
Vorsatz **180b** 15
Weltrechtsprinzip **180b** 1
Zwangslage **180b** 7

Menschenmenge
Gruppe und ~ **N 127** 6
Hausfriedensbruch, schwerer **124** 2

Menschenraub
Absicht **234** 34 ff
Anleitung zu Straftaten und ~ **130a**; **234** 73
Anwerben für fremden Wehrdienst und ~ **234** 2, 63, 65, 72
Anzeigepflicht **138**; **234** 73
Ausland **234** 51, 60 ff
Aussetzen **234** 37 ff
Aussetzung und ~ **221** 1, 7, 41
Beibringen von Betäubungsmitteln **234** 13 ff
Belohnung/Billigung von Straftaten **140**; **234** 73
Dauerdelikt **234** 70
DDR-Recht **234** 74
Dienst, militärischer/militärähnlicher **234** 56
Drohung **234** 19 ff
Einrichtung, militärische/militärähnliche **234** 57 ff
Einwilligung **234** 69
Entstehungsgeschichte **234** EntstG
Erfolgsdelikt, kupiertes **234** 68
erpresserischer ~
– Absicht **239a** 10 ff, 15, 18, 41
– Anzeigepflicht **N 138**; **239a** 42
– Auslandstat **239a** 42; **239b** 17
– Ausnutzung der Bemächtigungs-/Entführungslage **239a** 16 ff

Menschenraub (Forts.)
- Banküberfall **239a** 17a
- Befreiungsunternehmungen des Opfers/Dritter **239a** 27
- Bewußtlose **239a** 2
- DDR-Alttaten **239a** 43
- Delikt, zweiaktiges **239a** 1
- Dritter, Begriff **239a** 11 f
- Drohung **239a** 8
- Einverstandensein, tatbestandsausschließendes **Vor 32** 115
- Entführen **239a** 5 f, 9
- Entstehungsgeschichte **239a** EntstG
- Entziehung Minderjähriger und ~ **239a** 41
- ernsthaftes Erfolgsbemühen **239a** 38
- Erpressung und ~ **239a** 4, 14, 16, 40
- Erpressung, räuberische und ~ **239a** 15 f, 41
- Ersatzgeisel **239a** 3
- Fahrlässigkeit **239a** 26
- Freiheit, persönliche **239a** 1
- Freiheitsberaubung und ~ **239a** 7
- Führungsaufsicht **68** 3; **239c**
- Gefahrzusammenhang, qualifikationsspezifischer **239a** 24 f
- Geiselnahme und ~ **239a** 1, 11, 15, 41; **239b** 1, 16
- Gewahrsamslockerung, bezweckte **239a** 15
- Gewalt **239a** 5, 8
- als Katalogtat **239a** 42
- Kausalität der Erfolgsverursachung **239a** 23
- Kindesraub **239a** 2 f, 7
- Konkurrenzen **239a** 41 f
- Leiche **239a** 4, 10a
- Leichtfertigkeit der Todesverursachung **239a** 26 f, 32
- List **239a** 6, 8 f
- Mehrpersonenverhältnis **239a** 17a
- minder schwerer Fall **239a** EntstG, 39
- mittelbare Todesverursachung **239a** 24 f
- Raub und ~ **239a** 15, 41; **249** 28
- Rechtsgut **239a** 1
- Rücktritt **239a** 30 f, 33
- Scheinopfer **239a** 4
- Selbsttötung des Opfers **239a** 27
- Sichbemächtigen **239a** 7 ff
- Sorge um das Wohl **239a** 11 ff
- Strafzumessung **239a** 21, 39 f
- Tätige Reue **239a** 10a, 33 ff
- Teilnahme **239a** 32
- Todesfolge **239a** 22 ff, 31
- Tötungsdelikte und ~ **212** 44; **239a** 28, 31, 41
- Verlockung **239a** 6
- Versuch **239a** 23, 30 f
- Verzicht auf erstrebte Leistung **239a** 37
- Vollendung **239a** 10a, 20, 31
- Vorsatz **239a** 10, 15, 28
- Zurückgelangenlassen **239a** 34 ff
- Zwei-Personen-Verhältnis **239a** EntstG, 13, 16 ff
- Zwischenlage, stabile **239a** 17, 30

Freiheitsberaubung und ~ **234** 1
Gewalt **234** 10 ff
Hilflosigkeit **234** 41
Irrtum **234** 51
Konkurrenzen **234** 72
Lage, hilflose **234** 40 ff
Leibeigenschaft **234** 54 f
List **234** 27 ff
minder schwerer Fall **234** 71
Rechtsgut **234** 1
Sichbemächtigen **234** 3 f, 8
Sklaverei **234** 43 ff
Störung des öffentlichen Friedens durch Androhung von Straftaten und ~ **126**; **234** 73
Unterlassen **234** 39
Vorsatz **234** 34 f
Vortäuschen einer Straftat **145d**; **234** 73
Zwangsarbeit **234** 47 f

Menschenrechtskonvention, Europäische
Bedeutung für das Strafrecht **Einl** 100
lebenslange Freiheitsstrafe, Vereinbarkeit mit ~ **120** 7, 10

Menschenwürde
Angriff auf die ~ **130** 4, 7, 11 ff; **166** 12, 92
Freiheitsstrafe, lebenslange als Verstoß gegen ~ **38** 41
Menschenwürde verletzende Darstellung **131** 24 f
als Rechtsgut **130** 4, 6, 11a; **166** 12; **167a** 3
Sicherungsverwahrung und ~ **Vor 61ff** 33

Menschlichkeit
Verbrechen gegen die ~ *siehe Völkermord*

Merkmale
besondere persönliche ~ *siehe dort*

Meßwerte
Darstellung von Rechenwerten als technische Aufzeichnung **268** 7, 9

Methadon
als Rauschmittel **316** 133, 146; **323a** 99
Wechselwirkungen mit Alkohol **316** 133

MfS *siehe Ministerium für Staatssicherheit*

Miete
Untreue **266** 9, 75 f, 88, 113

Mietwucher **302a** 4 ff, 16, 18, 28 ff

Mifegyne **Vor 218ff** 47; **218** 7; **218a** 16

Milderungsgebot *siehe Rückwirkungsgebot; siehe Strafmilderung*

Milderungsgründe, besondere gesetzliche *siehe Strafmilderungsgrund*
Militärstrafrecht
Vollrausch **323a** 8
Minder schwerer Fall
Angriffe auf den Luft- und Seeverkehr **316c** 46
Aussageerpressung **343** 17
Aussetzung **221** 43
Bandenbetrug, gewerbsmäßiger **263** 307
Beispiele, gesetzliche **Vor 46ff** 22, 25
Beschädigung wichtiger Anlagen **N 318**
Brandstiftung, einfache **N 306** 10; **308** 24
Deliktsartbestimmung, Bedeutung **12** 22
Eingriffe in den Bahn-, Schiffs- und Luftverkehr, gefährliche **315** 123
Entziehung Minderjähriger **235** 118 f, 122, 124
Fälschung beweiserheblicher Daten, gewerbs- und bandenmäßige **269** 33
Fälschung technischer Aufzeichnungen, gewerbs- und bandenmäßige
Fehlerhafte Herstellung einer kerntechnischen Anlage **N 312**
Freiheitsberaubung **239** EntstG, 2
Friedensgefährdende Beziehungen **100** 10
Geiselnahme **239b** 15
Geldfälschung **146** 34
Gewässerverunreinigung **N 330**
Herbeiführen einer Sprengstoffexplosion **311** 6, 11
Körperverletzung im Amt **340** 25 f
Körperverletzung mit Todesfolge **213** 2; **227** 13; **228** 52
Körperverletzung, gefährliche **224** 42; **228** 52
Körperverletzung, schwere **226** 36 ff; **228** 52
Meineid **154** 22
Menschenhandel, schwerer **181** 16
Menschenraub **234** 71
Menschenraub, erpresserischer **239a** EntstG, 39
Mißhandlung von Schutzbefohlenen (schwere) **225** 32
Raub **249** 29
Raub, schwerer **N 250** 16; **250** 34
Sexuelle Nötigung/Vergewaltigung **N 177** 13; **177** 18; **178** 8
Sexueller Mißbrauch von Kindern **176** 22
Sexueller Mißbrauch von Kindern, schwerer **N 176a** 8
Sexueller Mißbrauch widerstandsunfähiger Personen **N 179; 179** 19
sonstige Fälle **Vor 46ff** 25
Strafänderungsgrund, unbenannter **Vor 46ff** 17 f
Strafmilderungsgrund, Zusammentreffen **49** 15
Strafvereitelung im Amt **258a** 14 f
Strafzumessung **Vor 46ff** 17 ff; **46** 254 ff, 268, 320 f
als Strafzumessungsregel **Vor 13** 51; **Vor 46ff** 18 ff
kein Tatbestandsmerkmal **Vor 13** 51
Totschlag **212** 46; **213** 1 ff
Urkundenfälschung, gewerbs- und bandenmäßige **267** 303, 309
Verabredung zu einem Verbrechen und ~ **30** 84
Verschleppung **234a** 62
Versicherungsmißbrauch/-betrug **265 a.F.** 7, 11, 16, 42 ff
Völkermord **220a** 15
Vorbereitung eines Explosions- oder Strahlungsverbrechens **N 310; 311b** 16
Minderjährigenprivileg
als Entschuldigungsgrund, spezieller **Vor 32** 210
Minderjähriger
Entziehung ~ *siehe dort*
minima non curat praetor **303** 13; **Vor 324** 8b, 9a, 26, 40, 43; **324** 25; **324a** EntstG 5, EntstG 8
Ministerium für Staatssicherheit
Abhören von Telefongesprächen durch das ~ **Vor 125-145d** 10; **Vor 201** 15; **206** 68
Fluchthelfer, Bespitzelung **99** 10
geheimdienstliche Agententätigkeit **99** 10
nachrichtendienstliche Tätigkeit **Vor 93** 3
Öffenen von Postsendungen durch ~ als Unterschlagung **N 246** 5
Schweigepflicht für Mitarbeiter des ~ **Vor 201** 15
Vernichtung internationaler Briefsendungen **Vor 125-145d** 10; **133** 17
Verschweigen der Mitarbeit beim ~ als Betrug **263** 224, 242
Mischkalkulation
Konkursstraftaten **Vor 283** 102, 119; **283** 79
Mißbrauch
der Amtsträgerbefugnis/-stellung
– Betrug, besonders schwerer Fall **263** 301
– Fälschung technischer Aufzeichnungen, besonders schwerer Fall **268** 59
– Subventionsbetrug, besonders schwerer Fall **264 a.F.** 148 ff
– Urkundenfälschung, besonders schwerer Fall **267** 308
von Ausweispapieren *siehe Mißbrauch von Ausweispapieren*
Begriff, Untreue **266** 50

Mißbrauch (Forts.)
von Fernmeldenetzen, öffentlichen **265a a.F.** 1, 4 f, 41 ff, 51, 60; **265a n.F.**
ionisierender Strahlen *siehe Mißbrauch ionisierender Strahlen*
von Notrufen *siehe Mißbrauch von Notrufen*
von Scheck- und Kreditkarten *siehe Mißbrauch von Scheck- und Kreditkarten*
sexueller ~ *siehe dort*
von Telekommunikationsnetzen **265a n.F.**
von Titeln, Berufsbezeichnungen und Abzeichen *siehe Mißbrauch von Titeln, Berufsbezeichnungen und Abzeichen*

Mißbrauch von Ausweispapieren
Ausweispapiere, Begriff **281** 1, 8
Beweiszeichen **281** 7
Datenverarbeitung, Beeinflussung **270** 1 ff
Entstehungsgeschichte **281** EntstG, 2
Falschbeurkundung, mittelbare und ~ **281** 8, 16
Gebrauchen **281** 9
Konkurrenzen **281** 15 ff
Rechtfertigungsgründe **281** 11
Rechtsgut **281** 1
Rechtsverkehr, Sicherheit/Zuverlässigkeit als Schutzgut **281** 1
Scheck- und Kreditkarten **281** 5 f
zur Täuschung im Rechtsverkehr **270** 1 ff; **281** 12
Überlassen **281** 10
Urkunden, gleichgestellte **281** 5 f
Urkundenfälschung und ~ **267** 295; **281** 8, 16
Versuch **281** 13
Vollendung **281** 14
Vorsatz **281** 12
Wahrheitsschutz **281** 1

Mißbrauch ionisierender Strahlen N **309**
Anzeigepflicht **N 138; 138**
Auslandstat **N 6; 6** 30 ff
Aussetzen **311a** 6
Beeinträchtigung der Brauchbarkeit **311a** 8
besonders schwerer Fall **311a** 10, 12
Bildung terroristischer Vereinigungen und ~ **N 129a** 1 f
Eignung zu Gesundheitsschädigung **311a** 4
Einziehung **322**
Entstehungsgeschichte **311a** EntstG
fremde Sachen von bedeutendem Wert **311a** 8
Friedensstörung durch Androhung von Straftaten und ~ **N 126** 3 f; **126** 4
Führungsaufsicht **N 321; 321**
Gefährdungsdelikt **311a** 1
Gesundheitsschädigung **311a** 5
Körperverletzungs-/Tötungsdelikte und ~ **311a** 12
Konkurrenzen **311a** 12
Sachbeschädigung und ~ **311a** 12
Schädigungsabsicht **311a** 1, 9
schwere Gesundheitsschädigung als Folge **N 309**
Strahlen, ionisierende **311a** 3
Tätige Reue **311c a.F.** 1 ff; **311e** 1 ff; **N 314a**
Todesfolge **N 309**
Unerlaubtes Betreiben von Anlagen und ~ **327** 33
(kein) Unternehmensdelikt **311a** 1 f, 8
Vorbereitung eines Explosions- oder Strahlungsverbrechens und ~ **N 310; 311b** 1, 18
Vorsatz **311a** 9
Zahl, unübersehbare **311a** 7

Mißbrauch von Notrufen
Absicht **145** 24 ff
Beeinträchtigung von Unfallverhütungs-/Nothilfemitteln **145** 16 ff
Beseitigen **145** 18, 22
Entstehungsgeschichte **145** EntstG
Entstellen **145** 18
Ernstlichkeit, mangelnde **145** 11, 26
Friedensstörung durch Androhnung von Straftaten und ~ **126** 17
Gefährdungsdelikt, abstraktes **145** 1
Gemeingefahr **145** 2
Irrtum **145** 27
Konkurrenzen **145** 28 ff
Kunstfreiheit und ~ **145** 15
Mißbrauch **145** 11
Mißbrauchstatbestand **145** 4 ff
mittelbare Täterschaft **145** 11
Not, gemeine **145** 2
Notfall **145** 4
Notrufe **145** 4 ff
Notzeichen **145** 4
Rechtsgut **145** 1
Rettungsgeräte **145** 21
Rufsäulen ohne notsignalspezifische Wirkung **145** 9
Sachbeschädigung und ~ **145** 29, 31; **303** 22
Schutzvorrichtungen **145** 19 f
Strafantrag **145** 31
Subsidiaritätsklausel **145** 31
Täter **145** 23
Unbrauchbarmachen **145** 22
Unglücksfall **145** 2, 13
Unkenntlichmachen **145** 18
Unterlassene Hilfeleistung und ~ **145** 1 f
Verändern **145** 22
Verkehrszeichen **145** 17
Vortäuschen **145** 14 f
Warn-/Verbotszeichen **145** 17 f
Wissentlichkeit **145** 24 ff

Mißbrauch von Scheck- und Kreditkarten
Altfälle **266b** 61
Antragsdelikt **266b** 50
Auffangtatbestand **266b** 30
Begleittat, mitbestrafte **266b** 56
Betrug und ~ **263** 43, 89, 110, 117, 219, 261, 297, 315; **266b** 3, 6, 9b, 13, 19 ff, 40 ff, 48, 51 ff
Codekarte **266b** 10 f, 21, 60
Computerbetrug und ~ **263a** 7, 51; **266b** 3, 10, 21, 38, 51, 60
DDR-Recht **266b** 62 f
Drei-Partner-System **266b** 14, 21, 27
Einverständnis, mutmaßliches **266b** 29, 43
Entstehungsgeschichte **266b** EntstG
Erfolgsdelikt **266b** 35
Fälschung von Zahlungskarten/Vordrucken für Euroschecks und ~ **266b** 6
Garantiefunktion **266b** 8 ff, 11 f, 19
Geldautomatenmißbrauch **266b** 10 ff, 34
geringer Schaden **266b** 50
Geschäftsunfähigkeit des Karteninhabers **266b** 32
Karteninhaber
– berechtigter ~ **266b** 4, 46
– unberechtigter ~ **266b** 5 f
Konkurrenzen **266b** 51 ff
Kontobevollmächtigter **266b** 4
Kontoinhaber **266b** 4
Kreditkarte, Begriff **266b** 14 f
Kreditkartenvertrag **266b** 23 f
Kundenkarte **266b** 16 ff
Kundenkredit **266b** 16 f
Mißbrauchen **266b** 22 ff
mittelbare Täterschaft **266b** 47
Nachtat, mitbestrafte **266b** 53
Notstand, rechtfertigender **266b** 43
Point-of-sale-(POS/POZ)-System **266b** 15, 21
Rechtsgut **266b** 1 f, 28, 36
Rechtswidrigkeit **266b** 43
Schadensausgleich, nachträglicher **266b** 38
Scheckkarte, Begriff **266b** 8
Scheckkartenbedingungen **266b** 23 f
Sonderdelikt **266b** 46
Sperrvermerke **266b** 40
(keine) Sperrwirkung **266b** 10, 20
Täterkreis **266b** 4
Täuschung über Vermögensverhältnisse **266b** 5, 52 f
Teilnahme **266b** 46 f
Untreue und ~ **266** 8, 23 f, 78 f, 128, 168
untreueähnlicher Tatbestand **266b** 2, 13, 22
Urkundenfälschung und ~ **266b** 6, 60; **267** 36, 38, 244
Ursachenzusammenhang **266b** 39 ff
Veranlassen zur Zahlung **266b** 31 ff
Vermögen als Rechtsgut **266b** 2
Vermögensdelikt **266b** 50
Vermögensgefährdung **266b** 35 ff
Vermögensschaden **263** 110; **266b** 35 ff, 41
– geringer ~ **266b** 50
Versuch **266b** 48
Vorsatz **266b** 44 f
Vortat, mitbestrafte **266b** 54 f, 58
Weitergabe der Karte an Dritte, unberechtigte **266b** 6, 30, 47
Zahlungsverkehr, bargeldloser als Rechtsgut **266b** 1, 28 f
Zwei-Partner-System **266b** 14, 16 ff, 21

Mißbrauch von Titeln, Berufsbezeichnungen und Abzeichen
Abzeichen **132a** 17, 18
Ähnlichkeitsklausel **132a** 8, 19
akademische Grade **132a** 5d, 6 ff
– ausländische ~ **N 132a** 6; **132a** 7 f
Amtsanmaßung und ~ **132** 41; **132a** 1
Amtsbezeichnungen **132a** 3
Amtskleidung **132a** 17
Apotheker **132a** 12a
Approbation **N 132a** 2
Arzt **132a** 12a
Assessor **132a** 4
Beamter auf Probe **132a** 4a
Berufsbezeichnungen **132a** 12 ff
– durch Bußgeldvorschriften geschützte ~ **N 132a** 3; **132a** 13
Berufstrachten **132a** 1, 18
DDR-Alttaten **Vor 125-145d** 12
Dienstbezeichnungen **132a** 4 f
Dienstgrade, militärische **132a** 3, 16, 23
Diplom **132a** 6, 9
Einziehung **132a** 27
Entlassung **132a** 3a, 4a
Erlöschen der Befugnis zur Führung von Bezeichnungen **132a** 3a, 4a, 5b, 6a, 12b, 23
Fachanwalt **N 132a** 4; **132a** 12b
Führen, unbefugtes **N 132a** 5, 6; **132a** 5d, 7 f, 20 f, 23 f
Gefährdungsdelikt, abstraktes **132a** 1
Genehmigungs-/Erlaubnisvorbehalt **N 132a** 2, 3, 4, 6; **132a** 5d, 6a, 7,
Handlungseinheit, tatbestandliche **Vor 52ff** 25
Heilhilfsberufe **132a** 13
Heilpraktiker **132a** 12a
Hochschulbereich **132a** 5 ff
Honorarprofessor **132a** 5c, 9
Irrtum **132a** 25
kirchliche/religiöse Bezeichnungen **132a** 18
Konkurrenzen **132a** 26
Kriminal-/Rechtspflegestatistik **132a** 1

Mißbrauch von Titeln, Berufsbezeichnungen und Abzeichen (Forts.)
Ordenskleidung **132a** 18
Privatdozent **132a** 5c
Professor **132a** 5 ff
Psychotherapeut **N 132a** 1 f
Qualifikationsbezeichnungen **N 132a** 4; **132a** 12b
Rechtsanwalt **N 132a** 5; **132a** 12b
Rechtsgut **132a** 2
Ruhestand **132a** 3a, 5b, 23
Sachverständiger, öffentlich bestellter **132a** 15
Steuerberater **132a** 12c
Titel **132a** 9 f
Tragen, unbefugtes **132a** 22
Uniformen **132a** 16
Urkundenfälschung und ~ **132a** 41
Verfassungsmäßigkeit **N 132a** 6
Verstoß gegen dienstrechtliche Beschränkungen und ~ **132a** 23
zum Verwechseln ähnlich **132a** 19
Vorsatz **132a** 25
Wettbewerbsrecht und ~ **N 132a** 4; **132** 12b
Wirtschaftsprüfer **132a** 12c
Würden, öffentliche **132a** 11
Mißbrauchstatbestand
Untreue **266** 32 ff
Mißbrauchstheorie **266** 4 ff, 14
Mißgriff, grober
bei der Strafzumessung **46** 280, 334
Mißhandlung
körperliche ~
– Aussageerpressung **343** 8
– Begriff Körperverletzungsdelikte **223** 4, 6 ff
– Sexueller Mißbrauch widerstandsunfähiger Personen **N 179** 2
körperliche schwere ~
– Sexuelle Nötigung/Vergewaltigung **N 177** 12
– Sexueller Mißbrauch von Kindern, schwerer **N 176a** 7
rohe ~ **225** 13 f
von Schutzbefohlenen *siehe Körperverletzungsdelikte*
Totschlag nach ~ **213** 4
Mitanstiftung *siehe Anstiftung*
Mitbeschuldigte
als Partei, Parteiverrat **356** 42, 75
Mitbewußtsein
Verbotsirrtum und ~ **17** 26
Vorsatz und ~ **16** 99 ff
Mitglied
verfassungswidrig verbotener Partei **84** 8 f
Mitläuferklausel **84** 17; **129** 79; **129a** 40
Mitleid
strafmildernde Bedeutung **46** 76
Mitpacht **292** 24, 27; **294** 6
Mittäterschaft *siehe auch Täterschaft*
additive ~ **25** 158 f
Anstiftung in ~ **25** 172; **26** 104 f
Anwesenheit am Tatort **25** 183
Ausführungsstadium, Mitwirkung im **25** 182
Bandenchef **25** 184
Beendigung der Straftat und ~ **Vor 22** 33, 37
Begriff **25** 153
Beihilfe in ~ **25** 172; **27** 58
DDR-Recht **25** 224
eigenhändige Delikte **25** 167
eigenhändige Tatbestandserfüllung **25** 153
Einzellösung **25** 198 f
erfolgsqualifizierte Delikte **25** 176
error in persona/objecto **16** 14; **25** 178
als Erscheinungsform der Täterschaft **Vor 25** 1; **25** 1
Exzeß eines Beteiligten **25** 175
Fortsetzungszusammenhang **25** 170
Gesamtlösung **25** 198 f
Gesamtplan **25** 173 f
als mittelbare Täterschaft, wechselseitige **25** 155
Nebentäterschaft, Abgrenzung **25** 223
Organisationsherrschaft **25** 131, 184
Pflichtdelikt **25** 162 ff
Rücktritt vom Versuch **24** 49, 241
Scheinmittäterschaft **22** 175 f
mit schuldlos Handelndem **25** 171
Strafbarkeit der Beteiligten, selbständige **29** 7
Strafzumessung **46** 121
subjektive Teilnahmetheorie **25** 155, 173
sukzessive ~ **Vor 22** 37; **25** 192 ff; **211** 59
Täter hinter dem Täter **25** 131 ff
Tätermerkmale, besondere **25** 168
Täterwille **25** 179, 190
Tatausführung, gemeinsame **25** 179 ff
Tatbeiträge
– alternative ~ **25** 187 f
– Erheblichkeit **25** 189 ff
Tateinheit und ~ **52** 16
Tatherrschaft **25** 36, 154, 156 ff, 173
– funktionelle ~ **25** 154, 158
Tatherrschaftslehre **25** 26 ff
Tatortbestimmung **9** 7 f, 45
Tatortprinzip **Vor 3** 385
Tatplan, gemeinsamer **25** 173 ff
Tatzeit **8** 5
teilweise ~ **25** 169
Unterlassen als Tatbeitrag **13** 58; **25** 165
Unterlassungsdelikt **13** 53, 58; **25** 215
Verabredung eines Verbrechens als Vorstufe **30** 71 f

Mittäterschaft (Forts.)
Verfall und ~ **73** 69 ff
Verjährung und ~ **78a** 15
Versuch **22** 170 ff; **25** 198 f
Vorbereitungsstadium, Mitwirkung im **25** 179 ff
Mitteilung
an fremde Macht **94** 3
im dienstlichen Verkehr **353b** 22
öffentliche ~ **201** 1, 23 ff
an unbefugte Dritte **94** 3, 4
verbotene ~ über Gerichtsverhandlungen *siehe Gerichtsverhandlungen, verbotene Mitteilungen*
Mitteilungspflicht
des Bewährungshelfers **56d** 9
bei Entziehung der Fahrerlaubnis **69** 261; **69b** 17
Mittel
andere berauschende ~ *siehe Rauschmittel*
gemeingefährliches ~ **211** 57 f
öffentliche ~ **264 a.F.** 29
Mittelbare Beleidigung Vor 185 34
Mittelbare Falschbeurkundung *siehe Falschbeurkundung, mittelbare*
Mittelbare Täterschaft *siehe auch Täterschaft*
aberratio ictus **25** 149
Absichtsdelikt **25** 54, 140 ff
absichtslos doloses Werkzeug **25** 140
Anstiftung und ~, Abgrenzung **25** 62, 65, 71, 92, 100, 103, 120 ff, 133, 147
Anstiftung in mittelbarer Täterschaft **26** 107
Beihilfe und ~, Abgrenzung **25** 65, 71
Beihilfe in mittelbarer Täterschaft **27** 60
durch Benutzen von Unerwachsenen, Schuldunfähigen, vermindert Schuldfähigen **25** 118 ff
– Schuldfähigkeit, verminderte **25** 120 ff
– Selbstschädigung/Selbsttötung, Veranlassung oder Unterstützung **25** 125 ff
– Strafunmündige **25** 118 f
– Teilnahme, Abgrenzung **25** 120 ff
doloses Werkzeug
– absichtsloses ~ **25** 54, 140 ff
– doloses Gehilfenwerkzeug **25** 55 ff, 140
– qualifikationsloses ~ **25** 54, 134 ff
Doppelselbstmord, vorgetäuschter **25** 112 ff
Entstehungsgeschichte **25** 53
error in persona, manipulierter **25** 104 f
als Erscheinungsform der Täterschaft **Vor 25** 1; **25** 1
Exzeß des Tatmittlers **25** 148
Geisteskranker als Tatmittler **25** 118
Handlungsherrschaft **25** 61, 73
Hintermann **25** 49
– Einsatz eines irrenden Tatmittlers **25** 54, 72 ff
– Nötigung des Tatmittlers durch ~ **25** 54, 61 ff
– in organisatiorischen Machtapparaten **25** 128 ff
– qualifizierter ~ **25** 135
Intraneus **25** 134
Irrtum über Tätervoraussetzungen **25** 142 ff
Irrtumsherrschaft **25** 72 f
kraft Irrtums **25** 72 ff
– Anstiftung, Abgrenzung **25** 92, 100, 103
– Ausnutzen eines Irrtums **25** 75, 82
– error in persona, manipulierter **25** 104 f
– Fahrlässigkeit des Tatmittlers **25** 77
– rechtmäßig handelnder Tatmittler **25** 80 f
– Selbstschädigung/Selbsttötung durch Irrtum **25** 106 ff
– Tatmittler irrt über gesetzliche Qualifikationsmerkmale **25** 101 ff
– Tatmittler irrt über konkreten Handlungssinn **25** 96 ff
– Tatmittler irrt über quantifizierbare Unrechts- und Schuldmaße **25** 97 ff
– Tatmittler irrt über sachliche Voraussetzungen eines Rechtfertigungsgrundes **25** 82
– Tatmittler irrt über Voraussetzungen eines Schuldausschließungsgrundes **25** 93 f
– Verbotsirrtum des Tatmittlers **25** 83 ff, 120, 123 f
– vorsatzausschließender Irrtum des Tatmittlers **25** 74 ff
Jugendlicher als Tatmittler **25** 118
Kind als Tatmittler **25** 118
Mittäterschaft als wechselseitige ~ **25** 155
kraft Nötigung **25** 61 ff
– Ausnutzen einer Notlage **25** 65
– Herbeiführen einer Notlage **25** 65
– Notlage **25** 65
– rechtmäßig handelndes Werkzeug **25** 69
– rechtswidriger Befehl **25** 70 f
– Selbstschädigung/Selbsttötung **25** 66 ff
– Teilnahme, Abgrenzung **25** 62, 65, 71
Nötigungsherrschaft **25** 61 ff
Notwehr und ~ **32** 212 ff; **33** 23
Objektverwechslung des Tatmittlers **25** 149
Organisationsherrschaft **25** 128 ff
kraft organisatorischer Machtapparate **25** 128 ff
– Anstiftung, Abgrenzung **25** 133
– Mittäterschaft, Abgrenzung **25** 131 ff
– Nationalsozialismus **25** 128 f
– Schreibtischtäter **25** 128
Pflichtdelikt **25** 54, 134 ff

Mittelbare Täterschaft (Forts.)
qualifikationsloses doloses Werkzeug **25** 134 ff
Rücktritt vom Versuch **24** 49, 242, 305 ff
Selbstverantwortungsprinzip **25** 59
Sonderdelikt **25** 134 ff
Täter hinter dem Täter **25** 55, 61, 73, 83 ff, 96 ff, 102, 106 ff, 128 ff
Täterschaft und ~, Abgrenzung **25** 54 ff
Tateinheit und ~ **52** 16
Tatherrschaft **25** 36
– absichtslos doloses Werkzeug und ~ **25** 140 f
– normative ~ **25** 140
– Sonderdelikt **25** 135, 137 ff
– soziale ~ **25** 140
Tatherrschaftslehre **25** 25
Tatzeit **8** 6 ff
undoloses Werkzeug **25** 74 ff, 82, 118 ff
Unterlassungsdelikt **13** 54, 59; **25** 216
Verantwortungsprinzip **25** 61 ff, 73, 85 ff
vermindert Schuldfähiger als Tatmittler **25** 120 ff
Versuch **22** 153 ff
Versuchsbeginn **25** 150 ff
versuchte ~ und versuchte Anstiftung **30** 22
Werkzeugprinzip **25** 63 f
Willensherrschaft **25** 61
Mittelsmann
Agententätigkeit, geheimdienstliche **99** 5
friedensgefährdende Beziehungen **100** 3
Landesverrat **94** 2
Nachrichtendienst, sicherheitsgefährdender **109f** 12
Mobbing
Nötigung **240** 36
Mobilfunk **325a** 30
Molen
Schwangerschaftsabbruch **218** 4
Tötungsdelikte **Vor 211** 6
Monistische Theorien
Rechtfertigungsgründe, System **Vor 32** 47 f
Untreue **266** 8 ff, 25
Monistisches System *siehe Einspurigkeit*
Moor
Brandstiftung **N 306** 6
Mord *siehe Tötungsdelikte*
Mordlust
Mordmerkmal **211** 6, 25
Morphin
als Rauschmittel **316** 133, 146; **323a** 94
Wechselwirkungen mit Alkohol **316** 133
Mosaikgeheimnis **93** 5, 16
Motiv
achtenswertes ~ und Strafzumessung **46** 88 ff
Müll *siehe Abfall*
Mülltourismus **326** 119 ff, 142
Münzverbrechen *siehe Geldfälschung*
Münzverringerung **Vor 146** 4
Mundraub **Einl** 48; **Vor 242** 1; **248a** 1
Muntgewalt *siehe Sorgerecht*
Mutter
abstammungsrechtlicher Begriff **169** 10
Kindestötung **Vor 211** 35; **213** 15
nichteheliche Mutterschaft als besonderes persönliches Merkmal **28** 81
Pflicht zur Austragung einer Schwangerschaft **218** 20
Unterhaltspflicht **170** 25

Nachlaßkonkurs **Vor 283** 164; **283** 10
Nachlaßpfleger
Untreue **266** 49, 129
Nachlaßrichter
Untreue **266** 129
Nachlaßverwalter
Parteiverrat **356** 27
Untreue **266** 49, 129
Vertreterhaftung **14** 49
Nachmachen
von Geld **146** 6 ff
von Wertzeichen **148** 5
von Zahlungskarten und Vordrucken **152a** 4
Nachrede, üble *siehe Beleidigung – Üble Nachrede*
Nachrichtendienst
Eingriffe in den pers. Lebens- und Geheimbereich **Vor 93** 12; **206** 53a ff
funktionsfähiger ~ als Schutzgut **93** 13
Gefährlichkeit **Vor 93** 3
sicherheitsgefährdender ~
– Agententätigkeit, geheimdienstliche und ~ **109e** 1
– Anwerben **109f** 6
– bürgerliche Statusrechte, Verlust als Nebenfolge **109f** 20; **109i** 1
– Konkurrenzen **109f** 21
– Landesverrat, Verhältnis **109f** 1
– Presseprivileg **109f** 15 ff
– Unterstützen **109f** 7
– verbotene Vereinigung **109f** 11
Nachstellen
Tieren ~ **292** 41 ff
Nachtat, mitbestrafte
Begriff **Vor 52ff** 123
Bewertungseinheit **Vor 52ff** 124
als eigenständige Konkurrenzform **Vor 52ff** 121
als Fall der Gesetzeseinheit **Vor 52ff** 121
Postpendenzfeststellung **Vor 52ff** 134
Straflosigkeit **Vor 52ff** 121, 123, 125 ff

Nachtat, mitbestrafte (Forts.)
Strafzumessung **Vor 52ff** 132
Teilnahme **Vor 52ff** 133
Verfahrensrecht **Vor 52ff** 135
Wiederaufleben der Strafbarkeit **Vor 52ff** 134
Nachtatverhalten
Prognose und ~ **56** 23
Strafzumessung und ~ **46** 186 ff; **47** 27
Nachteil
Absicht, ~ zuzufügen **274** 58 ff
Parteiverrat **356** 102
Nachtruhe
als notwehrfähiges Gut **32** 62, 176
Nachtsichtgerät Vor 201 11
Name
Deckname **267** 57 ff, 172
eigener ~ **267** 173 ff
fremder ~ **267** 40 ff, 166 ff, 266
Nennung in der Öffentlichkeit **193** 29
Täuschung über den Namen **267** 165 ff
Narkoanalyse
Aussageerpressung **343** 9
Nasciturus
nicht notstandsfähiges Gut **35** 12
Nothilfe für ~ **32** 168 ff
als notwehrfähiges Gut **32** 168 ff, 170 ff, 172
als Rechtsgut, Schwangerschaftsabbruch **Vor 218ff** 11, 26; **218** 2, 10
strafrechtlicher Schutz **Vor 218ff** 11, 26; **315** 71; **315b** 70; **315c** 160
Nationalpark 329 35
Nationalsozialismus
Aufhebung von NS-Todesurteilen **Vor 3** 388
„Auschwitzlüge" **193** 4; **194** 1
Billigung nationalsozialistischer Gewalttaten **140** 33
Eichmann-Prozeß **220a** 6
„Euthanasie"-Aktion und rechtfertigender Notstand **34** 65
Freiheitsberaubungen im ~ **239** 15, 21
als historische Erfahrung und Staatsschutzrecht **Vor 80** 21; **Vor 93** 1
Justizunrecht **339** Vor 1, 3, 11 ff, 15, 37, 44, 51 ff, 54c f, 57 f, 60, 63 ff, 74, 82, 92 f, 97 ff, 115, 131 f
Leugnung/Verharmlosung nationalsozialistischer Gewalttaten **N 130, 131** 4; **130** 18, 41, 50; **Vor 125-145d** 6; **Vor 185** 40; **193** 4; **194** 1
Massenverbrechen **Vor 52ff** 57
Maßregelsystem **Einl** 33, 36
mittelbare Täterschaft kraft organisatorischer Machtapparate **25** 128 f
NS-Gewalttaten, Verjährung **Einl** 85; **78** 5
Rechtfertigungsgründe, ungültige **Vor 32** 42
Religionsfeindlichkeit **Vor 166** 4
Rückwirkungsverbot und strafschärfende Gesetze **1** 22 f
Schändung von Gedenkstätten für Opfer des ~ **168** 1, 58
Staatsschutzgesetzgebung im ~ **Vor 80** 4 f
strafrechtlicher Schutz von Ehe und Familie im ~ **Vor 169** 4; **169** 1; **170** 1
Strafrechtsreform **Einl** 50 f
Tatbestand der Unterlassenen Hilfeleistung im ~ **323c** 11
Tötungsverbrechen im ~ **Vor 211** 6; **211** 27, 67; **212** 7 f
Unrechtsbewußtsein bei NS-Gewalttätern **17** 19
Untreuetatbestand **266** EntstG, 2, 16, 18, 28, 31, 61
Verfolgung im ~ und Gruppenzugehörigkeit **194** 5
Verjährung von NS-Gewalttaten **Einl** 85
Verstrickung in NS-Unrechtsregime kein übergesetzlicher Strafmilderungsgrund **46** 123
Versuchsstrafbarkeit **Vor 22** 46; **23** 10
Völkermord-Tatbestand, Nichtanwendbarkeit **220a** 7
Wahlfeststellung **1** 104
Zweispurigkeit des Sanktionensystems **Vor 38** 9
Nationalsozialistische Organisation
Fortsetzung der Bestrebungen einer ~ **86** 10
Kennzeichen ehemaliger ~ **86a** 4
NATO-Geheimnis 94 10, 20; **96** 2; **97** 13; **98** 8; **99** 10
als Staatsgeheimnis **93** 9, 18, 24
NATO-Staaten und ihre Truppen
Amtsanmaßung **132** 10
Exterritorialität **Vor 3** 354 ff
Gefangenenbefreiung **120** 11
Geltung des Staatsschutzstrafrechts **Vor 80** 34; **Vor 93** 7 ff, 10, 12; **Vor 109** 6
Schutz des Hausrechts **123** 24
Widerstand gegen Vollstreckungsbeamte gleichgestellten Personen **114** 7
Natürliche Handlungseinheit *siehe Handlungseinheit, natürliche*
Naturdenkmal 329 36
Sachbeschädigung, gemeinschädliche **304** 8
Naturpark 329 36
Naturrecht
Rechtsbeugung und ~ **339** 49 ff, 53a
Naturschutzgebiet 329 34
Naturschutzgesetze der Länder 329 36, 40, 42, 47
Naturschutzrecht Vor 324 7g
Gefährdung schutzbedürftiger Gebiete und ~ **329** 1 f

Nebenfolgen
Amtsfähigkeit, Verlust *siehe auch dort* **Vor 38** 4
Arten **Vor 38** 4, 47 ff
Bekanntgabe der Verurteilung **Vor 38** 4, 49; **165** 1; **200** 1
Berufsverbot *siehe dort*
Ermittlung des mildesten Gesetzes **2** 26
Gesamtstrafenbildung, nachträgliche **55** 50 ff
Gesetzeseinheit, Wirkungen **Vor 52ff** 70
Gewässerverunreinigung **324** 127
Körperverletzung im Amt **340** 27
Nebenstrafen und ~ **Vor 38** 48
Rechtsbeugung **339** 119
Staatsschutzdelikte **92a** 1 f; **101** 1 ff
Stimmrecht, Verlust *siehe auch dort* **Vor 38** 4
Straftaten nach dem 5. Abschnitt **109i** 1
Tatmehrheit **53** 20 ff
Unerlaubter Umgang mit gefährlichen Abfällen **326** 152 ff
Unzulässigkeit bei verjährter Tat **78** 2
Versuch
- Strafmilderung, fakultative **23** 15
Wählbarkeit, Verlust *siehe auch dort* **Vor 38** 4
Wahlstrafrecht **108c** 1 f
des Widerrufs der Strafaussetzung **56f** 49 ff
Nebenintervention
Parteiverrat **356** 41
Nebenklage
im Maßregelverfahren **Vor 61ff** 98
Parteiverrat **356** 43, 75
Nebenstrafen
Arten **Vor 38** 4, 44
Bekanntgabe der Verurteilung **Vor 38** 49; **165** 1; **200** 1
Einziehung *siehe auch dort* **Vor 38** 60
Ermittlung des mildesten Gesetzes **2** 26
Fahrverbot *siehe auch dort* **Vor 38** 4; **44** 1, 8, 22
Gesamtstrafenbildung, nachträgliche **55** 50 ff
Gesetzeseinheit, Wirkungen **Vor 52ff** 70
im Nebenstrafrecht **Vor 38** 4
Tateinheit und ~ **52** 47
Tatmehrheit **53** 20 ff
Unzulässigkeit bei verjährter Tat **78** 2
Versuch, Strafmilderung, fakultative **23** 15
Nebenstrafrecht
Maßregeln der Besserung und Sicherung im ~ **Vor 38** 6; **Vor 38** 6; **61** 1, 11
Maßregeln im ~ **61** 1, 11
Nebenstrafen im ~ **Vor 38** 4
Verjährung im ~ **Vor 78** 3
Versuch, Anwendbarkeit der Ansatzformel **22** 117 ff
Vertreterhaftung, strafrechtliche im ~ **14** 42
Nebentäterschaft
Anstiftung **26** 106
Begriff **25** 222 f
Beihilfe **27** 59
Mittäterschaft, Abgrenzung **25** 223
Rücktritt vom Versuch **24** 47
Negative
zur Fälschung amtlicher Ausweise geeignete ~ **275** 5
negligentia *siehe Fahrlässigkeit*
Nekrophilie **184** 15
Nemo tenetur se ipsum accusare *siehe Selbstbezichtigung*
Neonazistische Tendenzen
Volksverhetzung **130** Vor 1, 13a
Nettolohnabrede
Vorenthalten/Veruntreuen von Arbeitsentgelt **266a** 40, 42 ff, 54
Neuroleptika
als Rauschmittel **316** 171
Neurose
Schuldfähigkeit und ~ **21** 2
als seelische Abartigkeit **20** 32, 70 f
Neutralität des Staates, religiöse und weltanschauliche **Vor 166** 1, 5; **166** 1, 18, 61, 68
Neutralitätslehre **Vor 32** 16 ff
Nichtanzeige geplanter Straftaten
Absehen von Strafe **139** 1 ff
Abwendung der Tat **139** 32 ff
Abwendungsmöglichkeit **138** 19 ff, 58
Angehörige, nicht anzeigepflichtige **139** 14 ff
Anzeige
- anonyme ~ **138** 37; **139** 21
- bei dem Bedrohten **138** 33 f, 56
- bei der Behörde **138** 29 ff, 55
- erforderliche ~ **138** 22
- Form und Inhalt **138** 37
- Nennung des Täters **138** 37
- rechtzeitige ~ **138** 23 ff
- Selbstanzeige **138** 43
- unverzügliche ~ **138** 54, 56
- wahlweise ~ bei Behörde/Bedrohtem **138** 36, 55 f
- Zugang **138** 38
Anzeigepflicht
- Garantenstellung und ~ **138** 47
- Hehler **138** 45
- Lockspitzel **138** 46
- des Verdächtigen **138** 48
- verdeckter Ermittler **138** 46
(keine) Anzeigepflicht
- von Ärzten **139** 24, 28

Nichtanzeige geplanter Straftaten (Forts.)
- von Angehörigen **139** 14 ff
- des Bedrohten **138** 40 f, 57
- von Beteiligten geplanter Tat **138** 42 ff
- für Geistliche **139** 5 ff
- von Rechtsanwälten **139** 24, 26
- von Verteidigern **139** 24, 27

Ausführung einer Tat **138** 8
Begünstiger und Anzeigepflicht **138** 45
Behörde **138** 29 ff
Beichtgeheimnis **139** 5, 9
Belohnung/Billigung von Straftaten und ~ **140** 1
Bildung terroristischer Vereinigungen und ~ **138** 50 ff
Entschuldigungsgründe **138** 66; **139** 23, 31
Entstehungsgeschichte **138** Vor 1
Erforderlichkeit der Anzeige **138** 22
ernsthaftes Bemühen um Tatverhinderung **139** 18 ff, 32, 35 f
Geistlicher, nicht anzeigepflichtiger **139** 5 ff; **Vor 166** 13
geplante Tat
- fremde ~ **138** 42 f
- Geistlichem anvertraute ~ **139** 10 ff
- nicht versuchte ~ **138** 64; **139** 1 ff
- Rechtswidrigkeit **138** 10 f
- ohne Schuld **138** 10
- straflose ~ **139** 2, 4
- tatsächlicher ernsthafter Plan **138** 13
- Versuch, untauglicher **138** 12
- Vorbereitungshandlungen **138** 6; **139** 2, 4

glaubhafte Kenntnis **138** 14 ff
Hehler und Anzeigepflicht **138** 45
Irrtum **138** 12, 13, 21, 22, 26, 32, 61 f; **139** 13
Jedermannspflicht **138** 39
Katalogtaten **N 138** 1 ff; **138** 5, 50; **139** 22
Konkurrenzen **138** 43, 73
Leichtfertigkeit **138** 32; **139** 33, 35
Lockspitzel, anzeigepflichtiger **138** 46
Mittäterschaft **138** 71
Nebentäterschaft **138** 71
Rechtfertigungsgründe **Vor 32** 180; **138** 65; **139** 13, 24, 31
Rechtsgut **138** 2 f
Rechtzeitigkeit der Anzeige **138** 23 ff
Schweigepflicht und ~ **138** 65
Strafaufhebungsgrund, persönlicher **139** 23, 27
Straflosigkeit der ~ **Vor 32** 227; **N 139**; **139** 1 ff
Teilnahme **138** 67 ff; **139** 9, 24
Unterlassene Hilfeleistung und ~ **138** 73
Unterlassungsdelikt, echtes **138** 5
Unverzüglichkeit der Anzeige **138** 54, 56
Verdächtiger, anzeigepflichtiger **138** 48
verdeckter Ermittler, anzeigepflichtiger **138** 46
Versuch **Vor 22** 103; **138** 12, 13, 21
Vorhaben einer Tat **138** 6
Vorsatz **138** 61
Wahlfeststellung **138** 74 f

Nichteinmischung
völkerrechtlicher Grundsatz der ~ **129** 29

Nichterweislichkeit
ehrenrühriger Tatsachen **186** 12

Nichturkunde 267 8

Nidation
Begriff **Vor 218ff** 20, 44

Niederlande
Strafrechtsreform **Einl** 112, 131, 134 f
Wettbewerbsstrafrecht **Vor 298** 20

Niemandsland
Tatort im ~ **7** 40 ff

Nießbrauch
Pfandkehr **289** 4
Untreue **266** 114

Nikotin
(kein) Rauschmittel **316** 135; **323a** 93, 142

Nötigung
Amtsanmaßung und ~ **132** 41
durch Amtsträger **240** 123
von Amtsträgern **240** 104 ff
Arbeitskampfrecht und ~ **240** 59, 107 f
Ausnutzung hilfloser Lage, bloße **240** 6
Bagatellfälle **240** 6, 45, 89, 107, 112 f
Bedrohung und ~ **240** 58, 77, 124; **241** 9, 19, 27
Beibringen betäubender Mittel **240** 11 f, 35, 45, 47 f, 66 f
zum Beischlaf *siehe Vergewaltigung*
besonders schwerer Fall **240** 120 ff
- Nötigung im Amt **240** 123
- Nötigung zu sexueller Handlung **240** 121
- Nötigung zum Schwangerschaftsabbruch **240** EntstG, 83, 122
- sonstiger ~ **240** 120, 122

Betrunkener als Opfer **240** 5
Blockadeaktionen **240** 18 ff, 27 ff, 46 f, 56, 78, 89, 107, 109 ff
des Bundespräsidenten **106** 2
- Drohung mit empfindlichem Übel **106** 5

Bundesverfassungsgericht, Rechtsprechung **240** 27 ff
crimen vis **240** EntstG, 2, 35
DDR-Alttaten **240** 64, 128
DDR-Recht **240** 70, 128
Diebstahl, räuberischer und ~ **252** 1, 22 f
Dreiecksnötigung **240** 46, 60
Drohung
- mit Arbeitskampfmitteln **240** 59, 107

Nötigung (Forts.)
- bedingte ~ **240** 56, 61
- Begriff **240** 56
- gegen Dritten **240** 60
- mit empfindlichem Übel **240** 57 f
- mit erlaubtem Übel **240** 59, 90 ff
- Ernstlichkeit **240** 61
- Gewalt und ~ **240** 7 f, 40, 46, 51, 54 ff
- mit Hungerstreik **240** 95
- mit öffentlicher Mitteilung **240** 59, 92 f, 106
- Rechtswidrigkeit **240** 77
- mit Selbsttötung **240** 95, 126
- mit Strafanzeige **240** 90 f, 106
- Täuschung **240** 56
- durch Unterlassen **240** 61
- mit Unterlassen **240** 62 ff

Duldung **240** 1, 39
(kein) eigenhändiges Delikt **240** 23
Einverständnis des Betroffenen **240** 5, 65, 83
Entstehungsgeschichte **240** EntstG, 68, 77
Erpressung und ~ **N 253**; **253** 1 f, 34, 36
Fernziel **240** 80 ff
Freiheit der Willensbildung/-betätigung als Rechtsgut **240** 1 ff, 69
Freiheitsberaubung und ~ **239** 1, 6, 13, 26, 41; **240** 124
Friedensstörung durch Androhnung von Straftaten und ~ **126** 17
Gefangenenmeuterei und ~ **121** 49
Geiselnahme und ~ **239b** 3, 16
Gesinnungsstrafrecht **240** 50
Gewalt
- Begriff **240** 7 ff
- Beibringen betäubender Mittel **240** 11 f, 35, 45, 47
- Bundesverfassungsgericht, Rechtsprechung **240** 27 ff
- gegen Dritte **240** 8, 46
- Drohung und ~ **240** 7 f, 40, 46, 51, 54 ff
- Entfaltung körperlicher Kraft **240** 7, 9 f, 18, 25, 35 ff
- Gewalttätigkeit und ~ **240** 34 f, 44, 76
- Indizwirkung für Rechtswidrigkeit **240** 22
- körperliche Einwirkung **240** 41 f
- mittelbare ~ **240** 47 f
- gegen eine Person **240** 43
- psychische Einwirkung **240** 10 ff, 18, 25 ff, 29, 32
- Rechtswidrigkeit und ~ **240** 76
- gegen Sachen **240** 8, 25, 41, 49 f, 115
- statische ~ **240** 34
- Tier, Angriff durch **240** 52
- Überraschungsgefahr **240** 45, 65
- durch Unterlassen **240** 52 ff
- verbale Äußerungen **240** 37
- vis absoluta **240** 7, 38 ff, 66
- vis compulsiva **240** 7, 17, 38 ff, 66
- Zwangswirkung **240** 9, 25, 32, 38 ff

Gewaltmonopol, staatliches als Rechtsgut **240** 4
Hausbesetzung **240** 114
Hausfriedensbruch und ~ **123** 78
Hungerstreik
- Verwerflichkeit **240** 95
- Zwangsernährung, Zulässigkeit **240** 96

Irrtum **240** 97, 105, 116 f, 123
Kausalität **240** 47
Körperverletzungs-/Tötungsdelikte und ~ **240** 125
Konkurrenzen **240** 124 ff
Landfriedensbruch und ~ **125** 76
Lehrveranstaltung, Abbruch **240** 20
List **240** 6
Meinungsfreiheit und ~ **240** 78, 82, 110 ff
der Mitglieder von Verfassungsorganen **106** 2
mittelbare Täterschaft **240** 47, 60
Mobbing **240** 36
Nahziel **240** 80 ff
Notwehr
- Rechtfertigungsgrund **240** 84
- Überschreiten der Grenzen **240** 97

offener Tatbestand **Vor 13** 47; **Vor 32** 19 ff; **240** 69, 72, 75
ohnmächtiges Opfer **240** 5
zu Ordnungswidrigkeit **240** 83, 127
parlamentarische Außerungen/Berichte, Straflosigkeit und ~ **36** 44
Pressefreiheit und ~ **240** 59, 93
Raub und ~ **249** 1, 3 ff
Rechtfertigungsgründe
- allgemeine ~ **240** 84 f
- Verwerflichkeitsklausel und ~ **240** 84 f, 97

Rechtsgut **240** 1 f, 39, 69
Rechtswidrigkeit **240** 68 ff
zum Schwangerschaftsabbruch **240** EntstG, 83, 122
Selbsthilfe
- Rechtfertigungsgrund **240** 94
- Überschreiten der Grenzen **240** 76, 97

zur Selbstschädigung/Selbsttötung **25** 66 ff
Selbsttötung
- Drohung mit ~ **240** 95, 126
- Verhinderung der ~ **240** 96

Sexualdelikte und ~ **240** 2, 46
Sexuelle ~ und Nötigung **240** 121, 124, 126
zu sexueller Handlung **240** 83, 89, 121, 124, 126
von Soldaten **240** 104 ff, 113
Staatsschutzdelikte und ~ **240** 4, 124

Nötigung (Forts.)
Störung der Religionsausübung und ~ **167** 2, 25
zu Straftat **240** 83, 127
Streik **240** 14, 59, 107 ff
des Tatmittlers durch Hintermann **25** 54, 61 ff
Teilnahme **240** 60
Überholen, nötigendes **240** 16 f
Ungehorsam, ziviler **240** 85
durch Unterlassen **240** 29, 36, 52 ff
zu einer Unterlassung **240** 65
von Verfassungsorganen
– Angriffskrieg, Vorbereiten und Führen und ~ **105** 23
– Bildung terroristischer Vereinigungen und ~ **Vor 129a** 3
– DDR-Alttaten **105** 28; **106** 9
– Hochverrat gegen den Bund und ~ **81** 11
– Konkurrenzen **105** 26; **240** 124
– normative Tatbestandsbeschränkung **105** 11 ff; **106** 6
– parlamentarische Äußerungen/Berichte, Straflosigkeit und ~ **36** 44
– Rechtfertigung **105** 16 ff; **106** 6
– Rechtsgut **105** 1, 4; **106** 1, 4
– Standhalten des Genötigten **240** 6, 21
– Versuch **105** 25
– Zuständigkeit für Strafverfolgung **105** 27
Vergeistigung des Gewaltbegriffs **240** 13, 25
Vergewaltigung und ~ **177** 15 f, 20, 22; **240** 2
Verkehrsdelikte und ~ **240** 16 f, 98 ff, 126
Versammlungsfreiheit und ~ **240** 78, 82, 110 ff
Versuch **240** 66, 117 f
Verwerflichkeitsklausel
– Rechtfertigungsgründe, allgemeine und ~ **240** 84 f, 97
– Rechtsnatur **240** 68 f
– Verfassungsmäßigkeit **1** 45; **240** 71 ff, 87
– Verwerflichkeit, Begriff **240** 86 ff
– Ziele, politische **240** 78, 80, 107
Vollendung **22** 16; **240** 66 f, 118
Vorsatz **240** 115
Wählernötigung *siehe dort*
Wahlfeststellung **240** 55
Widerstand gegen Vollstreckungsbeamte bzw. ihnen gleichstehende Personen und ~ **113** 3, 13a, 62 ff; **240** 104 ff, 124
Willensbildungsfähigkeit **240** 5
Ziele, politische **240** 78, 80, 107
Zwangsbehandlung, Zulässigkeit **240** 96
Zwangsernährung, Zulässigkeit **240** 96
Zweck, angestrebter **240** 78 ff
– Nah-/Fernziel **240** 80 ff

Nötigungsabsicht
Aussageerpressung **343** 13
Gefährliche Eingriffe in den Bahn-, Schiffs- und Luftverkehr **315b** 44
Geiselnahme **239b** 3, 6
Nötigungsherrschaft **25** 61 ff
Nötigungsnotstand **34** 69a, 82
Nordsee
Umweltdelikte **330** EntstG 2; **330a** EntstG 2; **324** EntstG 5, 2a, 21a; **326** EntstG 8, 94
Norwegen
Betrugsstrafrecht **Vor 263** 83, 86
Erschleichen von Leistungen **265a a.F.** 9
Strafrechtsreform **Einl** 127, 131, 134
Nostroverpflichtungen
Kreditbetrug **265b** 6, 40, 125
Not
Gefahr und ~ **323c** 78
gemeine ~ **145** 2; **323c** 70 ff
wirtschaftliche ~
– Bankrott, besonders schwerer Fall **283a** 10 f
– Schuldnerbegünstigung, besonders schwerer Fall **283d** 25
– Wucher, besonders schwerer Fall **302a** 65
Notar
Amtsfähigkeit, Verlust **45** 3
Falschbeurkundung im Amt **348** 4
Falschbeurkundung, mittelbare **271** 13, 18, 43, 48, 54, 71
öffentliches Amt **132** 7
Offenbarungspflicht **203** 120, 123
Parteiverrat **356** 17, 20
Schweigepflicht **203** 64, 120
Untreue **266** 49, 93, 129
Notentwendung **Vor 242** 1
Notfall
Mißbrauch von Notrufen **145** 4
Nothilfe
aufgedrängte ~ **212** 13
Gefangenenbefreiung **120** 43a
Staatsnothilfe **323c** 66
unterlassene ~ *siehe Unterlassene Hilfeleistung*
Notrechtsvorbehalte
Notstand, rechtfertigender und ~ **34** 18
Notwehr und ~ **32** 263, 268 ff
Notruf
Mißbrauch **145** 4
Notstand
aggressiver ~ **Vor 32** 69; **34** 74, 87, 92
Defensivnotstand **34** 72 ff, 87, 92
Differenzierungstheorie **35** 1
Einheitstheorie **35** 1
entschuldigender ~ *siehe Notstand, entschuldigender*

Notstand (Forts.)
Entstehungsgeschichte **Einl** 80
Gefangenenbefreiung **120** 43a
rechtfertigender ~ *siehe Notstand, rechtfertigender*
sexueller ~ **176** 23; **177** 18
Verteidigungsnotstand **34** 74
Vertraulichkeit des Wortes, Verletzung und ~ **201** 38 ff
Notstand, entschuldigender
Akzessorietät, limitierte **35** 71
keine analoge Anwendung der Notwehrüberschreitung **35** 80
Angehöriger **35** 31 f
Beteiligung an Notstandstat **35** 71
Dauergefahr **35** 29
Disproportionalität von drohender Einbuße und Tatfolgen **35** 62 ff
Entschuldigungsgrund **34** 5 f
Entstehungsgeschichte **35** EntstG
Erforderlichkeit der Notstandshandlung **35** 8, 42 ff
Freiheitsentzug, auf Hoheitsakt beruhender **35** 60
Geeignetheit des Mittels **35** 43
Gefahr **35** 17 ff
Gefahrabwendungsabsicht **35** 38 ff
Gefahrtragungspflichten, erhöhte **35** 58 f
Gegenwärtigkeit der Gefahr **35** 29
Generalklausel **35** 57 ff
Gesundheitsrisiken, gewöhnliche **35** 19
Irrige Annahme eines Notstandes **34** 4
Irrtum **35** 72 ff
Jedermannsgefahr **35** 18
Naturereignisse **35** 21
Nötigungsnotstand **35** 25 ff, 29
Notstand, rechtfertigender und ~ **34** 94; **35** 1 f
Notstandsexzeß **35** 80
Notstandshandlung **34** 8, 36 ff
Notstandshilfe **35** 30, 64 f
Notstandslage **35** 8 ff
Notwehr und ~ **32** 206 f, 212 f, 215, 322
objektive Notstandstheorie **34** 4, 73
Person, nahestehende **35** 30, 33, 63
von Personen drohende Gefahr **35** 23 ff
Prüfung, pflichtgemäße **35** 40
Putativnotstand **35** 72 ff
Rechtsgut, notstandsfähiges **35** 9 ff
Rechtsverhältnis, besonderes **35** 53 ff, 68
rechtswidrige Tat **35** 36 ff, 67; **35** 7
von Sachen drohende Gefahr **35** 22
Sonderopfer **35** 19
Sozialnot **35** 19
Strafmilderung, fakultative **35** 68 ff
Strafmilderung, obligatorische **35** 78
subjektive Notstandstheorie **34** 4, 73
Symptathiepersonen **35** 30
übergesetzlicher ~ **Vor 32** 4, 196, 212 ff; **35** 81
– Absicht der Gefahrabwendung **Vor 32** 219
– Abwägung **Vor 32** 217
– irrige Annahme eines Notstands **Vor 32** 220
– Pflichtenkollision, Abgrenzung **Vor 32** 212
– Rechtsgut, notstandsfähiges **35** 11
– Sterbehilfe **Vor 32** 216
– Unzumutbarkeit **Vor 32** 218
unerhebliche Beeinträchtigung **35** 16
Unerlaubtes Entfernen vom Unfallort **142** 129 f
Verursachung der Notstandslage durch Täter **35** 49 ff
voluntatives Schuldelement **34** 3
Zumutbarkeitsklausel **35** 8, 47, 52 f
Zumutbarkeitszusammenhang **35** 55
Notstand, rechtfertigender
Abwägung der betroffenen Rechtsgüter **34** 34, 55 ff
actio illicita in causa **34** 70
AIDS-Fälle **34** 68a
Aktunwert, moralischer **34** 71
Amtsrechte **34** 87
analoge Anwendung des § 33 **34** 92
Angemessenheitsklausel **34** 21, 78 ff, 82
Angriff, nicht rechtswidriger **34** 73
außerhalb des StGB normierte Fälle **Vor 32** 70
Autonomieprinzip **34** 68, 73 f, 80
Beleidigungsdelikte, Spezialregelung **34** 83
Berurteilungsmaßstab für Gefahr **34** 29 ff
Dauergefahr **34** 36 f, 73
Defensivnotstand **34** 72 ff, 87, 92
Duldungspflichten, besondere **34** 39, 67, 80, 82
Einwilligung
– des Betroffenen **34** 68
– mutmaßliche ~, Verhältnis **Vor 32** 129; **34** 93
– rechtfertigende ~, Verhältnis **34** 93
Entstehungsgeschichte **34** EntstG
Erforderlichkeit der Notstandshandlung **34** 21, 50 ff
Geeignetheit des Mittels **34** 51 f
Gefährlicher Eingriff in den Straßenverkehr und ~ **315c** 199
Gefahr **34** 26 ff
Gefahr durch Notstandshandlung **34** 59, 61, 67
Gefahrabwendungsabsicht **34** 45 ff
Gefahrengemeinschaft **34** 65

Notstand, rechtfertigender (Forts.)
Gefahrengrad, Abwägung **34** 60 f
Gefahrverdacht, bloßer **34** 35
Gegenwärtigkeit der Gefahr **34** 36 f
Güterabwägungstheorie **34** 2
Hoheitliches Handeln und ~ **34** 6 ff, 80
in dubio pro reo **34** 94
Interessenabwägung **34** 21, 34, 53 ff, 76 ff
Interessenabwägungstheorie **34** 2 f
Irrtum über rechtfertigenden Sachverhalt **34** 91
Jedermannsgefahr **34** 38 f
Konkurrenzen **34** 82
Kontrollklausel **34** 79
Menschenleben, nicht quantifizierbares Rechtsgut **34** 65, 80
meteorologische Gegebenheiten **34** 38
Nötigungsnotstand **34** 69a, 82
Notstand
- aggressiver ~ **34** 74 87, 92
- defensiver ~ **34** 72 ff, 87, 92
- entschuldigender und ~ **34** 94; **35** 1 f
- zivilrechtlicher und strafrechtlicher **34** 72, 82, 87
Notstandsexzeß **34** 92
Notstandshandlung **34** 21, 41 ff
Notstandshilfe **34** 25, 49
Notstandslage **34** 21 ff
Notstandsprinzip **34** 2
Notwehr und ~ **32** 9, 53, 81, 206 f, 209, 212; **34** 86, 93
Notwehrprobe **34** 78
im Ordnungswidrigkeitenrecht **Vor 32** 69; **34** 88
Perforation **34** 74
Persönlichkeitsschutz, postmortaler **34** 68
von Personen drohende Gefahr **34** 73 ff, 87, 92
Personwerte **34** 68 f
Pflichtenkollision, Abgrenzung **Vor 32** 75; **34** 5
Preisgabe, bewußte eines disponiblen Rechtsguts **34** 38, 80
Prüfung, pflichtgemäße **34** 77, 90
Putativnotstand **34** 89 ff
Putativnotstand und Erlaubnisirrtum **34** 89
Rechtsgedanke **34** 1
Rechtsgut, notstandsfähiges **34** 22 ff, 34
von Sachen drohende Gefahr **34** 72, 87
Schadensvergleich, konkreter **34** 63 f
Schußwaffengebrauch, zulässiger **34** 18
Schwangerschaftsabbruch, gerechtfertigter **Vor 32** 70; **34** 84 f; **Vor 218ff** 38; **218** 29; **218b** 12; **218c** 15
Selbsthilferechte und ~ **34** 87
Selbsttötung, Verhinderung **34** 73
Sozialnot **34** 38
Spezialregelungen **Vor 32** 70; **34** 82 ff
Staatsnotstand **Vor 32** 83; **34** 80
Sterbehilfe **34** 71, 75
Straßenverkehr, allgemeine Risiken **34** 38
subjektive Rechtfertigungselemente **34** 45 ff, 90
Tötungsdelikte **34** 74
Überwiegen eines Interesses, wesentliches **34** 76
Unerlaubtes Entfernen vom Unfallort **142** 126 f
Unverschuldetsein der Notstandslage **34** 40, 70
Verletzung der ärztlichen Schweigepflicht und ~ **34** 68a
Vermögen, Gefahr für **34** 38
keine Verrechnung von Menschenleben **34** 65, 80
Vorrang spezieller Regelungen **34** 82
Vorverhalten, pflichtwidriges **34** 70, 80
Wahrnehmung berechtigter Interessen **34** 83
Wahrscheinlichkeitsurteil **34** 26 ff
Wahrung oberster Rechtswerte **34** 69 f
Zwecktheorie **34** 2
Notstandshilfe **34** 25, 49
Notwehr
aberratio ictus und ~ **32** 141, 206
Absichtsprovokation **32** 282 ff, 285, 290, 295 ff, 306, 323
Abwehr
- Gegenwehr oder ~ **32** 1, 137
- als Schutz- oder Trutzwehr **32** 137
actio illicita in causa und ~ **32** 283, 291
Allgemeinheit kein anderer iSd § 32 **32** 152, 195, 198
Amokläufer, geisteskranker **32** 63
Amtshandlung
- Angriff durch rechtswidrige ~ **32** 64 ff, 68 ff
- Notwehr gegen rechtswidrige ~ **32** 68 ff
Amtsträger, Irrtum **32** 64 ff
gegen Amtsträger **32** 65 ff
anderer iSd § 32 **32** 147 ff, 152 ff, 170
Androhung
- eines Gegenangriffs **32** 137, 239 ff
- des Schußwaffengebrauchs **32** 137, 239, 241, 252
Angegriffener
- als zu Verteidigender **32** 152 ff
- als Verteidiger **32** 147 ff
Angreifer **32** 14, 30 ff
- Geisteskranker als ~ **32** 26, 32, 63, 235 f, 309
- Irrender als ~ **32** 235, 309
- Kind als ~ **32** 26, 32, 235 f, 309

Notwehr (Forts.)
- Mittelsperson als ~ **32** 212 ff
- niedergeschlagener ~ **32** 329 ff,
- Person, natürliche als ~ **32** 31 ff, 33, 34 ff, 37
- Tier als ~ **32** 38 ff, 58
- Volltrunkene als ~ **32** 63, 235 f, 309

Angriff **32** 22 ff
- Amtshandlung, rechtswidrige als ~ **32** 64 ff, 68 ff, 71 f, 76
- Aufrechterhaltung rechtswidrigen Zustands als ~ **32** 48 ff
- Beendigung **32** 122 ff
- durch Befehl, rechtswidrigen **32** 74 ff
- Beginn **32** 118 ff
- Begriff **32** 23
- bei Dauerdelikt **32** 115
- Demonstration als ~ **32** 175
- unter Ehegatten **32** 126, 310
- durch Fehlurteil **32** 33, 104 ff
- Form **32** 46 ff
- als Gefährdung, unmittelbare **32** 118 ff
- gegenwärtiger ~ **32** 112 ff
- Irrtum über Vorliegen eines Angriffs **32** 338
- mittelbarer ~ **32** 212 ff
- Modalität des Angriffs **32** 307
- Objekte **32** 163 ff, 307, 312
- objektive Bestimmung **32** 24 ff
- rechtswidriger ~ **32** 54 ff
- Reflexhandlung als ~ **32** 27
- mittels Sachen, fremder **32** 211
- Schein-/Scherzangriff **32** 29, 338
- Schlafhandlung als ~ **32** 27
- durch Schuldunfähige **32** 26, 32
- durch Staatsorgane **32** 33 ff
- Subjekt des Angriffs **32** 30 ff, 37, 44, 307, 309
- durch Unterlassen **32** 46 ff
- durch Versuch, untauglichen **32** 29
- bei Zustandsdelikt **32** 116

Angriffsnotstand und ~ **32** 9, 27, 47, 55, 211, 215

Angriffsunfähigkeit **32** 28

Angriffswille **32** 24 f, 138, 140 ff

Ankündigung der gewaltsamen Abwehr **32** 227, 239 ff

Aufwendungsersatz für Nothelfer **32** 324

als Ausnahmerecht **32** 4

Ausweichen
- bei provoziertem Angriff **32** 286 ff
- bei Verteidigung **32** 27 f, 231 f, 235 f, 286 ff, 309

Bedeutungsirrtum bei Putativnotwehr **32** 344 f

Beendigung des Angriffs **32** 122 fff

gegen Befehl
- ordnungsrechtswidrigen ~ **32** 90 ff, 101
- rechtswidrigen ~ **32** 74 ff, 91 ff, 97 ff
- strafrechtswidrigen ~ **32** 88, 93, 202 f
- verfassungswidrigen ~ **32** 95
- verwaltungsrechtswidrigen ~ **32** 96 f
- völkerrechtswidrigen ~ **32** 94
- wehrrechtswidrigen ~ **32** 85, 88, 96, 98
- zivilrechtswidrigen ~ **32** 102

Beginn des Angriffs **32** 118 ff

Begrenzung
- der Befehlsbefugnis **32** 87 ff, 92 ff
- der Gehorsamspflicht **32** 87
- des Notwehrrechts **32** 215, 254 ff, 313 ff

Begriff **32** 1

Beleidigung
- durch Briefe Gefangener **32** 178
- durch Rede **32** 122

gegen Beleidigung **32** 177

Berechtigung zur ~ **32** 322

Beschränktung der Befehlsbefugnis **32** 87 ff, 92 ff

Besitzschutzrecht und ~ **32** 48 ff, 56, 180

gegen Betrunkene **32** 63, 235 f, 309

Bewahrung der Rechtsordnung **32** 13

Beweis der ~
- im Strafprozeß **32** 348 ff; **32** 348 ff
- im Zivilprozeß **32** 352 f; **32** 352 f

Briefkontrolle und Notwehrrecht **32** 178, 209

gegen Dauerdelikt **32** 115

Dauergefahr **32** 126, 129, 276

DDR-Recht **32** Vor 1; **32** Vor 1, 21

Defensive **32** 135

Defensivmittel **32** 114, 135, 250

Demonstration als Angriff **32** 175

gegen Diebstahl **32** 116, 122, 246, 261, 266, 279

drittwirkende ~ **32** 210 ff; **33** 23

Duldungspficht
- des Angegriffenen **32** 56 ff, 215
- eines Dritten **32** 211 f
- des Vermieters **32** 48 ff

Ehe als notwehrfähiges Gut **32** 183

Eingriffsbefugnis und Notwehrrecht **32** 2, 263 ff

Einheit der Rechtsordnung und ~ **32** 273

Einwilligung
- Nothilfe und ~ **32** 145 f, 165
- Notwehr und ~ **32** 55, 173

Endgültigkeit der Abwehr **32** 237

enge persönliche Beziehungen **32** 310 f

Entschuldigungsgrund und ~ **32** 5

Entstehungsgeschichte **32** Vor 1, 15 ff

keine Erfolgsabwendungspflicht nach ~ **32** 323

Notwehr (Forts.)
Erforderlichkeit der Verteidigung **32** 218 ff, 225 ff
Erlaubnisnormirrtum **32** 342, 346
Erlaubnistatbestandsirrtum **32** 338 ff, 342 ff
Erpressung und ~ **32** 133 f
ex-ante-Betrachtung der erforderlichen Abwehr **32** 219 ff, 222 f
trotz Exterritorialität **32** 62
Exzeß der ~ **32** 338, 340, 347
– als Entschuldigungsgrund **Vor 32** 204
– als Zumutbarkeitsproblem **Vor 32** 203 f
fahrlässige Tötung und ~ **222** 18
Fahrlässigkeitsdelikt bei Putativnotwehr **32** 343
Fehlgehen der Verteidigung **32** 206
gegen Fehlurteil **32** 33, 71, 104 ff
Festnahmerecht und Notwehrrecht **32** 10, 55, 71
Folgen der ~ **32** 321 ff, 329 ff
Forderungsrechte, kein notwehrfähiges Gut **32** 190, 193 ff
Form
– des Angriffs **32** 46 ff
– der Verteidigung **32** 200 ff
Freiheit
– Eingriff in die ~ als Abwehr **32** 244
– als notwehrfähiges Gut **32** 175
– unzureichender Schutz der ~ **32** 266
keine Garantenpflicht nach Notwehr **32** 332
Gebotensein der Abwehr **32** 255 f
Geeignetheit der Verteidigung **32** 237 ff
Gefährdungshandlung als Angriff **32** 23, 118 ff
Gefahr
– Angriff und ~ **32** 31 f, 45, 126, 129
– Augenblicksgefahr **32** 126
– Dauergefahr **32** 126, 129, 276
Gefühlsschutz durch ~ **32** 187 ff, 198
Gegenwärtigkeit
– des Angriffs **32** 112 ff
– Begriff **32** 113, 115
– der Gefahr **32** 126
– Irrtum über die ~ **32** 338
Gehorsamspflicht und Notwehrrecht **32** 74 ff, 90 ff
Geisteskranker als Angreifer **32** 26, 32, 63, 235 f, 309
Gemeines Recht und ~ **32** 19
Gemeingebrauch als notwehrfähiges Gut **32** 181
als Gewaltermächtigung **32** 2
Grenzen der ~ *siehe auch Notwehrüberschreitung* **32** 17, 112 ff, 218 ff, 313 ff
Güterabwägung **32** 6, 224, 313 ff
Handlungsfähigkeit, natürliche **32** 35, 150
Herbeiholen von Hilfe **32** 233 f
Hilfeleistung, unterlassene
– als Notwehr, berechtigte **32** 201
– Pflicht zur Notwehr und ~ **32** 326, 329 ff
Hilfsbedürftigkeit und ~ **32** 11
Hilfspflicht und Nothilferecht **32** 325 ff, 333
Hoheitliches Handeln und ~ **32** 268
Hungerstreik **32** 165
trotz Immunität **32** 62
trotz Indemnität **32** 62
gegen Irrende **32** 235 f, 309
Irrtum über Notwehrvoraussetzungen **32** 64 ff, 68, 335 ff
Irrtumsprivileg, staatliches **32** 64
Jagdrecht als notwehrfähiges Gut **32** 103, 180
juristische Person
– kein Angreifer **32** 33 ff, 37
– als zu Verteidigender **32** 153 ff
– kein Verteidiger **32** 149 ff
gegen Justizirrtum **32** 108 ff, 110
als Kampf ums Recht **32** 6, 13
gegen Kinder **32** 26, 32, 235, 309
gegen Klage **32** 354
gegen Landesverrat **32** 156, 266
Leben als notwehrfähiges Gut **32** 164 ff
Massenselbstmord, Nothilfe **32** 166
Maßlosigkeit der Abwehr **32** 313 ff, 318; **33** 1 ff
Maßstab für erforderliche Abwehr **32** 237 ff
Mensch
– als Angegriffener **32** 28, 126
– als Angreifer **32** 31, 34 ff
– als Angriffsmittel **32** 212 ff
– als Gefahr **32** 28, 126, 129, 276
– als Schutzschild **32** 216 f
Menschenrechtskonvention und Notwehrrecht **32** 257 ff
gegen Mieter **32** 50 ff
mittelbare Täterschaft und ~ **32** 212 ff; **33** 23
Modalität des Angriffs **32** 307, 310 f
Nachtruhe als notwehrfähiges Gut **32** 62, 176
Nächstenhilfe *siehe auch Notwehr – Nothilfe* **32** 4, 11 ff, 145 f
Nasciturus
– Nothilfe für ~ **32** 168 ff
– als notwehrfähiges Gut **32** 168 ff, 170 ff, 172
natürliche Person
– als Angreifer **32** 31 ff
– als Verteidiger **32** 149
als natürliches Recht **32** 15
Nichterfüllung von Verträgen **32** 190
Nothelfer **32** 147 ff
– Entschädigung **32** 324

Notwehr (Forts.)
Nothilfe **32** 1, 11 ff, 141 ff, 145 f, 147 ff
– gegen Geiselnehmer **32** 145
– Hilfeleistung, unterlassene und ~ **32** 326
– als hoheitliche Handlung **32** 263 ff, 269 ff
– bei Massenselbstmord **32** 166
– als Pflicht **32** 12, 325, 333
– als selbständiges Recht **32** 1, 5, 145, 322
– gegen Selbsttötungsversuch **32** 165 ff
– Staatsnothilfe **32** 147 ff, 152 ff
– unfreiwillige ~ **32** 141
Nothilfepflicht **32** 326 ff
Notrechtsvorbehalt im Polizeirecht **32** 263, 268 ff
Notstand
– entschuldigender ~ und Notwehr **32** 206 f, 212 f, 215, 322
– rechtfertigender ~ und Notwehr **32** 9, 53, 81, 206 f, 209, 212; **34** 93
Notstandsrecht
– der Polizei **32** 263
– des Vermieters **32** 53
notwehrähnliche Lage **32** 127 ff, 132 f
Notwehreinschränkung, Versuche der **32** 254 ff
Notwehrerfolg **32** 222 f
Notwehrexzeß *siehe auch Notwehrüberschreitung*
– extensiver ~ **32** 338
– intensiver ~ **32** 2, 340; **33** 1 ff
– Putativnotwehrexzeß **32** 344; **33** 28 ff
gegen Notwehrexzeß **33** 51
notwehrfähige Güter
– des einzelnen **32** 163 ff
– des Staates **32** 162, 196
Notwehrhandlung **32** 136 ff, 222 f
Notwehrlage **32** 22, 316, 322
Notwehrmerkmale **32** 337 ff
– deskriptive ~ **32** 338 ff
– Irrtum über ~ **32** 337 ff
– normative ~ **32** 341 ff
Notwehrprovokation **32** 281 ff
Notwehrüberschreitung *siehe auch dort* **32** 338, 340, 347
Notzeiten **32** 246, 315, 319
Objekte
– des Angriffs **32** 307, 312 ff
– der Verteidigung **32** 162, 163 ff, 204
objektive Bestimmung
– des Angriffs **32** 24 ff
– der Erforderlichkeit der Abwehr **32** 219 ff
– des Unrechts **32** 60 ff, 64 ff, 139
– der Verteidigung **32** 138 ff
im Ordnungswidrigkeitenrecht **Vor 32** 68; **32** Vor 1, 1
Perversion des Rechts **32** 111
als Pflicht **32** 326 ff, 329 ff
Polizeirecht und Notwehrrecht **32** 263 ff, 280
Prävention **32** 135
Präventivmaßnahmen **32** 114, 128, 248
Präventivnotwehr **32** 126 ff, 129, 135, 276; **33** 10 ff
Proportionalität
– von angegriffenem und zu verteidigendem Gut **32** 313 ff
– von Angriffs- und Abwehrverhalten **32** 224 ff
Provokationsfälle **32** 295 ff
im Prozeß **32** 354
Putativnothilfe **32** 336c
Putativnotwehr **32** 335 ff; **33** 14, 24 ff
– des Amtsträgers **32** 65 f, 120
– als Bedeutungsirrtum **32** 338, 341 f, 344 f
– Begriff **32** 336
– als Erlaubnisnormirrtum **32** 342, 346
– als Erlaubnistatbestandsirrtum **32** 338 ff, 342 ff
– als extensiver Notwehrexzeß **32** 338
– Fahrlässigkeitsdelikt **32** 343
– als intensiver Notwehrexzeß **32** 340
– Notwehrexzeß, Abgrenzung **32** 338, 340, 347; **33** 24 ff
– des Privaten **32** 66, 335 ff
– als Tatsachenirrtum **32** 338 ff, 343
– als Unrechts- oder Verbotsirrtum **32** 346
– Widerstand gegen die Staatsgewalt und ~ **32** 345
Putativnotwehrexzeß **32** 344; **33** 28 ff
gegen Rauschtat **32** 63
Recht am eigenen Bild als notwehrfähiges Gut **32** 186
Rechtfertigungsgründe, andere und ~ **32** 8 ff
als Rechtfertigungsgrund **32** 1, 5, 322
Rechtmäßigkeit der Diensthandlung **32** 64 ff
Rechtsfolgen **32** 321 ff
Rechtsgrund **32** 1 ff, 11 ff
Rechtsgüter *siehe Notwehr – Objekte*
Rechtsgüter der Allgemeinheit und ~ **32** 195 ff, 199, 208 f
Rechtsmißbrauch **32** 282, 284, 286, 288, 293, 314
Rechtsnatur **32** 1 ff, 5 ff, 8, 322
Rechtsordnung
– Bewahrung der ~ **32** 13
– als notwehrfähiges Gut **32** 197
Rechtswidrigkeit
– von Amtshandlungen **32** 64 ff
– des Angriffs **32** 54 ff, 60 ff
Rechtzeitigkeit der Abwehr **32** 135
Reflexhandlung als Angriff **32** 27

Notwehr (Forts.)
Remonstration des Befehlsempfängers **32** 84, 87
Repression und ~ **32** 129, 252
Richtung der Verteidigung **32** 204 ff
Risiko der Abwehrfolgen beim Angreifer **32** 238, 289
Sachgüterschutz **32** 40, 180, 182, 229, 246, 254, 257, 260 f, 313 ff, 320
Sachwehr **32** 8, 40 ff, 211
Schadensersatzanspruch des Angegriffenen **32** 323
Schein-/Scherzangriff **32** 29, 338
Schießbefehl **32** 93
Schlägerei und ~ **32** 143, 173
Schlafhandlung als Angriff **32** 27
Schreckschuß **32** 239 ff
Schußwaffengebrauch
– polizeilicher ~ **32** 247, 263, 276 ff
– privater ~ **32** 137, 227 f, 239 ff, 246 f, 252, 320
Schutzschild, menschliches **32** 216 f
Schutzwehr **32** 137
Schwangerschaftsabbruch und ~ **32** 168 ff
Selbsthilferecht und ~ **32** 4, 10, 48, 55, 145
Selbstschußanlagen **32** 252
Selbstschutzanlagen **32** 114, 248 ff
Selbsttötungsversuch, Nothilfe **32** 165 ff
Selbstverstümmelung eines Wehrpflichtigen, Nothilfe **32** 174
Selbstverteidigung **32** 1, 4, 8, 14
sofortige Beendigung des Angriffs **32** 237
sozialethische Betrachtung **32** 14, 309 ff
Staat
– als Angegriffener **32** 153 ff
– kein Angreifer **32** 33 ff, 37
Staatsnothilfe **32** 147 ff, 152 ff, 161
Staatsnotwehr **32** 151
im Straßenverkehr **32** 181, 198, 231 f, 245
Subjekt
– der Abwehr **32** 147 ff
– des Angriffs **32** 30 ff, 307 ff
subjektivistische Unrechtslehre **32** 63 ff, 78 f
Tatsachenirrtum
– des Amtsträgers **32** 67
– der Privatperson **32** 66, 338 ff, 343
Tier
– als angegriffenes Objekt **32** 148, 189
– als Angreifer **32** 38 ff, 44, 58
gegen Tierquälerei **32** 148, 189
Todesschuß **32** 247, 263 ff, 275 ff
Tonbandaufnahmen als Notwehrhandlung **32** 132 ff
Trutzwehr **32** 137
Unfugabwehr **32** 314
Unrechtsirrtum **32** 64, 67, 346
Unverhältnismäßigkeit kollidierender Güter **32** 224, 313 ff, 317 f, 320
Unversehrtheit, körperliche als notwehrfähiges Gut **32** 173
Verbotsirrtum **32** 346
Vergeltung statt Verteidigung **32** 252
Verhältnismäßigkeit
– von Abwehr- und Angriffsverhalten **32** 224 ff
– von verletzem und verteidigtem Rechtsgut **32** 38 ff, 44, 58
Verlöbnis als notwehrfähiges Gut **32** 61, 183
vermeintliche ~ *siehe Notwehr – Putativnotwehr*
des Vermieters gegen den Mieter **32** 50 ff
Versorgungsanspruch des Nothelfers **32** 323 f
Verteidiger
– natürliche Person als ~ **32** 149
– als Träger der Abwehr **32** 148 ff
Verteidigung
– Begriff **32** 137 ff, 144
– Erforderlichkeit **32** 218 ff
– Form **32** 200
– Geeignetheit **32** 237 ff
– Mittel **32** 225 ff
– Objekte **32** 163 ff
– Richtung **32** 204 ff, 209
– Träger **32** 147 ff
– Zeitpunkt **32** 135
Verteidigungserfolg **32** 222
Verteidigungshandlung **32** 222
Verteidigungsnotstand *siehe Notwehr – Sachwehr*
Verteidigungswille, nicht erforderlicher **32** 25, 138 ff, 282, 292
Vertraulichkeit des Wortes, Verletzung und ~ **201** 38 ff
Verunglimpfung des Staates und Notwehr/Nothilfe **32** 158
gegen Vollstreckungshandlung, unrechtmäßige **113** 23, 40
Warnschuß **32** 221, 227, 241, 247
Wegnahme der Angriffswerkzeuge **32** 242
Widerstand gegen Vollstreckungsbeamte und ~ **32** 64 ff, 73
gegen Widerstand gegen Vollstreckungsbeamte **113** 38
Widerstandsrecht, politisches **32** 34, 159 ff
Wilderer als Nothelfer **32** 66, 141
gegen Wilderer **32** 66, 120
Zivilrecht und ~ **32** Vor 1, 1
im Zivilrecht **Vor 32** 68
Zwangsernährung, Zulässigkeit **32** 165

Notwehrähnliche Lage
Verletzung der Vertraulichkeit des Wortes und ~ **201** 38 ff, 42
Notwehrexzeß *siehe Notwehrüberschreitung*
Notwehrüberschreitung
Absichtsprovokation **33** 71
Äquivalenztheorie **33** 71
Affekt **33** 58 ff, 68
– asthenischer ~ **33** 60, 68
– Begriff **33** 59
– als Mitursache des Notwehrexzesses **33** 69 ff
keine analoge Anwendung auf andere Rechtfertigungsgründe **33** 75 f
Angriff mittels fremder Sachen oder Personen **33** 23
Angst **33** 40, 60
Anwendbarkeit des § 33 im Zivilrecht **33** 77 ff
Ausnahmezustand, psychischer **33** 58
Bedingungstheorie **33** 71
Berufspflichten und ~ **33** 62
Bestürzung **33** 40, 66, 69
Beweggrund **33** 67, 70
Beweis der ~ **33** 83 f
Defensivhandlung **33** 43
Dritter
– Eingriff in Rechte ~ **33** 18, 44
– unbeteiligter ~ und Notwehrexzeß **33** 16 ff, 18 f, 44
drittwirkende Notwehr **33** 23
Eingriff in Rechte Dritter **33** 18, 44
Einheit der Rechtsordnung und ~ **33** 82
Empörung als Grund der Verwirrung **33** 67
als Entschuldigungsgrund **33** 35 ff, 37 ff, 41, 73 ff
Entstehungsgeschichte **33** EntstG
extensiver Notwehrexzeß **33** 1, 3 ff, 7 f, 10 ff, 16 ff, 39, 42, 44
Exzeß, Begriff **33** 1, 6, 10
Fahrlässigkeit **33** 19, 52
Furcht
– als asthenischer Affekt **33** 58, 60 ff, 70
– als Ursache des Exzesses **33** 70 ff
in dubio pro reo **33** 72, 83 f
intensiver Notwehrexzeß **32** 2, 340; **33** 2 f, 9, 39, 42
Irrtum **33** 14, 19, 25 f
Notstand(sfälle) **33** 18, 21, 49, 82
Notwehr gegen ~ **33** 51
Notwehr, drittwirkende **33** 23
Notwehrexzeß
– Begriff **33** 1, 6, 10
– Beispiele **33** 2, 25, 45 ff
– Beweis im Straf-/Zivilprozeß **33** 83 f
– als Entschuldigungsgrund **33** 37
– Formen **33** 1
– intensiver ~ **33** 1, 2 f, 39, 42, 45
– nachzeitig-extensiver ~ **32** 338; **33** 1, 4 ff, 7 f, 39, 42, 48
– Putativnotwehr, Abgrenzung **32** 338, 340, 347; **33** 24 ff
– räumlich-extensiver ~ **33** 1, 16 ff, 44
– Rechtsgrund **33** 39 ff
– Rechtsnatur **33** 34 ff, 37
– Wirkung **33** 73
– Zivilrecht und ~ **33** 77 ff, 81 f
Notwehrprovokation **33** 74
objektive Voraussetzungen **33** 42 ff
Präventivhandlung **33** 43
Präventivnotwehr **33** 10 ff, 13 f, 43
Putativnotwehr **33** 14, 24 ff
– Notwehrexzeß, Abgrenzung **32** 338, 340, 347; **33** 24 ff
Putativnotwehrexzeß **32** 344; **33** 26, 28 ff, 33
Rache **33** 58, 68
Rechtsfolgen
– Schadenshaftung, ausnahmsweise **33** 77 ff
– Schuldausschluß **33** 73 ff, 83
Rechtsgrund **33** 39 ff
Rechtsnatur **33** 34 ff
Sachwehr **33** 76
Scherzangriff **33** 26, 33
Schrecken
– als Grund eines Affekts **33** 59, 63 ff
– als Ursache eines Notwehrexzesses **33** 70 ff
Schuldauffassung
– normative ~ **33** 57, 68, 79 ff
– psychologische ~ **33** 79
Schußwaffengebrauch
– als Notwehr **33** 46
– als Notwehrexzeß **33** 2, 15, 21, 45
Soldat **33** 62
Standespflichten und ~ **33** 62
kein Strafausschließungsgrund **33** 38
subjektive Merkmale
– Verwirrung, Furcht oder Schrecken **33** 58 ff
– Vorsatz oder Fahrlässigkeit **33** 52 ff
Tatsachenirrtum **33** 25 f
Überschreitung der Notwehr **33** 1, 6, 10, 16
als unerlaubte Handlung **33** 76 ff
Unrecht der ~ **33** 39 f, 49 ff
Unterschreiten von Zeit und Mitteln **33** 10, 74
Ursachen **33** 70 ff
Verbotsirrtum **33** 14
Verwirrung
– als Folge eines Affekts **33** 32, 59, 66 ff
– als Ursache eines Notwehrexzesses **33** 70 ff
Vorsatz **33** 52 ff

Notwehrüberschreitung (Forts.)
Warnschuß **33** 2, 15
wirkliche Notwehr **33** 2, 12, 16, 24, 40
Wut **33** 55, 58, 68
Zeitliche Überschreitung **33** 1, 4 ff, 10
Notzeichen
Mißbrauch **145** 4
Notzucht *siehe Vergewaltigung*
NS *siehe Nationalsozialismus*
Nürnberger Gesetze
Rechtsbeugung **339** 44
Nürnberger Juristenprozeß
Abschreckungsgedanke **46** 34
Nürnberger Kriegsverbrecherprozesse
Gesetzlichkeitsprinzip und ~ **1** 44
Konvention über die Verhütung und Bestrafung des Völkermordes und ~ **220a** 2
Nuklearkriminalität 328 EntstG, 1, 20, 69
nulla poena extra culpam 46 4
nulla poena sine culpa *siehe Schuld; siehe Schuldprinzip*
nullum crimen/nulla poena sine lege *siehe auch Bestimmtheitsgebot; siehe auch Gesetzlichkeitsprinzip; siehe auch Rückwirkungsverbot*
Beendigung, Rechtsfigur der materiellen und ~ **27** 35
Entwicklungsstufen der Vorsatztat und ~ **Vor 22** 2
als fundamentale Strafrechtsnorm **Einl** 9
Rechtsbeugung und ~ **339** Vor 1, 52
Versuchsstrafbarkeit **Vor 22** 2, 127; **22** 27, 56, 77, 202
Völkergewohnheitsrecht und ~ **Vor 3** 6
Nutznießungstheorie 259 1

Obduktion *siehe Leichenschau*
Oberkreisdirektor
Untreue **266** 121
Obhutspflicht
Mißhandlung von Schutzbefohlenen **225** 7
Objektive Theorien
Täterschaft-Teilnahme-Abgrenzung **25** 6, 34
Objektive Versuchstheorien Vor 22 90 ff
Öffentliche Aufforderung zu Straftaten
Adressatenkreis **111** 7, 10, 13, 21
Äußerungsdelikt **111** 10a
agent provocateur **111** 27
Anleitung zu Straftaten und ~ **111** 34; **130a** 10, 12, 34
Anstiftung und ~ **111** 4, 7 ff, 18, 23, 33
– Kettenanstiftung **111** 21
Auffangtatbestand **111** 4
Aufforderung **111** 8 ff
– zur Anstiftung **111** 21
– zur Beihilfe **111** 22
Aufforderung zur Bannkreisverletzung **111** 35
Aufforderungsdelikt **111** 4a, 10b
Befürworten von Straftaten, bloßes **111** 8a
Belohnung/Billigung von Straftaten **140** 7, 13
Bestimmtheit der Tat **111** 7a, 23
Bildung krimineller Vereinigungen und ~ **111** 34; **129** 7
Entstehungsgeschichte **111** 1 ff
Erfolg **111** 7, 22, 24 ff
Erfolglosigkeit **111** 21, 24, 28 f
Ernstlichkeit, mangelnde **111** 8, 8c, 27, 30
Fahnenflucht, Aufforderung zur ~ **111** 3, 22a
fremde Erklärung, Wiedergabe **111** 10a f
Gefährdungsdelikt, abstraktes **111** 5, 6a
Gehorsamsverweigerung, militärische **111** 3, 13
Irrtum **111** 30 f
Konkurrenzen **111** 32
Kriminalstatistik **111** 3
Landfriedensbruch und ~ **111** 34; **125** 55, 61, 75
Mehrheit begangener Taten nach Aufforderung **111** 32
Mittäterschaft **111** 30c
öffentlich **111** 12 ff
Ordnungswidrigkeit **111** 20, 35
parlamentarische Äußerungen/Berichte, Straflosigkeit und ~ **36** 44
Pressefreiheit und ~ **111** 10b f
Presseinhaltsdelikt **111** 10b f, 37
Qualifikation und Deliktseinteilung **111** 26
Rechtfertigung **111** 30b
Rechtsgut **111** 5 ff, 21, 32 f, 36
rechtswidrige Tat **111** 18 ff
– Konkretisierung **111** 23
Rücktritt **111** 31
– des Aufgeforderten **111** 25
Sitzblockade **111** 8b, 10, 23, 30a, 30b
Strafantrag **111** 36
Teilnahme **111** 30c
Unmutsäußerung, bloße **111** 8d
Verbreiten von Schriften **111** 16 ff
Versammlung **111** 14 f
Volksverhetzung und ~ **111** 4a, 34; **130** 19
Volkszählung, Proteste gegen **111** 3, 9, 10, 22a, 30a, 30c, 35
Vorbereitungshandlungen **111** 21
Vorsatz **111** 30
Öffentliche Bekanntgabe *siehe Bekanntgabe*
Öffentliche Ordnung
Begriff **125** 41
öffentliche Sicherheit und ~ **125** 41
als Rechtsgut **138** 2; **Vor 284-287** 7
Straftaten gegen die ~ **Vor 125-145d** 1 ff
Öffentliche Sicherheit
Begriff **125** 39 f, 43

Öffentliche Sicherheit (Forts.)
Gefährdung **125** 44
innere Sicherheit und ~ **125** 39
als Rechtsgut **125** 1; **N 127** 2; **129** 1, 3; **129a** 4; **130a** 5; **140** 1; **323c** 28
Öffentlicher Betrieb *siehe Betrieb, öffentlicher*
Öffentlicher Tadel
als Sanktion **Vor 38** 64
Öffentlicher Verkehr
dem öffentlichen Verkehr dienende Anlagen/Unternehmen **N 88; 88**
als Sabotageobjekt **N 88; 88** 2; **88** 2
Öffentliches Amt *siehe Amt, öffentliches*
Öffentliches Wirken
üble Nachrede und Verleumdung **188** 1 ff
Öffentlichkeit
Aufforderung zu Straftaten, öffentliche **111** 12 ff
Beschimpfung von Bekenntnissen, Religionsgesellschaften und Weltanschauungsvereinigungen **166** 38 ff
Erregung öffentlichen Ärgernisses **183** 3 f
Glücksspiel, unerlaubtes **284** 15 f
Pornographie **184** 38, 45, 47
Schwangerschatsabbruch, Werbeverbot **219a** 6
Üble Nachrede, öffentlich begangene **186** 13
Verleumdung, öffentlich begangene **187** 6
Veranstaltung einer Lotterie/Ausspielung, unerlaubte **Vor 287** 6; **287** 20 f
Öffentlichkeitsbereich
Pressebefugnis und ~ **193** 20
Öffentlichkeitsflucht **193** 28
Öffentlichkeitsgrundsatz
Gerichtsverhandlungen, verbotene Mitteilungen und ~ **353d** 1 f
Öffentlichkeitssphäre *siehe Sphärentheorien*
Ökologie *siehe Umwelt; siehe Umweltschutz*
Ökosystem
Begriff **Vor 324** 9a f
Ölverschmutzung
der Meere **324** 2, 74, 87; **326** 108
Österreich
Betrugsstrafrecht **Vor 263** 12, 56 ff
Erschleichen von Leistungen **265a a.F.** 9
Konkursstraftaten **Vor 283** 186 ff; **283** 11
Strafrechtsreform **Einl** 110, 135
Versicherungsbetrug **265 a.F.** 5
Versuchsstrafbarkeit **Vor 22** 150
Wettbewerbsstrafrecht **Vor 298** 4, 22
Offenbaren
von Dienstgeheimnissen **353b** 17 ff
von Staatsgeheimnissen *siehe Offenbaren von Staatsgeheimnissen*
von Steuergeheimnissen **355** 25
von Tatsachen aus nichtöffentlicher Gerichtsverhandlung **353d** 33
Offenbaren von Staatsgeheimnissen
amtliche Stelle **95** 4
Anzeigepflicht **96** 12; **138**
besonders schwerer Fall **95** 9
bürgerliche Statusrechte, Verlust als Nebenfolge **95** 12; **101** 1 ff
Einziehung **95** 12; **101a** 1 ff
Gefahr schweren Nachteils für die äußere Sicherheit **95** 5
Irrtum **95** 8
Konkurrenzen **95** 10
Nebenfolgen **95** 12
parlamentarische Äußerungen/Berichte, Straflosigkeit und ~ **36** 44
Rechtfertigung **95** 7
Sichverschaffen **96** 3
Verjährung nach presserechtlichen Vorschriften **95** 11
Versuch **95** 8, 9
Vorfeldtatbestand/Vorbereitungshandlung **96** 1
Vorsatz **95** 7
Offenbarungsabsicht **96** 4 f
Offenbarungseid **154** 1, 8, 20; **156** 1
Offenkundigkeit
verfassungsfeindlicher Handlung, Widerstandsrecht **Vor 32** 88
Offensichtlichkeit
Handeln auf nicht offensichtlich rechtswidrigen Befehl **Vor 13** 84
schwerer Menschenrechtsverletzung, Rechtsbeugung **339** 54b
verfehlter Strafe **60** 33 ff
Offizialdelikt
Absprachen, wettbewerbsbeschränkende **298** 57
Ausspähen von Daten, relatives ~ **202a** 1
Post- und Fernmeldegeheimnis, Verletzung **206** 1
Vertraulichkeit des Wortes, Verletzung **201** 51; **205** 1
Offizier
als Täter eines Amtsdelikts **Vor 331** 4
Oligopol **Vor 298** 4
ommissio libera in causa
Versuch **22** 168
omnimodo facturus **26** 17 ff; **30** 12, 30
Opfergleichheitsgrundsatz
Geldstrafe, Strafzumessung **Vor 40** 52
Opferschutz *siehe auch Personalitätsprinzip, passives*
und Rücktrittsprivileg **24** 19 ff
Opferverhalten
Strafzumessung, Bedeutung **46** 124 ff

Opiate
als Rauschmittel **316** 145 f, 158; **323a** 94
Wechselwirkungen mit Alkohol **316** 133
Wechselwirkungen mit anderen Drogen **316** 147
Opportunitätsprinzip
Angriff gegen Auslandsorgane/Auslandsvertreter **102** 6
im Internationalen Strafrecht **4** 48 ff; **5** 99; **6** 83 f; **7** 79
im Staatsschutzstrafrecht **Vor 80** 17, 34
Verfolgungszwang, völkerrechtlicher und ~ **4** 49 ff
Opus Dei Vor 166 17
Orderpapier 264a 19 f, 25
Orderschuldverschreibung
Wertpapierfälschung **151** 2
Ordnung
öffentliche ~ *siehe Öffentliche Ordnung*
Ordnungsgeld Vor 38 82 f
Ordnungshaft Vor 38 82
Vollstreckung gegen Unschuldige **345** 6
Vollzug **38** 58
Ordnungswidrigkeit
Begriff **Einl** 11; **Vor 13** 3
Straftat und ~ **Einl** 11; **12** 29 f
Unterbringung in Entziehungsanstalt nach ~ **64** 22
Unterbringung in psychiatrischem Krankenhaus nach ~ **63** 19
Ordnungswidrigkeitenrecht
Einheitstäterbegriff **Einl** 12, 79
Einziehung im ~ **Vor 38** 75; **Vor 73** 15; **74a** 3; **74c** 3; **75** 3
Einziehung von Schriften **74d** 1a
Fahrverbot als Nebenfolge im ~ **Vor 38** 45; **44** 3, 6
Gesetzlichkeitsprinzip und ~ **1** 4
Kumulationsprinzip **Vor 52ff** 3
Mischtatbestände im ~ **18** 6
Notstand, rechtfertigender **Vor 32** 69; **34** 88
Strafrecht und ~ **Einl** 10 ff
Ubiquitätsprinzip im ~ **9** 3
Unbrauchbarmachung von Schriften im ~ **74d** 1a
Verfall im ~ **73** 14
Verjährung im ~ **Vor 78** 3, 11a
Ordnungswidrigkeitenverfahren
Rechtsbeugung **339** 20, 31, 85, 94
ordre public-Vorbehalt 7 28
Organ
Begriff **14** 44; **14** 44
Einziehung gegen ~ **75** 1 ff
faktisches ~ **14** 23, 69
menschliches ~, Sacheigenschaft **242** 4
Untreue **266** 66, 125, 129, 171
vertretungsberechtigtes ~ **14** 44
Organentnahme *siehe auch Transplantation*
eigenmächtige ~ und rechtfertigender Notstand **168** 17, 45
erlaubte ~ **168** 8 ff
– Informationslösung **168** 8 f, 14 f
– Todeszeitpunkt **168** 10 ff
– Widerspruchslösung **168** 8 f, 13, 15
– Zustimmungslösung, enge **168** 8 f, 12, 15
– Zustimmungslösung, erweiterte **168** 8 f, 12 f, 15, 17
Körperverletzungsdelikte und ~ **168** 19; **223** 18; **226** 37; **228** 1, 46
Organ, Sacheigenschaft **242** 4
Tötung auf Verlangen und ~ **168** 12
Tötungsdelikte und ~ **Vor 211** 8, 10
Organhaftung, strafrechtliche *siehe Handeln für einen anderen*
Organhaftungstheorie 14 3
Organhandel 168 13 ff, 16
Auslandstat **N 5**; **168** 19
Organisationsdelikt
Bildung krimineller Vereinigungen **129** 1, 37, 65
Bildung terroristischer Vereinigungen **129a** 6
Handlungseinheit, tatbestandliche **Vor 52ff** 23
Tateinheit **52** 26
Tötungsdelikte und ~ **212** 44
Verbreiten von Propagandamitteln verfasungswidriger Organisationen **86** 1
Vertreterhaftung, strafrechtliche **14** 21, 27 f, 30
Verwenden von Kennzeichen verfassungswidriger Organisationen **86a** 1
Organisationsherrschaft 25 128 ff, 184
Organisationsverbot
Zuwiderhandlungen gegen ~ **85** 1
Organisierte Kriminalität
agent provocateur *siehe dort*
Bandenhehlerei **260** 3 f
Begriff **Vor 129** 3; **261** 1
Bekämpfung **43a** EntstG, 2, 4; **Vor 125-145d** 8; **Vor 129** 3; **129** 25; **181c** 1
Betrugsdelikte **Vor 263** 4, 17, 104; **263** 1, 48, 141, 222, 297, 307, 331
Erscheinungsformen **129** 6
Gewinnabschöpfung **73d** 2
Glücksspiel, unerlaubtes **Vor 284-287** 2, 3, 6; **284** 24; **286** 2
Korruption und ~ **N 331-338** 2, 8
Kraftfahrzeugverschiebungen **276a** 2
Kriminal-/Rechtspflegestatistik **Vor 129** 5, 6
Kriminelle Vereinigung und ~ *siehe auch dort* **Vor 129** 3

Organisierte Kriminalität (Forts.)
Lauschangriff **201** 29
mittelbare Täterschaft kraft organisatorischer Machtapparate **25** 129
Urkundenfälschung **Vor 267** 7; **267** 232; **282** 1
Verfall, erweiterter und ~ **73d** 1 f, 22
Verschaffen von falschen amtlichen Ausweisen **276** 2, 8
Versicherungsmißbrauch/-betrug **265 n.F.** 2
Wettbewerbsstrafrecht **Vor 298** 1, 9
Ostsee
Umweltdelikte **330** EntstG 2; **330a** EntstG 2; **324** EntstG 5, 2a, 21a; **326** EntstG 8, 94
Ozonloch Vor 324 1

Pacht
Untreue **266** 75, 114
Papier
zur Fälschung amtlicher Ausweise geeignet **275** 6
falsche aufenthaltsrechtliche ~ **276a** 3 f
par conditio creditorum Vor 283 2, 4; **283c** 1; **283d** 4
Parallelwertung in der Laiensphäre
Absprachen, wettbewerbsbeschränkende **298** 44
Amtsdelikte **Vor 331** 7
Angestelltenbestechlichkeit/-bestechung **299** 44
Bestechlichkeit **332** 13
Betrug, Vorsatz **263** 241
Computerbetrug **263a** 72
Diebstahl, besonders schwerer Fall **243** 45
Fälschung beweiserheblicher Daten **269** 24
Falschbeurkundung, mittelbare **271** 85
Falsche Versicherung an Eides statt **156** 5
Hausfriedensbruch, schwerer **124** 110
Jagdwilderei **292** 64, 95
Kreditbetrug **265b** 98
Personenstandsfälschung **169** 30
Unerlaubter Umgang mit gefährlichen Abfällen **326** 137
Unterschlagung (Veruntreuung) **246** 27
Untreue **266** 153
Verbreitung pornographischer Schriften **184** 51
Verschleppung **234a** 49
Versuch **22** 182, 215, 217, 219, 222, 224, 228, 236
Vorsatz **16** 43
Wucher **302a** 53 f
Parkplatz/-haus
als öffentlicher Verkehrsraum **315b** 7 f
Parkuhren
Erschleichen von Leistungen **265a a.F.** 21, 23, 33
Parlament *siehe auch Bundestag; siehe auch Gesetzgebungsorgan*
Abstimmungsfreiheit **36** 4
Äußerungen/Berichte, Straflosigkeit *siehe Parlamentarische Äußerungen/Bericht, Straflosigkeit*
Mitgliedschaft in einem ~ **36** 28 ff
Ordnungsgewalt, autonome **36** 6
Redefreiheit **36** 4
Sicherstellung der Funktionsfähigkeit **36** 4
Parlamentarier *siehe Abgeordneter*
Parlamentarische Äußerungen/Berichte, Straflosigkeit
Abstimmung **36** 39
Äußerungen
- Begriff **36** 40 f
- extrane ~ **36** 38
Ausnahme vom Schutzbereich **36** 42 ff
Ausschüsse **36** 32 f; **37** 13
Beleidigung von Auslands-organen/Auslandsvertretern und ~ **36** 42, 44
Beleidigungen, verleumderische und ~ **36** 42; **37** 24
Berichte
- Begriff **37** 16 ff
- Bezug zur öffentlichen Sitzung **37** 21 f, 23
- wahrheitsgetreue ~ **37** 19 f
Bundesratsmitglieder **36** 30
Bundestagsmitglieder **36** 25
Bundesversammlung, Mitglieder **36** 25
DDR
- Alttaten **36** 51
- Recht **36** 49 ff; **37** 35
Ehrverletzungsdelikte, Beschränkung auf **36** 44; **37** 25
Entstehungsgeschichte **Vor 36/37**
Europäisches Parlament, Mitglieder **36** 27
Fraktionen **36** 34
Gemeinsamer Ausschuß, Mitglieder **36** 30, 33
Immunität *siehe auch dort*
- Indemnität und ~ **36** 7, 43, 46 ff
Indemnität *siehe auch dort* **36** 1 ff
- Immunität und ~ **36** 7, 43, 46 ff
- Verfassungsrecht, Verhältnis zum Strafrecht **36** 8 ff
Körperschaft **36** 31; **37** 12
Landesgesetzgebungsorgane, Mitglieder **36** 26
Mitgliedschaft in einem Parlament **36** 28 ff
öffentliche Sitzungen **37** 14 f
Öffentlichkeit parlamentarischer Verhandlungen **37** 2

Parlamentarische Äußerungen/Berichte, Straflosigkeit (Forts.)
als Privileg des Parlaments **37** 3
Rechtfertigungsgrund **37** 9 ff
Rechtsnatur **36** 9 f; **37** 9 ff
Richterwahlausschuß **36** 30
Schutzbereich
– institutionelle/funktioneller ~ **36** 31 ff
– personaler ~ **36** 25 ff, 30
– sachlicher ~ **36** 39 ff
Störpropaganda gegen die Bundeswehr und ~ **36** 42
Strafausschließungsgrund, persönlicher **36** 9 f; **37** 9 ff, 27
Straftaten, schwere und ~ **36** 44; **37** 25
Tätigkeitsbereiche, geschützte **36** 31 ff
Tätlichkeit, reine **36** 41
Verantwortlichkeitsfreiheit für wahrheitsgetreue Berichte **37** 2
Verfassungsmäßigkeit **36** 16
Verfassungsrecht **36** 8, 13 ff; **37** 4 ff
Vermittlungsausschuß, Mitglieder **36** 30, 33
Verunglimpfung des Andenkens Verstorbener und ~ **36** 42
Verunglimpfung des Bundespräsidenten und ~ **36** 42, 44
Wahrnehmung berechtigter Interessen und ~ **36** 12
Wirkung
– im Presserecht **37** 31 ff
– im Staats- und Verwaltungsrecht **36** 24; **37** 30
– strafrechtliche ~ **36** 8 ff; **37** 26 ff
– im Zivilrecht **36** 20 ff; **37** 30
Zweck **36** 3, 43, 46; **37** 2
Parlamentarischer Meinungsbildungsprozeß
als Rechtsgut **N 108e** 1
Parlamentsausschuß
Nötigung **105** 2
Schweigepflicht der Mitglieder/Hilfskräfte **203** 74
Parlamentspräsident
strafrechtlicher Schutz des Hausrechts **106b** 1
Partei
Fortführung einer für verfassungswidrig erklärten ~ **84** 1 ff
Parteienprivileg *siehe dort*
Parteischiedsgericht, Rechtsbeugung **339** 24
Parteiverrat **356** 39 ff, 49
politische ~, Begriff **84** 2
politische ~ und Weltanschauung **166** 20
Parteieid **154** 1, 6 f
Parteienprivileg **129** 23, 39; **129a** 14
Staatsschutzrecht und ~ **Vor 80** 25 ff; **84** 2 ff; **85** 2, 7; **86** 8; **90** 12; **90a** 25
Parteispenden
Abgeordnetenbestechung und ~ **N 108e** 6
Bildung krimineller Vereinigung und ~ **129** 21
Untreue **266** 94
Parteiverbot *siehe Fortführung verfassungswidrig erklärter Partei* **129** 23
Parteiverrat
Abwickler **356** 19
Amtsvergehen **356** 2
Anbahnungsgespräch **356** 53
Angelegenheit **356** 19
– anvertraute ~ **356** 80
– Erlöschen **356** 86
– Mandant **356** 80
– Umfang **356** 82
Anvertrauen **356** 80 ff
Anwalt
– Anwaltseigenschaft als besonderes persönliches Merkmal **28** 60
– ausländischer ~ **356** 16
– gerichtlich bestellter ~ **356** 81
– Vertreter **356** 17, 19
Anwaltnotar **356** 17
Anzeigeerstatter **356** 43
Beginn der Tathandlung **356** 52
Beistand
– des § 149 StPO **356** 24
– des § 69 JGG **356** 24
– des § 90 ZPO **356** 24
Beistandleisten **356** 29, 51
Beleidigungen **356** 75
Berufsvergehen **356** 1, 3 ff
Blankettatbestand **356** 57
Buchprüfer **356** 23
Bürge **356** 40, 92
Bürogemeinschaft **356** 32
Dienen **356** 30 ff
– beruflich/außerberuflich **356** 34, 36, 38
– im Eigeninteresse **356** 38
– Gefälligkeiten **356** 34
– der Gegenpartei **356** 38, 51
– gleichzeitig **356** 29
– durch Hilfskräfte **356** 32
– höchstpersönlich **356** 32
– mehrfachberuflich **356** 35
– unentgeltlich **356** 29, 34
– durch Unterlassen **356** 33
– Vollendung **356** 104
– Vorbereitung **356** 52
Doppelberufler **356** 35
Doppelparteistellung **356** 50
Eheaufhebung **356** 61
Ehescheidungsverfahren **356** 61, 63, 74
Einverständnis **356** 66, 93
– mit der Gegenpartei **356** 101

Parteiverrat (Forts.)
Einwilligung **356** 93
Gelegenheitsbeistand/-verteidiger **356** 24
Gerichtshilfe **356** 26
Gläubiger **356** 46
Haftpflichtverfahren **356** 64
Hehler **356** 75
Hochschullehrer **356** 25
höchstpersönlich **356** 32
Informationsaufnahme **356** 53
Insolvenzverfahren **356** 27, 37, 77, 89
Insolvenzverwalter **356** 27, 37, 77, 89
Interessen
- eigene ~ **356** 38
- gesetzwidrige ~ **356** 56
- gleichlaufende ~ **356** 66
- objektive/subjektive ~ **356** 59
- rechtlicher Schutz **356** 56
- tatsächliche Wahrnehmung **356** 72
Interessenausgleich **356** 62
Interessengegensatz **356** 55, 57
- bei Einverständnis **356** 66
- Erlöschen **356** 66, 73
- förmlicher/sachlicher ~ **356** 68
- nachträglich entstehender ~ **356** 71
- bei Privatklage **356** 43
- Prozeßgegner **356** 76
- in Statussachen **356** 61, 74
- in Strafsachen **356** 42 ff, 61, 75
- als Tatbestandsmerkmal, normatives **356** 57
- zur Tatzeit **356** 69
- bei Unterhaltsstreit **356** 74
- als Verbrechensmerkmal, allgemeines **356** 58
- im Verteilungsverfahren **356** 54
- von vornherein bestehender ~ **356** 70
- bei Zwangsvollstreckung **356** 54
Irrtum **356** 95 ff
- über dieselbe Rechtssache **356** 96
- über Interessengegensatz **356** 97
- über Pflichtwidrigkeit **356** 98
- über Täterqualität **356** 95
- Tatbestandsirrtum **356** 95 ff
- Verbotsirrtum **356** 99
Justitiar **356** 15
Konkurrenzen **356** 106
Kraftfahrzeughalter/-führer **356** 45
Leistung, teilbare **356** 47
Mandat **356** 52, 91
- Annahme **356** 52
- Beendigung **356** 86
- dieselbe Rechtssache **356** 91
- Interessengegensatz *siehe Parteiverrat – Interessengegensatz*
Mediator **356** 30, 62 ff
Mehrfachberufler **356** 35
Mitbeschuldigte **356** 42
Nachlaßverwalter **356** 27
Nachteil **356** 102
Nebenintervention **356** 41
Nebenklage **356** 43, 75
Notar **356** 17, 20
Notstand **356** 93
Partei **356** 39 ff, 49
- Beschuldigter **356** 42, 75
- Gericht **356** 43
- Gesamtgläubiger/-schuldner **356** 44
- Insolvenzbeteiligte **356** 41
- Mitbeschuldigte **356** 42, 75
- bei Privat-/Nebenklage **356** 43, 75
- Prozeßgegner **356** 40 ff, 76
- Staatsanwaltschaft **356** 43
- im Strafverfahren **356** 42 ff, 75
- Zedent, Zessionar **356** 48, 76
- Zeuge **356** 43, 75
Patentanwalt **356** 13
Pfleger **356** 26
Pflichtverteidiger **356** 81
Pflichtwidrigkeit **356** 51, 55, 58, 93
Privatkläger **356** 43
Prozeßgegner **356** 76
Rat **356** 29
Rechtsbeistand **356** 18 ff, 22
- Prozeßagent **356** 21
Rechtsfragen, abstrakte **356** 83
Rechtsgut **356** 1
Rechtspflegedelikt **356** 8 ff
Rechtsreferendar **356** 17, 24
Rechtssache **356** 79, 87 ff, 92, 95
- gleichartige/verschiedene ~ **356** 82, 89 ff, 92
- Identität **356** 82
Rechtswidrigkeit **356** 93
Scheidungssachen **356** 61
Schuld **356** 103
Schuldenregelung **356** 44, 78
Sequester **356** 27
Sonderdelikt **356** 5
Sozietät **356** 32
Staatsanwaltschaft **356** 43
Steuerberater **356** 23, 35
Steuerbevollmächtigter **356** 23, 35
Strafaktenauszug **356** 54, 78
Strafanzeige **356** 43, 54, 75
Strafaussetzung **356** 54
Sühneantrag **356** 54
Syndikus **356** 15
Täter, taugliche **356** 11 ff
Tätigkeitsdelikt **356** 33
Tathandlung **356** 51 ff
- Beispiele **356** 54

Parteiverrat (Forts.)
Teilnahme **356** 105
– notwendige ~ **Vor 26** 34; **356** 105
Testamentsvollstrecker **356** 27
Treuhänder **356** 26
Unfallregulierung **356** 65, 74
Unterlassen **356** 33
Untreuedelikt **356** 6
Vergleich **356** 63
Vergleichsverhandlungen **356** 54, 62 ff
Vergleichsverwalter **356** 27, 37
Verletzter **356** 41
Vermögensdelikt **356** 7
Versuch **356** 10 ff
Vertrauenswürdigkeit **356** 10
Vollendung **356** 10 ff
Vormund **356** 10
Vorsatz **356** 94, 102
Wiederaufnahmeverfahren **356** 75
Wirtschaftsprüfer **356** 23, 35
Zeuge **356** 43, 75
Zeugenbeistand **356** 24
Zwangsvollstreckung **356** 54
Paß
Ausweis, amtlicher **275** 3
Passiva
Begriff **283** 130
Erhöhung der ~, künstliche **Vor 283** 26; **283** 81
Paßwesen
Urkundenfälschung **267** 142, 249
Patentanmeldung
strafrechtlicher Schutz **Vor 93** 5; **95** 4
Patentanwalt
Parteiverrat **356** 13
Versagung/Widerruf der Zulassung **45** 36
Patentrecht
Staatsgeheimnisse und ~ **93** 29; **95** 4
Patientenverfügung
Körperverletzungsdelikte und ~ **223** 13
Sterbehilfe und ~ **Vor 211** 13, 20a
peculatus *siehe Untreue*
Perforation **34** 74; **212** 10; **218** 44
Perpetuierungsfunktion
einer Urkunde **267** 10
Perpetuierungstheorie
Hehlerei **259** 1
Persönliche Merkmale *siehe Besondere persönliche Merkmale*
Persönlichkeitsfremdheit der Tat
Schuldfähigkeit **20** 73
Persönlichkeitsrecht
Ehre und ~ **Vor 185** 2 ff
Tod und ~ **189** 2
Volksverhetzung und ~ **130** 11, 16
Persönlichkeitsschutz, postmortaler **34** 68; **Vor 166** 15; **167a** 2 f; **168** 2; **189** 2; **202** 27; **203** 30, 54 ff, 84 ff; **204** 3, 7f; **218** 26
Persönlichkeitsstörung
Schuldfähigkeit und ~ **20** 67 ff
Personalausweis
Ausweis, amtlicher **275** 3
Personaler Geltungswert **Vor 185** 9, 17, 21
Personalitätsprinzip
aktives ~ **Vor 3** 131 ff, 152; **7** 2
DDR-Recht **7** 80 f
Gewässerverunreinigung und ~ **324** 8, 22
passives ~ **Vor 3** 130, 152, 417; **7** 2
Personalratsmitglied
Wählbarkeit, Verlust **45** 37
Personalvertretung
Dienstgeheimnis, Verletzung **353b** 3
Schweigepflicht **203** 73
Personengemeinschaft
Beleidigung einer ~ **Vor 185** 25 ff
Personenhandelsgesellschaft
Einziehung bei Organhandlungen **75** 1 ff
Vertreterhaftung, strafrechtliche **14** 45 f
Personenkontakte
Verbot bestimmter ~ als Weisung bei der Führungsaufsicht **68b** 22
Personenmehrheit
und Kollektivbezeichnung **Vor 185** 28
Personenstandsfälschung
Abstammung, Begriff **169** 10
Allgemeinheit, Interesse der **169** 4
Angabe, falsche **169** 18 ff
Anmaßung eines Personenstandes **169** 12
anonyme Geburt **169** 10, 27
Babyklappe **169** 10, 27, 31
Behörde, zuständige **169** 21
Betrug und ~ **169** 12
(kein) Dauerdelikt **169** 3
Ehe **169** 11
keine Einwilligung, rechtfertigende **Vor 32** 115
Embryonenschutzgesetz **169** 20
Entstehungsgeschichte **169** EntstG, 1 f, 13
Fälschungsdelikte und ~ **Vor 169** 8
Falschbeurkundung, mittelbare **169** 12, 20
Familienrecht und ~ **169** 9
Familienstand **Vor 169** 11; **169** 1, 6 ff
Fortpflanzungsmedizin und ~ **169** 9 f, 20, 28
Garantenpflicht **169** 18, 25
Gefährdungsdelikt **169** 32
Irrtum **169** 31
Kind, Begriff **169** 16
Kindesaussetzung **169** 2, 27, 36
Kindesverwechslung **169** 2, 14
Konkurrenzen **169** 5, 27, 36
kriminalpolitische Bedeutung **Vor 169** 16

Personenstandsfälschung (Forts.)
Lebensgemeinschaft, nichteheliche **169** 11
Lebenspartnerschaft, eingetragene **169** 11
Mittäterschaft **169** 34
Ordnungswidrigkeitenrecht und ~ **169** 5, 21, 36
Personenstand **169** 6
Personenstandsrecht und ~ **169** 5, 36
Pflicht zur Familienstandsangabe **169** 18, 28
(kein) Pflichtdelikt **169** 25
Rechtfertigungsgründe **169** 27, 29
Rechtsgut **Vor 169** 11; **169** 4
Standesbeamter **169** 21
Täterschaft, mittelbare **169** 15, 19, 25, 27
Teilnahme **169** 27, 34
Totgeburt **169** 8
Unterdrücken **169** 25
Unterlassen **169** 14, 18, 25, 28
Unterlassungsdelikt, unechtes **169** 25
Unterschieben eines Kindes **169** 2, 13 ff
Vaterschaftsanerkennung, wahrheitswidrige **169** 20
Vaterschaftsvermutung, gesetzliche **169** 23
Verjährung **169** 35
Verstorbene **169** 8
Versuch **169** 33
Vollendung **169** 32
Vorsatz **169** 30
Personenstandswesen
Falschbeurkundung, mittelbare **271** 8, 50, 56, 67
Personwürde
Ehrbegriff und ~ **Vor 185** 2 ff
Petition
ehrenrührige Behauptungen in ~ **193** 22
Petitionsrecht
Falsche Verdächtigung und ~ **164** 33
Staatsgeheimnisse und ~ **93** 28
Pfändung
Begriff **136** 7
beweglicher Sachen **136** 8
von Grundstückszubehör **136** 8a
von Lohnansprüchen **266a** 69
Wirksamkeit **136** 4, 7a f
Pfandgläubiger **289** 5; **266** 114
Pfandkehr
Absicht, rechtswidrige **289** 24 ff
Antragsdelikt **289** 32
Begriff **289** 1
Beschädigen **289** 17
Diebstahl und ~ **289** 1
Eigentümer als Täter **289** 19
Entstehungsgeschichte **Vor 284ff** 5; **289** EntstG
Erfolgsdelikt, kupiertes **289** 2, 24
Gebrauchsrecht **289** 4, 7
Gerichtsvollzieher, Sachen im Gewahrsam **289** 15
Gewahrsam **289** 10 ff
Handeln zugunsten des Eigentümers **289** 20
Insolvenzverwalter, Antragsberechtigung **289** 32
Inventarpfandrecht **289** 16
Irrtum **289** 27 ff
Konkurrenzen **289** 6, 31
Kriminal-/Rechtspflegestatistik **289** 3
Mitberechtigter **289** 20
Miteigentum **289** 16, 19
Mitgebrauchsrecht **289** 16
Nichteigentümer **289** 20
Nießbrauch **289** 4
Nutznießungsrechte **289** 4
Organ juristischer Person als Täter **289** 21
Pfändung, private **289** 5
Pfändungspfandrecht **289** 6, 13 f
Pfandgläubiger **289** 5
Pfandrecht
– gesetzliches ~ **289** 5
– des Vermieters **289** 9, 12, 14
Rechtsgut **289** 1
Rechtswidrigkeit der Absicht **289** 27
Reformdiskussion **288** 46; **289** 33
Strafantrag **77** 31; **289** 32
Täterkreis **289** 19 ff
Unbrauchbarmachen **289** 17
Verstrickungsbruch und ~ **136** 2; **289** 6, 15
Versuch **289** 25, 30
Vollendung **289** 30
Vorsatz **289** 22 f
Wahlfeststellung **1** 115
Wegnahme
– Begriff **289** 10 ff
– Gewahrsamsbruch **289** 10
– Herrschaftsverhältnis, tatsächliches **289** 11 ff
– Widerrechtlichkeit **289** 18
Wissentlichkeit **289** 25
Zerstören **289** 17
Zurückbehaltungsrecht
– Begriff **289** 8
– des Vermieters **289** 9
Pfandleiher **290** 2 f
Pfandrecht
Pfandkehr **289** 5 f
Pfandsachen, unbefugter Gebrauch
(kein) Antragsdelikt **290** 12
Einzelaktdelikt **290** 4
furtum usus **290** 1
Garantensonderdelikt **290** 5, 10
Ingebrauchnahme **290** 7
Konkurrenzen **290** 11
Pfandleiher, öffentlicher **290** 2 f

Pfandsachen, unbefugter Gebrauch (Forts.)
Rechtsgut **290** 1
Sonderdelikt, echtes **290** 1, 12
Täter **290** 2 ff
Tatobjekt **290** 6
Teilnahme **290** 10
unbefugt **290** 8
Unterlassen **290** 5
Unternehmerdelikt **290** 4
Unterschlagung und ~ **290** 11
Vertreter des Pfandleihers als Täter **290** 4
Vorsatz **290** 9
Pflanzen
vom Aussterben bedrohte Arten **N 330; 330** 18
Begriff **324a** 48
Nutzpflanzen **326** 148
Schutz vor Schädigung **324a** 47 ff; **326** 95, 148
Pflegeeltern
Angehörigenverhältnis **11** 14
Entziehung Minderjähriger **235** 13
Förderung sexueller Handlungen Minderjähriger **180** 8
Kinderhandel **236** 7
Verletzung der Fürsorge- oder Erziehungspflicht **171** 5
Pfleger
Einwilligung, rechtfertigende durch ~ **Vor 32** 117; **228** 17
Entziehung Minderjähriger **235** 25 f
Förderung sexueller Handlungen Minderjähriger **180** 11
Kinderhandel **236** 8
Mißhandlung von Schutzbefohlenen **225** 6
Parteiverrat **356** 26
Strafantragsrecht, stellvertretende Ausübung **77** 50
Untreue **266** 49, 66, 77, 129, 140
Verletzung der Fürsorge- oder Erziehungspflicht **171** 5
Pflegeversicherungsbeiträge
Vorenthalten/Veruntreuen **266a** 29
Pflicht
Nothilfepflicht **32** 326 ff
verwaltungsrechtliche ~ **311d** 6 ff; **330d** 5; **330d** 5
Pflichtdelikt *siehe auch Amtsdelikt*
Anstiftung **26** 101 f
Beihilfe **27** 52, 66; **28** 88 f
Extraneus **25** 134; **28** 1
höchstpersönliches ~ **315c** 202
Intraneus **25** 134; **28** 1
Lehre von den Pflichtdelikten **25** 38 f, 45
Mittäterschaft **25** 162 ff
mittelbare Täterschaft **25** 54, 134 ff
Rechtsbeugungslehre, eingeschränkt subjektive **339** 39
Täterschaft **25** 37 ff
Teilnahme **Vor 26** 25
Zwangsvollstreckungsvereitelung **288** 39
Pflichtenkollision
echte ~ **Vor 32** 71
entschuldigende ~ **Vor 32** 72; **132** 129 f
Notstand, übergesetzlicher entschuldigender und ~ **Vor 32** 212
rechtfertigende ~
– Garantengebot und Hilfeleistungsgebot **Vor 32** 80
– Gleichwertigkeit der Handlungsgebote **Vor 32** 71 ff, 79
– Kollision von rechtlichen Handlungsgeboten **Vor 32** 76 f
– Nichterfüllung der Handlungsgebote **Vor 32** 81
– Notstand, Abgrenzung **Vor 32** 75; **34** 5
– Privatgeheimnisse, Verletzung **203** 139
– Rechtfertigungsgrund, selbständiger **Vor 32** 74
– Rechtfertigungselement, subjektives **Vor 32** 82
– Verschiedenwertigkeit der Handlungsgebote **Vor 32** 71, 78
– Unerlaubtes Entfernen vom Unfallort **142** 126 f
unechte ~, Verletzung von Privatgeheimnissen **203** 120
Pflichttheorie, formale 14 10, 15, 17, 35
Pflichtverletzung
Untreue **266** 89 ff
Pflichtverteidiger
Parteiverrat **356** 81
Pflichtwidrigkeit
grobe ~
– Gefährdung des Bahn-, Schiffs- und Luftverkehrs **315a** 27 f
– Gefahr, konkrete **315a** 30
Parteiverrat **356** 51, 55, 58, 93
Strafzumessung und ~ **46** 99 ff
Untreue **266** 94, 125, 157
Pharmaka *siehe Medikamente*
Phonopollution *siehe Verursachen von Lärm, Erschütterungen und nichtionisierenden Strahlen*
Phreaking
Computerbetrug **263a** 7, 59
Pietätsempfinden
als Rechtsgut, geschütztes **Vor 166** 11, 15; **167a** 2 f, 5; **168** 1 f; **189** 1
Pipeline *siehe Rohrleitungsanlage*
Piratensender, Betreiben
Strafverfolgung, völkerrechtliche Vereinbarungen **Vor 3** 65 ff

Planfeststellung
Handeln ohne ~ **330d** 6 f
Plantheorie Vor 22 91
Planung
Straflosigkeit bloßer ~ einer Straftat **Vor 22** 3 f
Planungsfreiheit
als Rechtgut beim Subventionsbetrug **264 a.F.** 11, 13
Plastinate 168 47
Platten
zur Fälschung amtlicher Ausweise geeignet **275** 5
Plomben
Urkundeneigenschaft **267** 89
Plündern 125a 8 f
Pluralistische Theorien
Rechtfertigungsgründe, System **Vor 32** 47 f
Plus-Minus-Theorie 292 68
Pönalisierungsgebot
Friedensverrat **Vor 80** 13
Schwangerschaftsabbruch **Einl** 9
Verfolgungspflicht nach Völkerrecht und Opportunitätsprinzip **4** 49 ff
Point-of-sale-(POS/POZ)-System
Computerbetrug **263a** 52, 73, 76 f, 84, 94
Fälschung beweiserheblicher Daten **269** 18
Mißbrauch von Scheck- und Kreditkarten **266b** 15, 21
Polen
Kreditbetrug **265b** 8
Strafrechtsreform **Einl** 123, 131
Subventionsbetrug **264 a.F.** 10
Versuchsstrafbarkeit **Vor 22** 148
Politische Körperschaft *siehe Körperschaft, politische*
Politische Verdächtigung
Absehen von Strafverfolgung **241a** 26
Absicht **241a** 23
Adressat **241a** 8 f
Anzeige **241a** 6
Auslandstat **5** 28 ff; **241a** 4
Behörden der Bundesrepublik **241a** 9
besonders schwerer Fall **241a** 23
DDR-Alttaten **5** 30 f; **241a** EntstG, 3, 5, 13, 15 f
Entstehungsgeschichte **Einl** 55; **241a** EntstG
Falsche Verdächtigung und ~ **241a** 2, 24
Freiheitsberaubung und ~ **241a** 24
Gefährdungsdelikt, konkretes **241a** 2, 11
Gefahr
– konkrete ~ **241a** 11
– politischer Verfolgung **241a** 11 f
– qualifizierte ~ **241a** 18
Gewalt- oder Willkürmaßnahme, rechtsstaatswidrige **241a** 14 f
Humanitätsverbrechen **241a** 14
Inhalt **241a** 10
Konkurrenzen **241a** 24
Mitteilungen **241a** 7
Rechtsgut **241a** 1
Staatsschutzdelikt **241a** 26
Verdächtigen **241a** 6
Verfolgung, Gefahr politischer **241a** 11 f
Verjährung **241a** 3
Verschleppung und ~ **241a** 2
Vollendung **241a** 21
Vorsatz **241a** 20
Zuständigkeit für Strafverfolgung **241a** 25
Politischer Tageskampf 193 33
Politisches Strafrecht *siehe Staatsschutzdelikte*
Polizei
Amtsrechte **Vor 32** 142 ff
Foto- und Videoaufnahmen, Eingriffsqualität **113** 37a
Kraftfahrzeug der ~, Zerstörung **305a** 11 ff
Lauschangriff **201** 31
Recht zum Betreten/Durchsuchen von Räumen **123** 68
Polizeibeamter
Aussageerpressung **343** 3
„Bulle", beleidigende Bezeichnung **185** 35
Falschbeurkundung, mittelbare **271** 13
Garantenpflicht **13** 29
Gefährdungsobjekt bei Verkehrsdelikten **315b** 57
Gefangenenbefreiung, Pflicht zur Verhinderung **120** 40
Körperverletzung, Pflicht zum Einschreiten **223** 17
Notstand, entschuldigender, Zumutbarkeit aufgrund besonderen Rechtsverhältnisses **35** 54
Rechtsbeugung **339** 20 f
Schußwaffengebrauch, zulässiger **Vor 32** 150; **212** 12 f
Sexueller Mißbrauch unter Ausnutzung einer Amtsstellung **174b** 6
strafschärfende Bedeutung der beruflich-sozialen Stellung **46** 103 ff
Strafvereitelung im Amt **258a** 3
unbefugtes Fotografieren von Polizeibeamten **113** 37b f
Untreue **266** 105
Verfolgung Unschuldiger **344** 2
Verstrickungsbruch **136** 15
Vollstreckungsbeamter **113** 9, 15, 28, 29, 36 ff
Polizeifluchtfälle
Eingriffe in den Straßenverkehr, gefährliche **315b** 16, 42 ff, 57, 98

Polizeifluchtfälle (Forts.)
Tateinheit **52** 8
Tötungsdelikte **211** 15, 17; **212** 22; **222** 2
Trunkenheit im Verkehr **316** 110 ff, 118
Polizeifunk
Abhören **201** 17
Polizeirecht
Notrechtsvorbehalte im ~ und rechtfertigender Notstand **34** 18
Notwehrrecht und ~ **32** 263 ff, 280
Polizeigesetze der Länder
– Rettungsschuß, finaler **212** 12
– Schußwaffengebrauch, zulässiger **212** 12 f
Zwangsmaßnahmen nach Landesrecht **113** 37
Pornographie
Begriff **184** 4 ff, 13
im Internet **N 130, 131** 19
Kinderpornographie *siehe dort*
Verbreitung *siehe Verbreitung pornographischer Schriften*
Portugal
Betrugsstrafrecht **Vor 263** 77 ff
Erschleichen von Leistungen **265a a.F.** 10
Konkursstraftaten **Vor 283** 212
Kreditbetrug **265b** 8
Strafrechtsreform **Einl** 119, 137
Subventionsbetrug **264 a.F.** 10
Versicherungsbetrug **265 a.F.** 5
Post- und Fernmeldegeheimnis, Verletzung
Abhöranordnung, richterliche **206** 52 f
Amtsträger **206** 44 ff
Anvertrauen **206** 23 f, 29
Anwendung technischer Mittel **206** 26 f
Anzeigepflicht **206** 50
Bekanntwerden **206** 8
Beschäftigter **206** 6c, 20a
DDR-Alttaten **206** 68
Eingriff **206** 46 f, 62
Eingriffsbefugnis **206** 48, 49 ff
Einwilligung **206** 57 ff
Fangbrief **206** 23
Fangschaltung **206** 59
Fernmeldegeheimnis **206** 13 f
Geheimhaltungsinteresse **206** 4
geschäftsmäßiges Erbringen von Post-/Telekommunikationsdiensten **206** 6a
Gesetz zu Art. 10 GG **206** 45, 48, 53 ff, 55
Gestattung/Förderung von Zuwiderhandlungen **206** 34 ff
– durch Unterlassen **206** 36
Inhaber **206** 6b, 20a
Kenntnisnahme **206** 25, 26 f
Konkurrenzen **206** 66
Mitteilung an andere **206** 18
Mitteilung machen **206** 15a f
– durch Unterlassen **206** 17
nachrichtendienstliche Eingriffe **206** 53a ff
Öffnen **206** 25
Offizialdelikt **206** 1
Postbeschlagnahme **206** 52
Postgeheimnis **206** 10 ff
Postsendungen **206** 11, 22 f, 29
Postverkehr **206** 11 f
Rasterfahndung **206** 53b
Rechtfertigungsgründe
– des allgemeinen Rechts **206** 54 ff
– Amtsrechte **Vor 32** 148
Rechtsgut **206** 4, 5, 23, 57
Rechtswidrigkeit **206** 49 ff
Sonderdelikt **206** 5, 65
Störanrufe **206** 60
Strafantrag **77** 28; **206** 45, 65
Täterkreis **206** 6, 20a, 35, 37, 38 ff, 45 ff
Tatsache **206** 9
Teilnahme **206** 65
Unbefugtheit **206** 49
Unterdrückung von Sendungen **206** 28 ff, 54
unternehmensfremde Personen **206** 38 ff, 65
Untreue und ~ **206** 31
verfassungsrechtlicher Schutz **206** 2 ff, 44, 57
Verschluß **206** 22a, 25
Vorsatz **206** 64
Zoll **206** 51
Postbeamter/-bote
Falschbeurkundung im Amt **348** 4
Untreue **266** 105, 121
Postgeheimnis *siehe Post- und Fernmeldegeheimnis, Verletzung*
Postmortaler Persönlichkeitsschutz *siehe Persönlichkeitsschutz, postmortaler*
Postpendenz
Begriff **1** 95
Betrug **263** 308
Nachtat, mitbestrafte **Vor 52ff** 134
Postpendenzfeststellung
Wahlfeststellung und ~ **259** 41a, 48; **260** 8
Prämientheorie **24** 10 f
Pränataldiagnostik **Vor 218ff** 1, 48; **218c** 3; **219** 5
Pränatale Einwirkungen
Körperverletzungsdelikte **Vor 223** 7
Tötungsdelikte und ~ **Vor 211** 4
Prävention *siehe Generalprävention; siehe Integrationsprävention; siehe Spezialprävention; siehe Vorbeugung*
Präventivkrieg **80** 2
Preisausschreiben
Veranstaltung einer Lotterie/Ausspielung, unerlaubte **287** 12
Preisbildung
Verletzung des Preisbildungsvorgangs **298** 12

Preisgabe von Staatsgeheimnissen
Amtsträger **97** 7
bürgerliche Statusrechte, Verlust als Nebenfolge **97** 16; **101** 1 ff
Einziehung **97** 16; **101a** 1 ff
Ermächtigung zur Strafverfolgung **97** 14
Euratom-Geheimnis **97** 13
Gelangenlassen an unbefugten Dritten **97** 10
konkrete Gefahr eines schweren Nachteils **97** 3
Konkurrenzen **97** 15
leichtfertige ~ **97** 1, 7 ff, 11
NATO-Geheimnis **97** 13
Nebenfolgen **97** 16
Sonderdelikt **97** 1
Staatsgeheimnis, faktisches **97** 2, 7
Täterkreis **97** 7
Teilnahme **97** 6, 12
Versuch **97** 6, 12
vorsätzliche ~ **97** 1 ff
Vorsatz **97** 11
Vorsatz-Fahrlässigkeits-Kombination **97** 4 ff
Presseberichterstattung
Gerichtsverhandlungen, verbotene Mitteilungen und ~ **353d** 9 f, 12, 56
Informationsanspruch der Presse und Steuergeheimnisverletzung **355** 72
Pressefreiheit
Belohnung/Billigung von Straftaten und ~ **140** 21 ff, 36 f, 38
Berichterstattung, wahrheitsgemäße **193** 23
Ehrschutz, verstärkter von Politikern **188** 5
Geheimnisschutz und ~ **93** 5, 20, 33; **94** 1, 4; **95** 1; **353b** 1; **353d** 1, 60
Internetdelikte und ~ **N 130, 131** 2
Namensnennung **193** 29
Nötigung und ~ **240** 59, 93
Öffentlichkeitsbereich, Befugnisse der Presse **193** 20
Presseinhaltsdelikt *siehe dort*
Publikationsexzeß **192** 7
Sorgfaltspflicht **193** 23
Störpropaganda gegen die Bundeswehr und ~ **109d** 3
unbefugtes Fotografieren von Polizeibeamten und ~ **113** 37b f
Wechselwirkungstheorie **Einl** 9
Presseinhaltsdelikt **111** 10b f; **129** 57, 68
Belohnung/Billigung von Straftaten **140** 21 ff, 35 f
Beschimpfung von Bekenntnissen, Religionsgesellschaften und Weltanschauungsvereinigungen **166** 91
Kapitalanlagebetrug **264a** 97
Landesstrafrecht **Einl** 18
Verbreitung pornographischer Schriften **184** 25, 36, 44, 47, 50, 55 f
Verjährung **Vor 78** 4 ff, 10; **78** 14 ff; **94** 22; **95** 11; **97** 13; **109d** 13; **111** 37; **129a** 48; **131** 41; **166** 91; **353d** 67
Pressemitteilung
Öffentliche Aufforderung zu Straftaten **111** 13b, 17a, 30b
Presseprivileg **109f** 15 ff; **111** 30c
Presserecht
Geheimnisschutz und presserechtlicher Auskunftsanspruch **203** 149
Verantwortlichkeitsfreiheit für wahrheitsgetreue Berichte über öffentliche Parlamentssitzungen und ~ **37** 31 ff
Verbreiten von Schriften **86** 11, 14
Zugangsrecht von Pressevertretern bei öffentlichen Versammlungen **123** 69
Pressestrafrecht *siehe auch Presseinhaltsdelikt*
Subsidiarität gegenüber allgemeinen Strafgesetzen **111** 10b, 30c
Prinzip der stellvertretenden Strafrechtspflege **Vor 3** 136, 152; **7** 2, 4 f
DDR-Recht **7** 82
Gewässerverunreinigung und ~ **324** 8, 22
Verletzung der Unterhaltspflicht **170** 12
Privatentnahme
aus Geschäftsvermögen und Konkursstraftaten **Vor 283** 7, 18, 81; **283** 12, 27, 31, 68 f, 181, 183, 207; **283a** 4
Privatgeheimnisse, Verletzung
Abtretung von Honorarforderungen **203** 111
AIDS-Erkrankung/HIV-Infektion **203** 16, 139, 157
Akteneinsichtsrecht **203** 147 f
Amtsarzt **203** 1, 45, 155
Amtshilfe **203** 53, 150, 152 f
Amtsträger **203** 37, 45, 71 ff, 154, 168
Amtsverschwiegenheit **203** 11, 15
Angehörige der priv. Versicherungsträger/privatärztl. Verrechnungsstellen **203** 70, 77, 110, 133
anonymisierte Daten **203** 42, 49
Anstaltsarzt **203** 45, 157
Anvertrauen **203** 34
Arzt **203** 36, 40
Aussagegenehmigung des Dienstherren **203** 128
Auszubildende **203** 83
Bagatellfälle **203** 27
Beendigung und Vollendung **Vor 22** 24
Behördenverkehr **203** 37, 44 f, 52 f, 145 ff
Bekanntwerden **203** 34
Beratungsstellen **203** 67 f
berufsfremde Tätigkeit **203** 35

Privatgeheimnisse, Verletzung (Forts.)
Berufspsychologe **203** 62
zur Berufsvorbereitung Tätige **203** 83
Beschlagnahmeverbot **203** 9
besonders Verpflichtete, für den öffentlichen Dienst **203** 71
Bestimmtheitsgebot **203** 48
Betriebsarzt **203** 38, 156
Bewährungshelfer **203** 37, 69
Datenschutzrecht und ~ **203** 12, 129, 166
DDR-Alttaten **203** 168
Ehrenschutzrecht und ~ **203** 2, 6, 166
Eidesstattliche Versicherung **203** 27
Einverständnis **203** 92 ff
Einwilligung **203** 25, 43, 45, 91 ff, 114
– Einwilligungsfähigkeit **203** 94 f
– Erklärungsberechtigter **203** 96 ff
– Form **203** 106
– in Formularverträgen **203** 104
– Inhalt/Reichweite **203** 104, 108 f
– mutmaßliche ~ **203** 25, 56, 110, 130
– stillschweigende ~ **203** 106 f, 109 f, 130, 135
– Widerruf **203** 105, 133
Einzelangaben **203** 47 f
Erfassung für Aufgaben der öffentlichen Verwaltung **203** 50
Erlangung in beruflicher Eigenschaft **203** 34 ff
Forschungsvorhaben **203** 107, 113, 136, 148
Funktionsträger der DDR **203** 71, 168
Garantensonderdelikt **203** 46, 58, 158, 160
Garantenstellung **203** 46
Geheimhaltungsinteresse **203** 19, 27 f, 49, 55 f
Geheimhaltungswille **203** 19, 24 ff, 27, 56, 93, 94
– mutmaßlicher ~ **203** 19
Geheimnis
– amtshilfefestes ~ **203** 152
– Bagatellgeheimnis **203** 27
– Bankgeheimnis **203** 71, 120
– Begriff **203** 19
– Beispiele **203** 29
– Betriebs- und Geschäftsgeheimnis **203** 5, 11, 20 ff, 29, 31, 42, 49, 95, 120, 146, 166, 67
– Drittgeheimnis **203** 33, 39, 99; **205** 6
– fremdes ~ **203** 30 ff, 97, 121
– gemeinschaftliches ~ **203** 30; **203** 30, 98
– Inhalt **203** 20, 27
– „offenes" ~ **203** 22
– Sozialgeheimnis **203** 124, 146, 153
– Staatsgeheimnis **203** 32
– Statistikgeheimnis **203** 50
– Steuergeheimnis **203** 138, 153
– vermögenswertes ~ **203** 20, 103, 105, 117
– Werturteil **203** 20, 49
Geheimnisschutz, weitere Normen **203** 11
Geheimsein **203** 19, 22 f
Geisteskranke **203** 26
gesetzlicher Vertreter **203** 26
Heilberufe/Heilhilfsberufe **203** 36, 61
Hilfspersonen **203** 77 ff
Honorarklage **203** 133
Indiskretionsdelikt **203** 6, 39
informationelle Selbstbestimmung und ~ **203** 31, 145
Informationsfreiheit und ~ **203** 146
Insolvenzverwalter **203** 35, 101 f
Interessentheorie **203** 19
Irrtum
– Erlaubnistatbestandsirrtum **203** 88 f, 92, 159
– Subsumtionsirrtum **203** 87
– Verbotsirrtum **203** 87, 89
juristische Person als Geheimnisträger **203** 31 f, 100
Konkurrenzen **203** 166
Konsiliararzt **203** 107
Lauschangriff, großer **203** 4
Lehrer **203** 38, 40
mittelbare Täterschaft **203** 58
Offenbaren **203** 41 ff, 52
– durch Unterlassen **203** 46
Offenbarungsbefugnis **203** 10, 13, 90, 119, 130 ff, 154
– von Hilfspersonen **203** 114 ff
Offenbarungspflicht **203** 8, 144
– gesetzliche ~ **203** 13, 120
– Jugendgerichtshilfe **203** 127
– Kassenarzt **203** 124
– Notar **203** 123
– Sachverständiger **203** 125 f
– und Anzeige von Straftaten **203** 142, 144
– Zeugen **203** 128
Offiziere/Unteroffiziere **203** 71
parlamentarische Äußerungen/Berichte, Straflosigkeit und ~ **36** 44
Parlamentsausschüsse, Mitglieder/Hilfskräfte **203** 74
Personalvertretung **203** 73
Pflichtenkollision **203** 120, 139
Pönalisierungsgebot, verfassungsrechtliches **203** 4
Praxis-/Kanzleiveräußerung **203** 110 f, 118
presserechtlicher Auskunftsanspruch **203** 149
Privatgeheimnis, Begriff **203** 14 ff, 20, 32
Qualifikation
– Bereicherungsabsicht **203** 163
– Handeln gegen Entgelt **203** 162

Privatgeheimnisse, Verletzung (Forts.)
- Schädigungsabsicht **203** 164
Rechtfertigungsgrund
- berechtigtes Interesse **203** 131, 138
- Notstand **203** 121, 132 ff
- Notwehr **203** 134
- Pflichtenkollision **203** 139
- Prävention/Strafverfolgung **203** 141
- Suizidgefahr **203** 143
Rechtsanwalt **203** 35, 43
Rechtsgut **203** 4, 14 ff, 31 f, 39, 59, 93, 99, 130, 166
- individuelles ~ **203** 14 f, 96
- kollektives ~ **203** 14 f, 149
Rechtswidrigkeit **203** 91 ff, 119 ff
Sachverständiger, öffentlich bestellter **203** 75
Schweigepflicht
- als besonders persönliches Merkmal **28** 30
- Entbindung von der ~ **203** 91, 109, 114 f, 142
Seuchenbekämpfung **203** 120, 139
Sonderbeziehung **203** 33, 38
Sonderdelikt, echtes **203** 1, 16, 58, 158
Sozialadäquanz **203** 110
Sozialarbeiter/Sozialpädagogen **203** 37, 69
Strafantrag **77** 28; **203** 39, 55, 95, 98, 99, 166, 167; **205** 6
Strafverfahren und ~ **203** 134
im Strafverfahren **203** 134
Supervision **203** 107
Täter **203** 58 ff
Täterschaft **25** 37
Tatsache **203** 20
- offenkundige ~ **203** 23, 49
Teilnahme **203** 158 ff
Teilnehmer von Forschungsvorhaben **203** 76
Telefondatenerfassung **203** 46
Tod des Schweigepflichtigen **203** 84 ff
Unbefugtheit **203** 115, 119
unlauterer Wettbewerb **203** 11, 20
Unmündige **203** 26
Unterlassen, Offenbaren durch **203** 46
Verhältnismäßigkeitsgrundsatz **203** 48
Verstorbener **203** 30, 54 ff, 117
Versuch, Kenntnisnahme durch Dritten **22** 15
Versuch, strafloser **203** 41, 59
Viktimodogmatik **203** 3, 16 f, 39, 50, 59 f, 71, 85, 96, 99, 125
Vorsatz **203** 87 ff
Vorverrat **203** 22
Willenstheorie **203** 19
Wirtschaftsprüfer **203** 35, 166
Zeugen **203** 128
Zeugnisverweigerungsrecht **203** 9, 14, 115 f, 125, 128, 142

Privatkläger
Parteiverrat **356** 43
Privatklagedelikt
Angestelltenbestechlichkeit/-bestechung **301** 11
Bedrohung **241** 25
Briefgeheimnis, Verletzung **202** 44
Hausfriedensbruch **123** 30, 58, 85
Körperverletzung, einfache **223** 29
Körperverletzung, fahrlässige **229** 48
Privatkonkurs Vor 283 11, 54 f
Privatsphäre *siehe auch Sphärentheorien*
räumliche ~
- strafrechtlicher Schutz **123** 1
- verfassungsrechtlicher Schutz **123** 1
Privatstrafen Vor 38 88
Privaturkunde 267 EntstG, 141
Privilegierung
der Abgeordneten *siehe Parlamentarische Äußerungen/Berichte, Straflosigkeit*
Spezialität **Vor 52ff** 91
Deliktsartbestimmung, Bedeutung für die **12** 23
Strafrahmenänderung, zwingende **Vor 46ff** 11 f
Probation
im anglo-amerikanischen Recht **Einl** 42, 83; **Vor 56** 1
Verurteilung, bedingte **Einl** 42; **Vor 56** 1
Probation Officer
im anglo-amerikanischen Recht **Einl** 42
Producta sceleris *siehe auch Einziehung* **74** 14
Produkthaftung, strafrechtliche
fahrlässige Tötung und ~ **222** 4, 19
Körperverletzung, fahrlässige und ~ **229** 14, 16
Umweltdelikte und ~ **Vor 324** 61 ff
Professor *siehe auch Hochschullehrer*
Bezeichnung, geschützte **132a** 5 ff
Untreue **266** 121
Profitkriminalität Vor 263 3
Prognose
bei Aussetzung des Strafrestes **57** 15 ff; **57a** 24 ff
Beurteilungsspielraum des Tatrichters **56** 27
Erwartung **56** 11 ff
bei exhibitionistischen Handlungen **56** 10; **183** 13
Faktoren, erhebliche **Vor 61ff** 115 ff
bei Führungsaufsicht **68** 13 ff
Gesamtwürdigung **56** 26
Grundlage **56** 16 ff
in dubio pro reo **56** 16; **57** 23
intuitive ~ **Vor 61ff** 120 f, 127
klinische Methode **Vor 61ff** 123, 125

Prognose (Forts.)
bei Konkursstraftaten **Vor 283** 106 f, 131, 134 ff, 159; **283** 205, 207
Kriminologie, Methode der angewandten **Vor 61ff** 124
Lebensverhältnisse des Täters **56** 24
Leugnen des Angeklagten und ~ **56** 15
Methodenstreit **Vor 61ff** 125 ff
Nachtatverhalten **56** 23
Persönlichkeit des Täters **56** 17
Probleme exakter ~ **Vor 61ff** 109 ff
Prognoseforschung, Entwicklung und Methoden **Vor 61ff** 119 ff
statistische Methode **Vor 61ff** 122, 125
Strafaussetzung zur Bewährung und ~ **56** 10 ff
Straflosigkeit, bisherige und ~ **56** 21
Tatumstände **56** 22
bei Unterbringung in Entziehungsanstalt **64** 81
bei Unterbringung in psychiatrischem Krankenhaus **63** 74 ff
Verurteilungen, noch nicht rechtskräftige **56** 19
bei Verwarnung mit Strafvorbehalt **59** 6 ff
Vorstrafen **56** 18, 20
Vortatverhalten **56** 18 ff
Wiedergutmachungsbemühungen des Täters **56** 23
Wirkung der Strafaussetzung **56** 25
Programm
Computerprogramm, Begriff **263a** 20, 27
Computersabotage **303b** 17, 21, 26
Datenveränderung, Tatobjekt **303a** 3
Prokurist
Einziehung gegenüber ~ **75** 1 ff
Untreue **266** 49 f, 62, 66, 129, 164
Promillegrenze *siehe Blutalkoholkonzentration – Grenzwert absoluter Fahrunsicherheit*
Prominentenstrafrecht **46** 103
Propaganda *siehe auch Störpropaganda gegen die Bundeswehr*
als Mittel zur Vorbereitung hochverräterischen Unternehmens **83** 7
für eine verfassungwidrig erklärte Partei **84** 10 f
Propagandamittel **86** 2 ff
Ausfuhr **N 86** 1
Einfuhr **86** 18
Einspeisung in Datenspeichern **N 86** 1
Herstellen **N 86** 1; **86** 16
Verbreiten **86** 11 ff
Vorrätighalten **86** 17
Zugänglichmachen, öffentliches ~ in Datenspeichern **N 86** 1
Prospekt
Begriff **264a** 35 f
Mindestangaben **264a** 4, 47, 61, 99
Prospektbetrug **264a** 1, 4, 15
Prospekthaftung, zivilrechtliche **264a** 2, 4, 48, 55 f, 62, 75
Prospektprüfer **264a** 52, 67, 77
Prostaglandine
Schwangerschaftsabbruch **Vor 218ff** 47
Prostituierte
Vergewaltigung einer Prostituierten **177** 18
Prostituiertenlohn
Betrug **263** 130, 138, 151, 158, 254, 269
Prostitution
Abhängigkeit(sverhältnis) **180a** 8; **181a** 4
Anhalten zur ~ **180a** 16
Aufnehmen der ~ **180b** 6
Ausbeuten **180a** 17; **181a** 3
Ausübung **180a** 4, 10, 14; **181a** 5, 12
Ausübung verbotener ~
– beharrliche Zuwiderhandlung **184a** 4, 6
– DDR-Alttaten **184a** 8
– DDR-Recht **184a** 8
– eigenhändiges Delikt **184a** 6
– Entstehungsgeschichte **184a** EntstG
– Gefährdungsdelikt, abstraktes **184a** 2
– Konkurrenzen **184a** 7
– Ordnungswidrigkeitenrecht und ~ **184a** 6 f
– Sperrbezirke **184a** 1 f
– Strafwürdigkeit **184a** 1
– Teilnahme **184a** 6
– Verfassungsmäßigkeit **184a** 3
– Vorsatz **184a** 5
– Wirksamkeit des Verbots **184a** 3
– Wohnungsgewährung **184a** 6
Begriff **180a** 4
Bestimmen zur ~ **180b** 6; **181** 4, 11
DDR-Recht **180a** 23; **181** 18; **184a** 8
Förderung der ~ **N 180a**
– Abhängigkeit **180a** 8
– Absicht **180a** 18
– Aufenthalt **180a** 13
– Ausbeuten **180a** 17
– Beendigung **Vor 22** 27
– Betrieb **180a** 6 f
– Dauerdelikt **Vor 174** 20 ff; **180a** 3, 7, 15, 20
– DDR-Recht **180a** 23
– Entstehungsgeschichte **180a** EntstG, 2 f
– Garantenpflicht **180a** 19
– Gefährdungsdelikt, abstraktes **180a** 11
– Halten in Abhängigkeit **180a** 9
– Konkurrenzen **Vor 174** 21; **180a** 22
– Leiten **180a** 7
– Maßnahmen **180a** 10 f
– Rechtsgut **180a** 1, 13
– Scheinehe **180a** 11

Prostitution (Forts.)
- Täter **180a** 7, 19
- Teilnahme **180a** 19
- Teilnahme, notwendige **Vor 26** 35
- Unterhalten **180a** 7
- Unterkunft **180a** 13
- Unterlassen **180a** 14, 19
- Vollendung **180a** 20
- Vorsatz **180a** 18
- Wohnungsgewährung **180a** 12 f, 16

Fortsetzung der ~ **180b** 6; **181** 4, 11
Freiheit der Ausübung **Vor 174** 6
Gefahr, der ~ nachzugehen **171** 16
Gewerbsmäßigkeit **180a** 7, 15
jugendgefährdende ~
- Entstehungsgeschichte **184b** EntstG
- Gefährdung, sittliche **184b** 5 f
- Gefahr der Schädigung der psychischen Entwicklung **184b** 6
- Haus, von Jugendlichen bewohntes **184b** 4
- Nachgehen **184b** 2
- Örtlichkeit, von Jugendlichen besuchte **184b** 3
- Rechtsgut **184b** 1
- Schulnähe **184b** 3

Kuppeleivorschrift, frühere **180** EntstG
Maßnahmen zur Förderung **180a** 10 f
Menschenhandel *siehe dort*
Nachgehen **180a** 5; **184a** 2
Wohnungsgewährung **180a** 12 f, 16; **184a** 6
Zuhälterei *siehe dort*

Protest, politischer
Landfriedensbruch und ~ **Vor 125** 2, 4

Provider
Access-Provider **N 130, 131** 11, 20; **166** 50
Haftung für inhaltsbezogene Internetdelikte **N 130, 131** 6 ff, 14; **166** 50
Service-Provider **N 130, 131** 8; **166** 50

Provisionsvertreter
Betrug **263** 50, 109, 119, 161, 170, 183, 206, 232, 250, 259, 271, 310

Provokation *siehe auch Absichtsprovokation; siehe auch Agent provocateur*
Totschlag nach ~ durch Opfer **213** 3

Prozeßagent
Parteiverrat **356** 21

Prozeßbetrug **263** 113, 117, 304, 311 f, 336 f
Beendigung **263** 275
Irrtum **263** 85 f, 90
Schaden **263** 234 ff
Täuschung **263** 19, 27, 58, 234 ff
Verfügung **263** 99 f, 104, 113, 117, 235 f
Versuch **263** 235, 279, 284
Vollendung **263** 255, 272
Vorsatz **263** 240, 290

Prozeßgegner
als Partei, Parteiverrat **356** 44

Prozeßhindernis *siehe auch Verfahrenshindernis*
Verwarnung mit Strafvorbehalt **Vor 59-59c** 3

Prozeßverhalten
Belohnung/Billigung von Straftaten und ~ **140** 39
Förderung krimineller/terroristischer Vereinigung und ~ **129** 47; **129a** 21 f, 35
Öffentliche Aufforderung zu Straftaten und ~ **111** 30b
Strafzumessung und ~ **46** 193 ff

Prozeßvoraussetzung *siehe Verfahrensvoraussetzung*

Prüfungspflicht
des Gerichts, Beendigung der Führungsaufsicht **N 68e** 1 ff; **68e** 26

Prüfungswesen
Urkundenfälschung im ~ **267** 17, 40, 42, 80, 152, 182

Psychische Beihilfe *siehe Beihilfe, psychische*

Psychologe
Schweigepflicht **203** 62, 112, 125

Psychopathie
als kriminogener Faktor **66** 98, 100
Schuldfähigkeit und ~ **20** 67 ff; **21** 2
als seelische Abartigkeit **20** 32

Psychopharmaka
Rauschmittel **315c** 59

Psychose
endogene ~
- Begriff **20** 24
- Beurteilungsmerkmale **20** 37 ff
- Schuldfähigkeit und ~ **20** 40; **21** 2

exogene ~
- Begriff **20** 24
- Beurteilungsmerkmale **20** 41 ff
- Schuldfähigkeit und ~ **20** 41 ff

Psychotherapeut
geschützte Berufsbezeichnung **N 132a** 1 f

Psychotherapie
Sexueller Mißbrauch unter Ausnutzung eines Beratungsverhältnisses u.a. **N 174c** 3

Publikationsexzeß
Formalbeleidigung durch ~ **192** 7

Punktstrafen-Theorie **46** 17
Putativeinwilligung **Vor 32** 128
Putativnothilfe *siehe Notwehr*
Putativnotstand **35** 72 ff; **34** 89 ff; **323b** 32
Putativnothilfe **32** 336c
Putativnotwehr *siehe auch Notwehrüberschreitung* **32** 335 ff; **33** 14, 24 ff
- des Amtsträgers **32** 65 f, 120
- als Bedeutungsirrtum **32** 338, 341 f, 344 f
- Begriff **32** 336

Putativnotwehr (Forts.)
– als Erlaubnisnormirrtum **32** 342, 346
– als Erlaubnistatbestandsirrtum **32** 338 ff, 342 ff
– als extensiver Notwehrexzeß **32** 338
– Fahrlässigkeitsdelikt **32** 343
– als intensiver Notwehrexzeß **32** 340
– Notwehrexzeß, Abgrenzung **32** 338, 340, 347; **33** 24 ff
– des Privaten **32** 66, 335 ff
– als Tatsachenirrtum **32** 338 ff, 343
– als Unrechts- oder Verbotsirrtum **32** 346
– Widerstand gegen die Staatsgewalt und ~ **32** 345
Putativnotwehrexzeß **32** 344; **33** 28 ff
Pyramiden-Gewinnsysteme **Vor 284-287** 2; **284** 11; **Vor 287** 2, 5; **287** 16
Pyromanie
Schuldfähigkeit und ~ **20** 66

Quälen
Handlungseinheit, natürliche **Vor 52ff** 24
Mißhandlung von Schutzbefohlenen **225** 12
seelisches ~, Aussageerpressung **343** 11
Qualifikation
Deliktsartbestimmung, Bedeutung **12** 23
Spezialität im Verhältnis zum Grundtatbestand **Vor 52ff** 84
Strafrahmenänderung, zwingende **Vor 46ff** 11
Subsidiarität im Verhältnis zum Grundtatbestand **Vor 52ff** 100
Quellen *siehe auch Gewässer; siehe auch Heilquellen* **319** 2; **329** 29

Rache *siehe auch Vergeltung*
Notwehrüberschreitung **33** 58, 68
strafmildernde Bedeutung **46** 76
Radarstrahlen **311d** 2; **325a** 30
Radbruch'sche Formel
Mauerschützen-Fälle **212** 8a
Rechtsbeugung **339** 49 ff
Radioaktive Stoffe *siehe Stoffe, radioaktive*
Radiosendung
Gewaltdarstellung **131** 31 f
Öffentliche Aufforderung zu Straftaten **111** 13b
Verantwortlichkeit für Sendungen **131** 33
Verbreiten von Propagandamitteln **86** 15, 25
Verwenden von Kennzeichen verfassungswidriger Organisationen **86a** 6
Rädelsführer
krimineller Vereinigung **129** 43, 69, 75 f, 90
terroristischer Vereinigung **129a** 36
verfassungsfeindlicher Sabotage **88** 5
verfassungswidrig verbotener Partei **84** 7, 14

Räuberische Erpressung *siehe Erpressung, räuberische*
Räuberischer Diebstahl *siehe Diebstahl, räuberischer*
Räumlichkeit
zur Wohnung von Menschen dienend **N 306a** 1; **306** 9
zeitweise zum Aufenthalt von Menschen dienend **N 306a** 1; **306** 11 f
Rassenschande-Rechtsprechung im NS **339** 44, 55, 57, 60, 75, 109
Rassismus
Aufrufe zu Straftaten mit rassistischer Tendenz **111** 3
Mord aus niedrigen Beweggründen **211** 27
Rasterfahndung **Vor 93** 12; **Vor 129a** 11; **129a** 50; **206** 53b
Raub **N 249** *siehe auch Diebstahl, räuberischer*
Angriff auf Kraftfahrer, räuberischer und ~ **249** 28; **250** 33; **316a** 7
Anzeigepflicht **138**
Bandenraub **N 250** 10; **250** 31 f, 33
– mit Waffen **N 250** 14
Diebstahl und ~ **Vor 242** 1; **249** 1 f, 26
Diebstahl, räuberischer und ~ **249** 13
Drittzueignung **N 249**
Drohung mit gegenwärtiger Gefahr für Leib/Leben **249** 9 ff
Eigentum als Rechtsgut **249** 1
Eigentumsdelikt **249** 1
Erpressung und ~ **249** 2, 18, 20, 21 ff; **253** 1, 10
Finalzusammenhang von Nötigung und Diebstahl **249** 7, 10, 13 f, 20
Freiheitsdelikte und ~ **Vor 234-236** 8
Friedensstörung durch Androhnung von Straftaten und ~ **126** 17
Führungsaufsicht **68** 3; **N 256**; **256**
Gebrauchsanmaßung und ~ **249** 22
gefährlicher ~ **N 250**
– Beteiligung mehrerer **250** 30
– Gefährdeter **250** 27
– Gefährdungsdelikt, konkretes **N 250** 9
– Gefahr als Folge der Tat **250** 26
– Gefahr schwerer Gesundheitsschädigung **N 250** 9
– Gefahr schwerer Körperverletzung **N 250** 9; **250** 25
– Gefahr, konkrete **250** 25
– Todesgefahr **N 250** 15; **250** 25
– Vorsatz **250** 28 f
Gefahr, gegenwärtig drohende für Leib/Leben **249** 11 f
Gewahrsam als Rechtsgut **249** 1
Gewalt gegen eine Person **240** 43, 46; **249** 3 ff, 9 f

Raub (Forts.)
Handtaschenraub **249** 8
Innentendenz, Delikt mit überschießender **250** 8, 12
Irrtum **249** 18
kleiner ~ **249** 22
Konkurrenzen **249** 26
Menschenraub, erpresserischer und ~ **239a** 15, 41; **249** 28
minder schwerer Fall **249** 29; **N 250**
Mittäterschaft **249** 20
Mord und ~ **211** 8
Motivationswechsel **249** 16
Nötigung und ~ **249** 1, 3 ff, 26 ff
Raubmord **211** 8 f
Rechtsgut **249** 1
mit Schußwaffen **N 250**
– Beendigungsphase **250** 11 f
– Beisichführen **250** 6 ff
– Beteiligung mehrerer **250** 14
– Bolzenschußapparat **250** 4
– Gaspistole **250** 3
– Irrtum **250** 13 ff
– Luftgewehr/-pistole **250** 4
– Mittäterschaft **250** 6
– Schreckschußpistole **250** 4
– Schußwaffe, Begriff **250** EntstG, 2
– Verfassungsmäßigkeit **250** 11
– Versuch **250** 15
– Verwendungsfähigkeit **250** 5, 9
– Vorsatz **250** 13 f
– Waffenführer **250** 6, 14
schwerer ~ **N 250**
– Bandenraub **250** 31 f
– Gefahr schwerer Gesundheitsschädigung **N 250**
– geringwertige Sache **250** 1
– Konkurrenzen **250** 33
– milderes Recht **N 250** 17
– minder schwerer Fall **N 250** 16; **250** 34
– Mißhandlung, körperlich schwere **N 250** 15
– Qualifikationstatbestände **250** 1
– Raub mit Schußwaffen **N 250** 4; **250** 2 ff
– Raub mit Waffen/Werkzeugen/Mitteln **N 250** 4 f; **250** 16 ff
– Raub unter Verwendung von Waffen **N 250**
– Raub, gefährlicher **250** 25 ff
– Rechtsgut **N 250** 1
– Todesgefahr **N 250** 15; **250** 25
mit Todesfolge **N 251**
– Angriff auf Kraftfahrer, räuberischer und ~ **316a** 53 f, 57
– Beendigungsphase, irrelevante **251** 6
– Beteiligung mehrerer **251** 17
– Friedensstörung durch Androhnung von Straftaten und ~ **N 126** 5
– Konkurrenzen **N 251**; **251** 18 f
– Leichtfertigkeit **N 251**; **251** 7 ff
– Opfer **251** 1
– Rücktritt **N 251**; **251** 16
– Tötungsdelikte und ~ **N 251**; **251** 12 ff, 19
– Versuch **Vor 22** 111, 117; **N 251**; **251** 15 f
– Voraussehbarkeit, objektive **251** 9
– Vorsatz **N 251**; **251** 10 ff
– Zurechnungszusammenhang, spezifischer **N 251**; **251** 2 ff, 16
Tötungsdelikte und ~ **249** 17; **250** 33
Unterlassen **249** 16
Unterschlagung und ~ **249** 17, 27
Vergewaltigung und ~ **177** 20
Versuch **249** 19
unter Verwendung von Waffen/Werkzeugen **N 250** 12 f
Vollendung **22** 16; **249** 19
Vorsatz **249** 18
mit Waffen/Werkzeugen/Mitteln **N 250** 2 ff
– Absicht **N 250** 7 f; **250** 22
– Bandenraub **N 250** 14
– Beisichführen **250** 21
– Beteiligung mehrerer **250** 23
– Gefährlichkeit **N 250** 4 f, 7; **250** 17 ff, 34
– Irrtum **250** 22, 24
– Mittel, Begriff **N 250** 7; **250** 16
– Scheinwaffe **N 250** 7; **250** 17 ff
– Versuch **250** 24
– Verwendung **N 250** 12 f
– Vorsatz **250** 22
– Waffe, Begriff **N 250** 4; **250** EntstG, 16
– Werkzeug, Begriff **250** 16
– Werkzeug, gefährliches **250** 5 f
– Werkzeug, sonstiges **N 250** 7
Wahlfeststellung **1** 111, 115; **249** 26 f
Widerstand, erwarteter **249** 7
Willensbildung/-betätigung als Rechtsgut **249** 1
Zueignungsabsicht **249** 14, 18, 20
Raubkopie **202a** 10
Rauch
als Schadstoff **325** 55
Raufhandel *siehe Körperverletzungsdelikte – Beteiligung an einer Schlägerei*
Raum
abgeschlossener ~ **123** 20
zum öffentlichen Dienst bestimmt **123** 22 ff, 83
zum öffentlichen Verkehr bestimmt **123** 23 ff, 83
rechtsfreier ~ **Vor 32** 16 ff
umschlossener ~ **N 243**; **243** 7 ff

Rausch
akuter ~ **323a** 10, 116
Alkoholrausch *siehe auch Vollrausch*
– Begriff **323a** 89, 114 ff, 131
– Blutalkoholkonzentration als Meßgröße *siehe auch Blutalkoholkonzentration* **20** 42
– Schuldfähigkeit und ~ **20** 42 ff; **323a** 126 ff, 131
– Übermüdung und ~ **323a** 130, 142, 145
Begriff **323a** 112 ff
Drogenabhängigkeit und ~ **323a** 125
Drogenrausch **323a** 19, 114, 115
Echorausch **316** 146, 159
epileptoider/deliranter ~ **323a** 123
Handlungsbegriff und ~ **20** 1
Nichtrausch, Abgrenzung **323a** 110 f
pathologischer ~ **323a** 120 ff, 129, 232, 311
periodischer ~ **323a** 124
Rauschverursachung als Körperverletzung **223** 14
Schweregrade, unterschiedliche **323a** 117 f
als Strafausschließungsgrund **323a** 6
als Strafmilderungsgrund **323a** 5 ff
als Strafschärfungsgrund **323a** 3
Vollrausch *siehe dort*
Rauschgift *siehe Rauschmittel*
Rauschgiftdelikte *siehe Betäubungsmittelkriminalität*
Rauschgifthandel *siehe Betäubungsmittelkriminalität*
Rauschmittel *siehe auch Alkohol*
Begriff **64** 56 ff; **316** 140 ff; **323a** 91
Fahrunsicherheit durch ~ **316** 139 ff
Gefährdung einer Entziehungskur **323b** 16
Mischintoxikation bei Trunkenheit im Verkehr **316** 133
Schnüffelstoffe **316** 177; **323a** 103
Rauschtat *siehe auch Vollrausch*
Notwehr gegen ~ **32** 63
Strafzumessung und ~ **46** 96 f
Reaktualisierung
ehrverletzende ~ **192** 7
Realkonkurrenz *siehe Tatmehrheit*
Realprinzip *siehe Schutzgrundsatz*
Reanimation **Vor 211** 7, 10
Rechenwerte
Darstellung von Rechenwerten als technische Aufzeichnung **268** 7, 10
Rechnungsprüfungsbeamter
Untreue **266** 121
Rechnungswesen, kaufmännisches **283** 90
Recht
Begriff, Rechtsbeugung **339** 48 ff
überpositives ~ **339** 49 ff
unpfändbares ~ **288** 20
Recht am eigenen Bild *siehe auch Informationelle Selbstbestimmung* **113** 37a
als notwehrfähiges Gut **32** 186
Rechtfertigungsgrund
Absicht der Verteidigung **Vor 32** 53 ff
Absichtsprovokation **Vor 32** 62
Amtsrechte *siehe dort*
Analogieverbot **Vor 32** 35 ff
Anordnung, dienstliche *siehe dort*
bei Auslandstat **7** 26 ff
außerstrafgesetzlicher ~ **Vor 32** 39
Befehl, militärischer *siehe dort*
Besitzwehr **Vor 32** 68
Bestimmtheitsgebot und ~ **Vor 32** 40, 42
DDR-Recht **Vor 32** 231
Duldung, behördliche *siehe dort*
Duldungspflicht des Betroffenen **Vor 32** 65
Einwilligung
– mutmaßliche ~ *siehe dort*
– rechtfertigende ~ *siehe dort*
Erfordernisse, generelle **Vor 32** 49 ff
als Erlaubnissatz, rechtlicher **Vor 32** 6
Fahrlässigkeitstat **Vor 32** 49, 58
Genehmigung, behördliche *siehe dort*
Gesetzlichkeitsprinzip **Vor 32** 35 ff
Gestattung, behördliche *siehe dort*
gewohnheitsrechtlicher ~ **Vor 32** 39
Herbeiführung einer Rechtfertigungslage **Vor 32** 62
Hoheitliches Handeln **Vor 32** 142
Irrtum über ~ *siehe dort; siehe Verbotsirrtum*
Kenntnis der Rechtfertigungslage **Vor 32** 55 f
Konkurrenzen **Vor 32** 46
monistische Theorien **Vor 32** 47 f
nicht positivierter ~ **Vor 32** 4
Notstand, rechtfertigender *siehe dort*
Notwehr *siehe dort*
Pflichtenkollision, rechtfertigende *siehe dort*
pluralistische Theorien **Vor 32** 47 f
Quellen **Vor 32** 34
Rechtfertigungslage
– Herbeiführung, absichtliche **Vor 32** 62
– Kenntnis **Vor 32** 55 f
Rechtfertigungszweck **Vor 32** 53 ff
Rückwirkungsverbot **Vor 32** 41
Schußwaffengebrauch, zulässiger **Vor 32** 150 ff; **212** 11 ff
Staatsnotstand *siehe dort*
subjektive Rechtfertigungselemente **Vor 32** 50 ff
System
– monistische Theorien **Vor 32** 47 f
– pluralistische Theorien **Vor 32** 47 f

Rechtfertigungsgrund (Forts.)
als Tatbestandsmerkmal, negatives **Vor 32** 7 ff
teilweises Vorliegen **Vor 32** 67
übergesetzlicher ~ **Vor 32** 83
ungültiger ~ **Vor 32** 42
Verantwortlichkeitsfreiheit für wahrheitsgetreue Berichte über öffentliche Parlamentssitzungen **37** 9 ff
Verletzung unbeteiligter Dritter **Vor 32** 66
Vertrauensverhältnis, besonderes berufliches **Vor 32** 180
Völkerrecht *siehe dort*
Wahrnehmung berechtigter Interessen *siehe dort*
Widerstandsrecht, politisches *siehe dort*
Wirkung **Vor 32** 64 ff
Züchtigungsrecht *siehe dort*
Rechtsanalogie 1 1
Rechtsangleichung
im wiedervereinigten Deutschland **Vor 3** 402 ff
Rechtsanwalt
kein Amtsträger **11** 29
Anzeigepflicht **139** 24, 26
Beihilfe zur Falschaussage **154** 19
Berufsbezeichnung, geschützte **N 132a** 5; **132a** 12b
ehrenrührige Behauptung durch ~ **193** 15 f
Mandant und ~ **193** 15 f
kein öffentliches Amt **45** 6
Rechtsanwaltseigenschaft als besonders persönliches Merkmal **28** 60
Schweigepflicht **203** 35, 63, 65, 110, 120, 129, 142 f
strafschärfende Bedeutung der beruflich-sozialen Stellung **46** 105
Strafzumessung, Berücksichtigung beruflicher Folgen **46** 24
als Unternehmenssanierer **Vor 283** 30
Untreue **266** 60, 63, 93, 102, 122
Versagung/Widerruf der Zulassung **45** 36
Rechtsbegriffe, unbestimmte
Bestimmtheitsgebot und ~ **1** 45 ff
Rechtsbehelfsklausel
Widerstand gegen Vollstreckungsbeamte **113** 47, 50
Rechtsbeistand *siehe auch Rechtsanwalt*
Gebührenüberhebung **352** 2, 4
Parteiverrat **356** 18 ff, 22
Rechtsbeistandseigenschaft als besonders persönliches Merkmal **28** 60
Rechtsberater
Untreue **266** 63, 129
Rechtsbeugung
Abgeordnete **339** 23a ff
Abstimmungsregeln, Verletzung der **339** 44, 54d, 106, 109 f
(kein) Amtsdelikt, echtes **339** 4
Amtsträger **339** 4, 6 f, 16 ff, 23e
Anklageerhebung als ~ **339** 118
Arbeitsgerichtsbarkeit **339** 28
audiatur et altera pars **339** 49
Aussageerpressung und ~ **339** 122
Beamter **339** 16
Bedeutungsirrtum **339** 86 f
Begriff **339** 1 ff, 36 ff
Begünstigung einer Partei **339** 66 ff
(keine) Begünstigungsabsicht erforderlich **339** 76
Beisitzer **339** 14, 33, 92, 109 f, 115 f, 127
Belehrung, falsche **339** 67
Benachteiligung einer Partei **339** 66 ff
(keine) Benachteiligungsabsicht erforderlich **339** 76
Beratungsgeheimnis **339** 111
Berufsrichter **339** 14
Bestechlichkeit und ~ **339** 126
Beteiligter **339** 67
Beugung des Rechts **339** 9, 54a, 55 ff
Bindungswirkung von Gerichtsentscheidungen **339** 49
Blutschutz-Gesetz **339** 20, 63, 85, 126
Boykotthetze (DDR-StGB) **339** 50, 64
Dienststrafverfahren **339** 28, 62a
Disziplinarstrafgewalt **339** 14, 21, 62a
Ehrengerichtsbarkeit **339** 14
(kein) eigenhändiges Delikt **339** 114 f
Entschädigungspflicht des Staates **339** 46
Entscheidung einer Rechtssache **339** 26 ff, 32, 35, 106
Entschuldigungsgründe **339** 102, 104 f
Entstehungsgeschichte **339** Vor 1, 1 f
Erfolgsdelikt **339** 41
Ermessensmißbrauch **339** 55, 63 ff
Ermittlungsverfahren, staatsanwaltschaftliches **339** 19, 30, 58 f, 118
Fahrlässigkeit **339** 63, 76, 129
Fehlurteil **339** 6, 46, 78, 90, 108 ff
Finanzbeamter **339** 22
Finanzgerichtsbarkeit **339** 28
Freiheitsberaubung und ~ **239** 15, 17, 20, 22, 30, 32; **339** 120, 127 f, 130
Freispruch eines Schuldigen **339** 46, 56, 69
Freiwillige Gerichtsbarkeit **339** 29
Gehör, Nichtgewährung rechtlichen **339** 45
Gerichtsvollzieher **339** 16
Gerichtsvorsitzender **339** 33 f
Gesetzesrecht **339** 49
Gesetzwidrigkeit der Entscheidung nach DDR-StGB **339** 53b
Gesinnungsstrafrecht **339** 37
Gewohnheitsrecht **339** 49
Goldene Regel **339** 49

Rechtsbeugung (Forts.)
Haftbefehl **339** 35, 108
Handelsrichter **339** 14
Havemann-Fall **339** 54b
Huppenkothen-Fall **339** 11 ff
in dubio pro reo **339** 49, 90, 96
Irrtum **339** 86 ff, 96, 99a ff
Justizirrtum **339** 46, 90
Justizmord durch ~ **339** 12c, 51, 55, 93, 127, 131
Justizprivileg, unberechtigtes **339** 82
Justizunrecht
– in der DDR **339** Vor 1, 3, 12c, 15, 44, 53b, 54b ff, 57 f, 60, 64 f, 86, 100, 118
– im Nationalsozialismus **339** Vor 1, 3, 11 ff, 15, 37, 44, 51 ff, 54c f, 57 f, 60, 63 ff, 74, 82, 92 f, 97 ff, 115, 131 f
Justizverweigerung **339** 55
Justizverzögerung **339** 55
Katzenberger-Fall **339** 15, 29, 51, 55, 57, 60, 64
Kausalität **339** 109 f
Kollegialgericht **339** 34, 108 f, 115, 127
Konkurrenzen **339** 122 ff
Kostenfestsetzungsverfahren **339** 18, 31
Kriegsgerichts-Fälle **339** 11, 58, 64, 85, 98
Laienrichter **339** 14, 25, 34, 44
Leitung einer Rechtssache **339** 26 ff, 32 ff, 107
Mauerschützen-Fall **339** 52
Menschenrechtsverletzung, offensichtliche schwere **339** 54b
milderes Strafgesetz **339** Vor 1
Mitglieder von parlamentarischen Untersuchungsausschüssen **339** 23a ff
Mittäterschaft **339** 116
mittelbare Täterschaft **339** 115, 128
Naturrecht **339** 49 ff, 53a
Nebenfolgen
– Verlust der Amtsfähigkeit **339** 119
– Verlust der Wählbarkeit **339** 119
Nichturteil **339** 3, 12b, 131 f
Notstand
– entschuldigender ~ **339** 102 ff
– rechtfertigender ~ **339** 35, 72, 75, 96
Notwehrfähigkeit rechtswidriger Richtersprüche **339** 46, 121
NS-Sondergerichte **339** 15, 57
NS-Volksgerichtshof **339** 15, 37, 92 f, 100
Nürnberger Gesetze **339** 44
nullum crimen/nulla poena sine lege **339** Vor 1, 52
Ordnungswidrigkeitenverfahren **339** 20, 31, 85, 94
Partei, Begriff **339** 67, 118, 120
Parteischiedsgericht **339** 24
Pflichtdelikt **339** 39
Polizeibeamter **339** 20 f
Radbruch'sche Formel **339** 49 ff
Rassenschande-Urteile im NS **339** 44, 55, 57, 60, 75, 109
Recht, Begriff **339** 48 ff
Rechtfertigungsgründe **339** 35, 71 ff, 96, 102
bei Rechtsanwendung im engeren Sinne **339** 58 ff
Rechtsbeugungstheorie
– gemischte (eingeschränkt subjektive) ~ **339** 38 ff
– objektive ~ **339** 41 ff, 80
– subjektive ~ **339** 37
Rechtsblindheit **339** 99b
bei Rechtsfolgenbestimmung **339** 62a ff
Rechtsgut **339** 5 ff, 73, 102, 124 f
Rechtspfleger **339** 17 f
Rechtssache **339** 27 ff
Rehse-Fall **339** 3, 15, 63, 92, 99b, 127
Richter **339** 14 f
– Berufsrichter **339** 14
– ehrenamtlicher ~ **339** 14
– Handelsrichter **339** 14
– Laienrichter **339** 14, 25, 34, 44
– Schiedsrichter **339** 4, 6, 24 f
richterähnliche Funktion **339** 16, 27
Rücktritt **339** 106
Rückwirkungsverbot und DDR-Justizunrecht **339** Vor 1
bei Sachverhaltssubsumtion **339** 58 ff
Scheinurteil **339** 131
Scheinverfahren **339** 131 f
Schiedsgerichte **339** 24
Schiedsrichter **339** 4, 6, 24 f
Schuld **339** 47, 95, 101 ff
Soldat kein Amtsträger **339** 16
Sonderdelikt, echtes **339** 4, 103
Sozialgerichtsbarkeit **339** 28
Sperrwirkung **339** 129 ff
Staatsanwalt **339** 19, 30, 44, 59, 114, 118
Standesdelikt **339** 9, 126
Standgerichts-Fälle **339** 11 ff, 58, 97, 115, 127, 131 f
Strafvereitelung im Amt und ~ **339** 125
bei Strafzumessung **339** 63 ff
Subsumtionsirrtum **339** 87, 100
Täter **339** 14 ff
Tatbestandsirrtum **339** 85 ff, 96
bei Tatsachenfeststellung **339** 56 f
Teilnahme **339** 117 f, 127
Tendenzdelikt **339** 38 f
Todesurteile, rechtswidrige
– durch DDR-Justiz **339** 64
– durch NS-Justiz **339** 11 f, 37, 55, 60 ff, 131
Tötung, fahrlässige, durch ~ **339** 129, 131 f

Rechtsbeugung (Forts.)
Totschlag durch ~ **339** 120, 127 f, 131
überpositives Recht **339** 49 ff
(kein) Überzeugungsdelikt **339** 37
Unabhängigkeit des Richters und ~ **339** 10, 15, 27, 61, 79, 129
Unrecht, gesetzliches **339** 50 ff
Unrechtsbewußtsein **339** 95 ff, 99a ff
Unterlassen **339** 55
Untersuchungsausschuß, parlamentarischer **339** 23a ff
Urkundsbeamter **339** 18
Urteil, nichtiges ~ **339** 3, 12b, 131 f
venire contra factum proprium, Verbot des **339** 49
Verbotsirrtum **339** 99a ff
Verfahrensrecht, Verstoß gegen **339** 35, 58 ff, 75, 92, 97, 107, 114, 129, 131
Verfassungsgerichtsbarkeit **339** 28
Verfolgung Unschuldiger und ~ **339** 123; **344** 1, 13
Verhältnismäßigkeitsgrundsatz **339** 49, 64 f
Verhandlungsführung **339** 33
Verjährung, Nichtbeachtung der **339** 59
Versuch **Vor 22** 104; **339** 106, 108 ff
Vertragsrecht **339** 49
Vertretbarkeit der Rechtsanwendung **339** 41 ff, 80, 91
Verurteilung eines Unschuldigen **339** 46, 69
Verwaltungsbeamter **339** 20
Verwaltungsgerichtsbarkeit **339** 20, 28
Vollendung **339** 106 ff
Vollstreckung gegen Unschuldige und ~ **339** 124, 129; **345** 8
Vorsatz **339** 77 ff
– bedingter ~ **339** 77 ff, 89
– direkter ~ **339** 77, 82, 130
– Inhalt **339** 83 ff
Vorverfahren **339** 35
Waldheimer Prozesse **339** Vor 1, 3
Weisungsfreiheit, richterliche **339** 15
Wiederaufnahmeverfahren **339** 121
Wissentlichkeit **339** Vor 1, 77
Zivilgerichtsbarkeit **339** 28, 30
Zwischenverfahren **339** 35
Rechtsbewußtsein
Schwangerschaftsabbruch und ~ **Vor 218ff** 38, 41 f; **218a** 22 f
Rechtserheblichkeit
einer Beurkundung/Datenspeicherung **271** 70 f
Rechtsextremismus
im Intenet **N 130, 131** 1 ff
Strafrecht und ~ **Vor 125** 2, 4; **125** 45; **N 127** 4; **129** 5, 7, 11, 16, 37, 40; **168** 1, 58
Terrorlisten **130a** 10
Rechtsfolgen der Tat
Anwendungshäufigkeit **Vor 38** 62
Bagatellkriminalität **Vor 38** 66
Bestimmtheitsgebot und ~ **1** 60 ff
DDR-Alttaten, strafrechtliche Beurteilung **Vor 38** 119 ff
DDR-Gerichte, Entscheidungen **Vor 38** 98 ff
DDR-Sanktionensystem **Vor 38** 89 ff
Disziplinarrecht **Vor 38** 74, 77 ff
Diversion **Vor 38** 65
dritte Spur, keine Einführung **Vor 38** 16, 24
Ehrengerichtliche Maßnahmen **Vor 38** 77, 80
Einziehung *siehe dort*
Hauptstrafen *siehe auch Freiheitsstrafe; siehe auch Geldstrafe* **Vor 38** 3, 34
im Jugendstrafrecht **Vor 38** 68 ff
Kirchenstrafen **Vor 38** 88
Maßnahmen gemischten Charakters **Vor 38** 46
Maßnahmensystem **Vor 38** 6 f, 56 ff
bei mehreren Gesetzesverletzungen *siehe Konkurrenzlehre*
Nebenfolgen *siehe auch dort* **Vor 38** 5
Nebenstrafen *siehe auch dort* **Vor 38** 4
Ordnungs- und Zwangsmittel des Prozeßrechts **Vor 38** 81 ff
Ordnungswidrigkeitenrecht **Vor 38** 74 ff
Privatstrafen **Vor 38** 88
Reformdiskussion **Vor 38** 13 f, 63 ff
Resozialisierungsfunktion **Vor 38** 37, 41
Sanktionen außerhalb des Kriminalrechts **Vor 38** 74 ff
Sanktionensystem **Vor 38** 25 ff
Sanktionensystem der DDR **Vor 38** 89 ff
Sanktionsformen, neue **Vor 38** 64 f
Strafbemessung **Vor 38** 5
Stufen strafrechtlichen Einschreitens **Vor 38** 55
System der Rechtsfolgen **Vor 38** 2 ff
Täter-Opfer-Ausgleich *siehe dort*
Unbrauchbarmachung *siehe dort*
Vereinsstrafen **Vor 38** 88
Verfall *siehe dort*
Wiedergutmachung *siehe auch Täter-Opfer-Ausgleich* **Vor 38** 16
Zweispurigkeit
– Grundsatz **Vor 38** 8 ff
– Kritik an der ~ **Vor 38** 13 ff
Rechtsfolgenausspruch *siehe auch Strafzumessung* **Vor 46ff** 4
Rechtsfragen, abstrakte
Parteiverrat **356** 83
Rechtsfreier Raum *siehe Raum, rechtsfreier*
Rechtsfriede
als Verjährungszweck **Vor 78** 1, 9
innerer ~ als Rechtsgut **N 127** 2

Rechtsgut
Achtungsanspruch **Vor 13** 7
Begriff **Vor 13** 6
– Entmaterialisierung **Vor 13** 7; **166** 9 ff
– Funktionen **Vor 13** 8
Individualrechtsgut **Vor 13** 6
internationales ~, strafrechtlicher Schutz **6** 1 ff
notstandsfähiges ~ **34** 22 ff, 34; **35** 9 ff
Strafwürdigkeit der Tat und geschütztes ~ **Einl** 4; **Vor 13** 8
Universalrechtsgut **Vor 13** 6
Verletzung eines Rechtsguts und Verbrechensbegriff **Vor 13** 6
Rechtshilfeersuchen
Verjährungsunterbrechung bei ~ in das Ausland **78c** 36
Rechtshilfeverfahren
Falschaussagen in ~ **5** 55
Rechtskraft
und Verjährung **Vor 78** 12; **78** 8 ff
Rechtsordnung
Bewahrung der ~ **32** 13
als notwehrfähiges Gut **32** 197
Verteidigung der ~ als Strafzweck **Vor 46ff** 29
Rechtspflege, öffentliche
als geschütztes Rechtsgut
– Aussagedelikte **Vor 153** 2 f, 4 f, 29
– Aussageerpressung **343** 1
– Begünstigung **Vor 257ff** 3
– Bestechungsdelikte **Vor 331** 8, 17
– Falsche Verdächtigung **164** 1 ff
– Gefährdung einer Entziehungskur **323b** 4
– Gerichtsverhandlungen, verbotene Mitteilungen **353d** 2, 21, 38
– Nichtanzeige geplanter Straftaten **138** 2 f
– Parteiverrat **356** 1, 8 ff
– Rechtsbeugung **339** 5 ff
– Strafvereitelung **258** 1
– Verfolgung Unschuldiger **344** 1
– Vollstreckung gegen Unschuldige **345** 1
– Vortäuschen einer Straftat **145d** 1
Schutz gegen Angriffe
– von außen **339** 8
– von innen **339** 7 f
Rechtspfleger
Aussage vor ~ **153** 5
Rechtsbeugung **339** 17 f
Untreue **266** 121
Rechtspflichtmerkmal **113** 24a
Rechtsprechung
Änderung der ~ und Milderungsgebot **2** 38
gefestigte ~ und Bestimmtheitsgebot **1** 48
keine Korrektur des Gesetzgebers **1** 52
Schutz der ~ als Rechtsgut **339** 7
Rechtsreferendar
Parteiverrat **356** 17, 24
Rechtssache
Parteiverrat **356** 79, 87 ff, 92, 95
Rechtsschutzverzicht
bei Einwilligung, rechtfertigender **Vor 32** 104 f
Rechtssicherheit
Analogieverbot und ~ **1** 73
Rechtssicherheitsgefühl, allgemeines
als gesetzgeberisches Anliegen/Rechtsgut **Vor 125-145d** 5; **125** 44; **126** 2; **129** 1; **130** 4; **131** 9; **140** 1 f
Rechtsstaat
Gefährdung des demokratischen Rechtsstaats **N 86ff**
Rechtsstaatsprinzip
Analogieverbot und ~ **1** 73
Umweltstrafrecht und ~ **Vor 324** 27
Rechtstheorien **24** 6
Rechtsverkehr
erhebliche Gefährdung des Rechtsverkehrs
– Fälschung beweiserheblicher Daten, besonders schwerer Fall **268** 59
– Urkundenfälschung, besonders schwerer Fall **267** 307
Sicherheit/Zuverlässigkeit als geschütztes Rechtsgut
– Fälschung beweiserheblicher Daten **269** 1
– Fälschung von Gesundheitszeugnissen **277** 1
– Falschbeurkundung, mittelbare **271** 2
– Gebrauch unrichtiger Gesundheitszeugnisse **279** 1
– Mißbrauch von Ausweispapieren **281** 1
– Urkundenfälschung **267** 1, 212
– Urkundenunterdrückung **274** 18
– Verändern amtlicher Ausweise **273** 1
– Vorbereitung der Fälschung amtlicher Ausweise **275** 1
Täuschung im ~
– Fälschung technischer Aufzeichnungen **268** 53
– Falschbeurkundung, mittelbare **271** 70, 79, 90
– Urkundenfälschung **267** 260 ff
Rechtsverordnung
Gesetz und ~ **1** 31
Rechtswidrigkeit *siehe auch Rechtfertigungsgrund*
Abstufungstheorie, materielle **Vor 32** 21
von Amtshandlungen und Notwehr **32** 64 ff
des Angriffs und Notwehr **32** 54 ff, 60 ff
Ausschluß der ~ durch Gewohnheitsrecht **1** 70
Befehl *siehe dort*
Begriff **Vor 13** 42; **Vor 32** 6; **32** 64 ff, 68

Rechtswidrigkeit (Forts.)
(kein) Bestandteil des Unrechtstatbestands **Vor 13** 48
im Deliktsaufbau **Vor 32** 5, 22
Einheit der Rechtsordnung und ~ **Vor 32** 10 f
Erfolgsunwert/-unrecht und ~ **Vor 13** 44
formelle ~ **Vor 13** 42; **Vor 32** 12 ff
Handlungsunwert/-unrecht und ~ **Vor 13** 44
Indizwirkung der Tatbestandsmäßigkeit **Vor 13** 48
materielle ~ **Vor 13** 42; **Vor 32** 12 ff
als negatives Tatbestandsmerkmal **Vor 13** 48
Neutralitätslehre **Vor 32** 16 ff
rechtsfreier Raum, Lehre **Vor 32** 16 ff
Rechtswidrigkeitsmerkmale, spezielle **Vor 32** 23 ff
Rechtswidrigkeitsregeln **Vor 32** 19 ff
Risiko, Lehre vom erlaubten **Vor 32** 30
Schuld und ~, Verhältnis **Vor 13** 76
Schuldtheorie **16** 36 ff
Sozialadäquanz und ~ **Vor 13** 49; **Vor 32** 26 ff
Tatbestand, offener **Vor 32** 19 ff
Tatbestandsmäßigkeit, fehlende und fehlende ~, Abgrenzung **Vor 32** 19 ff
Unrecht und ~ **Vor 32** 10 f
Unrechtsausschluß und ~ **Vor 32** 18
Unrechtseinsicht und ~ **17** 6
Vorsatz und ~ **16** 36 ff; **17** 3
Vorsatztheorie **16** 36 ff
Zeitpunkt der Bewertung **Vor 32** 44
Redefreiheit 193 20
des Abgeordneten *siehe Parlamentarische Äußerungen/Berichte, Straflosigkeit*
Reden
pornographischen Inhalts **176** 11 ff
Sexuelle Handlungen und ~ **184c** 5
Reeder
Gefährdung von Schiffen etc. durch Bannware **297** 15, 17
Reflexhandlung
als Angriff **32** 27
Vorsatz und ~ **16** 110
Reflexionskunst 193 8
Regelbeispiel *siehe auch Besonders schwerer Fall; siehe auch Minder schwerer Fall*
Analogieverbot und ~ **1** 83
keine besondere Folge der Tat **18** 7 f
Bestimmtheitsgebot und ~ **1** 63
Deliktsartbestimmung, Bedeutung **12** 19 ff
Doppelverwertungsverbot **46** 282
Friedensgefährdende Beziehungen **100** 10
Gefangenenmeuterei **121** 41
Geheimdienstliche Agententätigkeit **99** 17
Indizwirkung **Vor 46ff** 24
Landesverräterische Agententätigkeit **98** 10
Landesverräterische Fälschung **100a** 9
Landesverrat **94** 15
Landfriedensbruch **125a** 1 ff
Offenbarung von Staatsgeheimnissen **95** 9
Rücktritt vom Versuch und ~ **24** 342
Strafzumessung **Vor 46ff** 21, 23 ff; **46** 248, 282, 303
als Strafzumessungsregel **Vor 13** 51
Subsidiarität **Vor 52ff** 100
kein Tatbestandsmerkmal **Vor 13** 51
Verjährungsfrist und ~ **78** 18
Versuch eines Regelbeispiels **Vor 22** 141 ff; **125a** 14
Versuch und ~ **Vor 22** 141 ff; **22** 120 ff, 127 f, 195
Widerstand **113** 52 ff
Regeln der Technik
Baugefährdung **323** 11 f
Regierung, ausländische
Propagandamittel **86** 9
Strafverlangen **104a** 4 f
Regierungsinspektor
Untreue **266** 121
Regierungsmitglied
Ehrschutz, verstärkter **188** 3
Strafantragsrecht **77a** 2, 14
Register, öffentliche 271 8
Registrierung
bei Entziehung der Fahrerlaubnis **69** 181 f, 260; **69b** 17
bei Fahrverbot **44** 76
Rehabilitation *siehe Wiederverleihung von Fähigkeiten und Rechten*
Rehabilitierungsverfahren
Überprüfung von DDR-Gerichtsentscheidungen **Vor 38** 102
Rehse-Fall 339 3, 15, 63, 92, 99b, 127
Reiseschecks
Wertpapierfälschung **151** 4
Rektapapiere 264a 19, 26
Schleuderverkauf kreditierter ~ **283** 74
Rektor
Falschbeurkundung, mittelbare **271** 13
Religion
Begriff **166** 18
Kriminalität und ~ **Vor 166** 17 f
strafrechtlicher Schutz *siehe Religionsdelikte*
Religionsausübung *siehe auch Religionsfreiheit*
Grundrecht auf ungestörte ~ *siehe auch Beschimpfung von Bekenntnissen, Religionsgesellschaften und Weltanschauungsvereinigungen; siehe auch Störung der Religionsausübung* **Vor 166** 6, 14; **166** 14 ff; **167** 5
Schutz der freien ~ als Rechtsgut **Vor 166** 1, 12 f

Religionsdelikte
Begriff **Vor 166** 1
Eidesdelikte als ~ **Vor 153** 4; **154** 10; **Vor 166** 8
Entstehungsgeschichte **Vor 166** EntstG, 7 ff
kriminalpolitische Bedeutung **Vor 166** 20
Pflicht zum strafrechtlichen Schutz der Religionsfreiheit **Vor 166** 6
politische Straftaten und ~ **Vor 166** 16
Rechtsgut **Vor 166** 1, 10, 15, 21
Staatsrecht und ~ **Vor 166** 1 ff
als Störung des religiösen Friedens **Vor 166** 9
Strafwürdigkeit **Vor 166** 21 ff
Überzeugungstäter **Vor 166** 16 f
Verfassungsmäßigkeit **Vor 166** 22
Religionsfreiheit *siehe auch Religionsausübung* **Vor 166** 3, 5 f, 14, 21; **166** 35
Verletzungen der ~ im NS **Vor 166** 4
Religionsgemeinschaften *siehe Religionsgesellschaften*
Religionsgesellschaften **166** 61 ff
ausländische ~ **166** 82
Begriff **166** 61
Beleidigungsfähigkeit **166** 13
Gegenstände der Verehrung **243** 25; **304** 4
öffentlichrechtliche ~ **166** 63, 67
– Beleidigung, Strafantragsrecht **194** 12
– Falschbeurkundung, mittelbare **271** 11
– Körperschaftsstatus **166** 63, 67 f
– Loyalitätspflicht **166** 68
– Paritätsgebot **166** 69
– Schutz von Bezeichnungen, Titeln etc. **132a** 18
privatrechtliche ~ **166** 63, 68
Privilegierung **Vor 166** 3
Rennwetten *siehe Glücksspiel, unerlaubtes*
Rentenbetrug **263** 275
Rentenversicherungsbeiträge
Vorenthalten/Veruntreuen **266a** 28, 75
Repression *siehe auch Sanktion; siehe auch Strafe; siehe auch Vergeltung*
als Strafzweck **Vor 46ff** 26 f
Republikflucht (DDR-StGB)
Freiheitsberaubung durch Anzeige **239** 32
Verfolgung wegen Verschleppung **234** 37
Republikschutzgesetze
der Weimarer Republik **Vor 80** 2, 9; **129a** 4; **138** Vor 1, 50; **139** 5, 24; **140** 2, 18 f, 32
res sacrae **168** 245
Resident **99** 6
Resozialisierung
als Funktion von Strafe **Einl** 31, 33; **Vor 46ff** 28
Verwarnung mit Strafvorbehalt und ~ **Vor 38** 41
Restitutionsvereilerungstheorie
Hehlerei **259** 1
Retorsion **199** 1
Rettungsabsicht **16** 94
Rettungsgeräte **145** 21
Rettungsschuß, finaler **212** 12
Reue *siehe auch Tätige Reue*
fehlende ~ und Strafaussetzung zur Bewährung **56** 38
Strafzumessung, Bedeutung **46** 196 ff
Revision
Strafzumessung, Überprüfung **46** 325 ff
Richter *siehe auch Amtsträger; siehe auch Beamter*
Amtsfähigkeit, Verlust **45** 3
Amtsträgereigenschaft **11** 27, 67 ff
Aussageerpressung **343** 3
Begriff **11** 67 ff
Berufsrichter **11** 68; **339** 14
Bestechlichkeit **332** 1
Bestechung eines Richters **334** 3
ehrenamtlicher ~ **339** 14
– öffentliches Amt **11** 69; **132** 7
in der Ehrengerichtsbarkeit für Rechtsanwälte **339** 14
Haftbefehl, pflichtwidrige Aufhebung durch ~ **120** 42
Handelsrichter **339** 14
Laienrichter **339** 14
Notstand, entschuldigender, Zumutbarkeit aufgrund besonderen Rechtsverhältnisses **34** 54
Schiedsrichter *siehe dort*
Sexueller Mißbrauch unter Ausnutzung einer Amtsstellung **174b** 6
Sitzungspolizeigewalt **123** 39, 71
Strafantragsrecht **77a** 11
strafschärfende Bedeutung der beruflichsozialen Stellung **46** 106
Strafvereitelung im Amt **258a** 3
Unabhängigkeit **339** 10, 15, 27, 61, 79, 129
Untreue **266** 121
Verfolgung Unschuldiger **344** 2
Verleitung eines Untergebenen zu einer Straftat **357** 4
Vollstreckung gegen Unschuldige **345** 2
Vorteilsannahme durch ~ **331** 20 ff
Vorteilsgewährung gegenüber ~ **333** 9
Richterwahlausschuß
Indemnität **36** 30
Richtfunk **325a** 30
Richtigkeitsschutz
technischer Aufzeichnungen **268** 3, 27

Richtlinien zur Feststellung von Alkohol-, Medikamenten- und Drogeneinfluß bei Straftaten und Ordnungswidrigkeiten **316** 255
Richtmikrofon *siehe Abhörgerät*
Right to be let alone Vor 201 2
Right to privacy Vor 201 2
Risiko, erlaubtes Vor 32 30
Beihilfe und ~ **27** 22
Fahrlässigkeit und ~ **16** 159 ff, 184; **Vor 32** 32, 94
Herbeiführen einer Sprengstoffexplosion **311** 9
Körperverletzungsdelikte und ~ **Vor 223** 12
bei Wahrnehmung berechtigter Interessen **193** 3
Risikodelikt
Gewaltdarstellung **131** 10
Risikoerhöhungsprinzip
bei Fahrlässigkeitstat **16** 189 f
Risikogeschäft
Bankrotthandlung **283** 52 ff
Untreue **266** 56, 95 ff, 148, 155
Röntgenstrahlen 311a 3; **311d** 3; **325a** 30; **328** 4
Rohrleitungsanlage 327 11, 15b, 21; **327** 26 ff
Rotte *siehe Zusammenrottung*
Rückfall *siehe auch Wiederholungstäter*
Strafschärfung bei ~ nach DDR-Recht **Vor 46ff** 35
Rückfalltäter *siehe Hangtäter; siehe Wiederholungstäter*
Rückgewinnungshilfe 288 12
Rücknahme des Strafantrags 77 5; **77d** 2 ff
Rücksichtslosigkeit
als Ausdruck verwerflicher Gesinnung **46** 79
Gesinnungsunwert der Tat und ~ **Einl** 4
als strafbegründendes persönliches Merkmal **28** 12
im Straßenverkehr **315c** 69, 131 ff, 137 ff, 195, 206
Rücktritt
von der Haupttat, Auswirkung auf strafbare Vorbereitung **Vor 52ff** 113 f
Rücktritt vom Versuch
Abweichung vom vorgestellten Kausalverlauf **24** 56
des Alleintäters **24** 2, 47 ff
des angestifteten Alleintäters **24** 48
keine analoge Anwendung auf andere Tatbestände **24** 349
Anstiftung und ~ **24** 48
Aufgabe der weiteren Tatausführung **24** 128 ff
Ausführungshorizont **24** 69 f, 100
Ausschluß **24** 197 ff
beendeter Versuch **24** 1, 92 ff, 178 ff, 317 ff
Befriedungsfunktion, interessenausgleichende **24** 14
Beihilfe und ~ **24** 48
Bemühen
- um Erfolgsverhinderung **24** 287 ff
- ernsthaftes ~ **24** 234, 288
- freiwilliges ~ **24** 235, 294; **24** 235, 294
- um Vollendungsverhinderung **24** 214 ff, 284 ff
als besonderes persönliches Merkmal **28** 83
Beteiligter **24** 48, 239 ff, 330
der Beteiligung *siehe Versuch der Beteiligung – Rücktritt*
Bewährungsmodell **24** 15
BGH-Rechtsprechung **24** 44 ff
Eingreifen des Opfers **24** 58 f
Einheitstheorie **24** 27 f
Einzelakttheorie **24** 67 ff, 102 f
als Entschuldigungsgrund **24** 41 f
Erfolgsabwendung, tätige **24** 178 ff
erfolgsqualifiziertes Delikt **24** 313 ff
ernsthaftes Bemühen **24** 234, 288
fehlgeschlagener Versuch **24** 61 ff, 263
Freiwilligkeit
- des Bemühens **24** 235 f
- in dubio pro reo **24** 177
- sittlicher Wert des Entschlusses **24** 165
- der Tataufgabe **24** 147 ff, 161 ff
- veränderte Sachlage und ~ **24** 172 ff
- der Vollendungsverhinderung **24** 203 f
Furcht vor Entdeckung **24** 175 f
Generalprävention **24** 16
Gnadentheorie **24** 10 f
Handlungen von Dritten **24** 183
Handlungsziel, außertatbestandliches **24** 121 ff, 168
Hintermann **24** 307 ff
Indiz-/Strafzwecktheorie **24** 13
Irrtum **24** 51 ff
Kausalität **24** 192 ff
Kompensationslehre **24** 25 f
kriminalpolitische Theorie **24** 7 ff
als Merkmal, unrechtsausschließendes **24** 40
Mittäterschaft **24** 49, 241
mittelbare Täterschaft **24** 49, 242, 305 ff
Motivation des Zurücktretenden **24** 165, 169 ff, 177
Nebentäterschaft **24** 47
Nichtvollendung der Tat **24** 1
- ohne Zutun des Beteiligten **24** 285 f
- ohne Zutun des Zurücktretenden **24** 207 ff
Opferschutzgedanke **24** 19 ff
Prämientheorie **24** 10 f
Rechtsfolgen **24** 328 ff
Rechtstheorien **24** 6
Regelbeispiel **24** 342

Rücktritt vom Versuch (Forts.)
rücktrittsähnliche Regelungen **24** 349
Rücktrittshorizont, Lehre vom **24** 104 ff
Rücktrittsprivileg, Begründung **24** 6 ff
als Rücktrittsschuldverhältnis, strafrechtliches **24** 37
Rücktrittsvorbehalt **22** 51
als Schuldausschließungsgrund **24** 41; **29** 2
Schulderfüllungstheorie **24** 35 f
Schuldunfähigkeit des Zurücktretenden **24** 166
Sinneswandel, bloßer **24** 179
als Strafaufhebungsgrund, persönlicher **24** 43
als Strafausschließungsgrund **Vor 32** 226
Straflosigkeit, Grund **24** 5 ff
strafprozessuale Folgen und Besonderheiten **24** 343 ff
als Strafunrechtsausschließungsgrund **24** 40
Strafzumessung **24** 344 ff
Strafzwecktheorie **24** 12 ff
Tatänderungstheorie **24** 29 f
Tatbegriff **24** 75 ff
bei Tatbeteiligung mehrerer **24** 236 ff
Tatmittler **24** 306
Teilnehmer **24** 48, 243
Teilnehmer, Tatvollendung ohne Zutun des **24** 295 ff
Teilrücktritt **24** 339 ff
Umkehrleistung des Täters **24** 33
unbeendeter Versuch **24** 1, 92 ff, 128 ff, 317 ff
Untätigkeit, bloße **24** 179
Unterlassungsdelikt **13** 49; **24** 317 ff
Unternehmensdelikt, unechtes **11** 97; **Vor 22** 124
unzureichende Maßnahmen **24** 290 ff
veränderte Sachlage und Freiwilligkeit des Rücktritts **24** 172 ff
Verbrechensaufbau, Standort **24** 39 ff
Verdienstlichkeitstheorie **24** 10 f
Verhalten
– bloß passives ~ **24** 179
– Erfordernis aktiven Verhaltens **24** 179 ff
Verhinderung der Tatvollendung **24** 191 ff, 266 ff
Verhindern der Tatvollendung und Kausalität der Rücktrittsbemühungen **24** 191 ff
Versuch der Beteiligung **24** 350
Versuchstheorien und ~ **Vor 22** 53 f
Vollendung
– anderer Delikte **24** 331 ff
– Bemühen um Verhinderung der ~ **24** 214 ff, 284 ff
Vollendungsvorsatz **24** 56 f
trotz Vollendung **24** 295 ff
Vorbereitungshandlung **24** 50, 348
bei Vorbereitungshandlung, strafbarer **Vor 22** 122
Vorstufen der Beteiligung und ~ **24** 330
Wissen und Wollen der Vollendungsverhinderung **24** 180
Zeitpunkt, maßgeblicher **24** 99 ff
Zurechenbarkeit, objektive
– der Erfolgsverhinderung **24** 193 f
– der Vollendung **24** 52 f, 55

Rücktrittsschuldverhältnis, strafrechtliches **24** 37

Rückwirkungsgebot *siehe Tatzeitprinzip*

Rückwirkungsverbot
Aufhebung der Verjährung und ~ **1** 25, 90; **211** 67
Auslegungswandel und ~ **2** 38
DDR-Recht **1** 143 ff
Entstehungsgeschichte **2** EntstG
Fortgeltung früheren Reichsrechts und ~ **1** 29
Gesetzlichkeitsprinzip und ~ **1** 1
Gewässerverunreinigung und ~ **324** 104, 121
Internationales Strafrecht und ~ **Vor 3** 148
Maßregeln und ~ **1** 16; **Vor 61ff** 27, 71 f, 102
Mauerschützen-Fälle und ~ **212** 8a
Rechtsfertigungsgründe und ~ **Vor 32** 41
Reichweite **1** 88 ff
Rückwirkung, kleine **1** 90; **211** 67
Strafbarkeit der Spionage im deutsch-deutschen Verhältnis und ~ **Vor 93** 15 f
Strafschärfung und ~ **1** 22 ff
Strafverfolgung von DDR-Alttaten und ~ **Vor 3** 413 f; **339** Vor 1
Tatzeitprinzip und ~ **1** 92; **2** 1
Verfolgbarkeit der Tat und ~ **1** 25
Verjährungsverlängerung und ~ **1** 25, 90; **Vor 78** 11
Zeitgesetz **2** 39

Rüstungsbeschränkungen
Verstoß gegen ~ und illegales Staatsgeheimnis **93** 22 f

Ruf
Ehrbegriff und ~ **Vor 185** 6

Rufsäule **145** 9

Ruhe *siehe Verursachen von Lärm, Erschütterungen und nichtionisierenden Strahlen*

Ruhen
der Führungsaufsicht **68g** 18 ff
der Verjährung **N 78b**
– Bedeutung **78b** 1
– bei DDR-Alttaten **78c** 46, 51; **79** 7
– nach Eröffnung des Hauptverfahrens **78b** 17 ff
– bei Sexualdelikten an Kindern/Jugendlichen **N 78b**; **78b** 1a

Ruhen (Forts.)
- Unterbrechung, Unterschiede **78b** 1; **78c** 1
- Verfahrensgründe **78b** 7 ff
- wegen Verfahrenshemmnissen **78b** 2 f
- der Verfolgungsverjährung **78b** 1 ff
- der Vollstreckungsverjährung **79** 1 ff; **79a** 1 ff

Ruhmsucht
strafschärfende Bedeutung **46** 76

Rundfunk *siehe auch Radiosendung*
Berichterstattung, wahrheitsgemäße **193** 23
Erschleichen von Leistungen **265a a.F.** 17, 26 ff, 33, 44; **265a n.F.**
Gerichtsverhandlungen, verbotene Mitteilungen und ~ **353d** 9, 12, 56
Öffentlichkeitsbereich, Befugnisse im ~ **193** 20
strafrechtlicher Schutz *siehe Störung von Telekommunikationsanlagen*
Verbreitung von Pornographie durch ~ **184** 46

Sabotage *siehe auch Zerstören von Bauwerken; siehe auch Zerstören wichtiger Arbeitsmittel*
Betriebssabotage **283** 45
Computersabotage *siehe dort*
Fehlerhafte Herstellung einer kerntechnischen Anlage **311c** 10
Luftsabotage *siehe Angriffe auf den Luft- und Seeverkehr*
Sabotagehandlungen **N 87**; **87** 4 ff
Sabotagemittel **87** 11 f
Sabotageobjekte **87** 9; **N 88**; **88** 2
Schiffssabotage *siehe Angriffe auf den Luft- und Seeverkehr*
verfassungsfeindliche ~ *siehe dort*
als Vorbereitung, strafbare **Vor 22** 7

Sabotagehandlungen an Verteidigungsmitteln
Agententätigkeit zu Sabotagezwecken und ~ **87** 4
Amtsfähigkeit, Verlust als Nebenfolge **109e** 16; **109i** 1
Fehlerhafte Herstellung einer kerntechnischen Anlage und ~ **311c** 10, 20
Gefährdung der Sicherheit der Bundesrepublik **109e** 9 ff
Konkurrenzen **109e** 17
Rechtsgut **Vor 109** 1; **109e** 1, 9 ff
Stimmrecht, Verlust als Nebenfolge **109e** 16; **109i** 1
Störung öffentlicher Betriebe und ~ **316b** 3
Subsidiaritätsklausel **109e** 17
Vorsatz-Fahrlässigkeits-Kombination **109e** 14
Wählbarkeit, Verlust als Nebenfolge **109e** 16; **109i** 1
Wehrmittel **109e** 2

Sachbeschädigung
Ausbesserung **303** 14
Beschädigen **303** 5 ff
Beschmutzungen **303** 7, 11
Brandstiftungsdelikte und ~ **N 306** 2, 4 f, 10; **306** 17; **308** 1, 25
Briefgeheimnis, Verletzung und ~ **202** 18, 30, 45
Computerbetrug und ~ **263a** 12 f
Datenveränderung und ~ **303a** 39
DDR-Recht **303** 24
Diebstahl und ~ **242** 50, 56, 59; **243** 40a; **303** 22
Eigentumsdelikt **303** 1
Einwilligung, rechtfertigende **Vor 32** 115
Entstehungsgeschichte **303** EntstG
Erheblichkeit der Beeinträchtigung **303** 13
Gebrauchsfähigkeit, Einschränkung **303** 6
gemeinschädliche ~
- Aufstellung, öffentliche **304** 9
- Beschädigen **304** 3
- Denkmäler **304** 7
- Entstehungsgeschichte **304** EntstG
- Gegenstände religiöser Verehrung **304** 4
- Gegenstände kultureller Bedeutung **304** 9
- dem Gottesdienst gewidmete Sache **304** 5
- Grabmäler **304** 6
- Konkurrenzen **304** 17
- Naturdenkmäler **304** 8
- Nutzen, öffentlicher **304** 10 ff
- Rechtswidrigkeit **304** 16
- Religionsgesellschaft, im Staat bestehende **304** 4
- Sammlung, öffentliche **304** 9
- Verschönerung öffentlicher Wege/Plätze/Anlagen **304** 14
- Vorsatz **304** 15
- Zerstören **304** 3
- Zweckbestimmung, besondere **304** 3

Hausfriedensbruch und ~ **123** 78; **303** 22
Irrtum **303** 17
Körper(teile) **303** 4
Konkurrenzen **303** 22
Kunstfreiheit und ~ **303** 2, 7, 12
Landesstrafrecht **Einl** 17
Landfriedensbruch und ~ **125** 8, 76; **303** 22
Leiche(nteile), menschliche **303** 4
Mißbrauch ionisierender Strahlen und ~ **311a** 12
Mißbrauch von Notrufen und ~ **145** 29, 31; **303** 22
mittelbare Täterschaft **303** 21
Qualifikationstatbestände **305** 1; **305a** 1

Sachbeschädigung (Forts.)
Rechtfertigungsgründe **303** 18 ff
Rechtsgut **303** 1
Sache, fremde ~ **303** 3 f
Sachentziehung, bloße **303** 15
Störung der Totenruhe und ~ **168** 4, 23, 62, 69; **303** 4
Strafverfolgung, besonderes öffentliches Interesse **303c** 9 ff
Substanzveränderung/-verletzung **303** 6
Tiere **303** 3, 5
Unterlassen **303** 5
Untreue und ~ **266** 58
Urkundendelikte und ~ **274** 65; **303** 18, 22
Verletzter **303c** 2 ff
Verletzung amtlicher Bekanntmachungen **134** 8
Versicherungsmißbrauch/-betrug und ~ **265 a.F.** 46
Versuch **303** 21
Verwahrungsbruch und ~ **133** 24; **303** 22
Vollendung **303** 21
Vorsatz **303** 17
Zerstören **303** 16
Sachbetrug **263** 105, 109 f, 118 ff
Sache
Beschädigen *siehe auch Sachbeschädigung* **303** 3
betriebsdienliche ~ **316b** 31; **317** 4
eigene ~ des Gläubigers **288** 21
im Eigentum eines Dritten stehende ~ **288** 24
fremde ~, Sachbeschädigung **303** 4
Gefährdung von Sachen
– durch Bodenverunreinigung **324a** 50 ff
– durch Lärmverursachung **325a** EntstG 3, 24
– durch Luftverunreinigung **325** 14
– durch Überschwemmung **N 313; 313**
dem Gottesdienst gewidmete ~ **243** 25; **304** 5
Körperteile als ~ **326** 22
Leiche(nteile), menschliche als ~ **303** 4
Tier keine ~ **303** 3
unpfändbare ~ **288** 20
Sachentziehung
Beiseiteschaffen von Vermögensbestandteilen **283** 50
Sachliche Kritik **193** 13
Sachverhaltskern **187** 2
Sachverständiger *siehe auch Gutachter*
amtlich zugezogener ~ und Verletzung des Steuergeheimnisses **355** 5a, 20
Aussagedelikte **Vor 153** 18; **153** 3, 9 ff; **154** 1, 4 f; **155** 4; **157** 1; **163** 16
Aussetzung des Strafrests zur Bewährung, Gutachten **38** 19
Beauftragung und Verjährungsunterbrechung **78c** 25 ff
Fürsorge- oder Erziehungspflicht, Verletzung **171** 12
im Maßregelrecht **Vor 61ff** 85 f, 109; **63** 74; **64** 79, 135; **66** 183
öffentlich bestellter ~, geschützte Berufsbezeichnung **132a** 15
Offenbarungspflicht **203** 125 f
bei Religionsdelikten **166** 17, 36
Schuldfähigkeit, Begutachtung **20** 89 ff, 95
Schweigepflicht **203** 75, 125
in Staatschutzsachen **93** 9
in Umweltstrafsachen **Vor 324** 7e; **324** 29, 131; **324a** 39, 43 ff; **325** 4; **325a** 8 f; **326** EntstG 4, 55, 57, 72, 74, 77, 80 f, 88, 92, 147; **328** 4, 24; **329** 45; **330** 14
Trunkenheit im Verkehr **316** 34 f, 41, 43, 100, 130, 161, 201
Verbreitung pornographischer Schriften **184** 11
Verfolgung Unschuldiger, Täter **344** 2
Verletzung der Fürsorge- oder Erziehungspflicht **171** 12
Vertrauensbruch im auswärtigen Dienst **353a** 2
Sachwehr **32** 8, 40 ff, 211
Sachwerttheorie **242** 47 ff, 60; **246** 12
Säuberung, ethnische *siehe Völkermord*
Sammelstraftat *siehe Kollektivdelikt*
Sammlungen, öffentliche
Sachbeschädigung, gemeinschädliche **304** 9
Sanierer
Konkursstraftaten **Vor 283** 30, 78
Untreue **266** 129
Sanierung
Sanierungskredit **283c** 8
eines Unternehmens und Konkursstraftaten **Vor 283** 3, 30 f, 117, 153, 168 ff; **283** 157 f, 164 f; **283c** 38
warme ~ **265 a.F.** 3
Sanktion *siehe auch Maßregel; siehe auch Nebenfolgen; siehe auch Nebenstrafen; siehe auch Strafe*
gesellschaftliche ~ **Einl** 1
Sanktionsblankett, unechtes **1** 34
Sanktionssystem *siehe auch Rechtsfolgen der Tat*
Haupt- und Nebenstrafen **Einl** 82
Zweispurigkeit **Einl** 35 f, 38
Satire
Amtsanmaßung und ~ **132** 6
Beleidigungsdelikte und ~ **185** 23 f; **193** 10
Beschimpfung von Bekenntnissen, Religionsgesellschaften und Weltanschauungsvereinigungen und ~ **166** 37
Gewaltdarstellung und ~ **131** 38;

Scelere quaesita 74 15, 61
Schaden *siehe auch Vermögensschaden*
schwerer wirtschaftlicher ~ im Maßregelrecht **66** 117 ff
Schadensausgleich *siehe auch Täter-Opfer-Ausgleich*
Strafzumessung, Bedeutung **46** 200, 202, 209 ff
Schadenseinschlag, individueller
Betrug **263** 177 ff, 188, 203 ff
Untreue **266** 142 f
Schadensersatzanspruch
bei Verletzung des allgemeinen Persönlichkeitsrechts **Vor 201** 5
Schadenshöhe
als Strafzumessungskriterium **46** 144
Schadenswiedergutmachung *siehe Täter-Opfer-Ausgleich*
Schadwild 292 78
Schädigung *siehe auch Gesundheitsschädigung*
schwere körperliche ~ im Maßregelrecht **66** 130 ff
schwere seelische ~ im Maßregelrecht **66** 135
Schädigungsabsicht
Entziehung elektrischer Energie **248c** 8
Falschbeurkundung, mittelbare **271** 83, 101 ff, 109
Gewässerverunreinigung **324** 118
Mißbrauch ionisierender Strahlen **311a** 1, 9
Privatgeheimnisse, Verletzung **203** 164
Schaulustige
Hilfeleistung, unterlassene und ~ **323c** 92
Scheckbetrug 263 11, 42 ff, 89, 216 ff, 325, 327
Scheckkarte
als Ausweispapier **281** 5 f
Begriff **266b** 8
Fälschung beweiserheblicher Daten **269** 18 ff
Untreue **266** 8, 23, 78, 128
Scheckkartenbetrug *siehe Mißbrauch von Scheck- und Kreditkarten*
Scheckkartenmißbrauch *siehe Mißbrauch von Scheck- und Kreditkarten*
Scheinangriff 32 29, 338
Scheinbilanz 283 152
Scheinehe 172 8; **180a** 11; **263** 39, 148, 323
Scheinerklärung Vor 32 122
Scheinfirma
Kreditbetrug **265b** 22
Subventionsbetrug **264 a.F.** 44, 103, 107
Scheingeschäft
Konkursstraftaten **Vor 283** 73 ff; **283** 98, 156, 165; **283c** 21
Zwangsvollstreckungsvereitelung **288** 30
Scheingläubiger 283 89; **283c** 41
Scheinkäufer 146 27
Scheinwaffe 113 53; **125a** 5; **N 250** 7; **250** 17 ff
Scherzangriff 32 29, 338; **33** 26, 33
Scherzerklärung Vor 32 122
Scheune
Brandstiftung **306** 11
Schiedsrichter
Begriff **331** 21
Bestechlichkeit **332** 1
Bestechung eines Schiedsrichters **334** 3
Rechtsbeugung **339** 4, 6, 24 f
Schiedsrichtervergütung **N 331-338** 24; **335a** 1 ff; **N 337**
Vorteilsannahme durch ~ **331** 20 ff
Vorteilsgewährung gegenüber ~ **333** 9
Schienenbahn
Begriff **315** 9 ff; **315d** 3
im Straßenverkehr *siehe Eingriffe in den Bahn-, Schiffs- und Luftverkehr; siehe Gefährdung des Bahn-, Schiffs- und Luftverkehrs*
Schienenfahrzeug
Brandstiftung **N 306** 8
Schießbefehl
Notwehr und ~ **32** 93
Schiff
ausländisches ~ als Tatort **4** 47
Begriff **4** 7 ff; **N 306** 8; **306** 8, 11; **308** 5; **316c** 16 f
deutsches ~ als Tatort **4** 1, 7 ff
Gefährdung durch Bannware **297** 6
Inlandsbegriff und ~ **Vor 3** 255
Sinken/Stranden herbeiführen **265 a.F.** 16
zur Wohnung von Menschen dienend **N 306a** 1; **306** 9
Zerstören **305** 5
Schiffahrtsrecht
Gewässerverunreinigung und ~ **324** 101a
Schiffsführer
Gefährdung von Schiffen etc. durch Bannware **297** 15, 18
Schiffskonterbande 297 10
Schiffssabotage *siehe Angriffe auf den Luft- und Seeverkehr*
Schiffsverkehr *siehe Angriffe auf den Luft- und Seeverkehr; siehe Eingriffe in den Bahn-, Schiffs- und Luftverkehr, gefährliche; siehe Gefährdung des Bahn-, Schiffs- und Luftverkehrs*
Schizophrenie 20 37
Schlägerei, Beteiligung *siehe Körperverletzungsdelikte*
Schlafmittel
als Rauschmittel **316** 170; **323a** 97
Wechselwirkungen mit Alkohol **316** 134

Schlankheitsmittel
als Rauschmittel **323a** 102
Schlepperorganisationen Vor 129 7
Schleppnetzfahndung Vor 129a 11; **129a** 50
Schleuderverkauf Vor 283 7, 18, 41, 119; **283** 12, 54, 72 ff, 166, 181, 186, 240
Schlingen
Jagdwilderei unter Anwendung von ~ **292** 92
Schmerzmittel
als Rauschmittel **323a** 99 f
Schmiergeld *siehe auch Bestechungsdelikte*
Konkursstraftaten **Vor 283** 119; **283** 36, 57
Untreue **266** 98, 125, 148
Verfall **73** 38
Wettbewerbsstrafrecht **Vor 298** 1,8; **299** 1
Schnüffelstoffe
als Rauschmittel **316** 177; **323a** 103
Schöffe *siehe Laienrichter*
Amtsfähigkeit, Verlust **45** 3
Schonzeit
Jagdwilderei, besonders schwerer Fall **292** 91
Schottland *siehe auch Großbritannien*
Betrugsstrafrecht **Vor 263** 91 f
Schrecken
Affekt und ~ **20** 54; **33** 59, 63 ff
als Ursache eines Notwehrexzesses **33** 70 ff
Schreckschußpistole
als (Schuß-)Waffe **244** 3; **N 250** 4; **250** 4
Schreibtischtäter 25 128
Schrift
Begriff **202** 4
Schriften
im Ausland erscheinende ~ **86** 22
Begriff **11** 121
Bekanntgabe der Verurteilung wegen Beleidigung **200** 2
Beschimpfung von Bekenntnissen, Religionsgesellschaften und Weltanschauungsvereinigungen durch ~ **166** 41 ff
Einziehung *siehe dort*
Gewaltdarstellung **131** 12
Propagandamittel **86** 2 ff; **89** 4
Üble Nachrede **186** 13 f; **188** 4
Unbrauchbarmachung *siehe dort*
Verbreiten von ~ *siehe auch Verbreitung pornographischer Schriften* **86** 11 ff
Verleumdung **187** 6; **188** 4
Schriftliche Beleidigung 186 14
Schriftstück
amtliches ~, Begriff **353d** 45 ff
Begriff **133** 3 f; **134** 2; **202** 4 ff
dienstliches ~ **134** 3
Schuld
Begriff **Vor 32** 182 ff; **46** 4
– Elemente **20** 1; **Vor 32** 187 ff
– normativer ~ **Vor 13** 17, 76; **Vor 32** 183
Bewußtsein der Rechtswidrigkeit **Vor 13** 82
als Deliktsmerkmal **Vor 32** 182
Einsichtsfähigkeit, fehlende/verminderte **Vor 32** 190
Einzeltatschuld **Vor 13** 75
Entschuldigungsgrund *siehe dort*
Fahrlässigkeit als Schuldform **Vor 13** 82
Fahrlässigkeitsdelikte **Vor 32** 192
fehlende Möglichkeit der Unrechtseinsicht **Vor 32** 190 ff
Gesinnungsunwert der Tat und ~ **Vor 13** 77
intellektuelles Schuldelement **Vor 32** 187, 190 ff
Lebensführungs-/Charakterschuld **Vor 13** 74 f; **20** 9; **46** 7, 78, 156; **Vor 52ff** 57
Maßregeln der Besserung und Sicherung und ~ **20** 1; **Vor 32** 182
Maßstab, sozial-vergleichender **Vor 13** 78
Möglichkeit der Unrechtseinsicht
– bei Fahrlässigkeitsdelikten **Vor 32** 192
– bei Vorsatzdelikten **Vor 32** 191
Prävention und ~ **Vor 32** 182a ff
Rechtswidrigkeit und ~, Verhältnis **Vor 13** 76
Schuldausschließungsgrund *siehe dort*
Schuldfähigkeit *siehe dort*
Schuldmerkmale **Vor 13** 79 ff
– deliktstypische ~ **Vor 13** 81
– Gesinnungsmerkmale **Vor 13** 81
– objektiv gefaßte ~ **Vor 13** 81
– subjektiv gefaßte ~ **Vor 13** 81
Schuldprinzip *siehe dort*
Schuldpunktstrafe **46** 17
Schuldüberschreitungsverbot, absolutes **46** 13, 276 ff, 334
Schuldunfähigkeit *siehe dort*
Schuldunterschreitung **Vor 13** 71; **46** 14, 276, 278, 334
Schuldvorwurf, Gegenstand **Vor 13** 77
Tatverantwortung und ~ **Vor 32** 186
Tatzeitbegriff und ~ **8** 3 f
Unrecht, personales und ~ **Vor 32** 184 f
Unrechtsbewußtsein **Vor 13** 82
Unrechtseinsicht, Möglichkeit der **20** 2; **Vor 32** 187, 190 ff
Unzumutbarkeit und ~ **Vor 32** 193 ff
Verhalten, Fähigkeit zu normgemäßem **20** 1; **Vor 32** 187, 193 ff
voluntatives Schuldelement **Vor 32** 187, 193 ff; **34** 3
Vorsatz als Schuldform **Vor 13** 82
vorverlagerte ~ *siehe actio libera in causa*
Vorwerfbarkeit des Rechtsbruchs **46** 4
Willensfreiheit und ~ **Vor 13** 73 f; **20** 6 ff

Schuldausgleich
als Aufgabe der Strafe **Einl** 23f, 33; **Vor 46ff** 27
Schuldausschließungsgrund
Begründung der Straflosigkeit **Vor 13** 72
Entschuldigungsgrund und ~ **Vor 32** 194
Irrtum über ~ **16** 58 ff
Notstand, entschuldigender **29** 2
Notwehrexzeß **29** 2
Rücktritt vom Versuch **24** 41; **29** 2
Schuldunfähigkeit **19** 2; **29** 2
Teilnahme und ~ **29** 2
Verbotsirrtum, unvermeidbarer **17** 3; **29** 2
Schuldenregelung
Parteiverrat **356** 44, 78
Schulderfüllungstheorie **24** 35 f
Schuldfähigkeit *siehe auch Schuldminderungsgrund; siehe auch Schuldunfähigkeit*
bei Begehung der Tat **20** 75
Begriff **Vor 13** 80
Beurteilungsgrundlagen **20** 20 ff
DDR-Recht **20** 96 f
Diagnoseverfahren **20** 14 ff
Handlungsfähigkeit und ~ **20** 1
in dubio pro reo **20** 94
Irrtum über ~ **16** 57; **21** 2
Jugendliche **20** 87 f
Koinzidenzprinzip **20** 76
als Normalfall **20** 13, 17, 94
Sachverständiger zur Begutachtung der ~ **20** 89 ff, 95
als Schuldelement **20** 1; **Vor 32** 188
Schuldunfähigkeit, Abgrenzung **20** 43; **21** 1, 5
Spielsucht und ~ **Vor 284-287** 26
Verfahrensrecht **20** 94
verminderte ~
– Abstufungen **21** 11
– actio libera in causa und ~ **21** 14 ff
– Anwendungshäufigkeit **20** 1
– Defekte, zugrundeliegende **21** 2
– Doppelmilderung **21** 12
– Doppelverwertungsverbot **21** 26
– Einsichtsfähigkeit, verminderte **21** 3
– Erheblichkeit **21** 8 ff
– Hemmungsvermögen, beeinträchtigtes **21** 7, 24
– mittelbare Täterschaft und ~ **25** 120 ff
– schulderhöhende Umstände **21** 21 ff
– als Schuldminderungsgrund **21** 17; **29** 4
– Schuldvorwurf **21** 5
– Steuerungsfähigkeit **21** 7
– Strafrahmenmilderung, fakultative **21** 18
– Strafrahmenwahl **21** 17, 26
– Strafzumessung und ~ **46** 94 ff, 245, 269
– Totschlag im minder schweren Fall und ~ **21** 11 f; **213** 14
– Unterbringung in psychiatrischem Krankenhaus **20** 6; **63** 1, 20, 37 ff
– Verbotsirrtum, Abgrenzung **20** 5; **21** 3 ff
– Versagungsgründe **21** 19 ff
– Vollrausch und ~ **21** 10
Willensfreiheit und ~ **20** 7 ff
Zumutbarkeit normgemäßen Verhaltens **20** 18 ff, 86
Zusammenhang mit konkretem Rechtsverstoß **20** 72
Schuldformen
Bestimmtheitsgebot und ~ **1** 57
Schuldner
Auskunftspflicht **Vor 283** 25; **283** 38 f
Begriff **Vor 283** 60, 73, 164 f; **283b** 6
Begünstigung *siehe Konkursstraftaten – Schuldnerbegünstigung*
Garantenstellung **283** 37 ff, 70, 88, 159
irrige Annahme der Schuldnereigenschaft **283** 199
Konkursstraftaten, Täter **Vor 283** 59 f; **283** 225; **283b** 6; **283c** 3
Schuldnerbegünstigung, Teilnahme **283d** 24
Selbstbegünstigung **283c** 10; **283d** 5
Sonderpflicht **283** 7, 37, 159; **283c** 10 f
Vollstreckungsschuldner **288** 37
Schuldprinzip
Absehen von Strafe und ~ **60** 4
actio libera in causa und ~ **20** 78
Ausschluß der Erfolgshaftung und ~ **Vor 13** 71
Begriff **Vor 13** 71
Einziehung, erweiterte und ~ **74a** 4
als Maßprinzip **46** 11
Maßregelsystem und ~ **Vor 61ff** 22, 27 f; **62** 2
Prävention und ~ **Vor 13** 71
Schuldunterschreitung und ~ **Vor 13** 71; **46** 14, 276, 278, 334
Strafe und Maß der Schuld, Zusammenhang **Vor 13** 71
Strafrechtsreform und ~ **Einl** 132
Strafzumessung und ~ **Vor 46ff** 27; **46** EntstG, 1, 4 ff, 11, 244, 274
als Strafzweck **46** 11
Verbotsirrtum und ~ **17** 1, 3
verfassungsrechtlicher Grundsatz **Einl** 9, 33; **Vor 13** 71; **20** 3; **Vor 32** 182
Vorrang **Einl** 33
Willensfreiheit und ~ **Vor 13** 73 f; **20** 6 ff
Schuldpunktstrafe **46** 17
Schuldrahmentheorie **46** 18 ff
Schuld-Sühne-Prinzip **Vor 46ff** 27; **46** 4 ff, 11
Schuldtatbestand **Vor 13** 45
Schuldteilnahmetheorie **Vor 26** 10

Schuldtheorie
eingeschränkte ~ **16** 48 ff, 54 f, 114
eingeschränkte ~ und Teilnahme **Vor 26** 26
rechtsfolgenbeschränkte ~ **16** 49 f
strenge ~ **16** 47, 49, 52 ff
Vorsatz und ~ **16** 36 ff
Schuldtheorie, eingeschränkte
Schuldunfähige
Notwehr gegen ~ **32** 26, 32
Schuldunfähigkeit *siehe auch Schuldfähigkeit*
keine analoge Anwendung **20** 3
des Kindes **19** 1 ff
Maßregeln der Besserung und Sicherung bei ~ **20** 1
Prävention, Spannungsverhältnis **20** 4
als Schuldausschließungsgrund **19** 2; **29** 2
Schuldfähigkeit, Abgrenzung **20** 43; **21** 1, 5
wegen seelischer Störungen
– Abartigkeit, schwere andere seelische **20** 30 ff, 64
– Affekte **20** 54 ff
– Alkoholabhängigkeit **20** 32, 42
– Alkoholpsychose **20** 43
– Alkoholrausch **20** 24, 42 ff
– Beurteilungsgrundsätze **20** 34 ff
– Bewußtseinsstörung, tiefgreifende **20** 25 ff
– Drogenabhängigkeit **20** 32, 51 f
– Drogenrausch **20** 24
– Gesamtwürdigung **20** 74
– juristische Klassifikationssyteme **20** 20, 24 ff
– Krankhaftigkeit **20** 27, 33
– Medikamentenabhängigkeit **20** 53; **323a** 77
– Persönlichkeitsstörung **20** 67 ff
– psychiatrische Klassifzierungssysteme **20** 20 ff
– Psychose, endogene **20** 24, 37 ff
– Psychose, exogene **20** 24, 41 ff
– Schwachsinn **20** 29, 63
– Spielsucht **20** 32, 66
– Stehlsucht **20** 32, 66
– Störung, krankhafte seelische **20** 24
– Triebstörungen **20** 32, 65
sukzessive ~ und Versuch **20** 75; **22** 24, 177
Unrechtseinsicht zum Tatzeitpunkt und ~ **20** 5
Unterbringung in Entziehungsanstalt **64** 29 ff
Unterbringung in psychiatrischem Krankenhaus **63** 1, 21 ff, 37 ff
Verbotsirrtum, Abgrenzung **20** 5, 36
verschuldete ~ **20** 86
willentlich herbeigeführte ~ *siehe actio libera in causa*
Schule
Prostitution in Schulnähe **184b** 3
Schulung
zur Begehung von Sabotagehandlungen **87** 13; **91** 1
Schußwaffe *siehe auch Waffe*
Begriff
– Diebstahl mit Waffen **244** 3
– Raub, schwerer **250** EntstG, 2 ff
Diebstahl mit Waffen *siehe dort*
Jagdwilderei, besonders schwerer Fall **292** 96
Raub
– mit Schußwaffen *siehe dort*
– schwerer **250** 2 ff
Schußwaffendiebstahl **243** 34a
Schußwaffengebrauch
Androhung, Notwehr **32** 137, 239, 241, 252
Angriffe auf den Luft- und Seeverkehr **316c** 41
an der DDR-Grenze *siehe Mauerschützen-Fälle*
Notstand, rechtfertigender und ~ **34** 18
als Notwehr **32** 137, 239, 241, 252; **33** 46
als Notwehrexzeß **33** 2, 15, 21, 45
polizeilicher ~
– Notwehr und ~ **32** 247, 263, 276 ff
– Polizeigesetze der Länder **212** 12 f
privater ~ und Notwehr **32** 137, 227 f, 239 ff, 246 f, 252, 320
Totschlag, Rechtfertigung durch zulässigen ~ **212** 11 ff
zulässiger ~ **Vor 32** 150 ff
– qua Amts-/Dienstrecht **Vor 32** 150 ff; **212** 11 ff
– Berechtigte **Vor 32** 150 ff; **212** 12 ff
– fahrlässige Tötung und ~ **222** 19
– Notstand, rechtfertigender und ~ **34** 18
– als Rechtfertigungsgrund **Vor 32** 150 ff
– Soldatengesetz **212** 15
– Totschlag und ~ **212** 11 ff
Schutzalter **Vor 174** 8 f; **176** 14
Schutzbefohlener
Aussetzung durch Betreuer **221** 37
Förderung sexueller Handlungen ~ **180** 17
Mißhandlung von Schutzbefohlenen *siehe Körperverletzungsdelikte*
Sexueller Mißbrauch von Schutzbefohlenen *siehe dort*
Schutzgelderpressung
Bildung krimineller Vereinigungen **Vor 129** 7; **129** 6
Schutzprinzip **Vor 3** 128 ff, 152, 129
Flaggenprinzip und ~ **4** 1
Schutzvorrichtungen
Mißbrauch **145** 19 f

Schutzwehr *siehe Notwehr*
Schwachsinn
Begriff **20** 29; **179** 6
als kriminogener Faktor **66** 98 f
Schuldfähigkeit und ~ **20** 29; **21** 2
Widerstandsunfähigkeit aufgrund von ~ **179** 3, 6
Schwangerschaftsabbruch
Abortiveier **218** 4
Absehen von Strafe **218a** 73
Abtötung der Leibesfrucht **218** 6
Adoption **218a** 43 f
Altersbestimmung der Schwangerschaft **Vor 218ff** 45 f
Anencephalus **218** 4
Arzt
- Anforderungen, persönliche **218a** 14 ff
- Aufklärungspflicht **218c** 8
- Beratungpflicht **218c** 8
- Garantenstellung **218** 34 f
- Gelegenheit zur Darlegung der Abbruchgründe **218c** 5 ff
- Identität von beratendem und abbrechendem ~ **218c** 13; **219** 9
- Indikationsgutachten **218b** 4 ff
- Indikationsgutachten, verbotswidriges **218b** 25
- Pflichtverletzung **218c** 1 ff
- Strafbarkeit **Vor 218ff** 23; **218** 20, 22 ff, 35; **218a** 27, 59 ff, 65, 78; **218b** 5, 10, 19; **218c** 14; **219** 16
- Untersuchungspflicht **218c** 12
- Weigerungsrecht **218a** 77 ff
Arztvorbehalt **218a** 13 ff
Auslandstat **5** 51 ff; **218** 68
Ausstellen unrichtiger Gesundheitszeugnisse und ~ **218b** 15, 21, 23
Bauchhöhlenschwangerschaft **218** 3
Bedrängnisklausel **218** 11
Begehensdelikt **218** 1
Beratung
- durch abbrechenden Arzt **218c** 13; **219** 9
- ärztliche ~ **218c** 8 ff
- Beratungskonzept, Kritik **219** 3 ff
- Bescheinigung **219** 13 f
- Durchführung **219** 9 ff
- ergebnisoffene ~ **219** 3, 8
- formale Erfordernisse **219** 12
- Nachweis **218a** 27
- Vertraulichkeit **219** 12
- Ziel **219** 7 f
ohne Beratung, ärztliche **218c** 8 ff
Beratungsstellen
- anerkannte ~ **219** 15
- Eigenwerbung **219a** 3
Bescheinigung über Beratung **219** 13 f
besonders schwerer Fall **218** 61 ff
Bundesverfassungsgericht, Rechtsprechung **Vor 218ff** 11, 16 ff; **218a** 22 ff, 74; **219** 2 f, 15
DDR-Recht **Einl** 97; **Vor 218ff** 13
Eileiterschwangerschaft **218** 3
Einrichtung, geeignete **218a** 74
Einwilligung
- abgenötigte ~ **218a** 11
- Einwilligungsfähigkeit **218a** 6 f
- Erklärung **218a** 5
- fehlerhafte ~ **218a** 10 ff
- mutmaßliche ~ **218a** 5, 26
keine Einwilligung, rechtfertigende **Vor 32** 115
Embryonenschutzgesetz **Vor 218ff** 32
Entstehungsgeschichte **Einl** 88; **Vor 218ff** EntstG, 4 ff
Erkenntnis, ärztliche **218a** 46 f
Erzeuger, Garantenstellung **218** 36
Fahrlässigkeit **Vor 218ff** 35; **218** 46, 48; **218a** 65, 67
Fehlgeburt, Begriff **Vor 218ff** 44
Fetozid **Vor 211** 47; **218a** 55 ff
Fortsetzungszusammenhang **218** 55
Fristen **218** 3; **218a** 28, 31, 49 ff, 58, 72; **218c** 12
Fristenlösung **Vor 218ff** 5 ff, 13; **218a** 1
Fruchtschädigungen, Ermittlung **Vor 218ff** 48
Frühgeburt
- Begriff **Vor 218ff** 44
- späterer Tod **218** 16
Führungsaufsicht **68** 3; **68** 3
Garantenstellung **218** 36 ff
Geburt
- Beginn **218** 5; **218a** 3
- Fehlgeburt **Vor 218ff** 44
- Frühgeburt **Vor 218ff** 4; **218** 16
- künstliche Einleitung **218** 12
- eines lebenden Kindes **218** 13 ff; **218a** 3
Gefährdungsdelikt, abstraktes
- Inverkehrbringen von Abtreibungsmitteln **219b** 1
- Werbung für ~ **219a** 1
Gefahr
- Gesundheitsgefahr für Schwangere **218a** 37 ff
- Lebensgefahr für Schwangere **218a** 33 ff
- einer schweren Gesundheitsschädigung **218** 65
- Todesgefahr **218** 65
ohne Gelegenheit zur Darlegung der Gründe **218c** 5 ff
Geschlechtsbestimmung, unzulässige **218c** 1, 3
Gesundheitsgefahr **218a** 37 ff

Schwangerschaftsabbruch (Forts.)
Gesundheitsschädigung, Gefahr schwerer ~ **218** 65
gewerbsmäßige Begehung **218** 66; **218a** 64
Handeln gegen den Willen der Schwangeren **218** 28 f, 64
In vitro-Fertilisation **Vor 218ff** 32; **218** 3
Indikation
– embryopathische ~ **Vor 218ff** 20, 40; **218a** 1, 32, 48 ff; **219** 5
– Gutachten **218b** 4 ff
– Gutachten, fehlendes **218b** 1 ff
– Gutachten, unrichtiges **218b** 15 ff
– Indikationsregelung **Vor 218ff** 12
– kriminologische ~ **Vor 218ff** 2; **218a** 58 ff
– Lehre vom rechtsfreien Raum **Vor 32** 16
– medizinische ~ **Vor 218ff** 20, 40; **218** 4; **218a** 31 ff; **219** 5
– Notlagenindikation **218a** 1, 32, 41
– als Rechtfertigungsgrund **Vor 218ff** 38, 42; **218a** 1
– Rechtsnatur **Vor 218ff** 12, 38, 42; **218a** 1
Intrauterinpessar **Vor 218ff** 47; **218** 2
Inverkehrbringen von Abtreibungsmitteln **219b** 4
– Einziehung **219b** 9
– Gefährdungsdelikt, abstraktes **219b** 1
– Irrtum **219b** 6
– Konkurrenzen **219b** 8
– Rücktritt **219b** 7
– Verfall **219b** 9
– Versuch **219b** 3
– Vorsatz **219b** 5
Irrtum **218** 47 f; **218a** 47, 59, 67 ff, 72; **218b** 11, 13 f, 20
Kausalität **218** 9, 17
Kausalverlauf, abweichender **218** 9, 13, 15, 47
Kind, behindertes **218a** 42 f, 48 ff, 57; **219** 5
Körperverletzungsdelikte und ~ **Vor 218ff** 27, 31; **218** 57 ff; **218a** 3; **223** 26
Konkurrenzen **218** 55 ff; **218b** 14, 21; **218c** 16
Leichtfertigkeit **218** 65
medikamentöser ~ **Vor 218ff** 47; **218** 2, 7, 51; **218a** 16 f
Mehrlingsreduktion **218a** 55 ff
Methoden **Vor 218ff** 47
Mifegyne **Vor 218ff** 47; **218** 7; **218a** 16
Mittäterschaft **218** 30 f
Mittel zum ~
– Inverkehrbringen **219b** 4
– Werbeverbot **219a** 3
mittelbare Täterschaft **218** 30 f; **218b** 10
Molen **218** 4
Nachbehandlung **218a** 18
Nachweis der Beratung **218a** 27
Nichtanwendbarkeit in den neuen Ländern **Einl** 96
Nidation
– Begriff **Vor 218ff** 20, 44
– Handlungen bis zur ~ **Vor 218ff** 20
– Verhinderung der ~ **Vor 218ff** 47
Nötigung zum ~ **240** EntstG, 83, 122
Nothilfe **218** 44 f; **218a** 22 f
Notstand, rechtfertigender **Vor 32** 70; **34** 84 f; **218** 29; **218b** 12; **218c** 15
– und Indikationen **Vor 32** 70; **Vor 218ff** 38; **218** 42
Notwehr und ~ **32** 168 ff
Ordnungswidrigkeitenrecht und ~ **218a** 74 ff; **218b** 24
Perforation **34** 74; **218** 44
Pflichtverletzung, ärztliche **218c** 1 ff
Pönalisierungsgebot **Einl** 9
Pränataldiagnostik **Vor 218ff** 1, 48; **218c** 3; **219** 5
pränatale Einwirkungen **Vor 218ff** 34; **218** 57
Rechtfertigungsgründe **218b** 12
– Indikationen **Vor 218ff** 38; **218a** 30 ff
– subjektive Elemente **218a** 62 ff
Rechtsbewusstsein der Bevölkerung **Vor 218ff** 38, 41 f; **218a** 22 f
Rechtsgut **Vor 218ff** 1, 11, 26 ff; **218** 2; **218b** 2
Rechtswidrigkeit **Vor 32** 16; **218** 41 ff; **218a** 1, 22 ff, 30 ff
Regeln der ärztlichen Kunst **218a** 19 f
Rücktritt **218** 52 ff
Schuld **218** 49
Schwangere
– Einwilligung **218** 4 ff
– Garantenstellung **218** 26
– Gelegenheit zur Darlegung der Abbruchgründe **218c** 5 ff
– Gesprächs-/Mitwirkungsbereitschaft **219** 10, 13, 17
– Handeln gegen den Willen **218** 28 f, 64
– Pflicht zur Austragung der Schwangerschaft **218** 20 f
– Selbsttötung **212** 42; **218** 11, 28, 34, 36
– sterbende ~ **218** 27
– Strafbarkeit **Vor 218ff** 22; **218** 19 ff, 30, 50, 61; **218a** 1, 59, 66, 71 f, 76; **218b** 10, 22; **219** 16; **219b** 9
– Strafmilderungsgrund, persönlicher **28** 81
– Tötung **218** 10
– verstorbene ~ **218** 25 f
Schwangerschaft
– Altersbestimmung **Vor 218ff** 45 f
– Bauchhöhlenschwangerschaft **218** 3
– biologischer Vorgang **Vor 218ff** 44

Schwangerschaftsabbruch (Forts.)
– Eileiterschwangerschaft **218** 3
Schwangerschaftskonfliktberatung **219** 1 ff
Schwangerschaftskonfliktgesetz **218** 1; **218a** Vor 1, 74 ff; **219** EntstG, 2
Selbstbestimmungsrecht der Frau **Vor 218ff** 1; **219** 3
Selbsttötung der Schwangeren **212** 42; **218** 11, 28, 34, 36
selektiver ~ **218a** 56
(kein) Sonderdelikt, Abbruch ohne ärztliche Feststellung **218b** 10
Sonderdelikt, echtes
– Abbruch mit unrichtiger ärztlicher Feststellung **218b** 19
– Ärztliche Pflichtverletzung bei Schwangerschaftsabbruch **218c** 14
Statistische Daten **Vor 218ff** 39
Sterbende **218** 27
Strafausschließungsgrund, persönlicher **218a** 71 f; **218b** 10, 22
Strafaussetzung zur Bewährung **218** 62
strafloser ~
– Verfahren **Vor 218ff** 25; **218a** 1 ff
– Werbeverbot **219a** 3
Subsidiarität des Schwangerschaftsabbruchs **218a** 42
symbolisches Strafrecht **Vor 218ff** 5, 38, 40; **218a** 54
Tatbestandsausschluß **Vor 218ff** 37 ff, 42; **218** 40; **218a** 1, 21 ff
Teilnahme **218** 32 ff, 50, 59
– durch Unterlassen **218** 39
Todesfolge **218** 65
Tötung der Schwangeren **218** 10
Tötungsdelikte und ~ **Vor 211** 2, 4 f; **212** 42; **Vor 218ff** 31, 33; **218** 5, 10, 13, 56, 64
Unterhaltspflichtverletzung, Bewirken eines Schwangerschaftsabbruchs **170** 4 ff, 8, 10, 56 ff, 76
Unterlassen **218** 17 ff, 36 ff, 45
– medizinischer Rettungsmaßnahmen **218** 20
Unterlassene Hilfeleistung und ~ **218** 20
(kein) Unterlassungsdelikt **218** 1
Untersagung, behördliche, Indikationsgutachten **218b** 23 ff
Untersuchung, ärztliche **218c** 12
Verfahrensregeln **Vor 218ff** 25; **218b** 1 f; **218c** 1 ff; **219** 1 ff
– (keine) Gefährdungsdelikte **Vor 218ff** 30
Verfassungsmäßigkeit **Vor 218ff** 40 f; **218a** 47, 54, 71, 79; **218c** 3 f, 6 f
Verjährung **78a** 5
Verlangen der Schwangeren **218a** 26
Verstorbene **218** 25 f
Versuch **218** 3, 13, 50 ff; **218a** 29, 69, 71; **218b** 14
Vollendung **218** 8
Vorsatz **Vor 218ff** 31, 34 f; **218** 46 ff; **218b** 11, 20
Vortaten, rechtswidrige **218a** 58 f
Weigerungsrecht des Arztes **218a** 77 ff
Werbung für ~ **219a** 1 ff
– Anbieten/Ankündigen/Anpreisen **219a** 4
– Bekanntgabe **219a** 5
– Bereicherungsabsicht **219a** 7
– Dienste, eigene/fremde **219a** 3
– Einziehung **219a** 11
– grob anstößig **219a** 7
– Konkurrenzen **219a** 10
– Kundgabe, öffentliche **219a** 6
– Mittel/Gegenstände **219a** 3
– Unterrichtung von Ärzten u.a. **219a** 8
– Verbreiten von Schriften **219a** 6
– Verfahren **219a** 3
– Verfall **219a** 11
wider besseres Wissen **218b** 20
Zurechnung **218** 10 ff
Schwangerschaftskonflikt
Beratungsstellen, Schweigepflicht **203** 9, 16, 68
Schwarz(fern)sehen **265a a.F.** 44, 58
Schwarzarbeit
Vorenthalten/Veruntreuen von Arbeitsentgelt und ~ **266a** 41 ff, 53
Schwarzfahren *siehe auch Beförderungserschleichung*
Betrug **263** 189
öffentlicher Aufruf zum ~ **111** 22a
Schwarzhören **265a a.F.** 44, 55, 58
Schwebebahnverkehr *siehe Eingriffe in den Bahn-, Schiffs- und Luftverkehr; siehe Gefährdung des Bahn-, Schiffs- und Luftverkehrs*
Schweden
Betrugsstrafrecht **Vor 263** 84, 86
Erschleichen von Leistungen **265a a.F.** 9
Strafrechtsreform **Einl** 126, 131, 134
Versicherungsbetrug **265 a.F.** 5
Versuchsstrafbarkeit **Vor 22** 148
Schweigepflicht
berufsspezifische ~ **203** 1, 34 ff, 71 ff
– berufsrechtliche Vorschriften **203** 10
– als besonderes persönliches Merkmal **28** 61
– Offenbarungspflicht und ~ **203** 8
– Zeugnisverweigerungsrecht **203** 9
gerichtlich auferlegte ~ **353d** 21 ff
Schweiz
Betrugsstrafrecht **Vor 263** 51 ff
Erschleichen von Leistungen **265a a.F.** 9
Konkursstraftaten **Vor 283** 181 ff; **283** 11

Schweiz (Forts.)
Strafrechtsreform **Einl** 111, 131, 134
Versicherungsbetrug **265 a.F.** 5
Versuchsstrafbarkeit **Vor 22** 150
Wettbewerbsstrafrecht **Vor 298** 15, 24
Schwelbrand 306 2
Schwere Gefährdung durch Freisetzen von Giften N 330a
Amtsträgerstrafbarkeit **330a** 9
Behältnisse **330a** 7
Einwilligung des Gefährdeten **330a** 14
Entstehungsgeschichte **330a** EntstG 1
Fahrlässigkeit **N 330a; 330a** 19
Freisetzen **330a** 8
Garantenstellung **330a** 9
Gefährdungsdelikt, konkretes **330a** 2
Gefahr, konkrete **330a** 10
– einer Gesundheitsschädigung einer großen Zahl von Menschen **330a** 11
– einer schweren Gesundheitsschädigung **330a** 10 f
– des Todes **330a** 10 f
Gestattung, behördliche **330a** 15 f
Gift **330a** 3 f
Herbeiführen einer Sprengstoffexplosion und ~ **N 308; 330a** 11
HIV-Infektion **Vor 223** 11
Irrtum **330a** 16
Konkurrenzen **330a** 22
Leichtfertigkeit **N 330a; 330a** 19
minder schwerer Fall **N 330a**
Mord mit gemeingefährlichen Mitteln und ~ **330a** 22
Rechtswidrigkeit **330a** 13 ff
Täter **330a** 12
Tätige Reue **N 330b; 330a** 21; **330b**
Todesfolge **N 330a**
Umweltstrafrecht und ~ **330a** 2a, 22
Unterlassen **330a** 9
Verbreiten **330a** 5 ff
Vergiftung, gemeingefährliche und ~ **N 314; 330a** 6, 22
Versuch **N 330a; 330a** 7, 20
Vorsatz **330a** 18
Schwere Körperverletzung *siehe Körperverletzungsdelikte*
Scientology Church Vor 166 18; **166** 70
Sedativa *siehe Beruhigungsmittel*
Seepiraterie *siehe auch Angriffe auf den Luft- und Seeverkehr*
Strafverfolgung, völkerrechtliche Vereinbarungen **Vor 3** 40 ff
Seeverkehr *siehe auch Angriffe auf den Luft- und Seeverkehr*
strafrechtlicher Schutz durch völkerrechtliche Vereinbarungen **Vor 3** 105 ff
Seeverschmutzung *siehe Gewässerverunreinigung*
Seeversicherungsmißbrauch 265 a.F. 16 ff, 34, 37
Sehvermögen
Verlust als schwere Folge **226** 10
Sekten 166 70
Sektion *siehe Leichenschau*
Sekundärrohstoffe 326 32
Selbständigkeit des Betreuungspflichtigen
Untreue **266** 20, 58, 82 ff, 103
Selbstanzeige *siehe auch Selbstbezichtigung*
138 43; **158** 10
Selbstbegünstigung
Begünstigung, Tatbestandslosigkeit **257** 20
Falsche Verdächtigung und ~ **164** 6
Gefährdung einer Entziehungskur und ~ **323b** 36
Geldwäsche und ~ **N 261** 16
Mord zur Verdeckung einer Straftat und ~ **211** 12
des Schuldners bei Konkursstraftaten **283c** 10; **283d** 5
des Schuldners bei Zwangsvollstreckung **288** 12
Unterstützung der Selbstbegünstigung **257** 23a
Selbstbegutachtung
Fälschung von Gesundheitszeugnissen **277**; **278** 4 f
Selbstbehalt
– großer ~ **170** 39
– kleiner ~ **170** 49
Selbstbestimmung *siehe auch Freiheit, persönliche*
informationelle ~ **Vor 201** 4; **203** 31, 145
– Eingriff durch polizeiliche Foto- und Videoaufnahmen **113** 37a
– strafrechtlicher Schutz **Vor 201** 6 ff; **203** 31 f, 99
sexuelle ~ *siehe auch Sexualstraftaten*
– kein notstandsfähiges Rechtsgut **35** 15
– Mord aus niedrigen Beweggründen **211** 28
– als Rechtsgut **N 174c** 1; **Vor 174** 4 ff; **174** 1; **174a** 1; **174b** 1; **N 177** 1; **177** 1; **178** 1; **179** 1; **180** 1; **180a** 1; **180b** 1; **181** 1; **181a** 1; **182** 1; **184c** 12, 22
– Unfähigkeit zu sexueller Selbstbestimmung **182** 4
Selbstbestimmungsrecht
der Frau und Schwangerschaftsabbruch **Vor 218ff** 1; **219**
als Rechtsgut, geschütztes
– Heileingriff, ärztlicher **228** 19
– Körperverletzungsdelikte **Vor 223** 1; **228** 37

Selbstbestimmungsrecht (Forts.)
– Sexualstraftaten **N 174c** 1; **Vor 174** 4 ff; **174** 1; **174a** 1; **174b** 1; **N 177** 1; **177** 1; **178** 1; **179** 1; **180** 1; **180a** 1; **180b** 1; **181** 1; **181a** 1; **182** 1; **184c** 12, 22
– Transplantationsgesetz **168** 17
Selbstbezichtigung
Vortäuschen einer Straftat **145d** 9, 18
kein Zwang zur ~ **142** 63 ff, 90, 132; **145d** 16; **324** 104
Selbstgefährdung, eigenverantwortliche
Aussetzung **221** 16, 27
Eingriffe in den Straßenverkehr, gefährliche **315b** 73, 83
fahrlässige Tötung und ~ **Vor 32** 95; **222** 11, 21
Fahrlässigkeitstat und ~ **16** 181 ff; **Vor 32** 94
Strafzumessung, Bedeutung **46** 129
Selbsthilfebetrug **263** 194, 231, 265 f
Selbsthilferecht
Notstand, rechtfertigender und ~ **34** 87
Notwehr und ~ **32** 4, 10, 48, 55, 145
als Rechtfertigungsgrund **Vor 32** 159
Selbstinformation
Pflicht zur ~ und Konkursstraftaten **Vor 283** 120 f; **283** 90, 104, 111, 118; **283b** 1, 8, 12
Selbstmord *siehe Selbsttötung*
Selbstschädigung
mittelbare Täterschaft und ~ des Tatmittlers **25** 66 ff, 106 ff, 125 ff
Selbstschädigungsdelikt
Betrug **263** 5, 98, 113 f, 118, 120
Selbsttätigkeit
des Bewirkens technischer Aufzeichnung **268** 15 ff
Selbsttötung
Doppelselbstmord
– fehlgeschlagener ~ **60** 9; **216** 12 ff, 20, 22
– vorgetäuschter ~ **25** 112 ff
Drohung mit ~, Nötigung **240** 95, 126
fahrlässige Förderung der ~ **16** 183
Fremdtötung und ~ **Vor 211** 21 ff; **216** 3
Mangelfreiheit des Selbsttötungswillens **Vor 211** 25 ff
Massenselbstmord, Nothilfe **32** 166
Mitnahme in den Selbstmord **Vor 211** 32; **212** 45
mittelbare Täterschaft und ~ des Tatmittlers **25** 66, 68, 106 ff, 125 ff
Nothilfe gegen Selbsttötungsversuch **32** 165 ff
des Opfers und Versuch **22** 104, 140 f, 151
des Opfers, Zurechnung **239a** 27
kein Recht auf ~ **34** 73
einer Schwangeren **212** 42; **218** 11, 28, 34, 36
Suizidforschung **25** 126; **Vor 211** 27 f
Teilnahme an eigenverantwortlicher ~ **Vor 211** 21 ff
als Unglücksfall **145** 13; **323c** 48 ff
Unterlassene Hilfeleistung und ~ **323c** 48 ff, 126
Verhinderung der ~
– Nötigung **240** 96
– Notstand, rechtfertigender **34** 73
Selbstverstümmelung
Wehrpflichtentziehung **109** 1; **109a** 7
Selektivität des Strafrechts **Vor 201** 6, 14
Sensationspresse *siehe Enthüllungsjournalismus*
Sequester
Parteiverrat **356** 27
Pfandkehr, Antragsberechtigung **289** 32
Serienstraftaten
Anforderungen an Urteilsfeststellungen **Vor 52ff** 51 f
Begriff **Vor 52ff** 50
Betäubungsmittelstrafrecht **Vor 52ff** 50
Eigentums-/Vermögensdelikte **Vor 52ff** 52
keine fortgesetzte Handlung **Vor 52ff** 50
Gesamtstrafenbildung **54** 14
höchstpersönliche Rechtsgüter, verletzte **Vor 52ff** 52
Organisationsdelikte **Vor 52ff** 50
Sexualdelikte **Vor 52ff** 51
Spionagetatbestände **Vor 52ff** 50
Strafzumessung **Vor 52ff** 50, 53 f
Setzen, fälschliches
eines Grenz-/Wasserzeichens **274** 24 f, 47, 50, 52
Seuchenbekämpfung
Bestattungszwang und ~ **167a** 10
HIV-Infektion **Vor 223** 13
Offenbarungspflichten **203** 120
Tierseuchen **326** 77
Unerlaubter Umgang mit gefährlichen Abfällen und ~ **326** 74 ff, 143
Sexualstrafrecht *siehe auch Sexuelle Nötigung; siehe auch Sexueller Mißbrauch; siehe auch Vergewaltigung* **N Vor 174**
DDR-Alttaten **Vor 174** 24
DDR-Recht **Vor 174** EntstG
keine Einwilligung, rechtfertigende **Vor 32** 115
Entstehungsgeschichte **N Vor 174**; **Vor 174** EntstG
Führungsaufsicht **68** 3; **N 181b**; **181b**
Gewalt, Begriff **177** 3
Handlung, fortgesetzte **Vor 52ff** 48 f; **Vor 174** 22
Handlungseinheit, natürliche **Vor 174** 22

Sexualstrafrecht (Forts.)
Handlungseinheit, tatbestandliche **Vor 52ff** 27
internationale Abkommen **Vor 174** 23
Konkurrenzen **Vor 174** 19 ff
Nötigung und ~ **240** 46, 121, 124, 126
Opferverhalten, Bedeutung für Strafzumessung **46** 127
Rechtsgut **Vor 174** 1 ff
Ruhen der Verjährung bei Sexualdelikten an Kindern/Jugendlichen **N 78b; 78b** 1a
Selbstbestimmung, sexuelle **Vor 174** 4 ff
Spezialität **Vor 52ff** 77, 81
Strafklageverbrauch **Vor 174** 21
Täter **Vor 174** 15 ff
Teilnahme, notwendige **Vor 26** 32, 34; **Vor 174** 13
Transsexuelle **Vor 174** 18
Unterbringung in Sicherungsverwahrung nach Sexualdelikten **N 66** 1, 13, 15; **66** 75
Unzucht, Begriff **Vor 174** 1, 14
Verjährung **Vor 174** 24
Versuch **22** 14

Sexualtäter
als Hangtäter **66** 75, 97

Sexuelle Handlung *siehe Handlung, sexuelle*

Sexuelle Nötigung
Ausnutzung hilfloser Lage **N 177** 2
Beischlaf zwischen Verwandten und ~ **173** 23, 35
Beisichführen **N 177** 8
besonders schwerer Fall **N 177** 4
DDR-Recht **178** 10
Entstehungsgeschichte **N 177** EntstG; **N 178** EntstG; **178** EntstG
Führungsaufsicht **N 181b; 181b**
gemeinschaftliche Begehung **N 177** 4
Gesundheitsschädigung, Gefahr schwerer ~ **N 177** 9
Handlung, sexuelle
– außereheliche **N 177** 1; **178** EntstG
– mit Körperkontakt **178** 3
Kausalzusammenhang zwischen Nötigungsmittel und Handlungsziel **N 177** 11; **178** 4
Konkurrenzen **N 177** 19; **N 178** 2; **178** 9
Leichtfertigkeit **N 178** 1
minder schwerer Fall **N 177** 13; **178** 8
Mißhandlung, körperlich schwere **N 177** 12
Nötigung und ~ **240** 121, 124, 126
Nötigungsmittel **178** 2
Rechtsgut **N 177** 1; **178** 1
Sexueller Mißbrauch widerstandsunfähiger Personen und ~ **N 177** 19; **N 179** 1; **179** 10 f, 20
Strafzumessung **N 177** 17
Täter **178** 7
Teilnahme **178** 7
Todesfolge **N 178** 2; **178** 8
Todesgefahr **N 177** 12
Vergewaltigung und ~ **N 177** 4, 15, 18; **178** 6, 9
Versuch **N 177** 15, 18; **178** 6
Verwenden einer Waffe/eines Werkzeugs **N 177** 11
Vollendung **178** 6
Vorsatz **N 177** 14; **178** 5
Waffe **N 177** 6, 11
Werkzeug, gefährliches **N 177** 6, 11
Werkzeug, sonstiges **N 177** 7

Sexueller Mißbrauch
unter Ausnutzung einer Amtsstellung
– (kein) Amtsdelikt **174b** 12
– Amtsträger **174b** 6
– Bewährungshelfer **174b** 6
– Bußgeldverfahren **174b** 2
– Disziplinarverfahren **174b** 2
– Finanzbeamter **174b** 6
– Maßregel der Besserung und Sicherung, freiheitsentziehende **174b** 3
– Mißbrauch der Abhängigkeit **174b** 8 f
– Polizeibeamter **174b** 6
– Rechtsgut **174b** 1
– Richter **174b** 6
– Sexueller Mißbrauch von Gefangenen u.a. und ~ **174b** 3
– Staatsanwalt **174b** 6
– Strafverfahren **174b** 2
– Teilnahme **174b** 12
– unzuständiger Beamter **174b** 7
– Verwahrung, behördliche **174b** 4
– Vollzugsbeamter **174b** 6
– Vorsatz **174b** 10
unter Ausnutzung eines Beratungs-, Behandlungs- oder Betreuungsverhältnisses
– Anvertrautsein **N 174c** 7, 9
– Behandlung, psychotherapeutische **N 174c** 3
– Behinderung, geistige/seelische **N 174c** 2
– Beratungs-/Behandlungs-/Betreuungsverhältnis **N 174c** 6
– Entstehungsgeschichte **N 174c** EntstG
– Konkurrenzen **N 174c** 14
– Krankheit, geistige/seelische **N 174c** 2
– Mißbrauch der Stellung **N 174c** 8
– Rechtsgut **N 174c** 1
– Suchtkrankheiten **N 174c** 2
– Teilnahme **N 174c** 12
– Versuch **N 174c** 11
– Vorsatz **N 174c** 10
Beischlaf zwischen Verwandten und ~ **173** 23, 35
DDR-Alttaten **5** 49 f; **Vor 174** 24; **182** 9

Sexueller Mißbrauch (Forts.)
DDR-Recht **174** 24; **174a** 21; **177** 23; **178** 10; **182** 9
Führungsaufsicht **N 181b; 181b**
von Gefangenen, behördlich Verwahrten oder Kranken und Hilfsbedürftigen in Anstalten
- Anstalten **N 174a; 174a** 6
- Anvertrautsein **174a** 13, 15
- Anvertrautsein zur Beaufsichtigung/ Betreuung **174a** 15
- Beaufsichtigung **174a** 11
- Betreuung **174a** 12
- Betreuungspflicht als besonderes persönliches Merkmal **28** 61 , 63
- Einrichtung für Kranke und Hilfsbedürftige **N 174a**
- Entstehungsgeschichte **N 174a; 174a** EntstG
- gefangene Person **N 174a; 174a** 3
- Insasse **N 174; 174a** 7
- Irrtum **174a** 17
- Konkurrenzen **174a** 20
- Mißbrauch der Stellung **174a** 14
- Mißbrauch unter Ausnutzung der Krankheit/Hilfsbedürftigkeit **174a** 16
- Rechtsgut **174a** 1 f
- Sexueller Mißbrauch unter Ausnutzung einer Amtsstellung und ~ **174b** 3
- stationäre Aufnahme **N 174a**
- Teilnahme **174a** 19
- Unterbringung, behördlich angeordnete **174a** 4 f
- Unterbringung, privatrechtliche **174a** 5
- Versuch **174a** 18
- verwahrte Person **N 174a; 174a** 4
- Vorsatz **174a** 17
Handlung, sexuelle **184c** 5 ff
von Jugendlichen
- Absehen von Strafe **182** 7
- Ausnutzung **182** 3 f
- Bestimmen **182** 3
- Entgelt, Handeln gegen **182** 3
- Entstehungsgeschichte **182** EntstG
- Fortgeltung von DDR-Recht **Einl** 97
- Konkurrenzen **182** 8
- Mißbrauch **182** 3 f
- Opfer **182** 2, 6
- Rechtsgut **182** 1
- Strafantrag **77** 32; **182** 7
- Täter **182** 2, 4
- Tathandlung **182** 2
- Unfähigkeit zu sexueller Selbstbestimmung **182** 4
- Versuch, untauglicher **Vor 22** 98
- Vorsatz **182** 5
- Wahlfeststellung **1** 118
- Wahrnehmung durch das Opfer **184c** 23
- Zwangslage **182** 3
von Kindern
- Abbildungen, pornographische **176** 11
- Absicht sexueller Erregung **176** 16
- Abspielen **174** 12
- Auslandstat **5** 40 ff; **N 176a** 5; **176** 1
- Beischlaf(ähnliche Handlungen) **176** 24
- besonders schwerer Fall **N 176** EntstG; **N 176a** 1 ff; **176** 24 ff
- Bestimmen **N 176** 1; **176** 4 ff, 9
- Darstellungen, pornographische **176** 11
- Einwirken auf die kindliche Psyche **176** 13
- Entstehungsgeschichte **N 176** EntstG; **176** EntstG
- Exhibitionistische Handlungen und ~ **183** 13 f
- Fahrlässigkeit **176** 14
- Garantenstellung **176** 7
- Gefährdungsdelikt, abstraktes **176** 1
- Kettenbestimmung **176** 6, 9
- Konkurrenzen **N 176** 5; **176** 31
- Leichtfertigkeit der Todesverursachung **N 176b; 176** 29
- minder schwerer Fall **176** 22
- Mißhandlung, körperliche **176** 24
- Mittäterschaft **176** 7
- Notstand, sexueller **176** 23
- Rechtsgut **176** 1
- Reden, pornographisches **176** 11 ff
- Sexueller Mißbrauch widerstandsunfähiger Personen und ~ **179** 9
- Strafdrohung **N 176** 4; **N 176a; 176** 21 ff
- Strafzumessung **176** 23, 29
- Tathandlungen **176** 2 ff
- Teilnahme **N 176a** 6; **176** 17, 26, 30
- Teilnahme, notwendige **176** 17
- Tonträger pornographischen Inhalts **176** 11
- Unterlassen **176** 7, 9
- Verbreitung pornographischer Schriften und ~ **N 184** 1; **184** 15, 48 f
- Vorsatz **N 176** 2; **176** 14 ff
- Vorzeigen **176** 12
von Kindern, schwerer
- Absicht der Herstellung von Kinderpornographie **N 176** 6
- Beischlaf(ähnliche Handlungen) **N 176a** 2
- besonders schwerer Fall **N 176a; 176** 24 ff
- Beteiligter **N 176a** 6
- Eindringen in den Körper **N 176a** 2
- Gefahr der Schädigung körperlicher/ seelischer Entwicklung **N 176** 4
- Gefahr schwerer Gesundheitsschädigung **N 176** 4
- gemeinschaftliche Begehung **N 176** 4

Sexueller Mißbrauch (Forts.)
- minder schwerer Fall **N 176a** 8
- Mißhandlung, körperlich schwere **N 176a** 7
- Täter **N 176a** 2
- Todesfolge **N 176b**; **176** 27 ff
- Todesgefahr **N 176a** 7
- Versuch **N 176a** 9; **176** 18 ff, 25, 28
- wiederholte Begehung **N 176** 5

Mißbrauch
- der Abhängigkeit **174b** 8 f
- unter Ausnutzung der Krank-/Hilfsbedürftigkeit **174a** 16
- unter Ausnutzung der Widerstandsunfähigkeit **179** 14
- durch Ausnutzung der Zwangslage **182** 3 f
- der Autoritätsstellung **174** 16
- der Stellung **N 174c** 8; **174a** 14

von Schutzbefohlenen
- Absehen von Strafe **174** 22 f
- Absicht sexueller Erregung **174** 19
- Adoptivkinder **174** 17
- Anvertrautsein **174** 12
- Ausbildung **174** 8
- Auslandstat **5** 40 ff
- Beleidigung und ~ **174** 23
- Bestimmen **174** 5, 21
- Betreuung in der Lebensführung **174** 9 ff
- Betreuungspflicht als besonderes persönliches Merkmal **28** 61
- Dienst- und Arbeitsverhältnis **174** 15
- Entstehungsgeschichte **174** EntstG
- Erziehung **174** 7
- Exhibitionistische Handlungen und ~ **183** 13 f
- Kettenbestimmung **174** 20
- Kind, leibliches **174** 17
- Konkurrenzen **174** 23
- Mißbrauch der Autoritätsstellung **174** 16
- Rechtsgut **174** 1
- Strafzumessung **174** 22
- Täter **174** 20
- Tathandlungen **174** 2 ff
- Teilnahme **174** 2, 20
- Teilnahme, notwendige **174** 2
- Unterlassen **174** 20
- Versuch **174** 21
- Vorsatz **174** 18

widerstandsunfähiger Personen
- Abartigkeit, schwere andere seelische **179** 7
- Ausnutzung der Widerstandsunfähigkeit **179** 10 ff
- außereheliche sexuelle Handlungen **N 179** 1; **179** 2, 15
- Behinderung, geistige/seelische **N 179** 1
- Beischlaf **N 179** 2; **179** 15
- Bestimmen **N 179** 1
- Bewußtseinsstörung **179** 5
- eigenhändiges Delikt **179** 17
- Eindringen in den Körper **179** 2
- Einwilligung **179** 12
- Entstehungsgeschichte **N 179** EntstG; **179** EntstG
- gemeinschaftliche Begehung **N 179** 4
- Gesundheitsschädigung, Gefahr schwerer ~ **N 179** 2
- Konkurrenzen **179** 20
- Krankheit, geistige/seelische **N 179** 1
- Leichtfertigkeit **N 179** 2
- minder schwerer Fall **N 179; 179** 19
- Mißbrauch **179** 14
- Mißhandlung, körperliche **N 179** 2
- Rechtsgut **179** 1
- Schwachsinn **179** 6
- Sexuelle Nötigung und ~ **N 177** 19; **N 179** 1; **179** 10 f, 20
- Sexueller Mißbrauch von Kindern und ~ **179** 9
- Störung, krankhafte seelische **179** 4
- Strafdrohung **N 179** 2; **179** 19
- Suchtkrankheiten **N 179** 1
- Täter **179** 2
- Täuschung **179** 11
- Tathandlungen **N 179** 1; **179** 2
- Todesfolge **N 179** 2
- Todesgefahr **N 179** 2
- Vergewaltigung und ~ **N 177** 19; **177** 5; **179** 20
- Versuch **N 179** 3; **179** 18
- Vorsatz **179** 16
- Widerstandsunfähigkeit aus physischen Gründen **N 179** 1; **179** 9
- Widerstandsunfähigkeit aus psychischen Gründen **179** 3 ff

Sichbemächtigen
Geiselnahme **239b** 2
Menschenraub **234** 3 f, 8
Menschenraub, erpresserischer **239a** 7 ff

Sichbereiterklären
zu Agententätigkeit **98** 7; **99** 14

Sichentfernen **142** 118 ff
berechtigtes ~ **142** 126
entschuldigtes ~ **142** 129 ff
fahrlässiges ~ **142** 165
in Unkenntnis des Unfalls **142** 133 ff

Sicherheit
äußere ~
- Begriff **93** 13
- als Rechtsgut **Vor 80** 20 f; **80** 1; **80a** 1; **89** 6; **92** 6; **93** 1, 13, 33; **353d** 4
- Staatsgeheimnis und ~ **93** 1

der Bundesrepublik Deutschland als Rechtsgut **109e** 10

Sicherheit (Forts.)
des Einzelnen als Rechtsgut **241** 1
innere ~ als Rechtsgut **Vor 80** 20 f; **89** 6; **92** 6; **129** 1; **129a** 4; **N 261** 1; **353d** 3
öffentliche ~ *siehe Öffentliche Sicherheit*
öffentlicher Betriebe als Rechtsgut 316b 3
des Verkehrs als Rechtsgut **315** 4; **315a** 1; **315b** 3; **315c** 3; **316** 3; **316a** 7; **316c** 3
Sicherheitsgefährdender Nachrichtendienst *siehe Nachrichtendienst, sicherheitsgefährdender*
Sicherheitsgefährdendes Abbilden **109g** 1 ff
Sicherheitskräfte, private
Notwehrbefugnisse **212** 13
Sicherheitsorgane
Verfassungsfeindliche Einwirkung auf die Bundeswehr und öffentliche ~ *siehe dort*
Sicherung vor dem Täter *siehe Spezialprävention*
Sicherungsbetrug **263** 75, 325 ff
Sicherungshaft
Vollzug **38** 58
Sicherungsmaßnahme
Einziehung als ~ **Vor 38** 60 f
Unbrauchbarmachung als ~ **Vor 38** 61
Sicherungspool **283c** 6, 14
Sicherungsstrafe **1** 1
Sicherungsübereignung
Diebstahl und ~ **242** 14, 68
Konkursstraftaten und ~ **Vor 283** 4; **283** 21; **283d** 28
Unterschlagung und ~ **246** 6, 15
Untreue und ~ **266** 42, 79, 88, 118
Sicherungsverwahrter
Gefangenenbefreiung **120** 18
Gefangenenmeuterei **121** 6 f
Sicherungsverwahrung *siehe Unterbringung in Sicherungsverwahrung*
Sicherungszession
Untreue **266** 52, 54, 118
Sichgewährenlassen
eines Vermögensvorteils **302a** 48 ff
Sichverschaffen
Geldwäsche **261** 13 f
Hehlerei **259** 16, 18 ff
von Kernbrenn-, radioaktiven und Sprengstoffen etc. **N 310**; **311b** 9
landesverräterische Ausspähung **96** 3
landesverräterische Fälschung **100a** 8
Staatsgeheimnis **96** 3; **97a** 6
von Vorrichtungen zur Fälschung amtlicher Ausweise **275** 8
Sichversprechenlassen
eines Vermögensvorteils **302a** 48 ff
eines Vorteils **299** 40, 42, 46; **331** 5
Sichzueignen
dem Fischereirecht unterliegender Sache **293** 11 f
dem Jagdrecht unterliegender Sache **292** 61
von Tieren **292** 49, 52 f
Siechtum
Körperverletzung, schwere **226** 23
Siegelbruch
Amtsanmaßung und ~ **132** 23
Anlegen eines Siegels **136** 18
Diensthandlung, rechtmäßige **136** 23 ff
Irrtum **136** 14, 22, 26
Konkurrenzen **136** 27
Kriminal-/Rechtspflegestatistik **136** 1a
Rechtsgut **136** 16
Siegel, dienstliches **136** 17 f
Tathandlung **136** 20 f
Unwirksammachen des Siegels **136** 21
Urkundenfälschung und ~ **136** 27
Verstrickungsbruch und ~ **136** 27
Vorsatz **136** 22
Wirksamkeit der Siegelung **136** 19
Signatur, elektronische
Urkundenfälschung **267** 129
Singularexekution *siehe Zwangsvollstreckungsvereitelung*
Sittenwidrigkeit
Einwilligung, rechtfertigende und ~ **Vor 32** 124 f
Gesinnungsunwert der Tat **Einl** 4
Unrechtseinsicht und ~ **17** 5
Sittliche Integrität **Vor 185** 13; **185** 34
Sitzblockade
Aufruf zu ~ als öffentliche Aufforderung zu Straftaten **Vor 110** 5; **111** 8b, 10, 23, 30a, 30b
Gewalttätigkeit und ~ **125** 51
Nötigung **240** 18, 27 ff, 46 f, 56, 78, 89, 107, 109 ff
Nötigung von Verfassungsorganen **105** 12
als unfriedliche Demonstration **Vor 125** 26
Sitzungspolizeigewalt, gerichtliche **123** 39, 71
Skandal *siehe auch Enthüllungsjournalismus*
Erörterung **193** 18
Skinheads **Vor 125** 2, 4; **125** 3; **N 127** 6, 9
Sklaverei
Begriff **234** 43
Bekämpfung **234** EntstG
Strafverfolgung, völkerrechtliche Vereinbarungen **Vor 3** 17 ff
Smog-Verordnungen **329** 5, 7 f, 10
Sodomie *siehe Handlungen, sexuelle mit Tieren*
Softwarepiraterie **202a** 15
Soldat
Amtsrechte **Vor 32** 142
(kein) Amtsträger **11** 29, 39; **132** 11

Soldat (Forts.)
Auslandstaten gegen ~ **5** 91 ff
Befehl, militärischer als Rechtfertigungsgrund **Vor 32** 173 ff
Besondere persönliche Merkmale **28** 60
Dienstverhältnis, Ausschluß **45** 36
fahrlässige Körperverletzung durch ~ **229** 17
Freiheitsstrafe, zur Wahrung der Disziplin gebotene **47** 3
Garantenpflicht **13** 29
Körperverletzung gegen ~, Strafantrag **230** 3
Maßregelanordnung gegen ~, Wirkungen **61** 13
als „Mörder" **185** 34; **193** 25; **Vor 125-145d** 6
Nötigung von Soldaten **240** 104 ff, 113
Notstand, entschuldigender, Zumutbarkeit aufgrund besonderen Rechtsverhältnisses **35** 54
Notwehrexzeß **33** 62
Privatgeheimnisse, Verletzung **203** 71
rechtswidriger Befehl **25** 70 f
Schußwaffengebrauch, zulässiger **Vor 32** 150; **212** 11, 15
Strafantragsrecht **77a** 2, 12
strafschärfende Bedeutung der beruflich-sozialen Stellung **46** 105 f
Strafvereitelung im Amt **258a** 3
Strafvollzug **38** 64
Strafzumessung, Berücksichtigung beruflicher Folgen **46** 24
als Täter eines Amtsdelikts **Vor 331** 4
als Täter **Vor 109** 3; **120** 39; **203** 71
Tötung im Krieg **212** 16 ff
Uniform, Mißbrauch **132a** 16
Verrat von Staatsgeheimissen **97a** 7
zur Vollstreckung befugter ~ **113** 1, 4 ff, 10
Soldatendelikt
Besondere persönliche Merkmale **28** 60
Solidargemeinschaft der Versicherten
als Schutzgut **266a** 2, 4
Solidarität, mitmenschliche
als Rechtsgut **323c** 28
Sonderdelikt *siehe auch Garantensonderdelit*
Amtsdelikte **Vor 331** 10
Angestelltenbestechlichkeit **299** 13
Anstiftung **26** 101 f
Ausstellen unrichtiger Gesundheitszeugnisse **278** 2
Baugefährdung **323** 1
Beihilfe **27** 51
Beischlaf zwischen Verwandten **173** 30
als Deliktstyp **Vor 13** 50
Doppelehe **172** 12
echtes ~
– Aussetzung **221** 4, 32
– Falschbeurkundung im Amt **348** 35
– Gebührenüberhebung **352** 2
– Geheimhaltungspflicht, Verletzung besonderer **353b** 42
– Kinderhandel **236** 6
– Mißhandlung von Schutzbefohlenen **Vor 223** 8; **225** 1
– Pfandsachen, unbefugter Gebrauch **290** 1, 12
– Post- und Fernmeldegeheimnis, Verletzung **206** 5
– Privatgeheimnisse, Verletzung **203** 1, 16, 58, 158
– Rechtsbeugung **339** 4, 103
– Schwangerschaftsabbruch mit unrichtiger ärztlicher Feststellung **218b** 19
– Steuergeheimnis, Verletzung **355** 5b
– Verstoß gegen Weisungen während der Führungsaufsicht **145a** 29; **145a** 29
– Versuch **22** 237
– Verwertung fremder Geheimnisse **204** 4
– Zwangsvollstreckungsvereitelung **288** 37
Friedensgefährdende Beziehungen **100** 1
Garantensonderdelikt **203** 46, 58, 158, 160
Gefährdung des Bahn-, Schiffs- und Luftverkehrs **315** 2, 38
Gefangenenmeuterei **121** 4
Kreditbetrug durch Unterlassen **265b** 96
Lärmverursachung **325a** 31
Luftverunreinigung **325** 1a, 67, 70
Mißbrauch von Scheck- und Kreditkarten **266b** 46
mittelbare Täterschaft durch Einsatz eines qualifikationslosen dolosen Werkzeuges **25** 134 ff
Parteiverrat **356** 5
Preisgabe von Staatsgeheimnissen **97** 1
Subventionsbetrug durch Unterlassen **264 a.F.** 22, 94, 137
mit sustituierbarer Täterqualifikation **14** 15
unechtes ~
– Mißhandlung von Schutzbefohlenen **Vor 223** 8; **225** 1
– Tötung auf Verlangen **Vor 211** 40, 42, 45; **216** 2
Unerlaubter Umgang mit radioaktiven Stoffen etc. und ~ **328** 63
Unerlaubtes Entfernen vom Unfallort **142** 35, 182
Untreue **266** 160 f
Verletzung der Buchführungspflicht **283b** 4 ff
Verletzung der Fürsorge- oder Erziehungspflicht **171** 18
Verletzung der Unterhaltspflicht **170** 69
Vertreterhaftung, strafrechtliche und ~ **14** 1, 2
Vorenthalten/Veruntreuen von Arbeitsentgelt **266a** 14

Sonderpflichtdelikt
Gefährdung des Bahn-, Schiffs- und Luftverkehrs **315a** 23
Konkursstraftaten **283** 7, 37; **283b** 1
Sonderstrafrahmen
nach § 49 Abs. 1 **23** 17, 41 ff
Sorge, elterliche
als Rechtsgut, geschütztes **Vor 234-236** 2, 7; **235** 1
Untreue **266** 48 f, 123
Sorgeberechtigter *siehe Erzieherprivileg*
Einwilligung, rechtfertigende **Vor 32** 117
Garantenpflicht **13** 42
Sorgepflicht *siehe auch Verletzung der Fürsorge- und Erziehungspflicht*
Vernächlässigung, Mißhandlung von Schutzbefohlenen **225** 16
Sorgfalt
Sorgfaltspflicht bei Verbreitung von Tatsachen **186** 4
Wahrnehmung berechtigter Interessen, Anforderungen an ~ bei **193** 3
Sorgfaltspflichtverletzung
Fahrlässigkeit **16** 123 ff, 157 ff
Sottise 185 23
Sowjetunion
Strafrechtsreform **Einl** 122
Sozialadäquanz
Angestelltenbestechlichkeit/-bestechung **299** 27, 49, 54 f
Anleitung zu Straftaten **130a** 2, 23, 33
Belohnung/Billigung von Straftaten **140** 38
Betrug **Vor 263** 8, 27, 290; **263** 35
Briefgeheimnis, Verletzung **202** 40
Fahrlässigkeit und ~ **16** 159 f, 179 f
Gewaltdarstellung **131** 35
Herbeiführen einer Sprengstoffexplosion **311** 3, 9
Privatgeheimnisse, Verletzung **203** 110
Propagandamittel verfassungswidriger Organisationen **86** 19 ff
Rechtswidrigkeit und ~ **Vor 13** 49; **Vor 32** 26 ff
Sportverletzungen **Vor 32** 93
Teilnahme an riskanten Sportarten **109** 21
Vertraulichkeit des Wortes, Verletzung **201** 37 ff, 45
Verwenden von Kennzeichen verfassungswidriger Organisationen **86a** 8, 12 ff
Sozialarbeiter
Schweigepflicht **203** 37 f, 45, 69, 140
Verletzung der Fürsorge- oder Erziehungspflicht **171** 5
Sozialethik Einl 1, 27
Sozialer Geltungswert Vor 185 9, 11, 21
Sozialgeheimnis 138 65; **203** 37, 112 f, 124, 146
Sozialgerichtsbarkeit
Rechtsbeugung **339** 28
Sozialkontrolle
Strafrecht und ~ **Einl** 1
Sozialleistungsbetrug 263 11, 39, 54 ff, 72, 75, 79, 91, 99 f, 111, 188
Sozialnot
keine Notstandslage **34** 38
Sozialpädagoge
Schweigepflicht **203** 37 f, 69
Sozialplan
Konkursstraftaten und ~ **Vor 283** 152, 154
Sozialprognose *siehe Prognose*
Sozialsphäre *siehe Sphärentheorien*
Sozialsubvention 264 a.F. 13, 38, 51
Sozialtherapie *siehe auch Anstalt, sozialtherapeutische* **66** 2, 15
Sozialversicherung
Urwahlen zur ~, strafrechtlicher Schutz **107b** 5; **108d**
Sozialversicherungsbeiträge
Vorenthaltung **129** 20
Sozialversicherungsbetrug 263 11, 29, 57, 69, 78, 272
Sozialversicherungsträger
Schutz der ~ als Rechtsgut **266a** 1 f
Sozialversicherungsuntreue *siehe auch Vorenthalten/Veruntreuen von Arbeitsentgelt* **266** 108, 180
Sozialwucher 302a 1
Spanien
Betrugsstrafrecht **Vor 263** 72 ff
Erschleichen von Leistungen **265a a.F.** 10
Konkursstraftaten **Vor 283** 204 ff
Kreditbetrug **265b** 8
Strafrechtsreform **Einl** 118, 135
Subventionsbetrug **264 a.F.** 10
Versicherungsbetrug **265 a.F.** 5
Wettbewerbsstrafrecht **Vor 298** 18, 27
Spannungsfall 80 6
Speditionsgeschäft
Untreue **266** 129
Speichern
beweiserheblicher Daten **269** 11
von Daten **271** 68, 77 f
Spekulationsgeschäft
Bankrotthandlung **Vor 283** 118, 123; **283** 55 ff, 59, 163, 181, 184
Untreue **266** 95 ff
Sperrbezirke 184a 1 f
Sperre für die Erteilung einer Fahrerlaubnis N 69a
als alternative Maßregel zur Entziehung der Fahrerlaubnis **69a** 3
Anrechnung vorläufiger Entziehung **69a** 71 ff
Anschlußsperre **69a** 6, 70

Sperre für die Erteilung einer Fahrerlaubnis (Forts.)
Aufhebung, vorzeitige **69a** 78 ff
Ausnahmen **69a** 7
Beginn **69a** 70
Dauer **Vor 61ff** 80; **N 69a; 69a** 15 ff
Ende **69a** 70
auf Lebenszeit **69a** 38 ff
Pflicht zur Festsetzung **69a** 1
Sperrfrist **69** 108 f, 117
– isolierte ~ **69a** 2 ff, 37
Verfahrensrecht **69a** 91 f
zeitlich begrenzte ~ **69a** 32 ff
Sperrwirkung
Bankrott **283** 10, 12
Buchdelikte **283** 128
Gläubigerbegünstigung **283** 237; **283c** 5, 31, 39 f; **283d** 26
des milderen Gesetzes **Vor 52ff** 5, 70; **52** 44
des spezielleren Delikts **Vor 52ff** 95 ff
Spezialität
Amtsdelikte **Vor 52ff** 87
Aussagedelikte **Vor 52ff** 85
Begriff **Vor 52ff** 73
Beispiele **Vor 52ff** 77 ff
Beleidigungsdelikte **Vor 52ff** 79
Erschwerungsgründe, verschiedene **Vor 52ff** 88 ff
Freiheitsdelikte **Vor 52ff** 78
lex specialis derogat legi generali **Vor 52ff** 73
Mord und Totschlag, Verhältnis **Vor 52ff** 92
Nötigungsdelikte **Vor 52ff** 78, 83, 86
privilegierende Tatbestände **Vor 52ff** 91
qualifiziertes Delikt **Vor 52ff** 84
Sexualdelikte **Vor 52ff** 77, 81
Sperrwirkung des spezielleren Delikts **Vor 52ff** 95 ff
Steuerrecht **Vor 52ff** 82
Strafantrag **Vor 52ff** 98
Strafzumessung **Vor 52ff** 93
Subsidiarität, Abgrenzung **Vor 52ff** 74
Verjährung **Vor 78** 15
Vermögensdelikte **Vor 52ff** 80
Wiederaufleben des verdrängten Delikts **Vor 52ff** 94
Wirkungen **Vor 52ff** 93 ff
zusammengesetzte Delikte **Vor 52ff** 76
Spezialprävention
défense sociale **Vor 38** 12
Entziehung der Fahrerlaubnis **69** 2 f
Fahrverbot **44** 24 ff
Freiheitsstrafe, kurze **47** 15 ff
Freiheitsstrafe, lebenslange und ~ **38** 39
Geldstrafe und ~ **40** 7
Generalprävention, Verhältnis **46** 40
im Maßregelrecht **Einl** 32, 35, 39; **Vor 61ff** 20
negative ~ **Vor 46ff** 28
positive ~ **Vor 46ff** 28
Schuld und ~ **Vor 32** 182a ff
Strafaussetzung zur Bewährung und ~ **56** 50, 52
Strafrecht und ~ **Einl** 26, 30, 32
Strafzumessung und ~ **Vor 46ff** 28; **46** 1, 21 ff, 229, 244
als Strafzweck **Vor 46ff** 26, 28
Stufenverhältnis **Vor 46ff** 28
Versuchsstrafbarkeit und ~ **Vor 22** 68, 95
Sphärentheorien **Vor 201** 2 ff
Spiel
Bankrotthandlung **283** 63, 69
Spielbanken
Glücksspiel, unerlaubtes **Vor 284-287** 22; **284** 22; **286** 7
Spielhallen *siehe Glücksspiel, unerlaubtes*
Spielraumtheorie **46** 18 ff
Spielrecht **Vor 284-287** 13 ff
Spielsucht
Schuldfähigkeit und ~ **20** 66; **Vor 284-287** 26
Spionage *siehe auch Agententätigkeit, geheimdienstliche; siehe auch Agententätigkeit, landesverräterische; siehe auch Agententätigkeit zu Sabotagezwecken*
Betriebsspionage **202a** 1; **316b** EntstG
Datenspionage **202a** 1
Strafbarkeit der ~ im deutsch-deutschen Verhältnis **Einl** 96; **Vor 80** 39 ff; **Vor 93** 15 ff
Vertraulichkeit des Wortes, Verletzung und ~ **201** 28
Sport
Fahrlässigkeitstaten im ~ **16** 203 ff
Sportunfälle als fahrlässige Tötung **222** 21 f
vorsätzliche Verletzungshandlungen **Vor 32** 93
Sportwetten *siehe Glücksspiel, unerlaubtes*
Sprechvermögen
Verlust als schwere Folge **226** 12
Sprengstoff
Herbeiführen einer Sprengstoffexplosion **N 308; 310** 3
Sprengstoffdiebstahl **243** 34a
Vorbereitung eines Explosions- oder Strahlungsverbrechens **N 310; 311b** 5
Staat
als Angegriffener **32** 153 ff
kein Angreifer **32** 33 ff, 37
Neutralität, religiöse und weltanschauliche **Vor 166** 1, 5; **166** 1, 18, 61, 68
säkularer ~ und Religionsdelikte **Vor 166** 8, 21 ff

Staaten, ausländische *siehe Ausländische Staaten*
Staatenlose
als Ausländer **Vor 3** 335
Staatsanwalt
Aussageerpressung **343** 3
Notstand, entschuldigender, Zumutbarkeit aufgrund besonderen Rechtsverhältnisses **35** 54
Rechtsbeugung **339** 19, 30, 44, 59, 114, 118
Sexueller Mißbrauch unter Ausnutzung einer Amtsstellung **174b** 6
Strafvereitelung im Amt **258a** 3
Verfolgung Unschuldiger **344** 2
Vollstreckung gegen Unschuldige **345** 2
Staatsanwaltschaft
als Partei, Parteiverrat **356** 43
Staatsaufsicht
über die Religionsgemeinschaften **Vor 166** 3 f
Staatsgebiet
Strafgewalt und ~ **Vor 3** 229
Staatsgefährdung *siehe auch Gefährdung des demokratischen Rechtsstaats* **Vor 80** 9 f; **81** 10
Staatsgeheimnis
Abgeordnete, Immunität **93** 28
Auskunftsrecht des Parlaments **93** 28
Begriff **Vor 93** 2; **93** 1
- faktischer ~ **93** 8 f; **95** 3
- formeller ~ **93** 7
- materieller ~ **93** 7 ff
Dienstgeheimnis und ~ **Vor 93** 4; **353b** 2
diplomatisches Geheimnis und ~ **93** Vor 1, 13
Dispositionsbefugnis der Regierung **93** 27 f
Einziehung **101a** 4, 6
Entschuldigungsgründe **93** 31 f
Erkenntnisse **93** 2, 21
Euratom-Geheimnis als ~ **93** 18, 24
fremde Macht **93** 10 ff
Fund **96** 3, 5
Gefahr
- für die äußere Sicherheit der Bundesrepublik **93** 14, 18
- generell-abstrakte ~ **93** 14
- konkrete ~ **93** 14, 17, 27
- eines schweren Nachteils **93** 14, 16 f
Gegenstände **93** 2, 21
Geheimhaltungsbedürftigkeit **93** 1, 7 ff, 14
Geheimhaltungsfähigkeit **93** 1, 3 ff, 7
Geheimhaltungsinteresse, objektives **93** 7
Geheimhaltungsobjekt **93** 2
Geheimnisträger **93** 3
Geheimsein **93** 3, 5 f
illegales ~ **93** Vor 1, 20 ff; **97** 2; **97a** 1 f; **353d** 18
Informations- und Pressefreiheit und ~ **93** 5 f, 20; **94** 1, 4; **95** 1
Irrtum **93** 19, 25
militärisches Geheimnis und ~ **93** Vor 1, 9, 18, 24
Mosaikgeheimnis **93** 5, 16
NATO-Geheimnis als ~ **93** 9, 18, 24
öffentliche Bekanntgabe **93** 27
Offenbaren **95** 2 f
Patentrecht **93** 29
Personenkreis, begrenzter **93** 3 f
Preisgabe **97** 1 ff
Privatgeheimnis und ~ **203** 11, 20, 32
Rechtfertigungsgründe **93** 26, 30 ff
Rüstungsbeschränkungen, Verstoß **93** 23
Saldierung von Vor- und Nachteilen **93** 17
Tatbestandsausschluß/negatives Tatbestandsmerkmal **93** 20, 26
Tatsachen **93** 2, 21
Verschlußsachen **93** 3, 19, 28, 29; **94** 4, 16; **95** 3; **96** 3; **97** 10, 11
Vorsatz **93** 19
Vorveröffentlichung **93** 6, 19
Weitergabe, befugte **93** 26 ff
Staatskirche
Verbot der ~ **Vor 166** 3
Staatskirchenrecht **Vor 166** 3 ff
Staatsnothilfe **Vor 32** 83; **32** 147 ff, 152 ff, 161; **323c** 66
Staatsnotstand **Vor 32** 83; **34** 80
Staatsnotwehr **32** 151
Staatsoberhaupt, ausländisches *siehe Ausländisches Staatsoberhaupt*
Staatsschutzdelikte *siehe auch Politische Verdächtigung*
Anzeigepflicht **Vor 93** 5
Auslandstaten **Vor 80** 33
beschränkter Anwendungsbereich **91** 1 ff
DDR-Recht **Vor 80** 19; **Vor 93** 1b; **93** Vor 1
Einigungsvertrag, Regelungen im **Vor 80** 35 ff
Einziehung **92a** 1 f
Geltung in West-Berlin **Vor 80** 32; **Vor 93** 8
Geltungsbereich **Vor 80** 32 ff
Grenzen der ~ **Vor 80** 20 ff; **93** 5
Handlungseinheit, tatbestandliche **Vor 52ff** 23
historische Entwicklung **Einl** 55; **Vor 80** 1 ff; **Vor 93** 1 f, 2
- im Nationalsozialismus **Vor 80** 4 f; **Vor 93** 1
Internationales Strafrecht und ~ **Vor 3** 162, 164 ff
Meinungs- und Pressefreiheit und ~ **Vor 80** 22 ff; **93** 20, 33; **94** 1; **95** 1; **100a** 1

Staatsschutzdelikte (Forts.)
NATO-Staaten und ihre Truppen **Vor 80** 34; **Vor 93** 7 ff, 10, 12
Nebenfolgen **92a** 1 f; **Vor 93** 11; **101** 1 ff
Nötigung und ~ **240** 4, 124
Parteienprivileg und ~ **Vor 80** 25 ff
Parteiverbot und ~ **Vor 80** 21
Rechtsgut **Vor 3** 166, 168; **Vor 80** 20, 41; **Vor 93** 3 f, 20; **93** 9, 13, 20
– Treubruchsgedanke **Vor 93** 3, 6; **93** 1, 13; **100** 1, 9
Strafbarkeit im deutsch-deutschen Verhältnis **Vor 80** 39 ff; **Vor 93** 3, 15 ff
Tatort **9** 3; **91** 1 ff
Ubiquitätsprinzip, keine Geltung **9** 3; **91** 1 ff
Verbotsirrtum **Vor 80** 31
verfahrensrechtliche Besonderheiten **Vor 93** 10 ff
Verfassungsmäßigkeit **Vor 80** 22 ff, 26; **80** 2; **85** 2, 7; **86** 8, 10; **90** 12; **90a** 1, 25; **92** 3; **93** 9; **94** 1, 15; **97a** 13 ff; **99** 1, 11
weitere Vorschriften zum Geheimnisschutz **Vor 93** 4 ff
Zuständigkeit für Strafverfolgung **Vor 80** 17; **Vor 93** 10, 14; **241a** 25
Staatsschutzprinzip **Vor 3** 129, 152
Staatssicherheit
Begriff **353d** 4
Staatsstreich *siehe Widerstandsrecht*
Staatsverleumdung **100a** 1; **131** Vor 1
Stadt(ober)sekretär
Untreue **266** 121
Stadtdirektor
Untreue **266** 121
Stadtkämmerer
Untreue **266** 77, 121
Stall
Brandstiftung **306** 11
Standesbeamter
Doppelehe **172** 5 f, 12
Falschbeurkundung im Amt **348** 4
Falschbeurkundung, mittelbare **271** 13
Personenstandsfälschung **169** 21
Standesdelikt
Rechtsbeugung **339** 9, 126
Standespflicht
Notwehrexzeß und ~ **33** 62
Standesrecht
Gesetzlichkeitsprinzip und ~ **1** 3
Stasi *siehe Ministerium für Staatssicherheit*
Stasi-Überprüfungen
Indemnität und ~ **36** 6
Stationierungsstreitkräfte
strafrechtlicher Schutz *siehe NATO-Staaten und ihre Truppen*
Statistikgeheimnis **203** 50
Statusfolgen strafgerichtlicher Verurteilung *siehe auch Amtsfähigkeit, Verlust; siehe auch Stimmrecht, Verlust; siehe auch Wählbarkeit, Verlust* **Vor 45** 3 ff; **45** 1
Staub
als Schadstoff **325** 8, 55
Stehlsucht
Schuldfähigkeit und ~ **20** 66
Steinbruch **329** 30
Stellenwerttheorie **46** 16
Stellvertreter *siehe auch Handeln für einen anderen*
Strafantragsrecht, Ausübung **77** 43 ff
Untreue **266** 45, 66, 127, 140
Urkundenfälschung **267** 29 ff, 33 ff, 175 ff
Stempel
Urkundeneigenschaft **267** 89
Sterbehilfe
aktive ~ **Vor 211** 6, 12, 14; **216** 17, 19, 22
Begriff **Vor 211** 12
indirekte ~ **Vor 211** 12, 15 f
Notstand, rechtfertigender **34** 71, 75
Notstand, übergesetzlicher entschuldigender und ~ **Vor 32** 216
passive ~ **Vor 211** 12, 17
Sterilisation
einwilligungsunfähiger Volljähriger **228** 41
Verbot der ~ Minderjähriger **228** 41
Zulässigkeit der freiwilligen ~ **228** 38 ff
Steuer
Abgabenüberhebung **353** 9
Steuerberater
Berufsbezeichnung, geschützte **132a** 12c
Konkursstraftaten **Vor 283** 30, 66; **283** 129; **283b** 5
Kreditbetrug **265b** 111
Parteiverrat **356** 23, 35
Schweigepflicht **203** 66, 120
strafschärfende Bedeutung der beruflich-sozialen Stellung **46** 103 f
Strafzumessung, Berücksichtigung beruflicher Folgen **46** 24
als Unternehmenssanierer **Vor 283** 30
Untreue **266** 60, 93, 129
Versagung/Widerruf der Zulassung **45** 36
Steuerbevollmächtigter
Parteiverrat **356** 23, 35
Steuerdelikt
Verjährung **78** 3; **78a** 6; **78b** 10
Steuergeheimnis **355** 6 ff, 16
Steuergeheimnis, Verletzung
Amtsfähigkeit, Verlust als Nebenfolge **355** 78; **358** 1 ff
Bekanntwerden **355** 11, 15, 18
Betriebsgeheimnis **355** 16
DDR-Recht **355** 80

Steuergeheimnis, Verletzung (Forts.)
Geschäftsgeheimnis **355** 16
Individualinteresse des Steuerpflichtigen **355** 2 ff
Informationsanspruch der Presse **355** 72
Interesse, staatliches an funktionierendem Steuerwesen **355** 2 ff, 32
Interesse, zwingendes öffentliches **355** 50 ff, 72 f
Konkurrenzen **355** 77
Mitteilungen im finanziellen und Überwachungsinteresse **355** 73 ff
Offenbaren **355** 25
Offenbarung, zulässige **355** 28 ff
- zur Ermittlung der Besteuerungsgrundlagen **355** 32 ff
- gesetzliche ~ **355** 34 ff
- zur Richtigstellung unwahrer Tatsachen **355** 69 ff
- Strafverfahren wegen Nichtsteuerstraftat **355** 42 ff
- zur Strafverfolgung qualifzierter Wirtschaftsstraftaten **355** 63 ff
- bei Strafverfolgung schwerer Straftaten gegen Leib/Leben oder gegen den Staat **355** 52 ff
- zwingendes öffentliches Interesse **355** 48 ff, 72 f
Offenbarungspflicht der Finanzbehörde **355** 2, 4
Rechtfertigung **355** 28 ff
Schutzgut **355** 1 ff
Sonderdelikt, echtes **355** 5b
Steuergeheimnis **355** 6 ff, 16
Strafantrag **355** 79
Täter **355** 5 ff, 19 ff
Teilnahme **355** 76
Umweltgefährdungen, schwere und ~ **355** 72
unbefugt **355** 27, 29
Untersuchungsausschuß, parlamentarischer **355** 71a
Verfahren in Steuersachen **355** 12 ff
Verhältnismäßigkeitsgrundsatz **355** 33
Verhältnisse
- Begriff **355** 6 ff
- eines anderen **355** 8 ff, 17
Verwerten **355** 26 f
Verwertung, zulässige **355** 31
Vorsatz **355** 75
Zustimmung des Betroffenen **355** 31, 39 ff
Steuerhinterziehung
Bankrott und ~ **Vor 283** 28; **283** 241
Wahlfeststellung **1** 115
Steuerpflichtiger *siehe auch Abgabenstrafrecht*
Untreue **266** 119
Steuerrecht
Spezialität **Vor 52ff** 82
Steuerstreik Vor 110 1
Steuervergünstigungen
Subventionsbetrug und ~ **264 a.F.** 6, 26 ff, 161 f
Stiftung
rechtsfähige ~, Täterkreis bei Konkursstraftaten **Vor 283** 64
Stimmabgabe *siehe auch Wahlen*
strafrechtlicher Schutz der ~ **107c** 1; **108** 1; **108a** 1; **108b** 1
Stimmrecht, Verlust
Anknüpfungsvorschriften **45** 31
Dauer **45** 32; **45a** 3 ff
Eintritt **45a** 2
fakultativer ~ **45** 1, 13 ff
Jugendliche und Heranwachsende **45** 33
als Nebenfolge **Vor 38** 4; **45** 1, 15, 31 **92a**; **101** 4; **102** 6; **108c** 1; **109i**; **129a** 43
für Untergebrachte **45** 1, 31, 34; **61** 14
Wahlen in öffentlichen Angelegenheiten **45** 21 ff
Wiederverleihung **45b** 1 ff
Störanrufe
Erschleichen von Leistungen **265a a.F.** 18, 42
Störhandlungen
Verfassungsfeindliche Sabotage **88** 3 f, 9
Störpropaganda gegen die Bundeswehr
Absicht **109d** 12
Äußerungsdelikt **109d** 3
Meinungs-, Presse- u. Kunstfreiheit und ~ **109d** 3
parlamentarische Äußerungen/Berichte, Straflosigkeit und ~ **36** 42
Rechtsgut **Vor 109** 1
Störtelefonanrufe
(kein) Hausfriedensbruch **123** 48
(keine) Störung von Telekommunikationsanlagen **217** 5
Störung
einer Bestattungsfeier *siehe Störung einer Bestattungsfeier*
öffentlicher Betriebe *siehe Störung öffentlicher Betriebe*
Bewußtseinsstörung, tiefgreifende **20** 25 ff; **179** 7
der Datenverarbeitung **303b** 11 ff
des öffentlichen Friedens *siehe Störung des öfffentlichen Friedens durch Androhung von Straftaten*
der Gesetzgebungstätigkeit **106b** 1 ff
krankhafte seelische ~ **20** 24; **179** 4
- als Folge von Rauschmittelsucht **323a** 76, 125

Störung (Forts.)
- als Grund für Rauschmittelsucht **323a** 78
- Widerstandsunfähiger aufgrund ~ **179** 3 f

der Religionsausübung *siehe Störung der Religionsausübung*
seelische ~
- juristische Klassifikationssysteme **20** 20, 24 ff
- psychiatrische Klassifikationssysteme **20** 20 ff

der Totenruhe *siehe Störung der Totenruhe*
von Telekommunikationsanlagen *siehe Störung von Telekommunikationsanlagen*
einer Wahl oder Abstimmung *siehe Wahlbehinderung*

Störung einer Bestattungsfeier
Absicht **167a** 19
Auslandstat **167a** 14
Bagatellfälle **167a** 18
Bestattung
- Begriff **167a** 6
- Bestattungsgebräuche **167a** 6 ff
- Bestattungspflicht **167a** 12
- Bestattungszwang **167a** 10
- Recht der ~ **167a** 9

Bestattungsfeier
- Beendigung **167a** 16
- Begriff **167a** 13
- kirchliche ~ **167a** 14
- private ~ **167a** 2
- Zeitpunkt **167a** 15

Entstehungsgeschichte **167a** EntstG
Friedhofswesen **167a** 9
Friedhofszwang **167a** 11
Grabfrevel **167a** 5, 8
Konkurrenzen **167a** 20
Leichenfrevel **167a** 5, 8
Menschenwürde **167a** 3
Persönlichkeitsschutz, postmortaler **167a** 2 f
Pietätsempfinden **167a** 2 f, 5
Rechtsgut **167a** 2 ff
Stören **167a** 17
Störung der Religionsausübung und ~ **167** 10; **167a** 2, 20
Totenfürsorgerecht **167a** 3, 11 f, 14
Totgeburten **167a** 10
Vorsatz **167a** 19
Wissentlichkeit **167a** 19

Störung öffentlicher Betriebe
Agententätigkeit zu Sabotagezwecken und ~ **316b** 38
Angriffe auf den Luft- und Seeverkehr und ~ **316b** 38
Anlage, Begriff **316b** 7 ff
besonders schwerer Fall **316b** 37
Betrieb, Begriff **316b** 5
Bildung terroristischer Vereinigungen und ~ **129a** 10
Computersabotage und ~ **316b** 3, 38
Einrichtung, Begriff **316b** 6
Entziehung elektrischer Kraft **316b** 33
Erfolgsdelikt **316b** 2
Gefährdung des Bahn-, Schiffs- und Luftverkehrs und ~ **316b** 10
Gefährdungsdelikt, abstraktes **316b** 2
Gefährliche Eingriffe in den Bahn-, Schiffs- und Luftverkehr und ~ **316b** 38
Gefährliche Eingriffe in den Straßenverkehr und ~ **316b** 10
Konkurrenzen **316b** 38
der öffentlichen Sicherheit und Ordnung dienend **316b** 23 ff
der öffentlichen Versorgung dienend **316b** 17
Postdienst **316b** 12 f
Rechtsgut **316b** 3
Sabotagehandlungen an Verteidigungsmitteln und ~ **316b** 3
Sachbeschädigungsdelikte und ~ **316b** 3, 38
Sache, betriebsdienliche **316b** 31
Störung von Telekommunikationsanlagen und ~ **316b** 38
Strafverfolgungsstatistik/-praxis **316b** 1
Tathandlung **316b** 32
Unternehmen
- Begriff **316b** 5
- lebenswichtiges Versorgungsunternehmen **316b** 22

Verfassungsfeindliche Sabotage und ~ **88** 2; **316b** 3, 26, 38
Verhinderung/Störung des Betriebs **316b** 34
Verkehr, öffentlicher **316b** 14
Versorgungsanlagen/-unternehmen **316b** 15 ff
Versuch **316b** 36
Vorsatz **316b** 35
Zerstörung wichtiger Arbeitsmittel und ~ **305a** 1; **316b** 3

Störung des öffentlichen Friedens durch Androhung von Straftaten
Adressaten der Drohung **126** 9 f
Androhung **126** 3 ff
- einer qualifizierten Tat **N 126** 3, 5; **126** 4

Anzeigepflicht **126** 14
Bedrohung und ~ **126** 2, 8, 9, 12, 17; **241** 2, 4, 19, 27
Belohnung/Billigung von Straftaten und ~ **140** 3
bevorstehende Tat **126** 13
Bildung krimineller Vereinigungen und ~ **129** 37, 89
DDR-Alttaten **Vor 125-145d** 12
Eignung zur Friedensstörung **126** 8 f
Erpressung und ~ **126** 17

Störung des öffentlichen Friedens durch Androhung von Straftaten (Forts.)
Gefährdungsdelikt **126** 2, 9
Gesetzesentwicklung **126** 1
Irrtum **126** 11a
Katalogtaten **N 126** 1 ff; **126** 4, 17
Konkurrenzen **126** 17
Landfriedensbruch, schwerer und ~ **126** 4
Mißbrauch von Notrufen und ~ **126** 17
Nötigung und ~ **126** 17
Raub mit Todesfolge und ~ **N 126** 5
Rechtsgut **126** 1, 2, 8
Statistik **126** 1a
Unrechtsbewußtsein **126** 11a
Volksverhetzung und ~ **126** 4
Vollendung und Versuch **126** 16
Vorbereitungshandlungen **126** 4
Vorsatz **126** 11
Vortäuschen einer Straftat und ~ **126** 12 f, 17; **145d** 13, 20, 23
wider besseres Wissen **126** 14
Störung der Religionsausübung
Absicht **167** 14, 17
Bagatellfälle **167** 14, 23
Demonstrationsfreiheit und ~ **167** 16
Entstehungsgeschichte **167** EntstG
Feiertagsrecht und ~ **167** 7
Gefährdungsdelikt, abstraktes **167** 4
Gefährdungseignung **167** 4, 15
Gottesdienst **167** 9
Handlungen, gottesdienstliche **167** 10
Irrtum **167** 17
Konkurrenzen **167** 25
Kulthandlungen, geschützte **167** 8
Meinungsfreiheit und ~ **167** 16 f
Nötigung und ~ **167** 2, 25
Notstand, rechtfertigender **167** 16
Ort, dem Gottesdienst/Weltanschauungsfeiern gewidmeter **167** 19 ff
politische Demonstrationen **167** 9
Rechtsgut **167** 5
Rechtswidrigkeit **167** 16
Sonn- und Feiertage **167** 7
Stören **167** 12 ff
Störung
- absichtliche ~ **167** 14, 17
- grobe ~ **167** 14
Störung einer Bestattungsfeier und ~ **167** 10; **167a** 2, 20
Unfug, beschimpfender **167** 3, 22 f
Verhinderung der Teilnahme an einem Gottesdienst **167** 2
Verhinderung des Gottesdienstes **167** 2
Versammlungsgesetz und ~ **167** 6
Vorsatz **167** 17, 24
Weltanschauungsfeier **167** 11

Störung der Totenruhe
Anatomieleiche **168** 23
Asche eines Verstorbenen **168** 28
Aufbahrungsstätte **168** 50 f
Bagatellfälle **168** 25
Beisetzungsstätte **168** 52 ff
Berechtigter **168** 36 ff, 49
Beschädigen **168** 62
Diebstahl und ~ **168** 4, 23; **242** 10 f
Ehrfurcht vor dem Tode **168** 2
Embryonenschutzgesetz und ~ **168** 20, 27
Entstehungsgeschichte **168** EntstG, 1
Erdbestattung **168** 53
Feuerbestattung **168** 53
fiktive Darstellungen **168** 47
Gewahrsam **168** 18, 30 ff
Hirntodkonzept **168** 11 f, 15, 19
Irrtum **168** 41, 66, 68
Körper eines verstorbenen Menschen **168** 21 ff
Körperteile **168** 24 ff
Körperverletzung und ~ **168** 4
Konkurrenzen **168** 69
Leibesfrucht, tote **168** 18, 20, 22, 27, 37
Leichenschau **168** 3 ff
Organentnahme zur Transplantation und ~ **168** 6 ff
Persönlichkeitsschutz, postmortaler **168** 2
Pietätsempfinden **168** 2
Plastinate **168** 47
Rechtfertigungsgründe
- Einwilligung **168** 44, 66
- Erlaubnis, behördliche **168** 43
- Gewohnheitsrecht **168** 42
- Notstand, rechtfertigender **168** 17, 45, 66
- öffentlichrechtliche Vorschriften **168** 66
Rechtsgut **168** 2
Rechtswidrigkeit **168** 41 ff, 66
res sacrae **168** 24
Sachbeschädigung und ~ **168** 4, 23, 62, 69; **303** 4
Seebestattung **168** 54
Skelett **168** 23 f, 26
Todesfeststellung **168** 10 ff, 19
Totenfürsorgerecht **168** 3, 17 f, 36 ff
Totengedenkstätte, öffentliche **168** 58 ff
Totgeburten **168** 22
Transplantationsgesetz
- Entstehungsgeschichte **168** 13 ff
- strafrechtliche Bedeutung **168** 16 ff, 69
Transplantationstourismus **168** 19
unbefugt **168** 41 ff
Unfug, beschimpfender **168** 47 f, 64 f
universelle Akzeptanz **Vor 166** 21
Unterschlagung und ~ **168** 23
Versuch **168** 68

Störung der Totenruhe (Forts.)
Verunglimpfung des Andenkens Verstorbener und ~ **168** 4, 69
Vorsatz **168** 67
Wegnahme **168** 29; **242** 10
Zerstören **168** 61
Störung von Telekommunikationsanlagen
Agententätigkeit zu Sabotagezwecken und ~ **87** 4
Beschädigen **317** 5
Beseitigen **317** 5
Entzug der Energie **317** 5
Fahrlässigkeit **317** 8
Fernmeldeanlagengesetz und ~ **317** 11
Gefährdungsdelikt, konkretes **317** 6
Konkurrenzen **317** 11
öffentlicher Zweck **317** 3
Rechtsgut **N 317; 317** 1, 3
Sachbeschädigung und ~ **317** 11
Sache, betriebsdienliche **317** 4
Störung öffentlicher Betriebe und ~ **316b** 38; **317** 6
Streik **317** 5
Unbrauchbarmachen **317** 5
Verändern **317** 5
Verfassungsfeindliche Sabotage und ~ **317** 11
Verhinderung/Gefährdung des Betriebs **317** 6
Versuch **317** 9
Vorsatz **317** 7
Zerstören **317** 5
Stoffe *siehe auch Abfall*
Begriff **324a** 26 ff
– anorganische Stoffe **324a** 27
– organische Stoffe **324a** 27
(selbst-)entzündliche ~ **326** 84; **328** 25
erbgutschädigende ~ **328** 25
explosionsgefährliche ~ **326** 83; **328** 25
feste ~ **329** 32
feuergefährliche ~ **326** 84; **328** 25
fortpflanzungsgefährdende ~ **326** 82; **328** 25
Gefahrstoffe **328** 23 ff
Geruchsstoffe als Schadstoffe **325** 8, 55
gesundheitsschädliche ~ **224** 9 ff
giftige ~ *siehe Gift*
Kernbrennstoffe **311d** 5; **326** 85; **327** 2; **328** 1 f, 22
krebserzeugende ~ **326** 80; **328** 25
radioaktive ~ **N 310; 311b** 4; **311d** 5; **326** 4; **328** 4 f, 22, 30
Schadstoffe **325** 55 f
Schnüffelstoffe als Rauschmittel **316** 177; **323a** 103
wassergefährdende ~ **324** 105, 111, 119, 121, 125; **327** 11, 15b; **328** 25, 30; **329** 17 f, 28
Stoßbetrug Vor 263 4; **263** 340
Strafänderungsgründe
benannte ~ **Vor 46ff** 10 ff
unbenannte ~ **Vor 46ff** 17 ff; **47** 4
Strafaktenauszug
Parteiverrat **356** 54, 78
Strafantrag *siehe auch Antragsdelikt*
Anforderungen, inhaltliche **77** 13 ff
Angestelltenbestechlichkeit/-bestechung **77** 37; **299** 57; **301** 1
Antragsberechtigte **77** 23 ff, 43; **77a** 2
Antragsdelikt, relatives **77** 3 f
Antragserfordernis
– Gründe **Vor 77** 4
– persönliche Beziehung von Täter und Opfer **77** 3 f
– Reichweite **Vor 77** 6; **77**
Antragsfrist
– Ausschlußfrist **77b** 2
– Beginn **77b** 5 ff, 12
– Dauer **77b** 3
– Fristwahrung **77b** 4
– Hemmung wegen bestehender Ehe **77b** 16
– Ruhen **77b** 18
– Vertretung, gesetzliche und ~ **77b** 14 f
– bei wechselseitig begangenen Taten **77c** 5
Antragsmündigkeit **77** 44 ff
Antragsrecht
– Einschränkungen **77** 56
– Erlöschen **77** 60
– höchstpersönliches Recht **77** 51, 57
– höchtspersönliches Recht **77** 51
– Rechtsmißbrauch **77** 56
– Übergang **77** 57 ff; **77b** 17
durch Ausländer **77** 45
Auslandstat **Vor 77** 14
Ausschlußfrist **77b** 2
Ausspähen von Daten **202a** 20
Ausübung des Antragsrechts
– durch Behörde **Vor 77** 8; **77** 40
– durch Dienstvorgesetzten **77a** 10
– durch juristische Person **77** 39
– Selbstausübung **77** 38
– durch Stellvertreter, gesetzlichen **77** 43 ff; **77b** 10
– durch Stellvertreter, gewillkürten **77** 51 ff
Begünstigung **257** 26 f
einer Behörde **Vor 77** 8; **77** 40
Beleidigung **77** 25; **194** 1 ff
Betriebsverfassungsgesetz **77** 37
Betrug **77** 25; **263** 6, 303 ff, 336
Computerbetrug **263** 89
Computerstraftaten **77** 25; **303a** 40; **303b** 31; **303c** 1 ff
DDR-Recht **Vor 77** 17
Diebstahl **77** 26

Strafantrag (Forts.)
des Dienstvorgesetzten **77a** 2 ff
Einführung des Antragserfordernisses nach der Tat **2** 7
Entführungsdelikte **77** 27
zur Entgegennahme zuständige Organe **77** 6 ff
Entstehung des Antragsrechts **77** 22
Entstehungsgeschichte **Vor 77** EntstG, 1
Entziehung elektrischer Energie **248c** 9
Entziehung Minderjähriger **235** 137 ff
Erlöschen des Antragsrechts **77** 60; **77b** 2; **77c** 8
Erschleichen von Leistungen **265a a.F.** 60
Exhibitionistische Handlungen **77** 27; **183** 7
Formerfordernisse **77** 11
Freiheitsdelikte **Vor 234-236** 10
Fristwahrung **77b** 4
Gebrauch eines Fahrzeugs, unbefugter **77** 30; **248b** 12
Gegenstand **77** 16 ff
Geheimnisbruch **77** 28; **201** 51; **202** 27, 44; **203** 39, 55, 95, 98, 99, 166, 167; **204** 12; **205** 1 ff; **355** 79
Hausfriedensbruch **77** 29; **123** 82 ff
Kenntnis von einer Straftat **77b** 7 ff
Körperverletzungsdelikte **77** 30; **223** 29; **229** 48; **230** 1
Landesrecht **Vor 77** 16; **77** 37
Maßregeln der Besserung und Sicherung und fehlender ~ **Vor 77** 12
Mehrheit
- von Antragsberechtigten **77** 59; **77b** 11
- von Tatbeteiligten und Opfern **77** 2
- verwirklichter Tatbestände **Vor 52ff** 98
durch Minderjährige **77** 46 f; **77b** 10
Mißbrauch von Notrufen **145** 31
Mißbrauch von Scheck- und Kreditkarten **266b** 50
Nachholen eines Strafantrags **Vor 77** 13
Opfer, mehrere **77** 2
Pfandkehr **77** 31; **289** 32
durch Pfleger **77** 50
als Prozeßvoraussetzung **Vor 77** 7, 14
Rechtfertigung des Instituts **Vor 77** 3
Rechtsnatur **Vor 77** 7 f, 14
rechtspolitische/-theoretische Problematik **Vor 77** 1 ff
Rücknahme **77** 5; **77d** 2 ff
Sachbeschädigung **77** 32
Sexueller Mißbrauch von Jugendlichen **77** 32; **182** 7
Sicherungsverfahren und fehlender ~ **Vor 77** 12
durch Stellvertreter **77** 43 ff
Täterperson **77** 16 f, 9
Tat, Beziehung zur **77** 18 ff
Tatbeteiligung mehrerer **77** 2
Tod des Verletzten **77** 57 f, 60
Übergang des Antragsrechts **77** 57 ff; **77b** 17
Unterlassene Hilfeleistung **323c** 209
Unterschlagung **77** 33
Untreue **77** 33; **266** 181 f
Urheberrecht **77** 33
Verfahren bei fehldendem ~ **Vor 77** 11 ff
Verfahren bei vorliegendem ~ **Vor 77** 9 f; **77** 5
Verfolgungswille **77** 13 ff
Verjährung und ~ **Vor 78** 2
Verletzteneigenschaft, Beginn/Ende **77** 36
Verletzter, Begriff **77** 23 ff
Verstoß gegen Weisungen während der Führungsaufsicht **68a** 22; **145c** 30 ff
Vertraulichkeit des Wortes, Verletzung **201** 51
Verzicht **77d** 8
wechselseitig begangene Taten **77c** 1 ff
Wettbewerbsrecht **77** 35
Wilderei **77** 36; **294** 1 ff
Zwangsvollstreckungsvereitelung **77** 34; **288** 44
Strafanwendungsrecht
DDR-Alttaten **78c** 51 ff
Internationales Strafrecht und ~ **Vor 3** 3
intertemporales ~ *siehe Tatzeitprinzip*
Strafanzeige
anonyme ~ **138** 37; **139** 21
bei dem Bedrohten **138** 33 f, 56
bei der Behörde **138** 29 ff, 55
Drohung mit ~ als Nötigung **240** 90 f, 106
erforderliche ~ **138** 22
Form und Inhalt **138** 37
Nennung des Täters **138** 37
rechtzeitige ~ **138** 23 ff
Selbstanzeige **138** 43
situations- und konfliktadäquate Sorgfalt (erlaubtes Risiko) **193** 22
unverzügliche ~ **138** 54, 56
wahlweise ~ bei Behörde/Bedrohtem **138** 36, 55 f
Zugang **138** 38
Strafarrest
Strafaussetzung zur Bewährung **56** 2
Tatmehrheit **53** 1
Vollzug **38** 57
Wehrstrafrecht **Vor 38** 3, 67
Strafartbestimmung **46** 265
Strafaufhebungsgrund
Irrtum über ~ **16** 60
persönlicher ~
- Angriffe auf den Luft- und Seeverkehr **316c** 49
- Begriff **Vor 13** 88

Strafaufhebungsgrund (Forts.)
- Eingriffe in den Bahn-, Schiffs- und Luftverkehr, gefährliche **315** 130
- Kapitalanlagebetrug **264a** 70
- Kreditbetrug **265b** 104, 109
- landesverräterische Agententätigkeit **98** 16 ff
- Nichtanzeige geplanter Straftaten **139** 23, 37
- Rücktritt vom Versuch als ~ **24** 43
- Subventionsbetrug **264 a.F.** 126

Unterbringung in psychiatrischem Krankenhaus und ~ **63** 34
Versuch **22** 178
Vorenthalten/Veruntreuen von Arbeitsentgelt **266a** 99 ff
Zeitpunkt des Vorliegens **Vor 32** 228

Strafausdehnungsgrund
Versuch der Beteiligung **30** 1

Strafausschließungsgrund
Bestimmtheitsgebot und ~ **1** 58
Beteiligte, Auswirkung auf **Vor 32** 228
Erweislichkeit der Wahrheit als ~ **Vor 32** 226
in dubio pro reo **Vor 13** 89
Indemnität der Abgeordneten **Vor 32** 226; **36** 9 f
irrige Annahme eines Strafausschließungsgrundes **Vor 32** 228
Irrtum über ~ **16** 60; **22** 107
materiellrechtlicher ~ **Vor 93** 19, 22
Notwehrexzeß kein ~ **33** 38
Parlamentarische Äußerungen/Berichte, Straflosigkeit **36** 9 f; **37** 9 ff
persönlicher ~
- Begriff **Vor 13** 88; **Vor 32** 225
- Beischlaf zwischen Verwandten **173** 33 f
- kein Bestandteil des Unrechts-/Schuldtatbestands **Vor 13** 89
- Schwangerschaftsabbruch **218a** 71 f; **218b** 10, 22

Rücktritt vom Versuch als ~ **Vor 32** 226
sachlicher ~ **Vor 13** 88
Strafbarkeitsbedingung, objektive und ~ **Vor 13** 82; **Vor 32** 225
Tätige Reue als ~ **Vor 32** 226
Unterbringung in psychiatrischem Krankenhaus und ~ **63** 34
Versuch **22** 178
Vollstreckungshandlung, unrechtmäßige **113** 24
Vorsatz/Fahrlässigkeit und ~ **Vor 13** 89
Wahrheitsbeweis **190** 1
Zeitpunkt des Vorliegens **Vor 32** 228

Strafaussetzung zur Bewährung N 56
Anfechtungsmöglichkeit **56** 64
Anrechnung von Untersuchungshaft/anderer Freiheitsentziehung und ~ **56** 6 f
Anwendungsbereich **56** 2 ff
außergewöhnliche Fälle **56** 31
Aussetzung des Strafrests und ~ **56** 5
Begnadigungsrecht **Vor 56** 2; **56** 1
Bemühen des Täters um Wiedergutmachung **N 56**
Berufsverbot **56** 2
besonders schwerer Fall und ~ **56** 38
Beurteilungsspielraum des Tatrichters **56** 27, 40 f, 53
Bewährungszeit *siehe auch dort* **56a** 1 ff
Doppelverwertungsverbot **56** 38, 55 f
als dritte Säule der Kriminalpolitik **Einl** 83
(keine) eigenständige Sanktionsform **Vor 38** 38; **56** 1
Einschränkungen **56** 44 ff
Einzelstrafe **56** 5
Entstehungsgeschichte **Vor 56** EntstG, 1 ff; **56** EntstG, 29
Entziehung der Fahrerlaubnis und ~ **69** 18, 60, 240
erweiterte Möglichkeiten der ~ **56** 28 ff; **183** 9 ff
bei exhibitionistischen Handlungen **56** 10, 51; **183** 9 ff
Fahrlässigkeitstat **56** 55
Freiheitsstrafe
- zwischen einem und zwei Jahren **56** 8, 28 ff
- zwischen sechs Monaten und einem Jahr **56** 8, 9 ff, 44
- unter sechs Monaten **47** 14; **56** 8

Führungsaufsicht und ~ **68** 23; **68g** 1 ff
Gebieten der Vollstreckung **56** 52
Generalprävention und ~ **Vor 38** 37; **56** 49
Gesamtstrafe **56** 5, 8
Höhe der aussetzbaren Strafe **56** 8
Jugendstrafe **56** 2
Leugnen des Angeklagten und ~ **56** 15, 38
Maßregel der Besserung und Sicherung und ~ **56** 1 f
Milderungsgründe und ~ **56** 33, 35
als Modifikation der Strafvollstreckung **Vor 38** 38; **56** 1
keine nachträgliche Aussetzung **56** 61
Persönlichkeit des Täters **56** 17, 28, 34
Prognose *siehe auch dort* **56** 10 ff, 39, 50, 67
Rechtsgeschichte **Vor 38** 37
Reformdiskussion **Einl** 83, 136; **Vor 38** 37
Reue, fehlende **56** 38
Revisibilität **56** 27a f, 42 f, 57 ff
Schuldeinsicht, fehlende **56** 38
Schwangerschaftsabbruch **218** 62
Spezialprävention **56** 50, 52
Strafarrest **56** 2
Strafzumessung und ~ **46** 274, 312; **56** 1, 27, 39, 54

Strafaussetzung zur Bewährung (Forts.)
Strafzwecke und ~ **56** 47
Stufen **Einl** 83
Sühne als Strafzweck und ~ **56** 47
keine sursis **Vor 56** 3
keine teilweise ~ **56** 5
Umständeklausel **56** 29
Unterbringung in Entziehungsanstalt und ~ **64** 85 ff
Verfahrensrecht **56** 60 ff
Verschlechterungsverbot **56** 65
Verteidigung der Rechtsordnung **56** 44 ff
als Verurteilung, bedingte **Einl** 43
Verwarnung mit Strafvorbehalt und ~ **Vor 59-59c** 2
Widerruf *siehe auch Widerruf der Strafaussetzung* **N 56f; 56f** 1 ff
Wiedergutmachungsbemühungen des Täters **N 56**
Strafausspruch *siehe auch Strafzumessung*
Begründung **46** 315 ff
Ergebnis der Strafzumessung **Vor 46ff** 4
Strafbarkeit
subjektive Grundvoraussetzungen, Überblick **Vor 15** 1 ff
Strafbarkeitsbedingung, objektive
echte ~ **Vor 13** 86
Irrtum über ~ **Vor 13** 86; **16** 61
Konkursstraftaten **Vor 283** 10, 39, 67, 88 ff, 179; **283** 223 f; **283a** 2; **283c** 32
Rechtsnatur **Vor 13** 85 f
Strafausschließungsgrund und ~ **Vor 32** 225
unechte ~ **Vor 13** 86
Verjährung und ~ **78a** 12
Vorsatz/Fahrlässigkeit und ~ **Vor 13** 86
Strafbedürftigkeit
als Voraussetzung der Strafbarkeit **Vor 13** 72
Strafbefehl
Verjährungsunterbrechung bei Erlaß **78c** 33
Strafbemessung *siehe Strafzumessung*
Strafdrohung, absolute *siehe Freiheitsstrafe, lebenslange*
Strafe *siehe auch Rechtsfolgen der Tat*
Absehen von ~ *siehe dort*
Antinomie der Strafzwecke **Einl** 31, 33; **46** 15
Aufgabe **Einl** 23
Aussetzung zur Bewährung *siehe Strafaussetzung zur Bewährung*
Begriff **Einl** 22; **1** 13; **Vor 46ff** 2
Bemessung der ~ *siehe Strafzumessung*
Einheitsstrafe **Vor 52ff** 4
freiheitsentziehende ~ *siehe auch Freiheitsstrafe* **Vor 38** 3
Führungsaufsicht neben ~ **68** 8
Führungsaufsicht, Verhältnis **68** 25
Geldstrafe *siehe dort*
gerechte ~ **Einl** 27, 31; **Vor 13** 71
Gerechtigkeit und Zweckmäßigkeit der ~, Verhältnis **46** 15
Maßregel und ~ **Einl** 32, 35 f; **20** 9
– vikariierendes Prinzip **67** 1 ff
Nebenstrafen *siehe dort*
Notwendigkeit **Einl** 23
Prävention und ~ **20** 4, 10, 18
Rechtfertigung **Einl** 23; **Vor 13** 10; **20** 9
Resozialisierungsfunktion **Einl** 31, 33
Schuldangemessenheit *siehe auch Schuldprinzip* **Vor 13** 71; **46** 11
Schuldpunktstrafe **46** 17
Sicherung vor dem Täter **46** 28
Strafarrest des Wehrstrafrechts als echte ~ **Vor 38** 67
Strafempfänglichkeit des Täters **46** 26 ff
Strafempfindlichkeit des Täters **46** 26 ff
Straftheorien *siehe dort*
Sühnefunktion **Einl** 23
System der Strafen *siehe auch Rechtsfolgen der Tat* **Vor 38** 25 ff
Unterbringung in psychiatrischem Krankenhaus und ~ **63** 90 ff
Unterbringung in Sicherungsverwahrung und ~ **66** 174
Vergeltungsfunktion **Einl** 24, 27, 29, 31 f
Vorbeugungsfunktion *siehe auch Generalprävention; siehe auch Spezialprävention* **Einl** 24 ff, 30 ff
Wirkungen auf den Täter
– berufliche Folgen **46** 24 ff
– negative ~ **46** 22
– positive ~ **46** 23
Zweck *siehe Strafzweck*
Strafempfänglichkeit
Strafzumessung und ~ **Vor 40** 51; **46** 26 ff
Strafempfindlichkeit
Strafzumessung und ~ **Vor 40** 51; **46** 21, 26 ff
Straferlaß
Beschlußform **56g** 18
keine Erstattung von erbrachten Leistungen **56g** 4
Verfahrensrecht **56g** 18 f
Widerruf *siehe auch Widerruf des Straferlasses* **56g** 5 ff
Zeitpunkt der Entscheidung **56g** 2 f
Straffreiheit
Analogieverbot und ~ **2** 1
Rückwirkungsverbot und ~ **2** 1
Verbot von Gewohnheitsrecht und ~ **2** 1
Strafgefangener
Briefgeheimnis **202** 36
Gefangenenbefreiung **120** 14
Privatgeheimnisse, Verletzung **203** 157

Strafgesetz *siehe Gesetz*
Strafgesetzbuch
Aufbau **Einl** 75 ff
Bezeichnung **Einl** 55
Entstehungsgeschichte **Einl** 44 ff
Reformen **Einl** 48 ff
Strafgewalt
des Staates **Einl** 2 f
Umfang innerstaatlicher ~ *siehe Internationales Strafrecht*
Strafklageverbrauch
Bildung krimineller Vereinigungen **129** 91 ff
Bildung terroristischer Vereinigungen **129a** 47
Sexualstrafrecht **Vor 174** 21
Tateinheit und ~ **52** 51
Unerlaubtes Entfernen vom Unfallort **142** 242
Vergewaltigung **177** 21
Verletzung der Unterhaltspflicht **170** 75
Völkermord **220a** 17
Vollrausch **323a** 353, 361
Wahlfeststellung und ~ **1** 138
Strafmilderung *siehe auch Strafzumessung*
Analogieverbot und ~ **2** 1; **49** 11, 20
Aussagedelikte **157** 1 ff; **158** 1 ff
Begründung **49** 21
Berücksichtigung beruflicher Folgen **46** 24 ff
Doppelverwertungsverbot strafmildernder Umstände **23** 42 ff
fakultative ~ **49** 2, 12
– DDR-Recht, Mittäterschaft **25** 224
– Notstand **35** 68 ff
– Unterlassungsdelikt, unechtes **13** 60 ff
– Versuch **Vor 22** 45 ff, 61, 72, 79, 85, 124, 147; **23** 7 ff
Maß **49** 5 ff, 16 ff
obligatorische ~ **49** 2
– Versuch **23** 17 ff, 40
Rückwirkungsverbot und ~ **2** 1
Strafempfindlichkeit des Täters und ~ **46** 21, 26a
kein Verbot doppelter Milderung **49** 10
Verbot von Gewohnheitsrecht und ~ **2** 1
Strafmilderungsgrund
besonders schwerer Fall, Zusammentreffen **49** 15; **50** 7 ff
gesetzlich vertypter ~ und Strafzumessung **46** 245, 248, 258, 260 f, 295, 304 f; **47** 1 ff
Irrtum über ~ **16** 68 ff
Konkurrenz von Milderungsgründen **49** 10, 14
minder schwerer Fall, Zusammentreffen **49** 15; **50** 1 ff
Täter-Opfer-Ausgleich als vertypter ~ **N 46a** 5
kein Tatbestandsmerkmal **Vor 13** 51
Verbotsirrtum, vermeidbarer **17** 3, 48; **29** 2
Verfahrensverstöße als ~ **46** 137 ff
Verfahrensverzögerung durch staatliche Organe als ~ **46** 233
Verjährungsfristermittlung und ~ **78** 18
Zusammentreffen mehrerer gesetzlicher Milderungsgründe **49** 10
Strafmündigkeit **19** 1
Strafpflicht *siehe Pönalisierungsgebot*
Strafrahmen
außergesetzliche Strafrahmenmilderung **46** 264
Bestimmtheitsgebot und ~ **1** 60 ff
Bezugsgrößen der Strafzumessung innerhalb des ~ **46** 60 ff
Strafzumessung und ~ **Vor 46ff** 8 ff; **46** 242 ff
beim Versuch **23** 13, 24 ff
Strafrahmenänderung
fakultative ~ **Vor 46ff** 14 ff; **47** 2
zwingende ~ **Vor 46ff** 11 ff; **47** 2
Strafrahmenwahl **23** 13, 24 ff; **46** 242 ff, 301; **49** 1 ff; **50** 1 ff
Strafrecht
Aufgabe **Einl** 2
Auslegung, verfasssungskonforme **Einl** 9
Begriff **Einl** 1; **3** 4
Bundes- und Landesstrafrecht **Einl** 14ff
der DDR und der Bundesrepublik **Einl** 19a, 94 ff
Drei-Säulen-Theorie **Einl** 5
europäisches ~ **Einl** 98 ff
Gesetzesvorbehalt, strenger **1** 1
Gesetzgebungskompetenz **Einl** 9, 18
kein Gewohnheitsrecht **1** 1, 69 ff
Gliederung **Einl** 5 ff
Grundgesetz und ~ **Einl** 9
Haupt- und Nebengesetze **Einl** 6
Interlokales ~ *siehe auch dort* **Einl** 96
Internationales ~ *siehe auch dort*
materielles ~ **Einl** 6
als öffentliches Recht **Einl** 5
Ordnungswidrigkeitenrecht und ~ **Einl** 10 ff
Quellen *siehe Strafrechtsquellen*
Strafzwang **Einl** 2
Tatstrafrecht, kein Täterstrafrecht **Vor 13** 3, 75
als ultima ratio **Einl** 3
Verbrechenskontrolle und ~ **Einl** 2
Strafrechtsentwürfe **Einl** 58 ff
Alternativ-Entwurf **Einl** 73
Entwurf 1919 **Einl** 67
Entwurf 1922 **Einl** 68
Entwurf 1925 **Einl** 69
Entwurf 1936 **Einl** 70
Entwurf 1962 **Einl** 72
Entwurf eines Allgemeinen Deutschen Strafgesetzbuchs 1927 **Einl** 69
Entwurf Kahl **Einl** 69

Strafrechtsentwürfe (Forts.)
Gegenentwurf von 1911 **Einl** 64
Kommissionsentwurf von 1913 **Einl** 65
Vorentwurf von 1909 **Einl** 63
Strafrechtspflege, Grundsatz stellvertretender *siehe Prinzip der stellvertretenden Strafrechtspflege*
Strafrechtsquellen
Bundesstrafrecht **Einl** 13
Gesetz, förmliches **Einl** 20
Rangordnung **Einl** 14 ff
Rechtsverordnung **Einl** 20
Strafrechtsreform
Demonstrationsstrafrecht **Einl** 87
Entkriminalisierung als Ziel **Einl** 131
in Europa, gemeinsame Züge **Einl** 130 ff
im europäischen Ausland **Einl** 108 ff
große ~ **Einl** 58 ff, 74
– Allgemeiner Teil **Einl** 76
– Besonderer Teil **Einl** 86 ff
– Internationales Strafrecht **Einl** 75
– Maßregeln der Besserung und Sicherung **Einl** 84
– Notstand **Einl** 80
– Sanktionensystem **Einl** 81 ff
– Strafaussetzung zur Bewährung **Einl** 83
– Täterschaft und Teilnahme **Einl** 79
– Unterlassungsdelikt, unechtes **Einl** 77
– Versuchsstrafbarkeit **Einl** 78
Schwangerschaftsabbruch **Einl** 88
Strafrechtsentwürfe *siehe dort*
Terrorismusbekämpfung **Einl** 89
Umweltstrafrecht **Einl** 91
Wirtschaftskriminalität **Einl** 90
Würdigung **Einl** 93, 138
Strafrechtsvergleichung
Strafrechtsreform und ~ **Einl** 61
Strafrechtswidrigkeit
Unrechtseinsicht und ~ **17** 7
Strafregister **271** 8, 25
Strafregisterrecht
als Strafvollstreckungsrecht **Einl** 8
Strafschärfung
Generalprävention und ~ **46** 30 ff
Strafempfänglichkeit des Täters, geringe **46** 26c
Strafschärfungsgrund
Irrtum über ~ **16** 64 ff
mehrfache Verletzung desselben Gesetzes durch dieselbe Tat **52** 40
kein Tatbestandsmerkmal **Vor 13** 51
bei Tateinheit **52** 40, 47
unbenannter ~, keine besondere Folge der Tat **18** 7
Verjährungsfristermittlung und ~ **78** 18
Verletzung eines Gesetzes durch dieselbe Tat in mehreren Begehungsformen **52** 40
Straftat
Nötigung zu einer ~ **240** 83, 127
Tat, rechtswidrige und ~ **11** 85
Tötung zur Ermöglichung einer ~, Mordmerkmal **211** 9 ff
Tötung zur Verdeckung einer ~ **211** 12 ff
Verleitung eines Untergebenen zu einer ~ *siehe dort*
Straftaten gegen ausländische Staaten
Rechtsgut **Vor 102** 1; **102** 4
Strafbarkeitsbedingungen **104a** 1 ff
Verfahrensvoraussetzungen **104a** 4 ff
Straftaten gegen die Umwelt *siehe Umweltstrafrecht*
Straftaten im Amt *siehe Amtsdelikte*
Straftheorien
absolute ~ **Einl** 29
relative ~ **Einl** 30
Vereinigungstheorien **Einl** 31 ff
Strafunrechtsausschließungsgrund *siehe auch Entschuldigungsgrund*
Rücktritt vom Versuch als ~ **24** 40
Strafurteil
Wahrheitsbeweis durch ~ **190** 1 ff
Strafvereitelung
Absicht **258** 21, 26; **258a** 9
im Amt
– Amtsdelikt, unechtes **258a** 1
– Amtsträger **258a** 2 f
– Angehörigenprivileg **258a** 14
– Konkurrenzen **258a** 16
– minder schwerer Fall **258a** 14 f
– Rechtsbeugung und ~ **339** 125
– Strafe **258a** 15
– Teilnahme **258a** 1; **258a** 11
– Versuch **258a** 10
– zu eigenen Gunsten **258a** 12 f
Amtshandlung
– Unterlassen der gebotenen ~ **258a** 4
– Vornahme einer unangebrachten ~ **258a** 4
Angehörigenprivileg **Vor 32** 210; **258** 37 ff; **258a** 14
kein Antragsdelikt **258** 40
Anzeigepflicht **258** 18; **258a** 7 f
Arzt **258** 13
Auslieferungshaft **258** 1; **258a** 2
Aussageverweigerung **258** 15 f, 20
Bankrott und ~ **283** 230
Beendigung **258** 26a
Begehungsdelikt **258** 10c, 25
Begünstigung und ~ **Vor 257ff** 1; **258** 1, 32 ff, 38, 42 f
Beherbergen des Vortäters **258** 10a f, 12, 14 f
Beihilfe zur Vortat und ~ **258** 6 ff, 36

Strafvereitelung (Forts.)
Besserstellung des Vortäters **258** 10 f
DDR-Recht **258** 44
Entschuldigungsgrund **Vor 32** 209
Entstehungsgeschichte **258** EntstG
Erfolgsdelikt **258** 1, 10, 17, 27
Falschaussage **258** 14, 17, 20b, 28 f
Garantenpflicht **258** 13, 25
Gefangenenbefreiung und ~ **120** 29, 42, 45; **258** 38
Geldstrafe, Zahlung durch Dritten **258** 24a
Gerichtsentscheidung, rechtskräftige **258** 23
Hilfsbeamte der Staatsanwaltschaft **258a** 3
Irrtum **258** 22, 26, 29, 31, 37, 41; **258a** 10
Kausalität **258** 12, 25
Kenntnis von einer Straftat **258a** 6 f
Konkurrenzen **258** 41
Maßnahme, Verfahren zur Anordnung **258a** 2
Maßnahme, verhängte **258** 23
Mord zur Verdeckung einer Straftat und ~ **211** 15
Polizeibeamter **258a** 3, 5
Rechtsgut **Vor 3** 176 f; **Vor 257ff** 3; **258** 1
Rechtspflege, staatliche als Rechtsgut **Vor 257ff** 3; **258** 1
Richter **258a** 3, 8
Selbstbegünstigung, persönliche **258** 33
– als Entschuldigungsgrund **Vor 32** 209, 227
Soldat **258a** 3
Sozialadäquanz **258** 10a
Staatsanwalt **258a** 3
Strafausschließungsgrund, persönlicher **Vor 32** 209; **258** 33 f, 37
Strafe **258** 41; **258a** 15
Strafe, verhängte **258** 23
Strafverfahren **258a** 2
Strafverteidiger **258** 19 ff, 28a
Subventionsbetrug und ~ **264 a.F.** 169
Täter **258** 30
Teilnahme **258** 30, 34 ff, 37; **258a** 11
Teilnahme, notwendige **Vor 26** 36
Unterlassen **258** 13, 25
vereiteln **258** 10, 24 f
Vereitelungshandeln des Vortatbeteiligten **258** 30 ff; **258a** 12
Verfolgungspflicht **258a** 7
Verfolgungsvereitelung **258** 2 ff
Versuch
– der Strafvereitelung **258** 9, 12, 27 ff; **258a** 10
– der Vortat **258** 5 f
Vollendung **258** 26a
Vollstreckungsvereitelung **258** 23 ff
– Gefährdung einer Entziehungskur und ~ **323b** 8, 26, 39 ff
vorgeleistete ~ **27** 12
Vorsatz **258** 22, 26; **258a** 9
Vortäuschen einer Straftat und ~ **145d** 18, 23; **258** 38
Vortat **258** 2 ff
– Antragsdelikt als ~ **258** 4
– Dauerdelikt **258** 8
– fortgesetzte Handlung als ~ **258** 8
– Strafrahmen **258** 41
– Tatbestandsmerkmal **258** 9
– Verfolgungshindernisse **258** 4
– verjährte ~ **Vor 78** 17
– versuchte ~ **258** 5 f
– Voraussetzungen **258** 3
– Wahlfeststellung **1** 116; **258** 5
Vortatbeteiligter als Täter **258** 30 ff
Wahlfeststellung **258** 43
im Wiederaufnahmeverfahren **258** 10c, 24
Wissentlichkeit **258** 21, 26; **258a** 9
Zahlung fremder Geldstrafe als ~ **Vor 40** 32
Strafverfahren
Aussageerpressung **343** 4
Sexueller Mißbrauch unter Ausnutzung einer Amtsstellung **174b** 2
wegen Steuerstraftat, Steuergeheimnisverletzung **355** 14
verbotene Mitteilungen über ~ **353d** 40 f
Verfolgung Unschuldiger **344** 3
Strafverfahrensrecht
Aufgabe **Einl** 7
Strafverfolgung
besonderes öffentliches Interesse an der ~
– Computersabotage **303c** 9, 12
– Datenveränderung **303c** 9, 12
– Diebstahl geringwertiger Sachen **248a** 11
– Sachbeschädigung **303c** 9 ff
Ermächtigung zur ~ *siehe dort*
Strafverlangen
ausländischer Regierung **104a** 4 f
Auslandstaten, Verfolgbarkeit **77e** 1
Begünstigung **257** 26 f
Form- und Fristerfordernisse **77e** 3 ff
Rücknahme **77e** 5
als Verfahrensvoraussetzung **Vor 32** 229; **Vor 77** 15; **77e** 1
Strafverteidiger
Urkundenfälschung **267** 246 f
Strafverteidigung, notwendige
im Maßregelrecht **Vor 61ff** 84a ff
Strafvollstreckung
Gesamtstrafe und ~ **54** 18
Strafvollstreckungsrecht *siehe auch Aussetzung des Strafrests zur Bewährung; siehe auch Strafaussetzung zur Bewährung*
Aufgabe **Einl** 8
Aussetzung des Strafrestes bei zeitiger Freiheitsstrafe **57** 1

Strafvollstreckungsrecht (Forts.)
Bestimmtheitsgebot und ~ **1** 66
Gesetzlichkeitsprinzip und ~ **1** 66
Rückwirkungsverbot und ~ **1** 66
Strafvollzugsrecht
als Disziplin der Strafrechtswissenschaft **38** 54
Strafvollstreckungsrecht und ~ **Einl** 8
Strafvorbehalt *siehe Verwarnung mit Strafvorbehalt*
Strafwürdigkeit
Kriterien **Einl** 4
Strafzumessung *siehe auch Strafe*
Absehen von Strafe und ~ *siehe auch dort* **60** 44
Abwägung **46** 57, 242, 265, 322 ff, 332
actio libera in causa **46** 98
äußere Tatseite **46** 110 ff
Anfechtungsmöglichkeiten **46** 325
Angestifteter **46** 122
Anklagegrundsatz und ~ **46** 313
Anrechnung *siehe auch dort* **46** 239 ff; **51** 1 ff
Art der Tatausführung **46** 110 ff
Ausgleichsbemühungen **46** 200, 202, 209 ff
Ausländereigenschaft des Täters **46** 26a, 178 ff
ausländische Vorstrafen **46** 164
Ausnahmezustand, psychischer **46** 82, 95
außergesetzliche Strafrahmenmilderung **46** 264
außertatbestandliche Tatfolgen **46** 143, 147, 149 ff
Auswirkungen der Tat **46** 142 ff
Begehung weiterer Straftaten **46** 225 f
Begehungsweise **46** 118 ff
Begriff **Vor 46ff** 4 ff
Begründung des Strafausspruchs **46** 315 ff; **49** 21
beruflich-soziale Stellung des Täters **46** 24 ff, 177
Beschleunigungsgebot, Verletzung **46** 240
besondere Schwere der Schuld **46** 338
besonders schwerer Fall **Vor 46ff** 17 ff; **46** 247 ff, 320
Bestimmtheitsgebot und ~ **1** 61 ff
Beteiligung mehrerer und ~ **46** 6, 10, 45, 120, 249, 259, 274
Beweggründe des Täters **46** 75 ff
Bewertungsgrundsätze, allgemeine **46** 64 ff
Bewertungsmaßstäbe **46** 58 ff
Bindungswirkung früherer Strafzumessungserwägungen **46** 46 f
Dauer der Tat **46** 112 ff
Dauer des Verfahrens **46** 231 ff
Dauerdelikt **46** 112
DDR-Alttaten **46** 109a
DDR-Recht **Vor 46ff** 30 ff; **46** 340
Dienstaufsichtsmängel als Strafmilderungsgrund **46** 136
Doppelverwertungsverbot **46** 72 f, 281 ff, 330
Durchschnittsfall **46** 62, 266 f
Einverständnis des Verletzten **46** 129
Erfolg, quantitative und qualitative Besonderheiten **46** 146
Ermessensausübung **Vor 46ff** 5 f; **46** 273; **47** 6
Fahrlässigkeitstat **46** 81, 87, 109, 119, 125, 130, 153
fehlerhafte ~ **46** 273 ff, 326 ff, 326 ff
fortgesetztes Delikt **46** 113, 269
Freiheitsstrafe, kurze *siehe dort*
Garantenstellung des Täters **46** 102
Gefahrenbeschränkung **46** 216 ff
Generalprävention **Vor 46ff** 29; **46** 30 ff, 244
Genugtuungsbedürfnis des Verletzten **46** 50 f
Gerechtigkeitsgebot, allgemeines **46** 41 f, 274
Gesamtabwägung **46** 242 ff, 265 ff, 322 ff, 332
Gesamtstrafe **46** 48 f, 270, 311; **54** 9 ff
Gesamtstrafenbildung *siehe dort*
Gesinnung des Täters **46** 78 ff
Geständigkeit des Täters **46** 199, 201, 206 ff
Gewissenstäter **46** 88 ff
Gleichmäßigkeit des Strafens **46** 41 ff
Härteausgleich **46** 48 f
Handeln auf Befehl **46** 123
Handlungsunrecht **46** 100
hohe bzw. Höchststrafe **46** 271
in dubio pro reo **46** 56, 314
innere Tatseite **46** 75
– Beweggründe des Täters **46** 75 f
– Gesinnung des Täters **46** 78 fff
Intelligenz des Täters **46** 176
Konsumtion **Vor 52ff** 120
Kronzeugenregelung **46** 224
Lebensführungs-/Charakterschuld **46** 7, 78, 156; **Vor 52ff** 57
Leugnen des Angeklagten **46** 194 ff, 201
keine Mathematisierung **46** 324
Mehrheit von Taten **46** 269a f
minder schwerer Fall **Vor 46ff** 17 ff; **46** 254 ff, 268, 320 f
Mindeststrafe **46** 272
Mißgriff, grober **46** 280, 334
Mitangeklagte, Verhältnis der Strafen zueinander **46** 45
Mittäterschaft **46** 121
Nachtat, mitbestrafte *siehe auch dort* **Vor 52ff** 132
Nachtatverhalten **46** 186 ff
Opferverhalten **46** 124 ff

Strafzumessung (Forts.)
persönliche/wirtschaftliche Verhältnisse des Täters **46** 175 ff, 318
Persönlichkeit des Täters **46** 7, 78, 156, 174; **47** 9, 11 f
Pflichtwidrigkeit **46** 99 ff
– berufliche/soziale Stellung des Täters **46** 103 ff
– Garantenstellung **46** 102
– Verletzung außertatbestandlicher Pflichten **46** 102 ff
– Verletzung tatbestandlicher Pflichten **46** 101
Prozeßverhalten **46** 193 ff
Punktstrafen-Theorie **46** 17
Rauschtat **46** 96 f
als Rechtsanwendung **Vor 46ff** 5; **46** 59, 63, 273
Regelbeispiel **Vor 46ff** 21, 23 ff; **46** 248, 282, 303
Reue, fehlende **46** 196 ff
revisible Strafzumessungsfehler **46** 326 ff
Revisionsverfahren **46** 325 ff
sachlichrechtliche Fehler **46** 273 ff, 326 ff
Schadenshöhe **46** 144
Schuldangemessenheit **46** 11, 29, 35, 277
Schuldfähigkeit, verminderte **46** 94 ff, 245, 269
Schuldprinzip **Vor 46ff** 27; **46** EntstG, 1, 4 ff, 11, 244, 274
Schuldpunktstrafe **46** 17
Schuldrahmentheorie **46** 18 ff
Schuld-Sühne-Prinzip **Vor 46ff** 27; **46** 4 ff, 11
Schuldüberschreitungsverbot, absolutes **46** 13, 276 ff, 334
Schuldunterschreitung **Vor 13** 71; **46** 14, 276, 278, 334
Schwere des Unrechts **46** 9 f, 318
als sozialer Gestaltungsakt **Einl** 34
Spezialität **Vor 52ff** 93
Spezialprävention **Vor 46ff** 28; **46** 1, 21 ff, 229, 244
Spielraumtheorie **46** 18 ff
Spurenbeseitigung **46** 188 ff
Stellenwerttheorie **46** 16
Strafänderungsgründe
– benannte ~ **Vor 46ff** 9 ff
– Mischformen **Vor 46ff** 21
– unbenannte ~ **Vor 46ff** 17; **46** 302
Strafartbestimmung **46** 265; **47** 1
Strafaussetzung zur Bewährung *siehe auch dort* **46** 274, 312; **56** 1, 27
Strafbemessung **46** 266 ff, 301
Strafempfänglichkeit des Täters **46** 26 ff
Strafempfindlichkeit des Täters **46** 21, 26 ff
Strafenstaffelung **Vor 46ff** 8
Strafmilderungsgrund
– Fehlen **46** 67 ff
– gesetzlich vertypter ~ **46** 245, 248, 258, 260 f, 295, 304 f; **49** 1 ff
Strafrahmen **Vor 46ff** 8 ff; **46** 242 ff
– außergesetzliche Strafrahmenmilderung **46** 264
Strafrahmenänderung
– fakultative ~ **Vor 46ff** 14 ff; **47** 2
– zwingende ~ **Vor 46ff** 11 ff; **47** 2
Strafrahmenwahl **46** 242 ff, 301; **47** 1; **49** 1 ff; **50** 1 ff
Strafschärfungsgrund, Fehlen **46** 67 ff
Strafzumessungstatsachen
– Abwägung **46** 57, 242 ff, 332
– Bewertung **46** 57 ff
– Bewertung im einzelnen **46** 74 ff, 329 ff
– Tatsachenbegriff **46** 54
– Tatsachenfeststellung **46** 55 f, 328
Strafzwecke *siehe auch dort*
Strafzwecke als Leitgesichtspunkte **Vor 46ff** 26 ff; **46** 3, 59, 333
täterbezogene Merkmale **46** 6
Täter-Opfer-Ausgleich *siehe dort*
Tätige Reue **46** 220 ff
Tateinheit *siehe auch dort* **46** 269a, 307; **52** 40 ff
Tatmehrheit *siehe auch dort* **46** 269c
Tatmittel **46** 115 ff
Tatmodalitäten **46** 115 ff, 283, 300
Tatort, Bedeutung **46** 110
tatrichterliche Aufgabe **46** 59, 63, 242, 338
Tatsachenbegriff **46** 54
Tatsachenfeststellung **46** 55
Tatschuld **46** 5 ff, 78
Tatunbeteiligte, Verhalten **46** 124 ff
Tatzeit, Bedeutung **46** 110 f
Taxenstrafen **46** 44
Überblick **Vor 46ff** 1
Übermaßverbot **46** 11
Überprüfung im Revisionsrechtszug **46** 325 ff
Überzeugungstäter **Vor 32** 224; **46** 88 ff
Umfang der Tat **46** 112 ff
Umstände außerhalb der Tat **46** 8
Unrechtseinsicht, fehlende **46** 196 ff
Unterlassen **46** 118 ff
Unterlassungsdelikt, unechtes **13** 60 ff; **46** 119
unzulässige Berücksichtigung des Fehlens von Strafänderungsgründen **46** 67 ff
unzulässige widersprüchliche Bewertung **46** 64 ff
Verbotsirrtum **46** 93
Verdeckter Ermittler **46** 131 ff
Verdienste des Täters **46** 173
Verfahrensgang **46** 227 ff

Strafzumessung (Forts.)
Verfahrensverstöße als Strafmilderungsgrund **46** 137 ff
Verfahrensverzögerungen durch staatliche Organe **46** 233 ff
Vergleich mit anderen Strafaussprüchen **46** 42
Verhalten des Staates, Bedeutung **46** 131 ff, 233
Verhalten gegenüber Zeugen und Mitangeklagten **46** 203 ff
Verhalten Tatunbeteiliger **46** 124 ff
Verschuldensbegriff **46** 150
Versuch **23** 13; **46** 246
Verwarnung mit Strafvorbehalt *siehe dort*
Vollrauschtatbestand **46** 6, 10, 154 f
Vorleben des Täters **46** 156 ff
Vorsatzform und ~ **16** 100; **46** 86
Vorsatztat **46** 81, 87
Vorstrafen **46** 158 ff
Vorstrafenfreiheit **46** 174
Vortaten **46** 158, 170 ff
Vortatverhalten **46** 156 ff
Wiedergutmachung **46** 52, 200, 202, 209 ff
Wille des Täters **46** 83 ff
Wirkungen der Strafe auf den Täter **46** 21 ff
Ziele des Täters **46** 77
Zustandsdelikt **46** 112
Zweiaktigkeit **23** 13; **Vor 46ff** 14
Strafzwang Einl 2
Strafzwecke *siehe auch Straftheorien*
Antinomie der Strafzwecke **Einl** 31, 33; **46** 15
défense sociale **Vor 46ff** 28
Freiheitsstrafe, Unerläßlichkeit der Verhängung kurzer **47** 15 ff
Generalprävention **Vor 46ff** 26, 29
Lehre von den Strafzwecken **24** 13; **38** 16
Repression **Vor 46ff** 26 f
Resozialisierung **Vor 46ff** 28
Schuldausgleich **Vor 46ff** 27
Sicherung vor dem Täter **Vor 46ff** 28; **46** 28
Spezialprävention **Vor 46ff** 26, 28
Strafzumessung und ~ **Vor 46ff** 26 ff; **46** 3, 59, 333
Sühne **Vor 46ff** 27
Theorienstreit **38** 16
Verfolgung von Rechtsverletzungen **Einl** 2
Vergeltung **Vor 46ff** 27
Verhütung von Rechtsverletzungen *siehe auch Generalprävention; siehe auch Spezialprävention* **Einl** 2
Verteidigung der Rechtsordnung **Vor 46ff** 29; **46** 30, 33
Wiedergutmachung **Einl** 2; **46** 52

Strahlen
ionisierende ~
- Freisetzen ionisierender Strahlen **311d** 2
- Mißbrauch ionisierender Strahlen **N 309**; **311a** 3
- Umweltgefährdende Abfallbeseitigung **326** 82, 85
- Unerlaubter Umgang mit radioaktiven Stoffen etc. **328** 4, 25
- Unerlaubtes Betreiben von Anlagen **327** 2, 10a

Laserstrahlen **311d** 2; **325a** 30
nichtionisierende ~ **311d** 2; **325a** EntstG 12, 30; **328** 4
Radarstrahlen **311d** 2; **325a** 30
Röntgenstrahlen **311a** 3; **311d** 3; **325a** 30; **328** 4
Strahlenschäden **311d** 3
Strahlenschutz **311d** 8 f; **325a** 30
Strahlungsverbrechen *siehe Herbeiführung eines Explosions-/Strahlungsverbrechens; siehe Vorbereitung eines Explosions-/Strahlungsverbrechens*
Straße
Zerstören **305** 8
Straßenverkehr *siehe auch Angriff auf Kraftfahrer, räuberischer; siehe auch Eingriffe in den Straßenverkehr, gefährliche; siehe auch Entziehen der Fahrerlaubnis; siehe auch Fahrverbot; siehe auch Gefährdung des Straßenverkehrs; siehe auch Trunkenheit im Verkehr; siehe auch Unerlaubtes Entfernen vom Unfallort*
allgemeine Risiken im ~ und rechtfertigender Notstand **34** 38
Auseinandersetzungen, verbale/tätliche im Straßenverkehr **69** 39, 43
automatisierte Handlung im ~ **Vor 13** 41
besondere Verhältnisse des Straßenverkehrs **316a** 20 ff
Fahrlässigkeit im ~ **16** 195 f
Falschfahren **315c** 104, 135
Geisterfahrer **315b** 31, 45; **315c** 119, 120, 157
Grenzwert absoluter Fahrunsicherheit im ~ **315** 14 ff; **316** 59 ff
Körperverletzung, fahrlässige im ~ **229** 18 ff
Notwehr im ~ **32** 181, 198, 231 f, 245
öffentlicher ~, Begriff **44** 44; **315b** 4 ff
Polizeifluchtfälle **315b** 16, 42 ff, 57, 98
Rücksichtslosigkeit **315c** 69, 131 ff, 137 ff, 195, 206
Schienenbahn im ~ **315d** 1 ff
Überholen, nötigendes **240** 16 f
Unfall im ~ **142** 20 ff
Vertrauensgrundsatz im ~ **16** 168 ff

Straßenverkehrsordnung
Unerlaubtes Entfernen vom Unfallort und ~ **142** 65 ff, 210, 231
Verkehrsstrafrecht und ~ **315c** 71, 72, 77, 103, 123 ff
Streik
Anleitung zu Straftaten **130a** 11
Gefangenenmeuterei **121** 26
Hausfriedensbruch **123** 73
Hochverrat und ~ **81** 15; **240** 14
Landfriedensbruch **125** 3, 65
Massen-/Generalstreik **240** 14
Mißhandlung von Arbeitswilligen **223** 21
Nötigung
– Hindern am Betreten des Arbeitsplatzes **239** 1
– von Verfassungsorganen **105** 16, 20; **106** 6
Sitzstreik *siehe Sitzblockade*
Streikdrohung als Nötigung **240** 59
Verfassungsfeindliche Sabotage und ~ **88** 3, 9
Streitbare/wehrhafte Demokratie
als Rechtsgut **Vor 80** 21; **Vor 93** 3
Strohmann
Berufsverbot **145c** EntstG
Konkursstraftaten **Vor 283** 73 f
Untreue **266** 66, 125
Stromentwendung *siehe Entziehung elektrischer Energie*
Stundung
von Geldforderungen **265b** 45 f, 107
Sturztrunk **316** 29 f, 35, 82, 116
Subjektive Teilnahmetheorie
bei Mittäterschaft **25** 155
Subjektive Theorien
Täterschaft-Teilnahme-Abgrenzung **25** 3 ff, 14 ff, 30 ff
Subjektive Versuchstheorie **Vor 22** 60 ff; **22** 6 f, 59 f, 184, 190, 193, 202, 229, 233; **23** 8 ff, 30
Subjektiv-objektive Versuchstheorie **Vor 22** 91 f
Submissionsabsprache *siehe Absprachen, wettbewerbsbeschränkende*
Submissionsbetrug **Vor 263** 2, 104; **263** 11, 39, 69, 113, 117, 135, 137, 164 f, 242, 317
Absprachen, wettbewerbsbeschränkende und ~ **Vor 298** 9; **298** 5, 46
Submissionskartell **Vor 298** 4, 8; **298** 4 ff
Subsidiarität *siehe auch Auffangtatbestand; siehe auch Gesetzeseinheit*
Angriffsart, intensivere und weniger intensive **Vor 52ff** 109
Begriff **Vor 52ff** 99, 101
Bewertungseinheit **Vor 52ff** 121
Durchgangsdelikte **Vor 52ff** 103, 106
fahrlässige und vorsätzliche Begehung **Vor 52ff** 110
Gefährdungs- und Verletzungsdelikte, Verhältnis **Vor 52ff** 102
Körperverletzung als Duchgangsdelikt der Tötung **Vor 52ff** 106 ff
lex primaria derogat legi susidiariae **Vor 52ff** 99
im Maßregelrecht **Vor 61ff** 27, 58 ff; **63** 82 ff; **64** 82 ff; **N 66** 22; **68** 16
Nachtat, mitbestrafte *siehe auch dort* **Vor 52ff** 121
qualifiziertes Delikt **Vor 52ff** 100
Regelbeispiele **Vor 52ff** 100
Rücktritt von der Haupttat **Vor 52ff** 113 f
sachgegebene ~ **Vor 52ff** 101
Spezialität, Abgrenzung **Vor 52ff** 74
stillschweigende ~ **Vor 52ff** 101
Subsidiaritätsklausel *siehe auch dort* **Vor 52ff** 100
Tätige Reue **Vor 52ff** 115
Verjährung **Vor 78** 15
Versuch und Vollendung desselben Delikts **Vor 52ff** 104
Vorbereitungshandlungen, selbständig strafbare und versuchte/vollendete Haupttat **Vor 52ff** 104 f
Vorstufen der Deliktsverwirklichung **Vor 52ff** 103
Vortat, mitbestrafte *siehe auch dort* **Vor 52ff** 103, 121 f, 124
Wiederaufleben des verdrängten Delikts **Vor 52ff** 112 ff
Wirkungen **Vor 52ff** 111 ff
Subsidiaritätsklausel
Fälschung von Wahlunterlagen **107b** 7
geheimdienstliche Agententätigkeit **99** 24
landesverräterische Agententätigkeit **98** 3, 20
landesverräterische Fälschung **100a** 10
Landesverrat **94** 19
Sabotagehandlungen an Verteidigungsmitteln **109e** 17
Substitutenhaftung, strafrechtliche *siehe Handeln für einen anderen*
Subsumtionsirrtum **16** 41 ff
umgekehrter ~ **22** 205
als Verbotsirrtum **17** 9 f
im Versuchsstadium **22** 33
Subvention
Begriff **264 a.F.** 2, 5, 25 ff
direkte ~ **264 a.F.** 27
EG-Subvention **264 n.F.** 1 ff
großen Ausmaßes **264 a.F.** 141 f, 147
Kultursubvention **264 a.F.** 13
materieller Subventionsbegriff **264 a.F.** 26
Schadenssubvention **264 a.F.** 36

Subvention (Forts.)
Sozialsubvention **264 a.F.** 13, 38, 51
verdeckte ~ **264 a.F.** 33
Vertragssubvention **264 a.F.** 63; **264 n.F.** 5
Wirtschaftssubvention **264 a.F.** 13, 19, 25, 38 f, 45 ff
Subventionsbetrug 264 n.F.
Abgabenstrafrecht und ~ **263** 319 ff; **264 a.F.** 5 f, 27 f, 84, 109 f, 117, 134, 161 ff, 167, 173
Absicht
– der Erschleichung **264 a.F.** 117 f
– der Zweckentfremdung **264 a.F.** 93
Absprachen, wettbewerbsbeschränkende und ~ **298** 52
Äußerungsdelikt **264 a.F.** 77
Amts- und Rechtshilfe **264 a.F.** 167
Amtsfähigkeit, Verlust als Nebenfolge **264 a.F.** 155 ff
Amtsträger
– Ausnutzen der Mithilfe **264 a.F.** 152 f
– Mißbrauch der Stellung **264 a.F.** 148 ff
– als Täter **264 a.F.** 23 f, 87, 148 ff
Angaben, unrichtige **264 a.F.** 76 ff, 100, 116
Antrag **264 a.F.** 74
Anzeigepflicht **264 a.F.** 168 ff
Aufklärungspflicht **264 a.F.** 92 f; **264 n.F.** 8
ausländisches Strafrecht **264 a.F.** 10
Auslandstat **6** 52 ff; **264 a.F.** 166
Ausnutzen der Mithilfe eines Amtsträgers **264 a.F.** 152 f
bandenmäßige Begehung **267** 232, 234 ff
Begriff **264 a.F.** 16
Begünstigung und ~ **264 a.F.** 169
Belassen **264 a.F.** 65
Belege, nachgemachte/verfälschte **264 a.F.** 142, 145 f
Bescheinigungen **264 a.F.** 97, 99
besonders schwerer Fall **264 a.F.** 129, 140 ff, 161 f
Bestechungsdelikte und ~ **264 a.F.** 151 ff
Betrieb, öffentlicher **264 a.F.** 40
Betrug und ~ **263** 27, 56, 183, 185, 267, 314; **264 a.F.** 5, 12 f, 16, 40, 120, 134, 161 f
Bewilligung **264 a.F.** 65, 99, 132
Beziehungsgegenstand, Einziehung **264 a.F.** 159
Computerbetrug und ~ **263a** 83
Destinatär *siehe Subventionsnehmer*
Dispositionsfreiheit als Rechtsgut **264 a.F.** 11
Eigennutz, grober **264 a.F.** 143 f
Einziehung **264 a.F.** 154, 158 ff
Entschädigung, öffentlich-rechtliche **264 a.F.** 36
Entstehungsgeschichte **Einl** 90; **264 a.F.** 1 f, 5; **264 n.F.** 1
Entwicklungshilfe **264 a.F.** 40, 43
(kein) Erfolgsdelikt **264 a.F.** 16
Erschleichung **264 a.F.** 111 ff
EU-Recht **264 a.F.** 8, 10, 50, 93, 103, 110, 165 f, 174; **264 n.F.** 1
Förderung der Wirtschaft **264 a.F.** 45 ff
Fortsetzungszusammenhang **264 a.F.** 147, 164
fremdnütziges Handeln **264 a.F.** 87
Gebrauchmachen **264 a.F.** 101
Gefährdungsdelikt **264 a.F.** 15 ff, 139
Gegenleistung, marktmäßige **264 a.F.** 31 ff
Gerichtszuständigkeit **Vor 263** 6; **264 a.F.** 172
gesetzlich abhängig **264 a.F.** 61 ff
Gewährung **264 a.F.** 65, 132
als Insolvenzstraftat **Vor 283** 2
Instrument staatlicher Wirtschaftslenkung **264 a.F.** 2, 11
Internationales Strafrecht **263** 331; **264 a.F.** 166 f
Irrtum **263** 79, 83, 89; **264 a.F.** 60, 120 f, 124; **264 n.F.** 8
Konkurrenzen **264 a.F.** 161 ff
Kreditbetrug und ~ **264 a.F.** 163; **265b** 29, 31, 116
kriminalpolitscher Hintergrund **264 a.F.** 1 ff
landesrechtliche Regelungen **264 a.F.** 7, 103, 110
Leichtfertigkeit **264 a.F.** 6, 18, 82, 120, 122 ff, 128, 136; **264 n.F.** 4, 6 f
Mittäterschaft **264 a.F.** 24, 76
Mittel, öffentliche **264 a.F.** 29
mittelbare Täterschaft **264 a.F.** 72, 136
Nebenfolgen **264 a.F.** 154 ff
Nebentäterschaft **264 a.F.** 76
Planungsfreiheit als Rechtsgut **264 a.F.** 11, 13
Planungsschäden **264 a.F.** 5
Rechtsgrundlage der Leistungsgewährung **264 a.F.** 30
Rechtsgut **Vor 3** 178; **264 a.F.** 11 ff, 84
Rückforderung **264 a.F.** 65, 75
Schaden **263** 181 ff, 188, 267
Scheinfirmen **264 a.F.** 44 ,103, 107
Scheingeschäfte **264 a.F.** 102 ff
Scheinhandlungen **264 a.F.** 102 ff
Schutz ausländischer Rechtsgüter **Einl** 103
(kein) Sonderdelikt **264 a.F.** 20, 22, 94, 137
Staat als Unternehmen **264 a.F.** 40
Steuervergünstigungen **264 a.F.** 6, 26 ff, 161 f
Strafaufhebungsgrund, persönlicher **264 a.F.** 126
Strafvereitelung und ~ **264 a.F.** 169
Strafzumessung **264 a.F.** 138 ff
Subvention
– Begriff **264 a.F.** 2, 5, 25 ff

Subventionsbetrug (Forts.)
– direkte ~ **264 a.F.** 27
– EG-Subvention **264 n.F.** 1 ff
– großen Ausmaßes **264 a.F.** 141 f, 147
– Kultursubvention **264 a.F.** 13
– materieller Subventionsbegriff **264 a.F.** 26
– Schadenssubvention **264 a.F.** 36
– Sozialsubvention **264 a.F.** 13, 38, 51
– verdeckte ~ **264 a.F.** 33
– Vertragssubvention **264 a.F.** 63; **264 n.F.** 5
– Wirtschaftssubvention **264 a.F.** 13, 19, 25, 38 f, 45 ff
Subventionsberechtigung **264 a.F.** 97, 99
Subventionsehrlichkeit, Grundsatz **264 a.F.** 93, 110
Subventionsgeber **264 a.F.** 29, 68 ff
Subventionsnehmer/-empfänger **264 a.F.** 22, 38 ff, 71 f, 94
Subventionsverfahren **264 a.F.** 13, 67, 73 ff, 92
Subventionsvorteil **264 a.F.** 66
Subventionszweck **264 a.F.** 18, 45 ff, 113 ff
Täterkreis **264 a.F.** 20 ff, 72, 74, 87, 94, 123, 135 f; **264 n.F.** 3
Tätige Reue **264 a.F.** 126 ff
Tätigkeitsdelikt **264 a.F.** 17
Täuschung **263** 11, 39, 50, 56; **264 a.F.** 96 f
Tatsache, subventionserhebliche **264 a.F.** 53 ff, 116
Teilnahme **264 a.F.** 24, 135 ff, 148
Überprüfungsvorbehalt **264 a.F.** 80, 86
Umgehungsgeschäft/-handlung **264 a.F.** 102 f, 107 ff
Unkenntnis des Subventionsgebers **264 a.F.** 89 ff
Unterlassen **264 a.F.** 76, 81, 88 ff, 128, 130 f, 133, 136 f; **264 n.F.** 3 f
Unterlassungsdelikt, echtes **264 a.F.** 17, 22, 88, 93, 131
Unternehmen, öffentliches **264 a.F.** 40
Urkundenfälschung und ~ **264 a.F.** 134, 146, 163; **267** 232, 236
Verfahrensrecht **264 a.F.** 172 ff
Verfassungsmäßigkeit **264 a.F.** 6, 25, 58, 109, 116; **264 n.F.** 1
Vermögensdelikt **264 a.F.** 6, 11 ff, 14
Vermögensplanungshoheit, öffentliche als Rechtsgut **264 a.F.** 14
Vermögensverfügung **263** 100
Vermögensvorteil **263** 267
Versuch **264 a.F.** 89, 121, 126, 162; **264 n.F.** 2
Verwendungsbeschränkung **264 n.F.** 8
Vollendung **264 a.F.** 85 f, 126, 130 f
Vorsatz **264 a.F.** 55, 60, 82, 98, 100, 117, 119 ff, 140, 147; **264 n.F.** 6
Vorteilhaftigkeit **264 a.F.** 82 ff, 95, 99
Wählbarkeit, Verlust als Nebenfolge **264 a.F.** 155 ff
Weitergewährung **264 a.F.** 65
Wiederaufnahmeverfahren **264 a.F.** 165
Wirtschaft, Begriff **264 a.F.** 46 ff
Wirtschaftsdelikt **Vor 263** 5; **264 a.F.** 17
Zweckentfremdung **264 a.F.** 1, 7 f
Zweckentfremdungsabsicht **264 a.F.** 93
Zweckerreichung, materielle **264 a.F.** 18
Zweckverfehlungslehre **264 a.F.** 11, 13
Sucht, Suchtkrankheit
Alkoholabhängigkeit *siehe dort*
außerstrafrechtliche Hilfemöglichkeiten **64** 122 ff
Drogenabhängigkeit *siehe dort*
Gewinnsucht *siehe dort*
Medikamentenabhängigkeit *siehe dort*
Sexueller Mißbrauch unter Ausnutzung eines Beratungsverhältnisses u.a. **N 174c** 2
Sexueller Mißbrauch widerstandsunfähiger Personen **N 179** 1
sozialrechtliche Probleme **64** 122 ff
Spielsucht *siehe dort*
Stehlsucht *siehe dort*
terminologische Probleme **64** 50 ff
Unterbringung in Entziehungsanstalt und ~ **64** 8 ff
Sühne
Freiheitsstrafe, lebenslange und ~ **38** 16, 40
Strafaussetzung zur Bewährung und ~ **56** 47
Strafe als ~ **Einl** 23
als Strafzweck **Vor 46ff** 27
Sühneantrag
Parteiverrat **356** 54
Suizid *siehe Selbsttötung*
Supranationale Organisationen *siehe auch Vereinte Nationen*
Hoheitsgewalt **Vor 110** 6
öffentliches Amt **132** 10
strafrechtlicher Schutz **Vor 110** 6 ff
Symbol *siehe auch Kennzeichen*
Briefgeheimnis, Verletzung **202** 7, 11
Staatssymbole **90a** 1, 5
Symbolisches Handeln
Beleidigung durch ~ **185** 15
Symbolisches Strafrecht **80** Vor 1; **130** 2; **130a** 4; **168** 16; **170** 6; **Vor 218ff** 5, 38, 40; **218a** 54; **Vor 223** 8
Sympathieperson
Gefahr für ~, Notstand **35** 30 ff
Sympathisant
krimineller Vereinigung **129** 51
verfassungswidrig erklärter Partei **84** 10
Syndikus
Parteiverrat **356** 15

Syndrom, apallisches **Vor 211** 12, 15, 20a ff
Systemanalytiker
Untreue **266** 119

Täter
Ausländer als ~
– eines Auslandsdelikts **7** 68 ff
– eines Inlanddelikts **3** 8
Ausländereigenschaft und Strafzumessung **46** 26a, 178 ff
beruflich-soziale Stellung und Strafzumessung **46** 24 ff, 177
Deutscher als ~ *siehe auch Personalitätsprinzip, aktives*
– eines Auslandsdelikts **7** 56 ff
– eines Inlandsdelikts **3** 8
Erforschung der Täterpersönlichkeit im Maßregelrecht **Vor 61ff** 18 f
Hangtäter *siehe dort*
Intelligenz des Täters und Strafzumessung **46** 176
persönliche/wirtschaftliche Verhältnisse und Strafzumessung **46** 175 ff, 318; **47** 21 ff
Persönlichkeit des ~ und Prognose **56** 17
Persönlichkeit des ~ und Strafzumessung **46** 7, 78, 156, 174
Strafempfänglichkeit und Strafzumessung **46** 26 ff
Strafempfindlichkeit und Strafzumessung **Vor 40** 51; **46** 21, 26 ff
Täter hinter dem Täter **25** 55, 61, 73, 83 ff, 96 ff, 102, 106 ff, 128 ff; **Vor 211** 29
Tatstrafrecht, kein Täterstrafrecht **Vor 13** 3, 75
Wiederholungstäter *siehe dort*
Wille des Täters und Strafzumessung **46** 83 ff
Ziele des Täters und Strafzumessung **46** 77
Täterbegriff *siehe auch Einheitstäter*
Einheitstäter
– Begriff **Vor 25** 3; **340** 10
– Ordnungswidrigkeitenrecht **Einl** 12, 79; **Vor 25** 4
– rechtspolitische Erörterung **Vor 25** 5 ff
extensiver ~ **Vor 25** 9 ff
intern-subjektiver ~ **25** 56 f, 155
restriktiver ~ **Vor 25** 12
Schreibtischtäter **25** 128
sekundärer ~ **Vor 26** 6
Tatbestandsbezogenheit **25** 79
Täter-Opfer-Ausgleich **N 46a**
Anwendungsbereich **Vor 38** 22
Ausgleich immatrieller Folgen **N 46a** 2
Ausgleich matrieller Folgen **N 46a** 2
Ausgleichsbemühungen **Vor 38** 22; **N 46a** 3
Entschädigung und Wiedergutmachung, Abgrenzung **Vor 38** 22
Entstehungsgeschichte **Vor 38** 17 ff; **N 46a** 1
Hausfriedensbruch **123** 19, 85
Kannvorschrift **N 46a** 2
Mittel, erforderliche **N 46a** 4
Rechtsfolgen **Vor 38** 23
Sexualdelikte **Vor 38** 17
Strafmilderungsgrund, vertypter **N 46a** 5
bei Verwarnung mit Strafvorbehalt **N 59a**
Wiedergutmachung und Entschädigung, Abgrenzung **Vor 38** 22
Täterschaft *siehe auch Einheitstäter; siehe auch Tatherrschaft*
Amtsdelikt **25** 37
ausländisches Recht **Vor 25** 13 f
Beihilfe als ~ **27** 69
DDR-Alttaten **Vor 25** 15
DDR-Recht **Vor 25** 15; **25** 224
Dolustheorie **25** 3, 32
eigenhändige Delikte **25** 40
eigenhändige Tatbestandserfüllung **25** 24, 34, 47 ff
kein Einheitstätersystem **Vor 25** 3 ff
Erscheinungsformen **Vor 25** 1; **25** 1
kein extensiver Täterbegriff **Vor 25** 9 ff
Fahrlässigkeitstat **25** 217 ff
Ganzheitstheorie **25** 11
Handlungsherrschaft **25** 49
Hintermann *siehe dort*
Interessentheorie **25** 4
Kombinationstheorie, normative **25** 20, 26
Mittäterschaft *siehe dort*
mittelbare ~ *siehe dort*
Nebentäterschaft *siehe dort*
objektive Theorien **Vor 25** 6, 34
Pflichtdelikt **25** 37 ff, 45, 206
subjektive Theorien **25** 3 ff, 14 ff, 30 ff, 204
Täterbegriff
– extensiver ~ **Vor 25** 9 ff
– Geschichte **Vor 25** 16
– restriktiver ~ **Vor 25** 12
Täterschaft-Teilnahme-System, Entstehungsgeschichte **Vor 25** 1 f; **25** 16
Tatherrschaftslehre *siehe auch Tatherrschaft* **25** 7 ff, 21, 30, 34 ff
Tatmittler, Nötigung **25** 54, 61 ff
Teilnahme und ~, Abgrenzung **25** 1 ff
Theorienstreit **25** 3 ff
unmittelbare ~ **25** 47 ff
Unterlassungsdelikt
– Tatherrschaft **25** 203 ff
– Teilnahme, Abgrenzung **25** 201 ff
Täterstrafrecht
Einheitstäterbegriff und ~ **Vor 25** 6
Tatstrafrecht, kein ~ **Vor 13** 3, 75
Tätertyp, normativer **Vor 211** 36

Täterwille
Begriff **25** 14
Mittäterschaft und ~ **25** 179, 191
Tätige Reue N 306e; N 314a; N 320; N 330b
Absprachen, wettbewerbsbeschränkende **Vor 298** 10; **298** 32, 45 ff
Abwenden der Gefahr **311e** 4
Agententätigkeit zu Sabotagezwecken **87** 18
Agententätigkeit, geheimdienstliche **99** 22
Angriffe auf den Luft- und Seeverkehr **316c** 49 ff; **N 320**
Aufgeben der weiteren Tatausführung **311e** 3
Auswirkung auf strafbare Vorbereitungshandlung **Vor 52ff** 115
Baugefährdung **N 320; 323** 18
Beschädigung wichtiger Anlagen **N 320**
Bildung krimineller Vereinigungen **129** 80 ff
Bildung terroristischer Vereinigungen **129a** 41
Brandstiftungsdelikte **N 306e** 1 ff; **310** 1 ff
Eingriffe in den Bahn-, Schiffs- und Luftverkehr, gefährliche **N 320**
Eingriffe in den Straßenverkehr, gefährliche **N 320**
Einziehung und ~ **311e** 10
ernsthaftes Bemühen um Tatverhinderung **311e** 10
Fehlerhafte Herstellung einer kerntechnischen Anlage **311c** 19; **311e N 314a**
Fortführung einer für verfassungswidrig erklärten Partei **84** 18
Freiwilligkeit **311e** 4
Gefährdung des Bahn-, Schiffs- und Luftverkehrs **315a** 37
Geiselnahme **239b** 14 f
Geldwäsche **261** 23
gemeingefährliche Straftaten **311e** 9; **N 314a; N 320**
Hochverrat **83a** 1 ff
Kapitalanlagebetrug **264a** 70 ff
Kreditbetrug **265b** 104 ff
landesverräterische Agententätigkeit **98** 11 ff
Menschenraub, erpresserischer **239a** 10a, 33 ff
(kein) Schaden, erheblicher **311e** 8
Schwere Gefährdung durch Freisetzen von Giften **N 330b; 330a** 22; **330b**
Strafaufhebungsgrund, persönlicher **311e** 6, 9
als Strafausschließungsgrund **Vor 32** 226
Strafmilderungsgrund **311d** 6, 9
Subventionsbetrug **264 a.F.** 126 ff
Umweltstraftaten **Vor 324** 7 f; **N 330b; 330b**
– besonders schwerer Fall **330b** 2
– Fahrlässigkeitstaten **330b** 1, 8
– Kausalität **330b** 7, 10
– Personengefährdungen **330b** 5
– Sachgefährdungen **330b** 6
– Versuch **330b** 2
– Vorsatztaten **330b** 1
Unerlaubtes Entfernen vom Unfallort **142** 64, 68, 181, 199 ff
Unternehmensdelikt, unechtes **Vor 22** 129
Versicherungsmißbrauch/-betrug **265 a.F.** 38
Versuch **Vor 22** 122, 124
Vorbereitung eines Angriffskrieges **80** 11
Vorbereitung hochverräterischen Unternehmens **83a** 4
bei Vorbereitungshandlung, strafbarer **Vor 22** 122
Tätigkeitsdelikt
als Deliktstyp **Vor 13** 50
Parteiverrat **356** 33
Räuberischer Angriff auf Kraftfahrer **316a** 4
Trunkenheit im Verkehr **316** 2
Versuch **22** 12 ff
Vollendung **Vor 22** 18; **22** 12 ff
Tätigkeitsübernahme, fahrlässige 16 140 ff, 155, 177
Tätigkeitsverbot *siehe auch Berufsverbot*
als Weisung bei der Führungsaufsicht **68b** 23 ff
Täuschung
Betrug **Vor 263** 1, 21; **263** 2 ff, 7 ff, 80
bei Datenverarbeitung **267** 274; **270** 1 ff
über Erklärungsinhalt, ursprünglichen **267** 203 f
Kreditbetrug **265b** 53 ff
über Person des Ausstellers **267** 163 ff
im Rechtsverkehr
– Datenverarbeitung **270** 1 ff
– Fälschung beweiserheblicher Daten **269** 25
– Fälschung technischer Aufzeichnungen **268** 53
– Fälschung von Zahlungskarten/Vordrucken für Euroschecks **152a** 6
– Falschbeurkundung, mittelbare **271** 70, 79, 90
– Urkundenfälschung **267** 252 ff
– Verändern amtlicher Ausweise **273** 11
Subventionsbetrug **263** 11, 39, 50, 56; **264 a.F.** 96 f
über Vermögensverhältnisse **266b** 5, 52 f
von Wählern *siehe Wählertäuschung*
Tadelnde Urteile
über wissenschaftliche und andere Leistungen **193** 13
Tagessatzsystem *siehe Geldstrafe*
Tanklastzug 329 EntstG, 28a
Tat
Begriff **1** 11; **Vor 3** 198 ff; **3** 5 f; **Vor 52ff** 7; **78** 3 f; **78e** 3

Tat (Forts.)
Handlungseinheit und ~ **Vor 52ff** 7; **52** 11
rechtswidrige ~ *siehe auch Rechtswidrigkeit*
– Begriff **11** 81 ff
– Straftat und ~ **11** 85
unverjährbare ~ **78** 5
Zeitpunkt *siehe Tatzeitprinzp*
Tatänderungstheorie **24** 29 f
Tatbestand
Abweichungen, selbständige und Grundtatbestand **Vor 13** 51
Abweichungen, unselbständige und Grundtatbestand **Vor 13** 51
Alternativität von Tatbeständen **Vor 52ff** 69
Begriff **Vor 13** 45; **16** 5
Deliktseinteilung **Vor 13** 50
Deliktstatbestand **Vor 13** 45
Erlaubnistatbestand **Vor 13** 45
Exklusivität von Tatbeständen **Vor 52ff** 69
Fahrlässigkeit, Bezug zum ~ **16** 3, 5 ff
Lehre vom Mangel am ~ **Vor 22** 93
offener ~ **Vor 13** 47; **Vor 32** 19 ff; **240** 69, 72, 75
privilegierter ~ *siehe auch Privilegierung* **Vor 13** 51
qualifizierter ~ *siehe auch Qualifikation* **Vor 13** 51
Schuldtatbestand **Vor 13** 45
Umstände, die nicht zum ~ gehören **16** 8 ff
Umstände, die zum ~ gehören **16** 5 ff
Unrechtstatbestand **Vor 13** 45 f
Vorsatz, Bezug zum ~ **16** 3, 5 ff
Tatbestandsausschluß
Presseprivileg **109f** 18
Tatbestandsirrtum **16** 113 ff
Verbotsirrtum und ~ **16** 46
Tatbestandslösung
bei der actio libera in causa **20** 77 f
Tatbestandsmäßigkeit
fehlende ~ und fehlende Rechtswidrigkeit, Abgrenzung **Vor 32** 19 ff
Rechtswidrigkeit und ~ **Vor 32** 5 f
Tatbestandsmerkmale
Doppelverwertungsverbot **46** 72 f, 281 ff
Fahrlässigkeit, Bezug auf ~ **16** 4
Kausalität **Vor 13** 53
Lehre von den negativen Tatbestandsmerkmalen **Vor 13** 48; **Vor 32** 7 ff
Vorsatz, Bezug auf ~ **16** 4
Tateinheit *siehe auch Konkurrenzlehre*
Absehen von Strafe **52** 48
Absichtsdelikte **52** 20
Absorptionsprinzip **52** EntstG, 43
Begriff **52** 1
besonders schwerer Fall **52** 40
Bewertungsmehrheit **52** 2
Dauerdelikte **52** 13, 22 ff, 27
einfache und mehrfache Erfüllung desselben Tatbestandes, Abgrenzung **52** 35 ff
Einheitstheorie **52** 2
Entklammerung **52** 29 ff
Entstehungsgeschichte **52** EntstG
fortgesetzte Handlung **52** 7
Gesetzeseinheit, Verhältnis **Vor 52ff** 64, 70; **52** 3
gleichartige ~ **52** 1, 34 f, 40
Handlungseinheit und ~ *siehe auch dort* **Vor 52ff** 63; **52** 1 f, 6 ff
höchstpersönliche Rechtsgüter, verletzte **52** 19
Identität der Ausführungshandlungen **52** 18 f
in dubio pro reo **52** 5, 16
durch Klammerwirkung **52** 21, 27 ff
Klarstellungsfunktion des Urteilstenors **52** 3, 48
Kombinationsprinzip **52** EntstG, 41
Kombinationsstrafdrohung **52** 47 f
Mehrheitstheorie **52** 2
Mittäterschaft **52** 16
mittelbare Täterschaft **52** 16
Nebenstrafen **52** 47
Organisationsdelikte **52** 26
Polizeifluchtfälle **52** 8
Rechtsfolgen **52** 4, 39 ff
Sperrwirkung des milderen Gesetzes **52** 44
Strafklageverbrauch **52** 51
Strafschärfungsgründe **52** 40, 47
Strafzumessung **46** 269a, 307; **52** 40 ff
Tatmehrheit, Verhältnis **52** 4, 29
Teilnahme **26** 113; **52** 16 f
Trunkenheitsfahrt **52** 32
ungleichartige ~ **52** 1, 34, 41
– Strafrahmenmilderung **49** 9; **52** 41 f, 44
Unrechtsverwandtschaft, Lehre von der **52** 9
Unterlassen **52** 12 ff
zwischen Unterlassungsdelikt und Begehungsdelikt **52** 13 ff
Verfahrensrecht **52** 49 ff
Verjährung **78a** 3
Versuchsstadium **52** 21
Vorbereitungshandlungen **52** 21
Zäsurwirkung neuen Tatentschlusses **52** 32
Zeitraum zwischen Vollendung und Beendigung **52** 20
Tatentschluß
auf bewußt unsicherer Tatsachengrundlage **22** 44 ff
mit Rücktrittsvorbehalt **16** 102 ff; **22** 51 f
Straflosigkeit bloßen Tatentschlusses **Vor 22** 3 f
Versuch und ~ **Vor 22** 1, 3; **22** 8 f, 30 ff, 90 f
Zäsurwirkung neuen Tatentschlusses **52** 32

Tatherrschaft 25 7 ff, 21, 30, 34 ff
kein Universalprinzip **25** 36
Unterlassungsdelikt, Täterschaft-Teilnahme-Abgrenzung **25** 203 ff
Tatigkeitstheorie 8 1
Tatmehrheit *siehe auch Konkurrenzlehre*
Aburteilung, gemeinsame **53** 8 f
Anwendungsbereich **53** 4 ff
Asperationsprinzip **53** 1
Begriff **53** 4 ff
Einsatzstrafe, Erhöhung **53** 3, 12
Entklammerung **52** 29 ff
Entstehungsgeschichte **53** EntstG
Freiheits- neben Geldstrafe, selbständiger **53** 15 ff
Freiheitsstrafen, mehrere verwirkte **53** 11 f
Geldstrafen, mehrere verwirkte **53** 13 f
Gesamtstrafenbildung *siehe auch dort* **53** 3; **54** 1 ff
– fakultative ~ **53** 15 ff
– nachträgliche ~ **53** 9
– obligatorische ~ **53** 10 ff
gleichartige ~ **53** 6
Grundgedanke **53** 2
Handlungsmehrheit **53** 5
Jugendstrafrecht **53** 1, 12
Maßnahmen **53** 20 ff
Nebenstrafen/-folgen **53** 20 ff
Strafarrest **53** 1
Tateinheit, Verhältnis **52** 4, 29
ungleichartige ~ **53** 6
Verfahrensrecht **53** 22 ff
Vermögensstrafe **53** 19
Tatmittel
Strafzumessung, Bedeutung **46** 115 ff
Tatmodalitäten
Strafzumessung, Bedeutung **46** 115 ff
Tatort
Auslands-/Inlandstat, Abgrenzung **9** 36 ff
Begehungsdelikt **9** 7 ff
Delikt mit objektiver Strafbarkeitsbedingung **9** 23 f
Erfolgsort **9** 18 ff
Gefährdungsdelikte **9** 20
Handlungseinheit **9** 41
Inland als ~ **3** 7
innere Tatseite **9** 49 ff
Mehrheit von Tatorten **9** 36 ff, 53
Mittäterschaft **9** 7 f, 45
mittelbare Täterschaft **9** 10
im Niemandsland **7** 40 ff
Ordnungswidrigkeitenrecht **9** 3
Sammelstraftaten **9** 43
Staatsschutzdelikte **9** 3; **91** 1 ff
Strafzumessung, Bedeutung **46** 110
Tätigkeitsort **9** 7 ff
Tat am ~ mit Strafe bedroht **7** 16 ff
Tatzeit und ~ **9** 4 ff
Teilnahme **9** 25 ff, 29 ff, 46 ff
Transitdelikte **9** 12, 22, 42
Übiquitätstheorie **9** 1
Unterlassungsdelikt **9** 17, 18
Versuch **9** 44
Vorbereitungshandlungen **9** 8
Vortat und Folgedelikt **9** 28
Tatplan
gemeinsamer ~ bei Mittäterschaft **25** 173
Tatprinzip
Entwicklungsstufen der Vorsatztat und ~ **Vor 22** 2 f
Tatsache
Abstraktum **185** 6
allgemeinkundige ~ **86** 4
Begriff **46** 54; **185** 4
Behauptung einer ~ **186** 7
Betrug **Vor 263** 16; **263** 9 ff
Beurkundung, unwahre **271** 69
Beweisbarkeit **185** 4
ehrenrührige Behauptung einer ~ **185** 4; **193** 11
gerichtskundige ~ **86** 4
geschichtliche Existenz **185** 4
innere ~ **185** 4
Manipulation **185** 16
Meinungsäußerung, Abgrenzung **185** 2
nachteilige ~, Verschweigen **264 a.F.** 40, 56, 61 ff, 80, 98
nichterweisliche ehrenrührige ~ **186** 2, 12
offenkundige ~ **203** 23, 49
Prognose **185** 4
rechtlich erhebliche ~ als Beurkundungsgegenstand **348** 10 ff
Sachverhaltskern **187** 2
substantiiertes Werturteil als ~ **185** 7
subventionserhebliche ~ **264 a.F.** 53 ff, 116
Tatrichter und Begriff der ~ **185** 9
Verächtlichmachen durch ~ **186** 10
Verbreiten **186** 8
Verunglimpfung **189** 3
Wahrnehmbarkeit **185** 4
Wertungsexzeß **185** 7
Werturteil und ~ **185** 2, 5
Tatschuldgrundsatz Vor 46ff 5 ff
Vermögensstrafe, Verfassungswidrigkeit **43a** 8
Tatstrafrecht
kein Täterstrafrecht **Vor 13** 3, 75
Versuchsstrafbarkeit und ~ **Vor 22** 73
Tatzeit
Alter zur ~, Strafmündigkeit **19** 4
Begehungsdelikt **8** 5 ff
Bestimmtheitsgebot und ~ **8** 2

Tatzeit (Forts.)
geltendes Gesetz zur ~ *siehe Tatzeitprinzip*
Gesamtstrafenbildung und ~ **8** 17 f
Gesetzesänderungen und ~ **8** 21
Gesetzlichkeitsprinzip und ~ **1** 92
Handlungseinheit **8** 11
der Haupttat **8** 5, 19
Mittäterschaft **8** 5
mittelbare Täterschaft **8** 6 ff
Rechtswidrigkeit und ~ **Vor 32** 44
Schuldfähigkeit zur ~ **20** 75
Strafzumessung, Bedeutung **46** 110 f
Tätigkeitstheorie **8** 1
Tatort und ~ **9** 4 ff
Tatschuld und ~ **8** 3 f
Teilnahme **8** 14 ff
Unterlassungsdelikt **8** 1, 12 f
Verjährung und ~ **8** 1
Vollrauschtatbestand **8** 9 f; **323a** 249, 258 ff
Tatzeitprinzip
Änderung außerstrafrechtlicher Normen **2** 30 ff
Änderung blankettausfüllender Normen **2** 34 ff
Änderung der Rechtsprechung **2** 38
Änderung einer Gesetzes während der Begehung der Tat **2** 12 ff
Änderung eines Gesetzes zwischen Tatbeendigung und Entscheidung **2** 15 ff
Änderung strafrechtlicher Bezugstatbestände **2** 33 ff
DDR-Recht **2** 59
Entstehungsgeschichte **2** EntstG
Maßregeln der Besserung und Sicherung und ~ **2** 56 f
Ordnungswidrigkeitenrecht **2** 2
Verfassungsmäßigkeit **2** 2
Taxifunk
Abhören **201** 17
Technik
Regeln der ~
- Baugefährdung **323** 11 f
- Gewässerverunreinigung **324** 26
Stand der ~, Gewässerverunreinigung **324** 26
Technische Anleitung Lärm (TA Lärm)
Vor 324 23; **325** EntstG 2, 30a; **325a** 4, 7, 9
Technische Anleitung Luft (TA Luft)
Vor 324 7d, 23; **325** EntstG 2, 6, 13, 30a
Teiche **293** 7; **324** 7
Teilnahme *siehe auch Anstiftung; siehe auch Beihilfe*
Absehen von Strafe bei Teilnehmern **60** 10
agent provocateur **Vor 26** 2
Aktunwert **Vor 26** 19
Akzessorietät
- Begriff **Vor 26** 23
- extreme ~ **Vor 26** 23; **26** 114
- Hyperakzessorietät **Vor 26** 23
- limitierte ~, Entstehungsgeschichte **Vor 25** 1
- Lockerung bei Vorliegen/Fehlen besonderer persönlicher Merkmale **28** 1 ff
- minimale ~ **Vor 26** 23
Akzessorietätsprinzip **Vor 26** 3 ff
als akzessorischer Rechtsgutsangriff **Vor 26** 7 ff, 22; **28** 3
im Ausland begangene ~ an Inlandstat **9** 29 ff
Begriff **Vor 26** 1
Conspiracy (Verschwörung) bei Völkermord **220a** 1
doppelte Privilegierung **28** 16
an entschuldigter Tat **29** 2 f
error in objecto und ~ **16** 14
error in persona und ~ **16** 14; **Vor 22** 134
Fahrlässigkeitstat **25** 217
Gesetzeseinheit und ~ **Vor 52ff** 71
Haupttat
- rechtswidrige ~ **Vor 26** 24
- vorsätzliche ~ **Vor 26** 26 ff
im Inland begangene ~ an Auslandstat **9** 29 ff
Irrtum des unmittelbar Handelnden **Vor 26** 26 ff
Kind als Täter **19** 2
Konkurrenzen **26** 113; **Vor 52ff** 58
Merkmal, besonderes persönliches *siehe Besondere persönliche Merkmale*
mittäterschaftliche ~ **25** 172
an Nachtat, mitbestrafter **Vor 52ff** 133
notwendige ~
- Begegnungsdelikt **Vor 26** 33
- Begriff **Vor 26** 32
- Begünstigung **Vor 26** 35
- Einwilligung, rechtfertigende und ~ **Vor 32** 127
- Gefangenenbefreiung **Vor 26** 34 ff
- Gläubigerbegünstigung **283c** 38
- Konvergenzdelikt **Vor 26** 33
- Parteiverrat **Vor 26** 34
- Sexualstrafrecht **Vor 26** 32, 34; **Vor 174** 13
- Strafvereitelung **Vor 26** 36
- Verstoß gegen Berufsverbot **145c** 26
- Wucher **302a** 59
Pflichtdelikt **Vor 26** 25 f
Rücktritt vom Versuch **24** 236 ff
Schulteilnahmetheorie **Vor 26** 10
als sekundärer Begriff **Vor 26** 6
Solidarisierung mit fremdem Unrecht **Vor 26** 19 ff
am Sonderdelikt **Vor 26** 3, 13

Teilnahme (Forts.)
Strafgrund **Vor 26** 1 ff; **28** 1 ff
Strafmilderung, besondere persönliche Merkmale **28** 86
Täterschaft und ~, Abgrenzung **25** 1 ff
bei Tateinheit **52** 16 f
Tatortbestimmung **9** 25 ff, 46 ff
Tatortprinzip **Vor 3** 384 ff
Tatzeit **8** 14 ff
Theorienstreit **Vor 26** 10 ff
Unrechtsteilnahmetheorie **Vor 26** 11
durch Unterlassen **13** 55 ff; **25** 209 f
am Unterlassungsdelikt
– durch positives Tun **13** 51 ff
– Täterschaft, Abgrenzung **25** 201 ff
– durch Unterlassen **13** 55 ff
an der Verabredung eines Verbrechens **30** 76
Verfall und ~ **73** 69 ff
Verjährung **78** 4 f; **78a** 15
am Versuch **Vor 22** 130 f
versuchte ~ **Vor 22** 130, 132 f
Verursachungstheorie
– akzessorietätsorientierte ~ **Vor 26** 17 ff; **28** 2 f
– reine ~ **Vor 26** 12 ff
bei Vorsatz-Fahrlässigkeits-Kombination **11** 115
vorweggenommene ~ **Vor 22** 9
Teilnahmetheorie
Versuch der Beteiligung **30** 2
Teilpacht **292** 28
Teilzahlungskredit **265b** 6, 42 f
Telebrief *siehe Telefax*
Teledienste
strafrechtliche Verantwortlichkeit der Anbieter **166** 50
Verbreitung pornographischer Schriften **N 184**
Telefax
Urkundenfälschung **267** 122 ff
Telefon *siehe Telekommunikationsanlage*
Telefonverkehr
Vertraulichkeit des Wortes, Verletzung **201** 7
Telegraf *siehe Telekommunikationsanlage*
Telegrafenverkehr
Urkundenfälschung im ~ **267** 32, 151
Telegramm
Urkundenfälschung **267** 32, 121
Telekommunikation *siehe auch Post- und Fernmeldegeheimnis, Verletzung*
Erschleichen von Leistungen **265a n.F.**
Überwachung der ~
– Angriffe auf den Luft- und Seeverkehr **316c** 54
– Eingriffe in den Straßenverkehr, gefährliche **315b** 101
– Geiselnahme **239b** 17
– Menschenraub, erpresserischer **239a** 42
– bei Verdacht auf Bildung krimineller Vereinigungen **Vor 129** 2; **129** 96
– bei Verdacht auf kriminelle/terroristische Vereinigung **129a** 50
– bei Verdacht auf Straftaten gegen die äußere Sicherheit **Vor 93** 12
Telekommunikationsanlage
Begriff **N 317; 317** 2
öffentlichen Zwecken dienend **N 88; 317** 3
als Sabotageobjekt **N 88; 88** 2, 8
Störung *siehe Störung von Telekommunikationsanlagen*
Teleshopping
Computerbetrug **263a** 2, 58
Tendenzdelikt
Anleitung zu Straftaten **130a** 7
Rechtsbeugung, eingeschränkt subjektive Rechtsbeugungslehre **339** 38 f
Territorialitätsprinzip **Vor 3** 126, 133, 149, 151 f, 416; **3** 1
Ergänzung im internationalen Strafrecht **4** 1, 46
Flaggenprinzip und ~ **4** 1
Terrorismus *siehe auch Bildung terroristischer Vereinigungen*
Begriff **Vor 129a** 1; **129** 14
Bekämpfung
– gesetzgeberische Maßnahmen **Vor 129a** 8 ff
– internationale Kooperation bei ~ **6** 32 ff; **Vor 129a** 5 ff
– Kronzeugenregelung **Vor 125-145d** 7; **Vor 129a** 13 f; **129** 83, 95
– Strafrechtsreform **Einl** 89
Erscheinungsformen **Vor 129a** 2; **129** 14
Kriegsvölkerrecht und ~ **212** 21
Strafverfolgung, völkerrechtliche Vereinbarungen **Vor 3** 72 ff, 78 ff
Terroristische Vereinigung
ausländische ~ **Vor 129a** 4
Begriff **Vor 129a** 1 ff; **129** 14
Bildung *siehe Bildung terroristischer Vereinigungen*
kriminelle Vereinigung und ~ **129a** 13
Testament
Urkundenfälschung **267** 40, 42, 68, 82 f, 224
Testamentsvollstrecker
kein Amtsträger **11** 29
Konkursstraftaten **283** 123
Parteiverrat **356** 27
Untreue **266** 49, 95, 115, 130
Vertreterhaftung **14** 49
Theorie des expressiven Normbruchs
Vor 22 81; **22** 80

Tierarzt *siehe Arzt*
Tiere
(kein) Abfall **326** 23
als Angegriffene, Nothilfe **32** 148, 189
als Angreifer, Notwehr **32** 38 ff, 44, 58
Angriff durch ~ als Körperverletzung **224** 26, 37; **229** 44
Angriff durch ~ als nötigende Gewalt **240** 52
vom Aussterben bedrohte Arten **N 330**; **330** 18
Begriff **324a** 48
besonders geschützte Tierarten **329** 44a
Einziehung **295** 13 ff
in Fallen **292** 39
Fangen von Tieren **329** 44c
gefangene ~ **292** 37
gezähmte ~ **292** 38
herrenlose ~ **292** 35
Hund, Einziehung **295** 13 ff
Hunde, gefährliche *siehe Unerlaubter Umgang mit gefährlichen Hunden*
jagdbare ~ **292** 33
Jagdtiere, Einziehung **295** 13
kranke ~ **292** 54
lebende ~ **292** 34
Nachstellen **329** 44b
Notwehr gegen ~ **32** 38 ff, 44, 58
Nutztiere **326** 148
Sachbeschädigung **303** 3, 5
keine Sachen **303** 3
Schädlinge **326** 148
Schutz vor Schädigung **324a** 47 ff; **325** 11 f; **325a** EntstG 3, 23, 28; **326** 95, 148
sexuelle Handlungen mit Tieren **184** 16
in Tiergärten **292** 40
Tiergelege **329** 44e
Töten von Tieren **329** 44d
verendete ~ **292** 12, 14, 55, 57
Wassertiere **293** 6 f
wildlebende ~ **292** 32, 35
Tierhaltung
Verbot der ~ als Maßregel der Besserung und Sicherung im Nebenstrafrecht **Vor 38** 6; **61** 11
Tierseuchen **326** 77
Tippgemeinschaft
Untreue **266** 119
Titel, geschützte *siehe Mißbrauch von Titeln, Berufsbezeichnungen und Abzeichen*
Tod *siehe auch Persönlichkeitsschutz, postmortaler*
Begriff **Vor 211** 7 ff
Ehrbegriff **189** 1
Ehre, fortbestehende **189** 2
Ehrfurcht vor dem ~ **167a** 2 f, 5; **168** 2
Eignung zur Herbeiführung des Todes **328** 2, 4a
Feststellung des Todes **168** 10 ff
Hirntod **168** 11 f, 15, 19; **Vor 211** 7 ff
Todesgefahr **N 113**; **113** 60; **N 121**; **121** 44; **125a** 7; **330** 5; **330a** 10 f
Todesgefahr, durch Gewalttätigkeit hervorgerufen **N 125a**
Todesfolge
Aussetzung **221** 39
Beschädigung wichtiger Anlagen **N 318**; **318** 9; **320** 6
Beteiligung an einer Schlägeri **231** 10
Brandstiftung mit Todesfolge **N 306c** 1 ff
Brandstiftung, besonders schwere **307** 2 ff
Brandstiftung, fahrlässige **309** 5
Entziehung Minderjähriger **235** 89 f, 125
erfolgsqualifizierte Delikte mit ~ und Tötungsdelikte **212** 40 f; **213** 2; **222** 24
Fahrlässige Gemeingefährdung **320** 6
Fehlerhafte Herstellung einer kerntechnischen Anlage **N 312**
Freiheitsberaubung **239** 2, 37 ff
Geiselnahme **239b** 12, 15
Gemeingefährliche Vergiftung **N 314**; **319** 14; **320** 6
Herbeiführen einer Explosion durch Kernenergie **N 307**; **310b** 7
Herbeiführen einer Sprengstoffexplosion **N 308**
Herbeiführen einer Überschwemmung **312** 8; **N 313**; **314** 3
Körperverletzung im Amt **227** 2; **340** 19
Körperverletzung, minder schwerer Fall **213** 2; **227** 13; **228** 52
Menschenraub, erpresserischer **239a** 22 ff, 31
Mißbrauch ionisierender Strahlen **N 309**
Räuberischer Angriff auf Kraftfahrer **316a** 53
Raub **251** 1 ff
Schwangerschaftsabbruch **218** 65
Schwere Gefährdung durch Freisetzen von Giften **N 330a**
Sexuelle Nötigung/Vergewaltigung **177** 19; **N 178** 2; **178** 8
Sexueller Mißbrauch von Kindern **N 176b**; **176** 27 ff
Sexueller Mißbrauch widerstandsunfähiger Personen **N 179** 2
Umweltstraftat, besonders schwerer Fall **N 330**
Todesgefahr
Aussetzung **221** 5
Brandstiftung, besonders schwere **N 306b** 4
Entziehung Minderjähriger **235** 81

Todesgefahr (Forts.)
Gefangenenmeuterei **121** 44
Landfriedensbruch **125a** 7
Mißhandlung von Schutzbefohlenen, schwere **225** 22, 24
Schwangerschaftsabbruch **218** 65
Schwere Gefährdung durch Freisetzen von Giften
Sexuelle Nötigung/Vergewaltigung **N 177** 12
Sexueller Mißbrauch von Kindern, schwerer **N 176a** 7
Sexueller Mißbrauch widerstandsunfähiger Personen **N 179** 2
Umweltstraftat, besonders schwerer Fall **N 330; 330** 5
Widerstand gegen Vollstreckungsbeamte **113** 60
Todesschuß
Notwehr und ~ **32** 247, 263 ff, 275 ff
Todesstrafe
Abschaffung **Einl** 9; **Vor 38** 3, 27
Freiheitsstrafe, lebenslange und ~ **38** 36
Nationalsozialismus **Einl** 51
Todesurteile, rechtswidrige
Aufhebung von NS-Todesurteilen **Vor 3** 388
durch DDR-Justiz **212** 8a; **339** 64
durch NS-Justiz **212** 7; **339** 11 f, 37, 55, 60 ff, 131
Tötung auf Verlangen *siehe Tötungsdelikte*
Tötung, fahrlässige *siehe Tötungsdelikte – fahrlässige Tötung*
Tötungsdelikte *siehe auch Völkermord*
Absicht
– der Ermöglichung einer Straftat **211** 8 ff
– der Verdeckung einer Straftat **211** 14 ff
actio libera in causa **212** 29
Affekt
– Geburtsaffekt und Kindestötung **213** 15
– Totschlag im ~ **213** 3 ff
– verschuldeter ~ **211** 5; **212** 27
Akzessorietät der Teilnahme **Vor 211** 46, 48
Anencephalus **Vor 211** 6
Angehörigenmißhandlung/-beleidigung **213** 3
apallisches Syndrom **Vor 211** 12, 15, 20a ff
Arzneimittelprüfung, klinische **212** 5a
Ausländer als Täter **211** 37, 71; **212** 32; **213** 6, 8, 13
Behandlungsabbruch/-verzicht **Vor 211** 11 f, 16 ff
Brandstiftung, schwere und ~ **212** 44; **306** 17; **307** 5 f
Contergan-Verfahren **Vor 211** 4; **222** 19
Dauerdelikte und ~ **212** 44
DDR-Recht **Vor 211** 52
Doppelselbstmord, fehlgeschlagener **216** 12 ff, 20, 22
Einwilligung **Vor 211** 15
– mutmaßliche ~ **Vor 211** 20b, 20d
– keine rechtfertigende ~ **Vor 32** 115
Embryonenschutzgesetz **Vor 211** 2
Entstehungsgeschichte **Vor 211** EntstG; **213** EntstG; **216** EntstG; **222** EntstG
Erfolgseintritt und Versuch **22** 15
erfolgsqualifizierte Delikte (Todeserfolg) und ~ **212** 40 f; **213** 2
Euthanasie *siehe Sterbehilfe*
fahrlässige Tötung
– Absehen von Strafe **222** 25
– Entstehungsgeschichte **222** EntstG
– Fahrlässigkeit, Begriff **222** 3
– Fahrverbot als Nebenstrafe **44** 5
– HIV-Infektion **222** 21
– Kausalität **222** 1
– Körperverletzung, fahrlässige und ~ **Vor 223** 19; **229** 46
– Konkurrenzen **222** 24
– Notwehr und ~ **222** 18
– Produkthaftung, strafrechtliche **222** 4, 19
– durch Rechtsbeugung **339** 129, 131 f
– Schußwaffengebrauch, zulässiger **222** 19
– Selbstgefährdung, freiwillige **Vor 32** 95; **222** 11, 21
– Sorgfaltspflichten **222** 4 ff
– durch Todeserfolg qualifizierte Delikte und ~ **222** 24
– Totschlag und ~ **212** 44
– Unterlassen **222** 1, 25
– Verkehrsdelikte und ~ **222** 24
– Vorhersehbarkeit des Erfolgs, objektive **222** 6 ff
– Vorsatzdelikt und ~ **212** 44; **222** 2, 24
Fehlgeburt **Vor 211** 5
Freiheitsstrafe, Verfassungsmäßigkeit lebenslanger **Vor 211** 1; **211** 68
Garantenpflicht des Arztes **Vor 211** 13, 24
Gefährdungsdelikte, erfolgsqualifizierte und ~ **212** 40; **216** 21
Geiselnahme und ~ **212** 44
Gewissenstäter **212** 31
Gruppe, Tötung von Mitgliedern einer bestimmten *siehe dort*
Handeln auf Anordnung/Befehl **212** 16, 19
Herbeiführen einer Sprengstoffexplosion und ~ **311** 13
Hirntodkonzept **Vor 211** 7 ff
HIV-Infektion **212** 3; **222** 21; **Vor 223** 11, 14
Humanexperimente **212** 5a
in dubio pro reo **213** 2
Irrtum **213** 9; **216** 2
Justizmord **212** 7; **339** 12c, 51, 55, 93, 127, 131
Kindestötung **Vor 211** 35; **211** 1; **213** 15

Tötungsdelikte (Forts.)
Körperverletzungsdelikte und ~ **Vor 52ff** 106 ff; **212** 43; **216** 20 f; **Vor 223** 15 ff; **226** 39 f; **227** 1, 11
Konkurrenzen **212** 39 ff
Krankheiten, interkurrente, Nichtbehandlung **Vor 211** 19, 20a
im Krieg **212** 16 ff
kriminologische Erkenntnisse **Vor 211** 50 f
Kunstfehler, ärztlicher **222** 9
Leben
- Beginn **Vor 211** 3
- Ende **Vor 211** 7 ff
- als Rechtsgut **Vor 211** 2; **212** 1
Mauerschützen-Fälle **212** 8a
Menschenraub, erpresserischer und ~ **212** 44; **239a** 28, 31, 41
mildernde Umstände **213** 1
minder schwerer Fall
- Totschlag **212** 46; **213** 1 ff
- Zusammentreffen mit Mordmerkmalen **213** 1 f
Mißgeburten **Vor 211** 6
Mißhandlung von Schutzbefohlenen und ~ **Vor 223** 17
Molen **Vor 211** 6
Mord
- Absicht der Ermöglichung einer Straftat **211** 8 ff
- Absicht der Verdeckung einer Straftat **211** 14 ff
- Affekt **211** 5, 35
- Akzessorietät **211** 60 ff
- Anzeigepflicht **138**
- Arglosigkeit **211** 42 f
- Ausländer als Täter **211** 37, 71
- Ausländerfeindlichkeit **211** 27
- Ausnutzen der Arg-/Wehrlosigkeit **211** 45
- Begünstigung und ~ zur Verdeckung einer Straftat **211** 12
- Beweggrund, niedriger **211** 2, 10, 17 f, 23 ff
- Beweggrund, politischer **211** 27
- Bewußtseinslage des Täters **211** 33 ff
- Blutrache **211** 27, 37
- Freiheitsberaubung und ~ **211** 9
- Freiheitsstrafe als absolute Strafe **38** 5
- Gesinnung, gefühllose und unbarmherzige **211** 55
- Giftmord **211** 42
- Grausamkeit **211** 53 ff
- Habgier **211** 8, 25, 72
- Heimtücke **211** 25, 38 ff, 70 ff
- Irrtum **211** 10, 18, 33, 52, 56, 58, 66
- Justizmord **212** 7; **339** 12c, 51, 55, 93, 127, 131
- Konkurrenzen **211** 9, 14, 41 f, 56, 58
- Kronzeugenregelung **211** 73
- Lustmord **211** 7
- Maßregel der Besserung und Sicherung **211** 68
- Mißachtung des personalen Eigenwerts des Opfers **211** 26 ff
- Mißverhältnis zwischen Anlaß und Tat **211** 29 f
- Mittäterschaft, sukzessive **211** 59
- Mordlust **211** 6, 25
- Mordmerkmale als besondere persönliche Merkmale **28** 24 f, 74
- Mordmerkmale, objektive **211** 2, 60, 62, 64
- Mordmerkmale, subjektive **211** 2, 60, 62, 64
- Mordmerkmale, täterbezogene **211** 59, 62 ff
- Mordmerkmale, tatbezogene **211** 59, 62 ff
- Mordmerkmale, Verhältnis **211** 2
- Motivbündel **211** 23
- Motivwechsel **211** 32
- Notstand, entschuldigender **211** 8
- Notwehr **211** 66
- Paniktötung **211** 12 f
- Qualen **211** 53 f
- Rassenhaß **211** 27
- Raubmord **211** 8 f
- Rechtsfolgenlösung **Vor 211** 1; **211** 70 ff
- Rechtswidrigkeit **211** 66
- Schwere der Schuld, besondere **Vor 211** 1; **211** 69
- Selbstbegünstigung **211** 12
- Sicherungsverwahrung **211** 68
- Strafrahmenmilderung, außerordentliche **211** 70 ff
- Strafrechtsreform **Einl** 85
- Straftat, ermöglichte **211** 9
- Straftat, verdeckte **211** 14
- Strafvereitelung und ~ **211** 15
- Täterschaft **25** 51
- Teilnahme **211** 60 ff, 67
- Tötung mit gemeingefährlichen Mitteln **211** 57 f, 64, 72
- Tötung zur Befriedigung des Geschlechtstriebs **211** 7, 25
- Tötung zur Ermöglichung einer Straftat **211** 9 ff
- Tötung zur Verdeckung einer Straftat **211** 12 ff, 25, 72
- Totschlag und ~ **Vor 52ff** 92; **Vor 211** 35 ff; **212** 1
- Typenkorrektur **1** 45; **38** 31; **Vor 211** 37 f; **211** 12
- Unterlassen **211** 3, 6 ff, 20, 22, 36, 51, 54, 58

Tötungsdelikte (Forts.)
– Verdeckungsabsicht **211** 14 ff
– Vergewaltigung und ~ **211** 7
– Verjährung **Einl** 85; **1** 90; **Vor 78** 3; **78** 5 f; **211** 67
– Versuch **211** 21
– Vertrauensbruch **211** 47 ff, 64
– Vorsatz **211** 6 ff, 22, 36, 52, 56, 58
– Wahlfeststellung **1** 118, 129, 131; **211** 2
– Wehrlosigkeit **211** 44
– Willensrichtung, feindliche **211** 46
Nationalsozialistische Tötungsverbrechen **Vor 211** 6; **211** 27, 67; **212** 7 f
Neugeborene, schwerstgeschädigte **Vor 211** 20 d
Nötigung und ~ **240** 125
Nothilfe **212** 13, 16
Nothilfe, aufgedrängte **212** 13
Notstand, rechtfertigender ~ **Vor 211** 15, 20a; **212** 10
Notwehr **212** 9
Organentnahme und ~ **Vor 211** 8, 10
Organisationsdelikte und ~ **212** 44
Paniktötung **211** 12 f
Patientenverfügung **Vor 211** 14, 20a
Perforation **212** 10
Polizeifluchtfälle **211** 15, 17; **212** 22; **222** 2
pränatale Einwirkungen **Vor 211** 4
Provokation durch Opfer **213** 3 ff
Raub und ~ **249** 17
Reanimation **Vor 211** 7, 10
Rechtsgut **Vor 211** 2; **212** 1
Rechtswidrigkeit
– Mord **211** 66
– Totschlag **212** 9 ff
Rettungsschuß, finaler **212** 12
Sanktionensystem **38** 30 ff
Schuldfähigkeit, verminderte und minder schwerer Fall **21** 11 f; **213** 14
Schwangerschaftsabbruch und ~ **Vor 211** 2, 4 f; **212** 42; **Vor 218ff** 31, 33; **218** 5, 10, 13, 56, 64
Selbsttötung
– Doppelselbstmord, fehlgeschlagener **216** 12 ff, 20, 22
– fahrlässige Tötung und ~ **Vor 211** 30
– Hungerstreik **Vor 211** 34
– Irrtum **Vor 211** 30
– Mitnahme in den Selbstmord **Vor 211** 32; **212** 45
– Mitwirkung Dritter **Vor 211** 22 ff
– Suizidforschung **Vor 211** 27 f
– Tötung auf Verlangen und ~ **216** 1, 3, 9, 11 ff
in staatlichen Machtapparaten *siehe auch Völkermord* **Vor 211** 6; **212** 6 ff, 30
Sterbehilfe
– aktive ~ **Vor 211** 6, 12, 14; **216** 17, 19, 22
– Begriff **Vor 211** 12
– indirekte ~ **Vor 211** 12, 15 f
– Irrtum **Vor 211** 20e
– passive ~ **Vor 211** 12, 17
Straftaten gegen die persönliche Freiheit und ~ **212** 44
Strafzumessung, Alter des Opfers kein Kriterium **46** 147
Systematik **Vor 211** 39 ff; **216** 2
Täter hinter dem Täter **Vor 211** 29
Tod, Begriff **Vor 211** 7 ff
Tötung, Begriff **212** 2
Tötung auf Verlangen
– Absehen von Strafe **216** 22
– Doppelselbstmord, fehlgeschlagener **216** 12 ff, 20, 22
– Einwilligung **216** 17
– Irrtum **216** 18 f
– Konkurrenzen **216** 21
– Mittäterschaft **216** 10
– mittelbare Täterschaft **216** 10
– Notstand, rechtfertigender **216** 17
– Organentnahme und ~ **168** 12
– Rechtswidrigkeit **216** 17
– Rücktritt **216** 20
– Selbsttötung und ~ **216** 1, 3, 9, 11 ff
– Sonderdelikt, unechtes **Vor 211** 40, 42, 45; **216** 2
– Sterbehilfe, aktive **216** 17, 19, 22
– Teilnahme **28** 82; **216** 10
– Tötungsverlangen **Vor 211** 26; **216** 4 ff
– Totschlag und ~ **Vor 211** 45; **212** 39; **216** 2
– Unterlassen **216** 9, 19
– Versuch **216** 20
– Vorsatz **216** 18 f
Totschlag
– aberratio ictus **212** 25
– Affekttotschlag **213** 3 ff
– Anzeigepflicht **138**
– Ausländer als Täter **212** 32; **213** 6, 8, 13
– besonders schwerer Fall **212** 45
– error in persona **212** 25
– fahrlässige Tötung und ~ **212** 44
– Festnahmerecht **212** 9
– Freiheitsstrafe als absolute Strafe ohne Milderungsmöglichkeit **38** 5
– Garantenstellung **212** 5, 9
– Handlungseinheit, natürliche **212** 37 ff
– Irrtum **212** 25, 32
– Kausalverlauf, abweichender **212** 24 f
– Kausalverlauf, hypothetischer **212** 3 f
– Konkurrenzen **212** 39 ff
– Lebensverkürzung **212** 3

Tötungsdelikte (Forts.)
- minder schwerer Fall **212** 46; **213** 1 ff
- Mittäterschaft **212** 6, 34
- mittelbare Täterschaft **212** 6, 34 f
- Mord und ~ **Vor 52ff** 92; **Vor 211** 35 ff; **212** 1
- Notstand, rechtfertigender **212** 10
- Notstand, übergesetzlicher **212** 10, 30
- Notwehr **212** 9 ff; **213** 8
- NS-Tötungsverbrechen **212** 7
- durch Rechtsbeugung **339** 120, 127 f, 131
- Rechtsgut **212** 1
- Rechtswidrigkeit **212** 9 ff
- Rettungsschuß, finaler **212** 12
- Rücktritt vom Versuch **212** 36, 43
- Schuldausschließungsgründe **212** 30
- Schuldunfähigkeit, rauschbedingte **212** 26
- Schußwaffengebrauch, zulässiger **212** 11 ff
- Schwangerschaftsabbruch und ~ **212** 42
- Selbsthilferecht **212** 9
- Teilnahme **212** 6 ff
- Tötung auf Verlangen und ~ **Vor 211** 45; **212** 39; **216** 2
- Tötung, Begriff **212** 2
- Unterlassen **212** 2, 4 ff, 6, 22 ff, 35 f
- Versuch **212** 22, 33 ff, 39 f, 43
- Vorsatz **212** 3, 22 ff
- Wahlfeststellung **1** 118

Typenkorrektur **1** 45; **38** 31 f; **Vor 211** 37 f; **211** 12
Überzeugungstäter **212** 31, 45
Unterbringung in Sicherungsverwahrung **66** 77
Unterlassene Hilfeleistung und ~ **Vor 211** 24, 29
Verdeckungsabsicht **211** 14 ff
Verjährungsaufhebung für Mord und Rückwirkungsverbot **211** 67
vorsätzliche ~ **Vor 211** 35 ff
- fahrlässige Tötung und ~ **212** 44; **222** 2, 24

Toleranzgebot
Religionsdelikte als Verletzung **Vor 166** 19; **166** 6 ff, 36; **167** 22

Tonaufnahmen
als Notwehrhandlung **32** 132 ff
Verbreiten von Propagandamitteln durch ~ **86** 15, 25

Tonträger
Gleichstellung mit Schriften **11** 125
pornographischen Inhalts **176** 11

Topographieanmeldung
strafrechtlicher Schutz **Vor 93** 5

Torfabbau **329** 30, 39

Torfmoor
Brandstiftung **308** 15

Tote
Tabu der Toten **167a** 3; **168** 7

Totenfürsorgerecht **167a** 3, 11 f, 14; **168** 3, 17 f, 36 ff

Totenkult **167a** 13

Totgeburt **167a** 10; **168** 22; **169** 8

Totschlag *siehe Tötungsdelikte*

Tranquilizer *siehe Beruhigungsmittel*

Transitdelikt *siehe Durchgangsdelikt*

Transplantation
Organentnahme zur ~ und Störung der Totenruhe **168** 6 ff
Transplantationstourismus **168** 19

Transportwesen
als Rechtsgut, geschütztes **297** 1

Transsexuelle
als Täter/Opfer von Sexualstraftaten **Vor 174** 18

Treibhauseffekt **Vor 324** 1

Treibjagd **292** 47, 84

Treubruchtatbestand
Untreue **266** 57 ff

Treubruchtheorie **266** 4 ff, 14, 47

Treueverhältnis
Untreue **266** 58, 61 ff, 114

Treuhänder
Kapitalanlagebetrug **264a** 30 f, 71, 77, 85
Parteiverrat **356** 26
Untreue **266** 12, 130

Triebstörungen
Schuldfähigkeit und ~ **21** 2

Trinkerheilanstalt *siehe Anstalt*

Trinkwasser **N 314**; **319** 2; **324** 1; **N 330**; **330** 16

Trunkenheit *siehe Alkoholrausch*

Trunkenheit im Verkehr
actio libera in causa **316** 189, 230
Alkohol
- Abbauwert **316** 28, 32, 35, 40 f
- Resorptionsdauer **316** 30
- Wirkungsweise **316** 16

alkoholgewöhnte Personen **316** 41
Alkoholkonzentration
- im Atem **316** 44 ff
- im Blut *siehe Blutalkoholkonzentration*
- im Harn **316** 57
- im Speichel **316** 58

Analyseverfahren zur Feststellung
- alkoholbedingter Fahrunsicherheit **316** 17 ff
- rauschmittelbedingter Fahrunsicherheit **316** 150

andere berauschende Mittel **316** 139 ff
Atemalkoholanalyse **316** 44 ff, 95
Ausfallerscheinungen **316** 90, 97 ff, 128, 154, 199, 203, 205, 207

Trunkenheit im Verkehr (Forts.)
Auslandstat **Vor 3** 195
Blutalkoholkonzentration *siehe auch dort*
– Meßmethoden **316** 17 ff
– ordnungsgemäß festgestellte ~ **316** 89
– Rückrechnung **316** 28 ff
– zur Tatzeit **316** 28
Blutentnahme, Anordnung **316** 45
Blutprobe **316** 18 ff
Blutwirkstoffbefund **316** 155 ff
Cannabis **316** 131
Dauerdelikt **316** 2, 228, 253
Diagnose, klinische **316** 121 ff
Drogenabhängigkeit **316** 165
Dunkelfeld/-ziffer **316** 1, 131, 145
Echorausch **316** 146, 159
eigenhändiges Delikt **316** 2, 231
Einziehung des Fahrzeugs **316** 251
Entstehungsgeschichte **316** Vor 1
Entziehung der Fahrerlaubnis **69** 81; **316** 247, 250
Entzugserscheinungen **316** 158, 165
epidemiologische Studien **316** 16, 131, 134, 145 f, 174
Ernüchterungsmittel **316** 224; **316** 42
Fahrlässigkeit **316** 181, 210 ff, 237
Fahrunsicherheit
– absolute ~ **316** 14, 59 ff
– alkoholbedingte ~ **316** 14 ff
– Begriff **316** 11, 15
– drogenbedingte ~ **316** 144 ff
– Grenzwert absoluter ~ **316** 60 ff, 136, 148, 175
– medikamentenbedingte ~ **316** 167 ff
– rauschmittelbedingte ~ **316** 139 ff
– relative ~ **316** 14, 59, 90 ff, 154 ff, 175
– zur Tatzeit **316** 80 ff
Fahrverbot **316** 247, 250
Fahrzeugführen **316** 9
Gefährdung des Bahn-, Schiffs- und Luftverkehrs und ~ **316** 2, 165, 167, 253
Gefährdung des Straßenverkehrs und ~ **315c** 58, 211; **316** 2, 165, 167, 253
Gefährdungsdelikt, abstraktes **316** 2, 181
Generalprävention **316** 246, 248
Genuß von Alkohol/Rauschmitteln **316** 13
Grenzwert absoluter Fahrunsicherheit **316** 60 ff, 136, 148, 175
– Bahnverkehr **316** 73
– für KfZ im Straßenverkehr **316** 66 ff
– Luftverkehr **316** 75
– bei Radfahrern **316** 71
– Schiffsverkehr **316** 74
– strikte Geltung **316** 76 ff
Irrtum **316** 65
Kausalität **316** 12, 178 ff
Konkurrenzen **316** 2, 253
Medikamente
– ärztliche Verordnung **316** 166
– Fahrunsicherheit durch ~ **316** 175 f
– Rauschmitteleigenschaft **316** 141, 167 ff
Medikamentenabhängigkeit **316** 175
Medikamentenklausel **316** 166
Mischkonsum **316** 130 ff, 147, 167, 173
Nachtatverhalten **316** 118
Nachtrunk **316** 29, 35, 84 ff
Ordnungswidrigkeiten und ~ **316** 2, 15, 144, 156, 167, 253 f
Polizeifluchtfälle **316** 110 ff, 118
Rauschmittel
– Analysemethoden **136** 149 ff
– Begriff **316** 139 ff
– Wirkungsweise **316** 146, 148
Rechtsgut **316** 3
Rechtswidrigkeit **316** 229
Reformdiskussion **316** 15
Richtlinien zur Feststellung von Alkohol-, Medikamenten- und Drogeneinfluß **316** 255
Rückrechnung bei alkoholbedingter Fahrunsicherheit **316** 28 ff
(keine) Rückrechnung bei rauschmittelbedingter Fahrunsicherheit **316** 152
Sachverständiger **316** 34 f, 41, 43, 100, 130, 161, 201
Sanktionspraxis **316** 233 ff
Schuldfähigkeit **316** 243
Sehstörungen **316** 162
Strafbefehlsverfahren **316** 209
Strafverfolgungsstatistik/-praxis **316** 1
Sturztrunk **316** 29 f, 35, 82, 116
Tätigkeitsdelikt **316** 2
Tateinheit bei ~ **52** 32
Teilnahme **316** 232
Trinkmengenberechnung **316** 37 ff
Trunkenheitsbefund **316** 121 ff
Unerlaubtes Entfernen vom Unfallort und ~ **316** 253
Verfassungsmäßigkeit **316** 15, 64, 77
Verkehr **316** 4
Versuch **22** 12; **316** 228
Verwarnung mit Strafvorbehalt **316** 252
Vollrausch und ~ **323a** 322
Vorsatz **316** 181 ff
– Fahrunsicherheit **316** 184 ff
– Fahrzeugführen im Verkehr **316** 183
– Indizienbeweis **316** 190 ff
Vortatverhalten **316** 116
Wahlfeststellung **1** 115; **316** 254
Wiederholungstäter **316** 1, 248
Trunkenheitsdelikt
Unerlaubtes Entfernen vom Unfallort und ~ **142** 131, 224, 247

Trunksucht *siehe Alkoholabhängigkeit*
Trutzwehr *siehe Notwehr*
Tschechoslowakei
Strafrechtsreform **Einl** 124
Türkei
Versuchsstrafbarkeit **Vor 22** 148
Typenkorrektur
Lehre von der ~ **1** 45; **38** 31; **Vor 211** 37 f; **211** 12
Typologische Theorie **266** 17 ff, 25, 103, 108, 111

Ubiquitätsprinzip **9** 1 ff
Ubiquitätstheorie **9** 1
Überdecken
einer Eintragung in amtlichem Ausweis **273** 6 f
Überfall, hinterlistiger
Körperverletzung, gefährliche **224** 31
Überlassen
von Ausweispapieren **281** 10
falscher amtlicher Ausweise **276** 9, 12, 27
von Kernbrenn-, radioaktiven und Sprengstoffen etc. **N 310; 311b** 11
eines Kindes, Kinderhandel **236** 25
pornographischer Schriften **184** 21, 29
von Vorrichtungen zur Fälschung amtlicher Ausweise **275**
Übermaßverbot staatlichen Strafens *siehe auch Verhältnismäßigkeitsgrundsatz*
bei Rechtfertigung der freien Meinungsäußerung und Wahrnehmung berechtigter Interessen **193** 27
Strafzumessung und ~ **46** 11
Übernahmeverschulden **16** 141, 146, 155
Überschuldung **Vor 283** 1, 100, 130, 147 ff, 169, 172 ff
Überschwemmung *siehe Herbeiführen einer Überschwemmung*
Übertretungen **12** 28
Überversicherung **265 a.F.** 12, 17, 28 f, 54
Überwachung
von Bewährungsauflagen **56b** 30
der Telekommunikation *siehe dort*
bei Verwarnung mit Strafvorbehalt **59a** 12
Überwachungswerte
für die Abwassereinleitung **324** 26, 104
Überzeugungstäter
Begriff **Vor 32** 221; **46** 88
Gewissensfreiheit und ~ **Vor 32** 222; **46** 92
als Hangtäter **66** 76
Religionsdelikte **Vor 166** 16 f
Strafzumessung **Vor 32** 224; **46** 88 ff
Tötungsdelikte **212** 31, 45
Verbotsirrtum **17** 18 ff
Überzeugungstat **Vor 32** 223

Üble Nachrede *siehe Beleidigung – Üble Nachrede*
Ultima-ratio-Prinzip **Einl** 82
Straflosigkeit der Vorbereitung **Vor 22** 6
im Strafrecht **Einl** 3
Umweltstrafrecht **Vor 324** 1, 7b, 8, 8d, 10, 23; **324a** EntstG 5, EntstG 8, 6, 16
Untreue **266** 2, 18
Zwangsvollstreckungsvereitelung **288** 1, 4
Umstände
besondere persönliche ~ *siehe Besondere persönliche Merkmale*
die nicht zum gesetzlichen Tatbestand gehören **16** 8 ff
die zum gesetzlichen Tatbestand gehören **16** 5 ff
persönliche ~, Begriff **28** 59
Umstiftung **26** 26 ff
Umsturz **81** 10
Umwelt
Begriff **Vor 324** 9 ff
Umweltbewußtsein **Vor 324** 1, 6 f, 8, 8g, 49; **324** 97, 101a, 114, 116; **328** EntstG
Umwelteinwirkungen, schädliche **325a** 8
Umweltfaktoren **Vor 324** 9b, 15; **329** 3
Umweltkatastrophen **Vor 324** 8
Umweltmedien **Vor 324** 7d, 9 f, 9b, 15, 29; **324a** 1 f, 6, 15; **326** 94; **330a** 6, 8
Umweltpolizei **324** 130
Umweltschutz
- als Rechtsgut **292** 1 ff; **293** 1; **311c** 1; **311d** 1; **Vor 324** 1, 12 ff
- als Staatsziel **Vor 324** 8g, 9b, 9d, 11 f, 30, 43, 46 f, 49, 56 f

Umweltskandale/-katastrophen **Vor 324** 1, 4, 7, 8, 10; **324** 2, 120; **326** EntstG 3, 119; **327** 15b; **328** EntstG, 31; **329** EntstG; **330a** 2
Umweltbeeinträchtigung, schwere **N 330; 330** 7 ff
Umweltgefahr, schwere
Befugnis zur Offenbarung von Steuergeheimnissen bei ~ **355** 72
Eignung zur Herbeiführung **326** 86
Umweltstrafrecht
Allgemeindelikte **324** 54 f
Amtsträgerstrafbarkeit **Vor 324** 7e f, 8c ff, 49 ff
- Mittäterschaft **Vor 324** 51 f, 54
- mittelbare Täterschaft **Vor 324** 53
- Teilnahme **Vor 324** 51, 54, 55
- Unterlassen **Vor 324** 55 ff; **324** 54

Anzeigepflicht **Vor 324** 8f; **324** 52 f
Auslandstaten **N 5; 5** 57 ff
Bagatellfälle **Vor 324** 8, 8b, 26, 40
besonders schwerer Fall einer Umweltstraftat **N 330; 330**

Umweltstrafrecht (Forts.)
Betrieb kommunaler Einrichtungen **Vor 324** 50
Blankettatbestände **Vor 324** 25, 28
Duldung, behördliche **Vor 324** 44 ff
– aktive ~ **Vor 324** 45 ff
– passive ~ **Vor 324** 44
Einschätzungsprärogative der Umweltverwaltung **Vor 324** 30, 43, 53
Einziehung **330b** 9
Entstehungsgeschichte **Vor 324** 1 ff
Ermessensfehlgebrauch der Behörde **Vor 324** 52
Garantenstellung **Vor 324** 56 ff
Gefahrenabwehr, polizeiliche und ~ **Vor 324** 36, 58
Genehmigung
– konkludente ~ **Vor 324** 46
– Legalisierungwirkung **Vor 324** 31, 36
Genehmigungsfähigkeit, materielle **Vor 324** 43
Generalprävention **Vor 324** 8g
Gestattung, Wirksamkeit behördlicher **330d** 6 f
Gesundheitsschädigung, Gefahr schwerer ~ **N 330; 330** 5 f
Gewinnabschöpfung **Vor 324** 64
Handeln ohne Genehmigung **330d** 6 f
Handlungseinheit, tatbestandliche **Vor 52ff** 26
Industrielobby **Vor 324** 6
Ineffizienz **Vor 324** 4, 8, 8f
Irrtum **Vor 324** 47 f
Kausalität **Vor 324** 60 ff
Kriminal-/Rechtspflegestatistik **Vor 324** 4, 8, 8f
Legalitätsprinzip **Vor 324** 8, 23
minima non curat praetor **Vor 324** 8b, 9a, 26, 40, 43; **324** 25
Nebenstrafrecht **Vor 324** 1 ff, 7, 7g, 8b, 25
Ordnungswidrigkeitenrecht und ~ **Vor 324** 8b
Produkthaftung, strafrechtliche und ~ **Vor 324** 61 f
Prüfstellensystem **Vor 324** 5
Rechtsgut **Vor 324** 3, 9d, 12 ff
Rechtsvergleichung **Vor 324** 6
Rechtswidrigkeit **Vor 324** 31, 36, 43 f, 46 f
Sachverständiger im ~ **Vor 324** 7e; **324** 29, 131
Schutzzweck, ökologisch-anthropozentrischer **Vor 324** 7b, 8g, 12 ff; **324a** 4, 17 f, 23
Sonderdelikte **Vor 324** 50, 55; **324** 54 f
Strafrechtsreform **Einl** 91
Täter **Vor 324** 50, 59 f
Tätige Reue **Vor 324** 7f, 8b **N 330b; 330b**
Umkehr der Beweislast **Vor 324** 8f
unbefugtes Handeln
– als Rechtswidrigkeitsmerkmal **Vor 324** 31, 36, 43
– als Tatbestandsmerkmal **Vor 324** 31, 36
Unternehmenskriminalität **Vor 324** 8b f, 8f, 59 ff
Verbot mit Erlaubnisvorbehalt **Vor 324** 30 f
Verfassungsmäßigkeit **Vor 324** 4, 7c f, 7f, 8b, 24 ff, 39
verfassungsrechtliche Notwendigkeit **Vor 324** 11
Verwaltungsakt
– erschlichener ~ **Vor 324** 38
– formelle Wirksamkeit **Vor 324** 31 ff
– nichtiger ~ **Vor 324** 42, 51 f
– Vollziehbarkeit **Vor 324** 39
Verwaltungsakzessorietät **Vor 324** 8, 8b, 8d, 22 ff, 53
verwaltungsrechtliche Pflicht **330d** 5
Verwaltungsungehorsam **Vor 324** 23, 40, 43 f, 48
UN *siehe Vereinte Nationen*
Unabhängigkeit, richterliche
DDR-Recht **353d** 68
Rechtsbeugung und ~ **339** 10, 15, 27, 61, 79, 129
Unbedenklichkeitsbescheinigung
für Spiele **Vor 284-287** 17 ff
Unbeendeter Versuch *siehe Versuch*
Unbefugt
Amtsanmaßung **132** 3, 26 ff
Begriff **Vor 32** 25
Bildung bewaffneter Gruppen **N 127** 18
Briefgeheimnis, Verletzung **202** 33
Computerbetrug **263a** 21, 40 ff, 61, 63
Geheimhaltungspflicht, Verletzung besonderer **353b** 54
Gerichtsverhandlungen, verbotene Mitteilungen **353d** 35
Gewässerverunreinigung **324** 72 ff
Hausfriedensbruch **123** 60 ff
Kinderhandel **236** 55 ff
Mißbrauch von Titeln, Berufsbezeichnungen und Abzeichen **N 132a** 5, 6; **132a** 5d, 7 f, 23 f
Offenbaren von Dienstgeheimnissen **353b** 29 ff
Pfandsachen, unbefugter Gebrauch **290** 8
Post- und Fernmeldegeheimnis, Verletzung **206** 49
Privatgeheimnisse, Verletzung **203** 115, 119
als Rechtswidrigkeitsmerkmal **Vor 32** 25
Steuergeheimnis, Verletzung **355** 27
Störung der Totenruhe **168** 41 ff
als Tatbestandsmerkmal **Vor 32** 25
Vertraulichkeit des Wortes, Verletzung **201** 9, 13, 24, 26 f, 35

Unbefugt (Forts.)
Verwertung fremder Geheimnisse **204** 10
Wahlfälschung **107a** 2 f
Unbefugter Gebrauch eines Fahrzeugs *siehe Gebrauch eines Fahrzeugs, unbefugter*
Unbefugter Gebrauch von Pfandsachen *siehe Pfandsachen, unbefuger Gebrauch*
Unbrauchbarmachen 317 5
von Daten **274** 43 f; **303a** 19, 28
einer Datenverarbeitungsanlage/eines Datenträgers **303b** 25
von Flaggen, Hoheitszeichen **90a** 22
von Löschgerätschaften **307** 7 f
Pfandkehr **289** 17
von Vermögensbestandteilen **283** 14, 44 ff
Vollstreckung gegen Unschuldige **345** 6
Unbrauchbarmachung
Analogieverbot und ~ **1** 73
Anordnung, selbständige **76a** 1 ff
Anwendungshäufigkeit **Vor 38** 42, 62
Einigungsvertrag, Anpassungsregelungen **Vor 38** 126
Gesetzlichkeitsprinzip und ~ **2** 1
der Herstellungsvorrichtungen **74d** 16 ff
von Schriften
– im Ordnungswidrigkeitenrecht **74d** 1a
– Rechtsnatur **74d** 2
als Sicherungsmaßnahme **Vor 38** 61
Tatzeitprinzip **2** 54
Unerfahrenheit
Wucher **302a** 18 f
Unerläßlichkeit
der Verhängung kurzer Freiheitsstrafe **47** 13 ff
Unerlaubter Umgang mit gefährlichen Abfällen N 326
Abfall
– Begriff **N 326; 326** 3 ff, 18, 19 ff
– Eignung zur schweren Umweltgefährdung **326** 86 ff
– erbgutverändernder ~ **326** 82
– explosionsgefährlicher ~ **326** 83, 146
– Export/Import/Durchfuhr **326** 123
– fruchtschädigender ~ **326** 81
– gefährlicher ~ **326** 61, 70 ff
– Gifte enthaltender ~ **326** 71, 146
– Gifte hervorbringender ~ **326** 72 f, 146
– Krankheitserreger enthaltender ~ **326** 74 ff
– Krankheitserreger hervorbringender ~ **326** 78
– krebserzeugender ~ **326** 80
– Produkt und ~ **326** 46
– radioaktiver ~ **326** 85, 125 ff, 140, 146
– selbstentzündlicher ~ **326** 84, 146
– Wirtschaftsgut und ~ **326** 6, 40, 46
Abfallentsorgung, ordnungsgemäße **326** 47f, 62
Ablagern **326** 100, 107
Ablassen **326** 108
Ablieferungspflicht für atomaren Abfall **326** 85, 126 ff, 136
Abwassereinleitung und ~ **326** 66
Altlasten **326** 107
Amtsträgerstrafbarkeit **326** 132
Anlage, Begriff **326** 112
(keine) Anwendungsbeschränkungen durch Verwaltungsrecht **326** 66
Atomrecht und ~ **326** 85
Auslandstat **N 5; 5** 57 ff
außerhalb der Anlage **326** 112 ff, 115
Autowrack **326** 69, 101, 113
Bagatellfälle **326** 45, 57, 59, 144 ff
Beeinträchtigung des Orts-/Landschaftsbildes **326** 59
Behandeln **326** 99
Belästigung, bloße **326** 89
Bereitstellen von Abfällen zur Abholung **326** 104, 129
Berufsverbot **326** 154
Beseitigen **326** 97 ff
besonders schwerer Fall **326** 150; **N 330; 330**
Betriebsbeauftragter für Abfall **326** 132
Blankettatbestand **326** 12, 17
Bodenverunreinigung und ~ **326** 92, 157
(kein) Dauerdelikt **326** 100 f, 107, 117, 124
DDR-Alttaten **326** 159
Duldung, behördliche **326** 134
Eigentumsrecht und ~ **326** 37, 49, 62
Eignung zur nachhaltigen Verunreinigung **326** 88, 146
Einwilligung des Eigentümers **326** 135
Einziehung **326** 153; **330c**
Entgiften **326** 99
Entstehungsgeschichte **326** EntstG 1 ff
Erkundigungspflicht **326** 143
europarechtliche Regelungen **326** 121, 124
Fahrlässigkeit **326** 131, 142 f, 150
Fehlverhalten, betriebsinternes **326** 115
Garantenstellung **326** 105 f, 107, 132, 138
Gefährdung
– des Allgemeinwohls **326** 54 ff, 59 ff, 133
– des Bestandes von Tieren oder Pflanzen **326** 95
– Eignung zur ~ **326** 55 ff
Gefährdungsdelikt, abstraktes **326** 1, 93, 144, 155
Gefahr
– einer Gesundheitsschädigung **N 330**
– Todesgefahr **N 330; 330** 5
Geldbuße **326** 152
Geldstrafe **326** 151

Unerlaubter Umgang mit gefährlichen Abfällen (Forts.)
geringe Menge **326** 147
Gesundheitsschädigung, schwere ~ **N 330; 330** 3
Gewässerverunreinigung und ~ **324** 26a; **326** 88 f, 92, 157
Handlungsstörer **326** 34
Hausmüll **326** 86
Hohe See, Abfallverbrennungen **326** 110
internationale Regelungen **326** 120
Irrtum **326** 136 ff, 145
Konkurrenzen **326** 157
Lagern **326** 100 ff, 129
Luftverunreinigung und ~ **326** 89, 109, 157
Meldepflicht für gefährliche Abfälle **326** 106
Müllablagerung, „wilde" **326** 34, 40, 106
Mülltourismus **326** 119 ff, 142
Notstand **326** 135
Ordnungswidrigkeitenrecht und ~ **326** 16, 85, 123 f, 152
Polizeirecht und ~ **326** 65, 106
Rechtsfolgen **326** 150
Rechtsgut **326** 2
Rechtswidrigkeit **326** 133 ff
Sachverständiger **326** EntstG 4, 55, 57, 72, 74, 77, 80 f, 88, 92, 146
Schiffsunfall **326** 143
Schutz ausländischer Rechtsgüter **326** 94
Seuchenbekämpfung **326** 74 ff, 143
(kein) Sonderdelikt **326** 131
Straffreierklärung sui generis **326** 144
Täter **326** 115, 131
Tätige Reue **326** 118, 155; **N 330b; 330b**
Todesgefahr **N 330; 330** 5
Übergangsrecht **326** 158
Überlassungspflicht an Entsorgungsträger **326** 97 f, 104, 115
unbefugt **326** 133
Unerlaubter Umgang mit radioaktiven Stoffen etc. und ~ **326** 1, 18
Unterlassen **326** 105, 107, 127, 138
Unterlassungsdelikt, echtes **326** 125
Verbringung **326** 119, 123 ff, 139, 141
Verfassungsmäßigkeit **326** 83, 95, 113
Verjährung **326** 156
Verletzung verwaltungsrechtlicher Pflichten **326** 130
Versuch **326** 111, 123 f, 141
Verwaltungsakzessorietät **326** 12 f, 17
Vollendung **326** 117 f, 124, 129
Vorbereitungshandlung, straflose **326** 97, 123
Vorsatz **326** 136
Zustandsstörer **326** 33 f

Unerlaubter Umgang mit gefährlichen Hunden
Einziehung **143** 13
gefährliche Hunde **143** 7
Halten **143** 6
Handel, Begriff **143** 4
Konkurrenzen **143** 11
Rechtsgut **143** 2
Unternehmensdelikt, unechtes **143** 5
Verfassungsmäßigkeit **143** 1
Vorsatz **143** 9
Zucht, Begriff **143** 3

Unerlaubter Umgang mit radioaktiven Stoffen und anderen gefährlichen Stoffen und Gütern
Abfall, radioaktiver **328** 18
Abgabe an Nichtberechtigten **328** 19 f
Ablieferungspflicht für atomaren Abfall **328** 4, 15 ff
– unverzügliche ~ **328** 17
Arbeitsschutznormen und ~ **328** 43
Atommüll **328** 11
atomrechtliche Tatbestände **328** 1 ff
Aufbewahren **328** 6
Auslandstat **N 5; 5** 57 ff
Auspacken **328** 35
Bagatellfälle **328** 44, 54
Befördern **328** 7 ff, 32
Besitzer, unmittelbarer **328** 16, 19, 39
besonders schwerer Fall **329** 70; **N 330; 330**
beim Betrieb einer Anlage **328** 28
Dauerdelikt **328** 70, 72
Eignung
– zur Gesundheitsschädigung **328** 2, 4
– zur Herbeiführung des Todes eines Menschen **328** 2, 4a
Ein- und Ausfuhr **328** 12
Einziehung **328** 70; **330c**
Entgegennahme **328** 38
Entladen **328** 37
Erfolgsdelikt **N 328**
Fahrlässigkeit **N 328; 328** 69
Gefährdung
– der Gesundheit eines anderen **328** 49
– von Sachen von bedeutendem Wert **328** 51
– von Tieren **328** 50
– der Wasserversorgung **328** 52 f
Gefährdung schutzbedürftiger Gebiete und ~ **329** 28
Gefährdungsdelikt, abstraktes **328** 2
Gefährdungsdelikt, konkretes **328** EntstG, 21
Gefährdungsdelikt, potentielles **328** 2
Gefahr
– einer Gesundheitsschädigung **N 330**
– konkrete **328** 47 ff

Unerlaubter Umgang mit radioaktiven Stoffen und anderen gefährlichen Stoffen und Gütern (Forts.)
- Todesgefahr **N 330; 330** 5
Gefahrgut
- Beauftragter **328** 64
- Begriff **328** 30
- Gefahrguttransport **328** EntstG, 8, 21
Gefahrstoffe **328** EntstG, 21, 23 ff, 26 ff
Genehmigung **328** 1
Genehmigungsfähigkeit **328** 66
Gesundheitsschädigung
- Eignung zur ~ **328** 2, 4
- schwere ~ **N 330; 330** 3
Grundsatz staatlicher Verwahrung **328** 5, 15
Herstellung von Stoffen **328** 26
ionisierende Strahlen **328** 4
Irrtum **328** 43, 67
Kennzeichnung, mangelnde **328** 40
Kernbrennstoffe **328** 1 f, 22
Konkurrenzen **328** 71
Lagern **328** 27
Nuklearkriminalität **328** EntstG, 1, 20, 69
Pflicht, grobe Verletzung verwaltungsrechtlicher **328** 41 ff, 69
Rechtsgut **328** 2
Rechtswidrigkeit **328** 66
Sachverständiger **328** 4, 24
Schädigungseignung **328** 2, 4
Sonderdelikt, faktisches **328** 63
sonstige radioaktive Stoffe **328** 4 ff, 22
Täter **328** 56 ff
Tätige Reue **328** 70; **N 330b; 330b**
Tod, Eignung zur Herbeiführung **328** 2, 4a
Todesgefahr **N 330; 330** 5
Übergangsrecht **328** 72
Überlassen **328** 39
Unterlassen **328** 19, 65
Unterlassungsdelikt, echtes **328** 17
Untersagungsverfügung **328** 1, 14
Verbringung **328** 12
Verjährung **328** 70
Verladen **328** 36
Verletzung atomrechtlicher Pflichten **328** 15 ff
Verpacken **328** 34
Versenden **328** 33
Versuch **N 328; 328** 67, 68
Verwaltungsrechtswidrigkeit **328** 14 f, 41, 66
Verwenden
- atomrechtlicher Begriff **328** 11
- gefahrstoffrechtlicher Begriff **328** 26
Vorsatz **328** 67
wesentliche Abweichung **328** 13

Unerlaubtes Betreiben von Anlagen
Abbau **327** 1, 8, 11a, 25
abfallrechtlicher Tatbestand **327** 1, 16 ff
Änderung, wesentliche **327** 10a, 21
Anlage
- Abfallbeseitigungsanlage **327** 11, 15, 16a, 20
- Abfallentsorgungsanlage **327** 11, 16, 18
- betriebsbereite ~ **327** 5
- genehmigungsbedürftige ~ **327** 12
- kerntechnische ~ **327** 2
- Nebenanlage **327** 14
- sonstige ~ **327** 15a
- Teile einer ~ **327** 14 f
Atommüll **327** 10a
atomrechtlicher Tatbestand **327** 2 ff
Auslandstat **N 5; 5** 57 ff
Autowrack **327** 16b ff, 20 f
besonders schwerer Fall **327** 29; **N 330; 330**
Betreiben **327** 1, 6, 10, 11a, 21
Betriebsstätte **327** 10a
Dauerdelikt **327** 29
Deponien **327** 12a, 16c
Einziehung **327** 29; **330c**
Entstehungsgeschichte **327** EntstG 1 ff
Fahrlässigkeit **327** 31
Gefährdung schutzbedürftiger Gebiete und ~ **327** 15b
Gefährdungsdelikt, abstraktes **327** 1
Gefahr
- einer Gesundheitsschädigung **N 330**
- Todesgefahr **N 330; 330** 5
Genehmigung **327** 16b, 21
Genehmigungsfähigkeit **327** 22, 26
Gestattung, behördliche **327** 22 ff
Gesundheitsschädigung, schwere ~ **N 330; 330** 3
Herbeiführen einer Explosion durch Kernenergie und ~ **327** 33
Immissionsschutzrecht und ~ **327** 11, 12 f
immissionsschutzrechtlicher Tatbestand **327** 1, 12 ff
Innehaben **327** 5 f
Irrtum **327** 28
Konkurrenzen **327** 33
Kritikalitätsrisiko **327** 2, 7
Mißbrauch ionisierender Strahlen und ~ **327** 33
Ordnungswidrigkeitenrecht und ~ **327** 1, 15b, 21, 31
Planfeststellung, abfallrechtliche **327** 16c
Probeläufe **327** 6
Rechtsgut **327** 1
Rechtswidrigkeit **327** 26
Stillegung **327** 7
Stoffe, wassergefährdende **327** 11, 15b f
Täter **327** 16c, 25
Todesfolge **N 330; N 330; 330** 3 f; **330** 3 f

Unerlaubtes Betreiben von Anlagen (Forts.)
Todesgefahr **N 330; 330** 5
Unterlassen **327** 5
Untersagungsverfügung **327** 15a f, 21 f, 24 f
Verfassungsmäßigkeit **327** 1, 13
Verjährung **327** 32
Versuch **327** 30
Verwaltungsakzessorietät **Vor 324** 28
Verwaltungsrechtswidrigkeit **327** 22 ff
Verwaltungsungehorsam **327** 2
Vorsatz **327** 27
wasserrechtlicher Tatbestand **327** 15b f
wesentliche Änderung **327** 9 ff, 10a, 15
Unerlaubtes Entfernen vom Unfallort
Absehen von Strafe **142** 209
Alkoholdelikt, typisches **142** 11
alkoholisierter Täter **142** 10 f, 237
Auslandstat **Vor 3** 195
Bagatellfälle **142** 31 ff, 209, 252
Beendigung **Vor 22** 36; **142** 179, 191
Befriedigung des Schadensersatzanspruches, sofortige **142** 75
(Feststellungs-)Berechtigter **142** 49
Bereithaltungspflicht **142** 147 ff
Beseitigung des Schadens, sofortige **142** 75
Blutentnahme, Duldungspflicht **142** 107
Dunkelfeld/-ziffer **142** 5, 11
eigenhändiges Delikt **142** 182, 189
Einziehung **142** 241
Entschuldigungsgründe **142** 129 ff, 194
– Gefahr eigener Strafverfolgung **142** 195 ff, 236
– Notstand **142** 129 f
– Pflichtenkollision, entschuldigende **142** 129 f
– Schuldunfähigkeit, rauschbedingte **142** 129, 131 ff
– Unzumutbarkeit **Vor 32** 211
Entstehungsgeschichte **142** Vor 1
Entziehung der Fahrerlaubnis **69** 82 ff; **142** 209, 211, 239
Fahrlehrer **142** 42
Fahrverbot als Nebenstrafe **142** 209, 211, 240
Fahrzeug
– Begriff **142** 146
– Gebrauch gegen Willen des Berechtigten **142** 72
– gemietetes/geleastes/geliehenes ~ **142** 72, 94, 146 f
– gestohlenes ~ **142** 72, 198
Feststellungen **142** 102 ff
– der Strafverfolgung dienende ~ **142** 109
feststellungsbereite Person **142** 51 f
Feststellungsduldungspflicht **142** 100, 102 ff
Feststellungsverzicht **142** 76 ff
– abgenötigter ~ **142** 91
– ausdrücklicher oder konkludenter ~ **142** 78
– erschlichener ~ **142** 84 ff
– mutmaßlicher ~ **142** 73, 92 ff
– als rechtfertigende Einwilligung **142** 76
– als tatbestandsausschließendes Einverständnis **142** 76
– unwirksamer ~ **142** 90 f
– Verzichtsberechtigter **142** 77
– Wissens-/Willensmängel **142** 83
Fußgänger, ausschließlich beteiligte **142** 25
Garantenpflicht **142** 189 f
– Angehörige **142** 190
– Arbeitgeber/Vorgesetzter **142** 190
– Fahrzeughalter **142** 190
Gefährdung des Straßenverkehrs und ~ **315c** 211 f
Gefährdungsdelikt, abstraktes **142** 1, 70, 112, 179
Generalprävention **142** 238
Geschädigter **142** 50
Irrtum **142** 28, 111, 165 ff, 178, 207
– Tatbestandsirrtum **142** 111, 136, 165, 169, 176
– Verbotsirrtum **142** 111, 129, 166, 174, 175, 176
Kaskoversicherung **142** 72
Konkurrenzen **142** 131, 185, 212 ff
– Handlungseinheit, natürliche **142** 215 f, 222
– Ordnungswidrigkeitenrecht **142** 231
– Tateinheit **142** 217 ff
– Tatmehrheit **142** 221
– verklammerndes Dauerdelikt **142** 223 ff
Kriminal-/Rechtspflegestatistik **142** 5 ff
kriminalpolitischer Hintergrund **142** 4 ff
Mitteilung, nachträgliche **142** 138 ff
– gegenüber Berechtigten **142** 141
– Inhalt **142** 143 ff
– gegenüber Polizeidienststelle **142** 142
– unverzügliche ~ **142** 142, 153 ff; **330a** 10 f
Möglichkeit der Mitverursachung, konkrete **142** 45 ff
Motive zur Unfallflucht **142** 12
nachträgliches Ermöglichen der Feststellungen **142** 137 ff
Polizeifluchtfälle **142** 215
Rechtfertigungsgründe **142** 126 ff, 193
– Einwilligung, rechtfertigende **142** 126
– Nostand **142** 126 f
– Pflichtenkollision, rechtfertigende **142** 126 f
– sonstige Pflichten **142** 128
Rechtsgut **142** 1
Regelwidrigkeit der Unfallverursachung **142** 43

Unerlaubtes Entfernen vom Unfallort (Forts.)
(keine) Rückkehrpflicht **142** 122, 134, 138
Rücktritt **142** 181
Schaden **142** 27 ff
- Alleinschaden **142** 30, 72
- Bagatellschaden **142** 31 ff
- Begriff **142** 29 f
- Personenschaden **142** 29, 33, 159
- Sachschaden **142** 29, 34, 159, 202
- sofortige Beseitigung **142** 75
- vorsätzlich herbeigeführter ~ **142** 26, 196
schriftliche Nachricht **142** 94, 108, 116
Schuldanerkenntnis **142** 79, 152, 173
Schuldunfähigkeit, rauschbedingte **142** 131 ff
Selbstbegünstigung, straflose und ~ **142** 2, 57, 63 ff, 72, 90, 141, 155, 197
(kein) Selbstbezichtigungszwang **142** 63 ff, 90, 132
Selbstschädigung, bloße **142** 30
Sichentfernen **142** 118 ff
- berechtigtes ~ **142** 126
- entschuldigtes ~ **142** 129 ff
- fahrlässiges ~ **142** 165
- in Unkenntnis des Unfalls **142** 133 ff
Sonderdelikt **142** 35, 182
Strafklageverbrauch **142** 242
Strafzumessung **142** 232 ff
Straßenverkehr, öffentlicher
- Begriff **142** 14
- nicht-öffentliche Verkehrsfläche und ~ **142** 14 ff
Straßenverkehrsordnung und ~ **142** 65 ff, 210, 231
Tatbestandsalternativen, Verhältnis **142** 58 ff
Täterschaft
- Mittäterschaft **142** 183
- mittelbare ~ **142** 183
- Nebentäterschaft **142** 183
Tätige Reue **142** 64, 68, 181, 199 ff
- Freiwilligkeit **142** 206
- geforderte Handlung **142** 203 ff
- ruhender Verkehr **142** 201
- unbedeutender Sachschaden **142** 202
Teilnahme **142** 182 ff, 199
- durch aktives Tun **142** 184, 187 f
- Anstiftung **142** 185
- Beihilfe **142** 186 ff, 191 f
- durch Unterlassen **142** 184, 189
Trunkenheitsfahrt und ~ **142** 131, 224, 247; **316** 253
Überfahren von herrenlosem Wild **142** 74
Unfall
- im stehenden Verkehr **142** 25
- im Straßenverkehr **142** 20 ff
Unfallbeteiligter
- Begriff **142** 35 ff
- Einschränkungen **142** 39 ff
Unfallbeteiligung durch Unterlassen **142** 42
Unfallort **142** 53 ff
Unfallschock **142** 167, 175, 194, 235, 237
Unfallserie **142** 214
Unterlassungsdelikt, echtes **142** 37, 69, 113, 122, 196, 198
Unverzüglichkeit **142** 153 ff, 204
unwahre Angaben **142** 85 ff, 97 ff, 143, 163
Vereitelungsabsicht **142** 163
Vereitelungsverbot **142** 160 ff
Verfahrensrecht **142** 242 ff
Verfassungsmäßigkeit **142** 58, 61 ff, 199
Verkehr
- Bahnverkehr **142** 13, 18
- fließender ~ **142** 201
- Luftverkehr **142** 18
- ruhender/stehender ~ **142** 25, 201
- Schienenverkehr **142** 18
- Schiffsverkehr **142** 18
- Straßenverkehr, öffentlicher **142** 14
verkehrstypische Gefahr **142** 23 ff
Vermögensgefährdungsdelikt, abstraktes **142** 1
Verschleierungshandlungen **142** 101, 160 ff
Versuch, strafloser **22** 12; **142** 28, 153, 174, 177 ff
Vollendung **142** 119, 121, 177 f, 180
Vollrausch und ~ **323a** 343
Vorbeschädigung **142** 28, 34, 105
Vorsatz **142** 26, 28, 165 ff
- Kenntnis der eigenen Beteiligung **142** 171 f
- Kenntnis des fremden Feststellungsinteresses **142** 173
- Kenntnis des Unfalls **142** 169 f
- Unfallschock **142** 167, 175
Vorstellungspflicht **142** 64, 85 ff, 96 ff
Wahlfeststellung **142** 60
Wartepflicht **142** 111 ff
- kein besonderes persönliches Merkmal **28** 68
- Dauer **142** 113 ff
- Verkürzung **142** 116
- Verlängerung **142** 117
- Zumutbarkeit **142** 113, 197 f
Zumutbarkeit **Vor 32** 211

Unfall
- im stehenden Verkehr **142** 25
- im Straßenverkehr **142** 20 ff

Unfallflucht *siehe Unerlaubtes Entfernen vom Unfallort*

Unfug, beschimpfender *siehe Beschimpfender Unfug*

Ungarn
Strafrechtsreform **Einl** 124

Ungeeignetheit
zum Führen eines Kraftfahrzeugs **69** 48 ff

Ungehorsam
diplomatischer ~ **353a** 3
ziviler ~
– Hausbesetzung **123** 19
– Nötigung von Verfassungsorganen und ~ **105** 22
– Nötigung, Verwerflichkeit **240** 85
Unglücksfall
Ausnutzen, besonders schwerer Fall des Diebstahls **243** 31, 33
Eingriffe in den Bahn-, Schiffs- und Luftverkehr, gefährliche **315** 113 f
Mißbrauch von Notrufen **145** 2, 13
Unhaltbarer Vortrag
zur Rechtsverteidigung **193** 15
United Nations *siehe Vereinte Nationen*
Universalprinzip *siehe Weltrechtsprinzip*
Universalrechtsgut
Begriff **Vor 13** 6
Unkenntlichmachen
einer Eintragung in amtlichem Ausweis **273** 6
von Flaggen, Hoheitszeichen **90a** 22
eines Grenz-/Wasserstandszeichens **274** 24 f, 47, 49
Unlauterer Wettbewerb
Geheimnisschutz und ~ **202a** 1, 10, 20; **203** 11, 20
Unlauterkeit
Wettbewerbsstrafrecht **Vor 298** 7; **299** 36 ff
Unmenschlichkeit
einer Darstellung **131** 16, 20, 24
Unmittelbares Ansetzen *siehe Versuch*
Unrecht
Erfolgsunrecht **Vor 32** 11
gesetzliches ~ **339** 50 ff
Handlungsunrecht **Vor 32** 11
Rechtswidrigkeit und ~ **Vor 13** 42; **Vor 32** 10 f
Schuld und personales ~ **Vor 32** 184 f
Schwere des Unrechts und Strafzumessung **Vor 13** 42; **46** 9 f, 318
Verhaltensunrecht **Vor 32** 11
Unrechtsbewußtsein *siehe Unrechtseinsicht*
Unrechtseinsicht
bedingte ~ **17** 23 ff
Billigung des Erfolgs **17** 23
Für-wahrscheinlich-Halten **17** 23
Gegenstand **17** 5 ff
Gleichgültigkeit gegenüber Tatbestandsverwirklichung **17** 23
qualifiziertes Delikt **17** 15
Sonderdelikt **17** 15
Tateinheit und ~ **17** 14
Überzeugungs-/Gewissenstäter **17** 18 ff
Unrechtskontinuität *siehe auch DDR-Alttaten* **Vor 110** 9 ff; **Vor 125-145d** 11 f; **339** Vor 1
Unrechtslehre, subjektivistische
Notwehr **32** 63 ff, 78 f
Unrechtstatbestand **Vor 13** 45 f
Unrechtsteilnahmetheorie **Vor 26** 11
Unrechtsvereinbarung
Amtsdelikt **N 331-338** 7 ff; **Vor 331** 17
Angestelltenbestechlichkeit/-bestechung **299** 28
Wählerbestechung **108b** 2
Unrechtsverwandtschaft, Lehre von der **52** 9
Unschuldiger *siehe Verfolgung Unschuldiger; siehe Vollstreckung gegen Unschuldige*
Untauglichkeit
für Wehr-/Zivildienst *siehe Wehrpflichtentziehung*
Unterbrechung
der Schwangerschaft *siehe Schwangerschaftsabbruch*
Unterbringung
behördlich angeordnete ~ und Sexueller Mißbrauch von Gefangenen u.a. **174a** 4 f
einstweilige ~, Anrechnung **51** 5
in Entziehungsanstalt *siehe Unterbringung in Entziehungsanstalt*
Freiheitsberaubung **239** 20, 22
landesrechtliche Regelungen **63** 99 f
privatrechtliche ~ und Sexueller Mißbrauch von Gefangenen u.a. **174a** 5
in psychiatrischem Krankenhaus *siehe Unterbringung in psychiatrischem Krankenhaus*
in Sicherungsverwahrung *siehe Unterbringung in Sicherungsverwahrung* **323a** 314 ff
in sozialtherapeutischer Anstalt *siehe Unterbringung in sozialtherapeutischer Anstalt*
verwaltungsrechtliche ~ **Vor 38** 15
Vollstreckung gegen Unschuldige **345** 5
zur Vorbereitung eines Gutachtens über den Geisteszustand des Beschuldigten **323a** 357
zivilrechtliche ~ **Vor 38** 15
Unterbringung in Entziehungsanstalt *siehe auch Untergebrachter*
Abbruch **64** 120
bei actio libera in causa **64** 28
Anfechtungsmöglichkeit, selbständige **64** 136
Anlaßtat **64** 22 ff, 38
Anordnung, selbständige **64** 135; **71** 1 ff
Anordnungspflicht **64** 107 f
Anstaltswahl **64** 131 ff
Anwendungshäufigkeit **Vor 38** 42, 62; **64** 10; **323a** 310
Aufrechterhaltung **64** 121

Unterbringung in Entziehungsanstalt (Forts.)
außerstrafrechtliche Hilfemöglichkeiten **64** 122 ff
Aussetzung der Vollstreckung **64** 115 ff
Aussichtslosigkeit **64** 91 ff
Besserungszweck **64** 1 ff
Dauer **64** 113 f
einstweilige ~ **64** 135; **323a** 357; **323b** 10
Entwöhnung **64** 93 ff
Entziehungsanstalt **64** 132
Erfolgsaussichten, Feststellung **64** 98 ff
Erfolgsaussichten, zweifelhafte **64** 102 f
Erheblichkeit zukünftiger Taten **64** 71 ff
Erledigung **64** 120
Ersatzdrogen, Behandlung mit **64** 84
bei Fahrlässigkeitstat **64** 28
Freiheitsstrafe, lebenslange und ~ **64** 28, 106
Führungsaufsicht nach Aussetzung **64** 115
Gefährlichkeit des Täters
- Gefahr weiterer Taten **64** 68 ff
- Gesamtwürdigung **64** 79
- infolge seines Hanges **64** 78
Gefahr rechtswidriger Taten **64** 70
Gefahr weiterer Taten **64** 68 f
Getränke, alkoholische **64** 55
Hang
- Begriff **64** 40 ff
- Hangtat **64** 37
- Kausalität zwischen Anlaßtat und ~ **64** 32, 36
- Krankhaftigkeit **64** 47 ff
Heilung **64** 93 ff
in dubio pro reo **64** 8, 101
Jugendliche **64** 20 f
Kontrollpflicht bzgl. Notwendigkeit weiterer Vollstreckung **64** 121
Kumulation von Strafe und ~ **64** 105 f
als Maßregel der Besserung und Sicherung **Vor 38** 6
Maßregelaustausch **72** 37
Maßregelkonkurrenz **64** 111; **71** 1 ff, 21 f
mildere Maßnahmen **64** 82 ff
Nichtanordnung bei Aussichtslosigkeit **64** 91 ff
bei Ordnungswidrigkeit **64** 22
praktische Probleme **64** 8 ff
Prognose *siehe auch dort* **64** 79
- Zeitpunkt, maßgebender **64** 81
Rauschmittel, andere **64** 56 ff
bei Rauschtat **64** 28, 33 f; **323a** 76, 79, 304 ff, 317, 373
Sachverständiger, Hinzuziehung **64** 79, 135
Schuldunfähigkeit, erwiesene/nicht auszuschließende **64** 29 ff
Sicherungszweck **64** 1 ff
sozialrechtliche Probleme **64** 122 ff
Strafaussetzung zur Bewährung und ~ **64** 85 ff
Strafe und ~ **64** 105
Strafrechtsreform **64** 18 f
Strafzumessung und ~ **64** 110
subjektive Tatbestandsmerkmale **64** 23 f
Subsidiarität **64** 82 ff
Suchtproblem und ~ **64** 8 ff
Tat, rechtswidrige **64** 22 ff
Trinkerheilanstalt **64** 132
Übergangsrecht **64** 137
Unterbringung in psychiatrischem Krankenhaus, Verhältnis **64** 111
Unterbringungsgesetze der Länder, Verhältnis **64** 112
Verfahrensrecht **64** 135 ff
verfassungsrechtliche Bedenken **Vor 61ff** 34
Verhältnismäßigkeitsgrundsatz **64** 88 ff
bei Versuchstat **64** 28
Vollstreckungsreihenfolge **64** 129
Vollzug **64** 130 ff
Ziel **Vor 61ff** 24; **64** 1 ff
Zweck **Einl** 39; **64** 1 ff
Unterbringung in psychiatrischem Krankenhaus *siehe auch Untergebrachter*
Affekttaten **63** 6
bei Alkoholsucht **63** 67 ff
Allgemeinheit, Gefährlichkeit für **63** 58 ff
Amnestie **63** 36
Anfechtungsmöglichkeit, selbständige **63** 133 ff
Anlaßtat **63** 19 f, 76 f
Anordnung, selbständige **71** 1 ff
Antragserfordernis bei Anlaßtat **63** 35
Anwendungshäufigkeit **Vor 38** 42, 62; **63** 7 ff; **323a** 313
Aufrechterhaltung **63** 1123
Aussetzung der Vollstreckung **63** 120; **67** 1 ff
Behandlung **63** 2 f
Dauer **63** 119
einstweilige ~ **63** 132
Erheblichkeit der erwarteten Taten **63** 45 ff
Erledigung **63** 122
kein Ermessen des Gerichts bei Anordnung **63** 94 ff
Erwartung rechtswidriger Taten **63** 44
Erwartung weiterer Taten **63** 42
Exkulpierungstendenz **63** 11
Fahrlässigkeitsdelikt **63** 30
Freiheitsstrafe, lebenslange und ~ **63** 93
Führungsaufsicht bei Aussetzung **63** 121 f
Gefährdung einer Entziehungskur **323b** 10, 15
Gefährlichkeit des Täters
- für die Allgemeinheit **63** 58 ff
- Anlaßtat und ~, Relation **63** 77 ff
- infolge seines Zustandes **63** 61 ff

Unterbringung in psychiatrischem Krankenhaus (Forts.)
– Kausalität zwischen Störung und ~ **63** 61 ff
– künftige ~ **63** 41 ff
Gesamtwürdigung von Täter und Tat **63** 74 ff
Handlung als Voraussetzung **63** 22
in dubio pro reo **63** 81
Jugendliche **63** 15 ff, 85
Kausalität zwischen Störung und Gefährlichkeit **63** 61 ff
Kontrollpflicht bzgl. Notwendigkeit weiterer Vollstreckung **63** 1123
Krankhaftigkeit des Zustands **63** 63 ff
Kumulation von Strafe und ~ **63** 90 ff
als Maßregel der Besserung und Sicherung **Vor 38** 6
Maßregelaustausch **72** 37
Maßregelkonkurrenz **63** 98; **72** 1 ff, 21, 24 ff
mildere Maßnahmen **63** 84 ff
Ordnungswidrigkeit **63** 19
Personen, nicht behandlungsbedürftige **63** 3 ff
praktische Probleme **63** 3 f, 7 ff
Prognose *siehe auch dort* **63** 74 ff
– maßgebender Zeitpunkt **63** 81
bei Rauschmittelabhängigkeit **63** 67 ff
nach Rauschtat **323a** 76, 307, 311 ff, 317, 356, 373
Rechtfertigungsgründe **63** 31 f
Reformdiskussion **63** 12 ff
Sachverständiger, Hinzuziehung **63** 74
Schuldausschließungsgründe **63** 31 f
Schuldfähigkeit, verminderte **63** 1, 20, 37 ff
Schuldunfähigkeit **63** 1, 21 ff, 37 ff
Strafaufhebungsgründe **63** 34
Strafausschließungsgründe **63** 34
Strafe und ~ **63** 90 ff
keine Strafe **1** 17 f
subjektive Tatbestandsmerkmale **63** 23 ff
Subsidiaritätsprinzip **63** 82 ff
Übergangsrecht **63** 136
Unterbringung in Entziehungsanstalt, Verhältnis **64** 111
Unterbringungsgesetze der Länder, Verhältnis **63** 101 ff
Unterlassungstaten, künftige **63** 57
Verfahrensrecht **63** 130 ff
verfassungsrechtliche Bedenken **Vor 61ff** 34
Verjährung **63** 36
Versuchstat **63** 33
Vollstreckungsreihenfolge **63** 124
Vollzug **63** 124 ff
Vorwegvollzug einer Freiheitsstrafe **63** 97; **67** 1 ff
Wahlrecht/Wählbarkeit, Ruhen während ~ **61** 14
Widerruf der Aussetzung **63** 122
Zustand **63** 62 ff
Zweck **Einl** 39; **63** 1
Unterbringung in Sicherungsverwahrung
siehe auch Sicherungsverwahrter; siehe auch Untergebrachter **N 66**
Anlaßtat **N 66** 3 ff; **66** 43 ff
Anwendungshäufigkeit **Vor 38** 14, 42, 62; **66** 23 ff; **323a** 316
Aufrechterhaltung **66** 179
ausländisches Recht **66** 10
Auslandstat **7** 6
Aussetzung der Vollstreckung **66** 177
Bestimmtheitsgebot und ~ **1** 68
Dauer **66** 176
DDR-Alttaten, keine Anwendbarkeit **Vor 61ff** 101
Entstehungsgeschichte **N 66** 1; **66** EntstG, 3 ff
erhebliche Straftaten **66** 104 ff
Erledigung **66** 178
Ermessen des Gerichts bei Anordnung **N 66** 16
fakultative Anordnung **N 66** 16; **66** 169, 173
formelle Voraussetzungen **66** 29 ff, 49 ff
Freiheitsentzug aufgrund Vorverurteilung **66** 35 ff
Freiheitsstrafe, lebenslange und ~ **N 66** 7
Freiheitsstrafe, verwirkte **66** 59 ff
Führungsaufsicht und ~ **66** 177 f
Gefährlichkeit des Täters
– für die Allgemeinheit **66** 144 ff
– infolge seines Hanges **N 66** 11 ff; **66** 64 ff
– Zeitpunkt **66** 150 ff
Geltung partikulären Bundesrechts für nach der Einigung begangene Taten **Vor 38** 130 f
Gesamtstrafe **N 66** 7 f; **66** 32, 45
Gesamtwürdigung **66** 156 ff
Hang *siehe auch dort*
– Begriff **66** 84 ff
– zu erheblichen Straftaten **66** 102 ff
Hangtäter *siehe auch dort* **66** 65 ff
in dubio pro reo **66** 167
gegen Jugendliche und Heranwachsende **Vor 61ff** 68; **66** 47 ff
Jugendstrafe **N 66** 8
Katalogtaten **N 66** 3 ff, 9, 12, 19 f
Kontrollpflicht bzgl. Notwendigkeit weiterer Vollstreckung **66** 179
Kritik **66** 7 ff
als Maßregel der Besserung und Sicherung **Vor 38** 6 f
kein Maßregelaustausch **72** 38
Maßregelkonkurrenz **66** 175; **72** 1 ff, 15, 22 ff
materielle Voraussetzungen **66** 64 ff
Mißhandlung von Schutzbefohlenen **225** 32
Mord **211** 68
nachträglich angeordnete ~ **Vor 38** 57a

Unterbringung in Sicherungsverwahrung (Forts.)
Nichtanwendbarkeit in den neuen Ländern **Einl** 96
obligatorische Anordnung **66** 169 ff
praktische Probleme **66** 23 ff
Rauschtat **N 66** 6
Rechtfertigung **Einl** 39
Rechtsvereinheitlichung **N 66** 24 f
Reformdiskussion **1** 18, 68; **Vor 38** 14, 66a **N 66** 1; **66** 3 ff, 11 ff
Rückfallverjährung **66** 38
Rückwirkungsverbot und ~ **1** 18; **N 66** 23
Sachverständiger, Hinzuziehung **66** 183
Schaden, schwerer wirtschaftlicher **66** 117 ff
– generell-objektiver Maßstab **66** 123 ff
– speziell-objektiver Maßstab **66** 126 ff
Schädigung, schwere körperliche **66** 130 ff
Schädigung, schwere seelische **66** 136 ff
bei Sexualstraftaten **N 66** 1, 13, 15; **66** 75
Sozialtherapie **66** 2, 15
Strafe und ~ **66** 174
als Strafe **1** 18, 68
Straftaten, drei vorsätzliche **66** 53 ff
Straftaten, erhebliche **66** 102 ff
Subsidiarität **N 66** 22; **66** 154 f
Symptomcharakter der Anlaßtaten **66** 162 ff
Tötungsdelikte **66** 77
Übergangsrecht **N 66** 23 f; **66** 184
Verfahrensrecht **66** 183
verfassungsrechtliche Bedenken **Vor 61ff** 33; **66** 20 ff
Verhältnismäßigkeitsgrundsatz **66** 168
kein Vikariieren **Einl** 37; **67** 1, 16
Vollstreckungsreihenfolge **66** 180
Vollzug **66** 181 f
Vorverurteilungen **N 66** 8 f, 25; **66** 29 ff
Widerruf der Aussetzung **66** 177 f
Ziel **66** 1
Zweck **Vor 61ff** 24; **N 66** 1; **66** 1
Unterbringung in sozialtherapeutischer Anstalt
aufgehobene Maßregel **Vor 38** 6, 13; **63** EntstG, 5; **323a** 313
Vollzugsmodalität **Einl** 35 f
Unterbringungsgesetze der Länder
Unterbringung nach Maßregelrecht und ~ **63** 101 ff; **64** 112
Unterdrücken
Daten **303a** 19, 26 f
einer Eintragung in amtlichem Ausweis **273** 6
Unterdrückung
beweiserheblicher Daten *siehe Urkundenunterdrückung*
Personenstandsunterdrückung **169** 25
von Postsendungen **206** 28 ff
Urkundenunterdrückung *siehe dort*
Untergebener *siehe Verleitung eines Untergebenen zu einer Straftat*
Untergebrachter
in einer Anstalt als Tatobjekt **120** 18; **323b** 9 ff
Briefgeheimnis **202** 36
in Einrichtung der Erziehungshilfe ~ **120** 18
Gefangenenbegriff und ~ **120** 13, 17; **121** 6 f
Gefangenenmeuterei **121** 7a
in psychiatrischem Krankenhaus ~ **120** 18
in sozialtherapeutischer Anstalt ~ **121** 7a
Verlust der Statusrechte **45** 1, 31, 34
Wahlrecht/Wählbarkeit, Ruhen **61** 14
zivilrechtlich ~ **120** 18
Unterhalt
angemessener ~ **170** 36
Düsseldorfer Tabelle **170** 36
Unterhaltsbestimmung **170** 32
Unterhalten
eines Irrtums beim Betrug **263** 39, 51 f, 76, 78, 95
eines Prostitutionsbetriebes **180a** 7
Unterhaltsanspruch
Zwangsvollstreckungsvereitelung **288** 10
Unterhaltspflicht *siehe auch Verletzung der Unterhaltspflicht*
als besonderes persönliches Merkmal **28** 61
unter Ehegatten **170** 18
Erfüllung einer ~ als Bewährungsweisung **56c** 10
Erfüllung einer ~ als Weisung bei der Ersatzansprüche Dritter **170** 21
Erstattungsanspruch öffentlichrechtlicher Leistungsträger **170** 22
Führungsaufsicht **68b** 37
gesetzliche ~ **170** 15 ff
in eingetragener Lebenspartnerschaft **170** 19
der Mutter **170** 25
durch Rechtsgeschäft begründete ~ **170** 20
subsidiäre ~ öffentlicher Stellen **170** 54
des Vaters **170** 25
Unterhaltungsautomaten **284** 12
Unterkapitalisierung **Vor 283** 15, 21, 124, 150, 173; **283** 163, 186, 213
Unterlagen
Kreditbetrug **265b** 63 ff, 93
Unterlassen *siehe auch Unterlassungsdelikt*
als Angriff **32** 46 ff
Anstiftung durch ~ **26** 61 ff
Beihilfe durch ~ **27** 15, 43 ff, 66; **123** 59
Gleichstellung mit Tun, Kriterien **13** 4 f, 10
Handlungsfähigkeit, fehlende **Vor 13** 38
als Nichtvornahme der vom Gesetz geforderten Handlung **Vor 13** 92

Unterlassen (Forts.)
Strafzumessung bei Tatbegehung durch ~ **46** 118 f
Teilnahme durch ~ **25** 209 f
als Verteidigung **32** 200 ff
Unterlassene Hilfeleistung *siehe Hilfeleistung, unterlassene*
Unterlassungsanspruch
bei Verletzung des allgemeinen Persönlichkeitsrechts **Vor 201** 5
Unterlassungsdelikt
Anstiftung **13** 52, 56; **26** 102
Anwendungsbereich des § 13 StGB **13** 7 ff
Beihilfe **13** 52, 57, 64; **27** 53
als Deliktstyp **Vor 13** 50
echtes ~
– Begriff **Vor 13** 91
– Besondere persönliche Merkmale **28** 67
– Bodenverunreinigung **324a** 33 ff
– Buchdelikte **283** 103, 119, 220
– Gefährdung des Straßenverkehrs **315c** 122
– Handlungseinheit **Vor 52ff** 59, 61
– Hausfriedensbruch **123** 58, 60
– Kapitalanlagebetrug **264a** 61, 80
– Kreditbetrug **265b** 53, 92 ff
– Mißhandlung von Schutzbefohlenen **225** 17
– Nichtanwendbarkeit des § 13 StGB **13** 8
– Nichtanzeige geplanter Straftaten **138** 5
– Subventionsbetrug **264 a.F.** 17, 22, 88, 93, 131
– Tatzeit **8** 12
– Unerlaubter Umgang mit gefährlichen Abfällen **326** 125
– Unerlaubter Umgang mit radioaktiven Stoffen etc. **328** 17
– Unerlaubtes Entfernen vom Unfallort **142** 37, 69, 113, 122, 196, 198
– Unterlassene Hilfeleistung **323c** 19
– Verjährung **78a** 9
– Verletzung der Unterhaltspflicht **170** 43, 59
– Versuch **13** 46; **Vor 22** 102 ff, 124 f; **22** 152
Entschuldigungsgründe **Vor 32** 205
Fahrlässigkeit **Vor 13** 95, 97; **16** 216 ff
Gebotsirrtum **Vor 13** 99 f
Handlungsfähigkeit, individuelle **Vor 13** 93
Mittäterschaft **13** 53, 58; **25** 215
mittelbare Täterschaft **13** 54, 59; **25** 216
Nichtvornahme der geforderten Handlung **Vor 13** 92, 95
als Pflichtdelikt **25** 206
Rücktritt vom Versuch **24** 317 ff
Schuldgehalt **13** 61
Strafmilderung, fakultative **13** 60 ff
Strafzumessung, zweiaktige **13** 63
Täterschaft-Teilnahme-Abgrenzung **25** 201 ff
tatbestandsmäßige Situation **Vor 13** 94
Tateinheit
– von mehreren Unterlassungsdelikten **52** 12 ff
– von Unterlassungs- und Begehungsdelikt **52** 13 ff
Tun und Unterlassen, Abgrenzung **Vor 13** 90
unechtes ~
– Begriff **Vor 13** 91
– Besondere persönliche Merkmale **28** 64 ff
– Bestimmtheitsgebot, verfassungsrechtliches und ~ **13** 14 f
– Eingriffe in den Bahn-, Schiffs- und Luftverkehr, gefährliche **315** 45
– Erfolgseintritt **13** 2, 15 ff
– Garantenstellung *siehe auch dort* **Vor 13** 95, 99; **13** 4, 19 ff
– Gewässerverunreinigung **324** 48 ff
– Handlungseinheit **Vor 52ff** 59 f
– Kausalität, hypothetische **Vor 13** 53; **13** 17 f
– Körperverletzung mit Todesfolge **227** 3
– Meineid **154** 17 ff
– Mißhandlung von Schutzbefohlenen **225** 12
– Modalitäten der erforderlichen Handlung **13** 5
– Nichtvornahme der gebotenen Handlung **13** 3
– Personenstandsfälschung **169** 25
– Rücktritt vom Versuch **13** 49
– Strafrechtsreform **Einl** 77
– Strafzumessung **46** 119
– Tatzeit **8** 12
– Teilnahme durch positives Tun **13** 51 ff
– Teilnahme durch Unterlassen **13** 55 ff
– Verjährung **78a** 9
– Versuch **13** 46 ff; **Vor 22** 105 f; **22** 138, 142 ff
– Vertreterhaftung, strafrechtliche und ~ **14** 24 ff
– Vorenthalten/Veruntreuen von Arbeitsentgelt **266a** 65, 72
– Wahndelikt **22** 209
– Zusammenhang von Erfolg und Unterlassen **13** 15 ff
Unrechtsbewußtsein **Vor 13** 99
Unzumutbarkeit als Entschuldigungsgrund **Vor 13** 98; **Vor 32** 205
Verbotsirrtum **17** 31
Verjährung **78a** 9
Versuch **Vor 22** 100 ff
– untauglicher ~ **Vor 22** 100

Unterlassungsdelikt (Forts.)
Vollendung **Vor 22** 102 f; **22** 15
Vorsatz **Vor 13** 96; **16** 216 ff
Zumutbarkeit **Vor 13** 98
als Zuwiderhandlung gegen Gebotsnorm **Vor 13** 90
Unterlassungseinheit Vor 52ff 59 f
Unterlassungsmehrheit Vor 52ff 59 f
Unternehmen
Arbeitsmittel zur Errichtung eines Unternehmens, Zerstörung **305a** 8 ff
Begriff **14** 55; **265b** 31
bestimmtes ~ und Angriffskrieg **80** 5; **80a** 2
Computersabotage **303b** 9 f
der Ein- und Ausfuhr
- Verschaffen von falschen amtlichen Ausweisen **276** 7 f, 25
- Vorbereitung der Fälschung amtlicher Ausweise **275** 8 f
gemeinwichtiges ~, Begriff **316b** 5
der Herbeiführung einer Explosion/eines Brandes **316c** 42
Konkurs *siehe Konkursstraftaten*
lebenswichtiges ~ **316b** 22
multinationale ~, Konkursstraftaten **283** 243
der öffentlichen Sicherheit und Ordnung dienend **N 88**; **88**; **316b** 23 ff
dem öffentlichen Verkehr dienend **N 88**; **88** 2
der öffentlichen Versorgung dienend **N 88**; **88**
öffentliches ~ **264 a.F.** 40
einer Tat, Begriff **11** 87 ff
der Verleitung eines Untergebenen zu einer Straftat **357** 7
Unternehmensberater
Angestelltenbestechlichkeit/-bestechung **299** 17
Unternehmensdelikt
Abgeordnetenbestechung **N 108e** 5
Angriff auf Auslandsorgane/Auslandsvertreter **102** 4
Beendigung **Vor 22** 25 f
Begriff **11** 87 ff
als Deliktstyp **Vor 13** 50
echtes ~
- Angriffe auf den Luft- und Seeverkehr **316c** 2
- Beendigung **Vor 22** 25 f
- Versuch **Vor 22** 16, 124 f
Gefährdung des Straßenverkehrs **315c** 115
Gewaltdarstellung **131** 30
Herbeiführen einer Explosion durch Kernenergie **310b** 2
Hochverrat **81** 11
Mißbrauch ionisierender Strahlen **311a** 1 f, 8
Räuberischer Angriff auf Kraftfahrer kein unechtes ~ **316a** 2 f
Tätige Reue **11** 91 f; **Vor 22** 129
unechtes ~
- Beendigung **Vor 22** 25 f
- Begriff **11** 93
- Bildung terroristischer Vereinigungen **129a** 37
- Fischwilderei **293** 8
- Jagdwilderei **292** 41
- Landfriedensbruch **125** 47, 60
- Rücktritt vom Versuch **11** 97; **Vor 22** 124
- Unerlaubter Umgang mit gefährlichen Hunden **143** 5
- Versuch **Vor 22** 16, 126 ff
- Werben für kriminelle Vereinigungen **129** 63, 72
- Widerstand gegen Vollstreckungsbeamte **113** 13, 62a
Versuch **11** 90; **Vor 22** 16, 123 ff
- keine Strafmilderung, fakultative **23** 16
Vorbereitung der Fälschung amtlicher Ausweise **275** 2
Vorbereitung hochverräterischen Unternehmens **83** 1 ff
Vorbereitung und Versuch **Vor 22** 125, 129
Vorbereitungshandlung, straflose **11** 89
Unternehmenskriminalität Vor 324 8b f, 8f, 59 ff; **324** 44
Unternehmerdelikt
Pfandsachen, unbefuger Gebrauch **290** 4
Vertreterhaftung, strafrechtliche und ~ **14** 21
Unterschlagung N 246
Abgabenüberhebung und ~ **353** 25
Amtsunterschlagung **246** 1
durch Angehörige **247** 1 ff
Anmaßung eigentümerähnlicher Stellung **246** 12
Antragsdelikt
- Haus- und Familienunterschlagung **247** 1 ff
- Unterschlagung geringwertiger Sachen **248a** 1
Anvertrauen **246** 25 f
Anvertrautsein als besonderes persönliches Merkmal **28** 60
Auffangtatbestand **N 246** 9
Auslegung, berichtigende **1** 74; **N 246** 2; **246** 10
Bankrott und ~ **283** 240
Bargeschäft des täglichen Lebens **246** 5, 8
Besitz **N 246** 2, 4; **246** 10 f
Betrug und ~ **246** 8, 11, 28 f; **263** 65, 108, 190, 309, 313, 325 f, 328
kein Blankettatbestand **1** 38
Computerbetrug und ~ **246** 9
DDR-Alttaten **N 246** 5
DDR-Recht **246** 30; **248a** 12

Unterschlagung (Forts.)
Diebstahl und ~ **Vor 242** 1; **242** 22, 25 ff, 36a, 58, 85 f; **246** 10
Drittzueignung **N 246** 5, 7; **246** 20
Eigentum
– Gesamthandseigentum **246** 7
– Miteigentum **246** 7
– als Rechtsgut **Vor 242** 3; **N 246** 1; **246** 1
– Vorbehaltseigentum **246** 6, 15
Einwilligung **Vor 32** 115
Entstehungsgeschichte **Vor 242** 1; **N 246** EntstG, 1; **246** EntstG
Erschleichen von Leistungen und ~ **265a a.F.** 38
Fundunterschlagung **N 246** EntstG
geringwertiger Sachen
– Antragsberechtigte **248a** 10
– Antragsdelikt **248a** 1
– DDR-Recht **248a** 12
– Geringwertigkeit **248a** 3 ff
– Interesse an der Strafverfolgung, besonderes öffentliches **248a** 11
– Irrtum **248a** 8
– privilegierender Charakter **Vor 242** 4
– Versuch **248a** 9
Gesellschafter einer GmbH **246** 7
Gewahrsam **N 246** 2, 4; **246** 10 f
– Begründung **246** 11
Haus- und Familienunterschlagung **247** 1 ff
als Insolvenzstraftat **Vor 283** 27
Irrtum **246** 22
Kommissionär **246** 5, 14
Konkurrenzen **N 246** 9; **246** 28 f
Konkursstraftaten und ~ **Vor 283** 79
Kriminal-/Rechtspflegestatistik **Vor 242** 2
Leistungskürzung und ~ **353** 26
Mittäterschaft **246** 24
Pfandsachen, unbefuger Gebrauch und ~ **290** 11
Preisgabe der Sache **246** 13, 18
Rechtsgut **Vor 242** 3; **246** 1
Rechtswidrigkeit **246** 21
Rückgabe, Unterlassen der **246** 20
Sache
– bewegliche ~ **246** 2 f
– fremde ~ **246** 4 ff
– wertlose ~ **246** 2
Sache, geringwertige **248a** 3 ff
Sachgesamtheit, unausgesonderter Teil **246** 3, 23
Selbstbedienungstankstelle **246** 8
Sicherungsübereignung **246** 6, 15
Stellvertretung **246** 5
Störung der Totenruhe und ~ **168** 23
Subsidiaritätsklausel **N 246** 9
Teilnahme **246** 24, 27
Treuhänder **246** 6
Umbildung der Sache **246** 19
Untreue und ~ **246** 5, 11; **266** 14 f, 17 f, 42, 45, 51 ff, 58, 103, 106, 111, 164, 169
Verarbeitung der Sache **246** 19
Verfügung als Zueignung **246** 14
Vermischung **246** 19
Vernichtung der Sache **246** 18
Verpfändung **246** 16
Versuch **22** 48; **N 246** 8; **246** 23
– Unterschlagung geringwertiger Sachen **248a** 9
Veruntreuung **N 246** 8; **246** 25 ff
Vorbehaltseigentum **246** 6, 15
Vorsatz **246** 22, 27
Wahlfeststellung **1** 115
Zueignung
– Auslegung, berichtigende **N 246** 2; **246** 10
– Begriff **N 246** 4; **246** 12
– Drittzueignung **N 246** 5, 7; **246** 20
– Manifestation nach außen **N 246** 4; **246** 13 ff
– Sachwerttheorie **246** 12
– Substanztheorie **246** 12
– Unterlassen **246** 17
– Verfügung als ~ **246** 14
– Vereinigungstheorie **246** 12
– wiederholte ~ **N 246** 6; **246** 11
Zueignungswille **246** 13
Unterstützung
verfassungswidrig erklärter Partei **84** 10
Untersuchungsausschuß, parlamentarischer
Aktenvorlageverlangen und Steuergeheimnis **355** 71a
Aussagedelikte **Vor 153** 2, 22, 27; **153** 6, 8, 10a f
Rechtsbeugung **339** 23a ff
Staatsgeheimnisse und ~ **93** 28
Vortäuschen einer Straftat gegenüber ~ **145d** 5
Untersuchungsgefangener *siehe auch Gefangener*
Briefgeheimnis **202** 36
Gefangenenbefreiung **120** 14
Untersuchungshaft
Anrechnung **50** 2, 7 ff
keine Geltung des Strafvollzugsgesetzes **38** 60
strafmildernde Bedeutung erlittener ~ **46** 26a
Vollstreckung gegen Unschuldige **345** 5
Vollzug der ~ und Strafvollzug **Einl** 8
Untersuchungspflicht
des Arztes beim Schwangerschaftsabbruch **218c** 12
Untreue
Abgabenstrafrecht und ~ **266** 108, 167 f
Abschreibungsgesellschaft **266** 120

Untreue (Forts.)
Abtretung einer Forderung **266** 107, 118, 141
Abwickler **266** 49, 126
Ämterpatronage **266** 144
Aktiengesellschaft **266** 49 f, 62 f, 107, 126, 141
Amtsdirektor **266** 121
Amtspflegschaft **266** 48
Amtsträger **266** 107, 121, 143
Amtsuntreue **266** 121, 143 f
Amtsvormundschaft **266** 48
Anderkonto **266** 147
Angestelltenbestechlichkeit/-bestechung und ~ **299** 51
Angestelltenverhältnis **266** 107
Anlageberater **266** 86, 122
Anscheinsvollmacht **266** 40 ff, 45, 50, 62, 114, 125
Antragsdelikt **266** 181 f
Anwartschaften **266** 98, 132, 134 f, 145
Arbeiter/Arbeitnehmer **266** 21, 75, 89, 103, 108
Arbeitgeber **266** 75, 88, 93, 108
Architekt **266** 77, 109
Aufseher **266** 103
Aufsichtsrat **266** 60, 62 f, 107, 126
Auftrag **266** 62, 87, 122
ausländisches Recht **266** 191 ff
Auslieferung **266** 187
Außenverhältnis **266** 20, 85
Austauschverträge **266** 21, 58, 75, 77
Bankkunde **266** 9, 78 f, 103, 111, 128
Bankrott und ~ **266** 167, 171; **Vor 283** 2, 10, 30 f, 79 f, 100; **283** 159, 239
Bankuntreue **266** 141
Baukostenzuschüsse **266** 76, 88, 109, 113
Bauträger **266** 122
Beamter **266** 89, 103
Beendigung **Vor 22** 36; **266** 166
Beistand **266** 49, 122
Beratungsvertrag **266** 122
Bereicherungsanspruch **266** 109
Besitz **266** 103, 109, 141
besonders schwerer Fall **266** 174 ff, 182
Bestechungsdelikte und ~ **266** 98, 167
Betreuen **266** 71 f
Betreuer **266** 49, 122
Betreuungspflicht **266** 12 f, 31, 58, 66, 68 ff, 72, 74, 88 f, 94
Betrug und ~ **263** 309, 315, 318; **266** 2, 17 f, 28, 132, 150, 167
Bevollmächtigtenuntreue **266** 14, 18, 23 f, 33, 40, 45
Bote **266** 23, 44 f, 82, 103
Buchführung, unordentliche **266** 92, 146
Buchhalter **266** 109
Bürgermeister **266** 49, 69, 121
Computerbetrug und ~ **263a** 2, 6 f, 16, 23, 86; **266** 110, 167
Computerkriminalität und ~ **266** 74, 105, 110
Darlehen **266** 75 f, 88, 111
DDR-Alttaten **266** 196
DDR-Recht **266** 196
Depotunterschlagung und ~ **266** 179
Diebstahl und ~ **266** 17, 45, 108, 167
Dienstvertrag **266** 76, 108, 111, 122
dualistische Theorie **266** 7 f, 10, 17
Eheleute **266** 49 f, 66, 123
Eigentum **266** 111
Eigentumsdelikte und ~ **266** 17 f, 21, 81
Eigentumsvorbehalt **266** 52 f, 75, 88, 111
Einverständnis
- des Geschäftsherrn **266** 56, 70, 100
- bei GmbH **266** 70, 125
- mutmaßliches ~ **266** 157
Einwilligung, mutmaßliche **Vor 32** 139
elterliche Sorge **266** 48 f, 123
Entscheidungstheorie, rationale **266** 96, 148
Entstehungsgeschichte **266** EntstG, 2, 14 ff
Erbe(ngemeinschaft) **266** 62, 123
Erfüllungsgehilfe **266** 66
Erpressung und ~ **266** 2, 17 f, 150, 168
error in persona **266** 156
Exspektanzen **266** 134 f, 148
Factoring **266** 112
Filialleiter **266** 89, 109
Finanzangestellter **266** 103
Finanzbeamter **266** 107, 119, 121
Forstbeamter **266** 121
Fortsetzungszusammenhang **266** 26, 172
Frachtgeschäft **266** 123
Fremdnützigkeit **266** 57 ff, 71, 75, 151
Fund **266** 112
Funktionentheorie **266** 171
furtum **266** EntstG
Ganovenuntreue **266** 65
Garantensonderdelikt **266** 55, 91, 160 f
Garantenstellung des Täters **266** 84 ff, 125
Gebührenüberhebung und ~ **352** 23
Geheimnispreisgabe **266** 146
Gemeindekassenrendant **266** 121
Gemeinderat **266** 121
Gemeinschaft **266** 123
Gemeinschuldner **266** 47, 69 f
Genossenschaft **266** 49, 60, 77, 95, 123
Gerichtsvollzieher **266** 49, 51, 54, 121, 141, 146
Gerichtszuständigkeit **266** 186
geringer Schaden **266** 178, 181 f
Geschäftsbesorgung **266** 62, 72 ff, 123
Geschäftsführer **266** 49, 70, 77, 94, 125, 128, 142

Untreue (Forts.)
Geschäftsführung ohne Auftrag **266** 75, 112
Geschäftsverbindung **266** 112, 116
Gesellschaften **266** 124 ff, 140, 142
Gesellschafter **266** 47, 49, 70, 125
gesellschaftliche Beziehungen **266** 112
Gewerbe **266** 126
GmbH **266** 49 f, 63, 70, 125, 141
GmbH-Strafrecht und ~ **266** 125
Handelsgesellschaft **266** 49, 124
Handelsvertreter **266** 52, 62, 127
Handlungsgehilfe **266** 104
Handlungsvollmacht **266** 45, 49, 127
Haupt- und Nebenpflicht **266** 58, 73, 88
Hausangestellte **266** 104
Haushaltsuntreue **266** 121, 142 f
Hehlerei und ~ **266** 168
Herrschaft über fremdes Vermögen **266** 20 f, 31, 45, 55, 58, 61, 68, 89 f
Identität
– von Betreutem und Verletztem **266** 101
– von Vermögensinhaber und Geschädigtem **266** 140
Immobilienfonds **266** 120
Inkasso **266** 45, 52, 54, 79, 82, 86, 127
Innenverhältnis **266** 14, 20
als Insolvenzstraftat **Vor 283** 2, 27, 30 f
Insolvenzverwalter **266** 49, 60, 127
Interessentheorie **266** 171
Irrtum **266** 151, 153 ff, 159
Kapitalanlagebetrug und ~ **264a** 85
Kapitalgesellschaft **266** 60
Kassenverwalter **266** 121
Kassierer **266** 51, 82 f, 85, 90, 104
Kaufvertrag **266** 75, 88, 112
Kaution **266** 109, 113
kick back **266** 3, 125, 135, 145, 163
Kommanditgesellschaft **266** 47, 124, 126
Kommissionär **266** 46, 50
Kommissionsvertrag **266** 128
Kompensation **266** 137 ff, 143, 148 f
Konkurrenzen **266** 167 ff, 179
Konkursverwalter **266** 46 f, 49, 69 f, 93, 128, 140, 154
Konzern **266** 128
Korruption **266** 1, 3, 98, 125
Kosten(festsetzungs)beamter **266** 104, 121
Kreditbetrug und ~ **265b** 114 f, 125 f
Kreditgeschäft **266** 95 f, 141
Kreditkarte **266** 128
kriminalpolitscher Hintergrund **266** 1 f, 18 f, 32 f
kriminologische Erkenntnisse **266** 3
Landrat **266** 121
Lastschriftverfahren **266** 78 f, 129 f
Leasing **266** 112 f, 127
Lehrstuhlinhaber **266** 121
Leihvertrag **266** 112
Leistungsverzug **266** 147
Leiter einer Sparkasse **266** 121
Liquidator **266** 49, 130
Locher **266** 105, 110
Makler **266** 49, 76, 95, 113
Miete **266** 9, 75 f, 88, 113
Mißbrauch
– Begriff **266** 50
– durch Unterlassen **266** 54 ff
Mißbrauch von Scheck- und Kreditkarten und ~ **266** 8, 23 f, 78 f, 128, 168
Mißbrauchstatbestand **266** 32 ff
– Treubruchtatbestand und ~ **266** 5 ff, 25 ff, 57, 103
– Zivilrechtsakzessorietät **266** 32 ff, 44 f, 50, 53
Mißbrauchstheorie **266** 4 ff, 14
monistische Theore **266** 8 ff, 25
Nachlaßpfleger **266** 49, 129
Nachlaßrichter **266** 129
Nachlaßverwalter **266** 49, 129
Nachtat, mitbestrafte **266** 167, 172
nationalsozialistische Reform **266** EntstG, 2, 16, 18, 28, 31, 61
Nebenstrafrecht und ~ **266** 179 f
Nießbrauch **266** 114
Notar **266** 49, 93, 129
Notstand, rechtfertigender **266** 158
Oberkreisdirektor **266** 121
Organ(untreue) **266** 66, 125, 129, 171
Pacht **266** 75, 114
Parallelwertung, laienhafte **266** 153
Parteispende **266** 94
peculatus **266** EntstG
Pfandgläubiger **266** 114
Pfleger **266** 49, 66, 77, 129, 140
Pflichtenkollision **266** 158
Pflichtverletzung **266** 89 ff
Pflichtwidrigkeit **266** 94, 125, 157
– Bewußtsein der ~ **266** 153 f
– Vermögensnachteil und ~ **266** 98
Polizeibeamter **266** 105
Postbeamter/-bote **266** 105, 121
Prokurist **266** 49 f, 62, 66, 129, 164
Realakt **266** 34, 42 f, 45
Rechnungsprüfungsbeamter **266** 121
Rechtfertigungsgründe **266** 158
Rechtsanwalt **266** 60, 63, 93, 102, 122
Rechtsberater **266** 63, 129
Rechtsgeschäft **266** 48, 60
Rechtsgut **266** 28
Rechtspfleger **266** 121
Rechtsschein **266** 40 ff, 113 f
Rechtswidrigkeit **266** 157 ff

Untreue (Forts.)
Reformdiskussion **266** 188 ff
Regierungsinspektor **266** 121
Reisegeschäfte **266** 116
Richter **266** 121
Risikogeschäft **266** 56, 95 ff, 148, 155
– rechtswidriges/sittenwidriges Geschäft **266** 96
Sachbeschädigung und ~ **266** 58
Sanierer **266** 129
Schadenseinschlag, subjektiver **266** 142 f
Scheckkarte **266** 8, 23, 78, 128
Schmiergeld **266** 98, 125, 148
Schuldnerbegünstigung und ~ **283d** 28
schwarze Kassen **266** 143, 148
Selbständigkeit des Betreuungspflichtigen **266** 20, 58, 82 ff, 103
Sicherungsübereignung **266** 42, 79, 88, 118
Sicherungszession **266** 52, 54, 118
Sonderdelikt **266** 160 f
Sozialversicherungsuntreue **266** 108, 180
Speditionsgeschäft **266** 129
Spekulationsgeschäft **266** 95 ff
Stadt(ober)sekretär **266** 121
Stadtdirektor **266** 121
Stadtkämmerer **266** 77, 121
Stellvertreter **266** 45, 66, 127, 140
Steuerberater **266** 60, 93, 129
Steuerpflichtiger **266** 119
Strafzumessung **266** 137, 173 ff
Strohmann **266** 66, 125
Systemanalytiker **266** 119
Täter **266** 103 ff, 160 f, 164
Teilnahme **266** 162 ff, 166, 177
Testamentsvollstrecker **266** 49, 95, 115, 130
Theorienstreit **266** 5 ff
Tippgemeinschaft **266** 119
Treubruchtatbestand **266** 57 ff
– Mißbrauchstatbestand und ~ **266** 5 ff, 25 ff, 57, 103
– Täterschaft **25** 37
Treubruchtheorie **266** 4 ff, 14, 47
Treueverhältnis **266** 58, 61 ff, 114
– erloschene Rechtsverhältnisse **266** 62
– gesetzwidrige/unsittliche Rechtsverhältnisse **266** 64 f
– rechtsunwirksame Betreuungsverhältnisse **266** 63
Treuhand(schaft) **266** 12, 130
typologische Theorie **266** 17 ff, 25, 103, 108, 111
Ultima-ratio-Prinzip **266** 2, 18
Unterlassen **266** 54 ff, 79, 91, 93, 108, 161
Unterschlagung und ~ **266** 14 f, 17 f, 42, 45, 51 ff, 58, 103, 106, 111, 164, 169
Urkundendelikte und ~ **266** 170

Verein **266** 49, 77, 130, 141
Verfahrensrecht **266** 181 ff
Verfassungsmäßigkeit **266** 29 ff
Verfügungs-/Verpflichtungsbefugnis **266** 37 ff
– aus Behördenauftrag **266** 48 f
– aus Gesetz **266** 48 f
– aus Rechtsgeschäft **266** 48 ff
Vergleichsverwalter **266** 60, 130
Verjährung **266** 166, 172
Verletzter **266** 28, 184
Vermögen
– fremdes ~ **266** 47, 70
– integrierter Vermögensbegriff **266** 134 f
– juristische Vermögenslehre **266** 133 f
– juristischer Person **266** 70
– juristisch-ökonomische Vermittlungslehre **266** 134
– personale Vermögenslehre **266** 134
– als Rechtsgut **266** 28
– wirtschaftliche Vermögenslehre **266** 133
Vermögensbegriff, Theorie **266** 133 f
Vermögensdelikt **266** EntstG, 1 f, 28, 35, 150
Vermögensfürsorge-/-betreuungspflicht **266** 5, 8, 11 ff, 58 ff
– aus Behördenauftrag **266** 60
– als besonderes persönliches Merkmal **28** 60
– aus Gesetz **266** 60
– Inhalt **266** 94 ff
– aus Rechtsgeschäft **266** 60
– als täterschaftsbegründende Sonderpflicht **28** 60
– aus Treueverhältnis, tatsächlichem **266** 61 ff
Vermögensgefährdung **266** 134, 146
Vermögensinteresse **266** 69 ff
– Identität von Betreutem und Verletztem **266** 101 f, 140
Vermögensnachteil
– Begriff **266** 131 ff
– Fallgruppen **266** 141 ff
– geringer ~ **266** 178, 181
– Identität von Betreutem und Geschädigtem **266** 101 f, 140
– Kompensation **266** 98, 137 ff, 143, 148 f
– nachträglicher Ausgleich **266** 137
– Pflichtwidrigkeit und ~ **266** 98
– Schadenseinschlag, individueller **266** 142 f
– Schadensersatzanspruch, zivilrechtlicher **266** 139
– Vermögensgefährdung **266** 146
– Vollendung **266** 146 ff
– Zweckverfehlungslehre **266** 142
Vermögensschaden *siehe Vermögensnachteil*

Untreue (Forts.)
Vermögensverwaltung **266** 130
Verpflichtung(sbefugnis) **266** 35, 46
Verratstatbestand **266** 28
Versteigerung **266** 130
Versuch **266** 128, 146, 165, 174, 190
Vertragsverletzungen, bloße **266** 5, 18, 72, 76
Vertreterhaftung **266** 66 f, 160, 171
Verwahrung **266** 75, 119
Verwandtschaft **266** 119
Viktimodogmatik **266** 2, 17, 58, 86, 142
Vollendung **266** 146 ff, 166
Vollmacht **266** 41, 45, 48 ff, 114, 130
Vorenthalten/Veruntreuen von Arbeitsentgelt und ~ **266** 88, 108, 170; **266a** 11
Vormund **266** 49, 62, 77, 93, 95 f, 130, 141, 145
Vorsatz **266** 150 ff
Vorstand **266** 49 f, 63 f, 95, 102, 126, 130
Wahlfeststellung **1** 115; **266** 183
Wahrnehmen **266** 71 f
Warentermingeschäft **266** 97, 122 f, 130
Werkvertrag **266** 75 f, 119
Wirtschaftsprüfer **266** 60
Wohnungsverwalter **266** 130
Zession, stille **266** 114
Zivilrechtsakzessorietät/-abhängigkeit **266** 32 ff, 39, 44 f, 50, 53, 61, 68, 88, 94, 125
Zustimmung, nachträgliche **266** 100, 157, 173
Zwangsverwalter **266** 47, 49, 69 f, 77, 130
Zweckbestimmung einer Leistung **266** 120
Zweckverfehlungslehre **266** 142
Unversehrtheit, körperliche
als notstandsfähiges Rechtsgut **34** 22 ff, 34; **35** 9, 13
als notwehrfähiges Rechtsgut **Vor 32** 173
als Rechtsgut
– Geiselnahme **239b** 1
– Körperverletzungsdelikte **Vor 223** 1; **234a** 1
– Politische Verdächtigung **241a** 1
– Unerlaubter Umgang mit gefährlichen Hunden **143** 2
Unverstandsklausel 23 46 ff
Unwahrheit
Üble Nachrede, kein Tatbestandsmerkmal **186** 1
Verleumdung, Tatbestandsmerkmal **187** 2
Unzucht
Begriff **184c** 1
Unzumutbarkeit *siehe auch Notstand*
von Bewährungsauflagen **56b** 3, 9
als Entschuldigungsgrund **Vor 32** 195 ff
bei Fahrlässigkeitsdelikten **Vor 32** 206 f
Handlungsunwert und ~ **Vor 32** 195
irrige Annahme der ~ **Vor 32** 200
Strafvereitelung **Vor 32** 209
beim Unterlassungsdelikt **Vor 32** 205
von Weisungen bei der Führungsaufsicht **68b** 11
Urkunde *siehe auch Ausweis, amtlicher*
abgenötigte ~ **267** 24 ff, 183
abhängige ~ **267** 103 f, 202
Absichtsurkunde **267** 66 ff
aufenthaltsrechtliche Papiere **276a** 1
ausländische ~ **267** 1; **271** 4 ff; **276a** 4 f
als Ausweispapier **281** 5 f
Begriff **267** 4 ff
Beweisbestimmung **267** 63 ff, 92
– Änderung **267** 75
– von Anfang an **267** 67 ff
– nachträgliche ~ **267** 70 ff
– Wegfall **267** 76
Deliktsurkunden **267** 69, 263
Dispositivurkunden **267** 68
echte ~ **267** 8 f, 26 f, 160 ff, 203; **274** 3
Fahrzeugpapiere **276a** 1
falsche ~ **267** 8 f
Gesamturkunde **267** 96 ff, 197
große Zahl von Urkunden **267** 307
nachträgliche ~ **267** 70
Nichturkunden **267** 8, 157
öffentliche ~ **267** EntstG, 68, 141; **271** 3, 8 f, 17, 21 ff; **348** 5 f
originäre ~ **267** 67
private ~ **267** EntstG, 141
scheinbare ~ **267** 9
schlichte amtliche ~ **271** 24 ff
durch Täuschung erschlichene ~ **267** 25 ff, 183
unechte ~ **267** 8 f, 26 f, 160 ff, 203, 210
unwahre ~ **267** 161 f; **348** 1
verkürzte ~ **267** 86, 94 f
Wertzeichen als ~ **148** 4
Zeugnisurkunden **267** 68
Zufallsurkunde **267** 66, 70 ff, 101
zusammengesetzte ~ **267** 100 ff, 199, 202
Urkundendelikte
Betrug und ~ **263** 23, 109, 310, 316, 327 f, 335
DDR-Recht **Vor 267** 11
Ermittler, verdeckter **Vor 267** 10
Konkursstraftaten und ~ **283** 107, 123
Rechtsgut **Vor 3** 192; **Vor 267** 6 ff
Untreue und ~ **266** 170
Urkundenfälschung
Abgabenstrafrecht und ~ **267** 300, 310
Ablichtungen **267** 111 ff, 217
Abschrift
– beglaubigte ~ **267** 102, 107 f
– einfache ~ **267** 105 f
Absicht der Täuschung im Rechtsverkehr **267** 270 ff

Urkundenfälschung (Forts.)
Änderung, nachträgliche **267** 203 ff
Amtsanmaßung und ~ **132** 32, 41
Amtsträger **267** 308
Anonymität **267** 56 ff, 163
Aufzeichnungen, technische **267** 14 f, 90
Augenscheinsobjekte **267** 13, 81, 90, 100 f
Ausfertigungen **267** 110
Auslandstat **267** 1
Aussteller **267** 28 ff
– als Verfälscher **267** 203 ff
Ausweise **267** 142
bandenmäßige Begehung **267** 232, 234 ff, 240 f, 292, 305, 309; **282** 2 f
Bankverkehr **267** 144
Beförderungswesen **267** 143
Begebung **267** 19 ff, 277
Beglaubigungsvermerk **267** 102, 107, 126, 198, 216
Begünstigung und ~ **267** 286
besonders schwerer Fall **267** 292, 303 ff
Bestandsschutz **Vor 267** 8 f, 203
Betrug und ~ **263** 109, 316; **267** 42, 80
Beurkundungswesen **267** 145
Beweisadressat **267** 220, 227, 257 ff
Beweisbestimmung **267** 63 ff, 92
– Änderung **267** 75
– von Anfang an **267** 67 ff
– nachträgliche ~ **267** 70 ff
– Wegfall **267** 76
Beweiseignung **267** 63, 77 ff, 92
Beweiszeichen **267** 4, 16, 85 ff, 94, 198, 202
Bewirtschaftungswesen **267** 146
Bildschirmanzeige **267** 138
Blankettfälschung **267** EntstG, 139, 185 ff
Blankoakzept **267** 189
Buchführung **267** 153, 206, 230
Computerausdrucke **267** 134 ff
Computerbetrug und ~ **263a** 12; **267** 232
Daten, elektronisch gespeicherte **267** 10, 15
Dauerhaftigkeit **267** 11, 55, 192
DDR-Recht **Vor 267** 11; **267** 312
Decknamen **267** 57 ff, 172
Deliktskomplex, einheitlicher **267** 287 f
Durchschrift **267** 109
Echtheit **267** 160 ff
Echtheitsprinzip, strenges **267** 170 f
Echtheitsschutz **Vor 267** 8 f; **267** 196
Eigenhändigkeit **267** 40 ff
Einverständnis
– des Ausstellers/Eigentümers **267** 36 ff, 168, 242 f
– der Mitunterzeichner bei Änderung **267** 207
keine Einwilligung, rechtfertigende **Vor 32** 115
Einziehung **267** 311; **282** 7 ff
elektronische Signatur **267** 129
Email **267** 130 ff
Energieversorgung **267** 146
Entstehungsgeschichte **Vor 267** EntstG; **267** EntstG
Entwürfe **267** 19, 21, 71, 137, 140
Erkennbarkeit des Ausstellers **267** 8 f, 44 ff, 91
Erklärung **267** 12 ff, 88 ff
– anonyme ~ **267** 56 ff
– Erklärungswille **267** 18 ff, 183
– Inhalt **267** 17
– Wesen der ~ **267** 12 ff
Ermittler, verdeckter **Vor 267** 10; **267** 248
Fälschung beweiserheblicher Daten und ~ **267** 139; **269** 29 f
Fälschung technischer Aufzeichnungen und ~ **268** 2, 6, 17, 28, 41, 58
Fälschung von Gesundheitszeugnissen und ~ **267** 293; **277** 1, 11 ff, 18, 23
Fahrscheine **267** 143, 194 f
Fahrtenschreiber **267** 41, 51, 90, 100, 149
Falschbeurkundung im Amt und ~ **267** 107; **348** 1, 36
Falschbeurkundung, mittelbare und ~ **267** 107, 296; **271** 107, 111
Falsche Versicherung an Eides Statt und ~ **156** 28
Familienstandswesen **267** 145
Fangbrief **267** 254
Faxverkehr **267** 122 ff
Firmenzeichen **267** 90
Fotokopie **267** 78, 111 ff, 217, 256
– beglaubigte ~ **267** 102, 112
Gebrauch falscher Gesundheitszeugnisse und ~ **267** 293
Gebrauchen **267** 215 ff, 278
– durch Unterlassen **267** 225
Geistigkeitstheorie **267** 28 ff, 43, 132, 160
Geldfälschung und ~ **Vor 146** 7; **146** 6, 8, 35; **267** 293
Geldverkehr **267** 144
Genehmigung, nachträgliche **267** 39
Gerichtsverfahren **267** 150, 246 f
Gesundheitswesen **267** 147
gewerbsmäßige Begehung **267** 232, 239 ff, 275, 292, 305, 309; **282** 6
Hehlerei und ~ **267** 3
Herstellen **267** 163, 183 f, 188, 214, 276
– Vorbereitung, strafbare **Vor 22** 8
Herstellerzeichen **267** 89 f
historische Dokumente **267** 80
Identitätsleugnung **267** 163 f
Identitätstäuschung **267** 163 ff
Innentendenz, Delikt mit überschießender **267** 270

Urkundenfälschung (Forts.)
als Insolvenzstraftat **Vor 283** 27
Irrtum **267** 251, 281
Kennzeichen **267** 16, 93
Klageerzwingungsverfahren **267** 3
Körperlichkeitstheorie **267** 31 ff
Konkurrenzen **267** 287 ff
– Fälschungsdelikte, andere **267** 293 ff
– innerhalb des Tatbestands **267** 287 ff
– Nebenstrafrecht **267** 299
Kraftfahrzeugverkehr **267** 100, 148, 199, 201, 263
Krankenakten **267** 209
Landesstrafrecht **Einl** 17
Lebensmittelrecht **267** 147
Lüge, schriftliche **267** 161, 211
Malerzeichen **267** 89, 100, 172
maschinell erstellte Schriftstücke **267** 137
Meldewesen, polizeiliches **267** 142
minder schwerer Fall **267** 303, 309
Mißbrauch
– der Amtsträgerbefugnis/-stellung **267** 308
– von Ausweispapieren und ~ **267** 295
– von Scheck- und Kreditkarten und ~ **266b** 6, 60; **267** 36, 38, 244
– von Titeln, Berufsbezeichnungen und ~ **132a** 41
Mißbrauch von Ausweispapieren und ~ **267** 295; **281** 8, 16
Mittäterschaft **267** 285
mittelbare Täterschaft **267** 26, 284
Name
– Deckname **267** 57 ff, 172
– eigener ~ **267** 173 ff
– fremder ~ **267** 40 ff, 166 ff, 266
Namenstäuschung **267** 165 ff
Nebenstrafrecht **Vor 267** 1; **267** 299
Nichturkunde **267** 8
Organisierte Kriminalität **Vor 267** 7; **267** 232; **282** 1
Paßwesen **267** 142, 249
Perpetuierungsfunktion **267** 10
Plomben **267** 89
Polizeiliches Verfahren **267** 150, 263
Postverkehr **267** 151
Prüfungswesen **267** 17, 40, 42, 80, 152, 182
Rechtfertigungsgründe **267** 242 ff
rechtsgeschäftlicher Verkehr **267** 153
Rechtsgut **Vor 267** 8 f; **267** 1 f
Rechtsverkehr
– erhebliche Gefährdung **267** 307
– Sicherheit/Zuverlässigkeit als Rechtsgut **267** 1, 212
– Täuschung im ~ **267** 252, 260 ff
Registerwesen **267** 145
Scherz **267** 266
Schutz vor Mißbrauch **Vor 267** 8 f
kein Schutzgesetz iSd § 823 II BGB **267** 3
Siegelbruch und ~ **136** 27
Sozialversicherung **267** 154
Stellvertretung **267** 29 ff, 33 ff, 175 ff
Stempel **267** 89
Steuerrecht **267** 154
Strafverteidiger **267** 246 f
Subventionsbetrug und ~ **264 a.F.** 134, 146, 163; **267** 232, 236
Täuschung
– Absicht **267** 270 ff
– Adressat **267** 257 ff
– bei Datenverarbeitung **267** 274
– über Person des Ausstellers **267** 163 ff
– im Rechtsverkehr **267** 65, 252 ff; **270** 1 ff
– Ursächlichkeit der Täuschung für Erfolg **267** 267 ff
– über ursprünglichen Erklärungsinhalt **267** 203 f
Teilnahme **267** 225, 285 f, 291
Telegrafenverkehr **267** 32, 151
Telegramm **267** 32, 121
Teletex **267** 130 ff
Testament **267** 40, 42, 68, 82 f, 224
Tonträger **267** 10
Übersetzungen, beglaubigte **267** 108
Unterlassen **267** 184, 213, 225
Urkunden
– abgenötigte ~ **267** 24 ff, 183
– abhängige ~ **267** 103 f, 202
– Absichtsurkunden **267** 66 ff
– ausländische ~ **267** 1
– Begriff **267** 4 ff
– Deliktsurkunden **267** 69, 263
– Dispositivurkunden **267** 68
– echte ~ **267** 8 f, 26 f, 160 ff, 203
– falsche ~ **267** 8 f
– Gesamturkunden **267** 96 ff, 197
– große Zahl von ~ **267** 307
– Kasuistik **267** 141 ff
– nachträgliche ~ **267** 70
– Nichturkunden **267** 8, 157
– öffentliche ~ **267** EntstG, 68, 141
– originäre ~ **267** 67
– private ~ **267** EntstG, 141
– scheinbare ~ **267** 9
– durch Täuschung erschlichene ~ **267** 25 ff, 183
– unechte ~ **267** 8 f, 26 f, 160 ff, 203, 210
– unwahre ~ **267** 161 f
– verkürzte ~ **267** 86, 94 f
– Zeugnisurkunden **267** 68
– Zufallsurkunden **267** 66, 70 ff, 101
– zusammengesetzte ~ **267** 100 ff, 199, 202

Urkundenfälschung (Forts.)
Urkundenunterdrückung und ~ **267** 210, 294; **274** 27, 31, 37, 66
Verändern amtlicher Ausweise und ~ **267** 293; **273** 1 f, 14
Verbindung, feste **267** 55, 100 f
Verfälschen
- einer echten Urkunde **267** 191 ff, 276
- durch Unterlassen **267** 213
- wiederholtes ~ **267** 214, 289
Verfall, erweiterter **282** 5 ff
Verkehrswesen **267** 148 f
Verkehrszeichen **267** 45, 92, 158
Verkörperung **267** 10 f, 88 ff
Verletzung amtlicher Bekanntmachungen und ~ **134** 8
kein Vermögensdelikt **Vor 267** 7; **267** 2
Vermögensstrafe **282** 2 ff
Vermögensverlust großen Ausmaßes **267** 306
Verschaffen von falschen amtlichen Ausweisen und ~ **276** 22
Versuch **267** 74, 190, 195, 224, 228 ff, 279 ff
Verwahrungsbruch und ~ **133** 24
Veterinärwesen **267** 147
Vollendung **267** 276 ff
Vorbereitung **267** 282
Vorbereitung der Fälschung amtlicher Ausweise und ~ **Vor 275-276a** 1 f
Vordrucke **267** 140, 188 f
Vorsatz **267** 170, 250, 270 f
Wahlfeststellung **267** 159
Wahlscheine/-zettel **267** 54, 62
Wahrheitsschutz **Vor 267** 8 f; **267** 196, 210
Warenzeichen **267** 90, 155
Wechsel **267** 104, 189 f, 202, 231
Wertzeichen **267** 90
Wertzeichenfälschung und ~ **Vor 146** 7; **148** 4, 6, 17; **267** 293
Willensmängel **267** 24 ff
Zahlungsverkehr **267** 144, 244
Zeichnen unter fremdem Namen **267** 40 ff
Zivilrechtsakzessorietät **267** 6, 24 ff, 38, 82 f
Zugänglichmachen **267** 220 ff, 228
Zurechnungslehre **267** 30
Urkundenunterdrückung
Abmarkung **274** 20 f
Aneignungsdelikte und ~ **274** 68 ff
Aufzeichnungen, technische **274** 4
Augenscheinsobjekte **274** 17, 19
Ausweise **274** 10 ff
Benachteiligungsabsicht **274** 56 ff
Beschädigen **274** 34 ff
Bestandsschutz als Rechtsgut **274** 1, 3
Beweiserheblichkeit **274** 14 f, 18
Beweismittelschutz als Rechtsgut **274** 18
Beweisposition des Berechtigten als Rechtsgut **274** 1
Computerviren **274** 42
Daten **274** 13
Datenveränderung und ~ **274** 43, 65; **303a** 39
Datenverarbeitung, elektronische **274** 4
DDR-Recht **274** 76
Echtheit **274** 3
Entstehungsgeschichte **274** EntstG
Fälschlich setzen **274** 24 f, 47, 50, 52
Grenzzeichen **274** 20 ff
Konkurrenzen **274** 65 ff
Löschen **274** 39 ff
Lüge, schriftliche **274** 46
Nachteil **274** 58 ff
Rechtfertigungsgründe **274** 53 f
Rechtsgut **274** 1, 18
Rechtsverkehr, Sicherheit/Zuverlässigkeit als Schutzgut **274** 18
Sachbeschädigung und ~ **274** 65; **303** 18, 22
Täter **274** 6, 61
Unbrauchbarmachen **274** 43 f
Unkenntlichmachen **274** 24 f, 47, 49
Unterdrücken **274** 29 ff, 40
Urkunde **274** 2 f
Urkundenfälschung und ~ **267** 210, 294; **274** 27, 31, 37, 66
Verändern **274** 45 f
Verändern amtlicher Ausweise und ~ **273** 1 f, 14; **274** 12, 65
Verfahrensrecht **274** 74
Verfügungsrecht **274** 5 ff, 16
Vernichten **274** 24 ff, 36, 47
Verrücken **274** 24 f, 47, 50 f
Versuch **274** 62, 64
Verwahrungsbruch und ~ **274** 67
Vollendung **274** 63
Vorlegungspflichten
- bürgerlich-rechtliche ~ **274** 6
- öffentlichrechtliche ~ **274** 7 ff
- prozeßrechtliche ~ **274** 6
Vorsatz **274** 55
Wahlfeststellung **274** 74
Wasserstandszeichen **274** 23
Wegnehmen **274** 24 f, 47 f
Urkundsbeamter
Falschbeurkundung, mittelbare **271** 13
Rechtsbeugung **339** 18
Urteil
Fehlurteil **345** EntstG, 3
nichtiges ~ **339** 3, 12b, 131 f; **345** 3
Nichturteil **339** 3, 12b, 131 f
Scheinurteil **339** 131
tadelndes ~ über wissenschaftliche und andere Leistungen **193** 13

Urteil (Forts.)
Todesurteil, rechtwidriges
– durch DDR-Justiz **339** 64
– durch NS-Justiz **339** 11 f, 37, 55, 60 ff, 131
zivilgerichtliches ~, Bindungswirkung **288** 2 ff, 14
Urteilsvermögen, mangelndes
Wucher **302a** 20
USA *siehe Vereinigte Staaten von Amerika*

Vater
abstammungsrechtlicher Begriff **169** 10
Unterhaltspflicht **170** 25
Vaterschaft
gerichtliche Feststellung **170** 25
gesetzliche Vermutung **169** 23; **170** 25 f
rechtliche ~ **170** 25
Vaterschaftsanerkennung **169** 20; **170** 25
– Widerruf **170** 25
Vaterschaftsanfechtung **170** 25 ff, 70
Vaterschaftsfeststellungsklage **170** 25
Venire contra factum proprium, Verbot des
Rechtsbeugung und ~ **339** 49
Verabredung eines Verbrechens *siehe Versuch der Beteiligung – Verabredung*
Verächtlichmachen
des Staates und seiner Symbole **90a** 10 f
Üble Nachrede, Verleumdung **186** 10; **187** 2
Verändern 317 5
amtlicher Ausweise *siehe auch Ausweise, amtliche – Verändern* **273** 6 f
beweiserheblicher Daten **269** 11 f
von Daten **274** 45 f; **303a** 19, 22, 29 ff; **303b** 18, 21
einer Datenverarbeitungsanlage/eines Datenträgers **303b** 25
Veränderung einer Grenzbezeichnung *siehe Urkundenunterdrückung*
Veräußern
kreditierter Waren/Wertpapiere **283** 77, 185
von Vermögensbestandteilen **288** 27 ff
Veräußerungsverbot
Einziehung(svorbehalt), Rechtsfolge **74b** 14; **74e** 12 ff
Verfall, Rechtsfolge **73e** 10
Veranlassen
Begeben in Gebiet außerhalb des räumlichen Geltungsbereichs **234a** 11
Veranstaltung
Erschleichen von Leistungen **265a a.F.** 33
eines Glücksspiels, unerlaubten *siehe Glücksspiel, unerlaubtes*
Veranstaltung einer Lotterie/Ausspielung, unerlaubte
ausländische Angebote **287** 19, 26
Ausspielung **Vor 287** 6; **287** 1 ff, 14
Betrug und ~ **287** 28
Einsatz **Vor 287** 6 f; **287** 5 ff
Einziehung **287** 29
Erlaubnis, behördliche **Vor 284-287** 13 ff; **287** 22 f
Gewinn **287** 8, 29
Glücksspiel
– im engeren Sinne **287** 3
– im weiteren Sinne **287** 1
Internet **287** 19, 26
Irrtum **287** 23 f
Kettenbrief **Vor 287** 2, 4, 7; **287** 16
Konkurrenzen **287** 28
Lotterie **Vor 284-287** 23; **287** 1 ff, 13
Mehrzahl von Spielteilnehmern **287** 10
Öffentlichkeit **Vor 287** 6; **287** 20 f
Ordnungswidrigkeitenrecht und ~ **Vor 284-287** 11; **287** 28
Preisausschreiben/-rätsel **287** 12
Pyramiden-Gewinnsysteme **Vor 287** 2, 5; **287** 16
Rechtsgut **Vor 284-287** 7, 11
Reformdiskussion **Vor 284-287** 1 f; **N Vor 287; Vor 287** 9
Renn- und Sportwetten **287** 4, 22, 25
Schneeballsystem **Vor 287** 6, 11
Spielgemeinschaften, gewerbliche **287** 1, 12
Spielrecht **Vor 284-287** 13 ff
Spielteilnehmer **287** 25
Spielvertrag **287** 2, 10, 18
Täter **287** 17 f, 25
Teilnahme **287** 25
Veranstalten **287** 17 f
Veranstaltung eines Glücksspiel, unerlaubtes und ~ **284** 4; **287** 28
Vermögensgefährdung **287** 9
Vorsatz **287** 24
Werbe- und Vertriebssysteme, progressive **N Vor 287; Vor 287** 1 ff; **287** 15 f
– Strafwürdigkeit **Vor 287** 2
– wettbewerbsrechtlicher Tatbestand **N Vor 287; Vor 287** 5, 7 f, 10 ff
Werben, unerlaubtes **287** 1, 17, 26 f
Wettbewerbsrecht und ~ **N Vor 287; Vor 287** 5, 7 f, 10 ff; **287** 1, 28
Zufallselement **287** 11, 12
Verantwortlichkeit *siehe auch Schuld*
als Voraussetzung der Strafbarkeit **Vor 13** 72
Verantwortlichkeitsfreiheit
für wahrheitsgetreue Berichte über öffentliche Parlamentssitzungen *siehe Parlamentarische Äußerungen/Berichte, Straflosigkeit*
Verbände
Angestelltenbestechlichkeit/-bestechung, Strafantragsberechtigung **301** 4 f

Verbergen
bemakelten Gegenstandes **261** 12
von Vermögensbestandteilen **288** 30
Verborgenhalten
Diebstahl, besonders schwerer Fall **243** 16 f
Verbotsirrtum
abstrakter ~ **17** 9
Arten **17** 9 ff
Auskünfte als Erkenntnismittel **17** 41 ff
bedingter ~ **17** 25
Erkennbarkeit der Tatbestandsverwirklichung **17** 27 ff
über Existenz einer Norm **17** 9, 11
Fahrlässigkeitstaten **17** 2
fehlende Vorstellung **17** 17
Fehlvorstellung **17** 17
Gültigkeitsirrtum **17** 11; **22** 204
Handeln auf Befehl **17** 52 ff
individueller Maßstab **17** 30
konkreter ~ **17** 9
Mitbewußtsein **17** 26
Rechtsprechung, Bedeutung für Vermeidbarkeit **17** 13, 33
über Reichweite einer Norm **17** 9
Schuldfähigkeit, verminderte/fehlende, Abgrenzung **20** 5; **21** 3 ff
Schuldprinzip und ~ **17** 1, 3
Sonderregelungen **17** 50 ff
Staatsschutzdelikte **Vor 80** 31
Strafzumessung und ~ **46** 93
Subsumtionsirrtum als ~ **17** 9 f
Tatbestandsirrtum und ~ **16** 46
des Tatmittlers **25** 83 ff
Überzeugungs-/Gewissenstäter **17** 18 ff
umgekehrter ~ **22** 201
umgekehrter indirekter ~ **22** 206
Unrechtseinsicht *siehe auch dort* **17** 5 ff, 14 ff, 23 ff
Unterlassungsdelikte **17** 31
unvermeidbarer ~ als Schuldausschließungsgrund **17** 3; **29** 2
Verfahrensrecht **17** 56
vermeidbarer ~ als Strafmilderungsgrund **17** 3, 48; **29** 2
Vermeidbarkeit **17** 27 ff
Verwaltungsakte, Annahme rechtswidriger **17** 46
Zeitpunkt der Erkennbarkeit **17** 47
Verbotszeichen 145 17
Verbrauchen
übermäßiger Beträge **283** 69 f
Verbrechen
Begriff *siehe auch Verbrechenslehre*
– Bestandteile **Vor 13** 11
– materieller ~ **Einl** 3, 21; **12** 5 ff
– soziologischer ~ **12** 7
– viergliedriger ~ **Vor 13** 3
Erfolgsunwert der Tat **Vor 13** 11
Gesinnungsunwert der Tat **Vor 13** 11
Handlungsunwert der Tat **Vor 13** 11
als Pflichtverletzung **Vor 13** 9
als Rechtsgutsverletzung **Vor 13** 5
Verabredung eines ~ *siehe Versuch der Beteiligung – Verabredung*
Vergehen, Abgrenzung **12** 4 f, 10 ff
Versuch der Beteiligung **30** 1, 33 ff
Versuchsstrafbarkeit **Vor 22** 44; **23** 2 f
Vorbeugung *siehe Generalprävention; siehe Spezialprävention*
Verbrechen gegen die Menschlichkeit
siehe auch Völkermord
DDR-Recht **1** 143 ff
Rückwirkungsverbot und ~ **1** 91; **2** 59
Verbrechensaufbau
dreistufiger ~ **Vor 32** 5
Verbrechenskontrolle
Aufgabe des Strafrechts **Einl** 2
Verbrechenslehre *siehe auch Verbrechen, Begriff*
Entwicklung **Vor 13** 12
funktionales Strafrechtssystem **Vor 13** 23
Funktionalismus, extremer **Vor 13** 24
Handlungsbegriff als Grundlage **Vor 13** 25 ff
teleologische ~ **Vor 13** 16
Unrechtstatbestand **Vor 13** 46
Verbrechensbegriff
– des Finalismus **Vor 13** 18 ff
– klassischer ~ **Vor 13** 13 ff
– neoklassischer ~ **Vor 13** 16 f
– der Synthese **Vor 13** 22
Verbrechensverabredung *siehe Versuch der Beteiligung – Verabredung*
Verbreiten
Gewaltdarstellung **131** 30
von Kennzeichen verfassungswidriger Organisationen **86a** 6
presse(straf)rechtlicher Begriff **86** 11, 14
von Propagandamitteln verfassungswidriger Organisationen **N 86** 1 f; **86** 11 ff
– Verjährung **86** 26
durch Rundfunk **131** 31 f
von Schriften
– Anleitung zu Straftaten **130a** 7
– Aufstacheln zum Angriffskrieg **80a** 3
– Begriff **86** 11 ff
– Beschimpfung von Bekenntnissen, Religionsgesellschaften und Weltanschauungsvereinigungen **166** 41 ff
– Billigung/Belohnung von Straftaten **140** 28
– Einziehung **74d** 8 ff, 20

Verbreiten (Forts.)
- Falsche Verdächtigung durch ~ **165** 2
- öffentliche Aufforderung zu Straftaten durch ~ **111** 16 ff
- Schwangerschaftsabbruch, Werbeverbot **219a** 6
- Üble Nachrede durch ~ **186** 13 f; **188** 4
- Verbreitung pornographischer Schriften *siehe auch dort*; **N 184** 1; **184** 35, 45, 47
- Verleumdung durch ~ **187** 6; **188** 4
- Verunglimpfung des Bundespräsidenten **90** 2 ff, 10

einer Tatsache **186** 8
Üble Nachrede **186** 8; **194** 4
Verleumdung **187** 1; **194** 4

Verbreitung pornographischer Schriften
Absicht **184** 44 f
Anbieten **184** 20, 29, 34
Ankündigen **184** 34
Anpreisen **184** 34
Ausfuhr **184** 1, 45
Auslandstat **6** 48 f; **Vor 174** 12; **184** 45
Besitz von Kinderpornographie **184** 2, 48
Beziehen **184** 43
Beziehungsgegenstand, Einziehung **184** 52
DDR-Recht **184** 57
Einfuhr **184** 33, 43
Einsehbarkeit **184** 32
Einzelhandel **184** 26
Einziehung **184** 52
Entstehungsgeschichte **N 184** EntstG; **184** EntstG, 5
Erfüllung rechtmäßiger dienstlicher/beruflicher Pflichten **184** 50
Erklärungsinhalt einer Schrift **184** 10 ff
Erzieherprivileg **184** 22, 25
Filmvorführungen, öffentliche entgeltliche **184** 38 ff
Gefährdungsdelikt, abstraktes **184** 3, 18
Gelangenlassen **184** 37
Geschäftsverkehr **184** 35
Geschehen
- tatsächliches ~ **N 184** 2; **184** 49
- wirklichkeitsnahes ~ **N 184** 2

Gesetz über die Verbreitung jugendgefährdender Schriften und ~ **184** EntstG, 51, 54, 56
Gewahrsam **184** 53
Gewaltdarstellung und ~ **131** 40
Gewalttätigkeit **184** 14
Herstellen **184** 43
Internet **N 184** 1
Kinderpornographie **184** 2, 48 ff
- bandenmäßige Verbreitung **184** 52
- gewerbsmäßige Verbreitung **184** 52

Kiosk **184** 26
Konkurrenzen **184** 55 f
Kunstfreiheit und ~ **184** 9
Ladengeschäft **184** 31
Leihbüchereien, gewerbliche **184** 28
Lesezirkel, gewerbliche **184** 28
Liefern **184** 43
Medien- und Teledienste **N 184**
öffentlich **184** 38, 45, 47
Ort, zugänglicher **184** 23
Parallelwertung, laienhafte **184** 51
Pornographie
- Begriff **184** 4 ff, 13
- einfache ~ **184** 1, 13
- harte ~ **184** 2, 9, 13 ff, 47 ff

Presseinhaltsdelikt **184** 25, 36, 44, 47, 50, 55 f
Rundfunk **184** 46
Sachverständiger **184** 11
Schriften **184** 19
sexuelle Handlungen mit Tieren **184** 16
Sexueller Mißbrauch von Kindern und ~ **N 184** 1; **184** 15, 48 f
Strafdrohung **N 184** 3; **184** 54
Teilnahme **184** 53
Tendenzdefinition **184** 5, 7 f
Überlassen **184** 21, 29
Unterlassen **184** 53
Verbreiten **N 184** 1; **184** 35, 45, 47
Verbreitungsverbot **184** 47
Verfall, erweiterter **184** 52
Verjährung **184** 55 f
Vermietung, gewerbliche **184** 32
Versandhandel **184** 26 f, 33
Verschaffen, Besitz **N 184** 1; **184** 48
Vorrätighalten **184** 43
Vorsatz **184** 51
Weltrechtsprinzip **184** 54
Werbung **184** 34
Wissenschaftsfreiheit und ~ **184** 9, 50
Zugänglichmachen **184** 21, 23 ff, 45

Verbreitungsdelikt
Anleitung zu Straftaten **130a** 7, 35
Gewaltdarstellung **131** 26

Verbreitungsverbot
Anleitung zu Straftaten **130a** 25

Verbringen
in Gebiet außerhalb des räumlichen Geltungsbereiches **234a** 8 ff

Verdachtsfrage
bei Wahrheitsverletzung **193** 21

Verdächtigung, falsche *siehe Falsche Verdächtigung*

Verdächtigung, politische *siehe Politische Verdächtigung*

Verdeckter Ermittler *siehe auch Agent provocateur*
Falsche Verdächtigung **164** 33

Verdeckter Ermittler (Forts.)
Glücksspiel, unerlaubtes **285** 3
Staatsschutzdelikte **Vor 93** 12
Verdeckung
Tötung zur ~ einer Straftat, Mordmerkmal **211** 12 ff
Verdeckungsabsicht
Brandstiftung, besonders schwere **N 306b** 5
Gefährliche Eingriffe in den Bahn-, Schiffs- und Luftverkehr **315** 116
Gefährliche Eingriffe in den Straßenverkehr **315b** 90
Mord **211** 14 ff
Verdienstlichkeitstheorie 24 10 f
Verehrung
religiöser ~ dienender Gegenstand **243** 25; **304** 4
Verfremdung
als Stilmittel und Beleidigung **185** 22; **193** 10
Verein
Begriff (Abgrenzung zu Vereinigung) **85** 6
Einziehung bei Organhandlungen **75** 1 ff
rechtsfähiger ~ als Täter von Konkursstraftaten **Vor 283** 64
Untreue **266** 49, 77, 130, 141
Vereinigte Staaten von Amerika
Konkursstraftaten **Vor 283** 218 ff
Vereinigung
Begriff **85** 5 f; **86** 9; **129** 8 ff
kriminelle ~ *siehe dort*
terroristische ~ *siehe dort*
Vereinigungsfreiheit
Bildung krimineller Vereinigungen und ~ **129** 23
Vereinigungstheorien
Versuch **Vor 22** 56, 83 ff, 86, 91; **22** 64, 70 f
Vereinigungsverbot 129 23
Bildung krimineller Vereinigungen und Verstoß gegen ~ **129** 37, 89
Vereinsgesetz
Bildung krimineller Vereinigungen und ~ **129** 1, 8, 23, 37, 89
Vereinsregister 271 8, 46
Vereinsstrafen Vor 38 88
Vereinte Nationen *siehe auch Supranationale Organisationen*
Kollektivmaßnahmen **80** 2
Vereiteln
der Einziehung **74c** 7 ff, 11
eines Rechts *siehe Pfandkehr*
des staatlichen Zugriffs auf bemakelten Gegenstand **261** 12
der Strafverfolgung *siehe Strafvereitelung*
der Straf-/Maßregelvollstreckung *siehe Strafvereitelung*
der Zwangsvollstreckung *siehe Zwangsvollstreckungsvereitelung*
Vereitelungsabsicht
Pfandkehr **289** 24 ff
Strafvereitelung **258** 21; **258a** 9
Unerlaubtes Entfernen vom Unfallort **142** 164
Zwangsvollstreckungsvereitelung **288** 1, 3, 14, 34 ff
Verfälschen
von Gesundheitszeugnissen **Vor 277** 2; **277** 13
einer technischen Aufzeichnung **268** 40 ff
einer Urkunde **267** 191 ff, 276
Verfahren, ordnungsgemäßes
als Rechtsgut **218b** 2
Verfahrensdauer, überlange
als Verfolgungshindernis **Vor 78** 18
Verfahrenshindernis *siehe auch Verfahrensvoraussetzungen*
bei Auslandstaten **7** 32 ff
Ehe als auflösend bedingtes ~ **Vor 32** 229
Exterritorialität **Vor 3** 338; **Vor 32** 230
Gerichtsbarkeit, Fehlen deutscher **Vor 3** 1, 204; **6** 81
Immunität des Abgeordneten **Vor 32** 230; **36** 47
Schuldunfähigkeit **19** 1, 3
Verfahrensdauer, überlange **Vor 78** 18
Verfolgungsverjährung **Vor 32** 229; **Vor 78** 9
Verfahrensrecht *siehe auch Verfahrenshindernis; siehe auch Verfahrensvoraussetzung*
zur Tatzeit geltendes Recht **2** 6
Verfahrensverstoß
als Strafmilderungsgrund **46** 137 ff
Verfahrensvoraussetzungen *siehe auch Verfahrenshindernis* **Vor 32** 229 f
Anwendbarkeit deutschen Strafrechts **Vor 3** 1, 204; **6** 81
Auslieferungentscheidung bei Auslandstaten von Ausländern **7** 78
Ermächtigung zur Strafverfolgung *siehe auch dort* **Vor 32** 229; **Vor 77** 15; **77e** 1
Genehmigung des Parlaments zur Verfolgung von Straftaten eines Abgeordneten *siehe auch Immunität* **Vor 32** 230
Irrtum über ~ **16** 62
Strafantrag *siehe auch dort* **Vor 77** 7, 14
Strafverlangen *siehe auch dort* **Vor 32** 229; **Vor 77** 15; **77e** 1
Verfall
Absehen von Strafe und ~ **76a** 14
Adressaten **73** 51 ff, 69
Anordnung, fakultative **73** 49
Anordnung, obligatorische **73** 49; **73a** 14

Verfall (Forts.)
Anordnung, selbständige **76a** 1 ff
Anwendungshäufigkeit **Vor 38** 42, 62
Aufwendungen, ersparte **73** 22
aus der Tat Erlangtes **73** 25 ff
Ausgleich unrechtmäßiger Vermögensverschiebung **73** 7
Ausschluß durch Drittrechte **73** 33 ff
Begehung rechtswidriger Tat **73** 15 f
Beschränkung durch Drittrechte **73** 33 ff
Bruttoprinzip **73** 6, 10, 18; **73c** 4
dritteigentümerbezogener ~ **73** 64 ff
– Dritteinziehung und ~ **73** 67 f
Dritter als Nutznießer **73** 50, 54 ff
Drittrechte **73** 33 ff; **73e** 8
Eigentumsübergang auf Justizfikus **73e** 5
Einigungsvertrag, Anpassungsregelungen **Vor 38** 126
Einstellung des Verfahrens und ~ **76a** 14 ff
Entstehungsgeschichte **Vor 73** 11; **73** 1 ff
Erfüllungsfälle **73** 62
Erlangen **73** 29 ff
erweiterter ~ **N 331-338** 1 ff
– Angestelltenbestechlichkeit/-bestechung **302** 2 ff
– Anknüpfungstat **73d** 21 ff
– Annahme rechtswidriger Herkunft **73d** 34 ff, 44 ff
– Anordnung, obligatorische **73d** 58
– Bandendiebstahl **Vor 242** 1
– Bestechlichkeit **N 331-338** 25; **N 338**
– Bestechung **N 331-338** 25; **N 338**
– Betäubungsmittelkriminalität **73d** 9, 48
– Betrug **263** 331
– Beweislastumkehr **73d** 12
– Blankettatbestand **73d** 5, 8, 21
– Erpressung (räuberische) **N 256**
– Gegenstand **73d** 27 ff
– Geld-/Wertzeichenfälschung und ihre Vorbereitung **150** 1 f
– Geldwäsche, gewerbs-/bandenmäßige **261** 22
– Gewinnabschöpfung **73d** 2, 13
– Glücksspiel, unerlaubtes **286** 2
– Härteausgleich **73d** 56
– Hehlerei (gewerbsmäßige/Bandenhehlerei) **260** 7; **260a** 3
– in dubio pro reo **73d** 49, 55
– mehrfache Verfallsanordnung **73d** 54 f
– Menschenhandel, schwerer **181c** 2 ff
– Nichtigkeit des Eigentumserwerbs **73d** 47 ff
– Nutzungen/Surrogate **73d** 51
– Organisierte Kriminalität, Bekämpfung **73d** 1 f, 22
– pornographischer Schriften **184** 52
– Rechtsnatur **73d** 4
– Rückwirkungsverbot und ~ **73d** 25, 42
– Schätzung, analoge Anwendung **73d** 52 f
– Strafausschließungs-/-aufhebungsgründe **73d** 26
– Systematik **73d** 5 ff
– Unmittelbarkeit der Erlangung aus/für rechtwidrige Tat **73d** 38 ff
– Urkundendelikte **282** 5 ff
– Verfall nach § 73, Verhältnis **73d** 10
– verfassungsrechtliche Bedenken **73d** 13 ff, 36, 50
– nach verjährter Tat **73d** 24 f; **78** 2
– Vermögensstrafe, Verhältnis **73d** 10
– Voraussetzungen **73d** 21 ff
– Wertersatzverfall, analoge Anwendung **73d** 52 f
– Zahlungserleichterungen **73d** 57
– Zuhälterei, dirigierende **181c** 2 ff
– Zuhälterei, gewerbs-/bandenmäßige **181c** 1 ff
für die Tat Erlangtes **73** 25, 28
Gegenstand **73** 17 ff
Geringwertigkeit des Erlangten **73c** 14
Gesetzlichkeitsprinzip und ~ **2** 1
Gewässerverunreinigung **324** 127
Härteausgleich **73c** 1 ff
Handeln für einen anderen **73** 50 ff
Individualansprüche, Vorrang **73** 34 f, 40 ff; **73a** 3
Inverkehrbringen von Abtreibungsmitteln **219b** 9
Mittäter **73** 70; **73a** 15
Nutzungen **73** 21, 44
im Ordnungswidrigkeitenrecht **73** 14
Rechte **73** 24
Rechtsfolgen **73e** 1 ff
Rechtsgeschichte **Vor 38** 58 f; **43a** EntstG
Rechtsnatur **Vor 38** 6, 59; **73** 7 ff
Reformdiskussion **Vor 73** 17 ff
Schätzung des Erlangten **73b** 1 ff
Schmiergeld **73** 38
Schwangerschaftsabbruch, Werbeverbot **219a** 11
Surrogate **73** 45 ff; **73a** 8 f, 11
Tatunbeteiligter **73** 50 ff, 64 ff
Tatzeitprinzip und ~ **2** 54
Teilnehmer **73** 69 ff
Übergangsrecht **Vor 73** 14
Umfang **73** 17, 19 ff; **73b** 1 ff
Undurchführbarkeit **73a** 5 ff
Veräußerungsverbot **73e** 10
Verfahrensrecht **Vor 73** 12
Verfügungsgewalt des Tatbeteiligten **73** 29
Verfügungsverbot **73e** 9
Verjährung **78a** 17

Verfall (Forts.)
Verletzter **73** 36 ff
Verschiebungsfälle **73** 61
Versuchstat **73** 16
Vertretungsfälle **73** 60
Vollstreckung gegen Unschuldige **345** 6
Voraussetzungen **73** 15 ff
Vorrang von Individualansprüchen **73** 34 f, 40 ff; **73a** 3
Wegfall der Bereicherung **73c** 9 ff
des Wertersatzes
- bei Abstandnahme vom Surrogatsverfall **73a** 8 f
- Anordnung, nachträgliche **73a** 16; **76** 1 ff
- Anordnung, selbständige **73a** 16; **76a** 1 ff
- Anordnung, zwingende **73a** 14
- Höhe, Berechnung **73a** 12 f
- Rechtsnatur **73a** 2
- Undurchführbarkeit des Verfalls eines bestimmten Gegenstandes **73a** 5 ff
- neben Verfallsanordnung nach § 73 **73a** 10 f
- Vollstreckung **73a** 17
Zahlungserleichterungen **73c** 15
der Zwangsvollstreckung unterliegender Sachen **288** 12
Zweck **73** 7
Verfallen
in Krankheitszustände **226** 22 ff
Verfalltheorie 201 5
Verfassungsfeindliche Befürwortung von Straftaten Vor 80 18
Verfassungsfeindliche Einwirkung auf Bundeswehr und öffentliche Sicherheitsorgane 89 1 ff
Bildung krimineller Vereinigungen und ~ **129** 37
NATO-Staaten und ihre Truppen **89** 14
Verjährung **89** 12
Verfassungsfeindliche Sabotage 88 1 ff
Hintermann **88** 5
Störung öffentlicher Betriebe und ~ **88** 2; **316b** 3, 26, 38
Verfassungsgerichte
Schutz der ~ als Verfassungsorgane **90a** 2 f; **105** 2
Verfassungsgrundsätze *siehe auch Freiheitlich demokratische Grundordnung; siehe auch Verfassungsmäßige Ordnung* **Vor 80** 20; **92** 3; **93** 22
Verfassungshochverrat
gegen den Bund **81** 6 ff
Verfassungsmäßige Ordnung *siehe auch Freiheitlich demokratische Grundordnung*
als Rechtsgut **81** 6 ff; **85** 1, 3; **87** 1; **88** 1; **89** 1, 6; **90a** 1; **90a** 1, 3 f; **93** 22
Verfassungsmäßigkeit
Anleitung zu Straftaten **130a** 2 f
Belohnung/Billigung von Straftaten **140** 3, 19, 21 ff, 26
des Staatsschutzstrafrechts **Vor 80** 22 ff, 26; **80** 2; **85** 2, 7; **86** 8, 10; **90** 12; **90a** 1, 25; **92** 3; **93** 9; **94** 1, 15; **97a** 13 ff; **99** 1, 11; **109d** 3
Eingriffe in den Bahn-, Schiffs- und Luftverkehr, gefährliche **315** 41
Gefährdung des Bahn-, Schiffs- und Luftverkehrs **315a** 24
Gewaltdarstellung **131** 11, 14, 37 ff
Landfriedensbruch **Vor 125** 20 ff; **125** 2
lebenslanger Freiheitsstrafe **120** 7 ff
Strafmilderung, fakultative beim Versuch **23** 11
Trunkenheit im Verkehr **316** 15, 64, 77
Unerlaubter Umgang mit gefährlichen Hunden **143** 1
Unerlaubtes Entfernen vom Unfallort **142** 58, 61 ff, 199
des vikariierenden Systems **67** 10
Widerstand gegen die Staatsgewalt **Vor 110** 3
Verfassungsorgane
Schutz der ~ als Rechtsgut **Vor 105** 1 f; **105** 1; **106b** 1
Verunglimpfung von Verfassungsorganen, verfassungsfeindliche **90a** 1 ff
Verfassungsschutzbehörden
Eingriffe in den persönlichen Lebens- und Geheimbereich **Vor 93** 12
nachrichtendienstliche Mittel **99** 15
Verfolgung
Gefahr politischer ~ **234a** 21 ff; **241a** 11 f
Verfolgung Unschuldiger
Absicht **344** 10
Amtsdelikt
- besonderes ~ **344** 1
- echtes ~ **344** 1
Amtsträger **344** 2
Berufsgerichtsbarkeit **344** 4
Bundeswehrangehörige als Täter **344** 2
Bußgeldverfahren **344** 4
Disziplinarverfahren **344** 4
Ehrengerichtsbarkeit **344** 4
Entstehungsgeschichte **344** EntstG
Hinwirken auf Verfolgung **344** 6
Konkurrenzen **344** 13
Maßnahme, nicht freiheitsentziehende **344** 4
Nebenfolge **344** 14
nicht zu verfolgende Personen **344** 9
Polizeibeamter **344** 2
Rechtsbeugung und ~ **339** 123; **344** 1, 13
Rechtsgut **344** 1

Verfolgung Unschuldiger (Forts.)
Richter **344** 2
Sachverständiger als Täter **344** 2
Staatsanwalt **344** 2
Strafverfahren **344** 3
Teilnahme **344** 12
unschuldig **344** 8
Unterlassen **344** 7
Verfahrensarten, geschützte **344** 1 ff
Verfolgung **344** 5
Versuch **344** 4, 11
Verwahrung, behördliche **344** 3
Vollstreckung gegen Unschuldige und ~ **344** 5
Wissentlichkeit **344** 10
Verfolgungshindernis
unmittelbar verfassungsrechtlich begründetes ~ **Vor 93** 16 ff
Verfolgungspflicht
aufgrund zwischenstaatlicher Abkommen **6** 57 ff
Verfolgungsvereitelung **258** 2 ff
Verfolgungsverjährung **Vor 32** 229; **Vor 78** 9; **78c** 38; **78b** 1 ff
– Begriff **Vor 78** 2
– Vollstreckungsverjährung, Verhältnis **Vor 78** 2; **78** 8; **79** 2
Verfolgungswille
beim Strafantrag **77** 13 ff
Verfügungsbefugnis
Untreue **266** 37 ff
Verfügungsverbot
Verfall, Rechtsfolge **73e** 9
Verführung
strafmildernde Bedeutung **46** 76
Vergabeverfahren
freihändiges ~ **298** 24
offenes ~ **298** 23
nicht offenes ~ **298** 23
privates ~ **298** 22
Vergehen
Begriff **12** 9
als Katalogtaten terroristischer Vereinigungen **Vor 129a** 3
Verbrechen, Abgrenzung **12** 4 f, 10 ff
Versuchsstrafbarkeit **Vor 22** 44; **23** 2 ff
Vergeltung *siehe auch Rache*
durch Strafe **Einl** 24, 27; **Vor 46ff** 27
Vergewaltigung
Begriff **N 177** 4, 18
Beihilfe **177** 17
– durch Unterlassen **177** 18
Beischlaf, außerehelicher **N 177** EntstG, 1; **177** EntstG
Beisichführen **N 177** 8
Beleidigung und ~ **177** 16
DDR-Recht **177** 23
Drohung **177** 9 ff
– gegenüber Dritten **177** 12
Ehegattenvergewaltigung **N 177** EntstG, 1; **177** EntstG
Einverständnis **177** 7 f, 15 f
Entführung und ~ **177** 6, 20 ff
Entstehungsgeschichte **N 177** EntstG; **177** EntstG; **N 178** EntstG
Freiheitsberaubung und ~ **177** 20; **239** 40
Führungsaufsicht **N 181b; 181b**
Garantenstellung **177** 17
Gefahr
– gegenwärtige ~ **177** 11
– für Leib/Leben **177** 10
– der Schwängerung **177** 18
Geiselnahme und ~ **177** 22
gemeinschaftliche Begehung **N 177** 4
Gesundheitsschädigung, Gefahr schwerer ~ **N 177** 9
Gewalt
– Begriff **177** 3 ff
– gegenüber Dritten **177** 3
Gruppenvergewaltigung **177** 17
HIV-Infektion durch ~ **177** 18
Irrtum **177** 14 ff
Kausalzusammenhang zwischen Nötigungsmittel und Handlungsziel **N 177** 11; **177** 5, 14
Körperverletzungsdelikte und ~ **177** 22; **223** 6
Konkurrenzen **N 177** 19; **177** 20 ff; **N 178** 2
Leichtfertigkeit **N 178** 1
Massenvergewaltigung **220a** 11
minder schwerer Fall **N 177** 13; **177** 18
Mißhandlung, körperlich schwere **N 177** 12
Mittäterschaft **N 177** 16
Mord und ~ **211** 7
Nötigung und ~ **177** 15 f, 20, 22; **240** 2
Notstand, sexueller **177** 18
Prostituierte **177** 18
Raub und ~ **177** 20
Rechtsgut **N 177** 1; **177** 1
Rücktritt **177** 16
Schuldfähigkeit, verminderte **177** 18
Sexuelle Nötigung und ~ **N 177** 4, 15, 18; **178** 6, 9
Sexueller Mißbrauch widerstandsunfähiger Personen und ~ **N 177** 19; **177** 5; **179** 20
Steuerungsfähigkeit, verminderte **177** 18
Strafklageverbrauch **177** 21
Strafzumessung **N 177** 17; **177** 18
Täter **177** 1 f, 17
Todesfolge **177** 19; **N 178** 2
Todesgefahr **N 177** 12
Versuch **Vor 22** 111; **N 177** 15, 18; **177** 14, 16, 18 f

Vergewaltigung (Forts.)
Verwenden einer Waffe/eines Werkzeugs **N 177** 11
vis absoluta **177** 3, 5 f
vis compulsiva **177** 3, 5 f
Vollendung **177** 16
Vorsatz **N 177** 14; **177** 15
Waffe **N 177** 6, 11
Wahlfeststellung **1** 118
Werkzeug, gefährliches **N 177** 6, 11
Werkzeug, sonstiges **N 177** 7
Widerstand des Opfers **177** 7 f
Vergiftung *siehe Körperverletzungsdelikte*
Vergiftung, gemeingefährliche N 314
Anzeigepflicht **N 138; 138**
Arznei-/Lebensmittelrecht und ~ **319** 1, 16
Beimischen **319** 5, 7
Bildung terroristischer Vereinigungen und ~ **N 129a** 1 f
Fahrlässigkeit **N 314; 320** 2
Friedensstörung durch Androhung von Straftaten und ~ **N 126** 3
Gesundheitsschädigung als Folge **N 314**
zur Gesundheitszerstörung geeignete Stoffe **319** 7 f
Gift **319** 6
Inverkehrbringen **319** 9 ff
Körperverletzungs-/Tötungsdelikte und ~ **319** 16
Konkurrenzen **319** 16
zum öffentlichen Verkauf/Verbrauch bestimmte Gegenstände **319** 3 f
Produkthaftung und ~ **319** 1
Qualifikationstatbestand **N 314; 319** 14
Rechtsgut **319** 13
Rechtswidrigkeit **319** 13
Todesfolge **N 314; 319** 14; **320** 6
Vergiften **319** 5
verwaltungsrechtliche Genehmigung und ~ **319** 13
Vorsatz **319** 12
Vergleichsverfahren Vor 283 10, 166; **283d** 7
Vergleichsverwalter
Konkursstraftaten **Vor 283** 66; **283d** 18
Parteiverrat **356** 27, 37
Untreue **266** 60, 130
Vertreterhaftung **14** 49
Vergnügungssucht
strafschärfende Bedeutung **46** 76
Vergütung
Begriff **352** 8
Verhältnismäßigkeitsgrundsatz
Einziehung und ~ **74b** 1 ff; **74d** 25
Entziehung der Fahrerlaubnis und ~ **62** 7; **69** 67, 146
im Maßregelrecht **Einl** 35 f, 38; **Vor 38** 14; **Vor 61ff** 35, 58, 64; **62** 1 ff; **64** 88 ff; **66** 168; **68** 17; **68e** 26
Notwehr **32** 6, 224, 313
Privatgeheimnisse, Verletzung und ~ **203** 1, 48
Rechtsbeugung und ~ **339** 49, 64 f
Staatsschutzstrafrecht und ~ **Vor 93** 6, 16, 18
Verstoß gegen Weisungen während der Führungsaufsicht **145a** 4
Verhältnisse
besondere persönliche ~ *siehe Besondere persönliche Merkmale*
persönliche ~, Begriff **28** 59
wirtschaftliche ~ und Kreditbetrug **265b** 79 ff
Verhaltensunrecht Vor 32 11
Verhandlungen
Berurkundung, unwahre **271** 69
Verhandlungsunfähigkeit
Verjährungsunterbrechung bei ~ des Angeschuldigten **78c** 35
Verharmlosung
Begriff **131** 23
nationalsozialistischer Gewalttaten **N 86** 2; **Vor 125-145d** 6
Verheimlichen
der Geschäftsverhältnisse **283** 155 ff
von Handelsbüchern **283** 125
von Vermögensbestandteilen **283** 14, 38 ff
der Zwangsvollstreckung unterliegender Sachen **288** 31
Verherrlichung
Begriff **131** 22
von Gewalt *siehe Gewaltdarstellung*
Verhindern
der Brandlöschung **N 306b** 6
Verjährung
Ablaufhemmung nach Erlaß erstinstanzlichen Urteils **78b** 13 ff
absolute ~ **78c** 13
Abwesenheit des Angeschuldigten und Unterbrechung **78c** 34
Anberaumung einer Hauptverhandlung und Unterbrechung **78c** 32
Anklageerhebung und Unterbrechung **78c** 30
Anknüpfungstat, verjährte **Vor 78** 17
Anstiftung **26** 112
Auslandstat **Vor 78** 10
Auslieferungsrecht **Vor 78** 3
Ausschluß der ~
– Mord **Einl** 85; **1** 90; **Vor 78** 3; **78** 5 f; **211** 67
– Völkermord **Einl** 85; **1** 90; **Vor 78** 9; **78** 5 f; **79** 3; **220a** 16

Verjährung (Forts.)
Beendigung der Tat und ~ **Vor 22** 33, 37; **78a** 3
Beihilfe **27** 64
Beschlagnahmeanordnung und Unterbrechung **78c** 28
Bestechungsdelikte **78a** 5
Beweislage und ~ **Vor 78** 9
Brandstiftung **78a** 5
Dauerdelikt **78a** 8
DDR-Alttaten **78c** 39, 42 ff
DDR-Recht **78c** 38; **79** 7
Durchsuchungsanordnung und Unterbrechung **78c** 28
Einstellungsurteile **78b** 16
Einziehung und ~ **76a** 10; **78** 2; **78a** 17
beim Erfolgsdelikt **78a** 4 ff
erfolgsqualifizierte Delikte **78a** 13
Ermittlungsmaßnahmen, erste **78c** 19 ff
Eröffnung des Hauptverfahrens und Unterbrechung **78c** 31
Fahrlässigkeitsdelikt **78a** 16
fortgesetzte Handlung und ~ **Vor 78** 13; **78a** 10
Freibeweis **Vor 78** 14
Freiheitsbeschränkungen und Unterbrechung **78c** 29
Gefährdungsdelikt **78a** 11
Geltungsbereich
– räumlicher ~ **Vor 78** 10
– sachlicher ~ **Vor 78** 11a
– zeitlicher ~ **Vor 78** 11
Gesetzeseinheit und ~ **Vor 78** 15
Haftbefehl und Unterbrechung **78c** 29
Immunität des Abgeordneten **78b** 2, 5
in dubio pro reo **Vor 78** 15
Irrtum des Täters über Eintritt der ~ **Vor 78** 17
von Maßregeln **Vor 61ff** 73
Mittäterschaft **78a** 15
im Nebenstrafrecht **Vor 78** 3
Nichtbeachtung der ~ als Rechtsbeugung **339** 59
NS-Gewalttaten **78** 5
im Ordnungswidrigkeitenrecht **Vor 78** 3, 11a
Presseinhaltsdelikt **Einl** 18; **Vor 78** 4 ff, 10; **78** 14 ff; **86** 26; **89** 12; **94** 22; **95** 11; **97** 13; **353d** 67
Prüfung von Amts wegen **Vor 78** 12
Prüfungsgrundlage **Vor 78** 13 f
Prüfungsgrundsätze **Vor 78** 12
Rechtsfolgen **Vor 78** 16 f; **78** 2
Rechtsfriede als Zweck der ~ **Vor 78** 1, 9
Rechtsgeschichte **Vor 78** EntstG, 1
Rechtshilfeersuchen in das Ausland und Unterbrechung **78c** 36
Rechtskraft des Urteils **Vor 78** 12; **78** 8 ff
Rechtsnatur **Vor 78** 7 ff
Regelbeispiel und ~ **78** 18
Rückwirkungsverbot und Verlängerung der ~ **1** 25, 90; **Vor 78** 11; **211** 67
Ruhen **N 78b**
– Bedeutung **78b** 1
– bei DDR-Alttaten **78c** 46, 51; **79** 7
– nach Eröffnung des Hauptverfahrens **78b** 17 ff
– bei Sexualdelikten an Kindern/Jugendlichen **N 78b**; **78b** 1a
– Unterbrechung, Unterschiede **78b** 1; **78c** 1
– Verfahrensgründe **78b** 7 ff
– wegen Verfahrenshemmnissen **78b** 2 f
– der Verfolgungsverjährung **78b** 1 ff
– der Vollstreckungsverjährung **79** 1 ff; **79a** 1 ff
Sachverständiger, Beauftragung **78c** 25 ff
Schwangerschaftsabbruch **78a** 5
Sexualdelikte **N 78b**; **78b** 1a
Steuerdelikte **78** 3; **78a** 6; **78b** 10
Strafantragsfrist und ~ **Vor 78** 2
Strafbarkeitsbedingung, objektive und ~ **78a** 12
Strafbedürfnis, schwindendes **Vor 78** 7, 9
Strafbefehl und Unterbrechung **78c** 33
Strafmilderungs-/-schärfungsgründe und ~ **78** 18
Tat
– Begriff **78** 3 f; **78a** 3
– unverjährbare ~ **78** 5
bei Tateinheit **78a** 3
zur Tatzeit geltendes Recht und ~ **2** 8; **8** 1, 21
Teilnahme **78** 4 f; **78a** 15
Teilrechtskraft und ~ **Vor 78** 12; **78** 8
Unterbrechung
– Abwesenheit des Angeschuldigten **78c** 34
– Analogie, unzulässige **78c** 2
– Anberaumung einer Hauptverhandlung **78c** 32
– Anklageerhebung **78c** 30
– Begriff **78c** 1
– Beschlagnahme-/Durchsuchungsanordnung **78c** 28
– Ermittlungshandlungen, erste **78c** 19 ff
– Eröffnung des Hauptverfahrens **78c** 31
– Konkretisierung von Tat und Täter **78c** 3 ff
– Rechtshilfeersuchen in das Ausland **78c** 36
– Ruhen, Unterschiede **78b** 1; **78c** 1
– Sachverständiger, Beauftragung **78c** 25 ff
– Scheinmaßnahmen **78c** 11
– Strafbefehl und urteilsvertretende Entscheidungen **78c** 33

Verjährung (Forts.)
- Verhandlungsunfähigkeit des Angeschuldigten **78c** 35
- Verlautbarung **78c** 12
- Vernehmungen, richterliche oder deren Anordnung **78c** 23
- Zeitpunkt **78c** 16 f

Unterbringung in psychiatrischem Krankenhaus und ~ **63** 36
Unterlassungsdelikt **78a** 9
urteilsvertretende Entscheidungen und Unterbrechung **78c** 33
Verfahrensdauer, überlange und ~ **Vor 78** 18
Verfahrenshemmnisse und ~ **Vor 78** 2; **78b** 2, 9
Verfahrensrecht **Vor 78** 12
als Verfahrensrecht **Vor 78** 9 f; **79** 1
Verfall und ~ **73d** 24 f; **78** 2; **78a** 17
Verfolgungsverjährung
- Begriff **Vor 78** 2
- Vollstreckungsverjährung, Verhältnis **Vor 78** 2; **78** 8; **79** 2

als Verfolgungsverzicht **Vor 78** 9
Verhandlungsunfähigkeit des Angeschuldigten und Unterbrechung **78c** 35
Verjährungsfrist
- absolute Verjährung **78c** 13
- Beginn **78** 7; **78a** 1 ff; **79** 4
- Ende **78** 7, 13
- Ermittlung **78** 18; **79** 5
- Fristenkonkurrenz **79** 6
- bei Verfolgungsverjährung **78** 1 ff
- Verlängerung der ~ und Rückwirkungsverbot **1** 25, 90; **Vor 78** 11; **211** 67
- Verlängerung der Vollstreckungsverjährungsfrist **79b** 1 ff
- bei Vollstreckungsverjährung **79** 1 ff

Verlängerung der Vollstreckungsverjährungsfrist **79b** 1 ff
Verlautbarung bei Unterbrechung **78c** 12
Vernehmung, richterliche **78c** 23
Versuchstat **78a** 14
Verwarnung mit Strafvorbehalt und ~ **78b** 9
Vollrausch **78** 18; **323a** 259, 350 ff
Vollstreckungsverjährung
- Beginn **78** 8
- Begriff **Vor 78** 2
- Verfolgungsverjährung, Verhältnis **Vor 78** 2; **78** 8; **79** 2

Wiederaufnahmeverfahren **78** 11
Wiedereinsetzung in den vorigen Stand **78** 10
Wirtschaftskriminalität **78b** 17
Zustandsdelikt **78a** 7
Zweck **Vor 78** 1

Verkehrs(unfall)flucht *siehe Unerlaubtes Entfernen vom Unfallort* **142** 1

Verkehrsbeschränkungen
als Bewährungsweisung **56c** 8

Verkehrsdelikt
Körperverletzung, fahrlässige im Straßenverkehr **229** 18 ff
Nötigung und ~ **240** 16 f, 98 ff, 126
Verwarnung mit Strafvorbehalt bei ~ **59** 5

Verkehrsmittel, öffentliche
Erschleichen von Leistungen **265a a.F.** 30

Verkehrsraum, öffentlicher
Begriff **315b** 6

Verkehrsunterricht
als Weisung bei Verwarnung mit Strafvorbehalt **N 59a**

Verkehrszeichen **145** 17
Urkundeneigenschaft **267** 45, 92, 158

Verkehrszentralregistereintrag **69** 182, 260; **69b** 17

Verkörperung
einer Gedankenerklärung, Urkundenbegriff **267** 10 f, 88 ff
einer technischen Aufzeichnung **268** 6

Verlangen
Tötung auf ~ *siehe Tötungsdelikte*

Verlassen
Aussetzung **221** 23

Verleiten
zur Falschaussage *siehe Aussagedelikte*

Verleitung eines Untergebenen zu einer Straftat
Amtsdelikt, echtes **357** 1
Amtsfähigkeit, Verlust als Nebenfolge **357** 13; **358** 1 ff
Entstehungsgeschichte **357** EntstG
Geschehenlassen **357** 8
Körperverletzung im Amt und ~ **340** 22
Konkurrenzen **357** 9, 12
Schutzgut **355** 1
Strafe des Vorgesetzten **357** 13
Täter **357** 2 ff; **357** 4, 9
Tat, rechtswidrige **357** 5
Teilnahme **357** 11
Teilnahme durch Unterlassen und ~ **357** 9
Unternehmen der Verleitung **357** 7
Verleiten **357** 6
Vorsatz **357** 10

Verleitung zur Falschaussage *siehe Aussagedelikte*

Verletzter
Begriff **7** 52 ff; **77** 23 ff
Deutscher als ~ einer Auslandstat **7** 46 ff

Verletzung
amtlicher Bekanntmachungen *siehe Verletzung amtlicher Bekanntmachungen*
der Buchführungspflicht *siehe Konkursstraftaten*

Verletzung (Forts.)
der Fürsorge- oder Erziehungspflicht *siehe Verletzung der Fürsorge- oder Erziehungspflicht*
einer besonderen Geheimhaltungspflicht *siehe Dienstgeheimnis, Verletzung besonderer*
des Bannkreises *siehe Bannkreisverletzung*
des Briefgeheimnisses *siehe Briefgeheimnis, Verletzung*
des Dienstgeheimnisses *siehe Dienstgeheimnis, Verletzung*
der körperlichen Unversehrtheit *siehe Körperverletzung*
des Post- und Fernmeldegeheimnisses *siehe Post- und Fernmeldegeheimnis, Verletzung*
von Privatgeheimnissen *siehe Privatgeheimnisse, Verletzung*
der Unterhaltspflicht *siehe Verletzung der Unterhaltspflicht*
der Vertraulichkeit des Wortes *siehe Vertraulichkeit des Wortes, Verletzung*
Verletzung amtlicher Bekanntmachungen
DDR-Alttaten **Vor 125-145d** 10
öffentlich angeschlagen/ausgelegt **134** 4
Rechtsgut **134** 1
Sachbeschädigung und ~ **134** 8
Schriftstück, dienstliches **134** 2 f
Tathandlungen **134** 5
Urkundenfälschung und ~ **134** 8
Vorsatz **134** 6
Verletzung der Fürsorge- oder Erziehungspflicht
Babyklappe **171** 10
Beendigung **Vor 22** 27
Betreuer **171** 5
Entstehungsgeschichte **170** EntstG, 1 f
Entwicklungsschädigung
– körperliche ~ **171** 11
– psychische ~ **171** 12 ff
Erziehungspflicht **171** 5, 7
Fürsorgepflicht **171** 5 f
Garantenpflicht **171** 18
Gefährdungsdelikt, konkretes **171** 3
Gefahr, konkrete **171** 10
– Entwicklungsschädigung, körperliche **171** 11
– Entwicklungsschädigung, psychische **171** 12 ff
– kriminellen Lebenswandels **171** 16
– Prostitution **171** 16
grobe Pflichtverletzung **171** 9
Handlungseinheit, natürliche **171** 20
Handlungseinheit, tatbestandliche **Vor 52ff** 24
Irrtum **171** 17
Konkurrenzen **171** 20
kriminalpolitische Bedeutung **Vor 169** 18
Mißhandlung von Schutzbefohlenen und ~ **225** 31
Ordnungswidrigkeitenrecht und ~ **171** 4, 20
Pflegeeltern **171** 5
Pfleger **171** 5
Pflicht
– als besonders persönliches Merkmal **28** 60
– Erziehungspflicht **171** 5, 7
– Fürsorgepflicht **171** 5 f
– gesetzliche ~ **171** 5
– durch tatsächliche Übernahme **171** 5
– vertragliche ~ **171** 5
Rechtsgut **Vor 169** 13; **171** 3; **171** 3
Sachverständiger **171** 12
Sonderdelikt **171** 18
Sozialarbeiter **171** 5
Teilnahme **171** 18
Unterlassen **171** 8, 18
Verletzung der Unterhaltspflicht und ~ **170** 31, 76
Vormund **171** 5
Vorsatz **171** 17
Verletzung der Unterhaltspflicht
actio libera in causa **170** 43
Adoptivkinder **170** 17
Art der Unterhaltsgewährung **170** 30 ff
Ausländer, im Inland lebende **170** 13
Auslandsbezug **170** 12 f
Auslandstat **170** 11 f
Aussetzung des Strafverfahrens **170** 70
Babyklappe **170** 45
Barunterhalt **170** 30, 32
Bedürftigkeit **170** 35
Berliner Tabelle **170** 36
Betreuungsunterhalt **170** 30 ff
Beweisvermutungen, gesetzliche **170** 26
Bewirken eines Schwangerschaftsabbruchs **170** 64
Dauerdelikt **170** 74
DDR-Alttaten **170** 14
Doppelehe und ~ **170** 76; **172** 20
Düsseldorfer Tabelle **170** 36
Einwilligung **170** 24, 65
Entstehungsgeschichte **Vor 169** 4; **170** EntstG, 1 ff
Entziehen **170** 43 ff
Erziehungsgeld **170** 40
Familienunterhalt **170** 30
Fortsetzungszusammenhang **170** 74
Garantenstellung für den Nasciturus **170** 57
Gefährdung des Lebensbedarfs **170** 49 ff
Hilfe anderer **170** 51 ff
in dubio pro reo **170** 26
Irrtum **170** 68

Verletzung der Unterhaltspflicht (Forts.)
Kausalität für Schwangerschaftsabbruch **170** 10, 60, 64
Kindergeld **170** 40 f
Konkurrenzen **170** 74 ff
kriminalpolitische Bedeutung **Vor 169** 17
Lebensbedarf **170** 49
Lebenspartnerschaft, eingetragene **170** 19
Leistungsfähigkeit des Unterhaltspflichtigen **170** 38 ff
Leistungsunfähigkeit, herbeigeführte **170** 38, 45
Mehrheit
- von Unterhaltsberechtigten **170** 28
- von Unterhaltspflichtigen **170** 29
Mittäterschaft **170** 69
Mittel
- erreichbare ~ **170** 41
- tatsächlich vorhandene ~ **170** 40
nichteheliche Kinder **170** 17
Probleme der Rechtsanwendung **170** 9 f
Rangfolge der Unterhaltsverpflichtungen **170** 28 f
Rechtfertigungsgründe **170** 65
Rechtsgut **Vor 3** 189 f; **Vor 169** 12; **170** 7 f
Sanktionspraxis **170** 71
Schutz des werdenden Lebens **170** 4, 8
Schutzgesetz iSd § 823 II BGB **170** 11
Schwangerschaftsabbruch, vorsätzlicher **170** 63
Selbstbehalt
- großer ~ **170** 39
- kleiner ~ **170** 49
Sonderbedarf **170** 33
Sonderdelikt **170** 69
Strafklageverbrauch **170** 75
Strafwürdigkeit **Vor 169** 12
Täterkreis **170** 6, 58, 69
Tatort **170** 55
Teilnahme **170** 69
Unterhalt, angemessener **170** 36
Unterhaltsbestimmung **170** 32
Unterhaltspflicht
- unter Ehegatten **170** 18
- in eingetragener Lebenspartnerschaft **170** 19
- Ersatzansprüche Dritter **170** 21
- Erstattungsanspruch öffentlichrechtlicher Leistungsträger **170** 22
- gesetzliche ~ **170** 15 ff
- der Mutter **170** 25
- durch Rechtsgeschäft begründete **170** 20
- subsidiäre ~ öffentlicher Stellen **170** 54
- des Vaters **170** 25
Unterhaltsrecht, ausländisches **170** 13, 15
Unterhaltsrückstand **170** 23, 25
Unterhaltstabellen/-leitlinien **170** 36 f
Unterlassen **170** 43, 47, 59
Unterlassungsdelikt, echtes **170** 43, 59
Vaterschaftsanerkennung **170** 25
Vaterschaftsanfechtung **170** 25 ff, 70
Vaterschaftsvermutung, gesetzliche **170** 25 f
Vereiteln der Inanspruchnahme **170** 45
Verfassungsmäßigkeit **170** 3
Verjährung **170** 72
Verletzung der Fürsorge- oder Erziehungspflicht und ~ **170** 31, 76
Vermögen, zu berücksichtigendes **170** 40
Vermögensverwaltung, elterliche **170** 34, 48
Verwerflichkeit **170** 61
Verzicht auf Unterhaltsanspruch **170** 24
Vorenthalten des Unterhalts **170** 59 f
Vorsatz **170** 66 ff
Wiederaufnahmeverfahren **170** 73
Zivilrechtsakzessorietät **170** 15, 26 ff, 38
Zivilurteil, Bindungswirkung **170** 25, 27
Verletzungsdelikt
Absprachen, wettbewerbsbeschränkende **298** 12 f
Angestelltenbestechlichkeit/-bestechung **299** 10
als Deliktstyp **Vor 13** 50
Eingriffe in den Bahn-, Schiffs- und Luftverkehr, gefährliche **315** 2, 56
Eingriffe in den Straßenverkehr, gefährliche **315b** 2
Tatortbestimmung **9** 20
Vollendung **Vor 22** 18
Verleumdung *siehe auch Beleidigung – Verleumdung*
Bundespräsident, Verunglimpfung **N 90; 90** 12
der Bundeswehr **109d** 1
Staatsverleumdung *siehe dort*
Verlobte
Angehörigenverhältnis **11** 11
Garantenpflicht **13** 21 ff
Verlöbnis
als notwehrfähiges Gut **32** 61, 183
Verlust
der Amtsfähigkeit *siehe Amtsfähigkeit, Verlust*
der bürgerlichen Ehrenrechte **Vor 45** 1
der Fortpflanzungsfähigkeit als schwere Folge **226** 13
der Gebärfähigkeit als schwere Folge **226** 13
des Gehörs als schwere Folge **226** 11
des Sehvermögens als schwere Folge **226** 10
des Sprechvermögens als schwere Folge **226** 12
der Zeugungsfähigkeit als schwere Folge **226** 13

Verlust (Forts.)
des Wahlrechts *siehe Stimmrecht, Verlust; siehe Wählbarkeit, Verlust*
Verlustgeschäft
Bankrotthandlung **283** 54
Vermittlungsausschuß
Indemnität der Mitglieder **36** 30, 33
Vermittlungswucher **302a** 12, 35, 57
Vermögen
Begriff **Vor 263** 26 ff; **263** 127 ff, 132; **288** 19, 21 f
juristische Vermögenslehre **Vor 263** 20, 25 f; **263** 128 f, 140, 165, 168, 173; **266** 133 f
juristischer Person **266** 70
juristisch-ökonomische Vermittlungslehre **Vor 263** 26, 31 f; **263** 132, 145, 151, 158, 168, 173, 186, 231, 254, 332; **266** 134
personale Vermögenslehre **Vor 263** 28, 30 f; **263** 126, 135, 158 f, 165, 185; **266** 134
als Rechtsgut *siehe auch Vermögensdelikt*
– Angestelltenbestechlichkeit/-bestechung **299** 5, 55
– Betrug **Vor 263** 12, 18 ff, 26 ff; **263** 256, 261
– Computerbetrug **263a** 1, 6, 13 ff
– Erpressung **253** 1
– Erschleichen von Leistungen **265a a.F.** 13, 17, 59
– Hehlerei **Vor 257ff** 3
– Kapitalanlagebetrug **264a** 13 f, 87
– Kreditbetrug **265b** 9 ff
– Mißbrauch von Scheck- und Kreditkarten **266b** 2
– Subventionsbetrug **264 a.F.** 6, 11 ff, 14
– Untreue **266** 28
– Versicherungsbetrug/-mißbrauch **265 a.F.** 6, 8, 48; **265 n.F.**
– Vorenthalten/Veruntreuen von Arbeitsentgelt **266a** 5
– Wettbewerbsstrafrecht **Vor 298** 6; **298** 9 f
Vermögensinteresse der Gläubiger als Rechtsgut **Vor 283** 45, 114; **283** 6 f; **283c** 1; **283d** 4
vollstreckungsrechtlicher Begriff **288** 19, 21 f
wirtschaftliche Vermögenslehre **Vor 263** 20, 26, 30 ff, 42, 94; **263** 126 f, 130 f, 145, 149, 151, 158, 163, 168, 172 f, 231, 254, 256, 264; **266** 133; **283** 16 ff, 161; **283d** 9
Vermögensbetreuungspflicht *siehe Vermögensfürsorgepflicht*
Vermögensdelikt
Computerbetrug **263** 1 f, 6, 13 ff, 16
Erpressung **253** 1, 5
Erschleichen von Leistungen und ~ **265a a.F.** 3, 56 f
Fischwilderei **293** 1
Hehlerei **259** 1
Jagdwilderei **292** 3
Konkursstraftaten und ~ **Vor 283** 6, 79
Mißbrauch von Scheck- und Kreditkarten **266b** 50
Opferverhalten, Bedeutung für Strafzumessung **46** 128
Parteiverrat **356** 7
Spezialität **Vor 52ff** 80
Subventionsbetrug **264 a.F.** 6, 11 ff, 14
Untreue **266** EntstG, 1 f, 28, 35, 150
Veruntreuen von Arbeitsentgelt **266a** 72
wirtschaftliche Verhältnisse des Täters, Bedeutung für Strafzumessung **46** 182 ff
Wucher **302a** 3
Zwangsvollstreckungsvereitelung **288** 1
Vermögenseinziehung
Einigungsvertrag, Anpassungsregelungen **Vor 38** 124
Vermögensfürsorgepflicht
als täterschaftsbegründende Pflichtenstellung **28** 60
Untreue **266** 5, 8, 11 ff, 58 ff
Vermögensgefährdung
Glücksspiel, unerlaubtes **Vor 284-287** 6
Mißbrauch von Scheck- und Kreditkarten **266b** 35 ff
Untreue **266** 134, 146
Veranstaltung einer Lotterie/Ausspielung, unerlaubte ~ **287** 9
Verleumdung als Vermögensgefährdungsdelikt **187** 1
Vermögensinteresse
Untreue **266** 69 ff
Vermögensnachteil *siehe Vermögensschaden*
Erpressung **253** 14
Vermögensschaden
Begriff **263** 158
beim Computerbetrug **263a** 15, 70 f, 89
Ersatzansprüche, gesetzliche **263** 166
beim Erschleichen von Leistungen **263** 189, **265a a.F.** 14 ff
Fehlbuchung und ~ **263** 232 f
Gegenleistung, Bewertung **263** 197 ff
Geldwertlehre **263** 158
Geringfügigkeit **263** 295, 305
Gesamtwürdigung für Strafzumessung **263** 293
großen Ausmaßes, besonders schwerer Fall der Fälschung technischer Aufzeichnungen **268** 59
großer ~, Betrug **263** 298
Kausalität der Vermögensverfügung **263** 2, 97
Marktwert eines Gegenstandes **263** 163 ff, 188

Vermögensschaden (Forts.)
beim Mißbrauch von Scheck- und Kreditkarten **263** 110; **266b** 35 ff, 41
Nichtgeltendmachung eines Anspruchs **263** 229, 272
normative Korrekturen **263** 185 f
Nutzungsmöglichkeiten, entgangene **263** 211
Rechtsmangel der Gegenleistung **263** 208 f
Rechtswidrigkeit **263** 185
Saldierung **263** 126, 159 ff, 166 f, 173 ff, 179, 197 ff
Schadensbeseitigung, nachträgliche **263** 162, 262
Schadenseinschlag, subjektiver **263** 177 ff, 188, 203 ff; **266** 142 f
schadensgleiche Vermögensgefährdung **Vor 263** 35; **263** 161, 168 ff, 180, 194, 212 ff, 221, 223, 228 ff, 263, 272, 293, 298 f
Sicherungsrechte, sonstige **263** 167
bei Untreue **266** 131 ff
Verbindlichkeiten, Eingehen von **263** 160, 173 ff, 194 ff
Vermögenszuwachs, Vereitelung **263** 201
Zweckerreichung/Zweckverfehlungslehre **263** 159, 182 ff, 262
Vermögensschutz
als Rechtsgut **316a** 7
– Menschenraub, erpresserischer **239a** 1
Vermögensstrafe N 331-338 1 ff
Angestelltenbestechlichkeit/-bestechung, bandenmäßige **302** 3 ff
Anknüpfungsvorschriften **43a** 4
Bandendiebstahl (schwerer) **Vor 242** 1
Bestechung **N 331-338** 25; **N 338**
Betrug **263** 330
Entstehungsgeschichte der Vorschrift **43a** EntstG
Erpressung (räuberische) **N 256**
Fälschung von Zahlungskarten/Vordrucken für Euroschecks und ihre Vorbereitung **150** 1 f
Geld-/Wertpapierfälschung und ihre Vorbereitung **150** 1 f
Geldstrafe neben Freiheitsstrafe und ~ **41** 1, 24
Geldwäsche, bandenmäßige **261** 22
keine Geltung des Tagessatzsystems **Vor 40** 9
Gesamtstrafenbildung, nachträgliche **55** 50 ff
gesetzgeberisches Ziel **43a** 2
Glücksspiel, unerlaubtes bandenmäßiges **286** 2
Hehlerei, gewerbsmäßige/Bandenhehlerei **260** 7; **260a** 3
kontraproduktive Auswirkungen **43a** 12
Menschenhandel, schwerer **181c** 2 ff
Rechtsfolgen **43a** 5
Statistische Daten zur ~ **43a** 13
Tatmehrheit **53** 19
Urkundendelikte **282** 2 ff
Verfassungswidrigkeit **Vor 38** 3, 43; **43a** 1, 10 f
Wesen **43a** 3
Zuhälterei, bandenmäßige **181c** 1 ff
Zuhälterei, dirigierende **181c** 2 ff
Vermögensverfügung
Begriff **263** 97 ff
Computerbetrug **263a** 3, 6, 26, 60, 65
Subventionsbetrug **263** 100
Vermögensverwaltung
Untreue **266** 130
Vermögensvorteil
Habgier als Mordmerkmal **211** 8
Menschenhandel **180b** 4
Schwangerschaftsabbruch, Werbeverbot **219a** 7
Subventionsbetrug **263** 267
übermäßiger ~, Wucher **302a** 42
Versicherungsmißbrauch/-betrug **265 a.F.** 28, 50
Zuhälterei **181a** 9
Vermögenverlust
großen Ausmaßes, Urkundenfälschung **267** 306
Vernehmungsmethoden, ungesetzliche
Aussageerpressung und ~ **343** 1, 7 ff
Körperverletzung im Amt und ~ **340** 15
Vernichten
von Urkunden/technischen Aufzeichnungen **274** 24 ff, 36, 47
Veröffentlichungsbefugnis 103 5
Verordnung
gesetzesvertretende ~ **1** 30
Verpflichteter, für den öffentlichen Dienst besonders ~
Amtsdelikte **Vor 331** 4
kein Amtsträger **11** 72
Auslandstat gegen Verpflichteten **5** 91 ff
Auslandstaten **5** 86 ff, 89 f
Begriff **11** 71 ff
Dienstgeheimnis, Verletzung **353b** 3
förmliche Verpflichtung **11** 77 f; **353b** 46 ff
Gefangenenbefreiung **120** 3, 39
Geheimhaltungspflicht, Verletzung besonderer **353b** 46 ff
Körperverletzung gegen ~, Strafantrag **230** 3
Privatgeheimnisse, Verletzung **203** 72
Steuergeheimnis, Verletzung **355** 5a, 19
Strafantrag(srecht) **77a** 2; **194** 11
Verrat illegaler Geheimnisse **97a** 9;
Vertraulichkeit des Wortes, Verletzung **201** 48, 51

Verpflichteter (Forts.)
Verwahrungsbruch **133** 17, 20 ff
Vorsatz bezüglich Eigenschaft als ~ **11** 80
Verpflichtung
förmliche ~ zur Geheimhaltung **11** 77 f; **353b** 46 ff
Verpflichtungsbefugnis
Untreue **266** 37 ff
Verrat *siehe Geheimnisbruch; siehe Hochverrat; siehe Landesverrat*
Verrat illegaler Geheimnisse
Amtsträger **97b** 7
Anzeigepflicht **138**
Ausspähung **97a** 6
besonders schwerer Fall **97a** 5
bürgerliche Statusrechte, Verlust als Nebenfolge **97a** 10; **101** 1 ff
Einziehung **97a** 10; **101a** 1 ff
Euratom-Geheimnis **97a** 2
Irrtum **97a** 1 ff; **97a** 4
konkrete Nachteilsgefahr für die äußere Sicherheit **97a** 3
Konkurrenzen **97a** 9
Mitteilung an fremde Macht **97a** 3
NATO-Geheimnis **97a** 2
Versuch **97a** 7
Wahlfeststellung **97a** 8
Verrechnungsstellen, privatärztliche
Schweigepflicht **203** 70
Verrichtung, amtliche **352** 5
Verringern
des Vermögensstandes **283** 155 ff, 162, 164
Verrücken
von Grenz-/Wasserstandszeichen **274** 24 f, 47, 50 f
Versammlung
Aufstacheln zum Angriffskrieg **80a** 3
Begriff **106a** 3; **111** 14 f
Beleidigung **194** 4
Belohnung/Billigung von Straftaten in ~ **140** 28
Bundespräsident, Verunglimpfung **90** 8 f
öffentliche ~, Hausrecht des Versammlungsleiters **123** 36, 69, 83
Öffentliche Aufforderung zu Straftaten in ~ **111** 14 f
Verleumdung **187** 6; **188** 4
Versammlungsfreiheit *siehe auch Demonstrationsfreiheit*
Landfriedensbruch und ~ **Vor 125** 20 ff; **125** 63 f
Nötigung und ~ **240** 78, 82, 110 ff
Versammlungsgesetz
Landfriedensbruch und ~ **Vor 125** 16, 24; **125** 20, 22, 23 ff, 77; **125a** 6, 14
Störung der Religionsausübung und ~ **167** 6
Versandhandel
Verbreitung pornographischer Schriften **184** 26 f, 33
Verschaffen
falscher amtlicher Ausweise *siehe auch Ausweise, amtliche – Verschaffen von falschen ~* **276** 2 f, 27
von Kernbrenn-, radioaktiven und Sprengstoffen etc. **N 310**; **311b** 10
Verschlechterungsverbot
bei Bewährungsauflagen **56b** 28 f
bei Entziehung der Fahrerlaubnis **69** 243 ff
bei Fahrverbot **44** 101 ff
Geldstrafe, Zahlungserleichterungen **42** 23
Gesamtstrafenbildung, nachträgliche **55** 45
bei Maßregeln **Vor 61ff** 91 ff; **68** 30; **72** 37 f
bei Strafaussetzung zur Bewährung **56** 65
Verschleiern
Begriff **283** 175 f
der Geschäftsverhältnisse **283** 155 ff
der Herkunft bemakelten Gegenstandes **261** 12
Verschleierung unrechtmäßig erlangter Vermögenswerte *siehe Geldwäsche*
Verschleppung
Abhalten von Rückkehr **234a** 12 ff
Anleitung zu Straftaten **130a**; **234a** 71
Anzeigepflicht **138**; **234a** 71
Auslandstat **234a** 3, 69
Belohnung/Billigung von Straftaten **140**; **234a** 71
Beteiligung, versuchte **234a** 54 ff
DDR-Alttaten **234a** 70
DDR-Recht **234a** 72
DDR-Republikflucht und ~ **234a** 29
Einwilligung **234a** 59
Entstehungsgeschichte **Einl** 55; **234a** EntstG
Gefährdungsdelikt, konkretes **234a** 17
Gefahr, konkrete **234a** 18 ff
Geltungsbereich, räumlicher **234a** 10
Gewalt- oder Willkürmaßnahme, rechtsstaatswidrige **234a** 30 ff
Konkurrenzen **234a** 64 ff
List **234a** 15 f
minder schwerer Fall **234a** 62
mittelbare Täterschaft **234a** 57
Personenkreis, geschützter **234a** 4 ff
Politische Verdächtigung und ~ **241a** 2
Rechtsgut **234a** 1
Rücktritt vom Versuch **234a** 56
Rücktritt vom Versuch der Teilnahme **31** 2
Schädigungsgefahr **234a** 44 f
Störung des öffentlichen Friedens durch Androhung von Straftaten und ~ **126**; **234a** 71
Tatmittel **234a** 15 f

Verschleppung (Forts.)
Teilnahme, Rücktritt vom Versuch **31** 2
Ursachenzusammenhang **234a** 46 ff
Veranlassen **234a** 11
Verbringung **234a** 8 ff
Verfolgung, Gefahr politischer **234a** 21 ff
Verjährung **234a** 60 f
Versuch **234a** 50 ff
Vorbereitung **Vor 22** 7; **234a** 50 ff, 58
Vorsatz **234a** 49
Vortäuschen einer Straftat **145d**; **234a** 71
Verschlußsachen
Staatsgeheimnis **93** 3, 19, 28, 29; **94** 4, 16; **95** 3; **96** 3; **97** 10, 11
Verschwägerte
Garantenpflicht **13** 21 ff
in gerader Linie, Angehörigenverhältnis **N 11**; **11** 8 f
aus der Seitenlinie, Angehörigenverhältnis **N 11**; **11** 13
Verschweigen
nachteiliger Tatsachen **264 a.F.** 40, 56, 61 ff, 80, 98
Verschwendungssucht
strafschärfende Bedeutung **46** 76
Verschwiegenheitspflicht *siehe auch Schweigepflicht*
bestimmter Berufsgruppen **Vor 201** 8, 12
Versetzen
in hilflose Lage **221** 12 ff
Versicherung, eidesstattliche
Aussagedelikte **153** 6; **154** 6, 8
Doppelehe **172** 15
Privatgeheimnisse, Verletzung **203** 27
Versicherungsbetrug *siehe Versicherungsmißbrauch*
Versicherungsgesellschaften
Fälschung von Gesundheitszeugnissen zum Gebrauch vor ~ **277** 7
Versicherungsmißbrauch 265 n.F.
Absicht
- betrügerische ~ **265 a.F.** 25 ff, 39
- sich oder Drittem Leistungen zu verschaffen **265 n.F.** 9
Anspruch auf Versicherungsleistung **265 a.F.** 28 ff; **265 n.F.** 9
ausländisches Strafrecht **265 a.F.** 5
Auslandstat **265 a.F.** 49
Bagatellfälle **265 n.F.** 3, 5
Beeinträchtigung der Brauchbarkeit **265 n.F.** 5
Begriff **265 a.F.** 2; **265 n.F.** 1
Beiseiteschaffen **265 n.F.** 7
Beschädigen **265 n.F.** 5
Betrug und ~ **263** 302, 314; **265 a.F.** 6, 35, 41, 47; **265 n.F.** 9, 11, 14
Betrug, besonders schwerer Fall **263** 302
Brandstiftungsdelikte und ~ **265 a.F.** 11, 14, 22, 46; **308** 25 f
Deckungsgleichheit zwischen Versicherungsrisiko und Versicherungsleistung **265 a.F.** 15, 21, 27; **265 n.F.** 6, 12
Delikt, unvollkommen zweiaktiges **265 a.F.** 10, 47
Entstehungsgeschichte **265 a.F.** 1 ff; **265 n.F.** 1
gegen Feuergefahr versichert **265 a.F.** 12
Feuerversicherungsmißbrauch **265 a.F.** 11 ff, 33, 36
Garantenstellung **265 a.F.** 22 f
Gefährdungsdelikt **265 a.F.** 9
Gemeingefährlichkeit **265 a.F.** 6 ff, 46
Herbeiführen eines Versicherungsfalles **265 a.F.** 29 ff; **265 n.F.** 9
Inbrandsetzen **265 a.F.** 14 f
als Insolvenzstraftat **Vor 283** 2
Internationales Strafrecht **265 a.F.** 48 ff
Irrtum **265 a.F.** 24, 26, 36, 39
Konkurrenzen **265 a.F.** 45 ff
kriminalpolitischer Hintergrund **265 a.F.** 1 ff; **265 n.F.** 1 f, 13
Leistungsfähigkeit der Versicherungswirtschaft als Rechtsgut **265 a.F.** 6, 8, 48; **265 n.F.** 2, 11
Leistungsfreiheit des Versicherers **265 a.F.** 12, 17, 51, 54; **265 n.F.** 3
Massendelikt **265 a.F.** 3 f
minder schwerer Fall **265 a.F.** 7, 11, 16, 42 ff
Mittäterschaft **265 a.F.** 40
Organisierte Kriminalität **265 n.F.** 2
Rechtsgut **265 a.F.** 6 ff; **265 n.F.** 2 f, 11
Reformdiskussion **265 a.F.** 4
Repräsentant **265 a.F.** 31 f
Rücktritt vom Versuch **265 a.F.** 38; **265 n.F.** 13
Sachbeschädigung und ~ **265 a.F.** 46
Sache **265 a.F.** 11
Sachversicherungen **265 a.F.** 2
Sanierung, warme **265 a.F.** 3
Schiff **265 a.F.** 16
Seeversicherung **265 a.F.** 17
Seeversicherungsmißbrauch **265 a.F.** 16 ff, 34, 37
Sinken herbeiführen **265 a.F.** 18
(kein) Sonderdelikt **265 a.F.** 10
Strafbarkeit, vorverlagerte **Vor 22** 8
Strafdrohung **265 a.F.** 41; **265 n.F.** 1
Stranden herbeiführen **265 a.F.** 19
Subsidiaritätsklausel **265 n.F.** 11, 14
Täterkreis **265 a.F.** 10, 39

Versicherungsmißbrauch (Forts.)
Tätige Reue (analoge Anwendung) **265 a.F.** 38
Teilnahme **265 a.F.** 39 f
Überlassung **265 a.F.** 8
Überversicherung **265 a.F.** 12, 17, 28 f, 54
Unterlassen **265 a.F.** 22, 33
Verfassungsmäßigkeit **265 n.F.** 13
Vermögen als Rechtsgut **265 a.F.** 6, 8, 48; **265 n.F.** 11
Vermögensvorteil, rechtswidriger **265 a.F.** 28, 50
Versicherungsvertragsrecht und ~ **265 a.F.** 12, 29 f, 54; **265 n.F.** 3 f
Versuch **265 a.F.** 35 f; **265 n.F.** 10 f
Vollendung **265 a.F.** 14, 26, 33; **265 n.F.** 13
Vorsatz **265 a.F.** 24
Wahlfeststellung **265 a.F.** 20
(kein) Wirtschaftsdelikt **Vor 263** 5; **265 a.F.** 2, 53; **265 n.F.** 11
Zerstören **265 n.F.** 5
Verstecken
der Zwangsvollstreckung unterliegender Sachen **288** 30
Versteigerung
Untreue **266** 130
Verstorbener
Verunglimpfung des Andenkens **189** 1 ff
Verstoß
gegen Auflagen während bei der Führungsaufsicht *siehe Führungsaufsicht*
gegen Auflagen, behördliche und Gewässerverunreinigung **324** 80 ff
gegen Berufsverbot *siehe Berufsverbot*
gegen Bewährungsauflagen als Widerrufsgrund **56f** 23 ff
gegen Bewährungsweisungen als Widerrufsgrund **56f** 15 ff
gegen dienstrechtliche Beschränkungen
– und Amtsanmaßung **132** 36
– und Mißbrauch von Titeln, Berufsbezeichnungen und Abzeichen **132a** 23
gegen Vereinigungsverbot und Bildung krimineller Vereinigungen **129** 37, 89
Verkehrssicherungsvorschriften **315a** 21 ff
gegen Weisungen während bei der Führungsaufsicht *siehe Führungsaufsicht*
Verstrickung
Begriff **136** 4a
formelle Wirksamkeit **136** 4a, 5 f, 7 ff, 25 f
Verstrickungsbruch
akzessorische Betrachtung **136** 5a
Amtsträger als Täter **136** 15
Beschlagnahme
– nach § 20 ZPO **136** 9
– nach §§ 94 ff StPO **136** 6
– dienstliche ~ **136** 5 ff
– nach Verwaltungsrecht **136** 11
Diensthandlung
– rechtmäßige ~ **136** 12, 23 ff
– wirksame ~ **136** 7a ff
– zulässige ~ **136** 4
Entziehen der Verstrickung **136** 13 ff
Gerichtsvollzieher als Täter **136** 15
Irrtum **136** 14, 26
Konkurseröffnung **136** 10
Pfändung
– Begriff **136** 7
– beweglicher Sachen **136** 8
– von Grundstückszubehör **136** 8a
Pfandkehr und ~ **136** 2; **289** 6, 15
Rechtsgut **136** 2
Sicherstellung, einfache **136** 6
Siegelbruch und ~ **136** 27
Statistik **136** 1a
Tathandlung **136** 13
Tatobjekt **136** 3, 13a
Teilnahme **136** 15
durch Unterlassen **136** 15
Vermögensbeschlagnahme, gerichtliche **136** 10a
Verstrickung
– Begriff **136** 4a
– formelle Wirksamkeit **136** 4a, 5 f, 7 ff, 25 f
Verwahrungsbruch und ~ **136** 2
Vorsatz **136** 14
Widerstand und ~ **136** 2
Zwangsvollstreckungsvereitelung und ~ **288** 27, 45
Versuch
abergläubischer ~ **Vor 22** 48 f, 73, 79, 82; **22** 189 ff; **23** 50 f
Absehen von Strafe **23** 71
Absicht **22** 17, 36, 38, 53
actio illicita in causa **22** 169
actio libera in causa **22** 148, 165 ff, 177
Äußerungsdelikt **22** 15
Annahme eines Anerbietens **Vor 22** 4
Ansatzformel *siehe Versuch – unmittelbares Ansetzen*
Anstiftung **Vor 22** 131 ff, 136 ff; **30** 12 ff
atypischer Geschehensverlauf **22** 23
Aufgabevorbehalt **22** 51
Auflauerungsfälle **22** 89, 107, 197
ausländisches Recht **Vor 22** 145 ff
im Ausland mit Erfolg im Inland **9** 44
beendeter ~ **22** 131 ff
– Strafmilderung **23** 32
– unbeendeter und ~ **24** 92 ff
– Unterlassungsdelikt, unechtes **13** 48
Beendigung **Vor 22** 15 f, 19 ff

Versuch (Forts.)
Beginn *siehe Versuch – unmittelbares Ansetzen*
Begriff **Vor 22** 11 f; **22** 8 f
Beihilfe zum ~ **Vor 22** 131; **27** 7, 25, 66
Beihilfe, versuchte **Vor 22** 132 ff; **27** 25, 27
eines besonders schweren Falles **Vor 22** 143
in einem besonders schweren Fall **Vor 22** 143
Bestimmtheitsgebot und ~ **22** 4 f, 28, 82, 88
der Beteiligung *siehe Versuch der Beteiligung*
DDR-Alttaten **Vor 22** 147
DDR-Recht **Vor 22** 145 f
dolus alternativus **22** 37, 39
dolus cumulativus **22** 37
Doppelverwertungsverbot strafmildernder Umstände **23** 42 ff
dualistische Versuchstheorie **Vor 22** 86 f
Eindruckstheorie **Vor 22** 6, 56, 77 ff; **22** 72, 79, 188, 190; **23** 9, 50, 64, 69
Einwilligung **22** 26
Einzellösung **25** 198 f
Entstehungsgeschichte **Vor 22** 39 ff; **22** 1 ff; **23** 46 f
Erfolgsdelikt **22** 15 ff; **23** 18
– Kausalität, fehlende **22** 20 ff
– nicht zurechenbarer Erfolg **22** 20 ff
erfolgsqualifiziertes Delikt **Vor 22** 107 ff
– erfolgsqualifizierter Versuch **Vor 22** 108 ff
– versuchte Erfolgsqualifizierung **Vor 22** 115 ff
Erfolgsunwert **23** 8, 22
error in persona **Vor 22** 134; **22** 33 f
fahrlässiger ~, Straflosigkeit **Vor 22** 14 f; **22** 29
fehlgeschlagener ~ **22** 16, 52; **24** 61 ff
formell-objektive Theorie **22** 55 f
Franksche Formel **22** 57, 65, 131
Garantenstellung, irrige Annahme einer ~ **22** 237
als Gefährdungsdelikt, abstraktes **Vor 22** 94; **22** 74
Gefährlichkeitstheorie **Vor 22** 68, 90 f
Gefahr der Tatbestandsverwirklichung **Vor 22** 97 f; **22** 83 ff, 100 ff, 110 ff
Generalprävention und ~ **Vor 22** 82, 95; **22** 73, 80
Gesamtlösung **25** 198 f
Gesetzlichkeitsprinzip *siehe auch Versuch – nullum crimen/nulla poena sine lege* **Vor 22** 35, 42, 66
Gesinnungsstrafrecht und Versuchsstrafbarkeit **Vor 22** 66 f, 69
grob unverständiger Versuch **Vor 22** 73; **22** 188; **23** 46 ff
Handlungsunmittelbarkeit **22** 99 ff, 103 ff, 112, 130, 140
Handlungswille, unbedingter *siehe Versuch – Tatentschlossenheit*
in dubio pro reo **22** 10; **23** 31, 36
individuell-formelle Theorien **22** 64 ff, 77
individuell-materielle Theorien **22** 64, 68 f, 82 ff
individuell-objekte Theorie **22** 61 f
Irrtum **22** 33 f, 177, 180-182, 201 ff, 236 f, 239
– Bestands- oder Gültigkeitsirrtum, umgekehrter **22** 204
– über Entschuldigungs-/Strafausschließungsgründe **22** 207
– Erlaubnistatbestandsirrtum **22** 33, 177
– error in persona **Vor 22** 134; **22** 33 f
– über normative Tatbestandsmerkmale **22** 182
– über Strafaufhebungs-/Strafausschließungsgründe **22** 207
– Subsumtionsirrtum, umgekehrter **22** 182, 205, 208 f, 220, 223, 224 f, 236 f, 239
– Tatbestandsirrtum, umgekehrter **22** 180 ff
– Verbotsirrtum, umgekehrter **22** 180, 182, 201 ff, 209, 218, 221
– über Verbrechensqualität **22** 208
– Vorfeldirrtum **22** 210 ff
Jetzt geht es los-Schwelle **22** 64, 67, 69 f, 72, 79
Kausalität, fehlende für Erfolgseintritt **22** 20 ff
Konkurrenzen **22** 37
materiell-objektive Theorien **22** 57 f
Mißbrauchsfälle **22** 108
Mittäterschaft **22** 170 ff; **25** 198 f
mittelbare Täterschaft **22** 153 ff
Nebenstrafrecht **22** 117 ff, 219
Nichtvollendung der Tat **22** 8 ff
Nötigung **22** 16
nullum crimen/nulla poena sine lege *siehe auch Versuch – Gesetzlichkeitsprinzip* **Vor 22** 2, 127; **22** 27, 56, 77, 202
objektive Versuchstheorien **Vor 22** 90 ff
objektive Zurechnung, fehlende **22** 20, 23
ökonomischer Ansatz **Vor 22** 95
ommissio libera in causa **22** 168
Opfermitwirkung **22** 139 ff
Organisationstheorie **Vor 22** 94
Parallelwertung in der Laiensphäre **22** 182, 215, 217, 219, 222, 224, 228, 236
Plantheorie **Vor 22** 91
Probierfälle **22** 108
Qualifikationstatbestände **22** 120 ff, 195
Rechtfertigungselement, subjektives fehlendes **22** 25 f, 199 f

Versuch (Forts.)
Rechtfertigungslage, Unkenntnis einer objektiven **22** 199 f
Rechtswidrigkeit **22** 177
Regelbeispiel **Vor 22** 141 ff; **Vor 22** 141 ff; **22** 120 ff, 127 f, 195
– unmittelbares Ansetzen **Vor 22** 141 f; **22** 120 ff, 127 f
Regelstrafrahmen **23** 17
Revokationsmöglichkeit **22** 138, 166
Rücktritt vom Versuch *siehe dort*
Rücktrittsvorbehalt **22** 51
Schein-Mittäterschaft **22** 175 f
Schuld **22** 177
Schuldunfähigkeit, sukzessive **20** 75; **22** 24, 177
Schutzminderungsfälle **22** 109
Selbsttötung des Opfers **22** 104, 140 f, 151
Sonderdelikt, echtes **22** 237
Sonderfälle **Vor 22** 96 ff
Sonderstrafrahmen nach § 49 I **23** 17, 41 ff
Spezialprävention und ~ **Vor 22** 68, 95
Strafaufhebungsgründe **22** 178
Strafausschließungsgründe **22** 178
Strafbarkeit **Vor 22** 44 f; **22** 27 ff; **23** 1 ff
Straffestsetzung **23** 13, 38 ff
Strafgrund **Vor 22** 55 ff; **22** 72
Strafmilderung
– fakultative ~ **Vor 22** 45 ff, 61, 72, 79, 85, 124, 147; **23** 7 ff
– obligatorische ~ **23** 17 ff, 40
– Verfassungsmäßigkeit **23** 11
Strafrahmenwahl **23** 13, 24 ff
Strafrechtsreform **Einl** 78
Strafwürdigkeit **Einl** 4; **Vor 22** 44 ff
Strafzweck(lehre) **Vor 22** 80, 82, 89
subjektive Tatbestandsmerkmale *siehe auch Versuch – Tatenschluß* **Vor 22** 12 f; **22** 9, 53
subjektive Versuchstheorie **Vor 22** 60 ff; **22** 6 f, 59 f, 184, 190, 193, 202, 229, 233; **23** 8 ff, 30
Subsidiarität gegenüber vollendetem Delikt **Vor 52ff** 104
Tätige Reue **Vor 22** 122, 124
Tätigkeitsdelikt **Vor 22** 96, 98 f; **22** 12 ff
Tateinheit, Begründung im Versuchsstadium **52** 21
Tatentschlossenheit **22** 40 ff
Tatentschluß **Vor 22** 1, 3; **22** 8 f, 30 ff, 90 f
– auf bewußt unsicherer Tatsachengrundlage **22** 44 ff
– mit Rücktrittsvorbehalt **22** 51 f
– Willenskomponente **22** 38 f
– Wissenskomponente **22** 32 ff
Tatgeneigtheit **22** 41 ff, 47
Teilnahme am ~ **Vor 22** 130 f
der Teilnahme **Vor 22** 130 ff
Teilverwirklichung des Tatbestands **22** 92 ff
Theorie des expressiven Normbruchs **Vor 22** 81; **22** 80
Theorienstreit
– zum Strafgrund **Vor 22** 55 ff
– zum Versuchsbeginn **22** 55 ff
Ultima ratio-Funktion des Strafrechts **Vor 22** 6
unbeendeter ~
– beendeter und ~ **24** 92 ff
– Strafmilderung **23** 32
– Unterlassungsdelikt, unechtes **13** 48
– unmittelbares Ansetzen **22** 86 ff
unmittelbares Ansetzen **Vor 22** 50, 71, 101 ff, 136 ff; **22** 8, 54 ff
– actio illicita in causa **22** 169
– actio libera in causa **22** 165 ff
– Anstiftung **Vor 22** 137 ff
– beendeter Versuch **22** 131 ff
– Handlungsunmittelbarkeit **22** 99, 103 ff
– mehraktiges Delikt **22** 126
– Mittäterschaft **22** 170 ff; **25** 198 f
– mittelbare Täterschaft **22** 150 ff
– Nebenstrafrecht **22** 117 ff
– ommissio libera in causa **22** 168
– Qualifikationstatbestände **22** 120 ff
– Regelbeispiele **Vor 22** 143; **22** 120 ff, 127 f
– Theorienstreit **22** 55 ff
– unbeendeter Versuch **22** 86 ff
– Unterlassungsdelikt, echtes **Vor 22** 101 ff; **22** 152
– Unterlassungsdelikt, unechtes **13** 47; **Vor 22** 105 f; **22** 142 ff
– Unternehmensdelikt **Vor 22** 124, 127
– zusammengesetzte Delikte **22** 120 ff, 126
als unselbständiger Tatbestand **Vor 22** 13, 39; **22** 8
untauglicher ~ *siehe auch abergläubischer Versuch* **Vor 22** 48 f, 62, 64, 83 ff, 89, 92, 100, 102, 106, 124, 127, 136; **22** 5, 26, 36, 179 ff, 210 ff, 238 f; **23** 18 f, 52 ff
– analoge Anwendung der Unverstandsklausel **23** 74
– der Anstiftung **30** 12, 30 f
– Arten **22** 194 ff
– Begriff **22** 179
– Bestimmtheitsgebot, verfassungsrechtliches und ~ **22** 5
– Mittel, untaugliches **22** 197
– Objekt, untaugliches **22** 196
– Qualifikationstatbestände **22** 195
– Strafbarkeit **Vor 22** 48 f, 62, 89, 92; **22** 183
– Strafmilderung **23** 32 f
– Subjekt, untaugliches **22** 230 ff

Versuch (Forts.)
- bei Tätigkeitsdelikten **Vor 22** 98
- Tatmodalitäten, untaugliche **22** 179, 195
- Unterlassungsdelikt, echtes/unechtes **Vor 22** 100, 102, 106; **22** 193, 209
- Unternehmensdelikt **Vor 22** 128
- Vorstellung des Täters von der Tat **22** 89
- Wahndelikt und ~ **22** 180 ff, 210

Unterlassungsdelikt **Vor 22** 100 ff; **22** 15, 142 ff
- echtes ~ **Vor 22** 102 ff, 124 f; **22** 152
- unechtes ~ **13** 46 ff; **Vor 22** 105 f; **22** 138, 142 ff

Unternehmensdelikt **11** 90; **Vor 22** 16, 123 ff
- echtes ~ **Vor 22** 16, 124 f
- keine Strafmilderung, fakultative **23** 16
- unechtes ~ **Vor 22** 16, 126 ff

Unverstandsklausel **23** 46 ff
- (keine) analoge Anwendung auf andere Fälle **23** 74 ff

der Verabredung eines Verbrechens **Vor 22** 4, 9 f; **30** 77
Verbrechen **Vor 22** 44; **23** 2 f
Vereinigungstheorien **Vor 22** 56, 83 ff, 86, 91; **22** 64, 70 f
Vergehen **Vor 22** 44; **23** 2 ff
Verjährung **Vor 22** 33, 37
Verjährung von Versuchtaten **78a** 14
Völkerstrafrecht **Vor 22** 152; **22** 117
Vollendung **Vor 22** 11, 17 f, 24 ff, 102 f; **22** 9 ff
Vorbereitung **Vor 22** 1, 5 ff, 70, 79, 119 ff; **22** 105 ff
Vorsatz *siehe auch Vorsatz – Tatentschluß* **22** 9, 31 ff
- bedingter ~ **22** 36
- dolus alternativus **22** 37
- Tatentschlossenheit **22** 40 ff
- Vorsatzform **22** 36 ff

bei Vorsatz-Fahrlässigkeits-Kombination **11** 116 ff
Vorstellung des Täters von der Tat **22** 87 ff
Wahndelikt **22** 18, 201 ff, 239
- Arten **22** 203 ff
- Begriff **22** 201
- Straflosigkeit **22** 202
- untauglicher Versuch und ~ **22** 180 ff, 210

Wissentlichkeit **22** 36
zusammengesetzte Delikte **22** 120 ff, 126
Zwangsläufigkeitstheorie **22** 72
Zweckverfehlung **222** 52
Zweiaktigkeit der Strafzumessungsentscheidung **23** 13
Zwischenaktslehre, modifizierte **Vor 22** 139; **22** 65 ff, 85 ff, 99 ff, 118 f, 121, 129 f, 135, 158 ff, 166 ff

Versuch der Beteiligung
Annahme
- einer Anstiftung **30** 86 f
- eines Erbietens **30** 10, 93 ff
- eines Erbietens, Rücktritt **31** 19 ff

Anstiftung, versuchte **30** 12 ff
Beihilfe, versuchte **30** 51
DDR-Recht **30** 99
Entstehungsgeschichte **30** EntstG
Konkurrenzen **30** 52 ff, 78 ff
Rücktritt vom ~ **31** 1 ff
- analoge Anwendung auf andere Fälle **31** 2
- Annahme eines Erbietens **31** 19 ff
- Aussagedelikte **30** 2; **151** 1 ff
- Bemühen, freiwilliges und ernsthaftes **31** 25
- Bereiterklärung **31** 15 ff
- Entstehungsgeschichte **31** EntstG

Scheinbeteiligung **30** 62
Sichbereiterklären **30** 11, 85 ff
- Rücktritt **31** 19 ff

Sicherbieten **30** 88 ff
Strafausdehnungsgrund, unselbständiger **30** 1
Tatortbestimmung **9** 27
als Teilnahmesonderregelung **30** 2
Teilnahmetheorie **30** 2
Verabredung
- alternative ~ **30** 69
- Beweisfragen **30** 70
- durch Drohung veranlasste ~ **30** 63
- Einfluß persönlicher Merkmale **30** 73 ff
- Konkretisierung **30** 66 f
- Konkurrenzen **Vor 22** 10; **30** 78 ff
- minder schwerer Fall eines Verbrechens **30** 84
- Rücktritt **31** 19
- Scheinbeteiligung **30** 62
- Schuldunfähigkeit eines Partners **30** 64
- Strafzumessung **30** 83 ff
- Tatbestandsirrtum eines Beteiligten **30** 65
- Teilnahme **30** 76
- auf unsicherer Tatsachengrundlage **30** 61
- untaugliche ~ **30** 68
- Versuch und ~ **Vor 22** 4, 9 f; **30** 77
- als Vorstufe der Mittäterschaft **30** 71 f
- Willenseinigung, Voraussetzungen **30** 60 ff

Verbrechen
- Begriff **30** 33
- besondere persönliche Merkmale und Verbrechensqualität **30** 34 ff

Verleitung eines Untergebenen zu einer Straftat und ~ **357** 9
als Versuchsbestimmung **30** 2
als Vorbereitungshandlung, strafbare **30** 2
Vorbereitungstheorie **30** 2

Versuchstheorie
dualistische ~ **Vor 22** 86 f
Eindruckstheorie **Vor 22** 6, 56, 77 ff; **22** 72, 79, 188, 190; **23** 9, 50, 64, 69
des expressiven Normbruchs **Vor 22** 81; **22** 80
formell-objektive ~ **22** 55 f
Gefährlichkeitstheorie **Vor 22** 68, 90 f
individuell-formelle ~ **22** 65 ff, 77
individuell-materielle ~ **22** 68 f, 82 ff
individuell-objektive ~ **22** 61 ff
materiell-objektive ~ **22** 57 f
objektive ~ **Vor 22** 90 ff
Organisationstheorie **Vor 22** 94
Plantheorie **Vor 22** 91
zum Strafgrund **Vor 22** 55 ff
subjektive ~ **Vor 22** 60 ff; **22** 6 f, 59 f, 184, 190, 193, 202, 229, 233; **23** 8 ff, 30
Vereinigungstheorien **Vor 22** 56, 83 ff, 86, 91; **22** 64, 70 f
zum Versuchsbeginn **22** 55 ff
Verteidiger *siehe auch Anwalt*
Anzeigepflicht **139** 24, 27
Schweigepflicht **203** 65, 142 f
Verteidigerhandeln
als Unterstützung krimineller/terroristischer Vereinigung **129** 71; **129a** 27 ff
Verteidigung der Rechtsordnung
Begriff **56** 45 ff
Strafaussetzung zur Bewährung und ~ **56** 44 ff
Unerläßlichkeit kurzer Freiheitsstrafe und ~ **47** 16, 28 ff
Verwarnung mit Strafvorbehalt **59** 15
Verteidigung von Rechten
durch Verleumdung **187** 5
Verteidigungskrieg 80 2
Vertrag
Nichterfüllung kein Angriff **32** 190
öffentlich-rechtlicher ~, genehmigungsgleiche Wirkung **Vor 32** 170
Vertragssubvention 264 a.F. 63; **264 n.F.** 5
Vertrauen der Allgemeinheit
in die Integrität des Staatsapparats als Rechtsgut **N 331-338** 2; **Vor 331** 8, 17; **357** 1
in die Ordnungsmäßigkeit der Kontrolle von Untergebenen als Rechtsgut **357** 1
Vertrauensbruch im auswärtigen Dienst 353a 1 ff
Vertrauensgrundsatz
im Straßenverkehr **16** 168 ff
Vertraulichkeit des Wortes, Verletzung
Abhören **201** 17 ff
Abhörgerät **201** 2, 12, 17 f, 22, 30, 50
Abspielen einer Aufnahme **201** 14 f
Amtsträger **201** 1, 48, 51
arbeitsrechtliches Abhörverbot **201** 21
Aufnahme, so hergestellte **201** 13
Aufnehmen **201** 11 f
Bagatellfälle/-klausel **201** 21, 25
beleidigende Anrufe **201** 41 f
besonders schwerer Fall **201** 1
Bestimmtheitsgebot **201** 25
Beweiszwecke **201** 42 f
Drittverschaffung, zulässige **201** 35
Einverständnis des Belauschten **201** 9, 27
Einwilligung **201** 9, 32 ff
– aller Sprecher **201** 32
– konkludente ~ **201** 18, 33, 45
– mutmaßliche ~ **201** 18, 36, 45
Einziehung von Tatmitteln **201** 49
Ersteingriff **201** 24
Fernmeldeanlagengesetz und ~ **201** 28
Garantenstellung **201** 19
Gebrauchen **201** 12, 14
– rechtmäßiger Aufnahme **201** 13
Heimlichkeit der Aufnahme **201** 11, 43
Hören als Voraussetzung des Abhörens **201** 18
Hörfalle **201** 18, 22, 30
Indiskretionsdelikt **Vor 201** 13; **201** 2, 23 f
Informationsinteresse der Öffentlichkeit **201** 25
Inhalt der Äußerung
– dienst- bzw. geschäftlicher ~ **201** 5, 7, 21
– eigene bzw. fremde Gedanken **201** 4
– Geräusche **201** 3
– privater ~ **201** 5
– strafbarer ~ **201** 5
– verständlicher ~ **201** 17
Konkurrenzen **201** 52
Kopieren einer vorhandenen Aufnahme **201** 12, 14
Lauschangriff **201** 2, 29 ff
– großer ~ **201** 29
– kleiner ~ **201** 29
Mithöreinrichtungen **201** 18, 22
Mitteilung
– über den Inhalt **201** 2, 14 f
– öffentliche **201** 23, 46
mittelbare Täterschaft **201** 16
nicht zur Kenntnis des Täters bestimmt **201** 18, 20 f
Nichtöffentlichkeit **201** 7
Notstand **201** 38 ff
Notwehr **201** 38 ff
notwehrähnliche Lage **201** 38 ff, 42, 44
Öffentlichkeit **201** 7
Offizialdelikt bei Amtsträgern/Verpflichteten **201** 51
Organisierte Kriminalität **201** 29

Vertraulichkeit des Wortes, Verletzung (Forts.)
polizeiliche Eingriffsbefugnisse **201** 31
Publikation
– autorisierter Aufnahmen **201** 24
– nichtautorisierter Aufnahmen **201** 24
– vorzeitige ~ **201** 24
Rechtfertigung **201** 5, 13, 25, 27 ff, 37 ff
Rechtsgut **201** 2, 23
Rechtswidrigkeit **201** 9, 27 ff
Rezitativ **201** 6
Scherzaufnahmen **201** 45
Sozialadäquanz **201** 37 ff, 45
Spionage und ~ **201** 28
Strafantrag **77** 28; **201** 51; **205** 3
Tatbestandsausschließungsgrund **201** 25
Teilnahme **201** 20
Telefongespräch **201** 7, 12, 18
Tonaufzeichnung erpresserischer Anrufe **201** 40
Tonträger **201** 11
überragendes öffentliches Interesse **201** 46
Überspielen einer Aufnahme **201** 14
Unbefugtheit **201** 9, 13, 24, 26 f, 35
– Irrtum über ~ **201** 26, 34
Unmittelbarkeit des Eingriffs **201** 2
Unterlassen als Tathandlung **201** 19
Verfalltheorie **201** 5
Versuch **201** 34, 50 f
– untauglicher ~ **201** 9
Vertraulichkeit **201** 7
Viktimodogmatik **201** 7, 13, 18, 22, 24
Vorsatz **201** 26
Wahrnehmung berechtigter Interessen **201** 45 f
Wissen des Belauschten **201** 9, 11
Wort **201** 3
– gesprochenes ~ **201** 2 ff
– gesungenes ~ **201** 6
– lebendiges ~ **201** 12
– nichtöffenliches ~ **201** 7 f
Zugänglichmachen **201** 15
Vertreter *siehe auch Handeln für einen anderen*
Einwilligung, rechtfertigende **Vor 32** 117
Einziehung bei Organhandlungen **75** 1 ff
gesetzlicher ~, Vertreterhaftung **14** 49
Wucher **302a** 51, 56
Vertreterhaftung, strafrechtliche *siehe Handeln für einen anderen*
Vertrieb
von Wertpapieren/Unternehmensanteilen etc. **264a** 41
Verunglimpfung
des Andenkens Verstorbener **189** 1 ff; **194** 9
– parlamentarische Äußerungen/Berichte, Straflosigkeit und ~ **36** 42
– Störung der Totenruhe und ~ **168** 4, 69
des Bundespräsidenten **N 90; 90** 2
– parlamentarische Äußerungen/Berichte, Straflosigkeit und ~ **36** 42, 44
in einer Versammlung **90** 2 ff, 8
öffentliche ~ **90** 2 ff
des Staates und seiner Symbole **90a** 7
– Notwehr/Nothilfe und ~ **32** 158
durch Verbreiten von Schriften **90** 2 ff, 10
von Verfassungsorganen, verfassungsfeindliche **90b** 1 ff
– Bildung krimineller Vereinigungen und ~ **129** 37
Verunreinigung *siehe Bodenverunreinigung; siehe Gewässerverunreinigung; siehe Luftverunreinigung*
Veruntreuung *siehe Unterschlagung; siehe Untreue; siehe Vorenthalten/Veruntreuen von Arbeitsentgelt*
Verursachen
eines Brandes *siehe auch Inbrandsetzen* **309** 2
Verursachen von Lärm, Erschütterungen und nichtionisierenden Strahlen
Arbeitsschutznormen und ~ **325a** EntstG 3, EntstG 14, 5a, 20, 27, 29, 38
Amtsträgerstrafbarkeit **325a** 31
Anlage, Begriff **325a** 11 ff
Auslandstat **N 5; 5** 57 ff
außerhalb der Anlage **325a** 8, 20, 27
Bagatellfälle **325a** 3, 6, 8
bedeutender Wert **325a** 23
besonders schwerer Fall **325a** 36; **N 330; 330**
beim Betrieb einer Anlage **325a** 10 ff, 25 ff, 31
Entstehungsgeschichte **Vor 324** 8b; **325** EntstG 1, 1; **325a** EntstG 1 ff
Erschütterungen, Begriff **325a** 29
Fahrlässigkeit **325a** 33, 35
Garantenstellung **325a** 3a, 18
Gefährdung
– der Gesundheit **325a** 9, 22
– von Sachen **325a** EntstG 3, 24
– von Tieren **325a** EntstG 3, 23, 28
Gefährdungsdelikt, konkretes **325a** EntstG 3, 1, 21 ff, 34
Gefährdungsdelikt, potentielles **325a** EntstG 2, 1
Gefahr
– einer Gesundheitsschädigung **N 330**
– konkrete ~ **325a** 21 f, 35
– Todesgefahr **N 330; 330** 5
Gesundheitsschäden **325a** 3, 4, 5a f
Gesundheitsschädigung, schwere **N 330; 330** 3

Verursachen von Lärm, Erschütterungen und nichtionisierenden Strahlen (Forts.)
Immissionsschutzbeauftragter **325a** 31
Irrtum **325a** 33
Konkurrenzen **325a** 38
Kriminal-/Rechtspflegestatistik **325a** 1, 12, 34
Lärm
– Begriff **325a** 5 ff
– Pegel **325a** 8
Lärmschutzverordnungen **325a** 10
durch menschliches Verhalten **325a** 3a, 10, 17
Ordnungswidrigkeitenrecht und ~ **325a** 14, 19
Rechtsgut **325a** 2
Rechtswidrigkeit **325a** 32
Sachverständiger **325** 8 f
Schädigungseignung **325a** 6, 9
Sonderdelikt **325a** 31
Täter **325a** 31
Tätige Reue **325a** 36; **325a** 36; **N 330b**; **330b**
durch Tiere **325a** 16 f
Todesfolge **N 330**; **330** 3 f
Todesgefahr **N 330**; **330** 5
Übergangsrecht **325a** 39
Unterlassen **325a** 3a, 18
Verjährung **325a** 37
Verkehrsfahrzeuge **325a** EntstG 16, 1, 4, 12, 19, 26
Verletzung verwaltungsrechtlicher Pflichten **325a** 19 f, 28 ff
Versuch **325a** 34
Verursachen von Lärm **325a** 3 f
Vorsatz **325a** 33
Verursachungstheorie
akzessorietätsorientierte ~ **Vor 26** 17 ff; **28** 2 f
reine ~ **Vor 26** 12 ff
Verurteilung
bedingte ~ *siehe auch Absehen von der öffentlichen Klage; siehe auch Probation; siehe auch Strafaussetzung zur Bewährung* **Einl** 40 ff
frühere ~ und nachträgliche Gesamtstrafenbildung **55** 4
zur vorbehaltenen Strafe **59b** 2 ff
Verurteilung zum Schadensersatz
als Sanktion **Vor 38** 19, 64
Verurteilung zur Bewährung
DDR-Recht **Vor 38** 64
als Sanktion **Vor 38** 64
Verurteilung, bedingte Einl 40 ff
Verwahren
falscher amtlicher Ausweise **276** 9, 11
von Kernbrenn-, radioaktiven und Sprengstoffen etc. **N 310**; **311b** 12
von Vorrichtungen zur Fälschung amtlicher Ausweise **275** 8
Verwahrter *siehe auch Unterbringung in Sicherungsverwahrung*
Gefangenenbegriff und ~ **120** 4, 13, 15 ff
Sexueller Mißbrauch von Verwahrten **N 174a**; **174a** 4
Verwahrung
amtliche ~ des Führerscheins bei Fahrverbot **44** 54 ff, 59 ff, 74
behördliche ~
– Aussageerpressung **343** 4
– Sexueller Mißbrauch unter Ausnutzung einer Amtsstellung **174b** 4
– Verfolgung Unschuldiger **344** 3
– Vollstreckung gegen Unschuldige **345** 5
Unterbringung *siehe Unterbringung in Sicherungsverwahrung*
Untreue **266** 75, 119
Verwahrungsbruch
Amtsdelikt, unechtes **133** 23
Amtsträger als Täter **133** 17, 20 ff
Anvertrautsein **133** 21
Aufbewahrungsort **133** 9
beliehene Private **133** 6a
Beschädigen **133** 14
DDR-Alttaten **Vor 125-145d** 10; **133** 17
dienstlich zugänglich **133** 22
dienstliche Verwahrung **133** 6 ff
in dienstliche Verwahrung geben **133** 12 f
dienstlicher Verfügung entziehen **133** 15 f, 17
Einverständnis des Berechtigten **133** 16
Irrtum **133** 18
kirchenamtliche Verwahrung **133** 19
Konkurrenzen **133** 24
Kriminal-/Rechtspflegestatistik **133** 1
Mittäterschaft **133** 17a
mittelbare Täterschaft **133** 17a
für den öffentlichen Dienst besonders Verpflichteter **133** 17, 20 ff
Qualifikationstatbestand **133** 20 ff
Postsachen, Bahnsendungen, Frachtgut als Tatobjekte **133** 10a
Rechtsgut **133** 2
Sachbeschädigung und ~ **133** 24; **303** 22
Schriftstücke **133** 4
Tatobjekte **133** 3 ff
Teilnahme **133** 17a, 23
Unbrauchbarmachen **133** 14
Urkundenfälschung und ~ **133** 24
Urkundenunterdrückung und ~ **274** 67
Verstrickungsbruch und ~ **136** 2
Vorsatz **133** 18
Zerstören **133** 14
Verwahrungsgewalt des Staates
als Rechtsgut **120** 6; **121** 2
Verwaltung, öffentliche
funktionale Betrachtungsweise **N 331-338** 6

Verwaltung, öffentliche (Forts.)
Privatrechtsform **N 331-338** 6
Schutz der Rechtmäßigkeit der ~ als Rechtsgut **Vor 331** 8, 17
Verwaltungsakt
Nichtbefolgung und Strafdrohung **1** 39 ff
Verwaltungsakzessorietät des Strafrechts
Begriff **Vor 324** 8b
Freisetzen ionisierender Strahlen **311d** 6 ff
Genehmigung, fehlerhafte behördliche **Vor 32** 162 ff
Hausfriedensbruch **123** 44
Privatgeheimnisse, Verletzung **203** 145 ff
Unerlaubter Umgang mit gefährlichen Hunden **143** 8
im Umweltstrafrecht **1** 41; **Vor 324** 7b f, 8, 8b, 8d, 22 ff, 53; **324** 56, 65; **324a** EntstG 2, 5, 60; **325** 29; **330d** 5
Störung des öffentlichen Friedens durch Androhung von Straftaten **N 126** 4; **126** 4
Vereinigungsverbot, Verstoß **85** 5
Verwaltungsaktsakzessorietät **Vor 324** 8b, 22, 32 f, 56, 106b; **325** 30
Verwaltungsjudikatsakzessorietät **Vor 324** 22, 33
Verwaltungsrechtsakzessorietät **Vor 324** 8b, 22; **325** 30
Widerstand gegen Vollstreckungsbeamte **113** 25 f
Verwaltungsbeamter
Rechtsbeugung **339** 20
Verwaltungsgerichtsbarkeit
Rechtsbeugung **339** 20, 28
Verwaltungsrechtliche Pflicht *siehe Pflicht, verwaltungsrechtliche*
Verwaltungsrechtsgüter Vor 324 20
Verwaltungsungehorsam 145a 3; **Vor 324** 23, 40, 43 f, 48; **325** 51; **326** 125; **327** 1
Verwaltungsverfahren
in Steuersachen, Steuergeheimnisverletzung **355** 12
Verwaltungsverordnung
kein Gesetz im materiellen Sinn **1** 32
Verwandte
Beischlaf zwischen Verwandten **173** 17
Blutsverwandtschaft, Angehörigenverhältnis **11** 5, 13
in gerader Linie, Angehörigenverhältnis **N 11; 11** 2 ff
aus der Seitenlinie, Angehörigenverhältnis **N 11; 11** 12
Verwarnung mit Strafvorbehalt N 59a
Absehen von der Verurteilung **59b** 8 ff
Anerbieten **59a** 4
Anwendungsbereich **59** 2
Anwendungshäufigkeit **Vor 38** 42, 62; **Vor 59-59c** 3
Auflagen **N 59a; 59a** 3; **59b** 9
Ausnahmecharakter **59** 1, 8
Beschlußform **59a** 9
Beurteilungsspielraum/Ermessen des Tatrichters **59** 17 f
Bewährungszeit **N 59a; 59a** 2; **59b** 11
Bundeszentralregistereintrag **59** 23
DDR-Alttaten **Anh 59-59c** 4
DDR-Recht **Anh 59-59c** 1 ff
Entscheidungen, nachträgliche **59a** 5, 8
neben Fahrverbot **44** 10 f; **59** 3
bei Geldstrafe **59** 2
neben Geldstrafe **59** 3
Generalprävention und ~ **59** 15
Gesamtstrafe **59c** 1 ff
bei Hausfriedensbruch **123** 85
maßnahmeähnlicher Charakter **Vor 59-59c** 3
neben Maßnahmen **59** 4
Nichtverurteilung **59b** 13 ff
Probation und ~ **Einl** 42, 83
Prognose, günstige **59** 6 ff
als Prozeßhindernis **Vor 59-59c** 3
Rechtsnatur **Vor 38** 41; **Vor 59-59c** 3
Resozialisierungsfunktion **Vor 38** 41
Strafaussetzung zur Bewährung und ~ **Vor 59-59c** 2
keine Strafe **Vor 59-59c** 3; **59** 23
Strafrechtsreform **Einl** 83; **Vor 59-59c** 1
Täter-Opfer-Ausgleich **N 59a**
bei Tatmehrheit **59c** 2 ff
Überwachung **59a** 12
Umständeklausel **59** 8 ff
Unzumutbarkeit **N 59a**
Verfahrensrecht **59** 19 ff; **59b** 16 f; **59c** 10
bei Verkehrsdelikten **N 59a; 59** 5
Verkehrsunterricht **N 59a**
Verteidigung der Rechtsordnung **59** 15
Verurteilung auf Bewährung nach DDR-Recht und ~ **Vor 59-59c** 2
Verurteilung zur vorbehaltenen Strafe **59b** 2 ff
Weisungen **N 59a; 59a** 6; **59b** 9 f; **61** 2
Wiedergutmachungsbemühungen des Täters **N 59a**
Wirkungen **59** 23; **59b** 15
Würdigkeitsklausel **59** 8 ff
Zusagen **59a** 7
Verwarnungsgeld Vor 38 87
Verweilen, unbefugtes
als Hausfriedensbruch **123** 60 ff
Verwenden
von Daten **263a** 32, 36 ff
von Kennzeichen verfassungswidriger Organisationen **N 86a; 86a** 7

Verwenden (Forts.)
- Bildung krimineller Vereinigungen **129** 89
- öffentliches ~ **86a** 11
- Organisationsdelikt **86a** 1
- Tatbestandsbegrenzung **86a** 7 ff
einer Waffe/eines Werkzeugs, Sexuelle Nötigung/Vergewaltigung **N 177** 11
Verwerflichkeit
Erpressung **253** 24 ff
der Gesinnung **46** 79 ff
Nötigung **240** 86 ff
Verletzung der Unterhaltspflicht gegenüber einer Schwangeren **170** 61
Verwerten
fremder Geheimnisse **204** 5 ff
des Steuergeheimnisses **355** 26
Verwertung fremder Geheimnisse
Geheimnis
- Betriebs- und Geschäftsgeheimnis **204** 3
- fremdes ~ **204** 3
Gewinnerzielung **204** 5
Insiderinformation **204** 7
Irrtum **204** 9
Konkurrenzen **204** 13
Offenbaren **204** 5, 9, 13
Rechtsgut **204** 2
Rechtswidrigkeit **204** 10
Sonderdelikt, echtes **204** 4
Strafantrag **77** 28; **204** 12; **205** 6
Unbefugtheit **204** 10
Verstorbener **204** 3
Versuch **204** 11
Verwerten **204** 5 ff; **204** 5 ff
Vorsatz **204** 9
Verwirrung
Affekt und ~ **20** 64; **33** 32, 59, 66 ff
als Ursache eines Notwehrexzesses **33** 70 ff
Verzweiflung
strafmildernde Bedeutung **46** 76
Veterinärwesen
Falschbeurkundung, mittelbare **271** 8, 13, 52
Urkundenfälschung **267** 147
Vielehe *siehe Doppelehe*
Vikariierendes System **Einl** 37; **67** 1 ff
Anwendungsbereich **67** 11 ff
Ausnahmen **67** 1, 16, 39
Unterbringung in Sicherungsverwahrung, Ausnahme **Einl** 37; **67** 1, 16
verfassungsrechtliche Bedenken **67** 10
Zweispurigkeit des Sanktionensystems und ~ **67** 8 f
Viktimodogmatisches Prinzip
Begriff **Vor 13** 52; **Vor 201** 7
Betrug **Vor 263** 35; **263** 8, 84, 86, 171 f
Computerbetrug **263a** 5, 45, 51
Kreditbetrug **265b** 18, 114
Untreue **266** 2, 17, 58, 86, 142
Verletzung des persönlichen Lebens- und Geheimbereichs **Vor 201** 7; **201** 13, 18, 22, 24; **202** 2, 13; **202a** 14; **203** 3, 16 f, 39, 50, 59 f, 71, 85, 96, 99, 125
vis absoluta
Erpressung **253** 3
Menschenraub **234** 11
Nötigung **240** 7, 38 ff, 66
Raub **249** 6, 22, 24
Vergewaltigung **177** 3, 5 f
vis compulsiva
Erpressung **253** 3
Menschenraub **234** 11
Nötigung **240** 7, 17, 38 ff, 66
Raub **249** 6, 9, 22, 24
Vergewaltigung **177** 3, 5 f
Völkerfrieden
als Rechtsgut **80** 1; **80a** 1
Völkermord
Absicht **220a** 12 f
Annexkompetenz deutscher Gerichte **220a** 3
Anzeigepflicht **138**
Auslandstat **6** 26 ff
Auslieferung **220a** 16 f
Auswanderungsangebot **220a** 11, 13
Begriff **220a** 4
besondere Schwere der Schuld **220a** 15
Conspiracy (Verschwörung) **220a** 1
Deportation **220a** 13
Entstehungsgeschichte **220a** EntstG
Freiheitsstrafe als absolute Strafe ohne Milderungsmöglichkeit **38** 5
Gerichtszuständigkeit **220a** 16 f
Gruppe **220a** 9
Handeln auf Anordnung/Befehl **220a** 13
Internationaler Strafgerichtshof **220a** 2, 6, 17
als Katalogtat **126** 4
Konkurrenzen **220a** 14
Konzentrationslager **220a** 11
Lebensbedingungen, zerstörerische **220a** 11
Massenvergewaltigung **220a** 11
Maßnahmen, antinatalistische **220a** 11
minder schwerer Fall **220a** 15
NS-Gewalttaten, Nichtanwendbarkeit **220a** 7
Rechtsgut **220a** 8
Säuberung, ethnische **220a** 11
Schäden, körperliche/seelische **220a** 11
Strafklageverbrauch **220a** 17
Strafrechtsreform **Einl** 85
Täter **220a** 10, 12
Überführung, gewaltsame von Kindern **220a** 11
Verbrechen gegen die Menschlichkeit **220a** 4
Verjährung, Ausschluß **Einl** 85; **1** 90; **Vor 78** 9; **78** 5 f; **79** 3; **220a** 16

Völkermord (Forts.)
Versuch **220a** 10
völkerrechtliches Delikt **Vor 3** 26 ff, 120; **220a** 5 f
Vorsatz **220a** 13
Weltrechtsprinzip **220a** 3, 16
Völkerrecht
Kriegsvölkerrecht *siehe dort*
Notwehr gegen völkerrechtswidrigen Befehl **32** 94
Rechtfertigung aufgrund Völkerrechts **Vor 32** 178
Völkerstrafrecht
Bestimmtheitsgebot und ~ **1** 42 ff
internationale Delikte **Vor 3** 6 ff
internationale Strafgerichtsbarkeit und ~ **Vor 3** 117 ff
Internationales Strafrecht und ~ **Vor 3** 1, 6, 117
Umsetzung über innerstaatliches Strafrecht **Vor 3** 117; **3** 2
Verfolgungspflicht nach ~ und Opportunitätsprinzip **4** 49 ff
Versuchsstrafbarkeit **Vor 22** 152; **22** 117
Völkergewohnheitsrecht und Gesetzlichkeitsprinzip **Vor 3** 6
Völkermord *siehe dort*
Völkerverständigung
Begriff **86** 4
als Rechtsgut **85** 1, 3; **86** 1 f, 6
Volksempfinden, gesundes
Nötigungstatbestand **240** EntstG, 86
Volksverhetzung N 130
Äußerungsdelikt **130** 4, 28
Angriff auf die Menschenwürde **130** 4, 7, 11 ff
als Anti-Diskriminierungstatbestand **Vor 125-145d** 6; **130** 1
Aufforderung
- Öffentliche ~ zu Straftaten und Volksverhetzung **111** 4a, 34; **130** 19
- zu Gewalt-/Willkürmaßnahmen **130** 36
Aufstachelung zum Haß **130** 17 f
Beschimpfung von Bekenntnissen, Religionsgesellschaften und Weltanschauungsvereinigungen und ~ **Vor 166** 23; **166** 12, 92
Bildung krimineller Vereinigungen und ~ **129** 7, 37, 89
DDR-Alttaten **Vor 125-145d** 12
Ehrverletzungsdelikte und ~ **130** 11
Eignung zur Friedensstörung **130** 4, 7, 13 ff
Gefährdungsdelikt **130** 4, 5
Gewalt- und Willkürmaßnahmen **130** 36
Gewaltdarstellung und ~ **131** 40
Kriminal-/Rechtspflegestatistik **130** 3
Meinungsfreiheit und ~ **130** 4
Öffentlichkeit **130** 14
Propaganda, ausländerfeindliche und rassistische **Vor 125-145d** 6
Rechtsgut **130** 4, 6, 11a
Teile der Bevölkerung **130** 9 ff
Volkswirtschaft
Schutz der ~ als Rechtsgut **Vor 283** 53 ff
Volkszählung
Proteste gegen ~ **Vor 110** 5; **111** 3, 9, 10, 22a, 30a, 30c, 35
Vollendung der Straftat
Beendigung und ~ **Vor 22** 24 ff
Begriff **Vor 22** 17 f
bei Erfolgsdelikten **Vor 22** 18; **22** 15 ff
bei Tätigkeitsdelikten **Vor 22** 18; **22** 12 ff
Tateinheit, Begründung nach ~ **52** 20
Unterlassungsdelikt **Vor 22** 102; **22** 15
Vollendungstheorie
Jagdwilderei **292** 48
Vollmacht
Untreue **266** 41, 45, 48 ff, 114, 130
Vollrausch
Abgrenzung zum Nichtrausch **323a** 110 f
Absehen von Strafe **323a** 222
actio libera in causa und ~ **20** 76; **323a** 21, 43 f, 335 ff
Alkoholempfindlichkeit **323a** 87, 122, 124, 140, 145, 311
als Antragsdelikt **323a** 349
Auffangtatbestand **323a** 108, 154
Ausfallerscheinungen **323a** 110
Beendigung **323a** 259, 262
Begriff **323a** 71 f, 104, 117, 126, 131
berauschende Mittel **323a** 83 ff, 88 ff, 94 ff
Berufsverbot **323a** 318
Beweisprobleme bei der Feststellung
- der Rauschtat **323a** 1, 185 ff, 187, 191
- des Vollrausches **323a** 108, 148 ff, 153 ff, 155
als Bewußtseinsstörung **323a** 10, 114, 124, 131, 140
Beziehungsgegenstand, Einziehung **323a** 322
Blutalkoholkonzentration *siehe auch dort* **323a** 117 ff, 127 ff, 130
(kein) eigenhändiges Delikt **323a** 264, 278
Einwilligung in Rauschtat **323a** 184
Einziehung **323a** 319 ff
Entschuldigungsgründe
- für Rauschtat **323a** 211 f
- für Vollrausch **323a** 229, 247
Entstehungsgeschichte **323a** Vor 1, 3 ff
Entziehung der Fahrerlaubnis **69** 86; **323a** 302 f, 358
epidemiologische Studien **323a** 13 ff
(kein) erfolgsqualifiziertes Delikt **323a** 49 f

Vollrausch (Forts.)
ex-ante/ex-post-Betrachtung **323a** 60, 220, 227
Fahrlässigkeit
– bei der Rauschtat **323a** 53, 172, 201, 241
– beim Vollrausch **323a** 63, 66, 230 ff, 237 ff, 321, 371
Fahrverbot als Nebenstrafe **323a** 301
Fortsetzungszusammenhang **323a** 329 f
Führungsaufsicht **323a** 317
(kein) Gefährdungsdelikt, abstraktes **323a** 55 ff
(kein) Gefährdungsdelikt, konkretes **323a** 58 f
Gefährdungsdelikt, subjektiv-generelles **323a** 66 ff, 156, 223, 230, 235
Gefährlichkeit des Vollrausches als ungeschriebenes objektives Tatbestandsmerkmal **323a** 61 ff, 71, 157, 223
Handlung des Volltrunkenen **323a** 164 ff
in dubio pro reo **323a** 149 ff, 155
Irrtum
– des Rauschtäters **323a** 197 ff, 209, 244
– des Teilnehmers **323a** 282 ff
Kausalität
– zwischen Rauschmittel und Vollrausch **323a** 133 ff, 140, 146
– zwischen Vollrausch und Rauschtat **323a** 158 ff, 200, 210, 212 ff
Konkurrenzen **323a** 325 ff
– Fortsetzungszusammenhang **323a** 329 f
– mehrere Rauschtaten **323a** 326 ff
– mehrere Vollräusche **323a** 329 ff
– Vollrausch und Nachtat **323a** 221, 341 ff
– Vollrausch und Rauschtat **323a** 21, 42, 331 ff
als krankhafte seelische Störung **323a** 131
Kritik an der Norm **323a** 1
Militärstrafrecht **323a** 8
Mittäterschaft
– bei der Rauschtat **323a** 280
– beim Vollrausch **323a** 268
mittelbare Täterschaft
– bei der Rauschtat **323a** 273 ff
– beim Vollrausch **323a** 80, 264 ff
Nachtrunk **323a** 153
Nebenklage, Zulässigkeit der **323a** 348
Notwehr
– gegen den Rauschtäter **323a** 32, 227
– als Rauschtat **323a** 184
– Selbstberauschung als ~ **323a** 229
als objektives Tatbestandsmerkmal **323a** 104
Offizialdelikt **323a** 346 f
Putativnotwehr/-notstand **323a** 199, 215
Rausch
– akuter ~ **323a** 10, 116
– Begriff **323a** 112 ff
– Drogenabhängigkeit und ~ **323a** 125
– epileptoider/deliranter ~ **323a** 123
– pathologischer ~ **323a** 120 ff, 129, 232, 311
– periodischer ~ **323a** 124
– unterschiedliche Schweregrade **323a** 117 f
Rauschmittel **323a** 83 ff, 88 ff, 94 ff
Rauschtat **323a** 161 ff
– Antragsdelikt als ~ **323a** 349
– als Beweistatsache für die Gefährlichkeit des Vollrausches **323a** 61 ff, 71, 157, 161
– Gefährdungsdelikt als ~ **323a** 61, 178, 230, 255
– Notwehr als ~ **323a** 184
– (keine) objektive Strafbarkeitsbedingung **323a** 55, 61, 250, 366
– Ordnungswidrigkeit als ~ **323a** 18, 163
– Privatklagedelikt als ~ **323a** 346 ff
– Rechtswidrigkeit **323a** 180 ff
– Rücktritt vom Versuch **323a** 219 ff
– Sonderdelikt als ~ **323a** 283
– subjektiver Tatbestand der ~ **323a** 185 ff
– (kein) Tatbestandsmerkmal **323a** 51 f, 61
– Tathandlung **323a** 164 ff
– Teilnahmehandlungen als ~ **323a** 179
– Unterlassungsdelikt als ~ **323a** 175 ff
– Versuchs-/Vorbereitungshandlungen als ~ **323a** 179
Rechtfertigung
– bei der Rauschtat **323a** 184, 214
– beim Vollrausch **323a** 229
Rechtsgut **323a** 69 f, 342
Rechtswidrigkeit
– der Rauschtat **323a** 180 ff
– der Selbstberauschung **323a** 223 ff
Rücktritt vom Versuch **24** 167
sachliche Zuständigkeit **323a** 354
Schuld **323a** 246 ff
Schuldprinzip und ~ **323a** 2 ff, 9, 12, 70, 246 ff
Schuldunfähigkeit, rauschbedingte **323a** 126 ff
– Kausalität des Rauschmittels **323a** 133 ff
– als objektives Tatbestandsmerkmal **323a** 104
– prozessuale Feststellung **323a** 148 ff
Sichberauschen **323a** 80 ff
– Rechtswidrigkeit **323a** 223 ff
– als Versuch/Vorbereitung der Rauschtat **323a** 32 f, 36
– als Versuch/Vorbereitung des Vollrausches **323a** 250 ff, 252 f, 256
Strafantrag **323a** 349, 351
Strafausschließungsgrund **323a** 216 ff
Strafaussetzung zur Bewährung **323a** 299 f
Strafgrund **323a** 48 ff, 60 ff, 70
Strafklageverbrauch **323a** 353, 361

Vollrausch (Forts.)
Strafmilderungsgrund **323a** 288, 292
Strafschärfungsgrund **323a** 286, 291 ff
Strafverfolgungsstatistik/-praxis **323a** 16 ff
Strafzumessung **46** 6, 10, 154; **323a** 286 ff
Täterkreis **323a** 73
Tat im prozessualen Sinn **323a** 359 ff
Tatort **323a** 249, 254 ff
Tatzeit **8** 9; **323a** 249, 258 ff
Teilnahme
– an der Rauschtat **323a** 276, 281 ff
– am Vollrausch **323a** 269 ff, 272, 274
Trunkenheit im Verkehr und ~ **323a** 344
Übermüdung **323a** 25, 130, 142, 145
Unerlaubtes Entfernen vom Unfallort und ~ **323a** 343
Unrechtsbewußtsein **323a** 196, 230, 244 f
Unterbringung
– in einer Anstalt, einstweilige **323a** 357
– in einer Entziehungsanstalt **64** 28, 33 f; **323a** 76, 79, 304 ff, 317, 373
– in einem psychiatrischen Krankenhaus **323a** 76, 307, 311 ff, 317, 356, 373
– in Sicherungsverwahrung **N 66** 6; **323a** 314 ff
– zur Vorbereitung eines Gutachtens **323a** 357
Unterlassen **323a** 45, 175 ff, 181 ff
Unterlassene Hilfeleistung und ~ **323c** 91
Untersuchungshaft **323a** 355 ff
Verfassungsmäßigkeit der Norm **323a** 287
Vergehen **323a** 286, 346
Verjährung **78** 18; **323a** 259, 350 ff
Versuch
– der Rauschtat **323a** 32 f, 35 f, 179
– des Vollrausches **323a** 227, 249 ff, 256
verwaltungsrechtliche Folgen einer Verurteilung **323a** 324
Vollendung **323a** 249 ff
Vorbereitung, straflose **323a** 253
Vorhersehbarkeit der Gefährlichkeit **323a** 243, 371
Vorkehrungen gegen Rauschtat **323a** 40, 240 ff, 292
Vorsatz **323a** 62 f, 66, 145, 230 ff, 315, 321, 371
Wahlfeststellung **1** 118; **323a** 328, 332 f
Wiederholungstäter **323a** 293 ff, 300
Vollstreckung
von DDR-Gerichtsurteilen **Vor 38** 108 ff
Vollstreckung gegen Unschuldige
Amtsdelikt, echtes **345** 1
Amtsfähigkeit, Verlust als Nebenfolge **345** 9
Amtsträger **345** 2
Auslieferungshaft **345** 5
Berufsgerichtsbarkeit **345** 6
Berufsverbot **345** 6
Bundeswehrangehörige als Täter **345** 2
Disziplinarverfahren **345** 6
Ehrengerichtsbarkeit **345** 6
Einwilligung **345** 1
Einziehung **345** 6
Entstehungsgeschichte **345** EntstG
Fahrerlaubnis, Entziehung der **345** 6
Fahrlässigkeit **345** 7
Fehlurteil, rechtskräftiges **345** EntstG, 3
Freiheitsberaubung durch ~ **345** 8
Führungsaufsicht **345** 6
Jugendarrest **345** 6
Jugendstrafe **345** 5
Konkurrenzen **345** 8
Leichtfertigkeit **345** 5, 7
Maßnahmen zur Besserung und Sicherung **345** 5
Nebenfolge **345** 9
Ordnungshaft **345** 6
Prüfungspflicht des Amtsträgers **345** 7
Rechtsbeugung und ~ **339** 124, 129; **345** 8
Rechtsgut **345** 1
Richter **345** 2
Sanktionen
– freiheitsentziehende ~ **345** 5 f
– nicht freiheitsentziehende ~ **345** 6
Staatsanwalt **345** 2
Teilnahme **345** 1
Unbrauchbarmachen **345** 6
Unterbringung **345** 5
Unterlassen **345** 3
Untersuchungshaft **345** 5
Urteil, nichtiges **345** 3
Verfall **345** 6
Verfolgung Unschuldiger und ~ **344** 5
Versuch **345** 6
Verwahrung, behördliche **345** 5
Vollstreckung, ungesetzliche **345** 3
Vollstreckungskalender, Führen **345** 2
Vorsatz **345** 7
Vollstreckungsbeamter *siehe auch Widerstand gegen Vollstreckungsbeamte*
Falschbeurkundung im Amt **348** 4
Falschbeurkundung, mittelbare **271** 13
Vollstreckungsbetrug **263** 113, 117, 135, 211, 229, 255, 325
Vollstreckungsgewalt, inländische
als Rechtsgut **113** 2, 7
Vollstreckungshandlung *siehe Widerstand gegen Vollstreckungsbeamte* **113** 4, 11 ff; **114** 5
Beginn und Beendigung **113** 12
Notwehr gegen unrechtmäßige ~ **113** 40 f
durch Unterlassen **114** 1 ff
Vollstreckungshilfehaft **120** 14a

Vollstreckungsvereitelung *siehe auch Vereiteln der Zwangsvollstreckung* **258** 23 ff
Gefährdung einer Entziehungskur und ~ **323b** 8, 26, 39 ff
Vollstreckungsverjährung Vor 38 107
Beginn **78** 8
Begriff **Vor 78** 2
Verfolgungsverjährung, Verhältnis **Vor 78** 2; **78** 8; **79** 2
Verjährungsfrist **79** 1 ff
Verjährungsfrist, Verlängerung **79b** 1 ff
Volltrunkene
Notwehr gegen ~ **32** 63, 235 f, 309
Vollverbüßer
Führungsaufsicht **Vor 68** 9; **68e** 14; **68f** 1 ff
Vollziehen
des Beischlafs **173** 22
Vollzugsbeamter
Amtsrechte **Vor 32** 142
Schußwaffengebrauch, zulässiger **Vor 32** 150
Sexueller Mißbrauch unter Ausnutzung einer Amtsstellung **174b** 6
Vollzugsreihenfolge
bei Maßregeln und Freiheitsstrafen **67** 1 ff
Vorbereitung
eines Angriffskrieges *siehe Vorbereitung eines Angriffskrieges*
eines Explosions- oder Strahlungsverbrechens *siehe Vorbereitung eines Explosions- oder Strahlungsverbrechens*
Fälschung amtlicher Ausweise *siehe auch Ausweise, amtliche – Vorbereitung der Fälschung* **275** 4
eines hochverräterischen Unternehmens *siehe Vorbereitung eines hochverräterischen Unternehmens*
Straflosigkeit **Vor 22** 5 ff
– Ausnahmen **Vor 22** 7
Strafwürdigkeit **Einl** 4; **Vor 22** 6
Versuch der ~ **Vor 22** 10, 119 ff
Versuch und ~, Verhältnis **Vor 22** 1, 5 ff, 70, 79, 119 ff; **22** 105 ff; **80** 10
Vorbereitung eines Angriffskrieges
Anstiftung **80** 9
Anzeigepflicht **138**
Ausländer als Täter **80** 9; **80a** 4
Auslandstat **80** 9
Beihilfe **80** 9
bestimmtes Unternehmen **80** 5
Beteiligung **80** 3
friedensgefährdende Beziehungen und ~ **100** 11
Herbeiführen einer Kriegsgefahr **80** 6 f
Konkurrenzen **80** 12
Nötigung von Verfassungsorganen und ~ **105** 23
Rechtsgut **80** 1
Tätige Reue **80** 11
Verbrechensverabredung **80** 10
Versuch **80** 10
Vorbereitung, strafbare **Vor 22** 8
Vorsatz **80** 8
Vorbereitung eines Explosions- oder Strahlungsverbrechens N 310
Anzeigepflicht **N 138**
Auslandstat **N 6**; **6** 30 ff
Einziehung **322**
Entstehungsgeschichte **311b** EntstG
Förderungsabsicht **311b** 13
Führungsaufsicht **N 321**; **321**
Herbeiführen eines Explosions-/Strahlungsverbrechens und ~ **311b** 18
Herstellen **311b** 8
Kernbrennstoffe **311b** 3
Konkurrenzen **Vor 22** 10; **311b** 18
minder schwerer Fall **311b** 16
Sichverschaffen **311b** 9
sonstige radioaktive Stoffe **311b** 4
Sprengstoffe **311b** 5
Tätige Reue **311c a.F.** 1 ff; **311e** 1 ff; **N 314a**
Teilnahme **311b** 15
Überlassen, einem anderen **311b** 11
Verschaffen, einem anderen **311b** 10
Versuch **311b** 1
Verwahren **311b** 12
als Vorbereitung, strafbare **Vor 22** 8
Vorrichtungen, besondere **311b** 6
Vorsatz **311b** 13 f
Vorbereitung eines hochverräterischen Unternehmens *siehe auch Hochverrat*
Angriffsgegenstand/-ziel **83** 4
Anzeigepflicht **83** 17; **138**
Ausländer als Täter **83** 12
Auslandstat **83** 12
bestimmtes Unternehmen **83** 2 ff
Gefährlichkeit des Unternehmens **83** 8 ff
Konkurrenzen **83** 15; **83a** 15
Tätige Reue **83a** 4
Tatmittel **83** 6
Teilnahme **83** 12
Versuch **83** 8, 13
Vorbereiten **Vor 22** 7; **83** 7 ff
Vorsatz **83** 11
Zuständigkeit für Strafverfolgung **83** 16
Vorbereitungshandlung
strafbare ~, Tateinheit **52** 21
strafbare ~, Subsidiarität zu versuchtem/vollendetem Delikt **Vor 52ff** 104 f
straflose ~, Ausnahmen **Vor 22** 7 f, 119 ff; **30** 1

Vorbereitungstheorie
Versuch der Beteiligung **30** 2
Vorbeugung *siehe auch Generalprävention; siehe auch Spezialprävention*
als Funktion von Strafe **Einl** 24, 27, 29, 31 f
Vordrucke
zur Fälschung amtlicher Ausweise **275** 7
Urkundeneigenschaft **267** 140, 188 f
Vorenthalten
eines Minderjährigen **235** 39, 64 ff
Vorenthalten/Veruntreuen von Arbeitsentgelt
Abführungspflicht **266a** 70
Abgabenstrafrecht und ~ **266a** 43 f, 67, 71, 112
Absehen von Strafe **266a** 87, 91 ff
Abtretung von Lohnansprüchen **266a** 68
Altfälle **266a** 115 ff
Arbeitgeber **266a** 14 ff
Arbeitgeberanteile **266a** 6, 28
Arbeitnehmer **266a** 74
Arbeitnehmerbeiträge **266a** 27
Arbeitnehmerüberlassung, unerlaubte **266a** 16 ff, 115 f
Arbeitsentgelt, Begriff **266a** 36
Arbeitslosenversicherung **266a** 28, 75
Arbeitsverhältnis, faktisches **266a** 15
Auftraggeber **266a** 19
Beendigung **266a** 66
Beitragshöhe **266a** 36 f, 40 ff
Beitragspflicht **266a** 15
Beitragsverkürzung **266a** 63
Beitreibungsverfahren **266a** 58
Berufsverbot **266a** 86
Betrug und ~ **266a** 11, 110, 115 f
Bruttolohn **266a** 40 ff
DDR-Recht **266a** 120 ff
Einverständnis des Arbeitnehmers **266a** 31, 34, 41 ff, 53 ff, 73, 85 f
Entleiher **266a** 16 ff
Entstehungsgeschichte **266a** EntstG, 1 ff, 13
Erfolgsdelikt **266a** 63, 65
Ersatzkasse **266a** 74
Fälligkeit **266a** 30, 36 ff, 50 f
Fortsetzungszusammenhang **266a** 65, 67, 107, 112
Frist **266a** 94, 99 ff, 105 f
Gefährdungsdelikt **266a** 72
Geldbußen **266a** 48
geringfügig Beschäftigte **266a** 64
Gesamtsozialversicherungsbeitrag **266a** 27, 41, 71, 76, 108
gleichgestellte Personen **266a** 19 ff
Hausgewerbetreibende **266a** 20 ff
Heimarbeiter **266a** 20, 22 ff
Heimlichkeit **266** 73
als Insolvenzstraftat **Vor 283** 2, 28
Irrtum **266a** 82
Konkurrenzen **266a** 107 ff
Krankenversicherung **266a** 28, 75
Kriminal-/Rechtspflegestatistik **266a** 9, 11, 74
Leistungen, vermögenswirksame **266a** 68
Lohnabzugsrecht des Arbeitgebers **266a** 7, 32, 35
Lohnsteuerhinterziehung **266a** 42 ff, 71, 112
Lohnzahlung, unterbliebene **266a** 39
Mitglieder einer Ersatzkasse **266a** 74
Mittäterschaft **266a** 18, 85
Nettolohnabrede **266a** 40, 42 ff, 54
Ordnungswidrigkeitenrecht und ~ **266a** EntstG, 6, 28, 111
Pfändung von Lohnansprüchen **266a** 68
Pflegeversicherung **266a** 29
Rechtsgut **266a** 1 ff
Rechtswidrigkeit **266a** 78 ff
Rentenversicherung **266a** 28, 75
Säumniszuschläge **266a** 48
Schwarzarbeit **266a** 41 ff, 53
Solidargemeinschaft der Versicherten als Schutzgut **266a** 2, 4
Sonderdelikt **266a** 14
Sozialversicherungsträger als Schutzobjekte **266a** 1 f
Strafaufhebungsgrund **266a** 99 ff
Straffreiheit, obligatorische **266a** 87
Strafzumessung **266a** 47, 86
Stundung **266a** 51, 78, 88
Täter **266a** 14 ff, 74 ff
Teilleistungen **266a** 58 ff
Teilnahme **266a** 85, 90, 103
Tilgungsreihenfolge **266a** 59 ff
Unmöglichkeit der Zahlung **266a** 92
Unterlassen **266a** 65
(kein) Unterlassungsdelikt **266a** 65, 72
Untreue und ~ **266** 88, 108, 170; **266a** 11
untreueähnlicher Tatbestand **266a** 1 ff, 35
Verfahrensrecht **266a** 104 ff
Verfassungsmäßigkeit **266a** 25, 119
Verjährung **266a** 67
Verleiher **266a** 16 f
Vermögen als Rechtsgut **266a** 5
Vermögensdelikt **266a** 72
Versuch **266a** 85
Veruntreuen **266a** 72 f
Verzugsfälle **266a** 52
Vollendung **266a** 66
Vorenthalten **266a** 49 ff, 77
Vorsatz **266a** 81 ff
Zahlungsunfähigkeit **266a** 39, 56 f, 88, 92
Zinsen **266a** 48
Zwangsgelder **266a** 48
Zwischenmeister **266a** 19, 23 ff

Vorfeldirrtum 22 210 ff
Vorfeldtatbestand
Beschimpfung von Bekenntnissen, Religionsgesellschaften und Weltanschauungsvereinigungen **166** 9
Vorläufige Entziehung der Fahrerlaubnis
siehe Entziehung der Fahrerlaubnis
Vorlegen
von Unterlagen, Kreditbetrug **265b** 86 ff, 92
Vorlegungspflichten
Urkundenunterdrückung und ~ **274** 6 ff
Vormund 323b 11 ff
kein Amtsträger **11** 29
Entziehung Minderjähriger **235** 21 ff
Förderung sexueller Handlungen Minderjähriger **180** 8, 11
Haus- und Familiendiebstahl **247** 5
Kinderhandel **236** 8
Mißhandlung von Schutzbefohlenen **225** 6
Parteiverrat **356** 10
Untreue **266** 49, 62, 77, 93, 95 f, 130, 141, 145
Verletzung der Fürsorge- oder Erziehungspflicht **171** 5
Vormundschaftsgericht 323b 10
Vorprüfungsverfahren, staatsanwaltliches
Konkursstraftaten **Vor 283** 25
Vorrätighalten
von pornographischen Schriften **184** 43
von Propagandamitteln verfassungwidriger Organisationen **86** 17
Vorrat
Brandstiftung **308** 9
Vorrichtungen
zur Ausführung eines Explosions- oder Strahlungsverbrechens **N 310; 311b** 6
zur Fälschung amtlicher Ausweise **275** 5
Vorsatz *siehe auch Vorsatz-Fahrlässigkeits-Kombination; siehe auch Vorsatztat*
Abänderung bei mehraktigem Delikt **16** 16
aberratio ictus und ~ **16** 9 ff
Abfinden mit Tatbestandsverwirklichung **16** 90
Absicht *siehe auch dort* **16** 76 ff, 115
Affekt und ~ **16** 107 ff
Als-sicher-Voraussehen **16** 83
Alternativvorsatz **16** 106
Anstreben des Erfolgs **16** 76
automatisierte Handlung **16** 110
bedingter ~ **16** 85 ff
Billigung des Erfolgs **16** 86, 92
Blankettatbestände und ~ **16** 39
direkter ~ **16** 81, 98
dolus alternativus **16** 106
dolus antecedens **16** 111
dolus directus **16** 81, 98
dolus eventualis **16** 85 ff
dolus eventualis und bewußte Fahrlässigkeit bei HIV-Infektion **Vor 223** 14
dolus generalis **16** 30
dolus subsequens **16** 10, 111
Doppelstellung im Verbrechensaufbau **Vor 13** 82
Einwilligungstheorie **16** 92
Entscheidungstheorie **16** 74, 91
Erfolg, als ungewiß angestrebter **16** 98
Fahrlässigkeit, Verhältnis **15** 8 ff; **16** 116
Formen **16** 76 ff
Für-höchst-wahrscheinlich-Halten **16** 83
Für-möglich-Halten **16** 83, 85, 92, 115
Gefährdungsvorsatz und bedingter Vorsatz **16** 95
Gleichgültigkeit gegenüber Tatbestandsverwirklichung **16** 93
Handlungslehre, finale **15** 12; **16** 47, 107
Handlungswille, bedingter **16** 101 ff
Hemmschwelle **16** 92, 218
Kausalverlauf, abweichender **16** 17 ff, 25 ff; **22** 21
Kennen der Tatumstände **16** 113 ff
Konkretisierung der Tat **16** 4
Kriminalstatistik **15** 7
mehraktiges Delikt **16** 16, 112
Mitbewußtsein **16** 99 ff
Parallelwertung in der Laiensphäre **16** 43
Rechtswidrigkeit und ~ **16** 36 ff; **17** 3
Reflexhandlungen und ~ **16** 110
Rettungsabsicht und bedingter Vorsatz **16** 94
als Schuldform **Vor 13** 82
Schuldtheorie **16** 36 f; **17** 3
– eingeschränkte ~ **16** 48 ff, 54 f, 114
– rechtsfolgenbeschränkte ~ **16** 49 f
– strenge ~ **16** 47, 49, 52 ff
Schwererbewertung im Verhältnis zur Fahrlässigkeit **15** 8; **16** 74
Strafbarkeitsbedingung, objektive und ~ **Vor 13** 86
Strafzumessung und ~ **16** 100; **46** 86
Tatbestandsbezogenheit **16** 3
Tatbestandsmerkmalsbezogenheit **16** 4
Tatentschluß mit Rücktrittsvorbehalt **16** 102 ff; **22** 51 f
Tatumstände **16** 41 ff
Tauglichkeit der Handlung zur Erfolgsherbeiführung **16** 29
Unrechtseinsicht und ~ **16** 36 ff; **17** 3
Unterlassungsdelikte **Vor 13** 96; **16** 216 ff
Vorsatztheorie **16** 36 f
Vorstellung über Erfolgsort und ~ **9** 50 ff
keine Wahlfeststellung zwischen ~ und Fahrlässigkeit **15** 9
Wahrscheinlichkeitstheorie **16** 92

Vorsatz (Forts.)
Wesen **16** 74 f
Wissen und Wollen der Tatbestandsverwirklichung **16** 74
Wissentlichkeit **16** 81 ff, 98
Zeitpunkt des Vorsatzes **16** 111 ff
Vorsatz-Fahrlässigkeits-Kombination *siehe auch Erfolgsqualifiziertes Delikt; siehe auch Fahrlässigkeit; siehe auch Vorsatz*
Begriff **11** 110 ff
Beteiligung an einer Schlägerei **231** 1, 15
Eingriffe in den Bahn-, Schiffs- und Luftverkehr, gefährliche **315** 103 ff
Eingriffe in den Straßenverkehr, gefährliche **315b** 84
erfolgsqualifizierte Delikte, Abgrenzung **11** 111
Gefährdung des Bahn-, Schiffs- und Luftverkehrs **315a** 35
Körperverletzung mit Todesfolge **227** 1
Preisgabe von Staatsgeheimnissen **97** 1
Sabotagehandlungen an Verteidigungsmitteln **109e** 14
Teilnahme **11** 115
Versuch **11** 116 ff
als Vorsatztat **11** 114; **15** 15; **18** 5
Widerstand gegen Vollstreckungsbeamte **113** 21
Vorsatztat
Entwicklungsstufen **Vor 22** 1 ff
Vorsatz-Fahrlässigkeits-Kombination **11** 114
Vorsatztheorie **16** 36 ff
Vorschubleisten
sexueller Handlungen Minderjähriger **180** 4 ff
Vorspiegeln
falscher Tatsachen **263** 7, 24
Vorstand
Einziehung gegenüber ~ **75** 1 ff
Konkursstraftaten **Vor 283** 64
Untreue **266** 49 f, 63 f, 95, 102, 126, 130
Vorstrafen
Freiheitsstrafe, Unerläßlichkeit der Verhängung kurzer **47** 18
Prognose und ~ **56** 18, 20
Strafzumessung und ~ **46** 158 ff
Vorstrafenfreiheit kein Strafmilderungsgrund **46** 174
Vortäuschen
bevorstehender friedensstörender Straftaten **126** 12 ff
von Rechten anderer **283** 83 ff
Vortäuschen einer Straftat
Angehörigenbegünstigung **145d** 19, 23
Behörde **145d** 4 ff
– ausländische ~ **145d** 4 f
– kirchliche ~ **145d** 5
– Kompetenz für Strafverfolgung **145d** 7
Benennung Tatbeteiligter **145d** 16 f
Benennung Unbeteiligter **145d** 17
DDR-Alttaten **145d** 24
Disziplinarverstöße und ~ **145d** 3, 8
Eingriffe in den Straßenverkehr, gefährliche und ~ **315c** 101
Entstehungsgeschichte **145d** EntstG
Erfolg, unerheblicher **145d** 1, 8, 14, 22
Erschweren/Verhindern von Ermittlungen, bloßes **145d** 18
Falsche Verdächtigung und ~ **145d** 1, 23; **164** 20
Friedensstörung durch Androhnung von Straftaten und ~ **126** 12, 17; **145d** 13, 20
Gefährdungsdelikt, abstraktes **145d** 1
Katalogtaten **N 126** 1 ff; **126** 4; **145d** 13, 20
Konkurrenzen **145d** 23
Leugnen, bloßes **145c** 16 f
Motiv, unerhebliches **145d** 1, 21
Ordnungswidrigkeiten und ~ **145d** 3, 8
Rechtsgut **Vor 3** 176 f; **145d** 1
Selbstbezichtigung **145d** 9, 18
(kein) Selbstbezichtigungszwang **145d** 16, 23
Störung des öffentlichen Friedens durch Androhung von Straftaten und ~ **126** 12 f, 17, 23
Strafvereitelung und ~ **145d** 18 f, 23
Subsidiaritätsklausel **145d** 23
Täuschung über einen Beteiligten **145d** 14 ff
Tat, rechtswidrige
– angeblich bevorstehende ~ **145d** 3, 13 f, 20
– begangene ~ **145d** 3, 8 f, 14, 17
– Katalogtaten **145d** 13, 20
– Notwehrtat **145d** 8
– qualifizierte ~ **145d** 11 f
Übertreibung, bloße **145d** 11 f
Untersuchungsausschuß, parlamentarischer **145d** 5
Verfassungsmäßigkeit **145d** 12
zur Verschleierung einer anderen Straftat **145d** 10, 21, 23
Versuch **145d** 22
Vollendung **145d** 22
Vorsatz **145d** 21
Vortäuschen **145d** 10 f
Widerruf **145d** 22
Wider besseres Wissen **145d** 21
Vortat
Begünstigung **257** 3 ff
Diebstahl, räuberischer **252** 4 f
Fälschung technischer Aufzeichnungen, Gebrauch **268** 43 ff
Geldwäsche **N 261** 7; **261** 5 f
– Auslandstat als Vortat **N 261** 15; **261** 10
– Katalogtaten **N 261** 7; **261** 6

Vortat (Forts.)
Hehlerei **259** 4 ff
– Antragsdelikt als Vortat **259** 44
– Auslandstat als Vortat **259** 4
– fortgesetzte Handlung als Vortat **259** 13
– gegen fremdes Vermögen gerichtete Vortat **259** 5
– Konkursstraftaten als Vortat **259** 5
– Ordnungswidrigkeit als Vortat **259** 4
– Versuch als Vortat **259** 5, 13
– vollendete Vortat **259** 11 ff
– Wahlfeststellung **1** 122 ff; **259** 6, 41a
mitbestrafte ~
– Bewertungseinheit **Vor 52ff** 124
– Durchgangsdelikte **Vor 52ff** 122
– als eigenständige Konkurrenzform **Vor 52ff** 121
– als Form der Gesetzeseinheit **Vor 52ff** 121 f
– Straflosigkeit **Vor 52ff** 121
Strafzumessung und ~ **46** 158, 170 ff
Strafvereitelung **258** 2 ff
– Antragsdelikt als Vortat **258** 4
– Dauerdelikt **258** 8
– fortgesetzte Handlung **258** 8
– Strafrahmen **258** 41
– Tatbestandsmerkmal **258** 9
– Verfolgungshindernisse **258** 4
– Versuch der Vortat **258** 5 f
– versuchte ~ **258** 5 f
– Voraussetzungen **258** 3
– Wahlfeststellung **1** 116; **258** 5
Vortatverhalten
Prognose und ~ **56** 18 ff
Strafzumessung und ~ **46** 156 ff; **47** 27
Vorteil *siehe auch Vermögensvorteil; siehe auch Vorteilsannahme; siehe auch Vorteilsgewährung*
Angestelltenbestechlichkeit/-bestechung **299** 24 ff
Begriff **108b** 4; **331** 7 ff; **332** 9
Drittvorteil **263** 271; **299** 25; **N 331-338** 15 f; **N 332; N 334**
Freiwilligkeit der Hingabe **331** 10
Geringfügigkeit **331** 8, 15; **332** 4
großen Ausmaßes **300** 3 f; **N 331-338** 21; **N 335**
immatrieller ~ **331** 9
Schiedsrichtervergütung als ~ **N 331-338** 24; **335a** 1 ff; **N 337**
sexuelle Handlungen als ~ **331** 9
wirtschaftlicher ~ **331** 8
Vorteilhaftigkeit
Kapitalanlagebetrug **264a** 59
Kreditbetrug **265b** 82 f
Subventionsbetrug **264 a.F.** 82 ff, 95, 99

Vorteilsannahme N 331
Äquivalenzverhältnis zwischen Diensthandlung und Vorteil **N 331-338** 7; **331** 13, 15
Amtsdelikt, echtes **331** 1
Amtsträger **331** 2
„Anfüttern" von Amtsträgern **N 331-338** 8, 12, 21
durch Angestellte eines Geschäftsbetriebs **331** 2
Annehmen **331** 6
Auffangtatbestand **N 331-338** 14
Beendigung **331** 32
Bestechlichkeit und ~ **331** 11; **332** 1, 4, 6
Bestechung, mittelbare **331** 6 f
Bundeswehrangehörige als Täter **331** 2
für die Dienstausübung **N 331-338** 12
Diensthandlung **331** 11 ff
– bereits vorgenommene ~ **N 331-338** 12
– pflichtwidrige ~ **331** 11, 13, 30
– vorgetäuschte ~ **331** 14
– zukünftige ~ **331** 11, 13
Drittbegünstigung **N 331-338 15 f**
Fordern **331** 3 f
fortgesetzte Annahme von Vorteilen **N 331-338** 22; **N 335**
Genehmigung, behördliche **331** 15 ff
Gewohnheitsrecht **331** 15
Irrtum **331** 5, 19, 24
Konkurrenzen **331** 30
Mittäterschaft **331** 28
Privathandlungen eines Amtsträgers **331** 12
Rechtfertigungsgrund **331** 16
Rechtsgut **331** 4, 14
durch Richter **N 331-338** 14; **331** 20 ff
richterliche Handlung **331** 22
durch Schiedsrichter **N 331-338** 14; **331** 20 ff
Schiedsrichtervergütung **N 331-338** 24; **331** 23; **335a** 1 ff; **N 337**
Sichversprechenlassen **331** 5
Sozialadäquanz **N 331-338** 13; **331** 15, 24
Strafdrohung **N 331; N 331-338** 19
Täter **331** 2, 21, 27
Teilnahme **331** 29
Unrechtsvereinbarung **N 331-338** 7 ff; **Vor 331** 17
Unterlassen einer richterlichen bzw. Diensthandlung **N 331-338** 24; **331** 11; **335** 1 ff; **N 336**
Verfall **331** 31
Verjährung **331** 32
Verpflichteter, für den öffentlichen Dienst besonders **331** 2
Versuch **331** 5, 26
Vollendung **331** 25
Vorsatz **331** 24

Vorteilsannahme (Forts.)
Vorteil
– Begriff **331** 7 ff
– Drittvorteil **N 331-338** 15 f
– Freiwilligkeit der Hingabe **331** 10
– Geringfügigkeit **331** 8, 15
– großen Ausmaßes **N 331-338** 21; **N 335**
– immatrieller ~ **331** 9
– sexuelle Handlungen als ~ **331** 9
– wirtschaftlicher ~ **331** 8
Vorteilsgewährung N 333
Absprachen, wettbewerbsbeschränkende und ~ **298** 52
Amtsträger **333** 2
Anbieten **333** 4
Auffangtatbestand **N 331-338** 18; **333** 1, 7
begünstigte Personen **333** 3, 9
Bestechung und ~ **333** 7, 9 f, 13
Bundeswehrangehörige **333** 3, 11
für die Dienstausübung **N 331-338** 12
Diensthandlung
– bereits vorgenommene ~ **N 331-338** 12
– zukünftige ~ **N 331-338** 17; **333** 7
Drittbegünstigung **N 331-338** 15 f; **N 333**
Genehmigung, behördliche **333** 8
Gewähren **333** 4
Irrtum **333** 8
Konkurrenzen **333** 13
Mittelsmann **333** 5
Rechtfertigungsgründe **333** 8
Rechtsgut **333** 1
gegenüber Richter **333** 9
gegenüber Schiedsrichter **333** 9
Strafdrohung **N 331-338** 19; **N 333**
Teilnahme **333** 11 f
Unrechtsvereinbarung **N 331-338** 17; **333** 4
Unterlassen einer richterlichen bzw. Diensthandlung **N 331-338** 24; **335** 1 ff; **N 336**
Verpflichteter, für den öffentlichen Dienst besonders **333** 3
Versprechen **333** 4
Versuch **333** 4
Vollendung **333** 4
Vorsatz **333** 10
Vorteil **333** 6
Vorverrat 203 22
Vorwegvollzug
der Maßregel vor der Strafe **67** 15 ff
der Strafe vor der Maßregel **67** 39 ff
Vorzeigen
pornographischer Abbildungen/Darstellungen **176** 12

Wachkoma Vor 211 12, 15, 20a ff
Wachpersonen
Garantenpflicht **13** 29
Schußwaffengebrauch, zulässiger **212** 14
Wählbarkeit, Verlust
Anknüpfungsvorschriften **45** 14; **92a**; **101** 4; **102** 6; **108c** 1; **109i**; **129a** 43; **264 a.F.** 154 ff; **339** 119
automatischer ~ **45** 9 ff; **45** 9 ff
Dauer **45** 10, 16; **45a** 3 ff
Eintritt **45a** 2
fakultativer ~ **45** 1
Jugendliche und Heranwachsende **45** 32
als Nebenfolge *siehe auch Stimmrecht, Verlust* **Vor 38** 4; **45** 1
Personal-/Betriebsratsmitglieder **45** 37 f
Rechte/Rechtsstellungen, Erlöschen **45** 17 f
für Untergebrachte **45** 1, 34; **61** 14
Wahlen, öffentliche **45** 8, 20
Wiederverleihung **45b** 1 ff
Wählerbestechung
Konkurrenzen **108b** 7
Nebenfolgen **108c** 1 f
Rechtsgut **108b** 1
Unrechtsvereinbarung **108b** 2
Verfall **108b** 6
Vorteil **108b** 4
Wählernötigung
Drohung mit empfindlichem Übel **108** 2, 3
Erfolg **108** 4
Konkurrenzen **108** 7
Mißbrauch eines Abhängigkeitsverhältnisses **108** 3
Nebenfolgen **108c** 1
Rechtfertigung **108** 5
Rechtsgut **108** 1
Wählertäuschung
Konkurrenzen **108a** 5
Rechtsgut **108a** 1
Täuschung **108a** 2
Währung
fremde ~ **152** 1 ff
Wärmeversorgung, öffentliche N 88; 88
Waffe
Begriff **125a** 4 f; **250** EntstG, 16
Beisichführen **113** 53 ff; **121** 42 f; **125a** 2 f
Bildung bewaffneter Gruppen **N 127** 8
Fahrzeug als ~ **113** 53, 55, 68; **315b** 45
Gebrauchsabsicht **113** 55; **121** 42, 43; **125a** 6; **244** 10, 14; **N 250** 7 f; **250** 22
Körperverletzung, gefährliche **224** 19, 30
Sabotagehandlungen **109e** 2
Scheinwaffe **113** 53; **125a** 5
Schußwaffe **125a** 3
– Begriff **125a** 3
– Gebrauch **316c** 41
Schutzwaffe **125** 25
Sexuelle Nötigung/Vergewaltigung **N 177** 5 ff, 11

Waffengebrauchsrecht, hoheitliches *siehe Schußwaffengebrauch, zulässiger*
Waffengesetz
und strafrechtlicher Waffenbegriff **244** 3
Waffenhandel, illegaler
Bildung krimineller Vereinigungen **Vor 129** 7; **129** 6, 78
Handlungseinheit, tatbestandliche **Vor 52ff** 31
Waffenschein
Ausweis, amtlicher **275** 3
Wahl
Begriff **107** 2
in öffentlichen Angelegenheit **45** 21 ff
ordnungsgemäße ~ als Rechtsgut **107** 1; **107a** 1; **108** 1; **108a** 1
Wahlausschußmitglieder
Falschbeurkundung, mittelbare **271** 13
Wahlbehinderung
Erfolg **107** 4
Gewalt/Drohung mit Gewalt **107** 3
Konkurrenzen **107** 6
Nebenfolgen **108c** 1
Rechtsgut **107** 1
Stören **107** 3
Verhindern **107** 3
Wahlfälschung
DDR-Alttaten **107** 1; **Vor 110** 12
Erfolg **107a** 3
Irrtum **107a** 7
Konkurrenzen **107a** 9
Nebenfolgen **108c** 1 f
Rechtsgut **107a** 1
sonstiges Herbeiführen unrichtigen Ergebnisses **107a** 4
unbefugtes Wählen **107a** 2 f
unrichtiges Verkünden **107a** 6
Verfälschen **107a** 5
Versuch **107a** 8
Wahlergebnis **107a** 3
Wahlfeststellung **1** 94 ff
Auffangtatbestand **1** 119 f
Aufklärungspflicht, richterliche und ~ **1** 136
Ausspähung, landesverräterische und Ausspähung illegaler Geheimnisse **97a** 8
Bankrott und Gläubigerbegünstigung **283c** 40
Begriff **1** 94 f
Begünstigung
– und Diebstahl **1** 115; **242** 86; **257** 29
– und Hehlerei **257** 29
– und Strafvereitelung **257** 29; **258** 43
– und Unterschlagung **257** 29
Bestechlichkeit und Betrug **1** 116; **263** 310
Bestimmtheitsgebot und ~ **1** 96
Beteiligungsformen **1** 125 ff
Betrug
– und Bestechlichkeit **1** 116; **263** 310
– und Computerbetrug **263a** 74
– und Diebstahl **1** 110; **242** 86; **263** 310
– und Hehlerei **1** 115; **259** 48; **260** 8; **263** 309
– und Schwangerschaftsabbruch **263** 310
– und Unterschlagung **1** 115; **263** 309
– und Untreue **1** 115; **263** 309; **266** 183
– und Urkundenfälschung **263** 310
Brandstiftung, einfache, Tatmodalitäten **308** 16
Computerbetrug und Betrug **263a** 74
Diebstahl
– und Begünstigung **1** 115; **242** 86; **257** 29
– und Betrug **1** 110; **242** 86; **263** 310
– und Erpressung **1** 116; **253** 37
– und Fahrzeuggebrauch, unbefugter **242** 86
– und Hehlerei **1** 115; **242** 86; **244** 18; **259** 48; **260** 8
– und Pfandkehr **1** 115
– Qualifikation, Begehungsformen **1** 129; **244** 18
– und Raub **1** 111; **249** 27
– Regelbeispiele **243** 43
– und Unterschlagung **1** 115; **242** 86
– und Untreue **266** 183
Entfernen vom Unfallort, unerlaubtes, Begehungsformen **142** 60
Entstehungsgeschichte **1** Anhang I EntstG
Erpressung
– und Diebstahl **253** 37
– und Erpressung, räuberische **253** 37
Erpressung, räuberische
– und Erpressung **253** 37
– und Raub **1** 115; **249** 26
Fälschung, landesverräterische und Landesverrat **94** 21; **100a** 10
Fahrzeuggebrauch, unbefugter und Diebstahl **242** 86
Falschaussage, uneidliche
– und Meineid **1** 115, 118; **153** 14; **154** 22
– und Vedächtigung, falsche **1** 115; **153** 14; **164** 34
Falscheid, fahrlässiger und Meineid **1** 115, 118
Freiheitsberaubung mit Todesfolge **239** 39
bei Gesetzesalternativität
– innerhalb desselben Tatbestands **1** 125 ff
– zwischen verschiedenen Tatbeständen **1** 108 ff
Gläubigerbegünstigung und Bankrott **283c** 40
gleichartige ~ **1** 130
Grundtatbestand und Qualifikationstatbestand **1** 118

Wahlfeststellung (Forts.)
Hehlerei
- Begehungsformen **259** 48
- und Begünstigung **257** 29
- und Betrug **1** 115; **259** 48; **260** 8; **263** 309
- und Diebstahl **1** 115; **242** 86; **244** 18; **259** 48; **260** 8
- und Raub **1** 116; **249** 27; **259** 48
- und Unterschlagung **1** 115; **259** 48
- und Untreue **266** 183
- Vortat **1** 122 ff; **259** 6, 41a
Hilfeleistung, unterlassene **323c** 217
historische Entwicklung **1** 100
in dubio pro reo und ~ **1** 95 f, 113 f, 117, 119, 128, 133, 137
Körperverletzung, schwere
- Folgen **226** 40
- und Tötung, vorsätzliche **226** 40
Landesverrat
- und Fälschung, landesverräterische **94** 21; **100a** 10
- und Verrat illegaler Geheimnisse **94** 21; **97a** 8
Meineid
- und Falschaussage, uneidliche **1** 115, 118; **153** 14; **154** 22
- und Falscheid, fahrlässigem **1** 115, 118
- und Verdächtigung, falsche **1** 115; **153** 14; **154** 22; **164** 34
- und Versicherung an Eides Statt, falsche **1** 115; **153** 14; **154** 22
mildestes Gesetz **1** 139
Mord
- Tatmodalitäten **1** 129, 131; **211** 2
- und Totschlag **1** 118
Nachtat und Beteiligung an der Vortat **1** 121
Nichtanzeige geplanter Straftaten und Beteiligung an der geplanten Tat **138** 74 f
Nötigung, Nötigungsmittel **240** 55
NS-Gesetzgeber **1** 104
Pfandkehr und Diebstahl **1** 115
Postpendenz und ~ **1** 95, 121 ff, 135, 137, 142; **259** 41a, 48; **260** 8
prozessuale Folgerungen **1** 134 ff
Raub
- und Diebstahl **1** 111; **249** 27
- und Erpressung, räuberische **1** 115; **249** 26
- und Hehlerei **1** 116; **249** 27; **259** 48
- und Unterschlagung **249** 27
Schuldspruch **1** 96, 137
Schwangerschaftsabbruch und Betrug **263** 310
Sexueller Mißbrauch von Jugendlichen und Vergewaltigung **1** 118
Steuerhehlerei und Steuerhinterziehung **1** 115
Strafklageverbrauch **1** 138, 141 f
Strafvereitelung
- und Begünstigung **257** 29; **258** 43
- Vortat **1** 116; **258** 5
Stufenverhältnis **1** 117 ff, 125 f
Täterschaftsformen **1** 127
Tatmodalitäten **1** 128 f
Tatsachenalternativität **1** 130 f
Totschlag
- und Körperverletzung, schwere **226** 40
- und Mord **1** 118
Trunkenheit im Verkehr **1** 115; **316** 254
Tun und Unterlassen **1** 126
Unterschlagung
- und Begünstigung **257** 29
- und Betrug **1** 115; **263** 309
- und Diebstahl **1** 115; **242** 86
- und Hehlerei **1** 115; **259** 48
- und Raub **249** 27
- und Untreue **1** 115; **266** 183
Untreue
- und Betrug **1** 115; **263** 309; **266** 183
- und Diebstahl **266** 183
- und Hehlerei **266** 183
- und Unterschlagung **1** 115; **266** 183
Urkundenfälschung
- Begehungsformen **267** 159
- und Betrug **263** 310
Urkundenunterdrückung, Begehungsformen **274** 74
Urteilsformel **1** 138
Verdächtigung, falsche
- und Falschaussage, uneidliche **1** 115; **153** 14; **164** 34
- und Meineid **1** 115; **153** 14; **154** 22; **164** 34
Vergewaltigung und Sexueller Mißbrauch von Jugendlichen **1** 118
Vergleichbarkeit, rechtsethische/psychologische **1** 103, 108 ff, 122
Verrat illegaler Geheimnisse
- und Ausspähung, landesverräterische **97a** 8
- und Landesverrat **94** 21; **97a** 8
Versicherung an Eides Statt, falsche und Meineid **1** 115; **153** 14; **154** 22
Versuch und Vollendung **1** 125 f
Vollrausch und Rauschtat **1** 118; **323a** 328, 323 f
Voraussetzungen, sachlichrechtliche **1** 132 f
Vorsatz und Fahrlässigkeit, Unzulässigkeit **15** 9
Zulässigkeit, beschränkte **1** 99
Zwangsvollstreckungsvereitelung, Begehungsformen **288** 31

Wahlgeheimnis 107a 3; **107c** 1
strafprozessuale Bedeutung **107c** 4
Verletzung des Wahlgeheimnisses **107c** 1 ff
– Absicht, Kenntnis zu verschaffen **107c** 3
– Blankettatbestand **107c** 1
– Vorsatz **107c** 3
Zeugnisverweigerungsrecht **107c** 4
Wahlrecht
aktives ~, Verlust als Nebenfolge *siehe Stimmrecht, Verlust*
passives ~, Verlust als Nebenfolge *siehe Wählbarkeit, Verlust*
Wahlscheine
Urkundeneigenschaft **267** 54, 62
Wahlstrafrecht
Geltungsbereich **108d**
Wahlunterlagen *siehe Fälschung von Wahlunterlagen*
Wahlvorsteher
öffentliches Amt **132** 7
Wahndelikt *siehe auch Versuch* **22** 180 ff, 184, 201 ff
Arten **22** 203
Begriff **22** 201
Bestechlichkeit **332** 13
Irrtum
– Bestands- oder Gültigkeitsirrtum, umgekehrter **22** 204
– Doppelirrtum **22** 238 f
– über Entschuldigungs-/Strafausschließungsgründe **22** 207
– Subsumtionsirrtum, umgekehrter **22** 205
– Verbotsirrtum, umgekehrter **22** 201
– Verbotsirrtum, umgekehrter indirekter **22** 206
– über Verbrechensqualität **22** 208
– Vorfeldirrtum **22** 210 ff
Straflosigkeit **22** 202
untaugliches Subjekt **22** 230 ff
Unterlassungsdelikt, unechtes **22** 209
Versuch, untauglicher und ~ **22** 180 ff, 210
Wahrheit
Beleidigungsdelikte und Wahrheitsfrage **185** 35, 40 ff; **186** 12
Handeln wider besseres Wissen **187** 4
Schutz der ~ als Rechtsgut, Urkundenfälschung **Vor 267** 8 f; **267** 196, 210
Wahrheitsbeweis
Erzwingen der Erhebung **190** 4
Formalbeleidigung nach erbrachtem ~ **192** 9
durch Strafurteil **190** 1 ff
Urteilsanfechtung **190** 4
Verfahrensrecht **190** 4
Werturteil und ~ **192** 3
Wahrheitsgemäße Berichterstattung
Presse, Rundfunk, Fernsehen **193** 20
Wahrheitspflicht
Aussagedelikte **154** 16 f, 17a; **156** 17; **163** 3
als besonderes persönliches Merkmal **28** 62
Wahrheitsschutz
Gesundheitszeugnisse **Vor 277** 1; **278** 1
Mißbrauch von Ausweispapieren **281** 1
technischer Aufzeichnungen **268** 2, 27
Urkunden, öffentliche **271** 2
Wahrheitsverletzung
Verdachtsproblematik **193** 21
Wahrnehmbarkeit
einer Tatsache **185** 4
Wahrnehmung berechtigter Interessen
Beleidigungsdelikte und ~ **Vor 32** 179; **34** 83; **186** 12; **187** 4; **193** 1 ff
Beschimpfung von Bekenntnissen, Religionsgesellschaften und Weltanschauungsvereinigungen und ~ **166** 89
Falsche Verdächtigung und ~ **164** 33
parlamentarische Äußerungen/Berichte, Straflosigkeit und ~ **36** 12
als Rechtfertigungsgrund **Vor 32** 179
Vertraulichkeit des Wortes, Verletzung und ~ **201** 45 f
Wahrnehmung von Vermögensinteressen
Untreue **266** 71 f
Wahrscheinlichkeitstheorie 16 92
Wald
Begriff **329** 43
Brandstiftung **N 306** 6; **308** 14
Roden von ~ **329** 43
Waldheimer Prozesse 212 8a; **339** Vor 1, 3
Waldsterben Vor 324 1; **325** 13; **326** 92
Waldung *siehe auch Wald*
Brandstiftung **308** 14
Wales
Strafrechtsreform **Einl** 120
Wanzen *siehe Abhörgerät*
Wappen
des Bundes, der Länder **90** 5 f
Ware
Absprachen, wettbewerbsbeschränkende **298** 25 f
Angestelltenbestechlichkeit/-bestechung **299** 29 f
Warenkredit
Kreditbetrug **265b** 4, 37, 46, 62, 125
Schleuderverkauf **283** 73, 86
Warenlager
Brandstiftung **N 306** 6
Warentermingeschäft
Betrug und ~ **263** 49, 60, 293, 311
Kapitalanlagebetrug und ~ **264a** 6, 32, 52, 83
Untreue und ~ **266** 97, 122 f, 130
Warenvorrat
Brandstiftung **N 306** 6; **308** 8

Warenzeichen
Urkundeneigenschaft **267** 90, 155
Warnzeichen 145 17
Wartepflicht 142 111 ff
Wasser
Grundwasser **324** 1, 3, 6, 7 f, 11, 17, 22, 55, 98 f; **324a** 7, 12, 55; **329** 29, 41
Oberflächenwasser **324** 1, 3
Sickerwasser **324** 94; **324a** 27
strafrechtlicher Schutz **N 314**; **318** 2; **324** 1
Trinkwasser **N 314**; **319** 2; **324** 1; **N 330**; **330** 16
Wasserqualität **324** 1, 5, 27 ff
Wasserschutzgebiet **329** EntstG, 15
Wasserverbrauch **324** 1
Wasserbauten
Begriff **318** 2
Beschädigen **318** 5
Wasserbehörde
Obere ~ **324** 70
Untere ~ **324** 70 f, 136
Wasserfahrzeug
Brandstiftung **N 306** 8
Wasserhaushaltsrecht 324a 15
Wasserrecht 324 26a
Wasserstandszeichen
Urkundenunterdrückung **274** 23
Wasserstrafrecht *siehe Gewässerverunreinigung; siehe Umweltstrafrecht*
Wassertiere 293 6 f
Wasserversorgung, öffentliche N 88; **88**; **316b** 18; **328** 52 f
Gefährdung **N 330**; **330** 16 f
Wasserwirtschaft(srecht)
Umweltstrafrecht und ~ **Vor 324** 7d; **324** 6, 24, 34 f
Wechsel
Sichversprechenlassen wucherischer Vermögensvorteile durch ~ **302a** 69
Urkundenfälschung **267** 104, 189 f, 202, 231
Wechselbetrug 263 46 ff, 220 ff, 255
Wechselseitig begangene Straftaten
auf der Stelle erwidert **199** 5
Beleidigung, wechselseitige **199** 1 ff
Gegentat **199** 4
Strafausschließungsgrund beim Gegner **199** 3
Wechselwirkungstheorie Einl 9
Wege
Beschädigen **318** 3
Wegnahme
der Angriffswerkzeuge und Notwehr **32** 242
Begriff
– Diebstahl **242** 17, 33
– Pfandkehr **289** 10 ff
beobachtete ~ **242** 43 f
Entziehung Minderjähriger **235** 72 f
Gewahrsamsbruch **289** 10
Herrschaftsverhältnis, tatsächliches **289** 11 ff
Störung der Totenruhe **168** 29; **242** 10
um zu täuschen **242** 62
Unbefugter Gebrauch eines Fahrzeugs, keine ~ **248b** 5, 9
Widerrechtlichkeit **289** 18
Zueignung und ~ **242** 32, 46
Wegnehmen
eines Grenz-/Wasserstandszeichens **274** 24 f, 47 f
Wehrbeauftragter
Staatsgeheimnisse und ~ **93** 28
Wehrdienst
Ausschluß vom ~ **45** 36
Begriff **109** 4
Wehrdienstpflichtiger
Maßregelanordnung gegen ~, Wirkungen **61** 13
Wehrdienstverweigerung
verfassungsfeindliche Einwirkung auf die Bundeswehr und ~ **89** 8
Wehrhoheit des Bundes
als Rechtsgut **N 127** 2
Wehrkraftzersetzung 109d 1
Wehrlosigkeit
Mißhandlung von Schutzbefohlenen **225** 4
Mord, heimtückischer **211** 44
Wehrmittel
Sabotagehandlungen **109e** 2
sicherheitsgefährdende Abbildung **109g** 2
Wehrpflicht
Begriff **109** 3
Durchsetzung der ~ als Rechtsgut **Vor 109** 1 f
Wehrpflichtentziehung
ärztlicher Eingriff **109** 20
auf andere Weise **109** 14
der Erfüllung der Wehrpflicht entziehen **109a** 2
durch Täuschung **109a** 4 ff
durch Verstümmelung **109** 13
Fremdverstümmelung **109** 15 ff, 18
Konkurrenzen **109** 23 f; **109a** 12
Rechtsgut **Vor 3** 176 f; **109** 1; **109a** 1
Selbstverstümmelung **109** 15 f; **109a** 7
Sozialadäquanz **109** 21
Tauglichkeit
– Begriff **109** 5
– als Rechtsgut **109** 1
untauglich **109** 6 ff
Unterlassen **109** 18
Verfassungsmäßigkeit **109a** 1, 4 ff
Wehrrecht
Notwehr gegen wehrrechtswidrigen Befehl **32** 85, 88, 96, 98

Wehrsportgruppe **N 127** 3, 4; **Vor 129a** 4; **132a** 19
Wehrstrafrecht
Strafarrest **Vor 38** 3
Strafen **Vor 38** 68
Weidgerechtigkeit
Fischwilderei **293** 2
Jagdwilderei **292** 89, 93
Weisungen
bei Aussetzung des Strafrestes **57** 61; **57a** 36
bei Führungsaufsicht *siehe auch dort* **68b** 1 ff
zur Strafaussetzung zur Bewährung *siehe Bewährungsweisungen*
als strafverdrängende Rechtsfolgen **Vor 38** 51 ff
Verkehrsunterricht **N 59a**
Verstoß gegen ~ während der Führungsaufsicht *siehe Führungsaufsicht*
bei Verwarnung mit Strafvorbehalt **N 59a**; **59a** 6; **59b** 9 f
Weitergabe
unbefugte ~ von Kenntnissen aus dem persönlichen Lebens- und Geheimbereich **Vor 201** 6
Weiterleitungskredit
Kreditbetrug **265b** 29 f
Wellen
elektrische ~ **325a** 30
magnetische ~ **325a** 30
Weltanschauung
Begriff **166** 18
strafrechtlicher Schutz **Vor 166** 6, 14
Weltanschauungsvereinigungen **166** 72 ff
ausländische ~ **166** 82
Beleidigungsfähigkeit **166** 13
Weltraum
als Ausland **Vor 3** 325 ff
Weltraumflugkörper
Inlandsbegriff **Vor 3** 274 ff
Weltrechtsprinzip
Angriffe auf den Luft- und Seeverkehr **316c** 54
als Ausweitung des Geltungsbereich deutschen Strafrechts **Vor 3** 8
Begriff **Vor 3** 135
DDR-Recht **6** 85
Geld-/Wertpapierfälschung und ihre Vorbereitung **Vor 146** 8
Gewässerverunreinigung und ~ **324** 8, 20
Interessenwiderstreit und ~ **6** 16 f
internationale Delikte und ~ **6** 1
Menschenhandel (schwerer) **180b** 1; **181** 1
Schranken **6** 18 ff
Strafverfolgung von Auslandstaten nach dem ~ **Vor 3** 8, 135, 144, 152
Verbreitung pornographischer Schriften **184** 54
Verfolgungsinteresse der Staaten, gemeinsames **6** 12 ff
Völkermord **220a** 3, 16
Werbe- und Vertriebssysteme, progressive *siehe Veranstaltung einer Lotterie/Ausspielung, unerlaubte*
Werbung
aleatorische ~ **Vor 284-287** 25; **Vor 287** 2
für kriminelle Vereinigung **129** 46, 48 ff
für pornographische Schriften **184** 34
zur Prostitution **181** 5
unerlaubte ~
– Glücksspiel, unerlaubtes **284** 25
– Schwangerschaftssabbruch **219a** 1 ff
– Veranstaltung einer Lotterie/Ausspielung, unerlaubte **287** 1, 17, 26 f
Werkvertrag
Untreue **266** 75 f, 119
Werkzeug *siehe auch Mittelbare Täterschaft*
Begriff **250** 16
gefährliches ~
– Körperverletzung, gefährliche **224** 19 ff
– Sexuelle Nötigung/Vergewaltigung **N 177** 6, 11
zur Überwindung von Widerstand **N 177** 7
Wertersatz
Einziehung *siehe dort*
Verfall *siehe dort*
Wertpapiere
ausländische ~ **152** 1 ff
Begriff **151** 2 ff; **264a** 3, 19 ff, 32
Beschaffen kreditierter ~ **283** 75
fremden Währungsgebiets **152** 1 ff
Schleuderverkauf kreditierter ~ **283** 73 f, 76
Wertpapiergeschäfte und Betrug **263** 11, 49, 60, 62, 66, 278, 323
Wertpapierfälschung
Anschein der Echtheit **151** 5 f
Anzeigepflicht **138**; **Vor 146** 9
Auslandstat **Vor 146** 8; **149** 2
bandenmäßige Begehung **150** 1
Einziehung **150** 3 ff
gewerbsmäßige Begehung **150** 1
Irrtum **151** 7; **152** 3
Kapitalanlagebetrug und ~ **264a** 21 f
Konkurrenzen **149** 7; **151** 5
Papier, zur ~ geeignet **149** 4
Rücktritt **149** 2, 7 ff; **151** 5
Tätige Reue **149** 2, 7; **151** 5
Verfall, erweiterter **150** 1 f
Vermögensstrafe **150** 1 f
Vorrichtungen, zur ~ geeignet **149** 3
Vorsatz **149** 6; **151** 7
Weltrechtsprinzip **Vor 146** 8
Wertpapiere **151** 2 ff

Wertungsexzeß **185** 7; **193** 26, 31, 33
Werturteil
Formalbeleidigung und ~ **192** 2
Meinungsäußerungsfreiheit und ~ **193** 6
substantiiertes **185** 7
Tatsache oder ~ **185** 2 ff
Tatsachenbasis **185** 6, 41
Verunglimpfung **189** 3
Wahrheitsbeweis **192** 3
Wertzeichen
amtliches ~ **148** 2 ff
ausländisches ~ **152** 1 ff
fremden Währungsgebiets **152** 1 ff
Urkundeneigenschaft **148** 4; **267** 90
Wertzeichenfälschung
Absicht **148** 7 ff
Auslandstat **6** 50 f; **Vor 146** 8; **148** 1; **149** 2
bandenmäßige Begehung **150** 1
Beseitigung des Entwertungszeichens **148** 13
DDR-Alttaten **146** 36; **149** 12
Einziehung **150** 3 ff
Entwertungsvermerk beseitigen/verändern **148** 6
Feilhalten **148** 11
Geldfälschung und ~ **148** 1a, 17
gewerbsmäßige Begehung **150** 1
Inverkehrbringen **148** 11
Irrtum **148** 15; **152** 3
Konkurrenzen **Vor 22** 10; **148** 17; **149** 7
Nachmachen **148** 5
Ordnungswidrigkeitenrecht und ~ **148** 3; **149** 1
Papier, zur ~ geeignet **149** 4
Rechtsgut **Vor 3** 178; **Vor 146** 6; **148** 1
Rücktritt vom Versuch **148** 9; **149** 2, 8 ff
Sammelobjekte **148** 3, 7, 14
Sichverschaffen **148** 10
Tätige Reue **149** 7
Urkundenfälschung und ~ **Vor 146** 7; **148** 4, 6, 17; **267** 293
Verfälschen **148** 5 f
Verfall, erweiterter **150** 1 f
Vermögensstrafe **150** 1 f
Versuch **148** 16; **149** 1
Verwenden **148** 8, 13
Vorbereitung einer ~ **Vor 22** 8; **149** 1 ff
- Konkurrenzen **Vor 22** 10
Vorrichtungen, zur ~ geeignet **149** 3
Vorsatz **148** 9, 15; **149** 6
Weitergabe an Eingeweihten **148** 12
Wertzeichen
- amtliches ~ **148** 2 ff
- ausländisches ~ **152** 1 ff
Wertzeichenverkehr
Sicherheit/Funktionsfähigkeit als geschütztes Rechtsgut **148** 1
Wesentlichkeitslehre
Bestimmtheitsgebot und ~ **1** 27
Wettbewerbsabsicht **299** 32, 34, 45, 60
Wettbewerbsrecht
Glücksspiel, unerlaubtes und ~ **Vor 284-287** 2, 13, 25
Kapitalanlagebetrug und ~ **264a** 2, 35, 44, 71, 84
Werbe- und Vertriebssysteme, progressive **N Vor 287**; **Vor 287** 5, 7 f, 10 ff; **287** 1, 28
Wettbewerbsstrafrecht und ~ **Vor 298** 4 ff
Wettbewerbsstrafrecht *siehe auch Absprachen, wettbewerbsbeschränkende*
Aufbau **Vor 298** 9 ff
ausländisches Strafrecht **Vor 298** 12 ff
Bestimmtheitsgebot und ~ **Vor 298** 7; **298** 8
Entstehungsgeschichte **Vor 298** 1
EU-Recht **Vor 298** 1 f, 11 f; **298** 53 f
internationale Abkommen **Vor 298** 1 f, 12
Kartellbehörden **Vor 298** 6; **298** 57, 59
Kartellrechtsakzessorietät **Vor 298** 8
Konkurrentenschutz **Vor 298** 5
Korruptionsbekämpfung **Vor 298** 1 ff; **299** 1
Lauterkeit des Wettbewerbs als Rechtsgut **Vor 298** 5
Oligopol **Vor 298** 4
Organisierte Kriminalität **Vor 298** 1, 9
Rechtsgut **Vor 298** 4 ff
Schmiergeld **Vor 298** 1, 8; **299** 1
Strafwürdigkeit **Vor 298** 4, 6
Submissionskartell **Vor 298** 4, 8; **298** 4 ff
Teilnahmewettbewerb **298** 24
Unlauterkeitserfordernis **Vor 298** 7; **299** 39
Vergaberecht **Vor 298** 8; **298** 22
Vergabeverfahren
- freihändiges ~ **298** 24
- nicht offenes ~ **298** 23
- offenes ~ **298** 23
- privates ~ **298** 22
Verhandlungsverfahren **298** 23
Vermögen als Rechtsgut **Vor 298** 6; **298** 9 f
Wettbewerb, wirtschaftlicher als Rechtsgut **Vor 298** 4 f; **298** 9
Wettbewerbsrecht und ~ **Vor 298** 4 ff
Wettbewerbsregeln **Vor 298** 7 f
Wette
als Bankrotthandlung **Vor 283** 63, 69
Glücksspiel, unerlaubtes und ~ **284** 3
Widerrechtlich
Begriff **Vor 32** 25
Widerrechtlichkeit
Hausfriedensbruch
- Absicht widerrechtlicher Handlungen **123** 52
- Besitz **123** 27, 35
- Eindringen **123** 68 ff

Widerrechtlichkeit (Forts.)
der Verwertung von Kenntnissen aus dem persönlichen Lebens- und Geheimbereich **Vor 201** 6
der Wegnahme, Pfandkehr **289** 18
des Weitergebrauchs **248b** 4
Widerruf der Strafaussetzung
abschließende Regelung **56f** 1
Absehen vom ~ **56f** 26 ff
Anhörung der Staatsanwaltschaft **56f** 59 f
Anhörung des Verurteilten **56f** 59 f
Auflagenverstoß **56f** 23 ff
Begehung einer neuen Straftat **56f** 2 ff
Beschlußform **56f** 62
mildere Maßnahmen **56f** 26 ff, 44
Nebenfolgen **56f** 49 ff
Verfahrensrecht **56f** 57 ff
Weisungsverstoß **56f** 15 ff
Zeitpunkt der Entscheidung **56f** 45 ff
Widerruf des Straferlasses 56g 5 ff
Beschlußform **56g** 18
Ermessen, begrenztes **56g** 10
Wirkungen **56g** 14 ff
zeitliche Einschränkungen **56g** 13
Widerstand gegen die Staatsgewalt
Reichweite des Strafschutzes **Vor 110** 6 ff
Verfassungsmäßigkeit **Vor 110** 3
Widerstand gegen Vollstreckungsbeamte
Absehen von Strafe **113** 46, 48 f
Amtsträger **113** 4 ff
– Beschränkung auf inländische ~ **113** 7
– zur Vollstreckung berufen **113** 8
Angriff, tätlicher **113** 17
Bedrohung und ~ **113** 68
Beisichführen einer Waffe **113** 53 ff
besonders schwerer Fall **113** 46, 52 ff
Bildung bewaffneter Gruppen und ~ **N 127** 3
Blutentnahme **113** 32, 35, 36
DDR-Alttaten **113** 69
Diensthandlung
– Begriff **113** 4
– Rechtmäßigkeit **113** 18 ff
– Vollzug für andere Organe **113** 31
Dritte als Täter **113** 13, 50
Drohung
– mit empfindlichem Übel **113** 65 f; **114** 11
– mit Gewalt **113** 16
erkennungsdienstliche Behandlung **113** 36a, 37
gefährlicher Eingriff in den Straßenverkehr und ~ **113** 68
Gegenüberstellung zur Identifizierung **113** 36a
Gerichtsvollzieher **113** 9, 12, 15, 33, 35, 38
Gesundheitsschädigung, Gefahr schwerer ~ **N 113**
Gewalt **113** 14 f, 57
Gewalttätigkeit, gefahrsetzende **N 113**; **113** 57 ff
Handeln auf Anordnung/Befehl **113** 35
Hausfriedensbruch und ~ **113** 68; **123** 79
Hilfsbeamte der Staatsanwaltschaft **114** 4
Hilfspersonen **114** 7 ff
Irrtum **113** 1, 7, 19 ff
– des Amtsträgers **113** 33 ff
– des Täters über Rechtmäßigkeit der Diensthandlung **113** 39, 40 f, 43 ff, 66
– des Täters über Zumutbarkeit des Rechtsbehelfs **113** 47
– Vermeidbarkeit **113** 46 f
Jagdaufseher **114** 2, 3
Jagdausübungsberechtigter **114** 3
Körperverletzung, Gefahr schwerer **N 113**; **113** 60
Konkurrenzen **113** 62
Kraftfahrerverhalten gegen Polizei **113** 15, 36, 45
Kraftfahrzeug als Waffe **113** 53, 55, 68
Kriminal-/Rechtspflegestatistik **113** 1b, 3
Landfriedensbruch und ~ **113** 68; **125** 8, 10, 45, 66 f, 71
Nötigung und ~ **113** 3, 13a, 62 ff; **240** 104 ff, 124
Notwehr
– gegen unrechtmäßige Vollstreckungshandlung **113** 40 f
– Notwehrrecht des Amtsträgers **113** 38a
passives Verhalten **113** 14, 15
Personalienfeststellung **113** 37, 38
Polizeibeamter
– Eingriffsbefugnisse **113** 36 ff
– Personen mit Rechten/Pflichten eines Polizeibeamten **114** 2
Privatfestnahme **113** 3
Razzia **113** 37, 38
Rechtmäßigkeit der Diensthandlung **113** 18 ff
– Beurteilungs-/Ermessenspielraum des Amtsträgers **113** 32
– dogmatische Einordnung **Vor 32** 24; **113** 20 f
– strafrechtlicher Begriff **113** 25 ff
– wesentliche Formerfordernisse **113** 30 ff
Rechtsbehelfsklausel **113** 47, 50
Rechtsgut **113** 2, 7, 21
Scheinwaffe **113** 53
Soldaten **113** 1, 4 ff, 10
Todesgefahr **113** 60
Ungehorsam, bloßer **113** 14, 15
Unternehmensdelikt, unechtes **113** 13, 62a
Verkehrskontrolle **113** 11, 38
Verstrickungsbruch und ~ **136** 2
Versuch **113** 67
Vollstreckungsbeamter **113** 9

Widerstand gegen Vollstreckungsbeamte (Forts.)
Vollstreckungshandlung **113** 4, 11 ff; **114** 5
– Beginn und Beendigung **113** 12
– durch Unterlassen **114** 1 ff
Vorsatz **113** 42, 61; **114** 6
Waffe, Beisichführen **113** 53 ff
Wehrstrafrecht und ~ **113** 10, 68
Widerstand **113** 13 ff
Zuständigkeit
– örtliche **113** 29
– sachliche **113** 28a
Zwangsmaßnahmen der Polizei **113** 37
Widerstandsrecht
Abhilfe, Unmöglichkeit **Vor 32** 89
Deutscher als Täter **Vor 32** 85
freiheitlich demokratische Grundordnung als Schutzgut **Vor 32** 84, 86
Nötigung von Verfassungsorganen und ~ **105** 19
Offenkundigkeit verfassungsfeindlichen Ziels **Vor 32** 88
putatives ~ **Vor 32** 91
als Rechtfertigungsgrund **Vor 32** 83
subjektive Rechtfertigungselemente **Vor 32** 90
Tötung aus politischen Gründen **211** 27
Unternehmen eines Staatsstreichs **Vor 32** 87
verfassungsrechtliche Verbürgung **Vor 32** 83
Widerstandsunfähigkeit *siehe Sexueller Mißbrauch widerstandsunfähiger Personen*
Widmark-Methode **316** 19, 38
Wiederaufnahme eines Strafverfahrens **Vor 93** 22
Parteiverrat **356** 75
nach Rechtsbeugung **339** 121
Verjährung und ~ **78** 11
Wiedereinsetzung in den vorigen Stand
Verjährung und ~ **78** 10
Wiedergutmachung *siehe auch Strafaussetzung zur Bewährung; siehe auch Täter-Opfer-Ausgleich*
Bemühen des Täters um ~ **N 56**
Bewährungsauflage **N 56b**; **56b** 5 ff
Prognose und Wiedergutmachungsbemühungen des Täters **56** 23
kein selbständiger Strafzweck **46** 52
Strafzumessung, Bedeutung **46** 52, 200, 202, 209 ff
Wiederholungsabsicht **236** 73
Wiederholungstäter
Gewässerverunreinigung **324** 116
Trunkenheit im Verkehr **316** 1, 248
Vollrausch **323a** 293 ff, 300
Wiederverleihung
von Fähigkeiten und Rechten **45b** 1 ff

Wild
Jagdwilderei, Tatobjekt **292** 32
Wilderei *siehe auch Fischwilderei; siehe auch Jagdwilderei*
Diebstahl und ~ **242** 12
Notwehr gegen ~ **32** 66, 120
Wildgehege **292** 40
Wildpark **292** 40
Wille
einheitlicher Handlungswille und Handlungseinheit **Vor 52ff** 12 ff, 33
als Handlungsgrundlage der Tat **20** 1
Handlungswille, bedingter und Vorsatz **16** 101 ff
Willensfreiheit
Schuld und ~ **Vor 13** 73 f; **20** 6 ff
Willensschwäche
erhebliche ~, Wucher **302a** 21 f
Strafzumessung, Bedeutung **46** 84
Willensstrafrecht
im Nationalsozialismus **Vor 22** 46; **23** 10
Willenstheorie **203** 19
Willkürmaßnahme, rechtsstaatswidrige
Politische Verdächtigung **241a** 14 f
Volksverhetzung **130** 36
Willkürverbot
für die Strafgerichtsbarkeit **1** 1
Willkürvermutung **193** 15
Wirtschafszone, ausschließliche deutsche
Umweltdelikte, Strafbarkeit von Auslandstaten in der ~ **N 5**; **5** 57 ff
Wirtschaft
Begriff **264 a.F.** 46 ff
Wirtschaften
ordnungsgemäßes ~ **Vor 283** 53, 56, 101 ff; **283** 9, 12, 155, 167 ff
Wirtschaftsdelikt
Kapitalanlagebetrug **Vor 263** 5
Konkursstraftaten **Vor 283** 3, 54
Kreditbetrug **265b** 23
Subventionsbetrug **Vor 263** 5; **264 a.F.** 17
Wirtschaftskriminalität *siehe auch Korruption*
Strafrechtsreform **Einl** 90
Werbe- und Vertriebssysteme, progressive **Vor 287** 1
Wettbewerbsrecht und ~ **Vor 298** 1
Wirtschaftsprüfer
Berufsbezeichnung, geschützte **132a** 12c
Konkursstraftaten **283** 5
Kreditbetrug **265b** 111
Parteiverrat **356** 23, 35
Schweigepflicht **203** 35, 66, 120, 125
Untreue **266** 60
Versagung/Widerruf der Zulassung **45** 36

Wirtschaftssubvention 264 a.F. 13, 19, 25, 38 f, 45 ff
Wirtschaftszone, ausschließliche deutsche
324 EntstG 5, 2a, 21; **326** EntstG 8, 94; **330** 2; **330a** EntstG 2
Wissenschaft
Gegenstände der ~, bedeutende **243** 26 ff; **304** 9
Wissenschaftliche Leistung
tadelnde Urteil über ~ **193** 13
Wissenschaftsfreiheit
Anleitung zu Straftaten und ~ **130a** 33
Beschimpfung von Bekenntnissen, Religionsgesellschaften und Weltanschauungsvereinigungen und ~ **166** 27
Staatsgeheimnisse und ~ **93** 34
Verbreiten von Propagandamitteln und ~ **86** 19
Verbreitung pornographischer Schriften und ~ **184** 9, 50
Wissentlichkeit
Bankrott, besonders schwerer Fall **283a** 2, 5
Erregung öffentlichen Ärgernisses **183** 6
Gläubigerbegünstigung **283c** 31
der Herbeiführung einer schweren Folge **226** 28
Mißbrauch von Notrufen **145** 24 ff
Pfandkehr **289** 25
Rechtsbeugung **339** Vor 1, 77
Störung einer Bestattungsfeier **167a** 19
Strafvereitelung **258** 21
Verfolgung Unschuldiger **344** 10
als Vorsatzform **16** 81 ff, 98
Zwangsvollstreckungsvereitelung **288** 35
Wohl der Allgemeinheit *siehe Allgemeinwohl*
Wohl des Minderjährigen
als Rechtsgut **236** 4
Wohnsitzprinzip Vor 3 378, 381
Wohnung
Begriff **123** 8 ff
zur ~ von Menschen dienend **N 306a** 1; **306** 9
Räume zum Wohnen, Mietwucher **302a** 5
Wohnungseinbruchsdiebstahl **243** 9; **N 244** 11
Wohnungsgewährung
Förderung der Prostitution durch ~ **180a** 12 f, 16; **184a** 6
Wohnungsvermittler
Vermittlungswucher **302a** 35
Wohnungsverwalter
Untreue **266** 130
Wohnungswechsel
Anzeigepflicht als Weisung bei der Führungsaufsicht **68b** 34
Wort
Verletzung der Vertraulichkeit des Wortes *siehe Vertraulichkeit des Wortes, Verletzung*
Wortlauttheorie
eigenhändige Delikte **25** 41 f
Wucher N 291
Additionsklausel **302a** 36 ff
Auffälliges Mißverhältnis **302a** 27 ff, 45
Ausbeuten der Schwächesituation **302a** 23, 55
Beendigung **302a** 60 f
besonders schwerer Fall **302a** 64 ff
DDR-Recht **302a** 74
Entstehungsgeschichte **Einl** 48, 90; **Vor 284ff** 3; **302a** EntstG, 37 ff
Gewährung von Kredit **302a** 9 f
gewerbsmäßige Begehung **302a** 67
Individualwucher **302a** 1
Irrtum **302a** 15, 53 f
Konkurrenzen **302a** 72
Kreditvermittler **302a** 12, 35
Kreditwucher **302a** 8 ff, 17 f, 32 f
Leistungen, sonstige **302a** 11
Leistungswucher **302a** 11, 34
Lohnwucher **302a** 11
Makler **302a** 35
Mietwucher **302a** 4 ff, 16, 18, 28 ff
Mißverhältnis Leistung – Gegenleistung **302a** 24 ff, 45
Mitwirkende **302a** 42 ff, 58
Nebenleistungen **302a** 5
Nebentäterschaft **302a** 46
Not, wirtschaftliche **302a** 65
Ordnungswidrigkeitenrecht und ~ **302a** 28 f, 35, 72
Parallelwertung, laienhafte **302a** 53 f
Preis **302a** 34
Räume zum Wohnen **302a** 5
Rechtsgeschäft
– verbotenes/sittenwidriges ~ **302a** 2, 34, 50
– zugrundeliegendes ~ **302a** 2
Rechtsgut **302a** 3
Schwächesituation **302a** 13 ff
Sichgewährenlassen **302a** 48 ff
Sichversprechenlassen **302a** 48 ff
Sozialwucher **302a** 1
Täter **302a** 42 ff, 56 ff
Teilnahme **302a** 42, 57 f
Teilnahme, notwendige **302a** 59
Unerfahrenheit **302a** 18 f
Urteilsvermögen, mangelndes **302a** 20
Vermittlungswucher **302a** 12, 35, 57
Vermögens(gefährdungs)delikt **302a** 3
Vermögensvorteil, übermäßiger **302a** 42
Vertreter **302a** 51, 56
Vollendung **302a** 3, 60 f
Vorsatz **302a** 46, 52 ff, 66
Wechsel, Vermögensvorteile durch **302a** 69
Willensschwäche, erhebliche **302a** 21 f
Wohnungsvermittler **302a** 35

Wucher (Forts.)
Zinsen **302a** 32
Zwangslage **302a** 14 f
Wut
als sthenischer Affekt **20** 54; **33** 55, 58, 68

Zahl
unübersehbare ~ Zahl von Menschen, Aussetzen ionisierender Strahlung **N 309**; **311a** 7
Zahlungseinstellung
Begriff **Vor 283** 143 ff
Strafbarkeitsbedingung, objektive **Vor 283** 1, 89 f; **283** 118; **283c** 32; **283d** 7
Zahlungsunfähigkeit und ~ **283** 125, 143 ff
Zahlungserleichterungen
bei Geldstrafe *siehe dort*
Zahlungsunfähigkeit
Begriff **Vor 283** 1, 126
drohende ~ **Vor 283** 125, 135 ff, 167; **283d** 7
Irrtum über ~ **Vor 283** 144
Strafbarkeitsbedingung, objektive **Vor 283** 10; **283d** 7
des Täters und Verhängung kurzer Freiheitsstrafe **47** 21
Wegfall **Vor 283** 100, 169 f, 172, 175
Zahlungseinstellung und ~ **283** 125, 143 ff
Zahlungsunwilligkeit
Konkursstraftaten **Vor 283** 125, 143 f
des Täters und Verhängung kurzer Freiheitsstrafe **47** 21
Zahlungsverkehr, bargeldloser
als Rechtsgut, geschütztes **152a** 2; **266b** 1
Zahnarzt *siehe auch Arzt*
fahrlässige Tötung durch ~ **222** 23
Zechprellerei
Betrug **263** 33, 38 f, 83, 213 ff
Zedent
als Partei, Parteiverrat **356** 48, 76
Zeichnen
unter fremdem Namen **267** 40 ff
Zeit der Tat *siehe Tatzeit*
Zeitdiebstahl
Betrug **263** 153
Computerbetrug **263a** 60, 66
Zeitgesetz
Begriff **2** 40
Kasuistik **2** 48 ff
Milderungsgebot **2** 39
Rückwirkungsverbot und ~ **2** 39
Tatzeitprinzip und ~ **2** 39
Zeitliche Geltung des Strafgesetzes *siehe Rückwirkungsgebot; siehe Rückwirkungsverbot*
Zensurverbot **131** 42

Zerstören
von Bauwerken
- Agententätigkeit zu Sabotagezwecken und ~ **87** 4
- Bauwerk, Begriff **305** 3
- Eigentumsdelikt **305** 1
- Konkurrenzen **305** 13
- Rechtswidrigkeit **305** 11
- Sachbeschädigung, Qualifikation
- Vorsatz **305** 10
- Zerstören **305** 2

durch Brandlegung **N 306** 3 ff; **N 306a** 1
einer Brücke **305** 6
eines Dammes **305** 7
einer Datenverarbeitungsanlage/eines Datenträgers **303b** 25
einer Eisenbahn **305** 9
dem Fischereirecht unterliegender Sache **293** 11
von Flaggen, Hoheitszeichen **90a** 18
eines Gebäudes **305** 4
dem Jagdrecht unterliegender Sache **292** 61
Pfandkehr **289** 17
Sachbeschädigung, gemeinschädliche **304** 3
einer Sache *siehe auch Sachbeschädigung* **303** 5 ff
Sache, betriebsdienliche **316b** 32
Sache, fremde bewegliche **303** 16
eines Schiffes **305** 5
einer Straße **305** 8
von Vermögensbestandteilen **283** 14, 44 ff, 125
Versicherungsmißbrauch/-betrug **265 n.F.** 5
wichtiger Anlagen **318** 5
wichtiger Arbeitsmittel
- Anlagen/Unternehmen, Errichtung **305a** 8 ff
- Arbeitsmittel, fremdes technisches **305a** 3 ff
- von bedeutendem Wert **305a** 6
- Konkurrenzen **305a** 19
- Kraftfahrzeuge der Polizei/Bundeswehr **305a** 11 ff
- Rechtswidrgkeit **305a** 17
- Störung öffentlicher Betriebe und ~ **305a** 19; **316b** 3
- Versuch **305a** 18
- Vorsatz **305a** 16
- von wesentlicher Bedeutung **305** 7
- Zerstören **305a** 2

der Zwangsvollstreckung unterliegender Sache **288** 30
Zerstörungsabsicht
Angriffe auf den Luft- und Seeverkehr **316c** 43
Völkermord **220a** 12 f

Zession, stille **266** 114
Zessionar
als Partei, Parteiverrat **356** 48, 76
Zeuge
Aussagedelikte **Vor 153** 16 ff; **153** 3, 9 ff; **154** 1, 3; **155** 4; **156** 11; **157** 1; **163** 5 ff
als Partei, Parteiverrat **356** 43, 75
Zeugniszwang und Geheimnisschutz *siehe auch Zeugnisverweigerungsrecht* **203** 115, 128
Zeugen Jehovas
als Gewissenstäter **46** 92; **56** 13; **Vor 166** 6; **166** 70
Zeugenbeistand
Parteiverrat **356** 24
Zeugnisurkunde **267** 68
Zeugnisverweigerungsrecht
Schweigepflicht, berufsspezifische **203** 9, 14, 115 f, 125, 128, 142
Wahlgeheimnis **107c** 4
Zeugungsfähigkeit
Verlust als schwere Folge **226** 13
Zinsen
Kreditwucher **302** 32
Zivildienstleistender
Zurückstellung während Maßregelanordnung/Unterbringung **61** 14
Ziviler Ungehorsam *siehe Ungehorsam, ziviler*
Zivilgerichtsbarkeit
Rechtsbeugung **339** 28, 30
Zivilrecht
Notwehrexzeß im ~ **33** 73 ff, 77 ff
Zivilrechtsakzessorietät des Strafrechts
202a 13; **203** 118, 121 ff
Betrug, juristische Vermögenslehre **263** 128
Datenveränderung **303a** 6
Konkursstraftaten **283** 130, 147
Sachbeschädigung **303a** 6
Untreue **266** 32 ff, 39, 44 f, 50, 53, 61, 68, 88, 94, 125
Urkundenfälschung **267** 6, 24 ff, 38, 82 f
Verletzung der Unterhaltspflicht **170** 15, 26 ff, 38
Zivilschutz
Anlagen/Einrichtungen des Zivilschutzes **109e** 4
Zollbeamter
Hilfsbeamter der Staatsanwaltschaft **114** 4
Vollstreckungsbeamter **113** 28, 38
Zollgebiet
Inlandsbegriff **Vor 3** 279 ff
Zollkonterbande **297** 10
Zollstrafe
Gefährdung von Schiffen etc. durch Bannware **297** 12
Zorn
Affekttotschlag **213** 3
als sthenischer Affekt **20** 54; **33** 56, 68, 74
Zuchthausstrafe **Vor 38** 3, 29
Zuchtmittel
im Jugendstrafrecht **Vor 38** 70
Züchtigungsrecht
Körperverletzungsdelikte und ~ **223** 10
Zueignung
Auslegung, berichtigende **N 246** 2; **246** 10
Begriff **N 246** 4; **246** 12
Drittzueignung **N 246** 5, 7; **246** 20
Einwilligung **242** 70
Manifestation nach außen **N 246** 4; **246** 13 ff
mehrfache ~ **242** 67
rechtswidrige ~ **242** 68
Sachwerttheorie **246** 12
Substanztheorie **246** 12
Unterlassen **246** 17
Verfügung als ~ **246** 14
Vereinigungstheorie **246** 12
Wegnahme und ~ **242** 32, 46
wiederholte ~ **N 246** 6; **246** 11
Zueignungsabsicht
Diebstahl **242** 46, 52 ff
Diebstahl, räuberischer **252** 17 ff
Entziehung elektrischer Energie **248c** 7
Gebrauch eines Fahrzeugs, unbefugter **248c** 7
Jagdwilderei **292** 52 f, 61
Raub **249** 14, 18
Zueignungsdelikte *siehe Diebstahl; siehe Jagdwilderei; siehe Raub; siehe Unterschlagung*
Entstehungsgeschichte **Vor 242** 1
Führungsaufsicht **245** 1
Kriminal-/Rechtspflegestatistik **Vor 242** 2
Rechtsgut **Vor 242** 3
Zufallstäter
Hangtäter, Abgrenzung **66** 72 f
Zufallsurkunde **267** 66, 70 ff, 101
Zugänglichmachen
öffentliches ~
– Anleitung zu Straftaten **130a** 25
– Gewaltdarstellung **131** 30
– über das Internet **N 130, 131** 6
– von Propagandamitteln in Datenspeichern **N 86** 1
pornographischer Schriften **184** 21, 23 ff, 45
einer Urkunde **267** 220 ff, 228
Vertraulichkeit des Wortes, Verletzung **201** 13
Zuhälterei *siehe auch Prostitution* **N 181a**
Abhängigkeitsverhältnis **181a** 4
Abhalten von Prostitutionsaufgabe **181a** 7
Absicht **181a** 16
Ausbeuten **181a** 3

Zuhälterei (Forts.)
ausbeuterische ~ **181a** 2 ff
Ausübung der Prostitution **181a** 5, 12
bandenmäßige Begehung **181c** 3
bestimmender Einfluß **181a** 6 f
Beziehungen **181a** 4, 14 f
Dauerdelikt **Vor 174** 20; **181a** 17
dirigierende ~ **181a** 5 ff
Ehegattenzuhälterei **181a** 15
Entstehungsgeschichte **Einl** 48; **181a** EntstG
Führungsaufsicht **N 181b; 181b**
Gefährdungsdelikt, abstraktes **181a** 12
Gewerbsmäßigkeit **181a** 13; **181c** 2, 4
Konkurrenzen **Vor 174** 21; **181a** 19
Maßnahmen **181a** 7
Rechtsgut **181a** 1
Überwachung **181a** 5
Verfall, erweiterter **181c** 2 ff
Verkehr, sexueller **181a** 13
Vermitteln **181a** 13
Vermögensstrafe **181c** 2 ff
Vermögensvorteil **181a** 9
Verschlechterung der Vermögensverhältnisse **181a** 3 f
Vollendung **181a** 8, 17
Vorsatz **181a** 16
Zuhälter, Begriff **181a** EntstG
Zumutbarkeit *siehe auch Unzumutbarkeit*
normgemäßen Verhaltens **20** 18 ff, 86
der Notstandslage **35** 47 ff
Zurechnung, objektive
der Erfolgsverhinderung beim Rücktritt vom Versuch **24** 193 f
fehlende ~ und Versuch **22** 20 ff
Kausalität und ~ **Vor 13** 58, 64 ff
Zurechnungsfähigkeit *siehe Schuldfähigkeit*
Zurechnungslehre
Urkundenfälschung **267** 30
Zurückgelangenlassen
in Lebenskreis des Opfers, erpresserischer Menschenraub **239a** 34 ff
Zusammengesetzte Delikte
Handlungseinheit **Vor 52ff** 21
Spezialität **Vor 52ff** 76
Versuch **22** 120 ff, 126
Zusammenrottung **121** 11 ff; **124** 3; **125** 27, 29
Zusammentreffen mehrerer Gesetzesverletzungen *siehe Tateinheit; siehe Tatmehrheit*
Zusicherung
genehmigungsgleiche Wirkung **Vor 32** 170
Zustände
Darstellung als technische Aufzeichnung **268** 7, 11 f
Zuständigkeitstheorie **14** 15 f
Zustand
Gefährlichkeit des Täters infolge seines Zustands **63** 61 ff
krankhafter ~ **63** 63 ff
Zustandsdelikt
Beendigung **Vor 22** 31
als Deliktstyp **Vor 13** 50
Doppelehe **172** 11
Notwehr gegen ~ **32** 116
Strafzumessung **46** 112
Verjährung **78a** 7
Zustandstäter
als Hangtäter **66** 67
Zuwiderhandeln
verfassungswidrig erklärte Partei **84** 13
Zwang
psychologischer ~ **Einl** 30
unmittelbarer ~ *siehe auch Schußwaffengebrauch*
– Geltung des Strafvollzugsgesetzes, teilweise **38** 62
Zwangsarbeit
Menschenraub **234** 47 f
Zwangsbehandlung
Körperverletzungsdelikte **223** 21
Nötigung **240** 96
Zwangsernährung *siehe auch Hungerstreik*
Unterlassene Hilfeleistung und ~ **323c** 56
Zwangsgeld **Vor 38** 84 ff
Vorenthalten/Veruntreuen von Arbeitsentgelt **266a** 48
Zwangshaft **Vor 38** 84
Vollzug **38** 58
Zwangsläufigkeitstheorie **22** 72
Zwangslage
Menschenhandel **180b** 7; **180b** 7
Sexueller Mißbrauch von Jugendlichen **182** 3; **182** 3
Wucher **302a** 14 ff
Zwangsverwalter
Untreue **266** 47, 49, 69 f, 77, 130
als Zwangsvollstreckung **288** 9
Zwangsvollstreckung
Parteiverrat **356** 54
Zwangsvollstreckungsvereitelung
Absicht **288** 1, 3, 14, 34 ff
Anfechtungsanspruch **288** 10 f
Anspruch des Gläubigers
– bestehender ~ **288** 2 f
– durchsetzbarer ~ **288** 10 f
– materiell-rechtlicher ~ **288** 2 f, 5
– öffentlich-rechtlicher ~ **288** 8
– privatrechtlicher ~ **288** 8
Antragsdelikt **288** 44
Anwartschaften **288** 10
Arrest **288** 9, 16

Zwangsvollstreckungsvereitelung (Forts.)
Auffangfunktion **288** 1
Bankrott und ~ **283** 41, 240; **288** 2, 7, 45
Befriedigungsrecht des Einzelgläubigers als Rechtsgut **288** 2
Beiseiteschaffen **288** 30 f
Beitreibungswille des Gläubigers **288** 16
Beschädigen einer Sache **288** 31
Beschlagnahme **288** 12
Besitz **288** 21
Deckung
- inkongruente ~ **288** 33
- kongruente ~ **288** 29
Eigentumsvorbehalt **288** 21
Einziehung **288** 12
Entstehungsgeschichte **Vor 284ff** 5
Erfolgsdelikt, kupiertes **288** 6
Fiskus als Gläubiger **288** 44
Forderungen
- Abtretung **288** 27
- zur Einziehung abgetretene ~ **288** 23
- Erlaß/Verpfändung **288** 28
- zukünftige ~ **288** 10, 25
Garantensonderdelikt **288** 39
Garantenstellung **288** 28
Gefährdungsdelikt
- konkretes ~ **288** 6, 26, 42
- potentielles ~ **288** 6, 26, 42
Gefährdungserfolg **288** 26, 42
Geldstrafe **288** 12
Gläubigerbegünstigung und ~ **283** 240; **283c** 43; **288** 7, 45
Gläubigerschutz als Rechtsgut **288** 1 ff
Handeln
- mit Einwilligung des Schuldners **288** 39
- zugunsten des Schuldners **288** 39
Inkassozession **288** 23
Innentendenz, Delikt mit überschießender **288** 6
Insolvenzverwalter **288** 44
Klageerhebung **288** 16
Konkurrenzen **288** 45
Kostenerstattungsanspruch, zivilrechtlicher **288** 13
Kriminal-/Rechtspflegestatistik **288** 1
mittelbare Täterschaft **288** 39
Nachtat, straflose **288** 45
Organ juristischer Person als Täter **288** 38
Pflichtdelikt **288** 39
Plombierungsfunktion **288** 1
Recht, unpfändbares **288** 20
Rechtsgut **288** 1 ff
Reformdiskussion **288** 46
Rückgewinnungshilfe **288** 12
Sache
- eigene ~ des Gläubigers **288** 21
- im Eigentum eines Dritten stehende ~ **288** 24
- unpfändbare ~ **288** 20
Scheingeschäft **288** 30
Schuldnerbegünstigung und ~ **283d** 28; **288** 7
Schuldnereigenschaft als besonderes persönliches Merkmal **28** 56, 68
Selbstbegünstigung, straflose **288** 12
Sonderdelikt, echtes **288** 37
Subsidiarität strafrechtlichen Schutzes **288** 4
Täterkreis **288** 37 ff
(keine) Tätige Reue **288** 43
Teilnahme **288** 40 f
Ultima-ratio-Prinzip **288** 1, 4
unpfändbare Rechte/Sachen **288** 20
Unterhaltsansprüche **288** 10
Unterlassen **288** 28
Urteil, zivilgerichtliches rechtskräftiges **288** 2 ff, 14
Veräußern **288** 27 ff
Verbergen **288** 30
Vereitelungsabsicht **288** 1, 3, 14, 34 ff
Verfall **288** 12
Verheimlichen **288** 31
Vermögen
- Begriff **288** 19, 21 f
- Besitz **288** 21
- im Eigentum eines Dritten stehende Sachen **288** 24
- Wert, wirtschaftlicher **288** 25
Vermögensdelikt **288** 1
Vermögenssanktion **288** 12
Verstecken **288** 30
Verstrickungsbruch und ~ **288** 27, 45
Versuch **288** 42 f
Vertreter des Vollstreckungsschuldners als Täter **288** 38
Vollendung **288** 1, 42
Vollstreckungsschuldner **288** 37
Vollstreckungsschutz, vorübergehender **288** 17
Vollstreckungstitel **288** 3, 16
Vorsatz **288** 3, 32 f
Wahlfeststellung **288** 31
Wissentlichkeit **288** 35
Zerstören einer Sache **288** 30
Zwangsverwaltung als Zwangsvollstreckung **288** 9
Zwangsvollstreckung
- Arrest als ~ **288** 9
- Begriff **288** 8
- drohende ~ **288** 1, 3, 15 ff
- Zwangsverwaltung als ~ **288** 9
Zwischenerfolg **288** 6, 26, 42
Zweckstrafe **1** 18

Zwecktheorie
Notstand, rechtfertigender **34** 2
Zweckverfehlungslehre
Betrug **Vor 263** 95; **263** 165, 182 ff, 262
Subventionsbetrug **264 a.F.** 11, 13
Untreue **266** 142
Zwei-Partner-System
Mißbrauch von Scheck- und Kreditkarten **266b** 14, 16 ff, 21
Zweispurigkeit
des Sanktionensystems **Einl** 35 f, 38; **Vor 38** 8 ff; **Vor 61ff** 1 ff
- Krise der ~ **Vor 38** 13; **Vor 61ff** 13 ff; **66** 9
- Lockerung durch vikariierendes System **67** 1
- Strafrechtsreform **Einl** 137 f; **Vor 38** 9 f; **Vor 61ff** 7
Zwischenaktslehre, modifizierte **Vor 22** 139; **22** 65 ff, 85 ff, 99 ff, 118 f, 121, 129 f, 135, 158 ff, 166 ff
Zwischengesetz
Milderungsgebot und ~ **2** 21; **Vor 38** 121
Zwischenhehler **259** 17, 46
Zwischenmeister
Vorenthalten/Veruntreuen von Arbeitsentgelt **266a** 19, 23 ff

www.ingramcontent.com/pod-product-compliance
Lightning Source LLC
LaVergne TN
LVHW081329011026
849161LV00013BB/2881
* 9 7 8 3 8 9 9 4 9 2 1 2 5 *